公路分岔隧道建设技术的
Gonglu Fencha Suidao Jianshe Jishu de

研究及应用
Yanjiu ji Yingyong

郭小红　廖朝华　编著

人民交通出版社

内 容 提 要

本书以湖北省宜昌至恩施(沪蓉西)高速公路建设工程为背景,以典型工程——八字岭隧道、庙垭隧道和漆树槽隧道为实例,全面阐述了分岔隧道的大拱段、连拱段、小间距段及其过渡段的设计施工技术。同时又详细介绍了分岔隧道施工量测和爆破施工技术、隧道通风设计及应用等内容。

本书可作为隧道施工、设计及养护人员的技术用书,也可作为高等院校相关专业师生的参考用书。

图书在版编目(CIP)数据

公路分岔隧道建设技术的研究及应用 / 郭小红、廖朝华编著 . — 北京:人民交通出版社,2011.9

ISBN 978-7-114-09171-1

Ⅰ.①公… Ⅱ.①郭…②廖… Ⅲ.①隧洞分岔段 – 公路 Ⅳ.①U453.4

中国版本图书馆 CIP 数据核字(2011)第101318号

书　　名:**公路分岔隧道建设技术的研究及应用**
著 作 者:郭小红　廖朝华
责任编辑:曲　乐　李　喆
出版发行:人民交通出版社
地　　址:(100011)北京市朝阳区安定门外外馆斜街3号
网　　址:http://www.ccpress.com.cn
销售电话:(010)59757969,59757973
总 经 销:人民交通出版社发行部
经　　销:各地新华书店
印　　刷:北京交通印务实业公司
开　　本:787×1092　1/16
印　　张:24
字　　数:561千
版　　次:2011年9月　第1版
印　　次:2011年9月　第1次印刷
书　　号:ISBN 978-7-114-09171-1
定　　价:48.00元

《公路分岔隧道建设技术的研究及应用》编写委员会

编　　著：郭小红　　廖朝华

参编人员：廖朝华　　郭小红　　柯小华　　梁　巍
程　勇　　乔春江　　褚以惇　　陈卫忠
李术才　　李东升　　张　涛　　李　昕
刘继国　　李鸿博　　杨林松　　伍国军
蔚立元

前　言

20 世纪 80 年代以来，随着我国经济的腾飞，国家进行了大规模的基础建设，隧道和地下工程在铁路、公路、城市交通、水利工程和能源等很多行业得到了迅速发展。以公路交通为例，进入 21 世纪以来，由于西部山区高等级公路的修建，公路隧道进入了飞速发展的阶段。据统计，2000 年年底我国公路隧道仅有 1 684 座，总长 628km，而截至 2010 年年底已经增长到 7 384 座、总长 2 555.5 km。其中特长公路隧道的发展更是突飞猛进，2004 年为 33 座，总长 126.3km，而到 2010 年年底全国已通车和建设中的特长隧道达 265 座，总长 1 138km。

为解决西部交通发展所面临的技术问题，支撑西部交通建设的健康快速发展，推动西部交通科技进步与创新，交通运输部从 2000 年开始投入大量的人力物力，启动了"西部交通建设科技项目"，其中在隧道方面立项近 40 项，极大地提升了我国隧道建设、科研的水平。

沪蓉西高速公路湖北段是沪蓉国道主干线的重要组成部分、交通运输部的典型示范工程。工程所在区域属云贵高原东北部边缘的鄂西高原，全线贯穿区域层峦叠嶂，地势绵延起伏，溪沟纵横，立体地貌突出。为了解决路线布置和桥隧过渡等方面的困难，节省工程投资，设计人员创造性地提出了分岔隧道这种新颖的隧道结构形式。为确保工程安全、经济，并解决分岔隧道建设中的技术难题，特将"分岔隧道设计施工关键技术研究"课题立项。湖北省沪蓉西高速公路建设指挥部、中交第二公路勘察设计研究院有限公司、中科院武汉岩土力学研究所、山东大学和中国铁路工程总公司等多家单位参与了本项目的研究。

借助数值分析、现场测试和模型试验等研究手段，研究人员在路线布置、桥隧过渡、隧道施工方法、近距离隧道通风和分岔隧道设计施工原则等很多方面取得了丰硕的成果，填补了国内技术空白，部分成果达到了国际领先的水平。科研项目的成果在沪蓉西高速公路沿线三座分岔隧道工程的建设中得以应用，获得了巨大的社会、经济效益。

为了推广分岔隧道这种新颖的隧道形式，并与基础建设行业的众多从业者交流经验，中交第二公路勘察设计研究院有限公司组织编写了本书，不足之处敬请广大读者指正。

编　者

2011 年 3 月

目　　录

第一章　分岔隧道总体介绍

第一节　分岔隧道概况及关键技术

一、隧道类型概述

改革开放以来，我国在能源、交通、水利水电、矿山、市政等领域取得了令人瞩目的成就。在近20年高速公路建设中，我国公路隧道修建技术在实践中不断进步，隧道的设置形式由单一的上下行标准分离式隧道逐渐发展为分离式隧道、小净距隧道、连拱隧道三种常用类型。

（1）标准间距的分离隧道（图1-1）是指两洞室净距离大于等于表1-1的规定，在设计施工过程中可以基本不考虑两洞室之间相互影响的一种隧道布置方式。

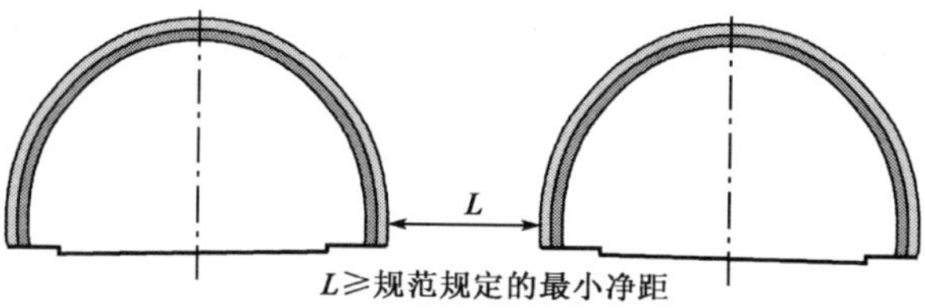

图1-1　标准间距的分离隧道示意图

分离式独立双洞隧道间的最小净距　　表1-1

围岩级别	I	II	III	IV	V	VI
最小净距（m）	B	$1.5B$	$2.0B$	$2.5B$	$3.5B$	$4.0B$

注：表中B代表隧道开挖跨度。

（2）小净距隧道（图1-2）是指两洞室净距离小于表1-1中建议值，在设计和施工过程中需采取特殊措施的一种隧道布置方式。小净距隧道一般用于洞口地形狭窄或有特殊要求的中、短隧道，也可用于长或特长隧道洞口局部地段，宜选择在围岩完整，其自承、自稳能力较好的地段。

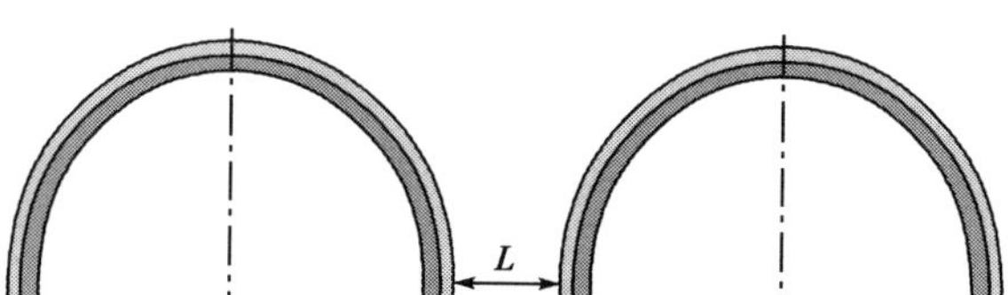

图1-2　小净距隧道示意图

（3）连拱隧道（图1-3）是指两洞室无中间岩柱，两洞结构共用中隔墙的一种隧道布置方式。连拱隧道适用于洞口条件狭窄或对两洞间距有特殊要求的中、短隧道。

随着山区高速公路的修建，桥梁、隧道在路线中所占比例明显增加，在地形、地质条件恶劣的地段，常规的桥隧形式已不能适应道路线形设计的要求。为了适应多变的地形地质条件，隧道设置形式中衍生出一种全新的隧道形式——分岔隧道。

分岔隧道是在地形地质更为复杂的条件下修建山区高速公路的过程中提出的一种全新的隧道建设形式，它由大拱隧道或连拱隧道逐渐过渡到上下行分离双洞，因此它同时具备标准间距的分离隧道、小净距隧道、连拱隧道以及大拱隧道等多种隧道形式的特点。典型的分岔隧道形式如图 1-4 所示。

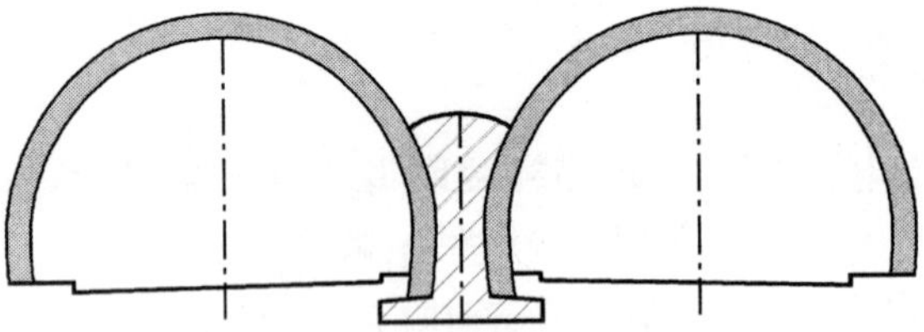

图 1-3　连拱隧道示意图

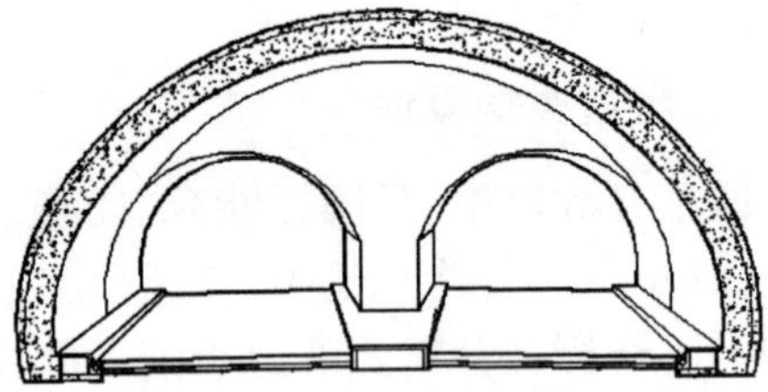

图 1-4　分岔隧道示意图

二、分岔隧道的特点

分岔隧道是指由洞口（洞内）整体式路基（隧道）形式在隧道内实现逐渐过渡为上下行分离式单洞隧道的一种特殊的隧道形式。

分岔隧道基本涵盖了分离式隧道、小净距隧道、连拱隧道三种不同的结构衬砌形式。隧道洞口段由整体式路基（隧道）逐渐过渡为分离式隧道，隧道断面逐渐从洞口大拱衬砌段、整体式中隔墙连拱衬砌段、夹芯式中隔墙连拱衬砌段、小净距衬砌段过渡到普通分离式衬砌段。

分岔隧道根据其分岔段的布置方式可分为两种。

（1）I 型分岔隧道：洞口段先设置为大拱隧道段，然后逐渐过渡为整体式中隔墙连拱隧道、夹芯式中隔墙连拱隧道、小净距隧道，最后转变为标准的上下行分离隧道。当隧道洞口中央分隔带宽度小于 1.5m 时，一般洞口需设置大拱段（对双车道隧道而言设置四车道大拱隧道）。当洞口中央分隔带宽度在 1.5～3.5m，也应考虑将洞口段设置为大拱隧道，以改善支护结构的受力条件。I 型分岔隧道的典型设置形式如图 1-5 所示。

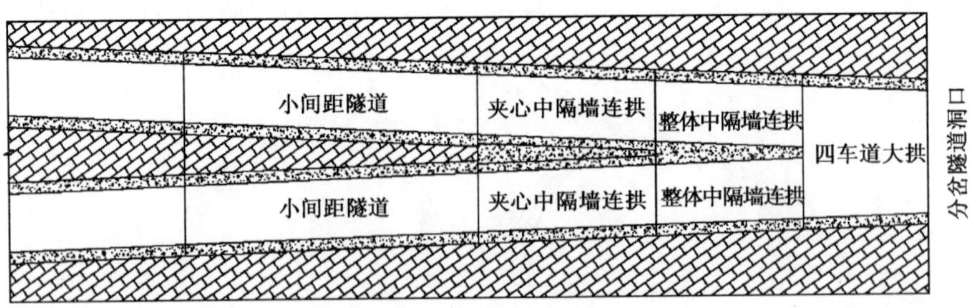

图 1-5　I 型分岔隧道衬砌平面布置图

（2）II 型分岔隧道：洞口段先设置为整体式中隔墙连拱隧道，然后逐渐过渡为夹芯式中隔墙连拱隧道、小净距隧道，最后渐变为标准的上下行分离隧道。当隧道洞口中央分隔带宽度在2.5m左右时，可考虑设置为II型分岔隧道。II型分岔隧道的典型设置形式如图1-6所示。

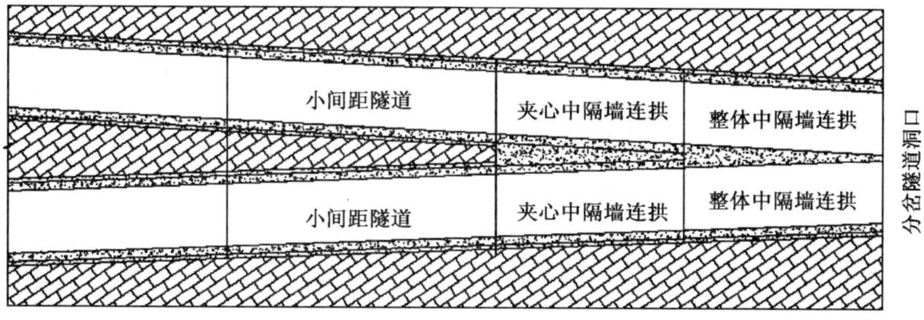

图1-6　II型分岔隧道衬砌平面布置图

此外，当隧道洞口中央分隔带宽度大于5.0m，且地质条件较好时，洞口段一般可设置为小净距隧道（保留中间岩柱），然后逐渐过渡为标准的上下行分离隧道，即在隧道设计中常采用的洞口小净距、洞身分离式隧道形式。

三、隧道设置形式的选取

隧道设置形式的选择，应充分考虑围岩地质条件、断面形状、尺寸大小、施工方法、支护时间、洞口两端接线、占地大小、环境影响和工程造价等因素。高速公路、一级公路的隧道一般应优先选择标准间距的分离隧道，其次考虑小净距隧道，最后考虑连拱隧道。

1. 标准分离式隧道

标准间距的分离隧道最小间距的选定与地质条件及隧道跨度关系最为密切，但还应综合考虑隧道埋置深度及运营期通风等因素，以双洞之间彼此不产生不利影响为原则。实际设计中隧道双洞间距可参照表1-2选取。

长大双洞隧道净距参考表（m）　　　　表1-2

隧道断面	隧道长度（m）	80%地段的围岩条件		
		在III级及其以上	在IV级及其以下	在V级及其以下
两车道隧道	≤200	5~10	8~12	10~20
	200~500	5~10	10~15	15~25
	500~1 000	10~15	15~20	20~30
	≥1 000	15~20	20~30	30~40
三车道隧道	≤200	5~10	10~15	15~20
	200~500	10~15	15~20	20~30
	500~1 000	15~20	20~30	30~40
	≥1 000	20~30	30~40	40~50

2. 小净距隧道

在地形条件较狭窄的情况下，不能按常规的分离式隧道间距布设，或因设置分离式隧道而导致隧道两端的接线路基（桥梁）的工程量增加较多、施工难度增大时，可考虑设置为小净距隧道。小净距隧道的间距不宜过小，否则两洞室间施工相互影响较大，不仅增加施工难度，造价亦较高。一定跨度下隧道小净距段适应的最大长度、隧道间距可参照表1-3选取。

不同断面形式隧道的连续小净距段最大长度和净距参考表　　表1-3

隧道断面	隧道长度(m)		隧道间距(m)
两车道隧道	一般值	750	不小于5
	极限值	1 000	8～15
三车道隧道	一般值	500	不小于8
	极限值	750	8～20

注：地质条件好时取低值，地质条件差时取高值。

3. 连拱隧道

连拱隧道，两端接线均可采用整体式路基，具有节约土地、接线顺畅、接线工程量小等优点，但是连拱隧道施工复杂、造价较高。因此，隧道两端接线的平面线形和隧道长度是选择连拱隧道的控制性因素。连拱隧道长度可结合地质条件与洞外工程规模综合确定，不同跨度的连拱隧道经济长度可参照表1-4选取。

不同断面形式的连拱隧道的最大长度参考表　　表1-4

隧道断面	隧道长度(m)	
四车道隧道	一般值	400
	极限值	750
六车道隧道	一般值	300
	极限值	500

注：本表主要从经济性与施工工期上考虑，如果有特殊要求也可进一步加长连拱隧道。

连拱隧道根据中隔墙的构造差异又可分为整体式中隔墙连拱隧道及复合式中隔墙连拱隧道。一般复合式中隔墙连拱隧道的防排水系统可靠性更有保障。

4. 分岔隧道

在地形条件特别困难地段，隧道洞口段无法采用分离式双洞而洞身段又必须采用分离双线时，可采用特殊的分岔隧道结构。在隧道内需进行车流分合时(地下互通)也可采用分岔隧道。分岔隧道大拱衬砌断面跨度较大，各类型断面过渡施工复杂，因此分岔隧道分岔段宜布置在围岩等级高于Ⅳ级的地段。

四、分岔隧道设计与施工中的关键技术

分岔隧道由大拱隧道、连拱隧道、小净距隧道及标准间距的分离隧道组成，同时具备这些隧道的特点，但是绝对不是这些隧道的简单叠加。由于其独特的建设方式及所处的特殊建设条件而具备显著的自身特点。

(1)分岔隧道一般紧邻特大桥梁，洞口地形条件较差，施工场地狭小。

(2)为保证结构及运营安全，从桥梁到分岔隧道，在路线平面上应合理过渡。

(3)分岔隧道的洞口段不仅隧道结构复杂多变，而且埋置深度浅，地质条件差。

(4)间距处于变化过程中的左右洞室，合理划分各类衬砌，协调这种变化十分重要。

(5)大拱与连拱过渡地段、连拱与小净距过渡地段支护方法、施工方法、稳定性评价是工程成败的关键。

(6)分岔隧道一般为长大隧道,相距较近的洞口送排风的相互窜流对通风方案的影响不能忽视。

因此,为了搞好分岔隧道的设计与施工,在注意全面把握的情况下,还应重点从如下几方面做好工作。

(1)分岔隧道洞外为按整体式路基方式建设的桥梁,进入隧道后要求逐渐由整体式路基的隧道过渡为分离式路基的隧道。从理论上分析,该过渡段(分岔段)越短,则造价越低,施工难度越小。

(2)分岔隧道洞口段的施工组织。由于地形陡峻,场地狭小,如何同时满足特大桥梁与长大隧道施工场地的需要、如何保证施工过程中的安全、如何合理安排桥梁与隧道的各施工工序,对隧道与桥梁的顺利建设十分重要。分岔隧道实施中常需结合地形条件、通风方案等设计合适的施工横洞,以便将隧道与桥梁的施工场地分开,减少相互干扰。

(3)大拱隧道的设计与施工。对于双车道标准高速公路,一般四车道大拱隧道的开挖宽度约20~21m,而分岔隧道洞口段的四车道大拱(全幅高速公路隧道)的开挖跨度达到24~25m,比标准的四车道高速公路隧道还宽3~4m。如何结合洞口段地形地质条件差的特点合理优化支护参数、施工方案以及做好洞室稳定性评价很重要。

(4)中隔墙(中间岩柱)处于渐变中的连拱隧道与小净距隧道的支护设计以及施工方法。由于“渐变”这一因素,使得合理确定连拱隧道中隔墙和小净距隧道中间岩柱的最小厚度、不同地质与结构条件下的施工方法很重要,因为这直接关系到工程造价与施工效率,也关系到施工安全与结构的永久安全。

(5)四车道大拱隧道与连拱隧道的过渡地段、连拱隧道与小净距隧道的过渡地段不仅结构形式变化大,施工工序多,在施工中容易受到意外损伤,而且受力状态复杂,容易引起安全问题,在设计与施工中应充分重视。

(6)连拱隧道中隔墙及小净距隧道中间岩柱的保护。在连拱隧道与小净距隧道的起点段,中隔墙及中间岩柱均比通常条件下更薄,加上施工工序较多,如何采用合理的施工工序及爆破方法来最大限度地保护它们是施工的关键。

(7)洞口送排风的相互干扰以及对通风方案的影响。分岔隧道两洞口相距较近,必然会有部分排出的污染空气被另一洞口重新吸入。对于采用机械通风的长大隧道,该影响不能忽略,必要的情况下还应考虑改变通风方案。

(8)分岔隧道建设条件。分岔隧道是一种特殊形式的隧道建设方式,与同类地质条件下的其他隧道相比,其结构复杂多变,对施工技术要求较高,施工效率相对较低,造价相对偏高,因此应是不得已才选用。该类隧道常面临十分苛刻的建设条件,如隧道洞口要求设置为整体式的桥梁,加宽中央分隔带比缩小隧道间距造价更高、风险更大。

由上面的分析可以看出,分岔隧道的设计重点与难点较多,需要在设计施工过程中加以重视。对于其中连拱隧道与小净距隧道设计与施工的技术问题,由于经验较多,理论也已相对成熟,且有国内外相关单位进行过系统研究,均不构成分岔隧道的关键技术问题。分岔隧道所涉及的全新的关键技术总结起来主要有如下三个方面。

(1)四车道大拱隧道的设计方法与施工方法。

(2)过渡段(四车道大拱隧道到连拱隧道、连拱隧道到小净距隧道)的设计方法、施工方法以及围岩与支护结构的保护方法。

(3)小净距隧道左右洞口送排风的相互影响规律以及对分岔隧道通风方案的影响。

下文以双向四车道分岔隧道为例对分岔隧道进行说明。

1. 四车道大拱隧道

分岔隧道洞口段大拱衬砌分为无中央分隔墙的四车道大拱衬砌和有中央分隔墙的四车道大拱衬砌两种(图1-7)。对于无中央分隔墙的衬砌方案,左右洞的通风设计应联合考虑;对于有中央分隔墙的衬砌方案,通风设计过程中也应适当考虑两洞室之间的相互影响。

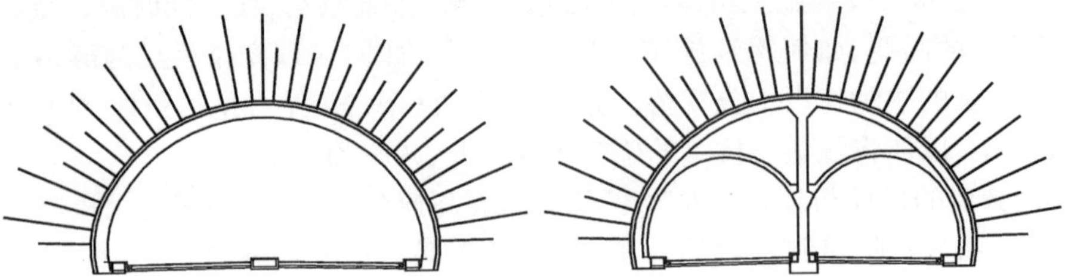

a)　　　　　　　　　　　　b)

图1-7　四车道大拱衬砌

a)无中央分隔墙衬砌;b)有中央分隔墙衬砌

当根据隧道通风需要必须设置中央分隔墙时,可以将其设计为仅仅起分隔功能的轻型结构,也可以将其设计为能够承担一定变形荷载的承重结构。当中隔墙可能承担荷载时,应根据地质条件、结构刚度及施工工序等方面,综合分析确定承担变形荷载的比例,根据承担的设计荷载,进行内力分析、强度校核和稳定性验算。

洞口大拱段的支护应采用复合式衬砌方案,即衬砌分两次或三次施作,一般条件下II级与III级围岩宜采用两层支护方案,IV级与V级围岩可采用三层支护方案。

初期支护:对II、III级围岩地段由径向锚杆、钢筋网及喷射混凝土组成,对于Ⅳ、Ⅴ级围岩地段由工字钢拱架(钢筋格栅)、径向锚杆、钢筋网及喷射混凝土组成。

二次衬砌:对于两层衬砌方案,二次衬砌仅承担少量围岩变形荷载,对于三层衬砌方案,二次衬砌是对初期支护的补充加强,与初期支护共同组成主要承载结构。二次衬砌可采用型钢拱架混凝土或钢格栅拱架混凝土结构。

三次衬砌:一般情况下三次衬砌可采用素混凝土结构,当围岩压力荷载较大,需要第三层衬砌承担部分荷载时,可采用钢筋混凝土。其合理施作时间,应严格按照监控量测数据进行,应尽可能发挥初期支护与二次衬砌的承载能力。

初期支护应边开挖边施作,三层支护方案的二次衬砌应在洞室开挖完成后及时施作甚至在施工开挖过程中分步施作。如果开挖完成后初期支护在后续施工期间不能完全稳定洞室,应及时施作二次支护,最后在确定洞室周边收敛变形基本稳定的条件下,再进行三次支护的施工。

大拱段支护参数,应根据实际地形地质条件,结合拟订的施工开挖方法进行围岩稳定性分析或进行结构强度校核后确定。一般可参考表1-5初步确定其支护参数。

大拱段衬砌支护参数　　表 1-5

围岩分级		V 级	IV 级	III 级	II 级
初期支护	喷射混凝土	C20 厚 30cm	C20 厚 25cm	C20 厚 15cm	C20 厚 8cm
	锚杆	$L=3m$、6m 间距 70cm × 100cm 交错布置	$L=3m$、6m 间距 80cm × 100cm 交错布置	$L=2.5m$、5m 间距 100cm × 100cm 交错布置	$L=3.0m$ 间距 120cm × 120cm 拱部布置
	钢筋网(cm)	ϕ8mm,20cm×20cm	ϕ8mm,20cm×20cm	ϕ8mm,20cm×20cm	ϕ8mm,20cm×20cm
	钢拱架	22 工字钢拱架间距 70cm	20 工字钢拱架间距 80cm	16 工字钢拱架间距 100cm	—
二次衬砌	模筑混凝土	C25 钢筋混凝土厚 55cm	C25 钢筋混凝土厚 50cm	C25 素混凝土厚 50cm	C25 素混凝土厚 40cm
三次衬砌	模筑混凝土	C25 素混凝土厚 30cm	C25 素混凝土厚 30cm	—	—
仰拱	初期支护（早强模筑混凝土）	C20 厚 30cm 内设拱架	—	—	—
	二次衬砌	C25 钢筋混凝土厚 60cm	C25 钢筋混凝土厚 60cm	—	—
备注	—	进行结构计算后确定	进行结构计算后确定	进行结构计算或围岩稳定分析后确定	进行围岩稳定分析后确定

大拱段衬砌支护参数，在实际施工过程中要注意，加强监控量测，根据监控量测结果及时调整支护参数，以确保施工安全。在施作最后一层衬砌之前，宜根据现场地质条件及监控量测数据对隧道结构的永久可靠性进行评价，以确保隧道运营期间的安全。

特大跨度隧道的支护结构设计，应与施工开挖方法设计相结合。作用在隧道结构上的荷载不仅与隧道跨度及地质条件有关，而且与施工方法有关，与支护结构的强度有关，隧道跨度越大，开挖方法对支护效果的影响越明显。

在地形地质条件较差时，大拱衬砌段一般可采用双侧壁导坑开挖法、三导坑开挖法或其他有效分步开挖方法。在地形地质条件较好时，大拱衬砌段一般可采用分步开挖方法。针对不同的地形地质条件、不同的支护结构参数，寻求最优的开挖方法成为大拱衬砌段设计与施工的重难点问题。典型的台阶分步开挖法如图 1-8 所示。

2. 过渡段隧道

在分岔隧道的分岔段内，将出现两处洞室形状及支护结构形式的较大变化：由四车道大拱隧道过渡到连拱隧道以及由连拱隧道过渡到小净距隧道。针对不同的地质条件合理确定过渡段的设计方法、施工方法、围岩与支护结构的保护方法是分岔隧道设计与施工成败的关键。

在相同的地形与地质条件下，单位长度的四车道大拱造价要高于连拱隧道，连拱隧道造价要高于小净距隧道，小净距隧道造价要高于完全分离隧道，施工过程中的安全度与结构受力条件也具有上述相同的比较趋势。因此在设计过程中应尽可能缩短分岔段的长度，在分岔段内尽可能缩短四车道大拱段与连拱段的长度，不仅关系到工程造价，而且关系到工程安全与施工效率。隧道平面线形一旦确定,分岔段的长度也就基本确定,设计的关键点在于分岔段内的优化调整。在分岔段内,由于大拱段的长度取决于连拱隧道起点中隔墙的最小厚度,连拱隧道的长度取决于小净距隧道起点中间岩柱的最小厚度,因此合理确定分岔隧道内连拱隧道中隔墙和小净距隧道中间岩柱的最小厚度应是设计首先考虑的问题。分岔隧道过渡段示意图如图1-9 所示。

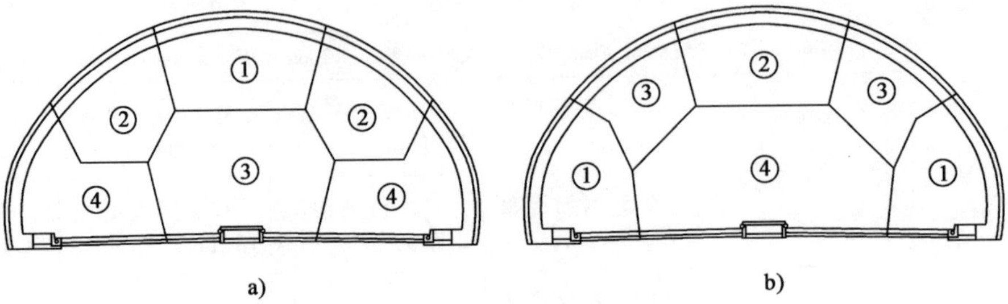

图 1-8　四车道大拱衬砌开挖方案

a)先拱部及核心,后两侧;b)先两侧及拱部,后核心

图 1-9　分岔隧道过渡段示意图

a)四车道大拱过渡到连拱段;b)连拱过渡到小净距段

一般条件下,整体式中隔墙连拱隧道的中隔墙厚度为 1.6 ~ 2.0m,小净距隧道中间岩柱厚度为 4.0 ~ 5.0m。现在,分岔隧道内连拱隧道与小净距隧道不仅比一般条件下取值更小,而且处于过渡段内的连拱隧道与小净距隧道的周边围岩的应力分布和结构受力状态更为复杂,中隔墙及中间岩柱将承受更大的围岩压力,因此在同样地质条件下,过渡段洞室支护参数的确定与优化,将与一般条件下同类洞室存在较大差别,技术要求更高。针对过渡地段复杂的三维特性,其围岩稳定评价方法与衬砌结构强度评价方法也有较大差别,在设计过程中,根据数值计算结果对洞室的稳定状态进行评价以及支护结构上土压力荷载的确定也十分关键。

(1)连拱隧道中隔墙厚度取值问题

根据前期大量的隧道设计施工经验,常将整体式中墙连拱隧道中隔墙最小厚度取为1.5m,分岔隧道渐变段连拱隧道中隔墙厚度将沿隧道线间距的变化而逐步发生变化,不同的地质条件及开挖宽度下,中隔墙厚度对结构自身受力性能影响十分明显,中隔墙厚度分别为1.2m、1.5m、1.8m、2.0m 时的整体式中隔墙连拱隧道的洞室稳定性能与结构受力变化值得深入研究。

(2)小净距隧道中夹加固岩体厚度取值问题

常规隧道设计中,小净距隧道中间岩柱厚度最小值常取为 4.0 ~ 5.0m。同样在不同地质条件下中间岩柱厚度分别为1.5m、2.0m、2.5m、3.0m、4.0m的小净距隧道的洞室稳定性能与结构受力变化也值得深入研究，以便寻找到一些规律性的结论。

(3)过渡段隧道开挖方法问题

过渡段洞室不仅洞室跨度大，且形态复杂多变，支护结构与周边围岩的受力特性采用常规的二维平面应变研究方法已不能反映围岩与支护的真实特性，常需结合施工方法进行三维数值分析进行结构分析。

针对不同的地质条件及不同的过渡地段，如何采用合理的分步开挖方法，对于保证施工过程中的安全与结构的永久安全十分关键。设计上，要求连拱隧道在Ⅴ级及Ⅳ级围岩地段采用三导坑法开挖，在Ⅱ级及Ⅲ级围岩地段采用中导坑法开挖；小净距隧道一般在Ⅴ级围岩地段要求左右洞均采用侧壁导坑法开挖，在Ⅳ级围岩地段后期施工的洞室应采用侧壁导坑法开挖，以便及时加固中间岩柱；在Ⅱ级及Ⅲ级围岩地段可以采用台阶法开挖，但是内侧应尽快落底，以减少左右洞室之间的相互影响。

大拱到连拱的过渡段施工：

①注意及时加固过渡处开挖面，保证开挖面的稳定。

②只能在大拱段初期支护完成落底甚至仰拱施作完成后，才能进行连拱隧道的开挖。

③连拱衬砌起始段可考虑降低一级围岩进行支护设计，施工开挖方法也应按降低围岩级别进行，以保证施工安全。

④地质条件较差时，应适当加强连拱起始段的超前支护以及导洞支护。

⑤施工过程中注意保证衬砌背后排水系统的通畅以及防水层的完整性。

连拱到小间距的过渡段施工：

①只能在连拱段中隔墙施作完成并达到设计强度后，才能向前开挖小间距隧道。

②小间距衬砌起始段可考虑降低一级围岩进行支护设计，施工开挖方法也应按降低后围岩级别进行，以保证施工安全。

③开挖过程中，应注意保护已施作的连拱隧道中隔墙以及需要保留的中夹岩柱。

④充分重视中夹岩柱上系统锚杆或对拉钢筋的施工质量。

此外在施工过程中，应加强对分岔过渡段洞室周边变形及支护结构内力的监控量测，根据监控量测数据及时调整开挖方法以及支护参数，确保施工安全及结构的永久安全。二次衬砌在衬砌结构形式变化处及地质条件变化处均应设置变形缝，施工过程中注意变形缝防水构造。

3. 洞口送排风相互影响及通风方案的优化

高速公路隧道为充分利用汽车通过隧道时产生的活塞风力，隧道内的通风风流方向一般与行车方向一致，可节约运营期间的通风费用。因此，同一端的两洞口常一处排污另一处吸入新鲜空气。当两洞口相距较近时，必然会有部分排出的污染空气被另一洞口重新吸入。尽管连拱隧道与小净距隧道两洞口相距较近，但由于隧道长度一般较短，且采用自然通风，因此基本上可以不考虑其相互影响，特别是对运营管理费用的影响不大。分岔隧道长度一般大于1 000m，且采用机械通风，上下行隧道洞口相距较近所产生的影响则不能忽略。

目前，国内外对近距离双洞送排风相互影响的相关研究较少。为了做好分岔隧道通风设计，同时为今后洞口距离较近的其他隧道通风设计提供依据，需对近距离双洞洞口送排风的相互影响程度进行研究，设计上拟采用三维流体分析软件模拟不同间距的双洞隧道在不同的送风与排风状态下隧道口的空气的流动和扩散规律，给出近距离双洞隧道对相邻隧道的影响程度。当条件容许时，还可进行模型试验以及现场测试，以进一步验证分析结果。

第二节 分岔隧道关键技术的研究方法

改革开放以来，我国在能源、交通、水利水电、矿山、市政等领域取得了令人瞩目的成就，不仅铁路隧道、水利工程隧道迅速发展，公路隧道、城市地铁、地下空间的开发也得到了迅猛发展，大量的小净距隧道和连拱隧道建设成功。同时，我国隧道及地下工程设计、施工技术水平得到显著提高。

由于设计和施工的复杂性，一般均尽量避免在隧道内分岔，但是随着我国交通建设的发展，在高山峡谷地段，为节省桥梁的工程投资，并且受限于地形、地质、施工、运营等条件，修建分岔隧道结构已经在所难免。分岔隧道结构形式在我国的铁路隧道、城市地铁以及矿山巷道中已经得到应用，例如安康线的太峪隧道、大瓢沟隧道、清岔隧道、鱼洞峡隧道、铜羊沟隧道、八亩坪隧道、小河隧道、鹰嘴岩隧道、李家山隧道等均采用分岔结构。但在国内外的大跨度公路隧道建设中，分岔隧道尚未得到推广使用。

目前，国内外对分岔隧道的相邻隧道施工，其受力分析、施工顺序、控制爆破等尚处于总结和经验积累阶段，国内外尚无相应的设计、施工技术规范和标准。因此，开展分岔隧道的设计、施工关键技术研究显得尤为重要。

现代工程技术研究的方法主要有三种，即理论分析、科学试验和数值计算。在地下工程领域中，由于工程结构几何尺寸和边界条件非常复杂，要想得到精确的解析解几乎是不可能的，因此就更加依赖于地质力学模型试验和数值仿真。由于隧道新奥法建设技术的广泛应用，在施工现场的监控量测对于了解隧道围岩状态、及时适时调整支护参数和反馈设计具有非常重要的作用，并且基于现场监测数据的位移反分析技术已经非常成熟，可以帮助识别岩土体的本构模型和物理力学参数。另外，应用结构设计中的可靠度理论可以对隧道支护体系进行稳定性评价，而可靠指标的确定已经发展了很多的方法；隧道通风作为在近二十多年来空前活跃的一个领域，它主要是借助于理论计算、模型试验、实地量测和数值模拟等多种方法进行研究。下面对各个方面分别作详细的介绍。

一、地下工程稳定性分析理论与仿真方法

在地下工程的设计计算中，荷载-结构模式是长期以来工程界的主导方法，其缺点是将围岩和衬砌割裂开来，从而无法真正描述施工中的围岩力学特性，包括隧道的周边收敛和地表及地中位移。目前，隧道的理论解析成果主要集中在单孔隧道方面，对于复杂形状的单孔隧道和连拱隧道的理论解析是非常困难的。从 20 世纪 60 年代开始，在连续介质中的单孔隧道弹塑性解的基础上，国外许多学者对单孔隧道开挖引起的土体位移及地表沉降作了理论研究及经验的公式分析。隧道围岩压力理论经历了古典压力理论、散体压力理论以及现在广泛应用的弹性理论、弹塑性理论。围岩的力学模型从弹性发展到弹塑性、弹塑性损伤；从各向同性介质发展到各向异性介质；从连续介质力学模型发展到非连续介质力学模型。

20 世纪初发展起来的以 Haim 和 Rankine 等人为代表的古典压力理论认为，作用在支护

结构上的压力是其上覆岩层的重力。但是随着开挖深度的增加，人们发现古典压力理论在许多方面都有不符合实际的地方，于是坍落拱理论应运而生，其代表人物有 Terzaghi 等。坍落拱理论认为：坍落拱的高度与地下工程的跨度和围岩性质有关。20 世纪 50 年代以来，人们开始用弹塑性力学来解决隧道支护问题，其中最著名的是 Fenner 公式和 Kaster 公式。进入 20 世纪 60 年代，奥地利工程师 L. V. Ra bcewicz 在总结前人经验的基础上提出了一种新的隧道设计施工的方法，称为新奥地利隧道施工方法（New Austrian Tunneling Method），简称新奥法（NATM），新奥法目前已成为地下工程的主要设计施工方法之一。1978 年，L. Muller 教授比较全面地论述了新奥法的基本指导思想和主要原则，并将其概括为 22 条。

日本山地宏和樱井春辅提出了围岩支护的应变控制理论。该理论认为，隧道围岩的应变随支护结构的增加而减小，而容许应变则随支护结构的增加而增大。因此，通过增加支护结构，能较容易地将围岩应变控制在容许应变范围之内。支护结构的设计则是在由工程测量结果确定了对应于应变的支护工程的感应系数后确定的。

20 世纪 70 年代，M. D. Sa lamon 等人又提出了能量支护理论。该理论认为，支护结果与围岩相互作用、共同变形，在变形过程中，围岩释放一部分能量，支护结构吸收一部分能量，但总的能量没有变化。因而他们主张利用支护结构的特点，使支架自动调整围岩释放的能量和支护体吸收的能量，支护结构具有自动释放多余能量的功能。

自 1962 年以来，随着计算方法的引入，岩土力学的发展取得了长足的进步，特别是岩土力学的数值计算和模拟方面尤其突出。各种数值模拟方法如：有限元法（FEM）、有限差分法（FDM）、边界元法（BEM）、离散元法（DEM）、流形元法（MEM）以及无单元法（Element Free Method）等新方法相继推出，很多大型的工程计算软件如 ABAQUS、ANSYS、FLAC 等在科学研究和工程中得到广泛应用，使得连续介质力学的计算应用范围得到扩大。这些理论都是基于衬砌围岩共同作用并且以地应力及施工条件为前提的、比较符合地下工程的力学原理。然而，计算参数难以准确获得，如原岩应力、岩体力学参数以及施工因素等。另外，人们对岩土材料的本构模型与围岩的破坏失稳准则还认识不足。因此，目前根据共同作用所得计算结果，一般也只能作为设计参考依据。在隧道工程领域，数值方法同样也起着重要的辅助和指导作用。

二、地质力学模型试验

近年来，虽然由于计算机、结构矩阵分析和有限元的发展，计算力学得到广泛的应用，但对于某些建筑物，如水工建筑物的拱坝、支墩坝、连拱坝，交通工程中的大型公路隧道，市政工程中的大型地下洞室空间等，由于其结构和边界条件都比较复杂，数学模型不可能模拟所有重要的物理现象。这就需要借助于实验力学这个研究建筑物结构分析的重要手段，即进行物理模型试验研究。模型试验能够模拟建筑物及其地基的实际工作状态，可以同时考虑多种因素及复杂的边界条件，而且给人以直观的结果和深刻的印象。

20 世纪 60 年代中期以来，为了仔细地研究地基本身及其对上部建筑物的影响，以 E. Fumagalli、Mulli 和 Barton 为首的专家开创了工程地质力学模型试验技术。这种试验是在模型中模拟建筑物基岩的重力及地质构造，包括地基岩体中的断层、破碎带、软弱夹层和节理裂隙等，使之尽量符合实际情况，从而研究基岩的变形状态、稳定条件及其对建筑物结构性能的影响。

地质力学模型在基本满足相似原理的条件下，能真实地反映地质构造和工程结构的空间关系，较好地模拟复杂工程的施工工艺和荷载的作用方式、工程受力的全过程以及施工过程，把握岩体工程力学特性。尤其重要的是，它可以比较全面真实地模拟复杂的地质构造，发现一些新的力学现象和规律，为建立新的理论和数学模型提供依据。另外，地质力学模型试验直观性强，它可以研究岩体应力和应变变化规律，在研究围岩破坏机制方面具有独到的长处，可弥补数值方法的不足，与数值计算相辅相成、相互补充和验证，两者相结合能够比较全面地分析工程问题。正是由于地质力学模型试验技术具有上述独特的优越性，才被国内外岩土工程界广泛重视和应用。

在隧道建设方面，国内外许多专家学者进行了相关的模型试验，发挥了巨大的作用。比如Kaiser 和 Morgenstern（1989 年）通过模型试验量测分析，表明隧道周边位移及径向应变与时间的关系可以用幂指数定律来描述；Moor（1990 年）在大圆形黏土试样中对轴向对称应力条件下的隧道进行了模拟，并采用 CRISP 有限元程序进行了数值分析，通过物理模型与数值分析相结合研究了无支护的隧道工作面的时效特性；谢锦昌等人通过模型试验对浅埋隧道荷载的规范公式进行了验证、补充和完善，对变量的特征进行了数理统计分析，从而为衬砌结构的可靠度设计提供了条件；王明年（1986 年）、李玉文（1998 年）和何川（1999 年）等通过卧式试验坑的相似模型试验（1:25），对三车道的公路隧道施工常用的全断面法、台阶法、单侧壁法（中壁法）和双侧壁（导坑）法进行了试验比较；黄伦海等人通过对某单洞四车道公路隧道在两种不同围岩条件下三种开挖方案的相似模型试验研究，得到了四车道公路隧道在相似模拟开挖中的位移规律和隧道围岩最终位移，并对依托工程隧道施工进行了指导；刘涛等人以云南省元磨高速公路的一座连拱隧道作为工程背景，按弹性阶段相似原则进行连拱隧道室内模型试验，模拟连拱隧道的施工工况，得出施工过程中隧道围岩位移、应力和塑性区分布规律；赵明阶等人利用公路隧道结构与围岩综合试验系统，对石灰岩地区大断面隧道开挖过程中，不同大小溶洞对隧道围岩稳定性的影响进行相似模型试验研究；肖林萍等人结合广州—惠州高速公路小金口双连拱隧道工程的修建，通过模型试验研究建立了双连拱隧道二次衬砌内力（轴力和弯矩）模型及围岩的稳定与变形的规律；此外，西南交通大学开展了许多室内大比例的模型试验研究，如北京地铁西单车站的模型试验研究、南京地铁三山车站的模型试验研究、深圳地铁重叠隧道模型试验研究、广州地铁 2 号线越秀公园车站模型试验研究等；同济大学采用模型试验的方法研究了盾构隧道预应力管片。

但目前国内外关于分岔隧道地质力学模型试验方面的研究还没有先例。因此，进行分岔隧道三维地质力学模型试验，对分岔隧道的设计支护参数、施工开挖方案以及设计施工中应注意的问题进行研究是非常有意义的。

三、现场监测及位移反分析

从 20 世纪 70 年代起，随着隧道施工的新奥法技术的推广，现场原位试验成为隧道工程建设和研究的一种必要而有用的方法。新奥法的最基本特点是通过施工过程的位移和应力量测来了解开挖后围岩的变形形态，适时地设置支护，以便最充分地发挥围岩本身的自承能力，获得最佳的加固效果。

现场监测的研究数据不仅可以为理论研究提供依据，而且可以直接指导实际工程。国内外的大型工程、新型结构或特殊结构都积极采用现场试验的方法。现场原位试验包括：地质和支护状态观察、隧道周边收敛和顶拱沉降量测、钢支撑内力测量、模筑二次衬砌内力测量。通过典型的现场原位试验，取得围岩和支护结构的力学行为随施工进展的动态特性，判明各次开挖后所引起的围岩松弛范围及支护结构的实际受力状况，建立隧道新奥法施工的现场监控量测体系和监控标准，并提出及时解决施工过程中出现不良情况时的各种应急措施。

和很多人工材料（如金属、塑料）等不同，岩土体作为地球漫长地质运动中形成的介质，其物理力学参数是非常难以确定的。一般是借用确定人工材料参数的室内试验的方法，或者是在工程现场进行弹性波试验得到动参数再通过力学公式算出静参数。但是新奥法给我们提供了一种全新的思维——位移反分析。位移反分析方法是一种典型的逆向思维，它以实测位移为依据，通过反演求出岩体力学参数和初始地应力，从而开辟了初始地应力和岩体力学参数研究的新途径，引起了从事反演研究的学者的兴趣，并在短短数十年间就取得了一系列的成果。如果按照研究手段来划分，我们可以清晰地看出位移反馈分析的研究以及从最初日本学者 Karangh 提出位移反馈分析的思想走向智能化研究阶段。

第一个阶段可以大致概括为位移反馈分析纯数值研究阶段，这一阶段的特点是研究方法主要采用纯粹的数值方法，如有限元法、图谱法或有限元结合优化方法等。这一阶段跨度大致为 1970 年年初至 1990 年年初。

第二个阶段，大概从 1990 年开始，其中以智能方法、系统论、信息论、新型优化方法与岩石力学相结合的反分析研究最为突出。在国内，张清教授率先将人工神经网络引入岩石力学与岩土工程，进行岩石力学行为的预测研究。但直到 1990 年年初，信息论、系统论和智能化研究开始进入从事位移反馈分析理论研究学者的视野。位移反馈分析的研究开始进入一个新的阶段。一些研究学者对智能思维、方法在岩石力学中的应用进行了一系列的分析研究，包括神经网络、不确定推理方法、遗传算法、进化算法、蚁群算法、仿生算法、集成智能系统、专家系统等。智能岩石力学在这一期间取得了丰硕的成果，智能反演方法也得到了空前的发展。同一时期信息论引入到位移反分析中，在数学上建立了逆问题一般信息理论的基本框架；借助系统论，学者们提出了基于数理统计 Bayesian 原理广义参数反分析法。总体说来，目前，随着工程实际的需要及理论的发展，地下洞室开挖的位移反馈分析研究还在不断地深化，特别是智能方法、新的优化算法与反演分析相结合等，发展迅速，取得了丰富的研究成果。

四、支护系统可靠度分析方法

隧道支护结构设计时，应使所设计的结构在其使用期内，力求在经济合理的前提下满足安全性、适用性和耐久性的要求。结构的安全性、适用性和耐久性三者总称为结构的可靠性，可靠性的数量描述一般用可靠度。结构的可靠度是指结构或构件在规定的时间内，在规定的条件下完成预定功能的概率。结构完成预定功能的标志由极限状态来衡量：结构整体或部分在超过某状态时，结构就不能满足设计规定的某一功能要求的这种状态，称为结构的极限状态。结构的极限状态一般由状态函数（功能函数）加以描述。

结构可靠度分析按不同的发展阶段，大致可归纳出如下几种理论模式。

- 极限状态函数
  - 随机变量概率模型
    - 水准 I——半概率模式
    - 水准 II——近似概率模式
      - 正态分布变量
      - 指数正态分布变量
      - 当量正态分布变量
    - 水准 III——全概率模式
  - 随机过程概率模型
    - 半随机过程模式
    - 全随机过程模式

目前,在国际上已进入实用阶段的概率设计法是随机变量的近似概率模式(水准 II)。我国《工程结构可靠性设计统一标准》(GB 50153—2008)、《建筑结构可靠度设计统一标准》(GB 50068—2001)、《铁路工程结构可靠度设计统一标准》(GB 50216—94)等均采用的极限状态设计方法就属于这一水准。

目前,实用的计算可靠指标的方法有以下几种:一次二阶矩法、当量正态分布法(JC 方法)、分位值法、多重积分方法及随机抽样法(Monte-Carlo 法)。此外,随着计算技术的发展,有限元-一次二阶矩法、有限元-最大熵法、有限元-Monte-Carlo 法,也先后应用于结构可靠度分析。具体计算采用哪一种方法,应根据结构极限状态方程中基本随机变量的概率分布和方程式的线性或非线性等情况使用。

五、隧道通风相互影响研究现状

所有的公路隧道都必须通风,目的是降低隧道内烟雾浓度和污染物浓度,以保证汽车行驶的安全性和驾乘人员的舒适度。通风问题的研究,最早出现于铁路隧道中,早期修建的铁路隧道由于当时的技术条件和经济条件限制采用自然通风,随着隧道长度增加和各方面条件提高,机械通风逐渐被采用,即用通风机将新鲜风流吹入隧道内或把污染空气吹出隧道外。公路隧道的通风出现比铁路隧道晚,在公路隧道发展的初期,也是依靠自然风和交通风。然而,随着汽车时代的到来,交通量日趋增大,当隧道超过一定长度或交通量超过一定值后,仅靠自然风和交通风满足不了隧道内运营环境的卫生要求,就必须采用机械通风。

通风的设计应考虑隧道的长度、线形和交通状况,以及隧道所处地区的地理、气候条件和周围环境的影响,还要考虑隧道内行驶的车辆和所处地层中排放的有害气体。通风可由自然风、汽车活塞效应形成的交通风和机械强迫通风等多种形式组合提供。根据风流在隧道内的流动形式,公路隧道的通风方式可分为全横向式、半横向式和纵向式。

射流通风作为一种新的纵向通风方式是国外 20 世纪 70 年代开始采用的一种公路隧道通风新技术,它运行安全、可靠、调控方便、灵活,可以获得较好的通风效果。在保证洞内安全和卫生条件的前提下,采用纵向通风方式可以减小隧道开挖断面、简化施工、节约营运电力,并且具有操作灵活、机械设备简单、安装维修容易的特点,故较其他通风方式有着较高的优越性,成为长大公路隧道通风形式的发展趋势。近年来,日本、德国、西班牙、瑞士等发达国家的新建公路长大隧道大都采用纵向式通风。我国 1995 年建成通车的成渝公路上的中梁山隧道和缙云山隧道首次将纵向通风技术运用于 3 000m 以上的公路隧道,开创了我国长大公路隧道纵向通风之先河,随后的长大隧道大多都采用了纵向通风方式,已经建成的秦岭终南山特长公路隧道(18 020m)也拟采用分段纵向通风方式。可以预测,今后的长大隧道将尽可能采用双洞单向行驶交通形式，根据具体要求和经济条件，采用射流风机、斜（竖）井、电气集尘等组合通风形式。

隧道通风的研究方法，主要是通过理论计算和模型试验分析以及结合实地量测并运用数字计算机编制数值模拟程序，以获得隧道内风速场，压力场和温度场的分布，从而制订出隧道通风的最佳方式和最佳控制系统。

对于公路隧道纵向通风的一维常规计算，计算理论已趋完善。其理论基础是空气动力学中的连续方程，动量方程和能量方程。近年来，各国的隧道通风专业人员都致力于纵向通风计算的程序化。最具代表性的是瑞典的 AxelBring 等在 IDA（输入数据汇编程序）环境下编制的一套用模块模拟的程序。该程序输入数据为隧道的几何尺寸、气流摩擦系数和损失系数、交通流量、污染物排放量、车辆牵引系数、风机效率系数、边界处的空气压力等。对于公路隧道纵向通风的多维和动态计算，由于其复杂性，多运用 CFD 计算流体力学软件进行模拟分析。

隧道火灾问题是通风研究中不可缺少的部分。虽然公路隧道的火灾发生概率很小。但一旦发生，对人员生命安全和隧道设施安全的危害是极大的。国外很早就开展了对火灾的研究。为了确保必要通风且有效地控制火灾发生时的烟流，在纵向通风常规计算中一般用一个临界风速作为风速下限值。而对于多维和动态研究，由于其复杂性，一般通过模型试验和计算流体动力学方法进行模拟分析。

但是迄今为止，国内外对采用双洞单向行驶交通形式的隧道的通风问题的研究，大多忽视了近距离隧道的洞口混风问题，而对于分岔隧道这个问题非常严重，必须用数值仿真、模型试验以及现场试验等方法进行全面的研究。

第三节　依托工程概况

本书关于分岔隧道的研究、设计和施工将以沪蓉西高速公路的八字岭隧道，漆树槽隧道和庙垭隧道作为工程背景，现将依托工程作一简单介绍。

一、湖北省沪蓉西高速公路简介

沪蓉国道主干线是我国规划的公路主骨架网“五纵七横”中的“一横”，也是国家“7918”高速公路网规划的组成部分（图 1-10）。湖北省沪蓉西高速公路（以下简称“本项目”）是沪蓉国道主干线的重要组成部分，是湖北省高等级公路规划网“五纵三横一环”中主要的“一横”，是鄂西南地区必不可缺的重要运输通道，是交通运输部典型示范工程之一。

本项目的建设是实施西部大开发，保持国民经济持续、稳定、协调发展战略的需要；是完善国道主干线和湖北省路网结构的需要；是区域经济和走廊带日益增长交通量的需要；是开发和利用水能、矿产和旅游资源及发展有机的综合运输体系的需要。本项目建成后，将会使湖北省形成以武汉为中心，以京珠、沪蓉国道主干线为主轴，连接湖北省和周边省会城市的高速公路网。

本项目为四车道全封闭高速公路，设计行车速度为 80km/h，整体式路基宽度为 24.5m，而分离式路基宽度为 12.5m。

本项目东起宜昌长江大桥，西至与重庆段相接的利川市鱼泉口，全长 320km，分两段实施（图 1-11）。其中，宜昌长江大桥至恩施吉心 198km，恩施吉心至利川鱼泉口 122km。为了探索山区高速公路建设经验，首先实施了 16.45km 的试验路段。两段的工程规模见表 1-6。

沪蓉西高速公路总投资 204 亿元。其中宜昌长江大桥至恩施吉心段批复概算约 132 亿元，平均每公里造价约 6 700 万元，恩施吉心至利川鱼泉口段批复概算约 72 亿元，平均每公里造价约 6 000 万元。2003 年，宜昌试验段开工，2009 年竣工通车。

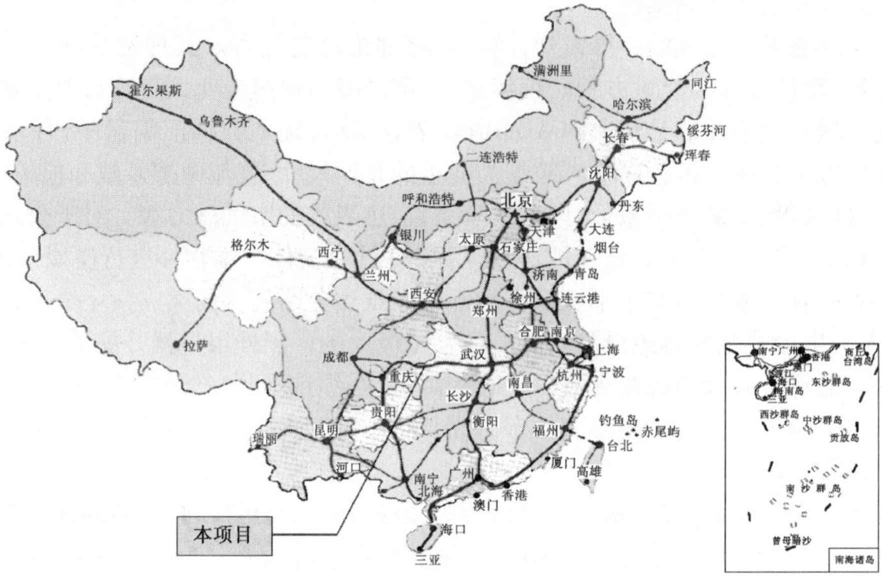

图 1-10　本项目在国家高速公路网中的位置

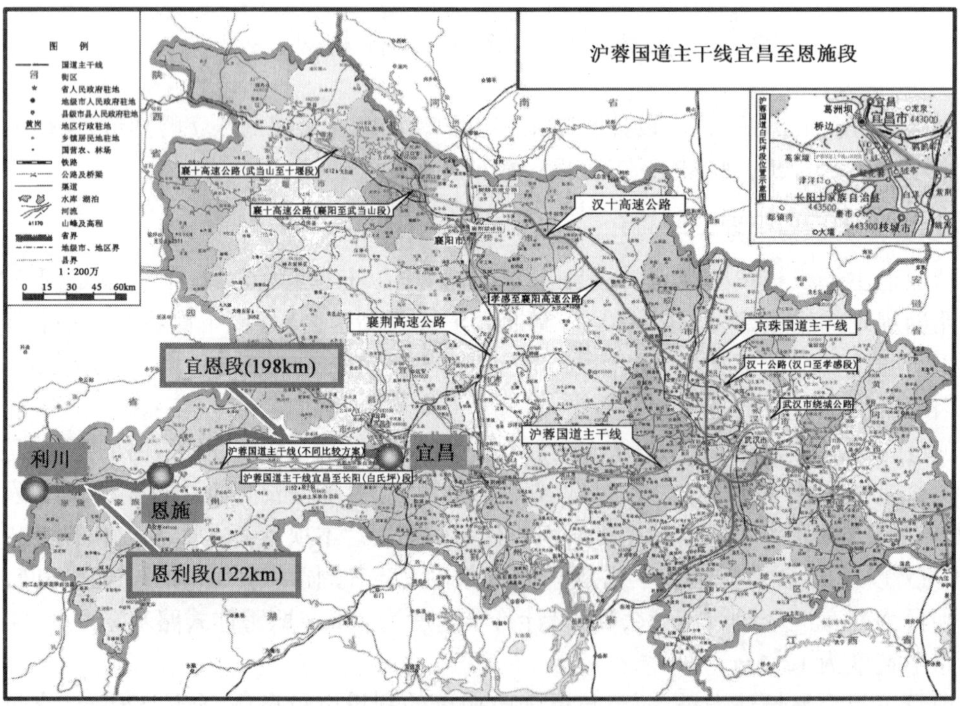

图 1-11　本项目两阶段示意图

本项目两阶段工程规模　　表 1-6

	宜昌长江大桥至恩施吉心段	恩施吉心至利川鱼泉口段
路线全长	198km	122km
主要桥梁	总长 62 923.49m/247 座,特大桥54 804.397m/41 座,占路线比例 31.78%	总长 26 914m/95 座,特大桥 7 621.5m/7 座,占路线比例 21.99%
隧道	54 570.674m/29 座,最长隧道 8 693m(龙潭隧道)占路线比例 27.02%	22 296m/14 座,最长隧道 6 728m(乌池坝隧道)占路线比例 18.21%
桥隧占路线比例	58.8%	40.2%
互通式立体交叉	6 处(高家堰、贺家坪、榔坪、野三关、高坪、红岩寺)	6 处(吉心、七里坪、谭家坝、白果坝、利川、汪营)
附属区	服务区 2 处、停车区 2 处、管理区 4 处	服务区 3 处

二、隧道设计标准与净空断面

本路段隧道为四车道高速公路,计算行车速度为 80km/h。隧道轴线设计既要服从路线的总体走向,又要根据隧道位置的地形、地质、地物、水文情况和施工条件综合考虑。

根据《公路工程技术标准》(JTG B01—2003)和《公路隧道设计规范》(JTG D70—2004)的规定,拟定隧道建筑限界如下。

(1)上下行分离的隧道(内侧设检修道):

隧道净宽:$0.75+0.25+0.5+2\times3.75+0.5+0.25=9.75$(m);

隧道净高:5.0m。

(2)连拱隧道(外侧设检修道):

隧道净宽:$2\times(0.75+0.25+0.5+2\times3.75+0.5+0.25)+4.0=23.50$(m);

隧道净高:5.0m。

(3)分岔式隧道(外侧设检修道):

隧道净宽:从连拱 $2\times(0.75+0.25+0.5+2\times3.75+0.5+0.25)+1.0=20.50$(m),过渡到上下行分离(单洞)$0.75+0.25+0.5+2\times3.75+0.5+0.25=9.75$(m);

隧道净高:5.0m。

隧道净空断面的确定不仅要满足隧道建筑限界的要求,还要满足隧道通风、照明、运营管理设施所占空间及施工误差。同时还应对衬砌结构受力特性、工程造价等因素进行分析、比较,使采用的净空断面满足功能要求,受力均匀、经济合理。上下行分离的隧道采用三心圆曲墙式衬砌断面,连拱隧道则采用中墙为曲墙形式的单心圆曲墙式衬砌断面,分岔式隧道受结构限制而采用四车道大拱形式。

三、分岔隧道建设条件

在沪蓉西高速公路榔坪至高坪段的勘察设计过程中,遇到了很多以前在山区高速公路建设中很少甚至从未涉及的难题,如横跨高深峡谷的特大跨度桥梁、近 200m 高的桥墩、特殊形式的隧道以及特殊高边坡等。在隧道建设方面,为了适应多变的地形地质条件,设置了分岔隧道。

在本项目中，为了妥善解决特殊大跨度桥梁与长大隧道直接连接的问题，设置了三座分岔隧道，分别为四渡河东岸的八字岭隧道以及位于支井河两岸的漆树槽隧道和庙垭隧道（图1-12）。

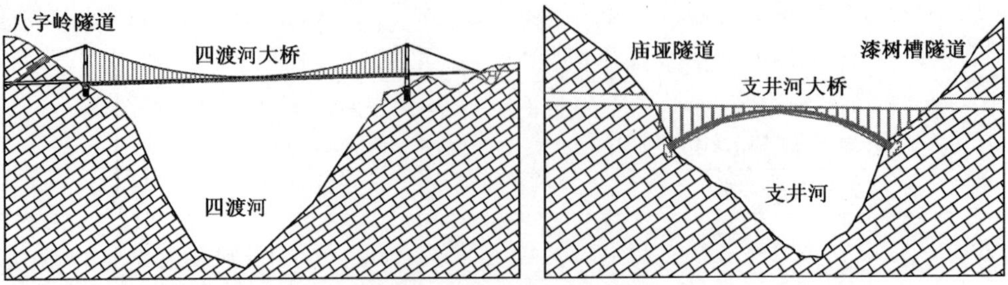

图1-12　四渡河大桥与支井河大桥纵断面示意图

四渡河为一"U"形河谷，路线设计高程与河流谷底高差达500m，河谷两岸均为悬崖峭壁。高速公路设计采用跨度达900m的悬索桥跨越该河谷，大桥西岸在设计高程附近相对较为平坦，而东岸则为陡峭山峰，紧接桥台为长度达3 550m的八字岭隧道，隧道洞门与桥台距离仅15m。

桥址区位于构造溶蚀峰丛峡谷地貌单元，四渡河河流深切，四渡河河谷宽20～30m。桥台岸坡地段，植被茂密，交通较闭塞，如图1-13所示。

支井河特大桥地处构造侵蚀溶蚀峰丛槽谷中山区，山顶高程为1 415m，河床高程为660m，相对高差755m。地形上属不对称"V"字形河谷岸坡，河谷东岸为陡缓相间的折线陡坡，河谷西岸下方为悬崖峭壁，崖肩高程845m，以上为40°陡坡（图1-14）。大桥东桥头处于陡崖崖肩一带，西桥头则处于崖肩以上陡坡段。在高程660～665m为一深切河谷，河流总体流向由北向南，河谷谷底宽30m。

图1-13　四渡河大峡谷

图1-14　支井河大峡谷

支井河特大桥宜昌侧（东侧）接漆树槽隧道出口，恩施侧（西侧）接庙垭隧道进口，由于桥隧紧密相接，两侧均为陡峻的悬崖峭壁，交通运输条件之恶劣、施工场地之狭小，工程之艰巨，为本标段之最。

由于地形复杂，施工条件极为困难。在选取桥型和布置跨径时，重点考虑结构受力和施工的难易，通过比较，最后采用了主跨450m的单跨钢管混凝土拱桥方案。

四渡河大桥与支井河大桥均为单孔跨度在400m以上特大跨度桥梁，受结构稳定及经济因素（两桥每加宽0.5m，则造价分别增加1 000万元、500万元左右）的影响，左右幅桥均必须建造为整体，与其紧邻的隧道长度也均超过1 000m。由于隧道紧接桥梁，两者之间缺少足够的过渡路基，因此紧邻桥梁一端的洞口必须设置为连拱隧道甚至四车道大拱，而长大隧道全部设置为连拱又不经济，因此有必要在隧道内将左右洞室逐渐分离，这样就形成了分岔隧道。

四、八字岭隧道

八字岭隧道位于宜昌市长阳县及恩施土家族苗族自治州巴东县境内，隧道进口位于宜昌市长阳县榔坪镇八字岭村，出口位于恩施州巴东县野三关镇栗子园村四渡河东岸。设计为分岔隧道，进口为分离式，与八字岭特大桥西桥台相连；出口为四车道大拱，与四渡河特大桥东桥台间距仅20m。隧道平面呈近东西向展布，左幅起止桩号ZK96+745~ZK100+271，中心桩号为ZK98+508，全长3 526m，进洞口高程839.04m，出洞口高程923.67m，洞体平均纵坡2.40%；右幅起止桩号YK96+726~YK100+276，中心桩号为YK98+501，全长3 550m，进洞口高程838.47m，出洞口高程923.67m，洞体平均纵坡2.40%；洞室净空9.75m×5.0m，最大埋深约450m，属特长隧道。

1.地形地貌

隧道穿越了叉河水系与四渡河水系之间的分水岭，为第三级剥夷面，地势西高东低。进口段处于构造侵蚀低中山碎屑岩区，属峰丛峡谷地貌，地面高程750~1 000m，高差约250m，地形陡峻，自然坡度多在35°左右，植被发育；隧道洞身主要位于碳酸盐岩分布区，属溶蚀峰丛洼地地貌，山体呈浑圆状，峰顶高程一般1 300m左右，洼地高程1 100~1 135m，相对高差约165~300m；出口段位于四渡河峡谷东岸，为碳酸盐岩分布区，属构造溶蚀、侵蚀峰丛峡谷地貌，峡谷谷底高程约350m，相对高差540~860m，沟谷深切，山势险峻，自然坡度多在40°~60°，地表植被发育，多生长灌木林，水土保持较好。G318从进口段通过，进口段交通便利；有简易公路达隧道洞身中部，但路况较差，交通不便；出口段地形复杂，沟谷深切，山势险峻，交通极不方便。

2.气候条件

隧道区地处中纬度亚热带，属大陆季风性气候，春、夏、秋、冬四季分明，光照充分，雨季时间长。年平均气温为16~17℃。7、8月为炎热夏季，受夏季季风控制，雨量充沛，气候湿热，月平均气温为27℃，最高气温达41℃。12月至次年2月为冬季，气候干冷，最低气温可达-14.8℃。每年3~7月、7~8月为雨季，年平均降雨量因地域的不同在1 330~1 600mm。全年无霜期210~240d。11月至次年3月为降雪期，冬季常有八、九级大风，并伴有霜冻。

3.地质构造

根据现场地质调绘并结合区域地质资料，隧道区大地构造部位处于新华夏系第三隆起带扬子准地台长阳台褶束单元，主要构造形迹展布方向为近东西向、北东向。

区域内褶皱主要为长阳背斜，背斜轴向为近东西~南西向，隧道斜穿其北西翼，呈现单斜构造特征。进口段出露地层较多，主要有泥盆系（D）、石炭系（C）、二叠系（P）碎屑岩及碳酸盐岩岩组，倾向北西，倾角45°~56°；洞身及出口段主要为三叠系（T）碳酸盐岩岩组，倾向北西，倾角56°~84°。隧道区及附近区域性断裂构造不发育，局部小断裂构造较发育，浅部岩石节理裂隙较发育。隧道区内主要构造形迹有 F3-2、F3-3 逆断层及节理裂隙。

F3-2 逆断层：发育于 ZK96 +880 ~ YK96 +840 处二叠系马鞍段（P_{1mn}）煤系地层中，属层间挤压构造破碎（局部切层），断裂带宽 10 ~ 30m，由碎裂岩、构造角砾岩、断层泥及薄煤层等组成，断层面呈舒缓波状，为压性逆断层，倾向 320°，倾角 42° ~ 88°。

F3-3 逆断层：发育于 ZK98 +400 ~ YK98 +300 处左侧三叠系大治组下段（T_{1dl}）碳酸盐岩地层中，断裂带宽 0.5 ~ 3.0m，由碎裂岩、构造角砾岩等组成，钙泥质胶结，断层面呈舒缓波状，为压性逆断层，倾向北西，倾角 45° ~ 70°，沿走向延伸长度约 240m，至隧道处地表已尖灭。

4. 地层岩性

隧道进口段出露地层较多，岩性复杂，洞身及出口段岩性单一。隧道区主要出露有：泥盆系写经寺组（D_{3X}），石炭系黄龙组（C_{2h}），二叠系马鞍段（P_{1mn}）、栖霞组（P_{1q}）、茅口组（P_{1m}）、吴家坪组（P_{2W}）、长兴组（P_{2C}），三叠系大治组下段（T_{1dl}）及第四系残坡积层（Q_{el+dl}）。

（1）残坡积碎石土（Q_{el+dl}）：分布于 ZK96 +700 ~ ZK96 +830（YK96 +700 ~ YK96 +820），灰黄、褐黄色，疏散 ~ 中密，主要为石英砂岩、灰岩风化碎石、碎块混黏性土组成，碎石块粒径 2 ~ 10cm，含量 45% ~ 55%；局部碎石含量较少，为含碎石亚黏土。根据钻孔揭露，层厚 1.0 ~ 8.0m，该层主要分布于山体表层，地形较平缓处稍厚，坡度较陡处较薄；纵波速度 v_p = 600 ~ 800m/s，推荐承载力[σ_0] = 250 ~ 300kPa，极限摩阻力 τ_i = 60 ~ 80kPa。

（2）泥盆系上统写经寺组微晶灰岩夹泥灰岩及钙质页岩（D_{3X}）：分布于 ZK96 +710 ~ ZK96 +830（YK96 +700 ~ YK96 +800），灰色，主要矿物成分为方解石、赤铁矿及黏土矿物，泥质、微晶结构，层状、块状构造，风化层厚度 13.8 ~ 15.3m，岩层产状一般为 320° ~ 350°∠48° ~ 52°；纵波速度 v_p = 2 800 ~ 3 000m/s，推荐承载力[σ_0] = 500 ~ 1 200kPa。

（3）石炭系中统黄龙组微晶灰岩、白云岩夹薄层泥质页岩（C_{2h}）：分布于 ZK96 +850 ~ ZK96 +920（YK96 +820 ~ YK96 +880），灰、灰白色，主要矿物成分为方解石、白云石及黏土矿物，泥质、微晶结构，层状、块状构造，岩层产状一般为 340°∠43°，纵波速度 v_p = 2 800 ~ 3 200m/s，推荐承载力[σ_0] = 1 500kPa。

（4）二叠系下统栖霞组马鞍段石英砂岩、炭质页岩夹煤层（P_{1mn}）：分布于 ZK96 +920 ~ ZK96 +945（YK96 +880 ~ YK96 +905），灰、灰黑色，主要矿物成分为石英、炭质及黏土矿物，泥质、砂质结构，层状 ~ 薄层状构造，岩层产状一般为 325° ~ 345°∠50° ~ 65°，纵波速度 v_p = 2 800 ~ 3 200m/s，推荐承载力[σ_0] = 800kPa。该段发育有 F3-2 层间挤压断裂构造，受构造影响，岩石破碎，岩体完整性差。

（5）二叠系下统栖霞组灰岩段含炭质燧石结核灰岩（P_{1q}）：分布于 ZK96 +945 ~ ZK97 +190（YK96 +902 ~ YK97 +180），深灰色，中 ~ 厚层状，主要矿物成分为方解石、石英及碳质，中 ~ 细晶结构，块状构造，岩层产状一般为 320°∠58°，纵波速度 v_p = 3 500 ~ 3 700m/s，推荐承载力[σ_0] = 1 500 ~ 2 500kPa。

（6）二叠系下统茅口组下段含燧石结核灰岩（P_{1m1}）：分布于 ZK97 +190 ~ ZK97 +240（YK97 +180 ~ YK97 +230），深灰色，中 ~ 厚层状，主要矿物成分为方解石、石英，中 ~ 细晶结构，块状构造，岩层产状一般为 320°∠55°，纵波速度 v_p = 4 000m/s，推荐承载力[σ_0] = 1 800 ~ 2 500kPa。

(7)二叠系下统茅口组上段硅质岩夹页岩(P_{1m2}):分布于ZK97+240~ZK97+275(YK97+230~YK97+265),灰黑色,薄-中层状,主要矿物成分为石英及黏土矿物,泥质、硅质结构,层状、薄层状构造,岩层产状一般为318°∠55°,纵波速度 v_p =3 400~4 000m/s,推荐承载力[σ_0]=1 200~1 800kPa。

(8)二叠系上统吴家坪组下段粉砂质页岩、含炭质页岩夹煤层(P_{2W1}):分布于ZK97+275~ZK97+380(YK97+265~YK97+360),灰、灰黑色,主要矿物成分为炭质及黏土矿物,炭泥质结构,层状、薄层状构造,岩层产状一般为325°~345°∠50°~65°,纵波速度 v_p =3 400~3 800m/s,推荐承载力[σ_0]=1 200~1 500kPa。

(9)二叠系上统吴家坪组上段含燧石结核微晶灰岩夹条带状硅质岩(P_{2W2}):分布于ZK97+380~ZK97+460(YK97+360~YK97+445),深灰色,厚层状,主要矿物成分为方解石、石英,微晶~隐晶结构,块状构造,岩层产状一般为310°∠57°,纵波速度 v_p =3 800~4 800m/s,推荐承载力[σ_0]=1 800~2 500kPa。

(10)三叠系下统大治组下段页岩、微晶灰岩夹页岩(T_{1d1}):分布于ZK97+580~ZK97+715(YK97+530~YK97+670),灰、黄绿色,薄层状,主要矿物成分为方解石及黏土矿物,泥质、微晶结构,层状、薄层状构造,岩层产状一般为316°∠45°,纵波速度 v_p =3 200~3 600m/s,推荐承载力[σ_0]=1 500~2 000kPa。

(11)三叠系下统大治组上段微晶灰岩(T_{1d2}):分布于ZK97+715~ZK100+275(YK97+670~YK100+292),灰色,薄~厚层状,主要矿物成分为方解石,微晶结构,层状、块状构造,分布广泛,厚度大,岩层产状一般为325°~355°∠45°~88°,纵波速度 v_p =3 100~4 800m/s,推荐承载力[σ_0]=1 800~2 500kPa。

5. 地表水

本隧道为越岭隧道,隧道穿越四渡河水系与丫叉河(八字岭河)水系间的分水岭。洞身段地表水系不发育,无常年性地表水体,洞体上方地表主沟谷有二处,分别位于YK98+650、YK99+510处,其次均为顺坡凹沟。主沟谷呈封闭状,一般无地表径流,但溶沟、溶槽、溶蚀漏斗及串珠状落水洞发育,降水形成的地表面流汇积低洼处沿垂直岩溶管道灌入地下,转化为地下径流。

隧道进口段为丫叉河支流八字岭河水系,八字岭河为隧道进口坡下沟谷,系常年性山间小溪,河谷宽约8~30m,河床底面高程640~720m,河水受季节影响,水位及流量变幅较大,具山区溪流陡涨陡落变化特征,持续时间短,冲蚀力较强,山坡植被较发育,水土保持较好,溪水含泥石量不大。

隧道出口段为四渡河水系,四渡河为隧道出口坡下峡谷,系清江北岸二级支流,为常年性河流,由北向南径流,河谷宽约100~300m,河床底面高程360~400m,水位及流量变化大,具有山区河流暴涨暴落变化的特征。

洞身段大气降水形成的地表面流汇积低洼处沿垂直岩溶管道灌入地下,转化为地下径流,是隧道涌(突)水的主要水源,对隧道施工影响较大;进、出口段的八字岭河及四渡河河床底面高程远低于隧道底面高程,地表河水对隧道无影响。

6. 地下水

据岩溶水文地质专题研究报告,该隧道水文地质区东起丫叉河(双河口河),西至四渡河,各河流均为北北东走向。地貌形态以中山为主，地势总体北东高南西低，北东区一般高程1 200～1 400m，最高可达1 500m以上；南西部山势逐渐向四渡河倾斜。丫叉河河床高程500～600m，四渡河河床高程340～500m。区内最低侵蚀基准面高程为340m。

隧道区位于长阳背斜西北翼单斜构造部位，断裂构造主要有八字岭断裂（F3-2）、栗子园断裂（F3-3）；隧道进口段出露地层主要为志留系（S）、泥盆系（D）、石炭系（C）、二叠系（P）碎屑岩类（夹碳酸盐岩类）隔水层（相对隔水层）；隧道洞身及出口段出露地层为三叠系（T）碳酸盐岩类溶洞及岩溶裂隙含水层。

单元区内碳酸盐岩岩溶发育，较典型的岩溶地貌有岩溶槽地及地下伏流（暗河）。岩溶槽地主要有：秋树岭及干沟等两处规模较大的岩溶槽地；地下伏流（暗河）主要有张三坡伏流及响龙坪伏流，其出口分别为四渡河凉水井及牛鼻子洞，其中张三坡伏流斜穿拟建隧道，对隧道工程影响较大。受隧道进口段泥盆系、志留系碎屑岩类隔水层控制，区内地表、地下水体主要排泄于四渡河，主要排泄点为牛鼻子洞及凉水井两大泉水，其流量分别为50L/s及100L/s。

五、庙垭隧道

庙垭隧道位于恩施土家族苗族自治州巴东县境内，隧道进口位于野三关镇支井河村，出口位于大支坪镇中坝村。设计为分岔隧道，进口为连拱式，与支井河特大桥西桥台相连；出口为分离式，与七道沟特大桥东桥台相连，呈近东西向展布。左幅起止桩号ZK120＋715～ZK123＋250，中心桩号为ZK121＋982.5，全长2 535m，进洞口高程946.97m，出洞口高程894.28m，洞体平均纵坡－2.08%；右幅起止桩号YK120＋715～YK123＋230，中心桩号为YK121＋972.5，全长2 515m，进洞口高程946.97m，出洞口高程894.80m，洞体平均纵坡－2.07%；洞室净空9.75m×5.0m，最大埋深约480m。

1. 地形地貌

隧道地处构造侵蚀、溶蚀峰丛槽谷、峰丛峡谷中山地貌区。进口段为支井河西岸，属构造侵蚀、溶蚀“V”形峡谷地貌，地面高程670～1 200m，相对高差约530m，山坡陡峻，自然坡度多在45°以上，植被较发育；隧道洞身主要穿越碳酸盐岩构造侵蚀、溶蚀峰丛槽谷及峰丛洼地中山地貌区，山体呈浑圆状，峰顶高程一般1 300m左右，最高1 420m，槽谷高程1 100～1 200m，相对高差200～300m；出口段位于中坝侵蚀、溶蚀“箱”形槽谷地貌，地面高程820～1 000m，相对高差约180m，谷地平缓，山坡陡峻，自然坡度多在30°左右，植被发育，多生长灌木林，水土保持较好。G318从隧道北侧约8km处平行于拟建隧道延伸，有简易公路达隧道出洞口区中坝槽谷，洞身及进洞口均无公路直达，交通十分不便。

2. 气候条件

隧道区地处中纬度亚热带，属大陆性季风性气候，春、夏、秋、冬四季分明，光照充分，雨季时间长。年平均气温为16～17℃。7、8月为炎热夏季，受夏季季风控制，雨量充沛，气候湿热，月平均气温为27℃，最高气温达41℃。12月至次年2月为冬季，气候干冷，最低气温可达－14.8℃。每年3～7月、7～8月为雨季，年平均降雨量因地域的不同在1 330～1 600mm。全年无霜期210～240d。11月至次年3月为降雪期，冬季常有八、九级大风，并伴有霜冻。

3. 地质构造

根据现场地质调绘，结合区域地质资料，隧道区大地构造部位处于新华夏系第三隆起带扬子准地台恩施台褶束单元，主要构造形迹展布方向为北东至北北东向。

区域内褶皱主要为清太平复式向斜，向斜轴向北东至北北东，隧道区内主要构造形迹有支井河背斜、中坝倒转向斜及F16、F17、F18断层。

支井河背斜：发育于隧道进口段，系次级复式背斜北西翼，轴向北东，出露地层为三叠系大冶组上段（T_{1d2}）碳酸盐岩，产状200°∠19°，路线与地层走向呈小角度斜交。

中坝倒转向斜：发育于隧道出口段，属强烈挤压形成的紧密型褶皱，轴向北北东，轴面倾南东，倾角80°，核部在中坝槽谷一线，地层为T_{1J3}，两翼地层为T_{1J2}，岩性均为碳酸盐岩类，岩层产状310°∠70°~80°，轴面两侧产状一致，岩层发生倒转，路线与地层走向呈大角度斜交。

F16逆断层（堰塘湾断裂）：发育于ZK122+304处三叠系大冶组上段（T_{1d2}）薄~中层状灰岩中，为左旋逆断层，倾向北东，倾角80°，断裂带宽15m左右，地表串珠状落水洞发育，物探低阻异常，由碎裂岩、构造角砾岩等组成。

F17逆断层（木瓜水断裂）：发育于ZK122+304左侧200m处三叠系大冶组上段（T_{1d2}）薄~中层状灰岩中，为F16逆断层所切割，断裂带宽约30m，由碎裂岩、构造角砾岩等组成，为右旋逆断层，倾向NW140°、倾角85°，远离拟建隧道，对隧道施工无影响。

F18断层：发育于ZK122+730三叠系下统大冶组上段微晶灰岩（T_{1d2}）中，物探低阻异常，断层两盘岩层产状差别大，地表岩溶发育。

4. 地层岩性

隧道区出露地层较少，岩性单一，主要出露有，三叠系大冶组上段（T_{1d2}）、嘉陵江组上、下段（T_{1j2}、T_{1j1}）及第四系残坡积层（Q_{el+dl}）。

（1）残坡积亚黏土及含碎石黏土（Q_{el+dl}）：分布于溶沟、溶槽及岩溶洼地，褐黄色，主要为黏土、粉砂质黏土组成，稍湿、硬塑状，部分含5%~10%灰岩块碎石，粒径2~5cm，层厚0.5~8.0m，纵波速度v_p=600~800m/s，推荐承载力[σ_0]=150~250kPa，极限摩阻力τ_i=50~60kPa。

（2）三叠系下统大冶组上段微晶灰岩夹薄层页岩（T_{1d2}）：分布于ZK120+715~ZK122+950（YK120+715~YK122+975），灰色，薄~中厚层状，主要矿物成分为方解石，微晶结构，层状、块状构造，分布广泛，厚度大，岩层产状一般为200°~325°∠12°~35°及300°~320°∠50°~65°，纵波速度v_p=4 000~4 400m/s，推荐承载力[σ_0]=2 000~2 500kPa。

（3）三叠系下统嘉陵江组下段白云岩、灰质白云岩（T_{1j1}）：分布于ZK122+950~ZK123+190（YK122+975~YK123+200），灰、浅灰色，中~厚层状，主要矿物成分为白云石、方解石，微晶结构，块状构造，岩层产状一般为300°~330°∠70°~80°，岩石坚硬，岩溶较发育，纵波速度v_p=3 800~4 500m/s，推荐承载力[σ_0]=2 000~2 500kPa。

（4）三叠系下统嘉陵江组中段白云质灰岩、灰质白云岩（T_{1j2}）：分布于ZK123+720~ZK124+180（YK123+700~YK124+160），灰、浅灰色，中~厚层状，主要矿物成分为白云石、方解石，微晶结构，块状构造，岩层产状一般为310°~325°∠75°~80°，岩石坚硬，岩溶发育，纵波速度v_p=4 200~4 500m/s，推荐承载力[σ_0]=2 000~2 500kPa。

5. 地表水

本隧道为越岭隧道，隧道穿越支井河水系与中坝水系（七道沟水系）间的溶蚀峰丛槽谷及峰丛洼地中山区。洞身段地表水系不发育，无常年性地表水体，洞体上方地表主沟谷有叉斗坪窝坑（YK121 +710）及尹家包瓦屋场（YK122 +350）岩溶槽谷。主沟谷一般无地表径流，但溶蚀漏斗及串珠状落水洞发育，降水形成的地表面流汇积低洼处沿垂直岩溶管道灌入地下，转化为地下径流。

隧道进口段为支井河水系，支井河位于隧道进口东侧，系常年性山间河流，由北向南径流，河谷宽约40~60m，谷底高程660m，河水受季节影响，水位及流量变幅大，具有山区河流暴涨暴落变化的特征。

隧道出口段为中坝河水系（七道沟水系），中坝河位于隧道出口西北侧，系常年性山间小溪河，河谷宽约15~30m，河床底面高程820~830m，河水受季节影响，流量变幅较大，具有山区溪流陡涨陡落变化的特征，持续时间短，冲蚀力较强。

洞身段大气降水形成的地表面流汇积低洼处沿垂直岩溶管道灌入地下，转化为地下径流，是隧道涌（突）水的主要水源，对隧道施工影响较大；进、出口段的支井河及中坝河底面高程远低于隧道底面高程，地表河水对隧道无影响。

6. 地下水

该隧道水文地质区东起支井河，西至中坝河，河流为南北、北东走向。地貌形态以中山为主，最高可达1 420m以上。

隧道区位于支井河背斜及中坝倒转向斜之间，断裂构造主要有F16、F17、F18断层；隧道区出露地层主要为三叠系（T）碳酸盐岩类溶洞及岩溶裂隙含水层。

单元区内碳酸盐岩岩溶发育，较典型的岩溶地貌有溶槽、岩溶漏斗及落水洞。

叉斗坪窝坑岩溶槽谷（YK121 +710）：近南北向展布，为开口式岩溶槽谷，谷底宽40~60m，底面高程1 230~1 280m，谷底大部分地段为黏土层覆盖，地表岩溶发育，以落水洞为主，低洼处落水洞内常年有水，水位高程约1 202m。

尹家包瓦屋场岩溶槽谷（YK122 +350）：呈北北东及北西向展布，为开口式岩溶槽谷，谷底宽50~80m，底面高程1 060~1 174m，谷底大部分地段为黏土层覆盖，地表岩溶极发育，以岩溶漏斗及落水洞为主，汇积大量地表大气降水灌入地下。

单元区内地下水主要接受大气降水补给。大气降水形成的地表面流沿上述地表岩溶汇积、灌入，补给地下水。地下水基本以地表分水岭为界，分水岭以东向南东径流，以岩溶泉形式排泄于隧道区南侧支井河；分水岭以西向南西径流，以岩溶泉形式排泄于中坝河（七道沟）。

六、漆树槽隧道

漆树槽隧道位于恩施土家族苗族自治州巴东县境内，隧道进口位于野三关镇支井河村六组（石灰沟），出口位于野三关镇支井河村一组。设计为分岔式隧道，宜昌端为标准间距上下行分离式隧道，恩施端为从小净距隧道过渡到连拱隧道的分岔形式，与支井河特大桥东桥台相连，呈近东西向展布。左幅起止桩号ZK118 + 899.5 ~ ZK120 + 163，中心桩号为ZK119 + 531.25，全长1 263.5m，进洞口高程981.65m，出洞口高程957.80m，洞体平均纵坡 −1.89%。右幅起止桩号YK118 +915 ~ YK120 +170，中心桩号为YK119 +542.5，全长1 255m，进洞口高程981.49m，出洞口高程957.80m，洞体平均纵坡 −1.89%；洞室净空9.75m ×5.0m，最大埋深约260m。

1. 地形地貌

隧道区属于构造侵蚀溶蚀峰丛槽谷中山区，隧道穿越石灰沟与支井河之间的分水岭，分水岭由两浑圆山峰及两山之间鞍部组成，地形较平缓，隧道进出口段地形陡峻。隧道进口石灰沟地形上呈“V”字形深切沟谷，沟底高程957.70m，山顶地面高程为1 100m，相对高差142m，斜坡上部为陡坎，坡角约40°，隧道进口在陡壁中间；隧道出口与支井河特大桥相接，支井河河谷形态呈“V”字形，河床高程660m，山顶地面高程为1 020m，相对切割深度360m，隧道出口段地势陡峻，隧道出口位于陡坡中部。

2. 气候条件

隧道区地处中纬度亚热带，属大性季风性气候，春、夏、秋、冬四季分明，光照充分，雨季时间长。年平均气温为16～17℃。7、8月为炎热夏季，受夏季季风控制，雨量充沛，气候湿热，月平均气温为27℃，最高气温达41℃。12月至次年2月为冬季，气候干冷，最低气温可达-14.8℃。每年3～7月、7～8月为雨季，年平均降雨量因地域的不同在1 330～1 600mm。全年无霜期210～240d。11月至次年3月为降雪期，冬季常有八、九级大风，并伴有霜冻。

3. 地质构造

隧道进口处于构造部位为清太坪向斜次一级小型向斜——花天河向斜北西翼，轴向近东西，岩层产状165°∠18°～32°。隧道出口则位于支井河次级背斜东翼。近隧道出口段ZK120+000发育一断层F14，初步认定为一平移断层，走向N15°～30°E，倾向北西，倾角80°，断层带宽20～40m。

4. 地层岩性

根据野外调查、物探及初勘钻探资料，隧道区内少有覆盖层，基岩一般直接出露，主要为三叠系大冶组上段(T_{1d2})灰岩夹页岩，本次勘探深度范围内基岩地层岩性可分为弱、微两个风化带。各地层具体工程地质特征描述如下。

(1)含碎石亚黏土(Q_{el+dl})：残坡积层，主要分布于山体表层，厚度一般小于1m，局部陡坎坎脚有较厚堆积，厚度达12m左右，以含砾亚黏土、碎石土为主，局部为块石，灰黄、褐色，碎石成分以灰岩，石英砂岩等，棱角状-次棱角状，粒径一般为5～25cm，充填物为黏性土，松散。标准贯入试验锤击数$N=15\sim32$击，圆锥动力触探试验锤击数$N_{63.5}=6\sim50$击，纵波速度为0.3～0.48km/s，极限摩阻力$\tau_i=30\sim50$kPa，推荐承载力$[\sigma_0]=120\sim180$kPa。

(2)弱风化灰岩：该层在隧道口处主要沿山坡陡壁表层分布，厚度0.8～6.1m。浅灰色，微晶结构，薄～中厚层状构造，性脆、坚硬，单层厚度2～30cm，裂隙发育，裂隙中充填褐红、白色铁，泥质膜及方解石脉，岩芯呈大于10cm柱状及饼状。

(3)微风化灰岩：该层在整个隧道出口区稳定分布，揭露层厚度25.2～40.5m。浅灰色，微晶结构，层状构造，性脆、坚硬，单层厚1～6cm，为薄层状构造，岩层倾角一般为21°～35°，裂隙较发育，裂隙中充填方解石脉，局部薄层灰岩中夹泥质条带，泥质条带厚0.01～0.02m，岩芯多呈10cm柱状。

5. 地表水

本隧道穿越支井河和石灰沟之间的分水岭，隧道进、出口区地形上为直立陡壁，地势陡峻，东侧石灰沟为一间歇性河流，谷底宽约 20～30m，仅大雨或久雨后有水，平时为干谷，西侧支井河为一山间常年性河流，谷底宽约 30m，水量随季节变化较大，调查表明其最高洪水位要远低于隧道进、出口高程，对隧道建设没有影响，其他坡面冲沟有季节性水流，受降水影响明显。

6. 地下水

地下水类型主要为岩溶水及裂隙水。

岩溶水：该隧道区出露地层为三叠系大冶组上段（T_{1d2}）灰岩，属岩溶强烈发育区，隧道南侧地面溶蚀洼地，落水洞发育，地下水类型主要为岩溶裂隙溶洞水。含水层含丰富地下水，但其水位埋藏较深。隧道区主要位于补给与径流区，地下水于隧道两端河谷底部以泉水形式排泄。隧道出口北侧有一溶隙泉水，流量 1L/s。山坡上雨后具有间歇性裂隙岩溶水，且多呈滴渗水现象。

裂隙水：可分为基岩裂隙水、构造裂隙水两类。其中，基岩裂隙水赋存于基岩裂隙中，接受大气降水及上部孔隙水的垂直入渗补给及同一含水层的侧向径流补给，就近向低洼处排泄，富水性差，水量贫乏。构造裂隙水赋存于构造破碎带（F14 断层）中，接受大气降水及上部孔隙水的垂直入渗补给及同一含水层的侧向径流补给，就近向低洼处排泄，构造破碎带裂隙发育，渗透性好。

第二章　大拱段建设技术

第一节　大拱段施工工法优化及围岩稳定性分析

一、基本方法和资料

根据分岔隧道的设计特点，其结构形式一般分为大跨衬砌段、双连拱衬砌段、加强衬砌段和一般加强衬砌段4种断面形式和段落。国内外尚无分岔隧道相应的设计、施工技术规范和标准。因此，研究不同围岩类别条件下分岔隧道开挖方法的优选，以及开挖后支护系统受力情况和围岩稳定性显得尤为重要，并且对工程的设计施工具有十分重要的意义。

隧道施工工法的选择，主要考虑隧道围岩的地质状况和开挖断面的大小，其次还有工期、技术条件、机械装备状况、动力和原材料供应等因素。就其本质而言，隧道开挖不外乎两种形式：全断面开挖和部分断面开挖。当围岩稳定性较好，开挖断面较小时，可以全断面开挖一次成型。这样可以减少工序和干扰，方便测量；有大空间组织机械化作业，及时衬砌并保持其整体性；提高进度和质量。相反，当围岩稳定性较差，开挖断面较大时，为了防止坍塌并保证施工人员安全，就必须实行部分断面开挖：两步或者多步开挖。围岩越差，分步就应该越多，目的是为了减少爆破振动；但分步越多，施工就越繁琐，锚喷支护的施工缝也越多，造成初期支护的整体性不好。

新奥法建设隧道时，采用复合衬砌对围岩进行支护，其中锚喷初期支护是一种柔性结构。由于锚喷支护自身具有适应性很强的变形特性，在洞室开挖后能及时控制和调整围岩的应力重分布，对密切岩块间的联系起到了良好的加固效果，使围岩锚喷初期支护承担较大的荷载。因此，围岩的变形破坏特性以及锚喷支护结构的受力分析，就成为设计和施工最为关心的研究课题。

为了深入了解各种施工方法的优劣以便于施工设计中比较选择，以及了解动态施工过程中围岩和支护结构的受力变形情况，采用通用有限元程序 ABAQUS 对八字岭隧道进行大量的计算分析。该软件是美国 HKS 公司开发的适用于计算固体力学的大型工程计算工具，被认为是功能最强大的有限元软件之一，特别是能够处理非常庞大的工程问题和进行非线性分析。ABAQUS 软件有两个主要的分析模块：ABAQUS/Stand 和 ABAQUS/Explicit。其中 ABAQUS/Stand 具有通用分析能力如：应力、变形等。ABAQUS/Explicit 应用对时间显式积分的方法来进行动态模拟。ABAQUS 拥有大量不同种类材料模型和分析过程，应用方便。下面将对数值分析中的各方面加以介绍。

1. 数值计算模型

数值计算以大拱隧道中心轴线为 Y 轴，垂向为 Z 轴，水平向为 X 轴，其计算范围为：X 向 160m，Y 向 400m，Z 向从地表至隧道底板下方 80m。隧道的三维结构模型和不同部位的剖面图见图 2-1。

计算中考虑三组对隧道开挖扰动和稳定性影响较大的节理组：L_1（50°～60°∠32°～65°）、L_3（175°～210°∠48°～82°）和 L_4（352°～270°∠33°～85°）。L_1 发育较密集、规模较小，发育密度为3～7条/m，延伸长度一般2.0～4.0m，部分大于8m，竖向切深0.5～1.0m；L_3 发育密集、部分细小，发育密度为6～10条/m，延伸长度一般0.5～6.0m，竖向切深0.5～3.5m；L_4 发育较密集、规模较小，发育密度为4～6条/m，延伸长度一般0.5～1.0m，竖向切深0.5～3.0m。

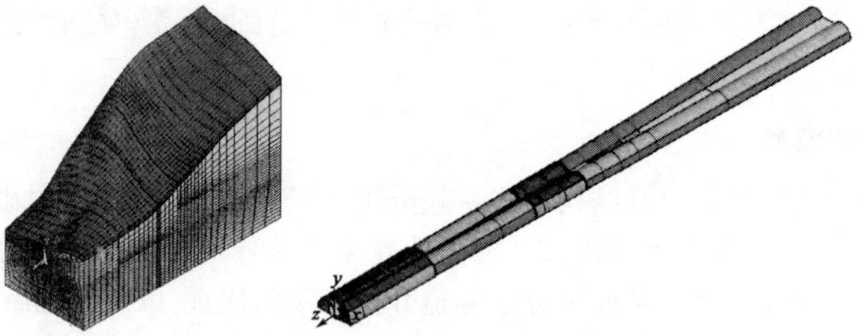

图 2-1　隧道三维计算模型及相应的剖面图

八字岭分岔隧道洞口埋深较浅，是以自重为主的地应力场，即垂向应力为 γh，隧道轴向和垂直隧道边墙方向应力为 $\frac{\mu}{1-\mu}\gamma h$（$\gamma$ 为岩土体重度，h 为地表至计算点的高度，μ 是泊松比）。材料的力学屈服准则采用岩土工程中常用的莫尔-库仑模型。

2. *岩体参数及支护结构*

考虑岩体力学参数的离散性，在进行围岩稳定性和支护结构受力情况计算时，考虑了几组不同的力学参数如表2-1所示。对于隧道围岩锚固区采用等效强度的方式提高抗剪强度指标，应用以下经验公式计算。

$$\Delta c = \eta \frac{\tau s}{ab} \tag{2-1}$$

式中：c——黏结力；

τ——锚杆材料的抗剪强度；

s——锚杆的截面面积；

a,b——锚杆横向、纵向的分布间距；

η——经验常数，取范围值5～10。

隧道的复合衬砌支护结构分为初期支护和二次衬砌，其构成和力学参数分别如下。

初期支护：C20 喷射混凝土，弹性模量为280GPa，泊松比为0.2。轴心抗压强度为10.0MPa，抗拉强度为1.1MPa。喷射混凝土的允许应力：轴心抗压强度为7.8MPa，抗拉强度为0.41MPa。

二次衬砌：C25 钢筋混凝土，弹性模量为29.5GPa，泊松比为0.2。轴心抗压强度设计值为12.5MPa，抗拉强度为1.33MPa。钢筋混凝土的允许应力：轴心抗压强度为9.6MPa，抗拉强度为0.50MPa。

在对分岔隧道的开挖优化分析时，岩体参数按围岩级别分别取经验值。

分岔隧道围岩稳定性分析岩体力学参数 表 2-1

围岩分带	岩体力学参数				
	取值项	变形模量(GPa)	泊松比	内摩擦系数	黏结力(MPa)
全强风化灰岩	高值	3.0	0.30	0.5	0.7
	平均值	3.5		0.4	0.6
	低值	4.0		0.3	0.5
弱风化灰岩	高值	6.0	0.27	0.9	1.2
	平均值	5.5		0.8	1.1
	低值	5.0		0.7	1.0
微新灰岩	高值	11.0	0.25	1.30	1.50
	平均值	10.0		1.20	1.40
	低值	9.0		1.10	1.30
软弱层理面	高值	—	—	0.50	0.05
	平均值			0.45	0.04
	低值			0.40	0.03
弱风化层节理面	高值	—	—	0.40	0.03
	平均值			0.35	0.025
	低值			0.30	0.02
微新层节理面	高值	—	—	0.50	0.05
	平均值			0.45	0.045
	低值			0.40	0.04

二、大拱段隧道施工工法优化

采用上述的方法、参数和模型对大拱段进行各种围岩条件下的施工优化分析。公路大拱隧道建议的常用施工工法,如表 2-2 所示。

1. V 级围岩

由于 V 级围岩较差,国内一般采用表 2-2 所示的留岩柱法。该施工方案开挖顺序按表中所标数字:1→2→3→4。对这种施工方案进行了有限元法计算,图 2-2 ~ 图 2-5 显示了留岩柱法开挖完毕的最大主应力分布图、最小主应力分布图、位移矢量图和塑性区分布图。

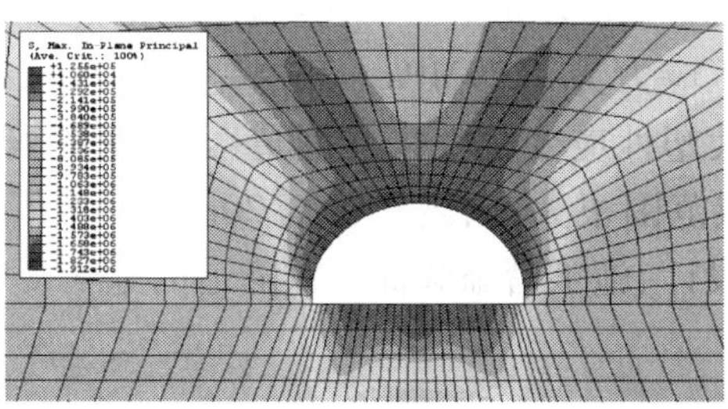

图 2-2 开挖后围岩最大主应力分布图

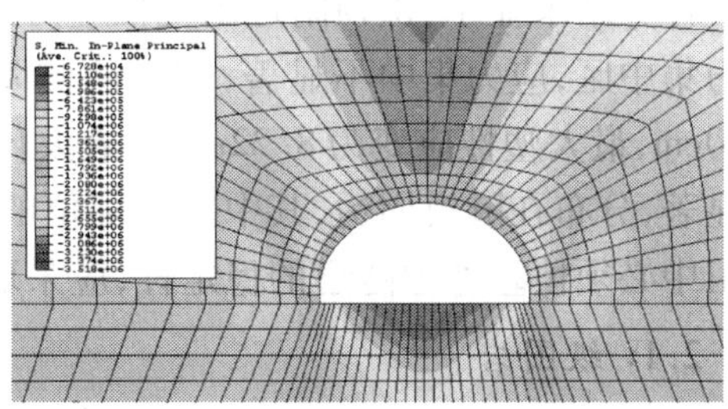

图 2-3 开挖后围岩最小主应力分布图

大拱隧道建议施工工法 表 2-2

围岩类别	开挖方法	示意图
Ⅱ级	正台阶法或反台阶法	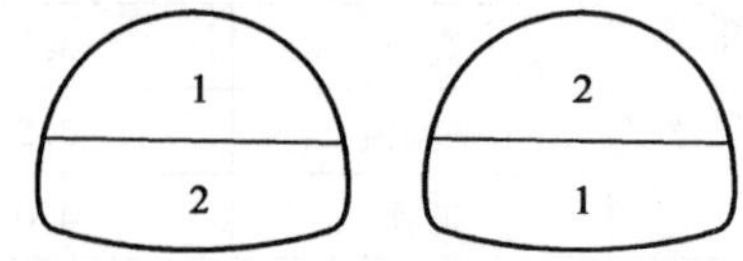
Ⅲ级	上下台阶或多步开挖法	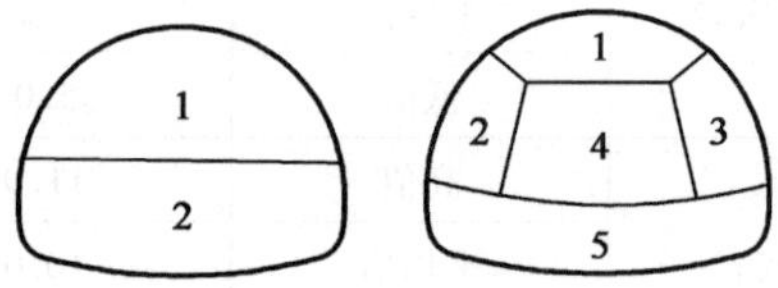
Ⅳ级	上下台阶或多步开挖法	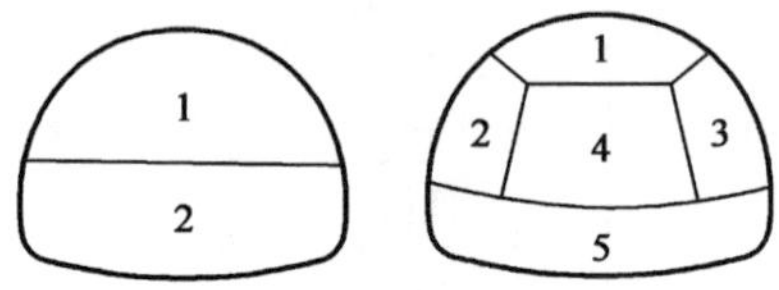
Ⅴ级	留岩柱法	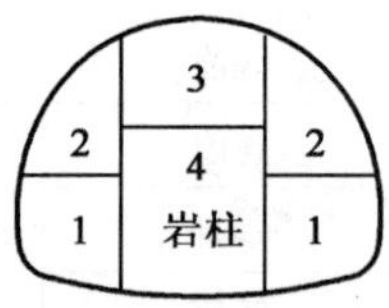

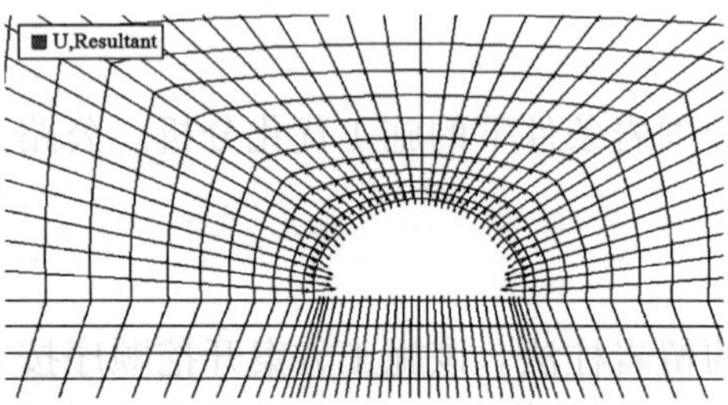

图 2-4 开挖后位移矢量图

图 2-5 开挖后围岩塑性区分布图

计算结果显示:拱顶附近出现拉应力集中区,最大拉应力 0.13MPa;隧道两侧附近出现压应力集中区,应力集中不显著,隧道两侧附近最大压应力为 2.79MPa。开挖完毕最大位移为 1.60cm,最大塑性应变为 8.22e-2。最大位移和最大塑性应变都发生在隧道两侧。塑性区比较显著,分布在隧道周边,其中拱肩部位的塑性区域范围很大,向内扩展至 20m 处。在设计、施工中必须慎重考虑隧道的稳定性,应采取必要的设计、施工措施确保大拱隧道的施工安全。

2. Ⅳ级围岩

当前针对Ⅳ级围岩的施工方案有两种:正台阶法,多步开挖法。这两种施工方案分别如表 2-2 所示。施工方案一的开挖顺序为:先开挖上台阶 1,然后开挖下台阶 2。施工方案二的开挖顺序如图中的数字所示,由1→2→3→4→5。分别对这两种施工方案进行计算,比选开挖方案。

图2-6～图2-9显示了施工方案一的最大主应力分布图、最小主应力分布图、位移矢量图、塑性区分布图,由于两种方案的应力差别不大,只给出了施工方案二塑性区分布图(图2-10)。

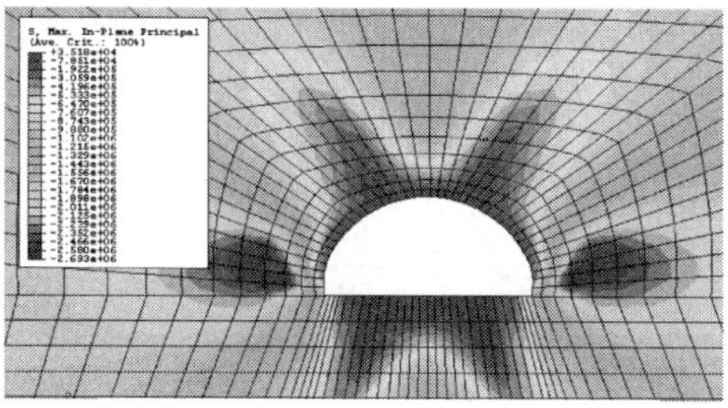

图2-6 方案一开挖后围岩最大主应力分布图

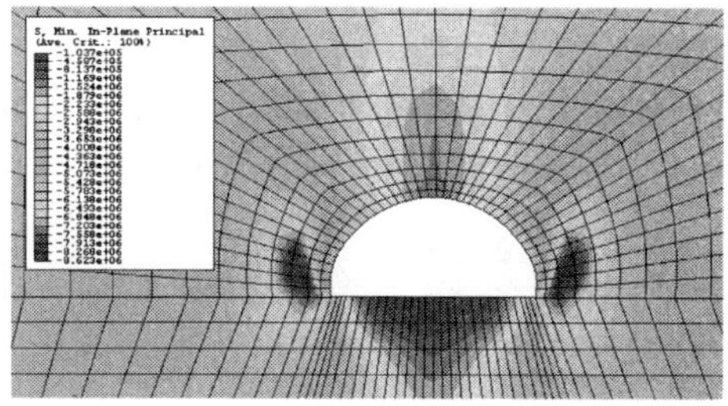

图2-7 方案二开挖后围岩最小主应力分布图

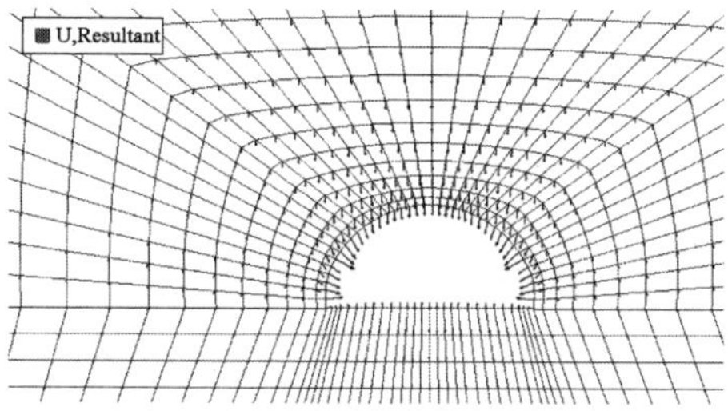

图2-8 方案一开挖后围岩位移矢量图

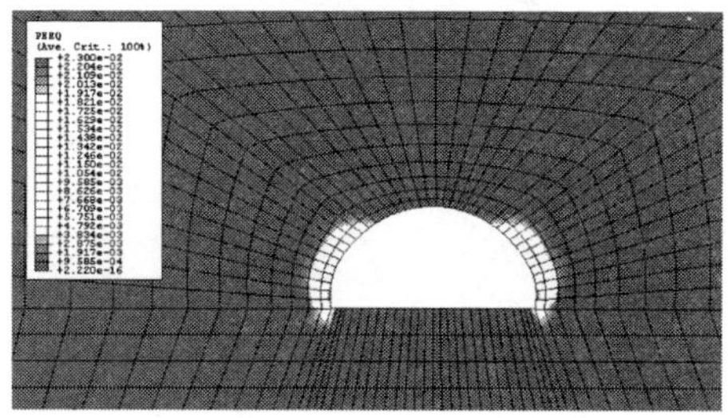

图2-9 方案一开挖后围岩塑性区分布图

计算结果显示:方案一的拉应力集中在隧道底部和拱肩处,最大拉应力为0.035MPa,压应力集中在隧道两侧附近,最大压应力为8.62MPa。方案一、二的最大塑性应变分别为2.3e-2、2.49e-2,最大位移分别为0.53cm、0.59cm,最大塑性应变和最大位移都出现在隧道侧壁。塑性区域较大,分布于隧道两侧及拱顶部位,其中拱肩部位向内扩展至15m深。在设计、施工中应采取必要的设计、施工措施确保大拱隧道的施工安全。方案二产生塑性区域较大,且施工工艺复杂,综合考虑认为方案一优于方案二。

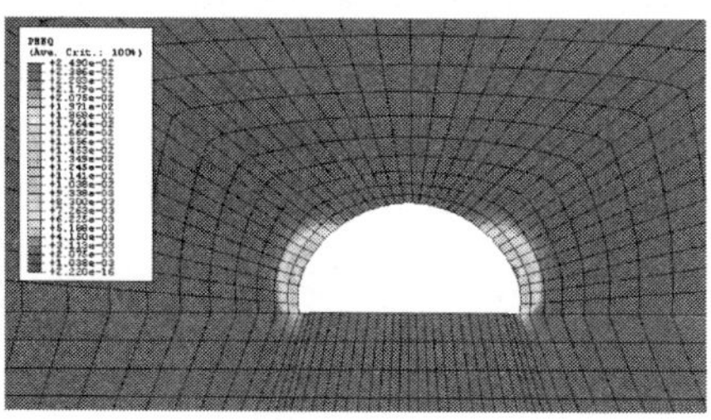

图2-10 方案二开挖后围岩塑性区分布图

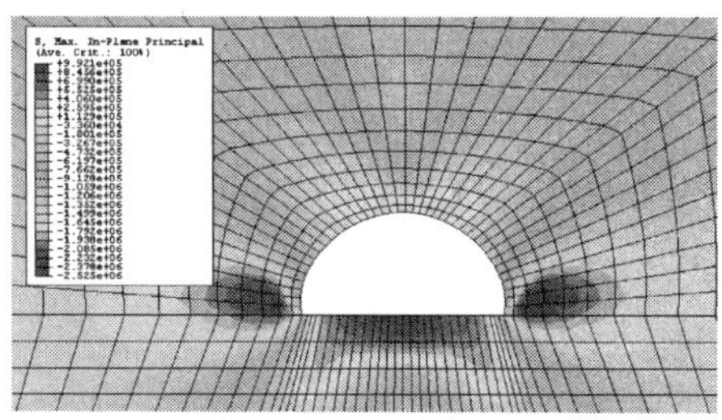

图2-11 方案二开挖后围岩最大主应力分布图

3. III级围岩

当前针对III级围岩的施工方案有两种:正台阶法、多步开挖法。这两种施工方案分别如表2-2所示。施工方案一的开挖顺序为:先开挖上台阶1,然后开挖下台阶2。施工方案二的开挖顺序如图中的数字所示，由 1→2→3→4→5。分别对这两种施工方案进行有限元数值计算，比选开挖方案。

图 2-11 ~ 图 2-14 为施工方案二的最大主应力云图、最小主应力分布图、位移矢量图、塑性区分布图。由于两种方案的应力差别不大，只给出了施工方案一的塑性区分布图（图 2-15）。

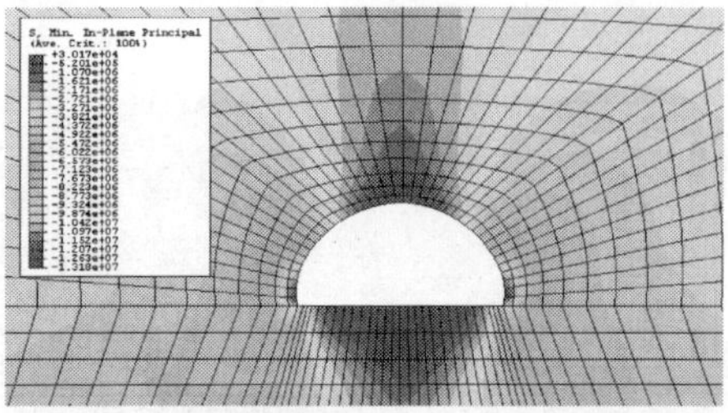

图 2-12 方案二开挖后围岩最小主应力分布图

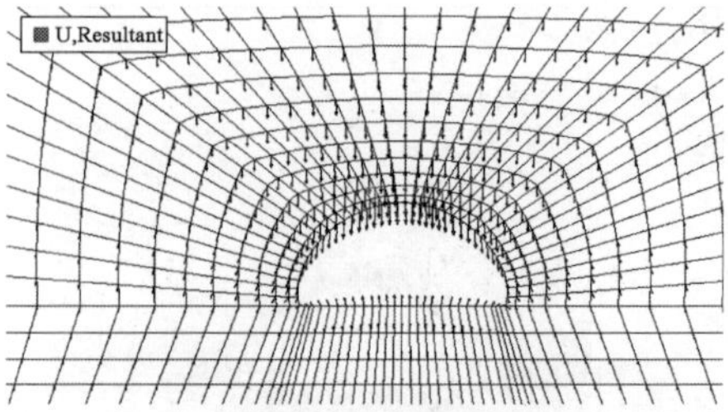

图 2-13 方案二开挖后围岩位移矢量图

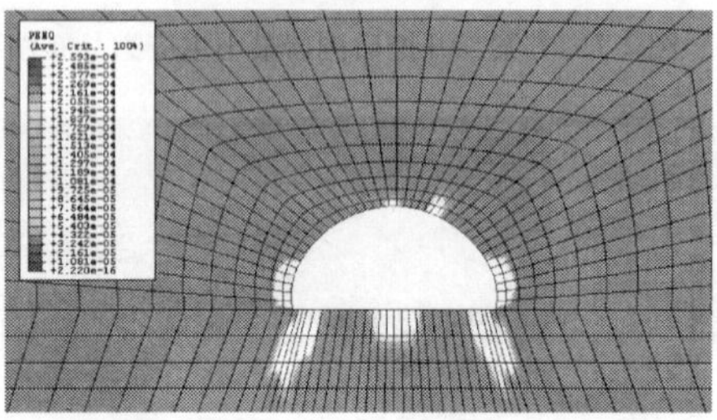

图 2-14 方案二开挖后围岩塑性区分布图

图 2-15 方案一开挖后围岩塑性区分布图

计算结果显示：不同开挖方案应力场差别不大。多步开挖法开挖后拉应力集中在隧道底部，顶部集中程度较小，最大拉应力为 0.992MPa，出现在隧道底部；隧道两脚点处出现压应力集中，最大压应力为 13.18MPa。方案一和方案二的最大塑性应变分别为 1.95e-4 和2.59e-4，最大位移都为 12.1mm，塑性区域较小，最大塑性应变出现于隧道侧壁，最大位移发生在拱顶。考虑到正台阶法施工方便，且塑性区域范围小，认为方案一优于方案二。

4. II 级围岩

当前针对 II 级围岩的施工方案有两种：正台阶法，反台阶法，这两种施工方案分别如表2-2 所示。两种施工方案的开挖顺序都为：1→2。分别对这两种施工方案进行有限元法数值计算，比选开挖方案。

图 2-16 ~ 图 2-19 显示了正台阶法的最大主应力分布图、最小主应力分布图、位移矢量图和塑性区分布图。由于两种方案的应力差别不大，只给出了施工方案二的塑性应分布图（图 2-20）。

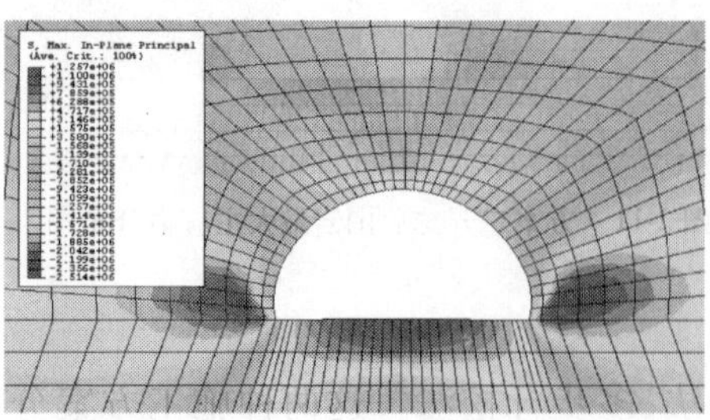

图 2-16 方案一开挖后围岩最大主应力分布图

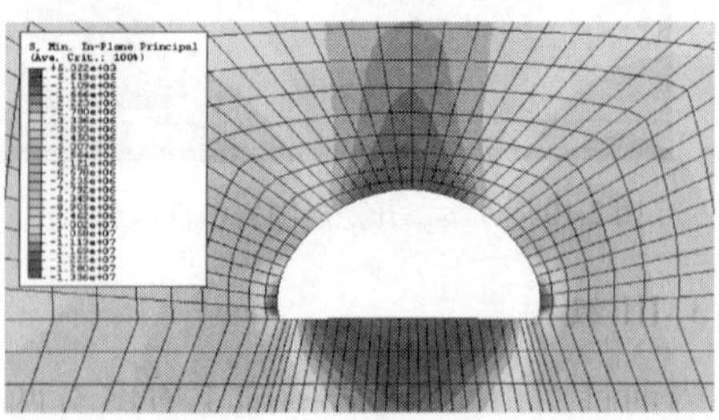

图 2-17 方案一开挖后围岩最小主应力分布图

计算结果显示：两种开挖方案引起的应力场差别不大。正台阶法开挖后拉应力集中在隧道底部，最大拉应力为 1.26MPa；隧道两侧靠近脚点处出现压应力集中，最大压应力为 13.36MPa。Ⅱ级围岩由于质量较好，塑性区不显著，位移较小。方案一和方案二的最大位移都为 8mm，最大塑性应变和塑性区域都较小。考虑到施工的难易，认为正台阶法优于反台阶法。

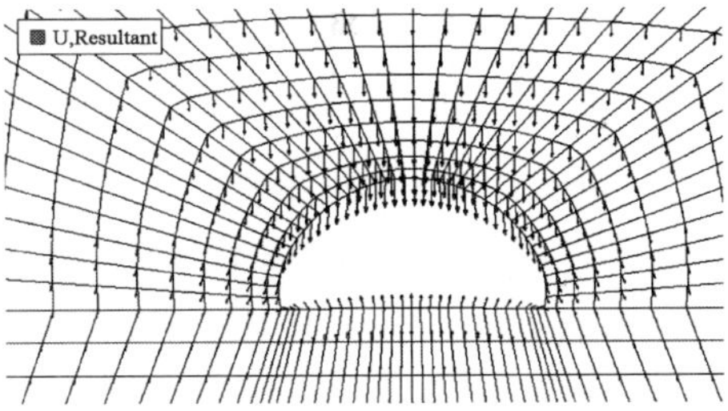

图 2-18 方案一开挖后围岩位移矢量图

图 2-19 方案一开挖后围岩塑性区分布图

5. 小结

对大拱隧道：

V 级围岩，留岩柱法。

IV 级围岩，上下台阶法。该法产生的塑性区较小，且施工简单，故优于多步开挖法。

III 级围岩，上下台阶法。该法产生的塑性区较小，且施工简单，故优于多步开挖法。

II 级围岩，正台阶法。II 级围岩物理性质较好，正、反台阶法产生的应力场，塑性区域都差不多，考虑到正台阶法施工简单，认为正台阶法优于反台阶法。

三、大拱段围岩稳定性及支护结构受力分析

本小节先简要介绍二维数值计算结果来验证三次衬砌和中隔墙的必要性，然后用选出的施工方案进行三维动态施工模拟，得到围岩和支护结构的受力变形特性以评价开挖支护方案合理与否。

1. 二维数值模拟

隧道开挖采用钻爆法，由于隧道断面大，且大跨段处于出洞口，埋深浅，易变形，因此选择一种合理的施工方法非常重要。根据比较成熟的施工工法和工程现场的特点，经多次调研和反复论证，八字岭隧道的开挖支护按照图 2-21 的分块进行分析。开挖过程为①开挖上半断面拱部→②开挖两侧拱腰→③开挖中部核心土→④开挖两侧边墙。支护过程为：I 施作拱部初期支护，II 施作两侧拱腰初期支护，III 施作中隔墙，IV 施作两侧边墙初期支护，V 全断面施作二次衬砌。为了验证实施三次衬砌和中隔墙的必要性，数值计算时考虑两种方案，具体如下。

方案一（施作中隔墙）开挖支护顺序：①→I→②→II→③→III→④→IV→V。

方案二（取消中隔墙）开挖支护顺序：①→I→②→II→③→④→IV→V。

现仅将从数值分析和现场监测结果得到的基本结论和建议叙述如下。

（1）从八字岭隧道的应力场分析可知：中隔墙的施作，能一定程度上改善顶拱和底拱附近围岩的拉应力状况，但中隔墙自身应力水平不高，开挖过程中，仅在拱脚处产生很小的应力集中现象。两种方案的数值计算结果表明：隧道围岩均未出现大范围塑性区，因此不施作中隔墙

的方案是可行的。

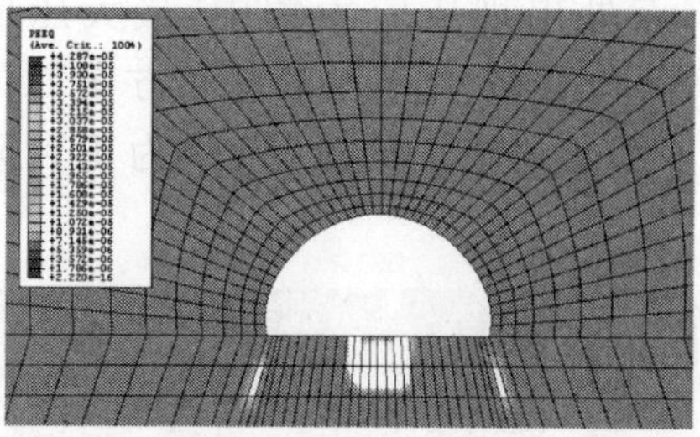

图 2-20　方案二开挖后围岩塑性区分布图

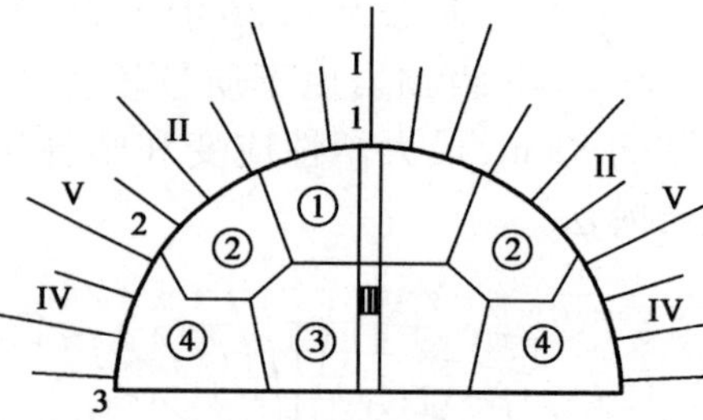

图 2-21　开挖支护分块平面示意图

(2)从位移场的计算结果来看,未施作中隔墙的拱顶围岩位移有不断增大的趋势,开挖结束时拱顶合计位移为 3.35mm。由于此大拱隧道的地质条件较好,又采用了合理的高跨比断面和施工开挖顺序,最大位移值并未超过允许范围。

2. 三维动态施工仿真分析

大拱隧道沿车道方向长约 58.6m,三维网格模型如图 2-22 所示。大拱洞周关键点示意图,见图 2-23。

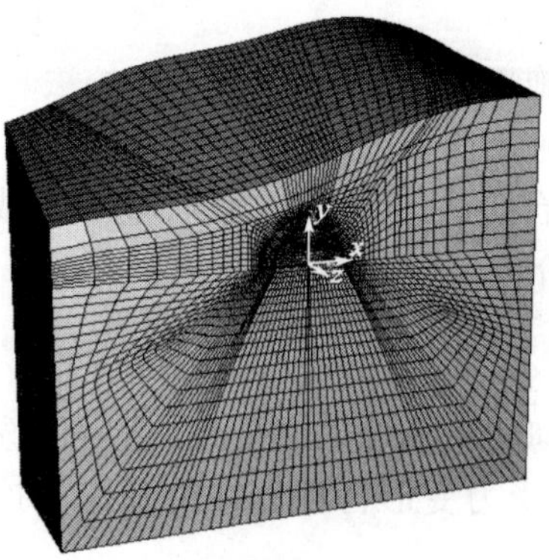

图 2-22　分岔隧道大拱段三维网格模型

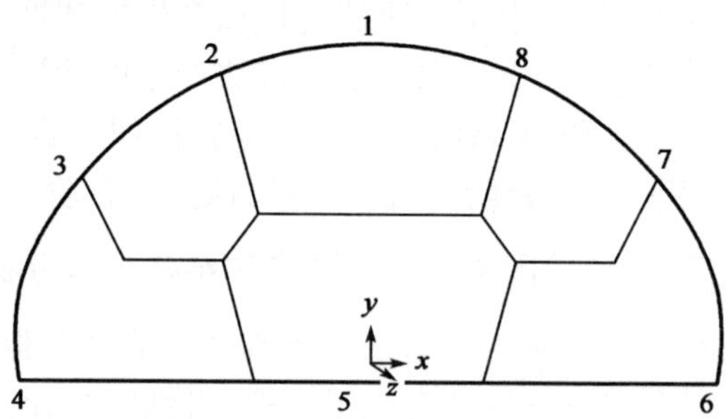

图 2-23　大拱隧道洞周关键点示意图

(1)大拱段应力场结果分析

图 2-24 ~ 图 2-31 为围岩参数取低值且爆破松动区强度折减系数为 0.5 时,分步开挖时的围岩应力分布图,图 2-32 ~ 图 2-33 为开挖结束时沿纵身方向的围岩应力分布剖面图。表 2-3 ~ 表 2-8为不同围岩力学参数和爆破松动影响时的隧道洞口断面处关键点应力随开挖步的变化规律。

从各图表显示的计算结果可得出下面的结论。上半断面拱部开挖后,顶拱部位产生微小的拉应力区,随着两侧拱腰和中间核心土的进一步开挖,顶拱的最大主应力进一步增大,而顶拱处最小主应力在刚开挖时由于应力释放而减小。以围岩参数取低值且爆破松动区强度折减系数为 0.5 的工况为例:顶拱最大主应力在上半断面开挖后,量值为 0.03MPa,核心土开挖后变为 0.04MPa,顶拱最小主应力在上半断面开挖后应力为 -0.08MPa。大拱底板围岩在开挖结束后形成拉应力区,开挖结束时大约为 0.15MPa。隧道的底拱脚位置都存在一定程度的压应力集中现象。

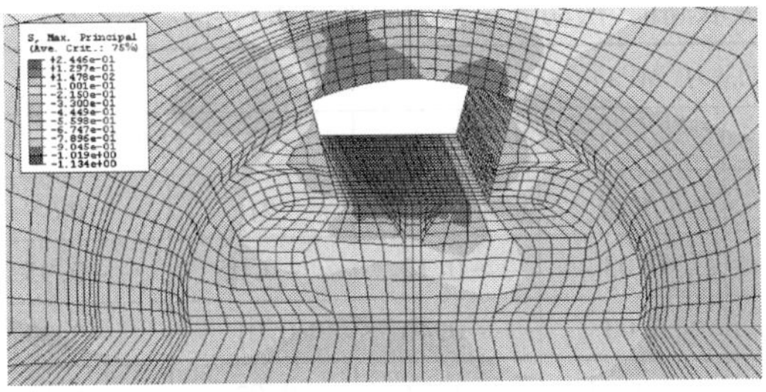

图 2-24 大拱段上半断面开挖后最大主应力分布图

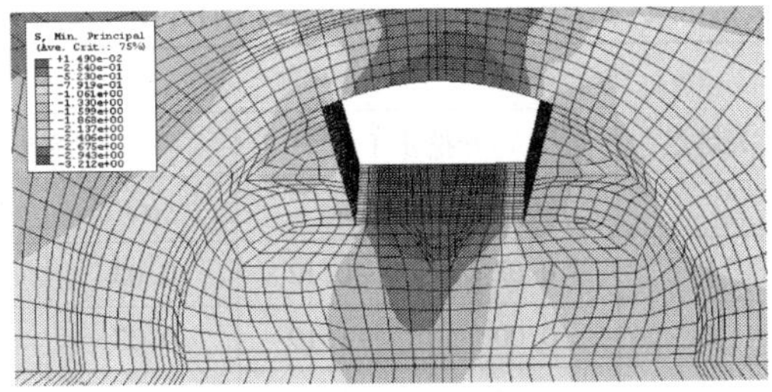

图 2-25 大拱段上半断面开挖后最小主应力分布图

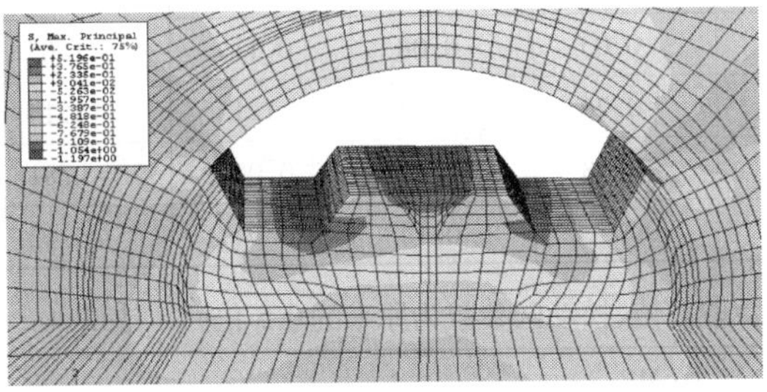

图 2-26 大拱段两侧拱腰开挖后最大主应力分布图

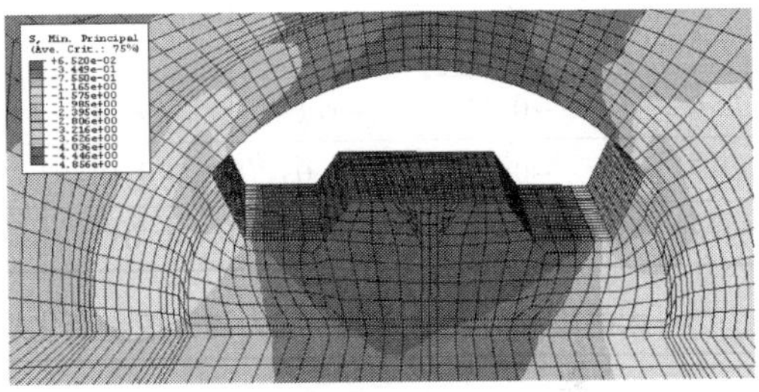

图 2-27 大拱段两侧拱腰开挖后最小主应力分布图

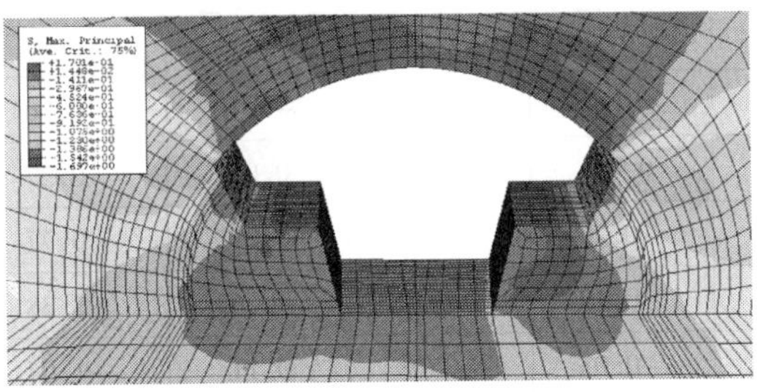

图 2-28 大拱段中间核心土开挖后最大主应力分布图

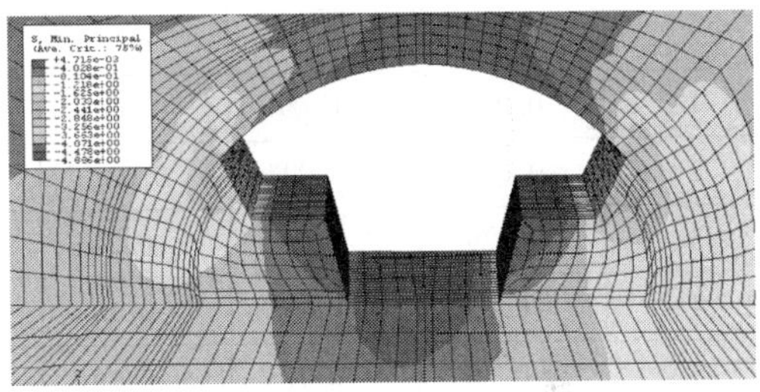

图 2-29 大拱段中间核心土开挖后最小主应力分布图

图 2-30 大拱段开挖结束后最大主应力分布图

图 2-31 大拱段开挖结束后最小主应力分布图

图 2-32 大拱段开挖结束后沿纵深方向最大主应力分布图

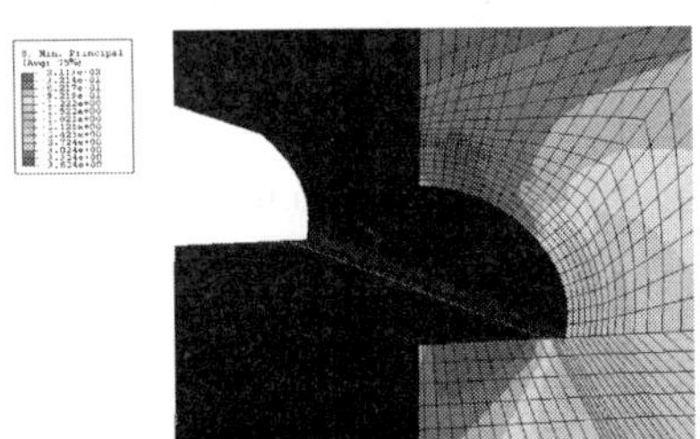

图 2-33 大拱段开挖结束后沿纵深方向最小主应力分布图

大拱段洞口开挖关键点应力随开挖步变化规律(参数取高值,松动区参数为原来的0.7倍)　表2-3

关键点	关键点应力(MPa)							
	开挖步1		开挖步2		开挖步3		开挖步4	
	σ_1	σ_3	σ_1	σ_3	σ_1	σ_3	σ_1	σ_3
1	0.02	-0.12	0.03	-0.12	0.03	-0.12	-0.05	-0.95
2	0.00	-1.19	0.03	-0.41	0.03	-0.40	0.01	-0.39
3	-0.29	-0.91	-0.35	-1.79	-0.35	-1.81	0.03	-1.12
4	-0.32	-0.97	-0.18	-1.13	-0.19	-1.15	-0.62	-2.45
5	-0.36	-0.73	-0.19	-0.36	-0.03	-0.08	0.11	-1.05
6	-0.34	-1.14	-0.24	-1.38	-0.26	-1.39	-1.15	-3.14
7	-0.35	-1.03	-0.18	-1.80	-0.18	-1.81	0.06	-0.81
8	0.10	-0.49	0.05	-0.12	0.05	-0.12	0.04	-0.12

大拱段洞口开挖关键点应力随开挖步变化规律(参数取高值,松动区参数为原来的0.5倍)　表2-4

关键点	关键点应力(MPa)							
	开挖步1		开挖步2		开挖步3		开挖步4	
	σ_1	σ_3	σ_1	σ_3	σ_1	σ_3	σ_1	σ_3
1	0.03	-0.09	0.03	-0.08	0.04	-0.08	-0.16	-0.96
2	0.03	-1.11	0.03	-0.28	0.03	-0.28	0.00	-0.27
3	-0.29	-0.92	-0.26	-1.54	-0.26	-1.56	0.03	-0.77
4	-0.32	-0.97	-0.18	-1.13	-0.19	-1.14	-0.63	-2.38
5	-0.36	-0.72	-0.19	-0.36	-0.03	-0.08	0.11	-1.04
6	-0.34	-1.14	-0.24	-1.38	-0.26	-1.39	-1.15	-3.07
7	-0.35	-1.03	-0.12	-1.63	-0.11	-1.64	0.05	-0.54
8	0.13	-0.39	0.05	-0.08	0.06	-0.08	0.05	-0.08

大拱段洞口开挖关键点应力随开挖步变化规律(参数取平均值,松动区参数为原来的0.7倍)　表2-5

关键点	关键点应力(MPa)							
	开挖步1		开挖步2		开挖步3		开挖步4	
	σ_1	σ_3	σ_1	σ_3	σ_1	σ_3	σ_1	σ_3
1	0.02	-0.12	0.02	-0.12	0.03	-0.12	-0.06	-0.96
2	0.00	-1.18	0.03	-0.41	0.03	-0.40	0.00	-0.40
3	-0.29	-0.91	-0.36	-1.76	-0.35	-1.78	0.03	-1.12
4	-0.32	-0.97	-0.18	-1.13	-0.19	-1.15	-0.63	-2.48
5	-0.36	-0.73	-0.19	-0.36	-0.03	-0.07	0.11	-1.07
6	-0.34	-1.14	-0.24	-1.38	-0.26	-1.39	-1.16	-3.18
7	-0.35	-1.03	-0.19	-1.78	-0.18	-1.79	0.06	-0.81
8	0.10	-0.48	0.05	-0.12	0.05	-0.12	0.04	-0.12

大拱段洞口开挖关键点应力随开挖步变化规律(参数取平均值,松动区参数为原来的0.5倍)　表2-6

关键点	关键点应力(MPa)							
	开挖步1		开挖步2		开挖步3		开挖步4	
	σ_1	σ_3	σ_1	σ_3	σ_1	σ_3	σ_1	σ_3
1	0.03	-0.09	0.03	-0.09	0.04	-0.08	-0.16	-0.97
2	0.03	-1.11	0.03	-0.29	0.03	-0.28	0.00	-0.27
3	-0.29	-0.91	-0.27	-1.52	-0.27	-1.54	0.03	-0.77
4	-0.32	-0.97	-0.18	-1.13	-0.19	-1.14	-0.64	-2.41
5	-0.36	-0.72	-0.19	-0.36	-0.03	-0.07	0.11	-1.06
6	-0.34	-1.14	-0.24	-1.38	-0.26	-1.39	-1.16	-3.10
7	-0.35	-1.03	-0.12	-1.61	-0.11	-1.62	0.05	-0.55
8	0.13	-0.39	0.05	-0.08	0.06	-0.08	0.05	-0.08

大拱段洞口开挖关键点应力随开挖步变化规律(参数取低值,松动区参数为原来的0.7倍)　表2-7

关键点	关键点应力(MPa)							
	开挖步1		开挖步2		开挖步3		开挖步4	
	σ_1	σ_3	σ_1	σ_3	σ_1	σ_3	σ_1	σ_3
1	0.02	-0.12	0.02	-0.13	0.03	-0.12	-0.06	-0.97
2	0.01	-1.17	0.03	-0.42	0.03	-0.41	0.00	-0.40
3	-0.29	-0.91	-0.36	-1.74	-0.36	-1.75	0.03	-1.12
4	-0.32	-0.97	-0.18	-1.13	-0.19	-1.14	-0.64	-2.51
5	-0.36	-0.72	-0.19	-0.36	-0.03	-0.07	0.10	-1.09
6	-0.34	-1.14	-0.24	-1.38	-0.26	-1.39	-1.17	-3.22
7	-0.35	-1.03	-0.19	-1.75	-0.18	-1.77	0.05	-0.82
8	0.10	-0.48	0.05	-0.12	0.05	-0.12	0.04	-0.12

大拱段洞口开挖关键点应力随开挖步变化规律(参数取低值,松动区参数为原来的0.5倍)　表2-8

关键点	关键点应力(MPa)							
	开挖步1		开挖步2		开挖步3		开挖步4	
	σ_1	σ_3	σ_1	σ_3	σ_1	σ_3	σ_1	σ_3
1	0.03	-0.09	0.03	-0.09	0.04	-0.08	-0.17	-0.99
2	0.04	-1.10	0.03	-0.29	0.03	-0.29	0.00	-0.27
3	-0.29	-0.91	-0.28	-1.50	-0.27	-1.52	0.03	-0.78
4	-0.32	-0.97	-0.18	-1.13	-0.19	-1.14	-0.65	-2.45
5	-0.36	-0.72	-0.19	-0.36	-0.03	-0.07	0.10	-1.08
6	-0.34	-1.14	-0.24	-1.38	-0.26	-1.39	-1.17	-3.14
7	-0.35	-1.03	-0.12	-1.59	-0.13	-1.61	0.04	-0.56
8	0.13	-0.39	0.06	-0.08	0.06	-0.08	0.05	-0.08

(2)大拱段位移特征

图2-34~图2-37为围岩力学参数取低值、爆破松动区折减系数0.5工况时，隧洞不同开挖步时的围岩位移分布图。表2-9~表2-14为不同围岩力学参数和爆破松动影响时的关键点位移随隧道开挖的变化规律。

仍以围岩力学参数取低值、爆破松动区折减系数0.5工况为例，上半断面顶拱开挖后，顶拱部位的围岩开始下沉，之后位移不断增大，中间核心土开挖后，顶拱最大位移为2.9mm。

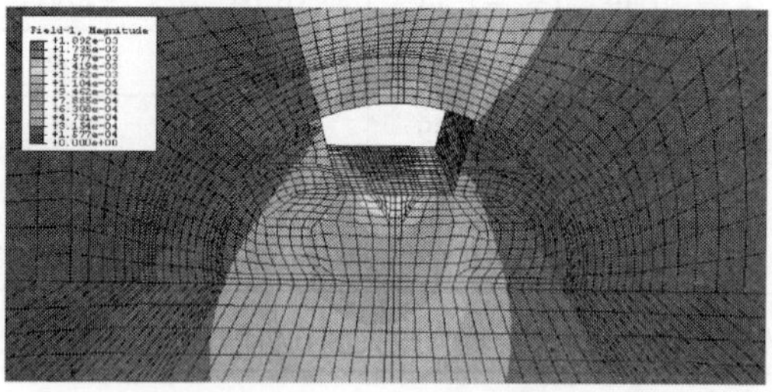

图2-34 大拱上半断面开挖后位移图

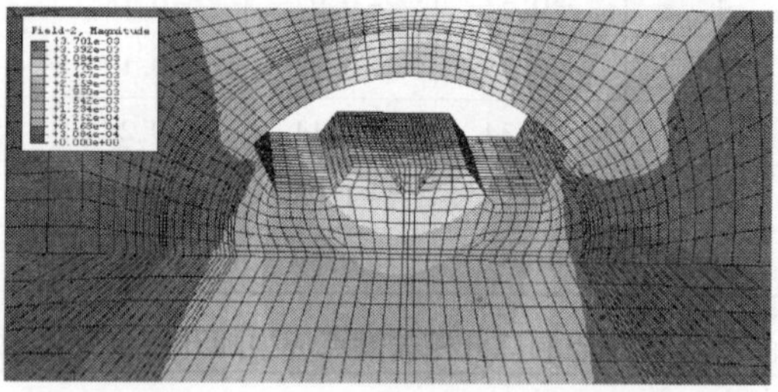

图2-35 大拱两侧拱腰开挖后位移图

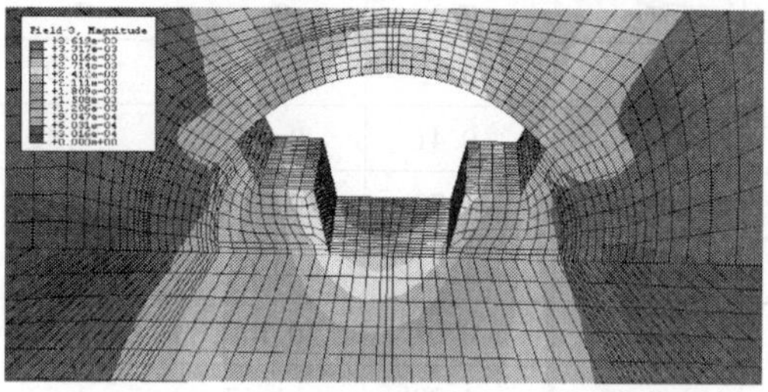

图2-36 大拱中间核心土开挖后位移图

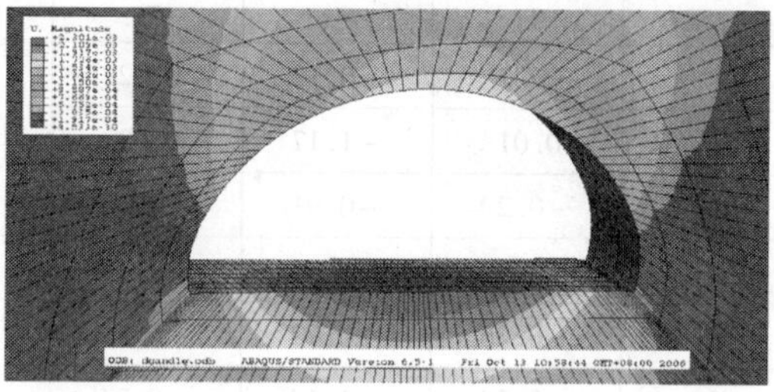

图2-37 大拱开挖结束后位移图

大拱段洞口开挖关键点位移随开挖步变化规律(参数取高值，松动区参数为原来的0.7倍) 表2-9

关键点	关键点位移(mm)			
	开挖步1	开挖步2	开挖步3	开挖步4
1	1.03	2.47	2.39	2.44
2	0.26	2.00	1.92	2.45
3	0.13	0.67	0.70	1.42
4	0.23	0.57	0.68	0.83
5	0.64	1.90	2.39	3.04
6	0.10	0.29	0.39	0.68
7	0.07	0.83	0.78	2.09
8	0.29	2.30	2.22	2.86

大拱段洞口开挖关键点位移随开挖步变化规律(参数取高值,松动区参数为原来的0.5倍)　　表2-10

关键点	关键点位移(mm)			
	开挖步1	开挖步2	开挖步3	开挖步4
1	1.03	2.48	2.40	2.43
2	0.26	2.02	1.93	2.46
3	0.13	0.68	0.72	1.44
4	0.23	0.58	0.68	0.83
5	0.65	1.90	2.39	3.05
6	0.10	0.29	0.39	0.69
7	0.07	0.84	0.79	2.10
8	0.28	2.31	2.23	2.87

大拱段洞口开挖关键点位移随开挖步变化规律(参数取平均值,松动区参数为原来的0.7倍)　　表2-11

关键点	关键点位移(mm)			
	开挖步1	开挖步2	开挖步3	开挖步4
1	1.12	2.70	2.62	2.64
2	0.29	2.18	2.09	2.66
3	0.14	0.74	0.78	1.53
4	0.25	0.62	0.74	0.88
5	0.70	2.07	2.60	3.29
6	0.11	0.31	0.43	0.73
7	0.08	0.92	0.87	2.26
8	0.32	2.51	2.42	3.11

大拱段洞口开挖关键点位移随开挖步变化规律(参数取平均值,松动区参数为原来的0.5倍)　　表2-12

关键点	关键点位移(mm)			
	开挖步1	开挖步2	开挖步3	开挖步4
1	1.12	2.71	2.62	2.63
2	0.29	2.20	2.10	2.67
3	0.14	0.76	0.79	1.55
4	0.25	0.63	0.74	0.88
5	0.70	2.07	2.60	3.30
6	0.11	0.31	0.43	0.74
7	0.08	0.92	0.88	2.28
8	0.31	2.52	2.43	3.11

大拱段洞口开挖关键点位移随开挖步变化规律(参数取低值,松动区参数为原来的0.7倍)　表2-13

关键点	关键点位移(mm)			
	开挖步1	开挖步2	开挖步3	开挖步4
1	1.23	2.98	2.89	2.88
2	0.32	2.40	2.30	2.90
3	0.15	0.83	0.87	1.67
4	0.27	0.68	0.81	0.94
5	0.77	2.27	2.86	3.60
6	0.11	0.34	0.46	0.79
7	0.09	1.02	0.97	2.46
8	0.36	2.76	2.67	3.40

大拱段洞口开挖关键点位移随开挖步变化规律(参数取低值,松动区参数为原来的0.5倍)　表2-14

关键点	关键点位移(mm)			
	开挖步1	开挖步2	开挖步3	开挖步4
1	1.24	2.99	2.89	2.87
2	0.33	2.42	2.31	2.92
3	0.15	0.85	0.89	1.69
4	0.27	0.69	0.81	0.94
5	0.77	2.27	2.86	3.60
6	0.11	0.34	0.47	0.80
7	0.09	1.02	0.97	2.46
8	0.36	2.76	2.67	3.40

(3)支护结构应力分析

隧道开挖后围岩的锚喷支护大大改善了围岩的应力状态,提高了围岩的稳定性,同时,中隔墙和二次衬砌随着开挖支护也发生变化。

锚杆的及时支护能改善该部位的围岩应力,但锚杆本身应力状态变化较为复杂:预应力锚杆由于其自身预应力较大,其应力状况基本上处于不变,而系统锚杆在开挖支护后,承受了一部分的拉应力,上半断面开挖支护后,此处支护系统锚杆应力最大为22.5MPa;拱肩开挖后,此处支护系统锚杆应力最大为25.2MPa;而两侧拱腰开挖后,此处支护系统锚杆应力最大为28.7MPa。图2-38~图2-41为锚杆在不同开挖阶段所受的拉应力分布图。

从计算结果看,大拱二次衬砌的应力水平较低,由于是在开挖完之后实行全断面二次衬砌,其应力水平并不高,拉应力和压应力量值均很小。二次衬砌的应力分布如图2-42~图2-43所示。

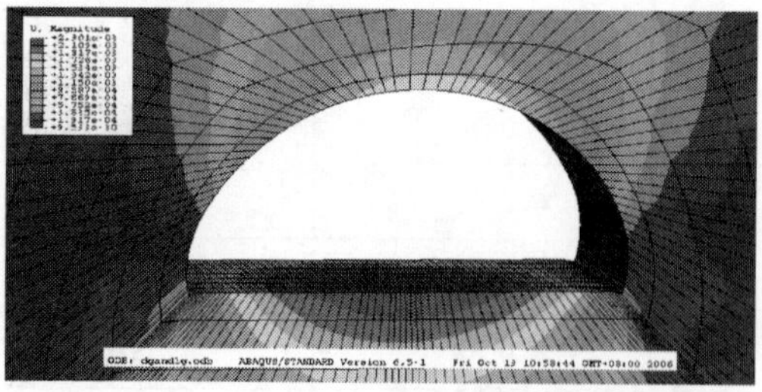

图2-38　上半断面开挖后系统锚杆受力分布图

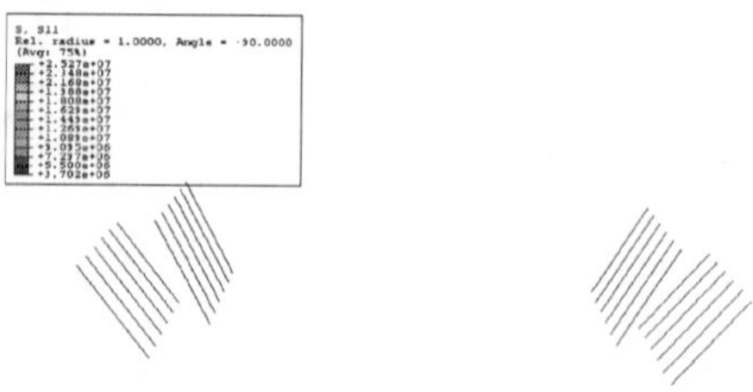

图2-39　两侧拱肩开挖后系统锚杆受力分布图

(4)现场监测结果与计算结果的对比分析

拱顶下沉比较：监测结果显示，该段隧道拱顶下沉值普遍较小，均未超过3mm，稳定时间较短，量测值小于允许值，且走势平缓，反映了隧道围岩整体状况较为稳定；数值模拟得到的拱顶沉降也在3mm左右，较为接近。

图2-40　两侧拱腰开挖后系统锚杆受力分布图

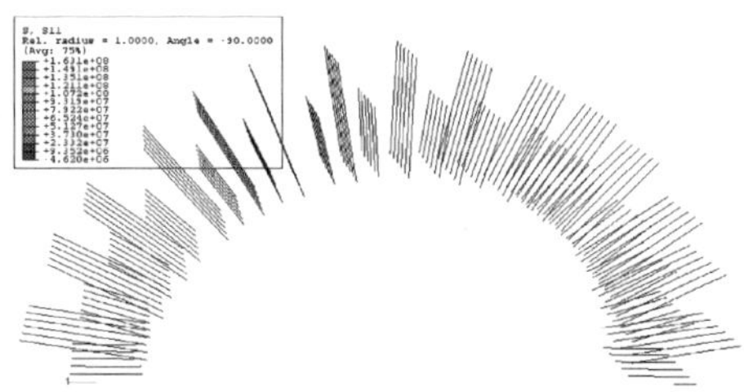

图2-41　开挖结束后系统锚杆受力分布图

图2-42　大拱段开挖结束后二次衬砌最大主应力分布图

图2-43　大拱段开挖结束后二次衬砌最小主应力分布图

锚杆应力比较：监测结果显示，大拱段围岩系统锚杆应力最大值约为30MPa，发生在拱腰，并且右拱侧相对变形较左侧大，反应在锚杆应力上是右侧锚杆应力相对左侧大；由于系统锚杆设计最大承载力为80kN，实际锚杆应力远小于设计最大值，说明大拱段锚喷支护后，围岩稳定性良好。

二次衬砌压应力比较，大拱段二次衬砌应力具有以下特点：①压应力值较小，不超过2MPa，可以保证二次衬砌的结构稳定性；②变化平稳，说明调整过程合理，初期支护的残余应力逐渐释放；数值模拟显示二次衬砌的压应力也很小，较为一致。

3.小结

先进行二维模型计算，结果表明不施作中隔墙的方案是可行的。然后采用无中隔墙方案对大拱段隧道的开挖支护施工全过程进行了动态模拟，大拱段隧洞开挖后的围岩应力状态较好，顶拱处围岩仅出现微小的拉应力区，隧洞底板围岩在开挖结束时有较大的拉应力，因此建议开挖仰拱而施作仰拱衬砌；隧洞围岩产生的位移也不大，顶拱处位移最大时不到3mm；由于较好的岩体条件和采用了合理的施工开挖方法，八字岭隧道大拱段围岩几乎未出现塑性区，仅在岩体参数取低值时，在上半断面和拱腰之间的小范围松动区内出现了微小塑性区。因此初步认为采用无中隔墙方案是可行的。

第二节　大拱段支护结构可靠度研究

一、隧道支护可靠度指标计算原理

1. 结构可靠性分析基本原理

结构设计时，应使所设计的结构在其使用期内，力求在经济合理的前提下满足安全性、适用性和耐久性的要求，而结构的安全性、适用性和耐久性三者总称为结构的可靠性，可靠性一般用可靠度进行数量描述。结构的可靠度是指结构或构件在规定的时间内，在规定的条件下完成预定功能的概率。结构完成预定功能的标志由极限状态来衡量。结构整体或部分在超过某状态时，结构就不能满足设计规定的某一功能要求的这种状态，称为结构的极限状态。结构的极限状态一般由状态函数（功能函数）加以描述。

目前，在国际上已进入实用阶段的概率设计法是随机变量的近似概率模式（水准 II）。我国《工程结构可靠性设计统一标准》（GB 50153—2008）、《建筑结构可靠度设计统一标准》（GB 50068—2001）、《铁路工程结构可靠度设计统一标准》（GB 50216—94）等均采用的极限状态设计方法就属于这一水准。

设影响结构可靠度的 n 个随机变量为 $x_i(i=1,2,\cdots,n)$，对应的功能函数为：

$$Z = G(x_1,x_2,\cdots,x_n) \tag{2-2}$$

结构功能函数的取值严格地把结构区分为三种不同的状态，如式（2-3）所示，即可靠状态、极限状态和失效状态。

$$Z = G(x_1,x_2,\cdots,x_n)\begin{cases} >0 & \text{可靠状态} \\ =0 & \text{极限状态} \\ <0 & \text{失效状态} \end{cases} \tag{2-3}$$

那么，结构的可靠度即功能函数 $Z>0$ 的概率为：

$$P_s = P(Z>0) = \int\cdots\int_{Z>0} f_z(x_1,x_2,\cdots,x_n)\,\mathrm{d}x_1\mathrm{d}x_2\cdots\mathrm{d}x_n \tag{2-4}$$

结构的失效概率即功能函数 $Z<0$ 的概率为：

$$P_f = P(Z<0) = \int\cdots\int_{Z<0} f_z(x_1,x_2,\cdots,x_n)\,\mathrm{d}x_1\mathrm{d}x_2\cdots\mathrm{d}x_n \tag{2-5}$$

由概率论知：

$$P(Z>0) + P(Z<0) = 1 \tag{2-6}$$

即可靠度和失效概率的关系为：

$$P_s + P_f = 1 \tag{2-7}$$

要计算结构的可靠度或失效概率，原则上可通过上述的多维积分式计算而得，但当功能函数中含有多个基本随机变量，或函数为非线性时，上述计算就变得十分复杂，甚至难以求解，且在很多的实际结构可靠性问题中，变量 x_i 的密度函数 $f(x_i)$ 或者它们的联合密度函数 $f_Z(x_1,x_2,\cdots,x_n)$ 很难有足够的资料确定。在可靠度分析中常采用可靠指标 β 来表示结构的可靠度（图 2-43），可靠指标 β 的定义为：

$$\beta = \mu_Z/\sigma_Z \tag{2-8}$$

式中：μ_Z——结构功能函数的均值；

σ_Z——结构功能函数的标准差。

由图 2-44 可知，失效概率 $P_f=P(Z<0)$ 是概率密度函数 $f_Z(Z)$ 的尾部与 OZ 轴所围成的面积（阴影部分面积），结构的可靠概率即为 $f_Z(Z)$ 与 OZ 轴所围成的非阴影部分面积。结构可靠指标 β 的物理意义是：从均值 μ_Z 到原点以标准差 σ_Z 为度量单位的距离（标准差的倍数，即 $\beta\sigma_Z$）。β 值与 P_f 是对应的，β 值越大，其对应的 P_f 越小，结构的可靠度越高。

$$P_f = \varphi(-\beta) \tag{2-9}$$

式中：$\varphi(\cdot)$——标准正态分布函数。

结构的功能函数在于其具有的一定抗力来承受各种作用效应，因而可把构成功能函数的随机变量分为结构抗力和作用效应两大类，如以 R 来表示抗力，以 S 来表示作用效应，则功能函数可写成：

$$Z = G(R_1, R_2, \cdots, R_m, S_{m+1}, S_{m+2}, \cdots, S_n) \tag{2-10}$$

或者

$$Z = G_R(R_1, R_2, \cdots, R_m) - G_s(S_{m+1}, S_{m+2}, \cdots, S_n) \tag{2-11}$$

$$Z = R - S \tag{2-12}$$

此即功能函数的 R-S 模型，结构抗力 R 是结构构件承受外界作用的能力，以非负随机变量为概率模型，作用效应 S 是指作用在结构上的各种作用而引起的结构内力或位移等作用效果，以非负随机变量为概率模型。设功能函数仅与 R 和 S 有关，则结构功能函数为：

$$Z = G(R, S) = R - S \tag{2-13}$$

对应的极限状态方程：

$$Z = R - S = 0 \tag{2-14}$$

显然：当 $Z>0$ 时，结构处于可靠状态，相应的概率越大，表明构件越可靠；当 $Z<0$ 时，结构处于失效状态，其相应概率越大，表明构件越不可靠，可用图 2-45 表示。

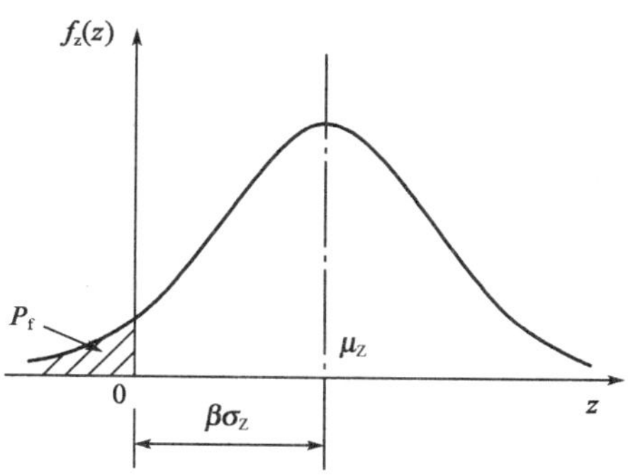

图 2-44　可靠度指标示意图

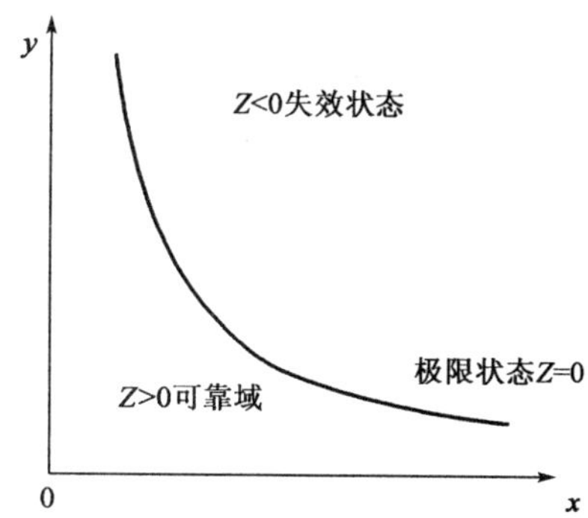

图 2-45　结构的工作状态

若随机变量 R，S 是连续型的，则 Z 即式（2-13）也是连续型的，这时，构件的失效概率可表示为：

$$P_f = P\{z < 0\} = F_Z(0) \tag{2-15}$$

式中：$F_Z(0)$——Z 的分布函数 $z=r-s$，$r\in R$，$s\in S$，$z\in Z$。

设 $Z=R-S$ 的概率密度函数为 $f_Z(r,s)$，R、S 的概率密度函数分别为 $f_R(r)$、$f_S(s)$，且一般可以认为 R 和 S 是两个互相独立的随机变量，故有：

$$f_Z(r,s)=f_S(s)f_R(r) \tag{2-16}$$

由概率论知识可知，构件失效概率可表示为下面的积分形式：

$$P_f=F_Z(0)=\iint_{r-s<0} f_Z(r,s)\mathrm{d}r\mathrm{d}s=\int_{-\infty}^{+\infty} f_S(s)\left[\int_R^{+\infty} f_R(r)\mathrm{d}r\right]\mathrm{d}s=\int_{-\infty}^{+\infty} f_R(r)\left[\int_{-\infty}^{R} f_S(s)\mathrm{d}s\right]\mathrm{d}r \tag{2-17}$$

如果 R 和 S 均可近似地看作正态变量，则功能函数 Z 亦为正态变量，此时功能函数的概率密度为：

$$f_Z(z)=\frac{1}{\sigma_Z\sqrt{2\pi}}\exp\left[-\frac{1}{2}\left(\frac{z-\mu_Z}{\sigma_Z}\right)^2\right] \tag{2-18}$$

而失效概率则为：

$$P_f=P(z<0)=\int_{-\infty}^{0}\frac{1}{\sigma_Z\sqrt{2\pi}}\exp\left[-\frac{1}{2}\left(\frac{z-\mu_Z}{\sigma_Z}\right)^2\right]\mathrm{d}z \tag{2-19}$$

把 Z 的正态分布 $N(\mu_Z,\sigma_Z)$，转变为标准正态分布 $N(0,1)$，即采取变换：

$$x=\frac{1}{\sigma_Z}(Z-\mu_Z) \tag{2-20}$$

则得失效概率：

$$P_f=P(x<-\beta)=\frac{1}{\sqrt{2\pi}}\int_{-\infty}^{\beta}\exp\left(-\frac{x^2}{2}\right)\mathrm{d}x=\varphi(-\beta) \tag{2-21}$$

其中：

$$\beta=\frac{\mu_Z}{\sigma_Z}=\frac{\mu_R-\mu_S}{\sqrt{\sigma_R^2+\sigma_S^2}} \tag{2-22}$$

μ_Z、σ_Z 分别是构件的均值和标准方差，它们按下式计算：

$$\mu_R=\frac{1}{m}\sum_{i=1}^{m}R_i \tag{2-23}$$

$$\mu_S=\frac{1}{m}\sum_{i=1}^{m}S_i \tag{2-24}$$

$$\sigma_R=\sqrt{\frac{1}{m-1}\sum_{i=1}^{m}(\mu_R-R_i)^2} \tag{2-25}$$

$$\sigma_S=\sqrt{\frac{1}{m-1}\sum_{i=1}^{m}(\mu_S-S_i)^2} \tag{2-26}$$

式中：m——为 R、S 的统计样本数量。

这时，构件的可靠度为：

$$P_r=1-P_f=1-\varphi(-\beta)=\varphi(\beta) \tag{2-27}$$

$\varphi(\beta)$ 就是标准正态变量 $N(0,1)$ 的概率分布函数，在概率论和统计学书籍中均附有这种函数表可查。

2. 可靠指标的计算方法

目前，实用的计算可靠指标的方法有以下几种：一次二阶矩法、当量正态分布法（JC 方法)、分位值法、多重积分方法及随机抽样法(Monte-Carlo 法)。此外,随着计算技术的发展,有限元-一次二阶矩法、有限元-最大熵法、有限元-Monte-Carlo 法,也先后应用于结构可靠度分析。具体计算采用哪一种方法,应根据结构极限状态方程中基本随机变量的概率分布和方程式线性或非线性等情况使用。现将本节涉及的几种方法的基本理论简单叙述如下。

(1)哈-林(H-L)法(一次二阶矩验算点方法)

该法是由 A. M. HasfV 和 C. Lind 提出的,假设基本随机变量 x_i 是独立正态分布的变量,则 Z 代表以基本变量为坐标的欧氏 n 维空间的一个曲面,将功能函数公式(2-10)在验算点处泰勒展开如下。

$$z = g(x_1^*, x_2^*, \cdots, x_n^*) + \sum_{i=1}^{n}(x_i - x_i^*) \cdot \frac{\partial g}{\partial x_i}\Big|_{x^*} \tag{2-28}$$

由于在极限状态曲面上,故:

$$g(x_1^*, x_2^*, \cdots, x_n^*) = 0 \tag{2-29}$$

$$u_Z = \sum_{i=1}^{n}(u_{x_i} - x_i^*) \cdot \frac{\partial g}{\partial x_i}\Big|_{x^*} \tag{2-30}$$

$$\sigma_Z = \left(\sum_{i=1}^{n}\left(\frac{\partial g}{\partial x_i}\right)^2_{x=x^*} \cdot \sigma_i^2\right)^{\frac{1}{2}} \tag{2-31}$$

所以可靠指标为:

$$\beta = \frac{\sum_{i=1}^{n}\frac{\partial g}{\partial x_i}\Big|_{x^*} \cdot (u_i - x_i^*)}{\left(\sum_{i=1}^{n}\left(\frac{\partial g}{\partial x_i}\right)^2_{x=x^*} \cdot \sigma_i^2\right)^{\frac{1}{2}}} \tag{2-32}$$

验算点的分量值为:

$$x_i^* = u_i + \sigma_{x_i} \cdot \alpha_i \cdot \beta \tag{2-33}$$

公式中 α_i 为灵敏度系数:

$$\alpha_i = \frac{-\left(\frac{\partial g}{\partial x_i}\right)_{x=x^*} \cdot \sigma_{x_i}}{\sum_{i=1}^{n}\left(\frac{\partial g}{\partial x_i}\right)^2 \cdot \sigma_{x_i^2}} \tag{2-34}$$

若已经知道各个基本随机变量的均值和方差,可根据以上公式求出可靠指标值。需要指出的是验算点并不预先知道,因此在展开泰勒级数时必须先假定一个点,例如各个基本随机变量的均值点,另外再假定一个 β,由(2-33)来计算新的 x_i^*,将 x_i^* 代入极限状态方程来计算 g 值,检验 $g(x_i^*)=0$ 是否满足,若不满足则计算前后两次 β 和 g 差值之比 $\Delta\beta/\Delta g$,估计一个新的 β 值 $\beta_{j+1}=\beta_j - g_j(\Delta\beta/\Delta g)$,重复以上步骤,直到 $g=0$ 为止,最后由 $P_f=\varphi(-\beta)$ 计算出失效概率。计算过程中,用迭代法逐步逼近真正的验算点,修正所得值,直到结果满意为止。

(2)非正态变量的等效正态化(JC 法)及修正 JC 法

H-L 法是假设基本随机变量为正态分布的情况,但是在实际设计中,结构的基本变量不一定为正态变量,对于基本变量为非正态分布的情况 Rackwitz 和 FiesslV 提出 R-F 法(JC 法)。

JC 法的基本原理:首先把随机变量 x_i 原来的非正态分布用正态分布代替,但是对于代替的正态分布函数要求在设计验算点 x_i^* 处累积概率分布函数(CDF)值和概率密度函数(PDF)

值都和原来的分布函数的 CDF 和 PDF 值相同，然后根据这两个条件求得等效正态分布的均值和标准差，最后用 H-L 法计算可靠指标值。

由 JC 法基本原理知道某一定点 x_i^* 处满足：

$$F_x(x^*) = \varphi\left(\frac{x^* - u'}{\sigma'}\right) \tag{2-35}$$

$$f_x(x^*) = \phi'\left(\frac{x^* - u'}{\sigma'}\right) = \frac{1}{\sigma'} \cdot \phi\left(\frac{x^* - u'}{\sigma'}\right) \tag{2-36}$$

解得当量均值和方差：

$$u_{x_i}{}' = x_i^* - \sigma_{x_i}{}' \cdot \phi^{-1}[F_{X_I}(x_i^*)] \tag{2-37}$$

$$\sigma_{x_i}{}' = \frac{\phi\{\varphi^{-1}[F_{x_i}(x_i^*)]\}}{f_{x_i}(x_i^*)} \tag{2-38}$$

式中：$F_{X_I}(\cdot)$，$f_{x_i}(\cdot)$——分别表示原函数和密度函数；

$\varphi(\cdot)$，$\phi(\cdot)$——分别表示正态函数和正态密度函数；

$\varphi^{-1}(\cdot)$——表示正态函数的反函数。

在工程实际问题中，基本随机变量不仅非正态分布，而且常常是相关的，变量之间的相关性会影响可靠指标值，对考虑随机变量之间的相关性问题一般采用协方差矩阵将相关变量空间转换为不相关的变量空间。

设极限状态方程为式(2-10)，将其在设计验算点 x_i^* 展开并取线性项得：

$$z = g(x_1^*, x_2^*, \cdots, x_n^*) + \sum_{i=1}^{n}(x_i - x_i^*) \cdot \left.\frac{\partial g}{\partial x_i}\right|_{x^*} \tag{2-39}$$

则 z 的均值和方差为：

$$u_z = \sum_{i=1}^{n}(x_i - x_i^*) \cdot \frac{\partial g}{\partial x_i}\Big|_{x^*} \tag{2-40}$$

$$\sigma_z = \left[\sum_{i=1}^{n}\sum_{j=1}^{n}\frac{\partial g}{\partial x_i}\Big|_{x^*} \cdot \frac{\partial g}{\partial x_j}\Big|_{x^*} \cdot \rho_{ij} \cdot \sigma_{x_i} \cdot \sigma_{x_j}\right] \tag{2-41}$$

式中：ρ_{ij}——相关系数。

$$令：\alpha_i = \frac{\sum_{i=1}^{n}\rho_{ij} \cdot \frac{\partial g}{\partial x_j}\Big|_{x^*} \cdot \sigma_{ij}}{\left[\sum_{i=1}^{n}\sum_{j=1}^{n}\frac{\partial g}{\partial x_i}\Big|_{x^*} \cdot \frac{\partial g}{\partial x_j}\Big|_{x^*} \cdot \rho_{ij} \cdot \sigma_{x_i} \cdot \sigma_{x_j}\right]^{\frac{1}{2}}} \tag{2-42}$$

α_i 为灵敏度系数，则式(2-41)可转化为：

$$\sigma_Z = \sum_{i=1}^{n}\alpha_i \cdot \left.\frac{\partial g}{\partial x_i}\right|_{x^*} \cdot \sigma_{x_i} \tag{2-43}$$

所以可靠指标为：

$$\beta = \frac{u_Z}{\sigma_Z} = \frac{\sum_{i=1}^{n}(u_{x_i} - x_i^*) \cdot \left.\frac{\partial g}{\partial x_i}\right|_{x^*}}{\sum_{i=1}^{n}\alpha_i \cdot \left.\frac{\partial g}{\partial x_i}\right|_{x^*} \cdot \sigma_{x_i}} \tag{2-44}$$

则式(2-44)可转化为：

$$x_i^* = u_{x_i} - \alpha_i \cdot \beta \cdot \sigma_{x_i} \tag{2-45}$$

由于非正态分布随机变量的当量正态化，并不改变随机变量的线性相关性；所以 ρ_{ij} 在当量正态化过程中保持不变。因此,若 x_i 为非正态分布,则式(2-40)~式(2-45)中 u_{x_i},σ_{x_i} 相应取等效正态分布的均值 u_{x_i}' 和标准值 σ_{x_i}'。

(3)有理多项式技术在 JC 法计算可靠指标中的应用

有理多项式技术主要是用来计算功能函数的偏导数,即对 $\frac{\partial g}{\partial x_i}|_{x^*}$ 的计算引入有理多项式技术。

首先令 x_2-x_n 分别等于 $u_{x_2}-u_{x_n}$,再设 m 个 x_1^i($i=1,2,\cdots,m$,m 一般取 3 或 5 即可)为已知值,其中 $x_1^i\in[u_{x_i}-3\sigma_{x_j},u_{x_i}+3\sigma_{x_j}]$,则可得到 m 个函数值如下:

$$g_{11}=g(x_1^1,u_{x_2},\cdots,u_{x_n}) \tag{2-46}$$

$$g_{12}=g(x_1^2,u_{x_2},\cdots,u_{x_n}) \tag{2-47}$$

而函数 g 关于 x_1 的函数可以用有理多项式技术近似表示为:

$$g(x_1,u_{x_1},\cdots,u_{x_n})\approx a_1+\cfrac{x_1-x_1^1}{a_2+\cfrac{x_1-x_1^2}{a_3+\cdots+\cfrac{x_1-x_1^{m-1}}{a_m}}} \tag{2-48}$$

上式也可写为:

$$g(x_1,u_{x_2},\cdots,u_{x_n})\approx\varphi(x_1) \tag{2-49}$$

其中:

$$\varphi_i(x_i)=a_i+\frac{x_1-x_1^i}{\varphi_{i+1}(x_1)} \tag{2-50}$$

$$\varphi_m(x_i)=a_m \tag{2-51}$$

上式中系数由表 2-15 求得。

变量有理多项式系数　　表 2-15

a_1	a_2	a_3	a_4	…
$a_1=g_{11}$	—	—	—	—
$a_{21}=g_{21}$	$a_2=(x_1^2-x_1^1)/(a_{21}-a_1)$	—	—	—
$a_{31}=g_{31}$	$a_{32}=(x_1^3-x_1^1)/(a_{31}-a_1)$	$a_3=(x_1^3-x_1^2)/(a_{32}-a_2)$	—	—
$a_{41}=g_{41}$	$a_{42}=(x_1^4-x_1^1)/(a_{41}-a_1)$	$a_{43}=(x_1^4-x_1^2)/(a_{42}-a_2)$	$a_4=(x_1^4-x_1^3)/(a_{43}-a_3)$	—
…	…	…	…	…

则由式(2-49)~式(2-51)可得:

$$\frac{\partial g}{\partial x_1}\approx\varphi_1(x_1)=\frac{\varphi_2(x_1)-[x_1-x_1^1]\varphi_2(x_1)}{[\varphi_2(x_1)]^2} \tag{2-52}$$

$$\varphi_1'(x_1)=\frac{\varphi_{i+1}(x_1)-[x_1-x_1']\varphi_{i+1}'(x_1)}{[\varphi_{i+1}(x_1)]^2} \tag{2-53}$$

当 $i=m$ 时,

$$\varphi_m'(x_1)=0,\text{所以:}\left.\frac{\partial g}{\partial x_1}\right|_{x^*}\approx\varphi_1'(x_1^*) \tag{2-54}$$

同理可求得函数对其他变量的偏导数。

(4)程序的编制

根据一次二阶矩法和JC法的计算方法,编制了求算可靠度的FORTRAN程序,程序的流程如图2-46所示。

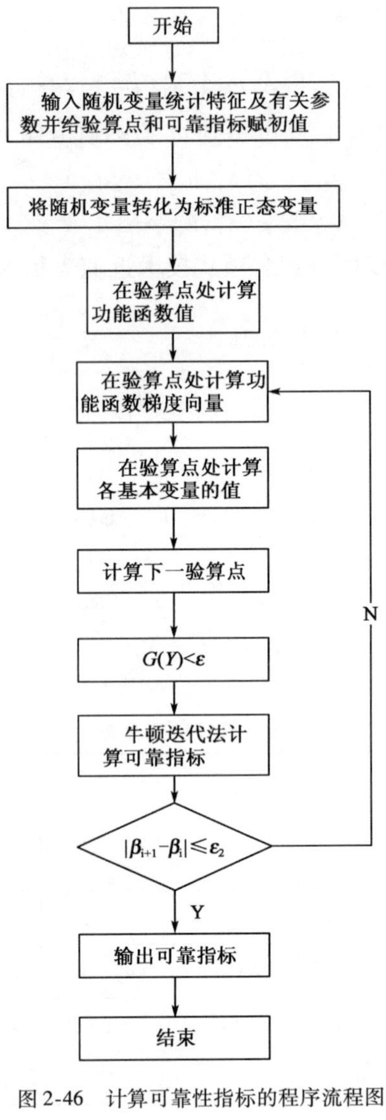

图2-46 计算可靠性指标的程序流程图

二、大拱隧道衬砌结构可靠性研究

本节以沪蓉西高速公路八字岭分岔隧道大拱段作为研究背景,采用ABAQUS软件进行数值模拟,首先对大拱段隧道围岩力学参数取定值进行围岩稳定性计算分析和支护结构受力计算分析,然后根据工程勘测的数据得到围岩力学参数变形模量和抗剪强度的统计特征,采用前面所述的可靠度计算方法对大拱段隧道的二次衬砌结构进行可靠度研究。

以c(黏结力)、φ(摩擦角)、E(弹性模量)、D(衬砌厚度)作为影响应力σ的基本随机变量，采用前面所述的可靠度计算方法，就可以计算分析隧道衬砌在开挖支护后的可靠性。

为得到应力关于 c、φ、E 和 D 的功能函数，首先，需要对其进行单因素分析，即在其他随机变量都取定值的情况下，分析应力关于某一随机变量的变化规律，得到应力在单因素情形的表达式。从得到的表达式，可分析衬砌轴应力关于某一因素的变化规律，并能对单因素的变化进行应力的敏感性分析。在得到所有这些基本随机变量对于衬砌轴应力的变化规律表达式之后，通过多元素回归分析，最终得到应力关于这些基本随机变量的整体性表达式，然后根据现行隧道设计规范的衬砌截面抗拉和抗压检算式，建立衬砌截面抗拉极限状态方程和抗压极限状态方程，从而由可靠指标的计算方法编制计算程序求得衬砌截面可靠度。

1. 数值计算模型

根据大拱段隧道工程的实际状况，取桩号 ZK100 + 245 的截面进行分析，以模型岩土体自重方向为 y 方向，上表面为自然表面，底部取至距隧道底面 79.3m 处的岩体，x 向为垂直隧道边墙方向。如图 2-47 所示，共有 3 316 个节点，3 439 个单元。

对大拱段隧道的数值模拟采用通用有限元程序 ABAQUS，该软件上节已有介绍。本次计算中岩体采用 Drucker-Prager 屈服准则。一次衬砌我们仅模拟喷射混凝土和锚杆（预应力锚杆和系统锚杆），将钢拱架等支护形式视为安全储备。喷射混凝土用实体单元模拟，采用素混凝土的材料参数；锚杆以杆单元模拟，采用 Mises 屈服准则。为得到二次衬砌的轴应力和弯矩，而且为了做衬砌可靠度分析时便于改变衬砌厚度，我们采用梁单元来模拟。

隧道的开挖支护施工方法、顺序和第一节围岩稳定性分析相同，此处不再赘述。具体计算时，考虑到支护时机问题，按开挖释放 70% 应力载荷、初次衬砌（锚杆）承受 10%、二次衬砌承受 20% 的比例分步骤逐次释放开挖应力。初始地应力还是取为自重应力场。

2. 衬砌结构可靠性分析

对围岩力学参数取定值进行围岩稳定性和支护结构受力分析之后，仍采用上述有限元计算模型，基于连续介质模型、采用前面介绍的可靠度计算方法，对大拱段隧道衬砌结构进行可靠度分析研究。这里我们仅对二次衬砌进行可靠度计算。把 c（黏结力）、φ（摩擦角）、E（弹性模量）和 D（衬砌厚度）视为基本随机变量，由于 D 值需根据不同围岩、不同埋深、不同隧道轮廓尺寸、不同开挖施工方式而具体确定，D 的统计特征值很难确定，因此，在本文中，我们将探讨 D 取不同值时的衬砌结构可靠度，以供具体工程设计时参考使用。

对于大拱隧道，选取了大拱衬砌较为关键的几个横截面进行可靠度计算，如图 2-48 所示。

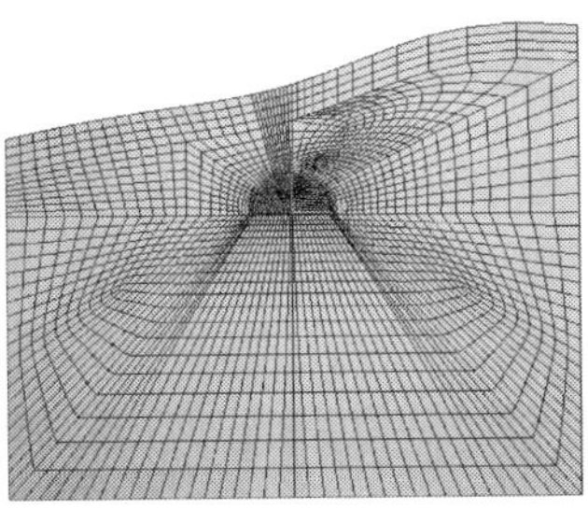

图 2-47　平面模型网格图

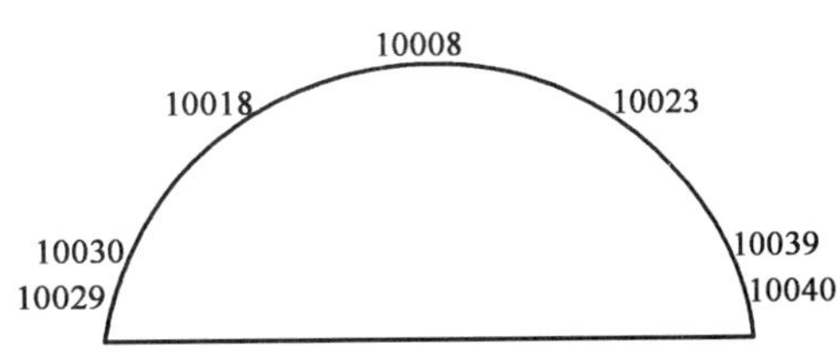

图 2-48　大拱段二次衬砌关键横截面示意图

(1)单因素分析

为求算衬砌结构可靠度,首先需对衬砌轴应力进行单因素分析。针对大拱围岩力学参数统计特征,取 c、φ、E、D 在一定范围内的定值,利用 ABAQUS 软件计算出单因素变化条件下衬砌轴应力值。c、φ、E、D 分别依次取不同值(注:在用有限元程序计算单因素变化条件下衬砌轴应力值时,其他随机变量取最低值,例如:当 c 变化时,φ、E、D 分别取 30°、4 000MPa、0.3m),计算结果如表 2-16 ~ 表 2-19 所示。

c 取一系列值得到的衬砌轴应力值 表 2-16

单　元	c(MPa)				
	0.40	0.50	0.60	0.70	0.80
10008	-0.17	-0.16	-0.16	-0.16	-0.16
10018	-0.18	-0.18	-0.18	-0.18	-0.18
10023	0.12	0.13	0.14	0.14	0.14
10030	-1.38	-1.38	-1.37	-1.36	-1.36
10039	-1.61	-1.56	-1.53	-1.40	-1.39
10029	-1.39	-1.38	-1.38	-1.38	-1.38
10040	-1.51	-1.48	-1.47	-1.46	-1.44

φ 取一系列值得到的衬砌轴应力值 表 2-17

单　元	φ(°)				
	30	32	34	36	38
10008	-0.17	-0.16	-0.16	-0.16	-0.16
10018	-0.18	-0.18	-0.18	-0.18	-0.18
10023	0.12	0.12	0.13	0.13	0.13
10030	-1.38	-1.38	-1.38	-1.37	-1.37
10039	-1.61	-1.59	-1.58	-1.56	-1.56
10029	-1.39	-1.39	-1.38	-1.38	-1.38
10040	-1.51	-1.46	-1.46	-1.45	-1.45

E 取一系列值得到的衬砌轴应力值 表 2-18

单　元	E(MPa)				
	4 000	4 500	5 000	5 500	6 000
10008	-0.17	-0.14	-0.12	-0.10	-0.09
10018	-0.18	-0.18	-0.17	-0.17	-0.16
10023	0.12	0.11	0.10	0.09	0.08
10030	-1.38	-1.32	-1.28	-1.23	-1.19
10039	-1.61	-1.55	-1.49	-1.45	-1.40
10029	-1.39	-1.32	-1.27	-1.22	-1.18
10040	-1.45	-1.41	-1.37	-1.33	-1.29

D 取一系列值得到的衬砌轴应力值 表 2-19

单　元	D(m)			
	0.30	0.40	0.50	0.60
10008	-0.17	-0.17	-0.17	-0.17
10018	-0.18	-0.14	-0.12	-0.11
10023	0.12	0.15	0.16	0.16
10030	-1.38	-1.30	-1.23	-1.17
10039	-1.61	-1.46	-1.31	-1.18
10029	-1.39	-1.28	-1.18	-1.09
10040	-1.45	-1.25	-1.08	-0.95

采用 Origin7.0 软件对以上表格的数据进行拟合，可得到大拱段二次衬砌各横截面轴应力 σ 关于 c、φ、E、D 单因素变化下的拟合函数(R^2 为相关指数)以及相应的函数曲线。

对于单元 10008：

$$\sigma = -0.16 - 18.1 \times e^{-20.29c} \qquad R^2 = 0.999 \tag{2-55}$$

$$\sigma = -0.16 - 15.92 \times e^{-0.265\varphi} \qquad R^2 = 0.965 \tag{2-56}$$

$$\sigma = -0.00365 - 0.575 \times e^{-0.00032E} \qquad R^2 = 0.999 \tag{2-57}$$

$$\sigma = -0.173 + 2.34 \times 10^{-8} \times e^{20.62D} \qquad R^2 = 0.989 \tag{2-58}$$

相应的曲线如图 2-49 ~ 图 2-52 所示。

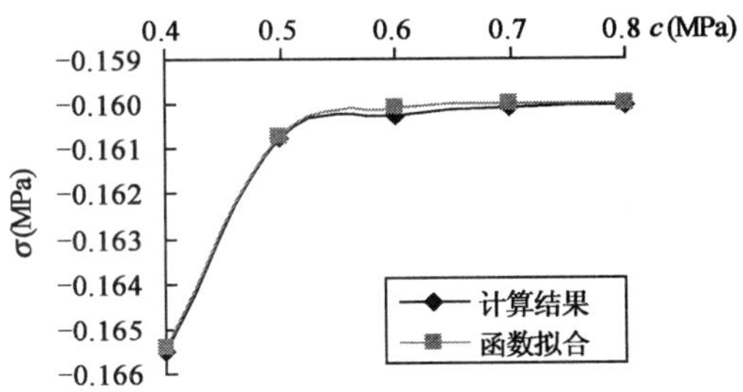

图 2-49　σ 随 c 的变化曲线

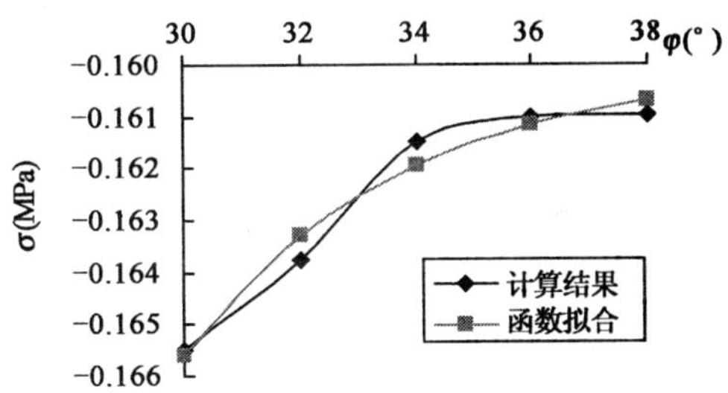

图 2-50　σ 随 φ 的变化曲线

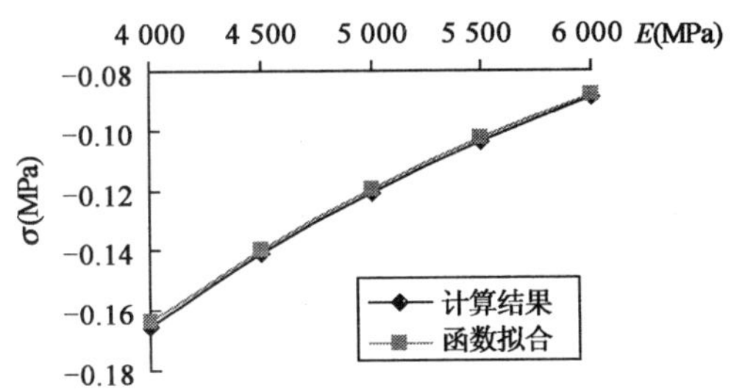

图 2-51　σ 随 E 的变化曲线

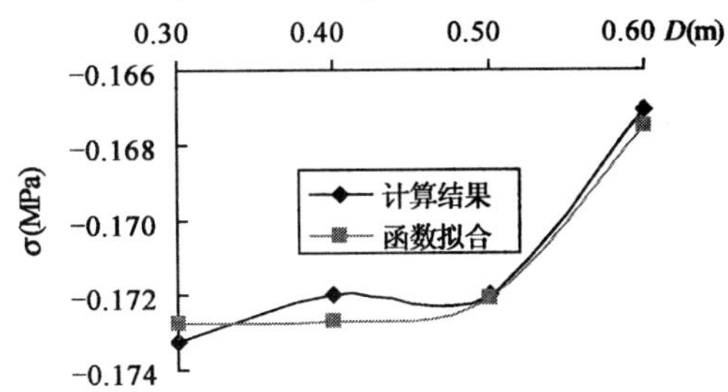

图 2-52　σ 随 D 的变化曲线

对于单元 10018：

$$\sigma = -0.18 - 0.77 \times e^{-13.5c} \qquad R^2 = 0.994 \tag{2-59}$$

$$\sigma = -0.181 - 26.48 \times e^{-0.301\varphi} \qquad R^2 = 0.962 \tag{2-60}$$

$$\sigma = 0.448 - 0.685 \times e^{-0.00002E} \qquad R^2 = 0.999 \tag{2-61}$$

$$\sigma = -0.095 - 0.665 \times e^{-6.7D} \qquad R^2 = 0.999 \tag{2-62}$$

相应的曲线如图 2-53 ~ 图 2-56 所示。

对于单元 10023：

$$\sigma = 0.136 - 481.4 \times e^{-25.5c} \qquad R^2 = 1.0 \qquad (2\text{-}63)$$

$$\sigma = 0.136 - 84.07 \times e^{-0.28\varphi} \qquad R^2 = 0.977 \qquad (2\text{-}64)$$

$$\sigma = 0.061 + 0.418 \times e^{-0.0005E} \qquad R^2 = 1.0 \qquad (2\text{-}65)$$

$$\sigma = 0.158 - 2.51 \times e^{-13.8D} \qquad R^2 = 0.994 \qquad (2\text{-}66)$$

相应的曲线如图 2-57 ~ 图 2-60 所示。

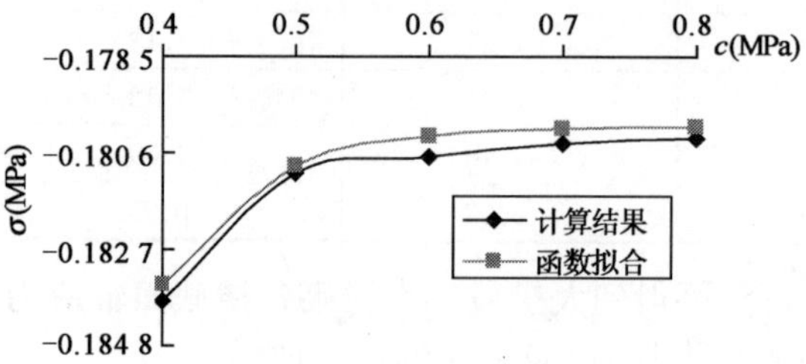

图 2-53　σ 随 c 的变化曲线

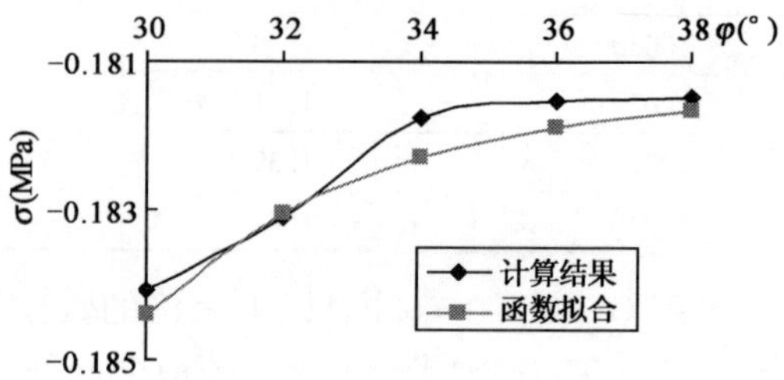

图 2-54　σ 随 φ 的变化曲线

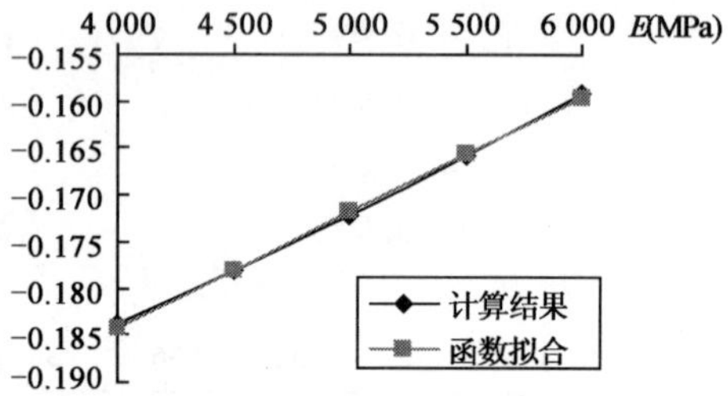

图 2-55　σ 随 E 的变化曲线

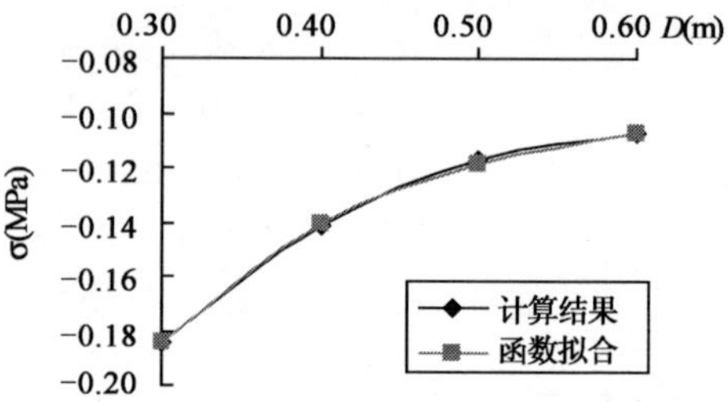

图 2-56　σ 随 D 的变化曲线

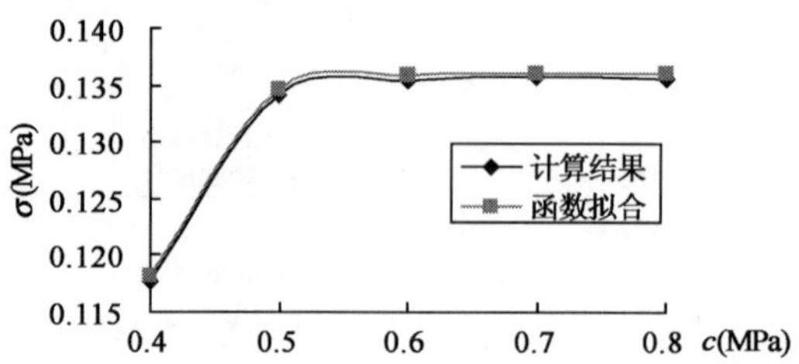

图 2-57　σ 随 c 的变化曲线

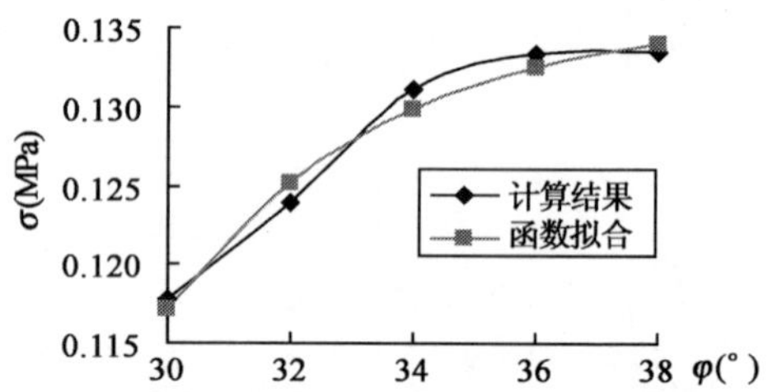

图 2-58　σ 随 φ 的变化曲线

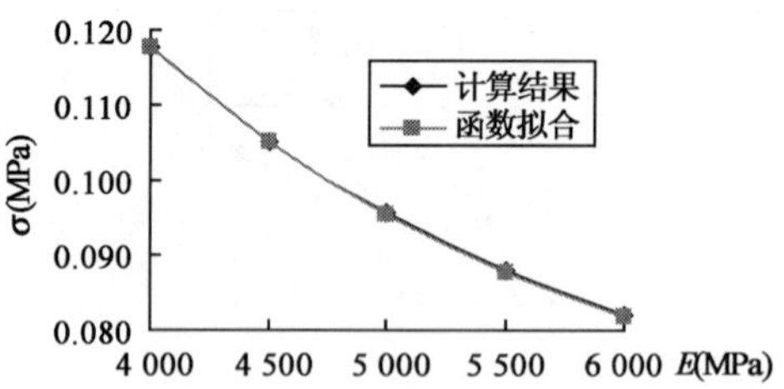

图 2-59　σ 随 E 的变化曲线

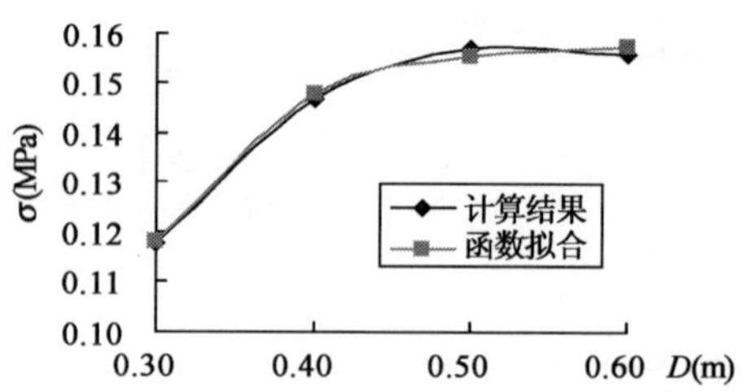

图 2-60　σ 随 D 的变化曲线

对于单元 10030：

$$\sigma = -1.326 - 0.11 \times e^{-1.5c} \qquad R^2 = 0.96 \qquad (2\text{-}67)$$

$$\sigma = -1.156 - 0.31 \times e^{-0.01\varphi} \qquad R^2 = 0.99 \qquad (2\text{-}68)$$

$$\sigma = -65.4 + 63.64 \times e^{1.5\times10^{-6}E} \qquad R^2 = 0.995 \qquad (2\text{-}69)$$

$$\sigma = -0.50 - 1.168 \times e^{-0.95D} \qquad R^2 = 1.0 \tag{2-70}$$

相应的曲线如图 2-61 ~ 图 2-64 所示。

对于单元 10039：

$$\sigma = -1.01 - 0.99 \times e^{-1.2c} \qquad R^2 = 0.92 \tag{2-71}$$

$$\sigma = -1.50 - 1.20 \times e^{-0.08\varphi} \qquad R^2 = 0.97 \tag{2-72}$$

$$\sigma = -3.633 + 1.675 \times e^{5\times10^{-5}E} \qquad R^2 = 1.0 \tag{2-73}$$

$$\sigma = 1.781 - 3.877 \times e^{-0.45D} \qquad R^2 = 1.0 \tag{2-74}$$

相应的曲线如图 2-65 ~ 图 2-68 所示。

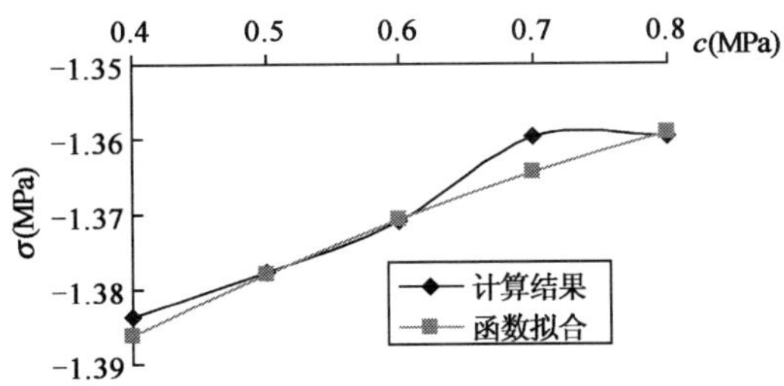

图 2-61　σ 随 c 的变化曲线

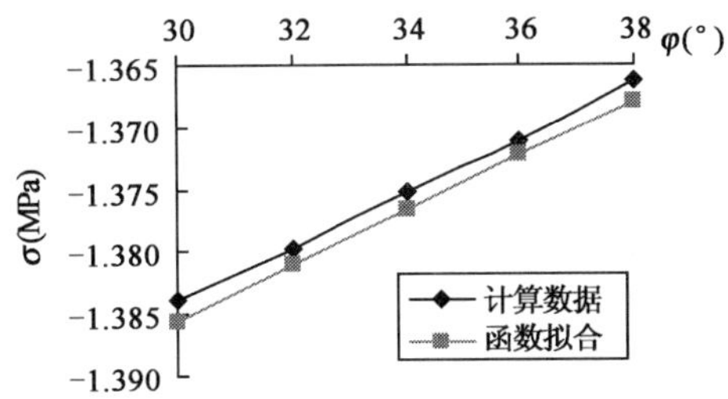

图 2-62　σ 随 φ 的变化曲线

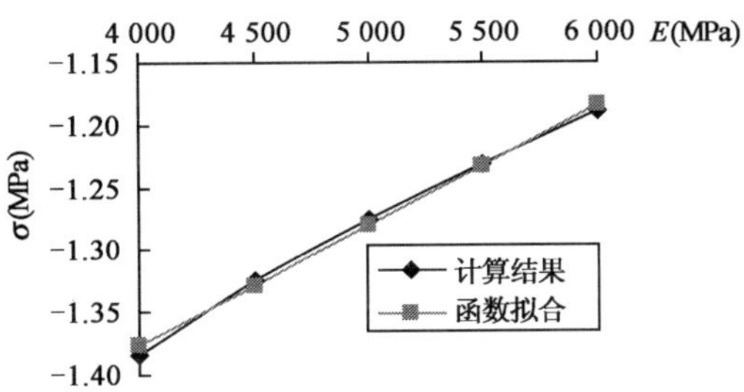

图 2-63　σ 随 E 的变化曲线

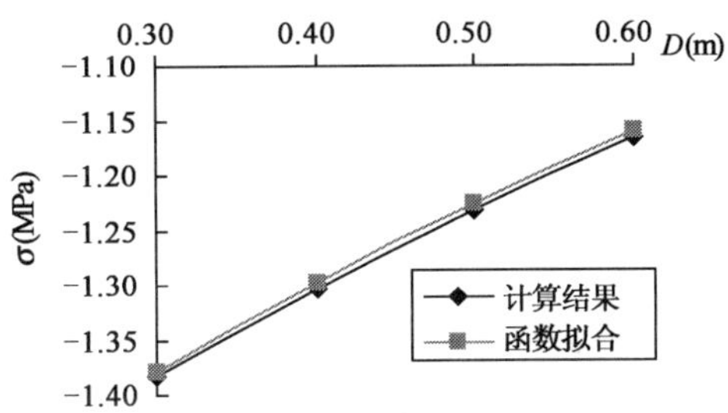

图 2-64　σ 随 D 的变化曲线

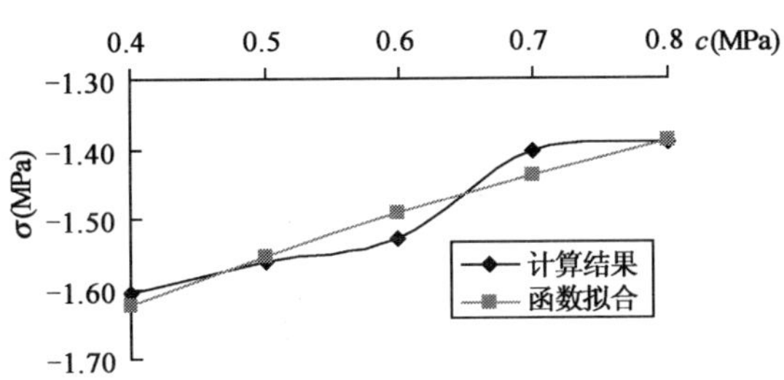

图 2-65　σ 随 c 的变化曲线

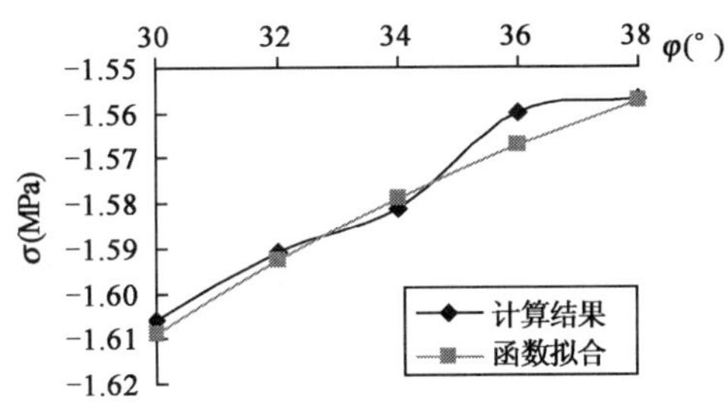

图 2-66　σ 随 φ 的变化曲线

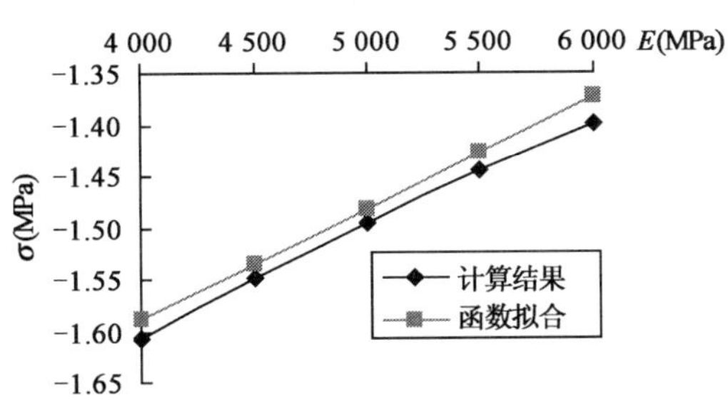

图 2-67　σ 随 E 的变化曲线

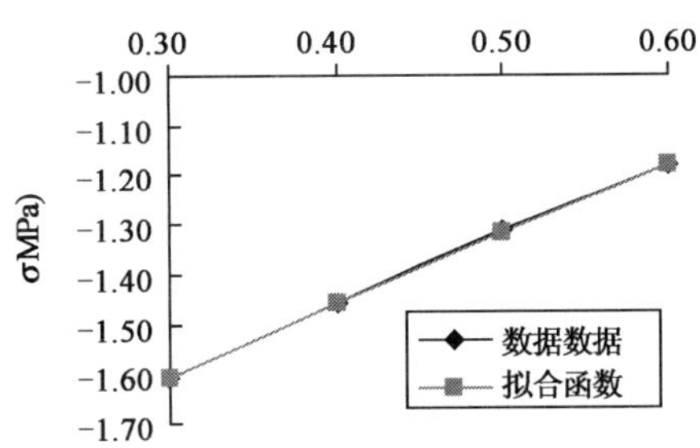

图 2-68　σ 随 D 的变化曲线

对于单元10029：

$$\sigma = -1.38 - 0.143 \times e^{-8.3c} \qquad R^2 = 1.0 \tag{2-75}$$

$$\sigma = -1.382 - 1.188 \times e^{-0.18\varphi} \qquad R^2 = 0.99 \tag{2-76}$$

$$\sigma = -0.75 - 1.41 \times e^{2\times10^{-4}E} \qquad R^2 = 1.0 \tag{2-77}$$

$$\sigma = -0.53 - 1.3 \times e^{-1.4D} \qquad R^2 = 1.0 \tag{2-78}$$

相应的曲线如图2-69～图2-72所示。

对于单元10040：

$$\sigma = -1.54 + 0.012 \times e^{2.656c} \qquad R^2 = 0.89 \tag{2-79}$$

$$\sigma = -1.45 - 4.2 \times 10^7 \times e^{-0.68\varphi} \qquad R^2 = 0.97 \tag{2-80}$$

$$\sigma = -0.587 - 1.284 \times e^{-1\times10^{-4}E} \qquad R^2 = 1.0 \tag{2-81}$$

$$\sigma = -0.354 - 2.02 \times e^{-2.05D} \qquad R^2 = 1.0 \tag{2-82}$$

相应的曲线如图2-73～图2-76所示。

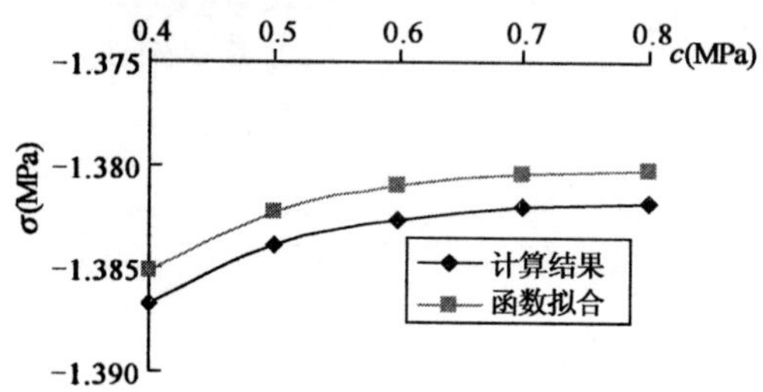

图2-69　σ随c的变化曲线

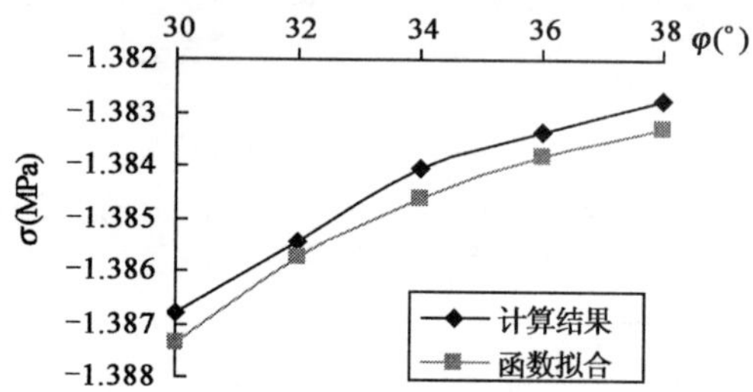

图2-70　σ随φ的变化曲线

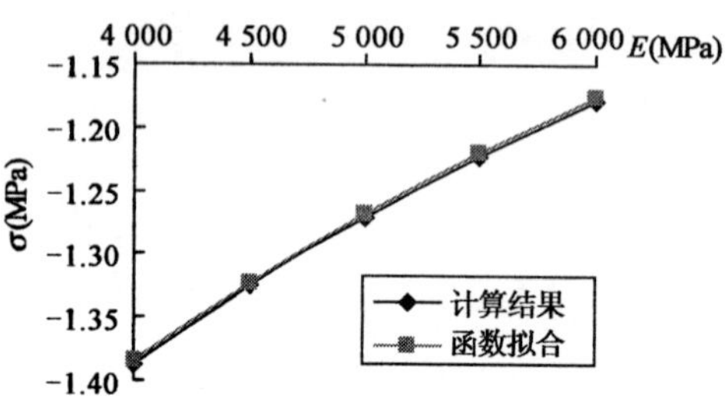

图2-71　σ随E的变化曲线

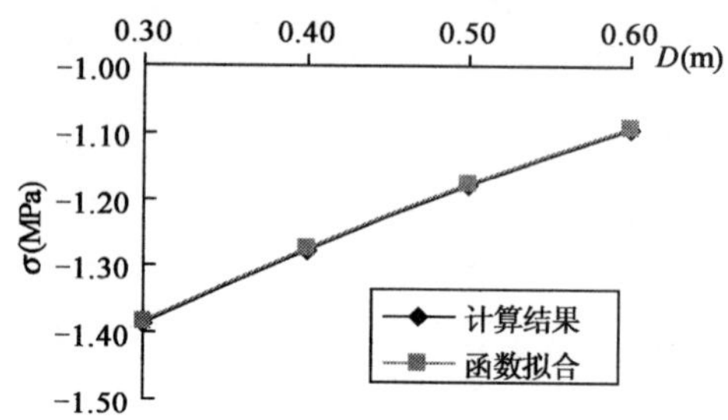

图2-72　σ随D的变化曲线

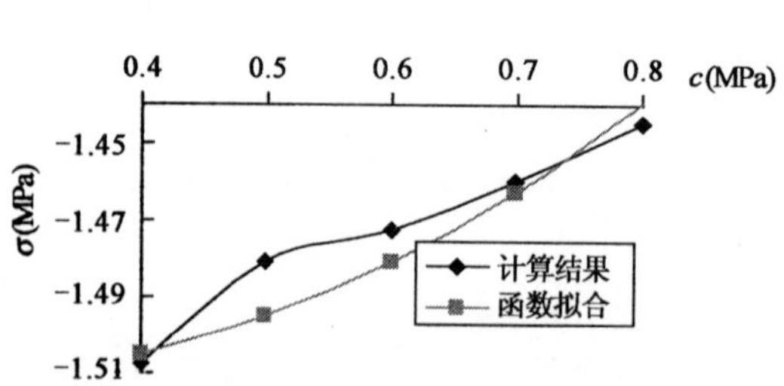

图2-73　σ随c的变化曲线

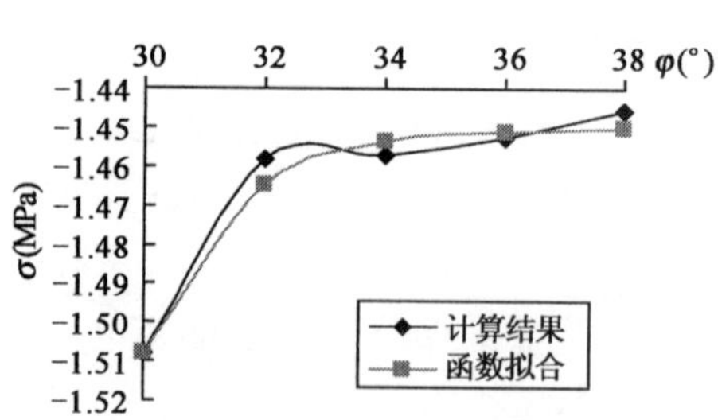

图2-74　σ随φ的变化曲线

(2)敏感性分析

根据单因素情况下的拟合函数，可分析c、φ、E、D等变量的变化对衬砌轴应力的影响程度，这里仅取单元10008(拱顶位置)进行敏感性分析。

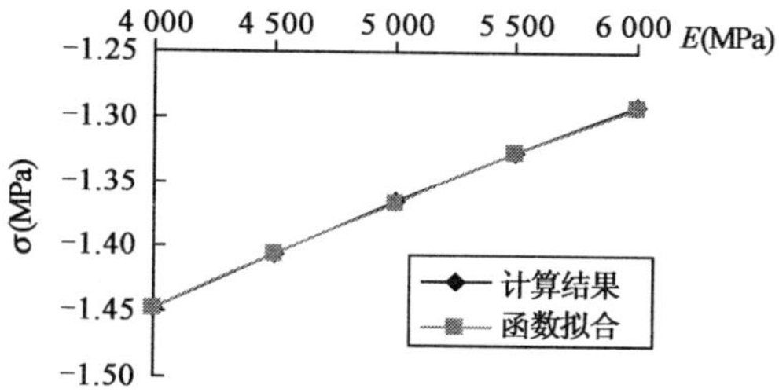

图 2-75　σ 随 E 的变化曲线

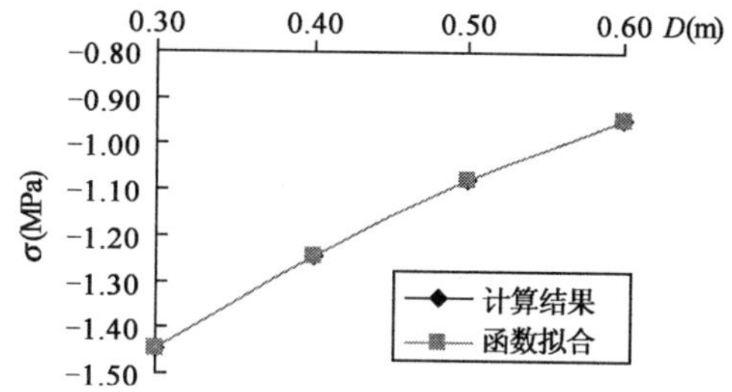

图 2-76　σ 随 D 的变化曲线

σ 对于 c 取一系列值的敏感度如表 2-20 所示。由表可知，随着 c 值增加，S_σ 的量值逐渐减小，但呈反方向变化，即 c 值越大，衬砌轴应力 σ 减小的越慢，最终趋于稳定，见图 2-77。

σ 对于 φ 取一系列值的敏感度如表 2-21 所示。由表可知，随着 φ 值增加，S_σ 的量值逐渐减小，但呈反方向变化，即 φ 值越大，衬砌轴应力 σ 减小的越慢。

σ 对于 E 取一系列值的敏感度如表 2-22 所示，由表可知，随着 E 的增加，S_σ 的量值逐渐增大，但呈反方向变化，即 E 越大，衬砌轴应力 σ 减小的越快。

σ 对于 D 取一系列值的敏感度如表 2-23 所示。由表可知，随着衬砌厚度 D 的增加，S_σ 的量值逐渐增大，但呈反方向变化，即 E 越大，衬砌轴应力 σ 减小的越快。在 $0.30\text{m} < D < 0.40\text{m}$ 时，S_σ 增加的很缓慢，衬砌轴应力 σ 减小的幅度不大，当 $D > 0.40\text{m}$ 时，S_σ 增加很快。见图 2-78。

c 取一系列值时的 S_σ　　表 2-20

c(MPa)	0.40	0.50	0.60	0.70	0.80
S_σ	-0.114	-0.019	-0.003	0.000	—

φ 取一系列值时的 S_σ　　表 2-21

φ(°)	30	32	34	36	38
S_σ	-0.21	-0.13	-0.08	-0.05	—

E 取一系列值时的 S_σ　　表 2-22

E(MPa)	4 000	4 500	5 000	5 500	6 000
S_σ	-1.16	-1.30	-1.43	-1.57	—

D 取一系列值时的 S_σ　　表 2-23

D(m)	0.30	0.40	0.50	0.60
S_σ	0.00	-0.01	-0.14	—

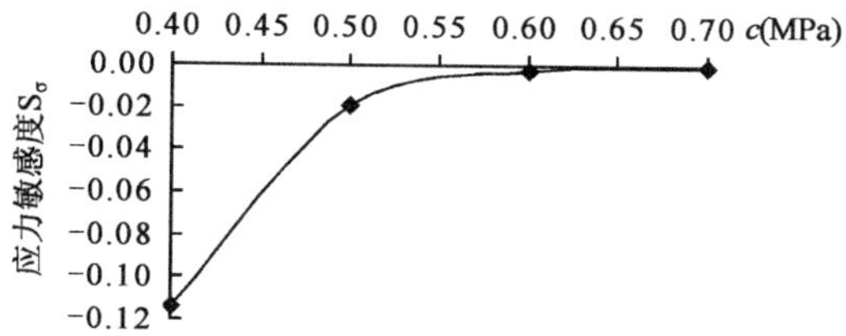

图 2-77　S_σ 随 c 值增加的变化趋势

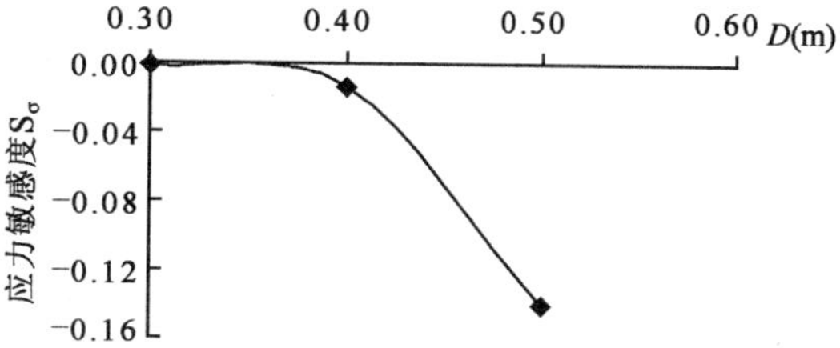

图 2-78　S_σ 随 D 值增加的变化趋势

(3)衬砌结构可靠度分析

在得到了单因素变化下的衬砌轴应力函数后，需进一步拟合得到多因素下的应力函数。根据单因素拟合的特征规律，通过多元回归分析可以得到各单元衬砌轴应力关于各基本随机变量的显示表达式。

以单元10008为例，根据单因素拟合的特征规律，可假定多因素下衬砌轴应力函数为以下形式：

$$\sigma = A_1 + A_2 \times e^{-20.3c} + A_3 \times e^{-0.265\varphi} + A_4 \times e^{-0.00032E} + A_5 \times e^{20.62D} \quad (2\text{-}82a)$$

式中：A_1, A_2, A_3, A_4, A_5——待求系数。

为求以上待求系数，需对其进行多因素回归分析。尽管衬砌轴应力 σ 关于基本变量 c、φ、E、D 并不为线性关系，但我们可令 $c' = e^{-20.3c}$，$\varphi' = e^{-0.265\varphi}$，$E' = e^{-0.00032E}$，$D' = e^{20.62D}$。这样 σ 关于 c', φ', E', D' 就呈线性关系了。因此可以进行线性多元回归分析。回归后的衬砌轴应力表达式为：

$$\sigma = -0.0099 - 20.18 \times e^{-20.3c} - 7.51 \times e^{-0.265\varphi} - 0.54 \times e^{-0.00032E} - 2.08 \times 10^{-8} \times e^{20.62D} \quad (2\text{-}82b)$$

相关指数为 $R^2 = 0.985$。

同理可以得到单元10018：

$$\sigma = 0.357 - 1.42 \times e^{-13.5c} - 31.44 \times e^{-0.301\varphi} - 0.491 \times e^{-0.00002E} - 0.58 \times e^{-6.7D}$$

$$R^2 = 0.995 \quad (2\text{-}83)$$

单元10023：

$$\sigma = 0.1148 - 248.1 \times e^{-25.5c} - 36.58 \times e^{-0.28\varphi} + 0.417 \times e^{-0.0005E} - 2.195 \times e^{-13.8D}$$

$$R^2 = 0.997 \quad (2\text{-}84)$$

单元10030：

$$\sigma = 69.63 - 0.14 \times e^{-1.5c} - 0.076 \times e^{-0.01\varphi} + 68.68 \times e^{1.5\times10^{-6}E} - 0.937 \times e^{-0.95D}$$

$$R^2 = 0.995 \quad (2\text{-}85)$$

单元10039：

$$\sigma = 0.94 - 0.704 \times e^{-1.2c} - 1.608 \times e^{-0.08\varphi} + 1.659 \times e^{5\times10^{-5}E} - 2.402 \times e^{-0.45D}$$

$$R^2 = 0.992 \quad (2\text{-}86)$$

单元10029：

$$\sigma = -0.057 - 0.548 \times e^{-8.3c} - 1.164 \times e^{-0.18\varphi} - 1.225 \times e^{2\times10^{-4}E} - 1.143 \times e^{-1.4D}$$

$$R^2 = 0.997 \quad (2\text{-}87)$$

单元10040：

$$\sigma = 0.236 + 0.0016 \times e^{2.656c} - 2563690 \times e^{-0.68\varphi} - 1.211 \times e^{-1\times10^{-4}E} - 1.646 \times e^{-2.05D}$$

$$R^2 = 0.984 \quad (2\text{-}88)$$

得到应力函数后，根据承载能力极限状态建立功能函数。根据现行隧道设计规范的衬砌截面抗拉和抗压检算式，建立衬砌截面抗拉极限状态方程和抗压极限状态方程。当偏心矩 $e_0 \leqslant 2d$（d为衬砌厚度）时，截面由抗压强度控制承载能力，相应的抗压极限状态方程为：

$$z_a = N_{极限} - N = K_{PR}\alpha bdR_a - N = 0 \tag{2-89}$$

式中：$N_{极限}$——衬砌混凝土所能承受的极限轴力（即抗力）；

N——计算所得的截面轴力（即荷载效应）；

K_{PR}——抗力计算模式不定性；

b——纵向宽度，取 $b=1\text{m}$；

d——截面厚度；

R_a——混凝土极限抗压强度；

α——偏心影响系数。

偏心影响系数 α 的概率分布为正态，均值和变异系数计算公式为：

$$\mu_\alpha = 1.0 + 0.65(e_0/d) - 12.57(e_0/d)^2 + 5.44(e_0/d)^3 \tag{2-90}$$

$$\delta_\alpha = 0.156 + 0.9(e_0/d) - 2.87(e_0/d)^2 + 3.05(e_0/d)^3 \tag{2-91}$$

当偏心矩 $e_0 > 0.2d$ 时，截面由抗拉强度控制承载能力，相应的抗拉极限状态方程为：

$$z_1 = 1.75R_1 - K_{PS}\left[\frac{6M}{bd^2} - \frac{N}{bd}\right] = 0 \tag{2-92}$$

式中：R_1——混凝土极限抗拉强度；

K_{PS}——荷载效应计算模式不定性；

其余变量含义同上。

这里，我们假定衬砌为钢筋混凝土材料，不考虑材料强度本身的随机变化，由相关资料可认为混凝土轴心抗压强度为 12.5MPa，由于此处 $e_0 \leqslant 2d$，可按材料承载能力极限状态进行计算。因此对于单元 10008 功能函数可表示为：

$$\begin{aligned} z &= 12.5 \times K_{PR} \times \alpha - \sigma \\ &= 12.5 \times K_{PR} \times \alpha - (-0.0099 - 20.18 \times e^{-20.3c} - 7.51 \times e^{-0.265\varphi} - 0.54 \times \\ &\quad e^{-0.00032E} - 2.08 \times 10^{-8} \times e^{20.62D}) \end{aligned} \tag{2-93}$$

同理可得其他单元的功能函数，此处不在一一列出。根据现场岩体力学试验结果和国内重大岩土工程灰岩的试验结果，对采集的数据进行统计分析，并参照相关资料，得到大拱隧道的 c、φ、E，K_{PR}，K_{PS}的统计特征如表 2-24 所示。

随机变量统计特征表　　表 2-24

统计特征＼统计项目	黏结力 c（MPa）	内摩擦角 φ（°）	弹性模量 E（MPa）	K_{PR}	K_{PS}
均值	0.6	34	5 000	1.0	1.0
标准差	0.2	2	1 000	0.15	0.15
概率分布	正态	正态	正态	正态	正态

对于大拱隧道，二次衬砌厚度设计一般为 0.50m 左右，根据得到的应力关于各基本变量的表达式，计算得到 $D=0.4\text{m}$，0.5m，0.6m 三种不同厚度下衬砌截面各关键截面的可靠度和失效概率，如表 2-25 所示。

从以上几个关键衬砌截面点的可靠度可以看出，由于衬砌所受轴应力水平较低，除单元 10008（拱顶位置）、单元 10018（左侧拱腰位置）可靠度较低外，其他关键截面点的可靠度量值都较高，没有失效。单元 10023（右侧拱腰位置）由于产生了较大的偏心（$e=0.14>2D$）而受拉，截面按抗拉强度控制承载能力，此时得到的可靠度量值较高，这和参数取定值时得到的二次衬砌受力结果比较吻合。从可靠度计算结果看，拱顶衬砌和左侧拱腰衬砌位置有一定的失效可能。因此，实际设计施工时，需在这些部分加强支护，如多施作喷锚支护，衬砌厚度可适当加大等。

D 取不同值的可靠度和失效概率 表 2-25

单元号	D=0.4m		D=0.5m		D=0.6m	
	β	$f_{失效}$	β	$f_{失效}$	β	$f_{失效}$
10008	1.56	6.00%	1.56	6.00%	1.56	6.00%
10018	2.42	0.78%	2.43	0.75%	2.43	0.75%
10023	7.16	0%	7.15	0%	7.14	0%
10030	5.11	0%	5.14	0%	5.16	0%
10039	5.07	0%	5.11	0%	5.15	0%
10029	5.06	0%	5.10	0%	5.14	0%
10040	5.42	0%	5.49	0%	5.54	0%

采用本文提出的可靠度计算方法，对大拱段隧道的二次衬砌结构进行可靠度研究。现对主要工作做一简单总结和讨论。

(1)对分岔隧道大拱段地质勘察的初步结论认为大拱段隧道围岩类别为 III ~ IV 级，本文的数值模拟是采用 IV 级围岩力学参数进行计算分析，考虑了较为恶劣的工程状况。

(2)通过对大拱段隧道的数值分析表明：大拱隧道在开挖后，整体稳定性较好，塑性区集中在隧道拱脚位置，因此须在这些位置加强支护；开挖结束后，拱顶位移达到 2.63mm，拱底出现了较大的反弹位移，但影响不大；预应力锚杆和系统锚杆对围岩的变形有较好的改善作用，其中系统锚杆自身承受的应力较大，二次衬砌的应力水平相对较小；目前监测拱顶位移得到的部分结果表明：围岩的变形规律和数值分析的结果十分相似，但量值略微偏小。从总体上来讲，采取这种开挖方案，在应力集中区域合理改善应力水平，能保证围岩的稳定性。

(3)对衬砌结构几个关键截面的可靠度计算结果表明：除拱顶位置、左侧拱腰位置的可靠度量值较低外，其他关键截面点的可靠度量值都较高，没有失效。右侧拱腰位置的衬砌由于产生了较大的偏心($e_0 = 0.14 > 0.2d$)而受拉，截面按抗拉强度控制承载能力，此时得到的可靠度量值较高。整体来看：拱顶衬砌和左侧拱腰衬砌位置有一定的失效可能，因此，实际设计施工时，需在这些部分加强支护，如多施作喷锚支护，衬砌厚度可适当加大等。

第三节　大拱段设计

在第三至第五章将分别介绍大拱段、连拱段和小净距段的设计施工情况，在第六章中进行总结，并对分岔段的总体设计施工技术进行总体介绍。

在地下工程领域中，由于工程结构几何尺寸和边界条件非常复杂，材料参数离散程度高且难以确定等原因，就目前科研的发展水平来说，各种研究，比如数值仿真，模型试验等的成果，只能为设计施工提供一些参考。在具体的工程设计和施工中，主要还是依据工程类比方法，然后用荷载结构法进行内力分析和强度校核。

一、大拱段衬砌设计的一般原则

(1)一般可以将分岔隧道洞口段大拱衬砌分为无中央分隔墙的四车道大拱衬砌和有中央分隔墙的四车道大拱衬砌两种(图2-79)。对于无中隔墙的衬砌方案，左右洞的通风设计应联合考虑；对于有中央分隔墙的衬砌方案，通风设计过程中也应适当考虑两洞室之间的相互影响。

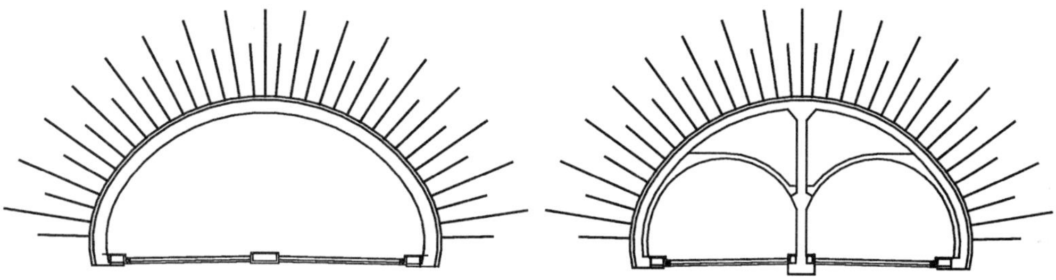

图2-79　四车道大拱衬砌(左为无中央分隔墙衬砌，右为有中央分隔墙衬砌)

(2)当根据隧道通风需要必须设置中央分隔墙时，可以将其设计为仅仅起分隔功能的轻型结构，也可以将其设计为能够承担一定变形荷载的承重结构。当中隔墙可能承担荷载时，应根据地质条件、结构刚度及施工工序等方面综合分析确定承担变形荷载的比例，根据承担的设计荷载进行内力分析、强度校核和稳定性验算。

(3)洞口大拱段的支护应采用复合式衬砌方案，即衬砌分两次或三次施作，一般条件下II级与III级围岩宜采用两层支护方案，IV级与V级围岩可采用三层支护方案。

初期支护：对II、III级围岩地段由径向锚杆、钢筋网及喷射混凝土组成，对于IV、V级围岩地段由工字钢拱架(钢筋格栅)、径向锚杆、钢筋网及喷射混凝土组成。

二次衬砌：对于两层衬砌方案，二次衬砌仅承担少量围岩变形荷载，对于三层衬砌方案，二次衬砌是对初期支护的补充加强，与初期支护共同组成主要承载结构。二次衬砌可采用型钢拱架混凝土或钢筋拱架混凝土结构。

三次衬砌：一般情况下三次衬砌可采用素混凝土结构，当围岩压力荷载较大需要第三层衬砌承担部分荷载时，可采用钢筋混凝土，其合理施作时间应严格按照监控量测数据进行，应尽可能发挥初期支护与二次衬砌的承载能力。

初期支护应边开挖边施作，三层支护方案的二次衬砌应在洞室开挖完成后及时施作甚至在施工开挖过程中分步施作。如果开挖完成后初期支护在后续施工期间不能完全稳定洞室，应立即施作二次支护，最后在确定洞室周边收敛变形基本稳定的条件下进行三次支护的施工。

(4)大拱段支护参数应根据实际地形地质条件，结合拟定的施工开挖方法进行围岩稳定分析或进行结构强度校核后确定。一般条件下可按表2-26初步确定其支护参数。

大拱段衬砌支护参数 表 2-26

围岩分级		V 级	IV 级	III 级	II 级
初期支护	喷射混凝土	C20 厚 30cm	C20 厚 25cm	C20 厚 15cm	C20 厚 8cm
	锚杆	$L=3m$、$6m$ 间距 70cm×100cm 交错布置	$L=3m$、$6m$ 间距 80cm×100cm 交错布置	$L=2.5m$、$5m$ 间距 100cm×100cm 交错布置	$L=3.0m$ 间距 120cm×120cm 拱部布置
	钢筋网	ϕ8mm,20cm×20cm	ϕ8mm,20cm×20cm	ϕ8mm,20cm×20cm	ϕ8mm,20cm×20cm
	钢拱架	22 工字钢拱架 间距 70cm	20 工字钢拱架 间距 80cm	16 工字钢拱架 间距 100cm	—
二次衬砌	模筑混凝土	C25 钢筋混凝土厚 55cm	C25 钢筋混凝土厚 50cm	C25 素混凝土厚 50cm	C25 素混凝土厚 40cm
三次衬砌	模筑混凝土	C25 素混凝土厚 30cm	C25 素混凝土厚 30cm	—	—
仰拱	初期支护（早强模筑混凝土）	C20 厚 30cm 内设拱架	—	—	—
	二次衬砌	C25 钢筋混凝土厚 60cm	C25 钢筋混凝土厚 60cm	—	—
备注	—	进行结构计算后确定	进行结构计算后确定	进行结构计算或围岩稳定分析后确定	进行围岩稳定分析后确定

(5)大拱段衬砌支护参数在实际施工过程中要注意加强监控量测,根据监控量测结果及时调整支护参数,以确保施工安全。在施作最后一层衬砌之前,宜根据现场地质条件及监控量测数据,对隧道结构的永久可靠性进行评价,以确保隧道运营期间的安全。

二、大拱段设计荷载

(1)对浅埋地段的大拱隧道,无论处于何种地质条件下均应采用荷载-结构模型对支护结构进行内力计算及强度验算;对处于深埋地段的大拱隧道,可仅对处于 V 级、IV 级围岩条件下的衬砌结构采用荷载-结构模型进行强度验算。

(2)对于四车道大拱隧道,深浅埋分界深度可参照表 2-27 确定。

四车道大拱隧道深浅埋分界深度(m) 表 2-27

围岩级别	II 级	III 级	IV 级	V 级
坚硬岩	8	15	25	—
较坚硬岩	11	17	30	55
较软岩	—	20	35	65
软岩	—	—	40	75

注:不包含表层比洞身围岩级别低的岩体。

(3)对于深埋大拱段隧道,设计土压力荷载宜按自然平衡拱理论公式计算[式(2-93)],其要点就是将围岩视为具有一定黏结力的松散体,洞室开挖后能够在其顶部形成稳定的压力拱,作用在支护结构上的压力仅仅为压力拱与支护之间破碎岩体的质量。四车道大拱设计土压力荷载示意图见图 2-80。

竖向土压力荷载：

$$q^{v} = RH^{V} \tag{2-94}$$

$$H^{V} = \left[\frac{1}{2}B_{t} + H_{t}\tan\left(45 - \frac{1}{2}\varphi_{0}\right)\right] / \tan(\varphi_{j}) \tag{2-95}$$

侧边土压力荷载：

$$e_{1} = \lambda q \tag{2-96}$$

$$e_{2} = \lambda(q + RH_{t}) \tag{2-97}$$

式中：R——围岩计算密度（kN/m^3）；

B_t——隧道设计开挖宽度（m）；

H_t——隧道设计开挖高度为边墙底设计高程与设计开挖轮廓线拱顶高程的差（m）；

φ_0——岩体的内摩擦角（°）；

φ_j——岩体的计算摩擦角（°）；

λ——侧压力系数，对于初期支护：$\lambda = \dfrac{1}{1 - \sin\varphi_0}$，对于二次衬砌：$\lambda = \tan^2\left(45 - \dfrac{\varphi_0}{2}\right)$。

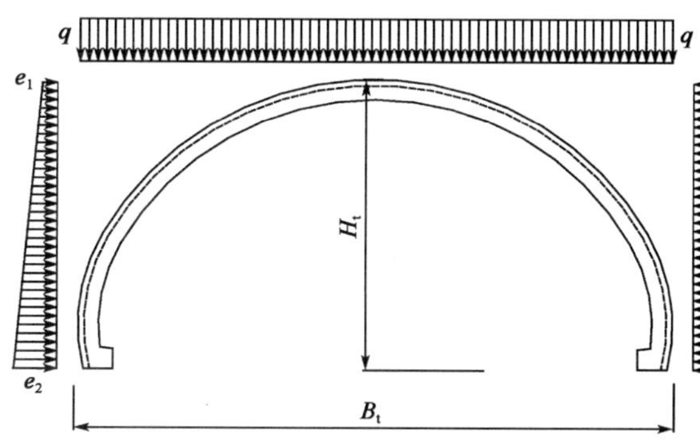

图 2-80　四车道大拱设计土压力荷载示意图

（4）根据上述公式，几种典型围岩条件下的大拱隧道计算土压力荷载见表 2-28。

（5）根据式（2-94）~式（2-97）计算出的土压力荷载为作用在初期支护和二次衬砌上的全部荷载。在设计过程中可以根据各层支护的设计强度进行荷载分配，但是一般情况下初期支护的设计承载能力不宜小于全部土压力荷载的 50%，如果难以达到该比例，则应考虑提前施作二次衬砌。如果初期支护的承载能力低于全部土压力荷载的 30%，应考虑采用三层衬砌的方案，其中第二层衬砌应紧跟开挖面施作。

（6）当隧道埋置深度小于深埋土压力荷载高度（表 2-28）时，作用在支护结构上的土压力荷载按拱顶上全部覆土厚度计算；当隧道埋置深度大于深埋土压力荷载高度，小于表 2-27 的深浅埋分界值时，作用在支护结构之上的土压力荷载按破裂面理论计算。

（7）当地形偏斜或地质构造明显不均匀时，应根据偏压荷载形成的机理分析偏压荷载的大小与分布规律,对结构在偏压荷载作用下的受力工况进行强度校核;当无显著偏压作用时,也应将总荷载的10% ~20%按偏压分布或马鞍形分布对结构进行强度校核。

深埋四车道大拱隧道土压力荷载高度表 表2-28

岩体分级	岩石分级	内摩擦角 φ_0(°)	计算摩擦角 φ_j(°)	土压力荷载高度 H^V(m)
Ⅱ级围岩	坚硬岩	57.00	76.00	3.98
	较坚硬岩	52.00	72.00	5.41
Ⅲ级围岩	坚硬岩	48.00	68.00	6.97
	较坚硬岩	45.00	65.00	8.26
	较软岩	42.00	62.00	9.67
Ⅳ级围岩	坚硬岩	38.00	58.00	11.76
	较坚硬岩	35.00	55.00	13.52
	较软岩	32.00	51.00	16.05
	软岩	29.00	48.00	18.31
Ⅴ级围岩	较坚硬岩	27.00	45.00	20.69
	较软岩	26.00	40.00	24.88
	软岩	24.00	35.00	30.34

注:上表是按开挖跨度23m,开挖高度13m计算。

三、大拱段施工图设计示例

作为示例,主要提供了八字岭隧道大拱段的建筑限界和净空图(图2-81)和复合式衬砌无中隔墙设计图(图2-82),以及庙垭隧道大拱段的复合式衬砌有中隔墙设计图(图2-83)和明洞段衬砌设计图(图2-84)。

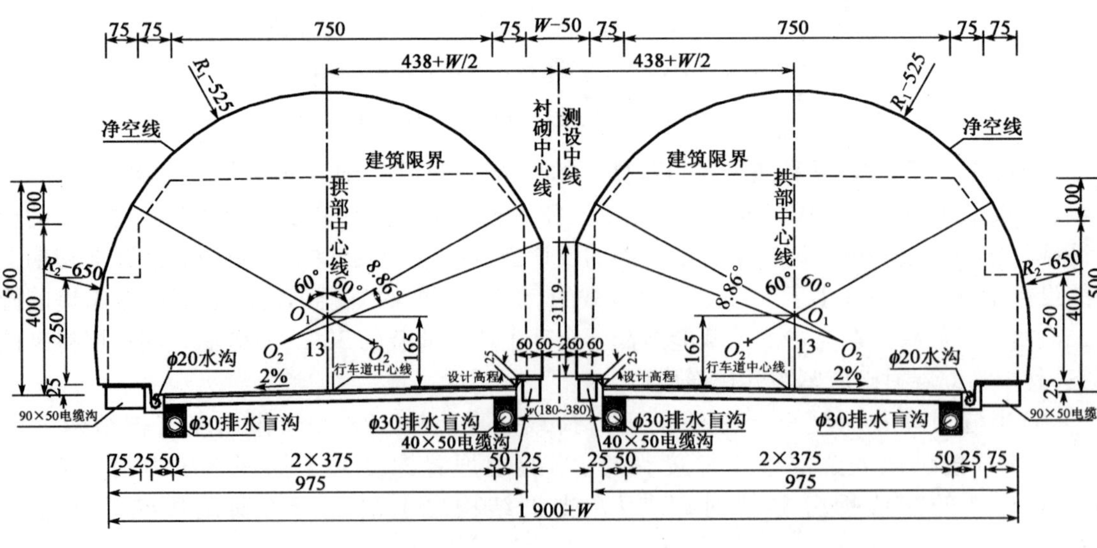

图2-81 大拱段建筑限界和净空图(八字岭隧道)(尺寸单位:cm)

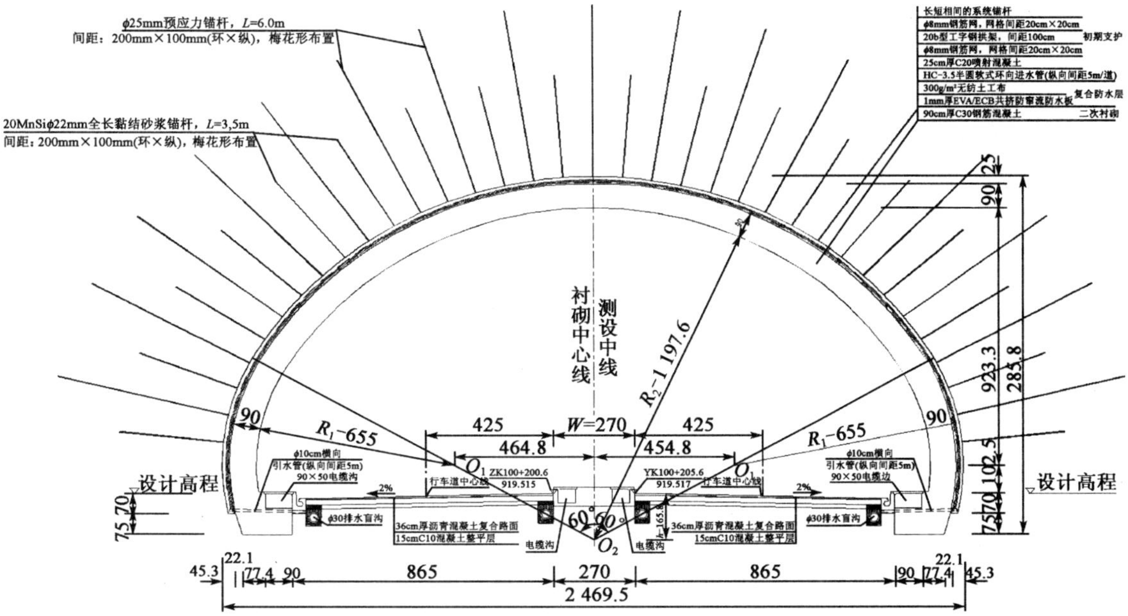

图 2-82　大拱段复合式衬砌设计图(八字岭隧道)(尺寸单位:cm)

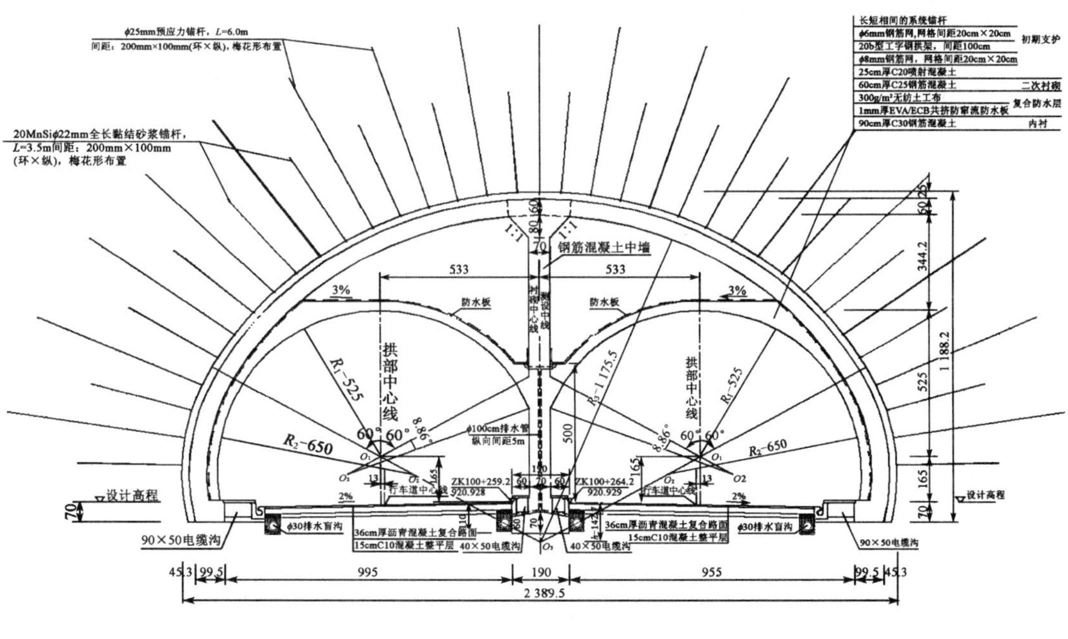

图 2-83　大拱段复合式衬砌设计图(庙垭隧道)(尺寸单位:cm)

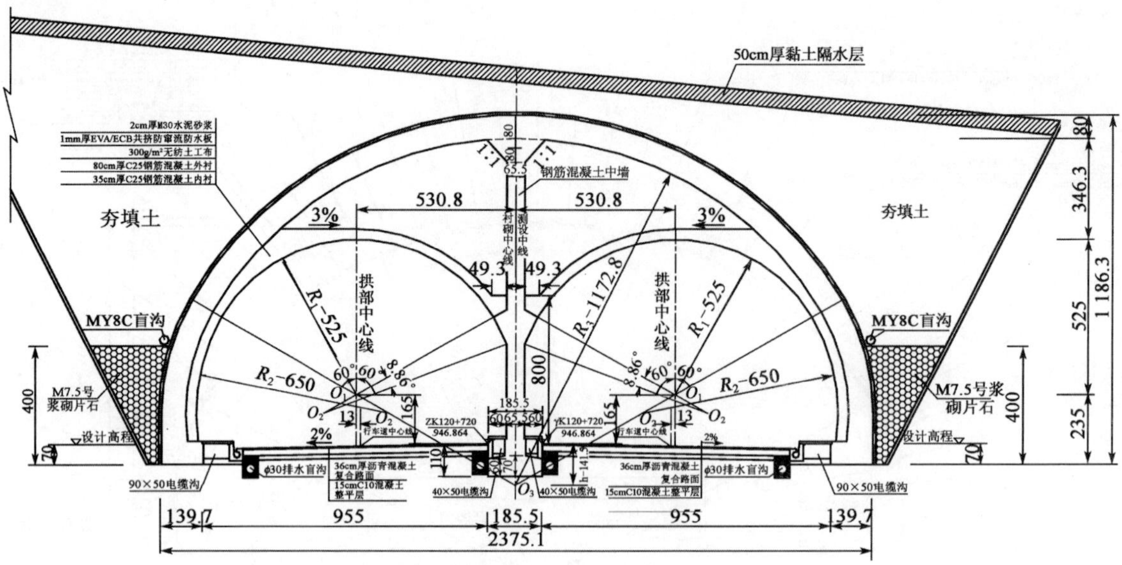

图2-84　明洞段衬砌设计图(庙垭隧道)(尺寸单位:cm)

第四节　大拱段施工

一、洞口施工

(1)隧道洞口段施工顺序为:截水沟→明洞开挖→边仰坡防护→长管棚施工→洞身开挖→初期支护→洞身衬砌→洞门施工。当地质条件较差时,仰坡开挖应预留核心土,待长管棚施作完成后挖除。

(2)隧道洞口施工前应先施作洞顶截水沟,然后人工配合机械,按设计开挖边仰坡,开挖的同时及时对边仰坡进行喷锚网防护。

(3)明洞可采用全断面开挖,然后施作仰拱及填充,仰拱及填充完成后,由衬砌台车一次浇筑完成边墙及拱圈。

(4)明洞顶部回填应在衬砌结构混凝土达到设计强度后沿隧道轴向、自下而上分层对称回填,回填前做好防水层及两侧碎石盲沟的铺设。

(5)洞门应在明洞施工完成后尽早安排施工,施工过程中要保证洞门后排水系统的通畅,并注意洞门表面的施工质量。

二、四车道大拱段的施工

(1)处于Ⅴ级围岩地段的四车道大拱可以采用三导坑(双侧导坑+上导坑)法开挖,也可以采用双侧壁导坑法开挖,其施工工序见图2-85。当地质条件偏好时,双侧壁导坑开挖施工效率更高,施工安全也有保障,其主要施工工序如下。

①开挖左右侧导洞:地质条件偏好时可以同步开挖;

②施作左右导洞初期支护;

③施作导坑内仰拱二次衬砌及边墙基础;

④上半断面弧形开挖；

⑤施作上半断面初期支护；

⑥用组合模板施作全断面二次衬砌；

⑦核心土及仰拱开挖；

⑧施作仰拱；

⑨施作三次衬砌。

采用Ⅴ级围岩基本参数，对双侧壁导坑法开挖的大拱进行动态数值模拟，拱脚部位出现塑性区，施工中应加强该部位的支护时机和强度。

（2）处于Ⅳ级围岩地段的四车道大拱，可以采用双侧壁导坑法开挖或上导洞先行的多台阶法开挖（图2-86）。当地质条件偏好时，上导洞多台阶法开挖施工效率更高，其主要施工工序如下。

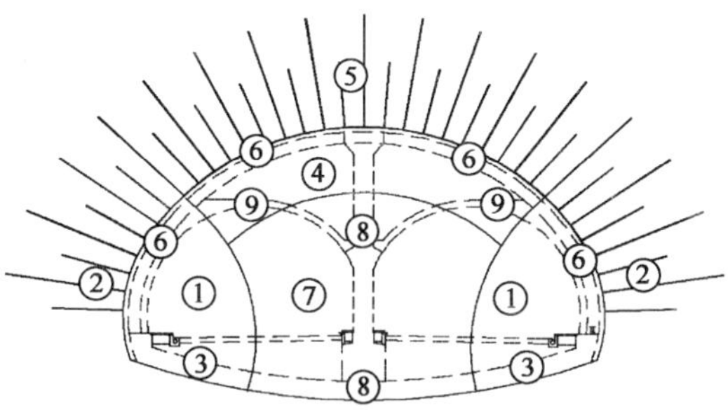

图2-85　大拱段Ⅴ级围岩施工工序图

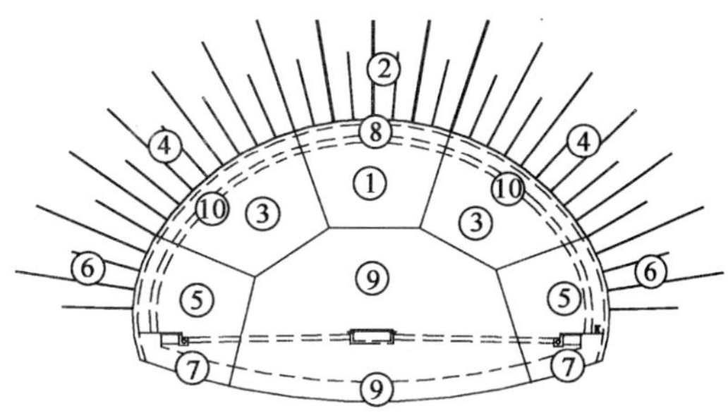

图2-86　大拱段Ⅳ级围岩施工工序图

①开挖上部导洞；

②施作上部初期支护；

③开挖中部两侧土体；

④施作中部两侧初期支护；

⑤开挖下部两侧土体；

⑥施作下部两侧初期支护；

⑦施作两侧仰拱及边墙基础；

⑧用组合模板施作全断面二次衬砌；

⑨开挖核心土体及施作仰拱；

⑩施作三次衬砌。

采用该工法施工时，拱脚和拱腰部位可能会出现3～5m的破损区，一定要保证该部位的支护强度以确保隧道的稳定性。

（3）处于Ⅱ、Ⅲ级围岩地段的四车道大拱可以采用多台阶法开挖，其施工工序见图2-87。当地质条件偏差时，可以考虑下部台阶预留核心土，两侧先行开挖后及时支护的方式，其主要施工工序如下。

①开挖上部台阶；

②施作上部初期支护；

③开挖中部台阶；

④施作中部两侧初期支护；

⑤开挖下部台阶两侧；

⑥施作下部两侧初期支护；

⑦开挖下部核心土；

⑧用组合模板施作全断面二次衬砌；

⑨施作三次衬砌。

采用该工法施工时，拱顶、拱脚和拱腰部位出现3～5m的破损区，其中隧道底板的破损区较大，施工中一定要保证工程的支护强度以确保隧道的稳定性，条件较差时，考虑设置仰拱。

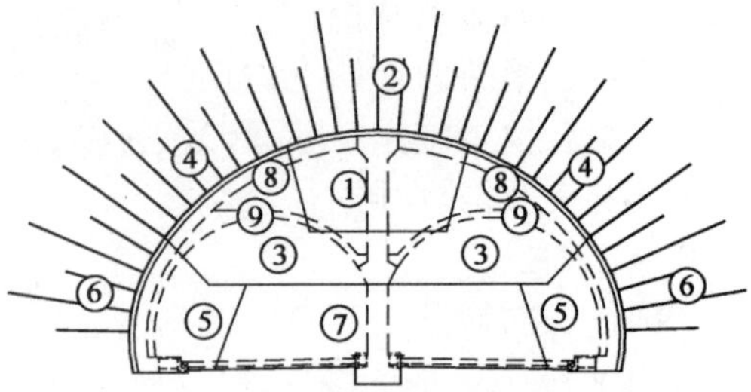

图2-87　大拱段Ⅱ、Ⅲ级围岩施工工序图

(4)由于分岔隧道中四车道大拱衬砌长度一般在100m左右，不宜频繁转换施工开挖方法，因此宜根据该段最差的地质条件制订统一的施工开挖方案。

三、分岔隧道大拱段现场施工

分岔隧道大拱段现场施工图如图2-88所示。

a)　b)　c)　d)　e)　f)

图　2-88

g)

h)

图 2-88　分岔隧道大拱段现场施工图

第三章　连拱段建设技术

第一节　连拱段施工工法优化及围岩稳定性分析

一、连拱隧道施工工法分析

采用第三章第一节所述的方法、参数和模型对连拱段进行各种围岩条件下的施工工法分析。公路连拱隧道建议的常用施工工法如表 3-1 所示，图中数字表示施工开挖顺序。

连拱隧道建议施工工法　　表 3-1

围岩类别	开挖方法	示意图
Ⅱ级	中导洞全断面法	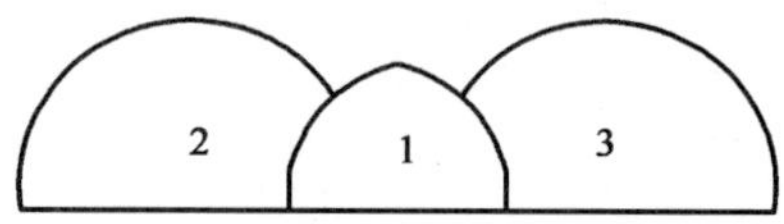
Ⅲ级	中导洞全断面法	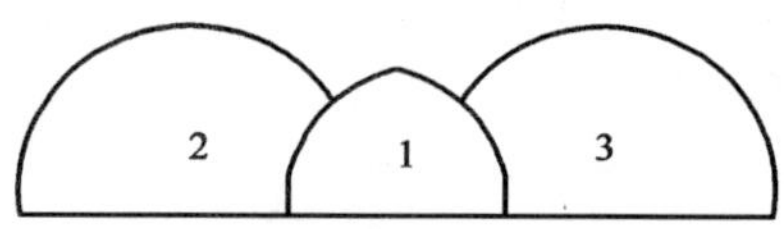
Ⅳ级	中导洞半断面法	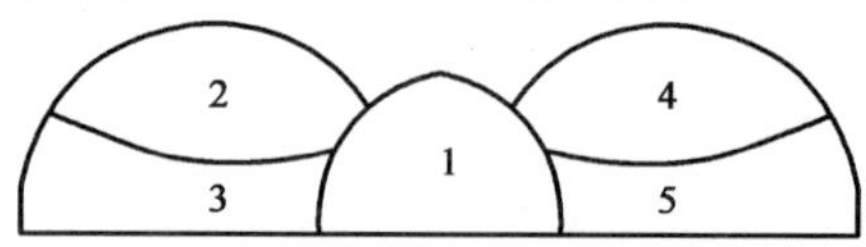
Ⅴ级	三导洞法	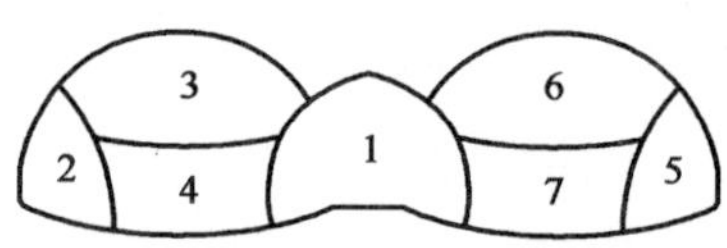

1. Ⅴ级围岩

针对Ⅴ级围岩施工，国内一般采用三导洞法。该施工方案和开挖顺序图如表 3-1 所示。对这种施工方案进行了有限元法数值计算和开挖方案的研究。图 3-1 ~ 图 3-4 显示了三导洞法的最大主应力分布图、最小主应力分布图、位移矢量图和塑性区分布图。

计算结果显示：拉应力集中在中隔墙上下端，最大拉应力为 1.012MPa；中隔墙及其上下附近围岩以及隧道两侧附近出现压应力集中，最大压应力为 4.363MPa，出现在中隔墙角点处。位移和塑性应变都比较显著，最大位移为 5.623cm，最大塑性应变为 4.209e-2，最大位移和最大塑性应变都出现在隧洞两侧角处，塑性区主要出现在中隔墙顶部以及隧道两侧，应加强支护。

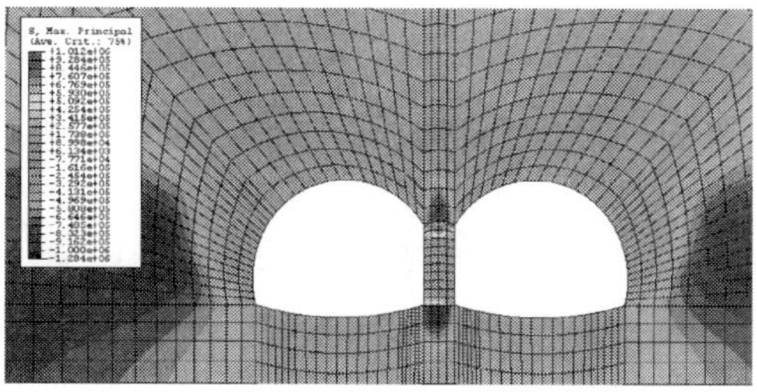

图 3-1　开挖后围岩最大主应力分布图

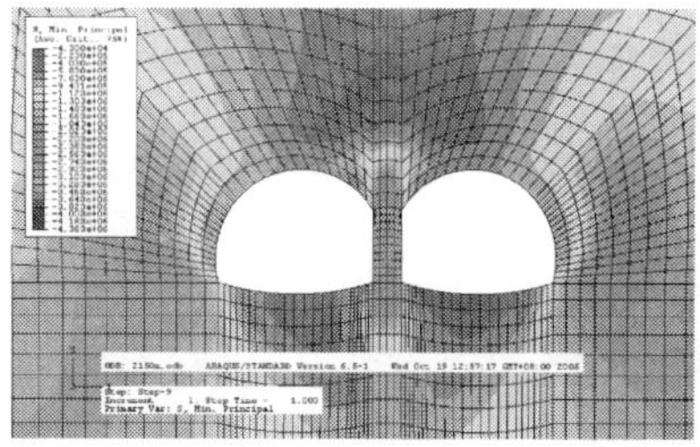

图 3-2　开挖后围岩最小主应力分布图

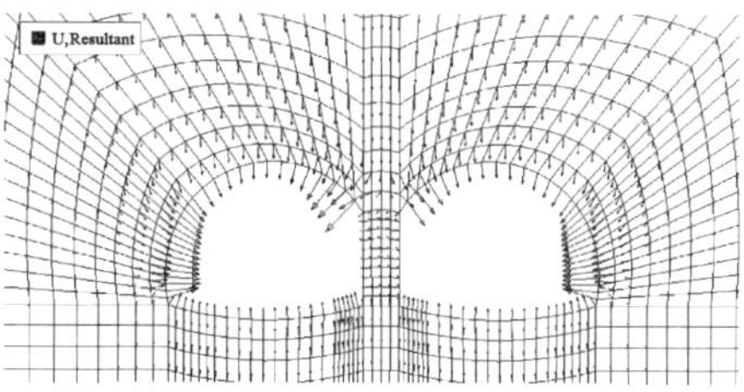

图 3-3　开挖后围岩位移矢量图

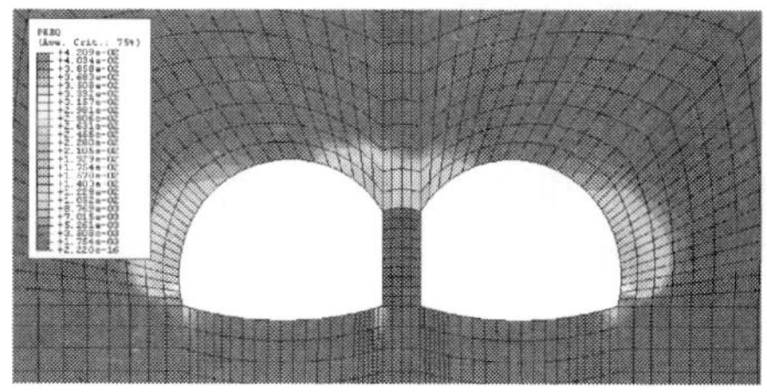

图 3-4　开挖后围岩塑性区分布图

2. Ⅳ 级围岩

针对Ⅳ级围岩施工，国内一般采用三导洞法和中导洞半断面法。这两种施工方案和开挖顺序图如表 3-1 所示，对这两种施工方案进行有限元法数值计算。图 3-5 ~ 图 3-8 显示了三导洞法开挖完毕的最大主应力分布图、最小主应力分布图、位移矢量图和塑性区分布图。由于两种方案的应力差别不大，只给出了中导洞半断面法开挖完毕的塑性区分布图，如图 3-9 所示。

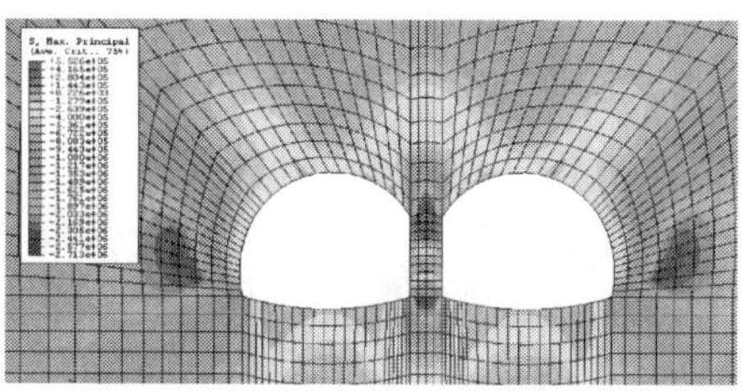

图 3-5　开挖后围岩最大主应力分布图

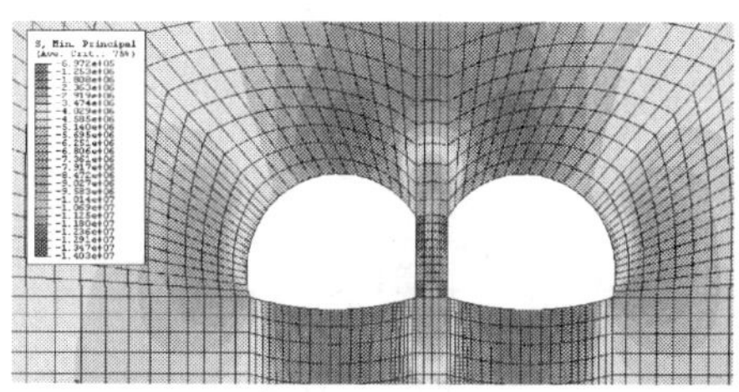

图 3-6　开挖后围岩最小主应力分布图

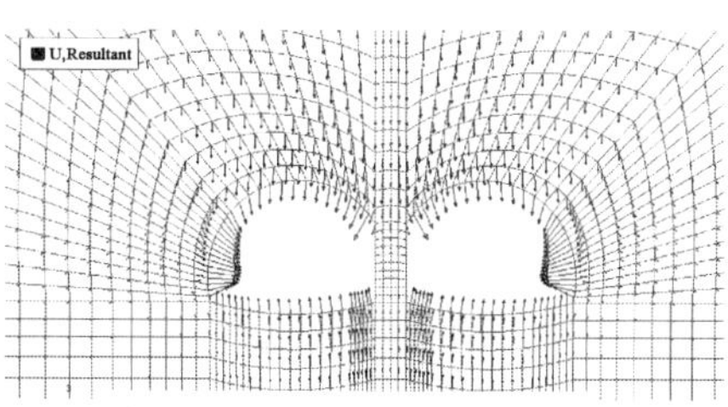

图 3-7　开挖后围岩位移矢量图

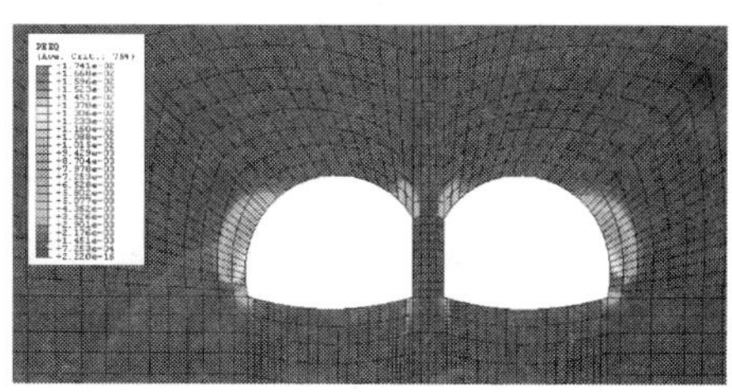

图 3-8　开挖后围岩塑性区分布图

计算结果显示：两种方案围岩应力差别不大。三导洞法开挖后拉应力集中于中隔墙上端和隧洞底部及顶部，最大拉应力为 0.552 6MPa，出现于中隔墙上端；中隔墙及其上下

图 3-9 开挖后围岩塑性区分布

附近围岩和隧道两侧附近出现压应力集中，中隔墙为最大，最大压应力为 14.03MPa。三导洞法和中导洞半断面法开挖完毕所产生的最大塑性应变和最大位移分别为：1.741e-2、1.633e-2 和 2.305cm、2.276cm，差别不大，最大位移和最大塑性应变都出现在隧道两侧靠近底端部位。从塑性区分布图可见，中导洞半断面法开挖后的塑性区范围明显大于三导洞法，故认为三导洞法较好。

3. III 级围岩

针对 III 级围岩连拱隧道的施工，国内一般采用中导洞半断面法和中导洞全断面法。这两种施工方案和开挖顺序图如表 3-1 所示，对这两种施工方案进行有限元法数值计算。图 3-10 ~ 图 3-13 显示了中导洞全断面法开挖完毕的最大主应力分布图、最小主应力分布图、位移矢量图和塑性区分布图。

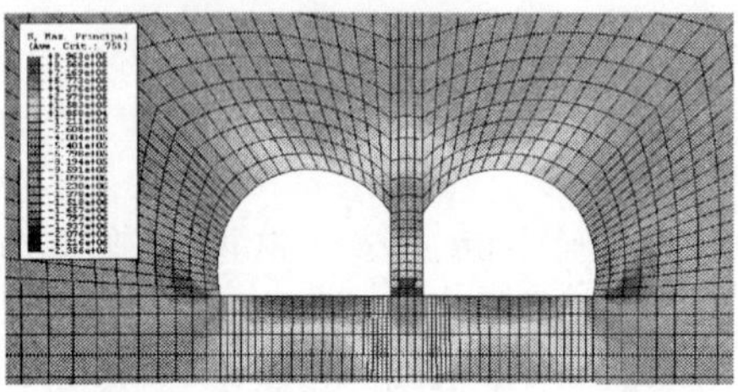

图 3-10 开挖后围岩最大主应力分布图

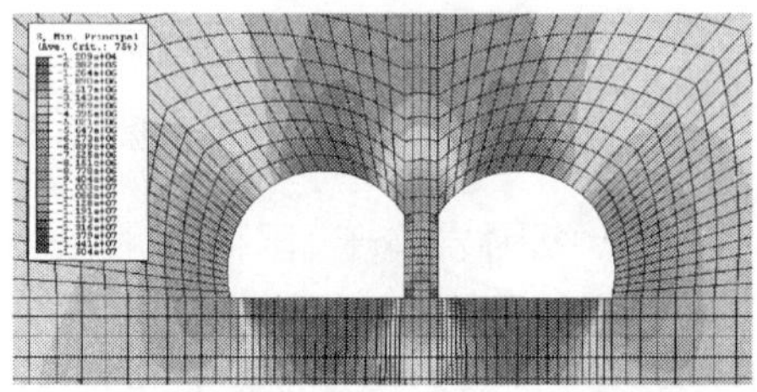

图 3-11 开挖后围岩最小主应力分布图

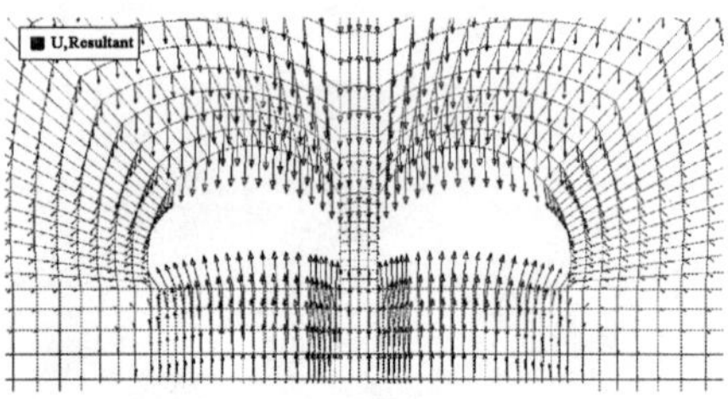

图 3-12 开挖后围岩位移矢量图

图 3-13 开挖后围岩塑性区分布图

计算结果显示：两种开挖方案开挖后围岩应力差别不大。中导洞全断面法开挖后拉应力集中在隧洞底部，最大拉应力为 0.996 3MPa；压应力集中于中隔墙及上下附近围岩和隧洞两侧，中隔墙为最大，最大压应力为 15.04MPa。塑性区及塑性应变都非常小，最大塑性应变为 6.224e-4，塑性区出现于中隔墙两底角附近围岩，隧洞两侧没出现塑性区；中导洞半断面法和中导洞全断面法施工完毕的最大位移分别为 6.115mm、5.74mm。根据计算结果，同时考虑到中导洞全断面法易于施工，故认为中导洞全断面法较好。

4. II 级围岩

由于 II 级围岩较好，国内一般采用中导洞全断面法。这里对这种施工方案进行有限元法数值计算。施工方案和开挖顺序图如表 3-1 所示。图 3-14 ~ 图 3-17 显示了中导洞全断面法开挖完毕的最大主应力分布图、最小主应力分布图、位移矢量图和塑性区分布图。

计算结果显示：中导洞全断面法开挖后拉应力集中在隧洞底部，最大拉应力为 1.26MPa；压应力集中于中隔墙及上下附近围岩和隧洞两侧，中隔墙为最大，最大压应力为 13.86MPa。Ⅱ级围岩最大位移为 3.926mm，塑性应变最大值为 1.477e-4，塑性区几乎没有。

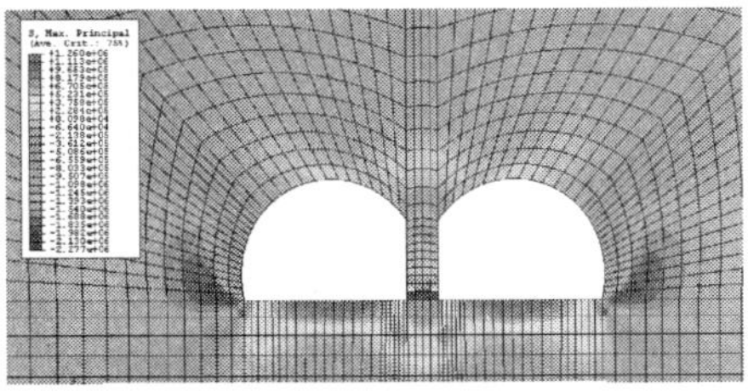

图 3-14　开挖后围岩最大主应力分布图

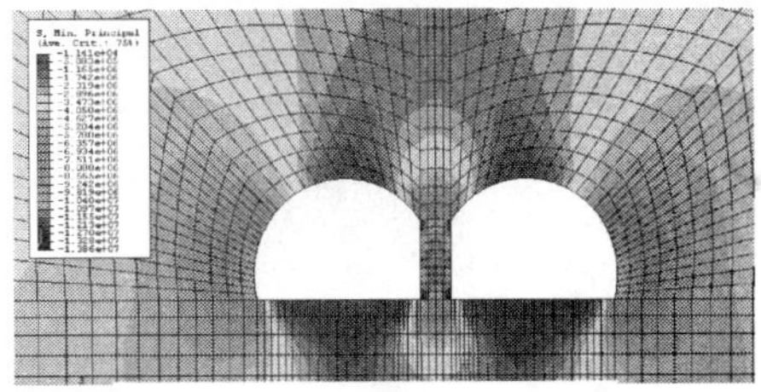

图 3-15　开挖后围岩最小主应力分布图

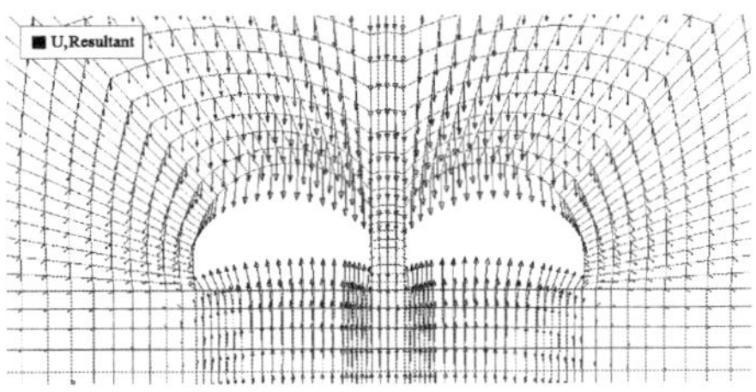

图 3-16　开挖后围岩位移矢量图

图 3-17　开挖后围岩塑性区分布图

5. 小结

对连拱隧道：

V 级围岩，目前国内都采用三导洞法。中导洞全断面法和中导洞半断面法一般使用于相对较好的围岩。对于 V 级围岩中连拱隧道开挖须注意加强支护。

IV 级围岩，采用三导洞法。尽管三导洞法开挖和中导洞半断面法开挖使围岩产生的最大位移和最大塑性应变差别不大，但中导洞半断面法产生更大的塑性区，因此认为三导洞法较好。

III 级围岩，采用中导洞全断面法。中导洞全断面法开挖与中导洞半断面法开挖产生相同的最大塑性应变，但中导洞全断面法开挖使围岩产生的最大位移小于中导洞半断面法开挖，同时考虑中导洞全断面法易于施工，故认为中导洞全断面法较好。

II 级围岩，中导洞全断面法开挖简便、安全，故选之。

二、连拱段围岩稳定性及支护结构受力分析

连拱隧道沿车道方向长约 120.7m，三维网格模型如图 3-18 所示。开挖时，沿纵深方向错开开挖，分 3 次开挖，具体见图 3-19（先挖左洞①，再开挖②，最后开挖右洞③）。沿纵深方向分两段开挖，开挖段尺寸见表 3-2，各断面的开挖顺序同二维开挖顺序。

开挖段纵向尺寸表　　表 3-2

开　挖　段	隧道纵向开挖	纵深(m)
I	左①右②	53.3
II	左②右③	27.3

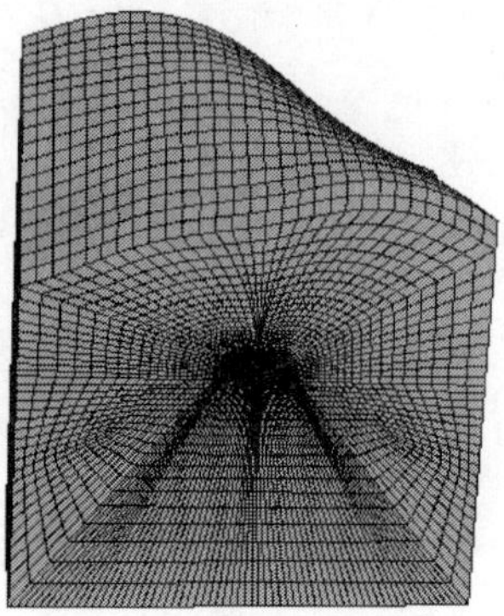

图 3-18　三维数值计算模型图

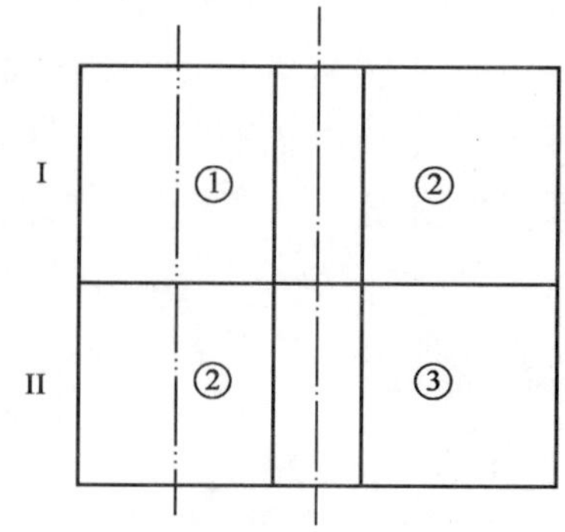

图 3-19　隧道纵向开挖示意图

1.连拱段应力场结果分析

(1)隧道开挖面的应力分布特征

中导洞和随后左右洞上半断面的先后开挖,对中隔墙上方岩体的应力扰动较大,且在该部位产生较大的应力集中现象,中隔墙下方围岩,由于中隔墙的施作而产生压应力集中,随着左右洞的分步开挖,在左右洞顶拱区域形成了一定的拉应力区,与此同时,由于应力释放,在左右洞底板围岩也形成了拉应力区,开挖结束时,在左右洞拱脚处均存在较小的压应力集中现象。以围岩取低值且松动区参数为原来的 0.5 倍工况为例,中隔墙顶部围岩最小主应力从中导洞开挖初期的 −0.59MPa 增加到开挖结束时的 −3.30MPa,其应力的调整幅度相当大,而中隔墙底部岩体的最小压应力水平从中导洞开挖初期的 −0.12MPa 增加到开挖结束时的 −4.50MPa,这是由于核心土和侧导洞开挖卸荷及中隔墙受力的增加引起的;而中隔墙顶部围岩最大主应力的变化不是太大,从中导洞开挖初期的 −0.02MPa 增加到开挖结束时的 −0.70MPa,左右洞顶拱处在上半断面开挖时均为微小拉应力,开挖结束时变为压应力,量值为 −0.20MPa 左右。连拱隧道的关键点如图 3-20 所示。图 3-21 ~ 图 3-40为围岩参数取低值且爆破松动区强度折减系数为 0.5 时,分步开挖的围岩应力分布图。表 3-3 ~ 表 3-8 为不同围岩力学参数和爆破松动影响时的关键点应力随隧道断面开挖的变化规律。

图 3-20　连拱隧道洞周关键点示意图

注:开挖步 1-开挖中导洞;开挖步 2-开挖左洞上半断面;开挖步 3-开挖左洞侧导洞;开挖步 4-开挖左洞核心土;开挖步 5-开挖右洞上半断面;开挖步 6-开挖右洞侧导洞;开挖步 7-开挖右洞核心土

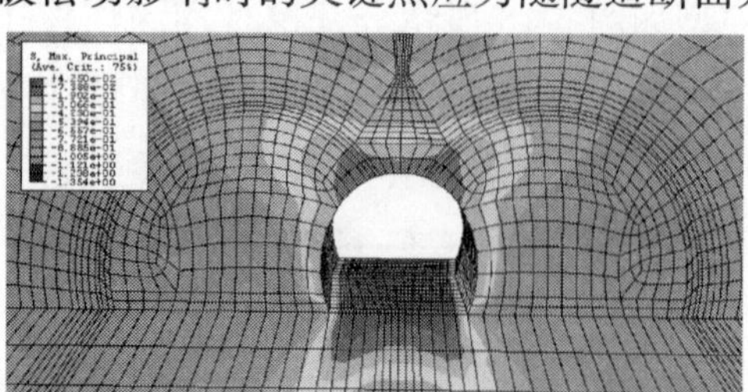

图 3-21　中导洞开挖后的最大主应力分布图

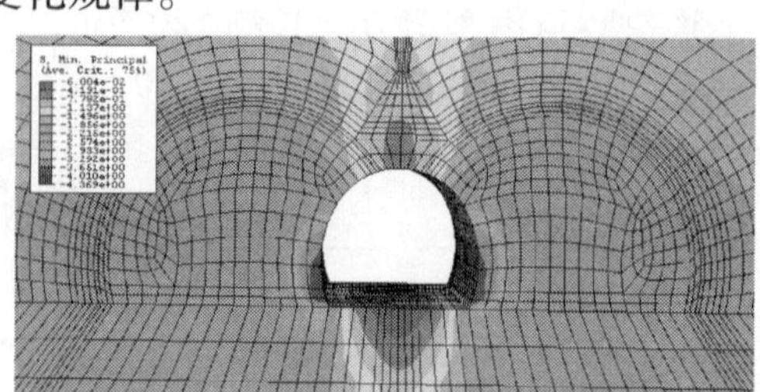

图 3-22　中导洞开挖后的最小主应力分布图

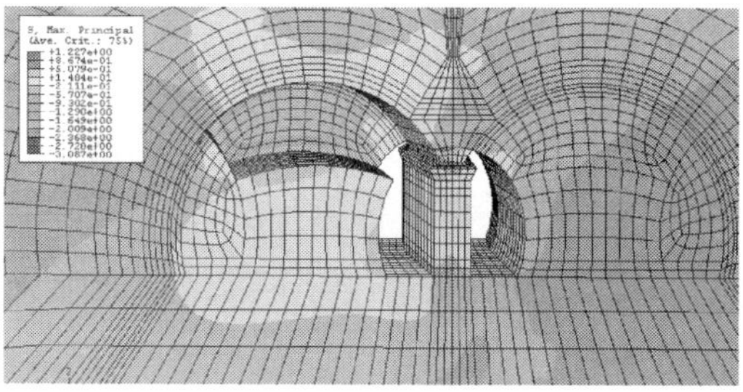

图 3-23 左洞①上半断面开挖后的最大主应力分布图

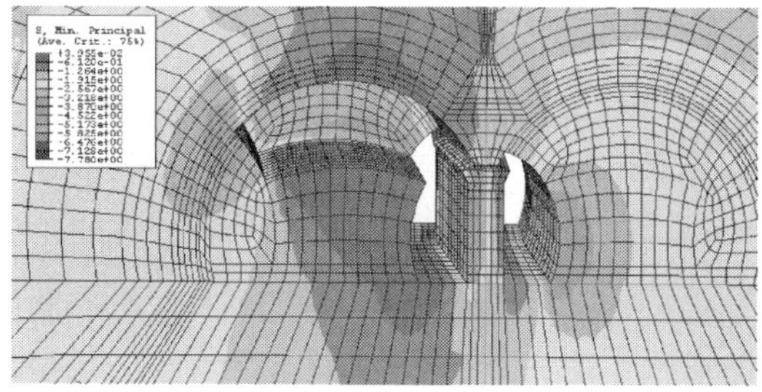

图 3-24 左洞①上半断面开挖后的最小主应力分布图

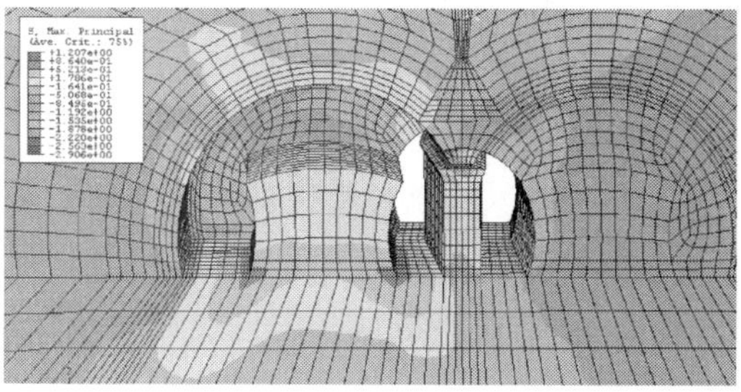

图 3-25 左洞①侧导洞开挖后的最大主应力分布图

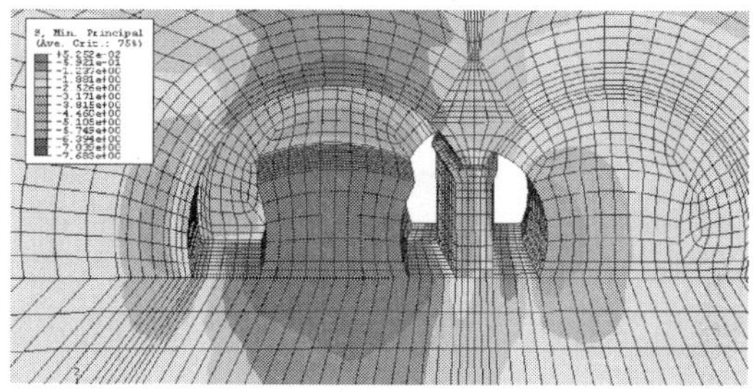

图 3-26 左洞①侧导洞开挖后的最小主应力分布图

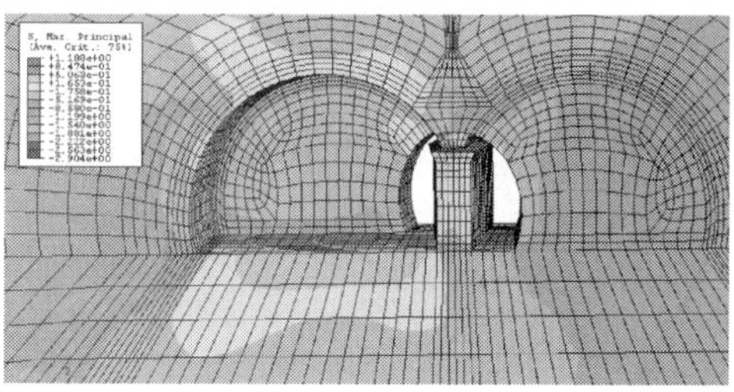

图 3-27 左洞①中间核心土开挖后的最大主应力分布图

图 3-28 左洞①中间核心土开挖后的最小主应力分布图

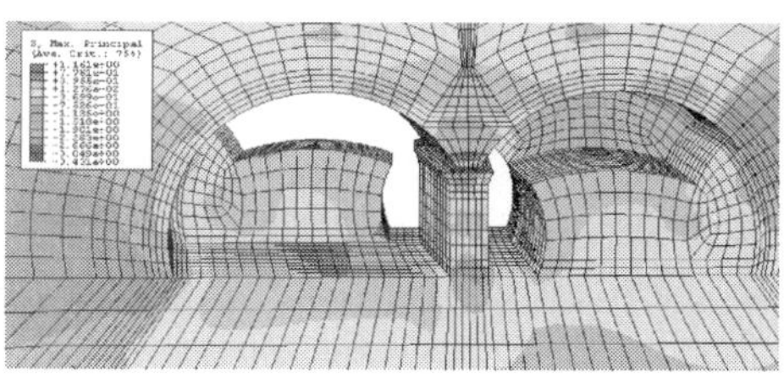

图 3-29 左右洞②上半断面开挖后的最大主应力分布图

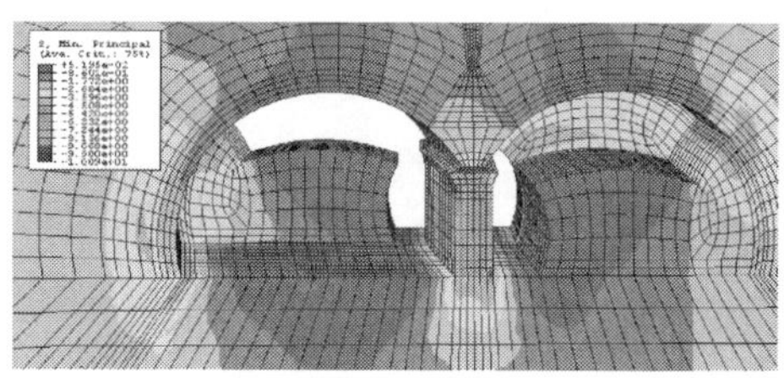

图 3-30 左右洞②上半断面开挖后的最小主应力分布图

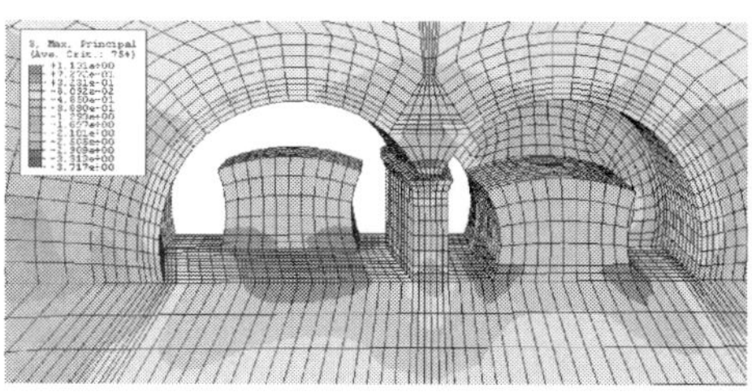

图 3-31 左右洞②侧导洞开挖后的最大主应力分布图

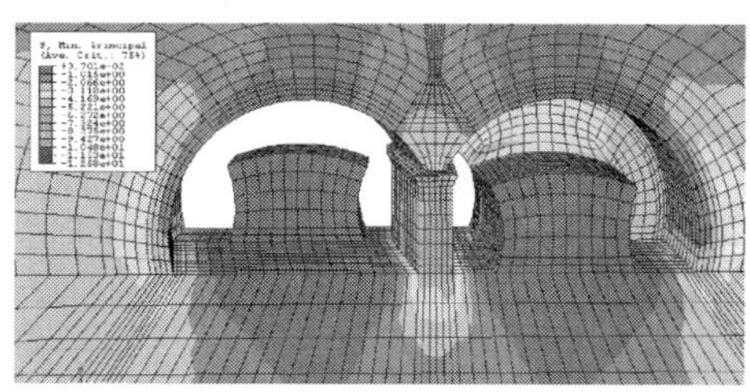

图 3-32 左右洞②侧导洞开挖后的最小主应力分布图

图 3-33　左右洞②开挖结束时的最大主应力分布图

图 3-34　左右洞②开挖结束时的最小主应力分布图

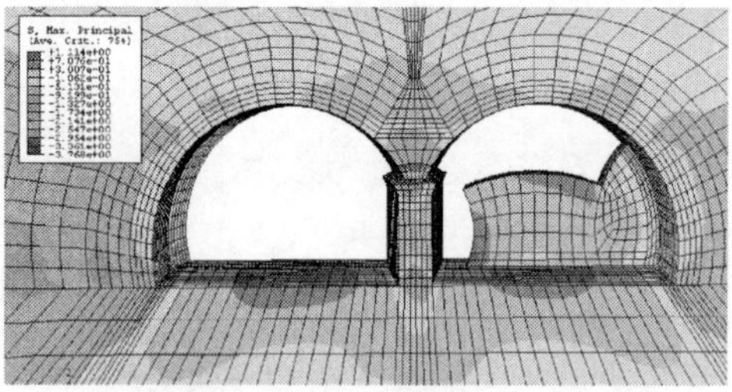

图 3-35　左右洞③上半断面开挖完时的最大主应力分布图

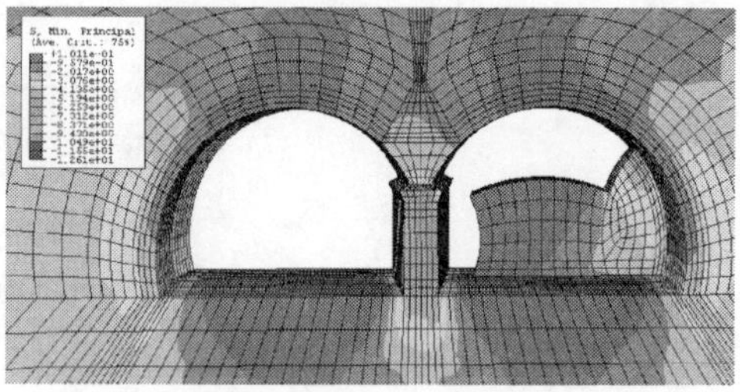

图 3-36　左右洞③上半断面开挖完时的最小主应力分布图

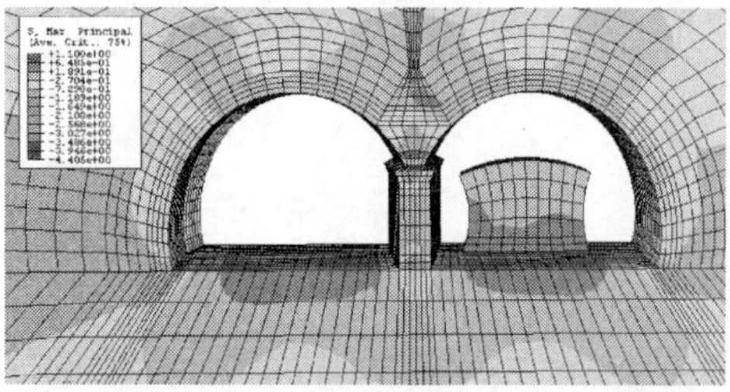

图 3-37　左右洞③侧导洞开挖完时的最大主应力分布图

图 3-38　左右洞③侧导洞开挖完时的最小主应力分布图

图 3-39　左右洞③核心土开挖完时的最大主应力分布图

图 3-40　左右洞③核心土开挖完时的最小主应力分布图

洞口处断面开挖关键点的应力随开挖步变化规律

（岩体参数取高值，松动区参数为原来的 0.7 倍）　　表 3-3

关键点	关键点应力（MPa）													
	开挖步 1		开挖步 2		开挖步 3		开挖步 4		开挖步 5		开挖步 6		开挖步 7	
	σ_1	σ_3	σ_1	σ_3	σ_1	σ_3	σ_1	σ_3	σ_1	σ_3	σ_1	σ_3	σ_1	σ_3
1	-0.12	-0.83	-0.24	-1.31	-0.31	-1.71	-0.31	-1.72	-0.31	-2.56	-0.39	-2.74	-0.39	-2.76
2	-0.47	-1.83	0.01	-0.22	-0.07	-0.30	-0.07	-0.29	-0.09	-0.30	-0.15	-0.39	-0.15	-0.40
3	-0.59	-1.89	-0.58	-3.72	0.12	-1.67	0.12	-1.67	0.08	-1.73	0.02	-1.81	0.02	-1.81

续上表

关键点	关键点应力(MPa)													
	开挖步1		开挖步2		开挖步3		开挖步4		开挖步5		开挖步6		开挖步7	
	σ_1	σ_3	σ_1	σ_3	σ_1	σ_3	σ_1	σ_3	σ_1	σ_3	σ_1	σ_3	σ_1	σ_3
4	-0.72	-2.01	-0.24	-2.23	-1.14	-3.21	-1.18	-3.23	-1.34	-3.45	-1.35	-3.52	-1.35	-3.53
5	0.00	-0.22	-0.37	-2.47	-0.17	-2.87	-0.25	-2.95	-0.68	-4.88	-0.69	-5.59	-0.72	-5.60
6	0.00	-0.20	-0.52	-1.50	-0.45	-1.97	-0.50	-1.98	-0.98	-5.43	-0.80	-5.98	-0.88	-6.08
7	-0.72	-2.00	-0.81	-2.08	-0.80	-2.12	-0.81	-2.12	-0.26	-2.36	-1.26	-3.41	-1.30	-3.42
8	-0.63	-1.88	-0.67	-2.01	-0.72	-2.04	-0.72	-2.05	-2.48	-5.08	-0.54	-3.58	-0.54	-3.58
9	-0.47	-1.85	-0.41	-2.02	-0.49	-2.10	-0.49	-2.10	0.04	-0.30	-0.06	-0.34	-0.06	-0.34
10	-0.12	-0.90	-0.76	-1.53	-0.88	-1.83	-0.90	-1.88	-0.44	-3.42	-0.49	-3.93	-0.49	-3.94

洞口处断面开挖关键点的应力随开挖步变化规律

（岩体参数取高值，松动区参数为原来的0.5倍） 表3-4

关键点	关键点应力(MPa)													
	开挖步1		开挖步2		开挖步3		开挖步4		开挖步5		开挖步6		开挖步7	
	σ_1	σ_3	σ_1	σ_3	σ_1	σ_3	σ_1	σ_3	σ_1	σ_3	σ_1	σ_3	σ_1	σ_3
1	-0.12	-0.78	-0.23	-1.17	-0.31	-1.50	-0.31	-1.51	-0.54	-2.42	-0.67	-2.62	-0.68	-2.63
2	-0.46	-1.83	0.03	-0.19	-0.07	-0.21	-0.06	-0.21	-0.09	-0.26	-0.16	-0.34	-0.15	-0.34
3	-0.59	-1.89	-0.59	-2.99	-0.07	-1.31	-0.07	-1.30	-0.13	-1.36	-0.19	-1.43	-0.19	-1.43
4	-0.72	-2.01	-0.23	-2.23	-1.11	-2.87	-1.13	-2.89	-1.23	-3.10	-1.24	-3.16	-1.25	-3.16
5	0.00	-0.22	-0.36	-2.39	-0.15	-2.78	-0.23	-2.85	-0.63	-4.69	-0.62	-5.38	-0.65	-5.39
6	0.00	-0.20	-0.52	-1.43	-0.45	-1.90	-0.49	-1.90	-0.96	-5.32	-0.78	-5.85	-0.86	-5.95
7	-0.72	-2.00	-0.81	-2.09	-0.80	-2.13	-0.81	-2.13	-0.25	-2.37	-1.18	-3.05	-1.20	-3.07
8	-0.63	-1.89	-0.67	-2.01	-0.72	-2.05	-0.72	-2.05	-2.24	-4.52	-0.36	-2.36	-0.35	-2.36
9	-0.47	-1.85	-0.41	-2.03	-0.49	-2.11	-0.49	-2.11	0.03	-0.27	-0.08	-0.28	-0.08	-0.28
10	-0.13	-0.84	-0.70	-1.42	-0.82	-1.71	-0.83	-1.75	-0.59	-2.99	-0.72	-3.27	-0.72	-3.27

洞口处断面开挖关键点的应力随开挖步变化规律

（岩体参数取平均值，松动区参数为原来的0.7倍） 表3-5

关键点	关键点应力(MPa)													
	开挖步1		开挖步2		开挖步3		开挖步4		开挖步5		开挖步6		开挖步7	
	σ_1	σ_3	σ_1	σ_3	σ_1	σ_3	σ_1	σ_3	σ_1	σ_3	σ_1	σ_3	σ_1	σ_3
1	-0.12	-0.83	-0.24	-1.31	-0.31	-1.71	-0.31	-1.72	-0.32	-2.54	-0.42	-2.72	-0.43	-2.74
2	-0.47	-1.83	0.01	-0.26	-0.08	-0.32	-0.08	-0.32	-0.11	-0.34	-0.17	-0.42	-0.17	-0.43
3	-0.59	-1.89	-0.50	-3.62	0.07	-1.64	0.07	-1.64	0.02	-1.71	-0.03	-1.79	-0.03	-1.79
4	-0.72	-2.01	-0.23	-2.23	-1.18	-3.20	-1.23	-3.22	-1.35	-3.44	-1.36	-3.51	-1.37	-3.52
5	0.00	-0.22	-0.37	-2.51	-0.18	-2.92	-0.26	-3.00	-0.69	-4.96	-0.69	-5.66	-0.73	-5.67
6	0.00	-0.20	-0.52	-1.52	-0.46	-2.00	-0.50	-2.01	-0.99	-5.50	-0.75	-6.02	-0.84	-6.12
7	-0.72	-2.00	-0.81	-2.08	-0.80	-2.12	-0.81	-2.12	-0.26	-2.36	-1.30	-3.40	-1.31	-3.41
8	-0.63	-1.88	-0.67	-2.01	-0.72	-2.04	-0.72	-2.04	-2.48	-5.02	-0.47	-3.39	-0.47	-3.39
9	-0.47	-1.85	-0.42	-2.02	-0.49	-2.09	-0.49	-2.10	0.04	-0.37	-0.08	-0.40	-0.08	-0.40
10	-0.12	-0.90	-0.76	-1.55	-0.89	-1.85	-0.90	-1.90	-0.46	-3.42	-0.54	-3.94	-0.55	-3.95

洞口处断面开挖关键点的应力随开挖步变化规律

（岩体参数取平均值，松动区参数为原来的0.5倍） 表3-6

关键点	关键点应力(MPa)													
	开挖步1		开挖步2		开挖步3		开挖步4		开挖步5		开挖步6		开挖步7	
	σ_1	σ_3	σ_1	σ_3	σ_1	σ_3	σ_1	σ_3	σ_1	σ_3	σ_1	σ_3	σ_1	σ_3
1	-0.12	-0.78	-0.24	-1.17	-0.32	-1.49	-0.32	-1.50	-0.59	-2.40	-0.73	-2.59	-0.74	-2.61
2	-0.46	-1.83	0.02	-0.23	-0.08	-0.24	-0.08	-0.24	-0.13	-0.32	-0.19	-0.40	-0.19	-0.41
3	-0.59	-1.89	-0.64	-2.82	-0.12	-1.28	-0.12	-1.28	-0.20	-1.33	-0.25	-1.40	-0.25	-1.40
4	-0.72	-2.01	-0.23	-2.23	-1.11	-2.84	-1.13	-2.86	-1.23	-3.07	-1.24	-3.13	-1.25	-3.13
5	0.00	-0.22	-0.36	-2.43	-0.16	-2.82	-0.24	-2.90	-0.63	-4.74	-0.62	-5.43	-0.66	-5.44
6	0.00	-0.20	-0.52	-1.46	-0.45	-1.92	-0.49	-1.93	-0.97	-5.37	-0.73	-5.88	-0.82	-5.98
7	-0.72	-2.00	-0.81	-2.09	-0.80	-2.13	-0.81	-2.13	-0.25	-2.37	-1.17	-3.00	-1.19	-3.02
8	-0.63	-1.89	-0.67	-2.01	-0.72	-2.05	-0.73	-2.05	-2.20	-4.37	-0.33	-2.19	-0.32	-2.20
9	-0.47	-1.85	-0.42	-2.03	-0.49	-2.10	-0.49	-2.10	0.01	-0.32	-0.09	-0.33	-0.09	-0.33
10	-0.13	-0.84	-0.70	-1.43	-0.82	-1.72	-0.83	-1.76	-0.66	-2.86	-0.77	-3.09	-0.78	-3.10

洞口处断面开挖关键点的应力随开挖步变化规律

（岩体参数取低值，松动区参数为原来的0.7倍） 表3-7

关键点	关键点应力(MPa)													
	开挖步1		开挖步2		开挖步3		开挖步4		开挖步5		开挖步6		开挖步7	
	σ_1	σ_3	σ_1	σ_3	σ_1	σ_3	σ_1	σ_3	σ_1	σ_3	σ_1	σ_3	σ_1	σ_3
1	-0.12	-0.83	-0.25	-1.32	-0.32	-1.70	-0.32	-1.71	-0.45	-2.57	-0.57	-2.76	-0.57	-2.78
2	-0.47	-1.83	0.02	-0.32	-0.09	-0.36	-0.09	-0.36	-0.15	-0.39	-0.21	-0.48	-0.21	-0.48
3	-0.59	-1.89	-0.53	-3.46	-0.04	-1.66	-0.04	-1.66	-0.11	-1.73	-0.16	-1.82	-0.16	-1.81
4	-0.72	-2.01	-0.23	-2.22	-1.23	-3.19	-1.25	-3.20	-1.36	-3.42	-1.38	-3.50	-1.38	-3.50
5	0.00	-0.22	-0.37	-2.56	-0.18	-2.97	-0.26	-3.05	-0.70	-5.03	-0.65	-5.73	-0.68	-5.74
6	0.00	-0.20	-0.52	-1.55	-0.46	-2.03	-0.50	-2.04	-1.00	-5.57	-0.72	-6.07	-0.80	-6.17
7	-0.72	-2.00	-0.81	-2.08	-0.80	-2.12	-0.81	-2.12	-0.26	-2.35	-1.30	-3.37	-1.32	-3.38
8	-0.63	-1.88	-0.67	-2.00	-0.72	-2.04	-0.73	-2.04	-2.43	-4.92	-0.40	-3.15	-0.40	-3.15
9	-0.47	-1.85	-0.42	-2.02	-0.50	-2.09	-0.50	-2.09	0.04	-0.45	-0.10	-0.48	-0.10	-0.47
10	-0.12	-0.90	-0.77	-1.56	-0.90	-1.87	-0.91	-1.91	-0.52	-3.43	-0.67	-3.78	-0.67	-3.79

洞口处断面开挖关键点的应力随开挖步变化规律

（岩体参数取低值，松动区参数为原来的0.5倍） 表3-8

关键点	关键点应力(MPa)													
	开挖步1		开挖步2		开挖步3		开挖步4		开挖步5		开挖步6		开挖步7	
	σ_1	σ_3	σ_1	σ_3	σ_1	σ_3	σ_1	σ_3	σ_1	σ_3	σ_1	σ_3	σ_1	σ_3
1	-0.12	-0.78	-0.25	-1.17	-0.33	-1.49	-0.33	-1.49	-0.63	-2.37	-0.78	-2.57	-0.79	-2.59
2	-0.46	-1.83	0.02	-0.27	-0.09	-0.28	-0.08	-0.28	-0.16	-0.38	-0.22	-0.46	-0.22	-0.47
3	-0.59	-1.89	-0.67	-2.62	-0.17	-1.21	-0.17	-1.21	-0.25	-1.27	-0.31	-1.34	-0.31	-1.34
4	-0.72	-2.01	-0.22	-2.23	-1.10	-2.78	-1.11	-2.79	-1.22	-3.00	-1.23	-3.07	-1.23	-3.07
5	0.00	-0.22	-0.36	-2.48	-0.16	-2.88	-0.24	-2.95	-0.63	-4.79	-0.58	-5.49	-0.61	-5.50
6	0.00	-0.20	-0.51	-1.48	-0.45	-1.96	-0.49	-1.96	-0.97	-5.42	-0.68	-5.91	-0.77	-6.01
7	-0.72	-2.00	-0.81	-2.09	-0.80	-2.13	-0.81	-2.13	-0.25	-2.37	-1.16	-2.93	-1.17	-2.95
8	-0.63	-1.89	-0.67	-2.01	-0.73	-2.05	-0.73	-2.05	-2.16	-4.22	-0.34	-2.00	-0.34	-2.00
9	-0.47	-1.85	-0.42	-2.03	-0.50	-2.10	-0.50	-2.10	0.00	-0.38	-0.11	-0.41	-0.11	-0.41
10	-0.13	-0.84	-0.71	-1.44	-0.83	-1.73	-0.84	-1.77	-0.71	-2.69	-0.82	-2.88	-0.82	-2.89

(2)沿隧洞纵深方向分步开挖,对围岩应力的相互影响

通过三维分段开挖的数值模拟,可以得到围岩应力沿纵深方向的变化规律。在主洞开挖推进过程中,除自重方向围岩有较大的应力释放外,其掌子面亦有一定程度的应力释放。隧道推进过程中,隧道前方和后方一定范围内的围岩应力状态受开挖扰动影响而产生一定程度的应力集中。以岩体参数取低值,松动区折减系数为0.5的工况为例,当①开挖完毕时,隧道左洞洞口顶拱最大主应力为-0.08MPa,最小主应力为-0.30MPa;当②开挖完毕时,此处最大主应力变为-0.24MPa,最小主应力为-0.46MPa;当③开挖完毕时,最大主应力变为-0.24MPa,最小主应力为-0.47MPa,由此可见,隧道左洞开挖①时的围岩,在开挖②之后,围岩应力几乎没有变化,已趋于稳定。开挖②后,隧道右洞洞口顶拱处最大主应力为-0.093MPa,最小主应力为-0.443MPa,当开挖③完毕时,此处最大主应力为-0.095MPa,最小主应力为-0.446MPa,围岩应力也几乎没有变化。根据以上结果分析得到:对于连拱隧道,在纵深方向分两次推进(第一次推进53.3m,第二次推进27.3m),隧洞第一次推进开挖后的围岩在第二次推进开挖过程中,围岩应力几乎不受影响,仅受同一开挖段右洞的相互影响。图3-41为开挖段I左洞的几个关键点纵剖面示意图,图3-42~图3-51为沿纵深方向的前后开挖段应力分布图。表3-9~表3-14为这几个关键点在①开挖完毕时、②三个开挖步(上半断面开挖、侧导洞开挖、核心土开挖)完毕时和③开挖完毕时的应力变化值。

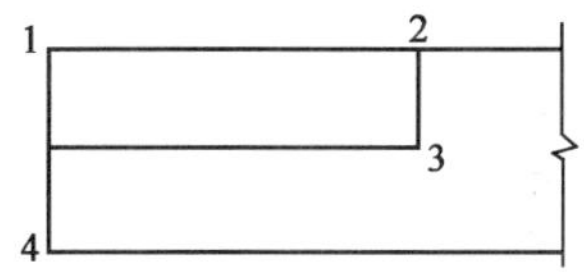

图3-41 连拱隧道纵剖面左洞关键点示意图

中导洞是一次性开挖贯通的,在①、②开挖完毕后,中导洞顶拱处围岩应力状态即趋于稳定,之后的③开挖应力基本上没有变化。

对于同一断面,由于左、右洞错开开挖,当左洞超前开挖时,右洞虽还未开挖,其应力状态也会由于左洞出现变化;同理,左洞开挖后,由于右洞的开挖,左洞围岩也会相应发生变化。仍以岩体参数取低值,松动区折减系数为0.5的工况为例,左洞从刚开挖到开挖完毕,在右洞洞口拱顶处最小主应力由-2.05MPa变为-0.44MPa,最大主应力由-0.43MPa变为-0.09MPa;左洞开挖完毕时,顶拱处最大主应力为0.03MPa,最小主应力为-0.32MPa,至右洞开挖完时,左洞顶拱处最大主应力为-0.07MPa,最小主应力为-0.46MPa。图3-52~图3-55为隧洞洞口断面处的左右洞在①、②开挖后的最大最小主应力分布图。

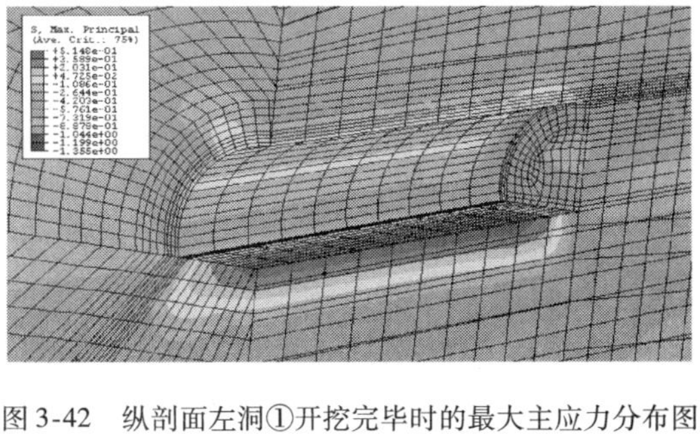
图3-42 纵剖面左洞①开挖完毕时的最大主应力分布图

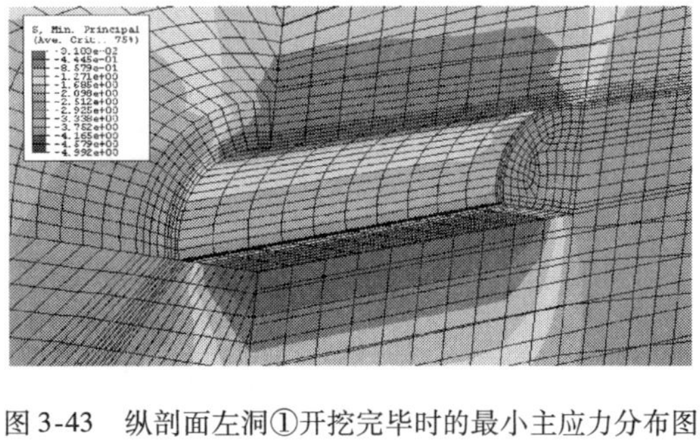
图3-43 纵剖面左洞①开挖完毕时的最小主应力分布图

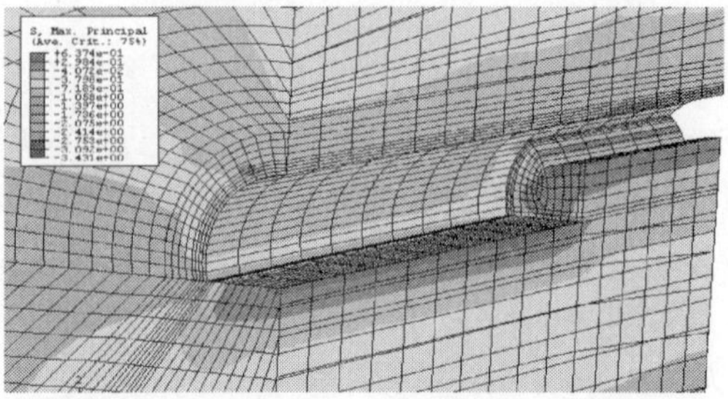

图3-44　纵剖面左洞②上半断面开挖后最大主应力分布图

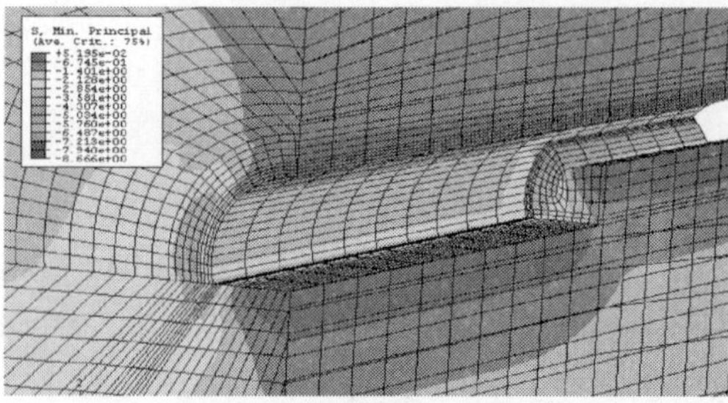

图3-45　纵剖面左洞②上半断面开挖完后最小主应力分布图

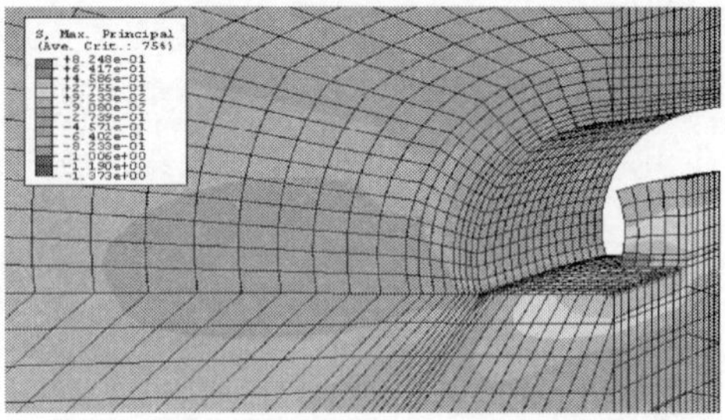

图3-46　纵剖面左洞②侧导洞开挖后最大主应力分布图

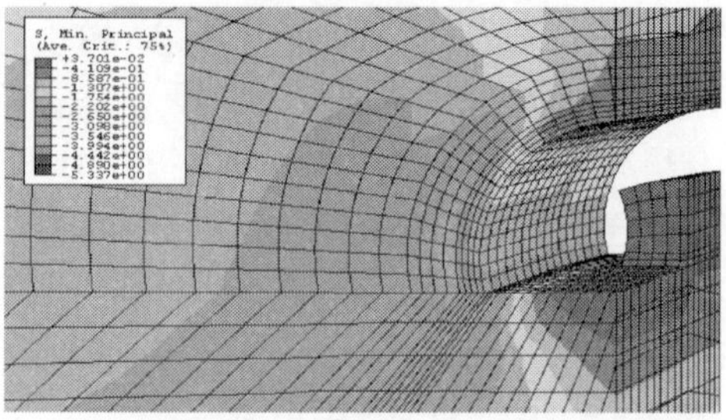

图3-47　纵剖面左洞②侧导洞开挖后最小主应力分布图

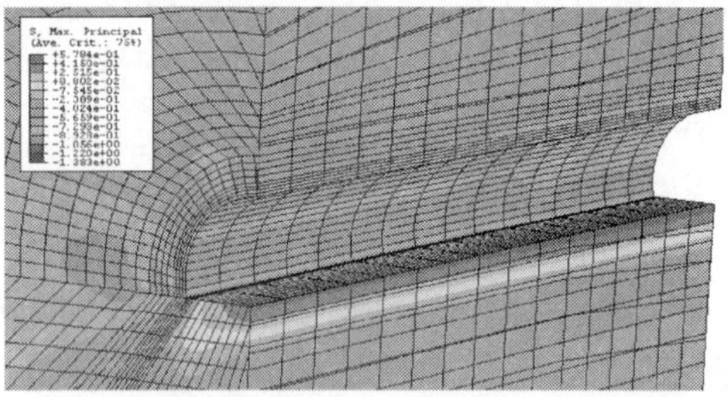

图3-48　纵剖面左洞②开挖后最大主应力分布图

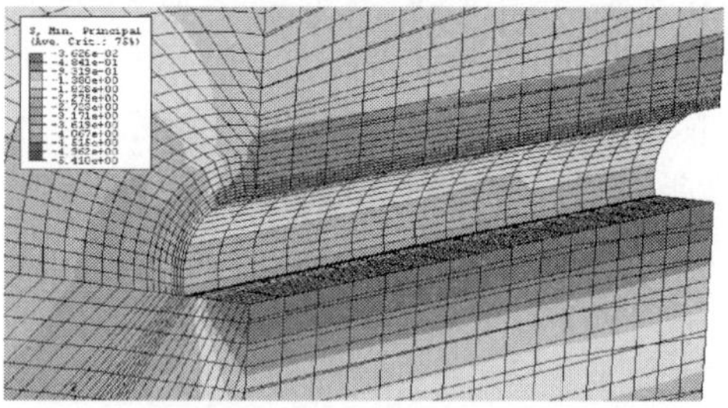

图3-49　纵剖面左洞②开挖后最小主应力分布图

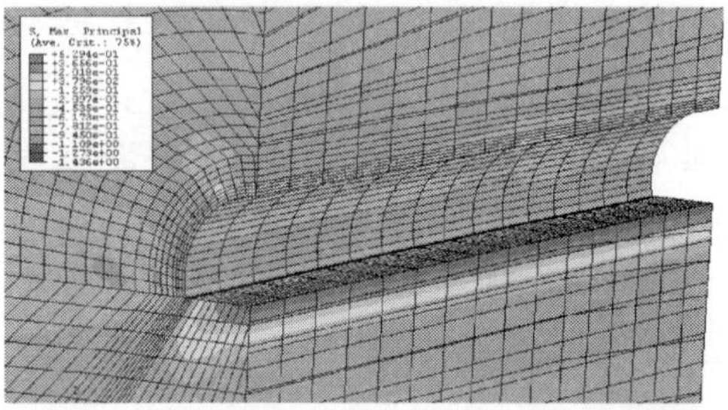

图3-50　纵剖面左洞全部开挖后最大主应力分布图

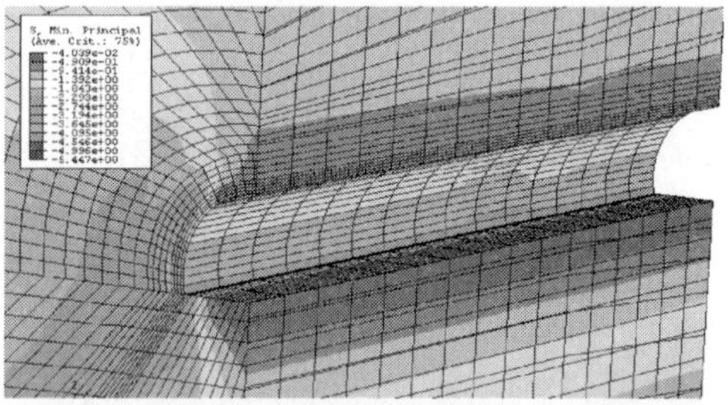

图3-51　纵剖面左洞全部开挖后最小主应力分布图

图3-52　洞口断面①开挖后最大主应力分布图

图3-53　洞口断面①开挖后最小主应力分布图

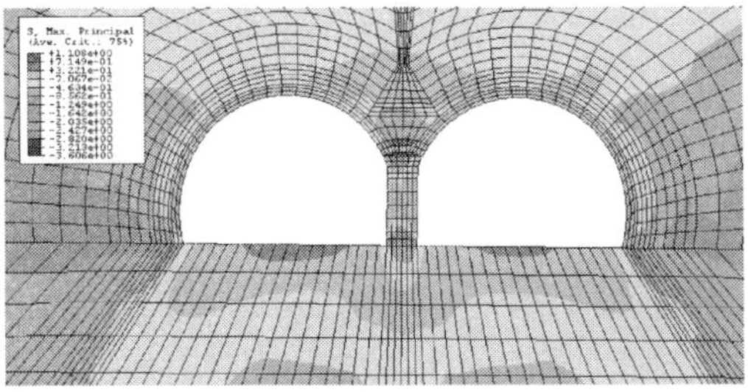

图 3-54 洞口断面②开挖后最大主应力分布图

图 3-55 洞口断面②开挖后最小主应力分布图

纵剖面开挖关键点应力随开挖步变化规律

（岩体参数取高值，松动区参数为原来的 0.7 倍） 表 3-9

关键点	关键点应力（MPa）									
	开挖步 1		开挖步 2		开挖步 3		开挖步 4		开挖步 5	
	σ_1	σ_3	σ_1	σ_3	σ_1	σ_3	σ_1	σ_3	σ_1	σ_3
1	-0.07	-0.29	-0.09	-0.30	-0.15	-0.39	-0.15	-0.40	-0.15	-0.40
2	-0.60	-2.31	-0.09	-0.34	-0.15	-0.45	-0.15	-0.45	-0.20	-0.53
3	-0.23	-2.75	0.34	-0.07	0.02	-0.02	—			
4	0.48	-0.03	0.37	-0.04	0.48	-0.04	0.47	-0.04	0.47	-0.04

纵剖面开挖关键点应力随开挖步变化规律

（岩体参数取高值，松动区参数为原来的 0.5 倍） 表 3-10

关键点	关键点应力（MPa）									
	开挖步 1		开挖步 2		开挖步 3		开挖步 4		开挖步 5	
	σ_1	σ_3	σ_1	σ_3	σ_1	σ_3	σ_1	σ_3	σ_1	σ_3
1	-0.06	-0.21	-0.09	-0.26	-0.16	-0.34	-0.15	-0.34	-0.15	-0.35
2	-0.61	-2.29	-0.08	-0.30	-0.13	-0.38	-0.12	-0.39	-0.18	-0.49
3	-0.22	-2.75	0.34	-0.07	0.02	-0.02	—			
4	0.48	-0.03	0.38	-0.04	0.50	-0.04	0.48	-0.04	0.48	-0.04

纵剖面开挖关键点应力随开挖步变化规律

（岩体参数取平均值，松动区参数为原来的 0.7 倍） 表 3-11

关键点	关键点应力（MPa）									
	开挖步 1		开挖步 2		开挖步 3		开挖步 4		开挖步 5	
	σ_1	σ_3	σ_1	σ_3	σ_1	σ_3	σ_1	σ_3	σ_1	σ_3
1	-0.08	-0.32	-0.11	-0.34	-0.17	-0.42	-0.17	-0.43	-0.18	-0.43
2	-0.60	-2.31	-0.11	-0.37	-0.17	-0.48	-0.17	-0.48	-0.22	-0.56
3	-0.23	-2.75	0.34	-0.07	0.02	-0.02	—			
4	0.48	-0.03	0.37	-0.04	0.48	-0.04	0.47	-0.04	0.47	-0.04

纵剖面开挖关键点应力随开挖步变化规律

（岩体参数取平均值，松动区参数为原来的0.5倍）　　表3-12

关键点	关键点应力(MPa)									
	开挖步1		开挖步2		开挖步3		开挖步4		开挖步5	
	σ_1	σ_3	σ_1	σ_3	σ_1	σ_3	σ_1	σ_3	σ_1	σ_3
1	-0.08	-0.24	-0.13	-0.32	-0.19	-0.40	-0.19	-0.41	-0.19	-0.41
2	-0.61	-2.28	-0.09	-0.32	-0.14	-0.41	-0.14	-0.42	-0.22	-0.56
3	-0.22	-2.75	0.34	-0.07	0.02	-0.02	—			
4	0.48	-0.03	0.38	-0.04	0.50	-0.04	0.48	-0.04	0.49	-0.04

纵剖面开挖关键点应力随开挖步变化规律

（岩体参数取低值，松动区参数为原来的0.7倍）　　表3-13

关键点	关键点应力(MPa)									
	开挖步1		开挖步2		开挖步3		开挖步4		开挖步5	
	σ_1	σ_3	σ_1	σ_3	σ_1	σ_3	σ_1	σ_3	σ_1	σ_3
1	-0.09	-0.36	-0.15	-0.39	-0.21	-0.48	-0.21	-0.48	-0.22	-0.48
2	-0.60	-2.31	-0.12	-0.42	-0.19	-0.51	-0.18	-0.51	-0.26	-0.60
3	-0.22	-2.75	0.34	-0.07	0.02	-0.01	—			
4	0.48	-0.03	0.38	-0.04	0.48	-0.04	0.46	-0.04	0.47	-0.04

纵剖面开挖关键点应力随开挖步变化规律

（岩体参数取低值，松动区参数为原来的0.5倍）　　表3-14

关键点	关键点应力(MPa)									
	开挖步1		开挖步2		开挖步3		开挖步4		开挖步5	
	σ_1	σ_3	σ_1	σ_3	σ_1	σ_3	σ_1	σ_3	σ_1	σ_3
1	-0.08	-0.28	-0.16	-0.38	-0.22	-0.46	-0.22	-0.47	-0.22	-0.47
2	-0.61	-2.28	-0.11	-0.36	-0.16	-0.45	-0.16	-0.46	-0.25	-0.62
3	-0.22	-2.75	0.34	-0.07	0.02	-0.01	—			
4	0.49	-0.03	0.39	-0.04	0.50	-0.04	0.48	-0.04	0.49	-0.04

2. 连拱段位移特征

(1)隧道开挖断面位移分布特征

中导洞开挖后，在导洞上下围岩产生了较大的位移，随着工程的进一步开挖，该部位围岩的位移呈现增大的趋势，在隧道左右洞开挖结束时，左右洞顶拱处出现了较大的位移，除此之外，左右洞底板围岩也有很大的反弹位移，由于施作了中隔墙，所以中导洞底板处围岩位移相对并不大。以围岩参数取低值且松动区参数为原来的0.5倍时为例，对于中导洞上下围岩，刚开挖时，中导洞顶拱处位移为1.73mm，拱底处位移为2.20mm，当整个开挖结束后，顶拱处位移为2.34mm，拱底处位移为2.60mm左右；开挖后的左右洞顶拱处位移均在4.5mm以上，而左右洞底板围岩位移最大达到5.40mm，位移较大。图3-56为中导洞开挖后的位移分布图，图

3-57 为左洞①上半断面开挖后的位移分布图，图 3-58 为左洞①侧导洞开挖后的位移分布图，图 3-59 为左洞①开挖结束时的位移分布图，图 3-60 为隧道开挖结束时的围岩位移分布图。表 3-15～表 3-20 为不同围岩力学参数和爆破松动影响时的断面关键点位移随隧道开挖的变化规律。

图 3-56　中导洞开挖后的围岩位移分布图

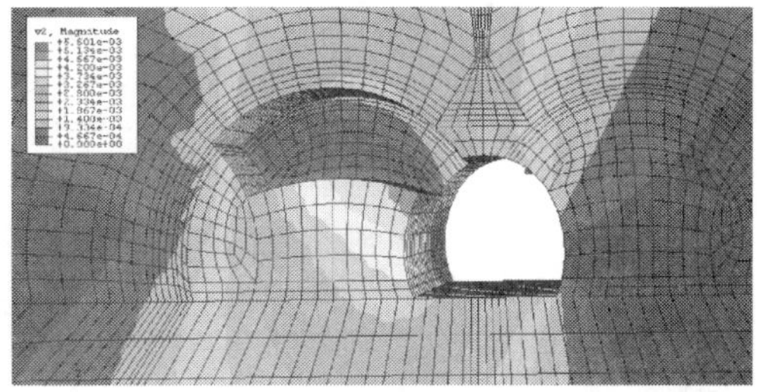

图 3-57　左洞①上半断面开挖后的围岩位移分布图

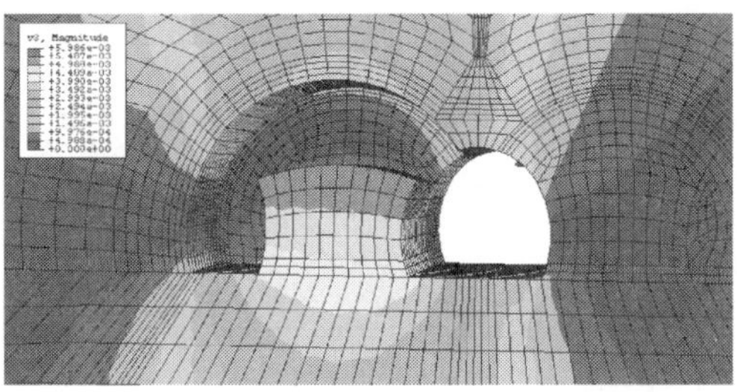

图 3-58　左洞①侧导洞开挖后的围岩位移分布图

图 3-59　左洞①开挖结束时的围岩位移分布图

图 3-60　左右洞开挖结束时的围岩位移分布图

洞口断面开挖关键点位移随开挖步变化规律

（岩体参数取高值，松动区参数为原来的 0.7 倍）　　表 3-15

关键点	关键点位移(mm)						
	开挖步 1	开挖步 2	开挖步 3	开挖步 4	开挖步 5	开挖步 6	开挖步 7
1	1.39	2.16	2.09	2.05	2.65	2.63	2.56
2	0.35	2.74	3.20	3.16	3.92	3.95	3.90
3	0.10	0.99	2.11	2.06	2.54	2.54	2.50
4	0.04	1.04	1.03	1.09	0.97	0.99	1.04
5	1.79	1.95	2.21	2.28	2.10	2.21	2.29
6	1.79	1.81	1.93	2.01	1.83	2.10	2.16

续上表

关键点	关键点位移(mm)						
	开挖步 1	开挖步 2	开挖步 3	开挖步 4	开挖步 5	开挖步 6	开挖步 7
7	0.04	0.24	0.22	0.23	1.06	1.09	1.17
8	0.08	0.30	0.32	0.29	1.33	2.51	2.45
9	0.32	0.68	0.63	0.59	3.48	4.05	3.99
10	1.36	1.66	1.58	1.52	2.60	2.51	2.45

洞口断面开挖关键点位移随开挖步变化规律

（岩体参数取高值，松动区参数为原来的 0.5 倍） 表 3-16

关键点	关键点位移(mm)						
	开挖步 1	开挖步 2	开挖步 3	开挖步 4	开挖步 5	开挖步 6	开挖步 7
1	1.39	2.13	2.05	2.00	2.55	2.52	2.45
2	0.36	2.80	3.28	3.24	4.01	4.05	4.00
3	0.10	1.03	2.10	2.05	2.54	2.54	2.50
4	0.03	1.06	1.08	1.15	1.03	1.05	1.10
5	1.79	2.01	2.28	2.35	2.24	2.38	2.45
6	1.79	1.86	1.99	2.06	1.95	2.24	2.30
7	0.03	0.25	0.23	0.23	1.08	1.16	1.24
8	0.08	0.31	0.33	0.30	1.38	2.50	2.44
9	0.32	0.69	0.64	0.60	3.59	4.18	4.13
10	1.35	1.59	1.50	1.44	2.55	2.47	2.41

洞口断面开挖关键点位移随开挖步变化规律

（岩体参数取平均值，松动区参数为原来的 0.7 倍） 表 3-17

关键点	关键点位移(mm)						
	开挖步 1	开挖步 2	开挖步 3	开挖步 4	开挖步 5	开挖步 6	开挖步 7
1	1.51	2.35	2.27	2.22	2.86	2.83	2.76
2	0.38	2.97	3.47	3.42	4.23	4.26	4.21
3	0.10	1.10	2.24	2.19	2.70	2.70	2.66
4	0.04	1.14	1.09	1.16	1.03	1.06	1.10
5	1.95	2.11	2.38	2.45	2.23	2.35	2.42
6	1.95	1.96	2.08	2.17	1.94	2.21	2.28
7	0.04	0.27	0.24	0.25	1.15	1.16	1.24
8	0.09	0.33	0.35	0.32	1.46	2.65	2.59
9	0.34	0.73	0.68	0.64	3.76	4.37	4.32
10	1.48	1.80	1.71	1.65	2.80	2.71	2.65

洞口断面开挖关键点位移随开挖步变化规律

（岩体参数取平均值，松动区参数为原来的0.5倍） 表3-18

关键点	关键点位移(mm)						
	开挖步1	开挖步2	开挖步3	开挖步4	开挖步5	开挖步6	开挖步7
1	1.51	2.31	2.22	2.17	2.73	2.70	2.62
2	0.39	3.03	3.55	3.51	4.33	4.37	4.32
3	0.11	1.14	2.19	2.13	2.66	2.66	2.62
4	0.04	1.16	1.15	1.23	1.10	1.13	1.18
5	1.95	2.17	2.45	2.53	2.40	2.55	2.63
6	1.95	2.01	2.15	2.23	2.09	2.39	2.45
7	0.04	0.27	0.25	0.25	1.18	1.24	1.33
8	0.09	0.34	0.36	0.33	1.52	2.62	2.56
9	0.35	0.74	0.70	0.65	3.88	4.52	4.46
10	1.47	1.72	1.62	1.56	2.78	2.68	2.61

洞口断面开挖关键点位移随开挖步变化规律

（岩体参数取低值，松动区参数为原来的0.7倍） 表3-19

关键点	关键点位移(mm)						
	开挖步1	开挖步2	开挖步3	开挖步4	开挖步5	开挖步6	开挖步7
1	1.66	2.56	2.48	2.42	3.10	3.08	3.00
2	0.42	3.25	3.79	3.74	4.61	4.64	4.58
3	0.11	1.23	2.35	2.30	2.85	2.86	2.81
4	0.05	1.25	1.17	1.25	1.11	1.14	1.19
5	2.15	2.29	2.58	2.66	2.39	2.51	2.59
6	2.15	2.14	2.27	2.36	2.08	2.36	2.43
7	0.05	0.30	0.27	0.28	1.27	1.26	1.35
8	0.10	0.36	0.38	0.36	1.63	2.80	2.73
9	0.38	0.80	0.75	0.70	4.11	4.78	4.72
10	1.63	1.97	1.87	1.81	3.06	2.98	2.91

洞口断面开挖关键点位移随开挖步变化规律

（岩体参数取低值，松动区参数为原来的0.5倍） 表3-20

关键点	关键点位移(mm)						
	开挖步1	开挖步2	开挖步3	开挖步4	开挖步5	开挖步6	开挖步7
1	1.66	2.52	2.43	2.37	2.94	2.90	2.82
2	0.43	3.32	3.88	3.83	4.71	4.75	4.70
3	0.12	1.28	2.28	2.23	2.80	2.81	2.76
4	0.04	1.28	1.25	1.33	1.19	1.22	1.28

续上表

关键点	关键点位移(mm)						
	开挖步1	开挖步2	开挖步3	开挖步4	开挖步5	开挖步6	开挖步7
5	2.15	2.36	2.66	2.74	2.60	2.75	2.84
6	2.15	2.20	2.34	2.43	2.25	2.57	2.64
7	0.04	0.30	0.28	0.28	1.30	1.36	1.45
8	0.10	0.37	0.39	0.36	1.71	2.77	2.70
9	0.39	0.81	0.76	0.71	4.23	4.93	4.86
10	1.62	1.88	1.78	1.71	3.05	2.92	2.85

(2)隧洞纵深方向分步开挖对围岩位移分布的影响

中导洞是沿纵深方向一次性开挖贯通的,在开挖段Ⅰ开挖完毕时,段Ⅰ内的中导洞上下围岩位移变化即趋于稳定,变化十分微小,由于是交错开挖,左洞先行开挖,开挖段Ⅰ开挖后的围岩位移,在开挖段Ⅴ开挖过程中左洞几乎不受影响,仅由右洞开挖段Ⅰ的开挖所产生位移变化,同理,右洞在开挖段Ⅰ开挖后的围岩,在继续推进段Ⅴ时也没有多大变化。三维数值计算的结果可以清晰地反映隧道推进过程中隧道关键点的位移随隧道开挖的变化规律。与应力分析结果的相似,在隧道纵深方向推进开挖段Ⅴ时,隧道左洞后方围岩关键点的围岩位移几乎不再受开挖影响,仅受同段右洞开挖的影响。表3-21～表3-26为图3-41中四个关键点在①开挖完毕时、②三个开挖步(上半断面开挖、侧导洞开挖、核心土开挖)完毕时、③开挖完毕时共5个开挖步结束时的位移变化值。

对岩体参数取低值,松动区参数折减0.5倍的工况,当连拱段隧道开挖结束时,不同断面顶拱处的位移集中在4.9mm左右。图3-61为沿纵深方向离连拱段洞口处不同距离的断面拱顶处在开挖完毕时位移沉降变化图。

纵剖面开挖关键点位移随开挖步变化规律

(岩体参数取高值,松动区参数为原来的0.7倍)　　表3-21

关键点	关键点位移(mm)				
	开挖步1	开挖步2	开挖步3	开挖步4	开挖步5
1	3.17	3.95	4.00	3.95	4.05
2	1.17	3.37	3.62	3.58	3.9
3	0.60	4.03	4.92	4.92	4.92
4	3.89	4.13	4.35	4.42	4.35

纵剖面开挖关键点位移随开挖步变化规律

(岩体参数取高值,松动区参数为原来的0.5倍)　　表3-22

关键点	关键点位移(mm)				
	开挖步1	开挖步2	开挖步3	开挖步4	开挖步5
1	3.24	4.04	4.09	4.04	4.15
2	1.15	3.42	3.68	3.64	3.97
3	0.59	4.08	4.98	4.98	4.98
4	3.93	4.19	4.43	4.49	4.42

纵剖面开挖关键点位移随开挖步变化规律

（岩体参数取平均值，松动区参数为原来的 0.7 倍） 表 3-23

关键点	关键点位移（mm）				
	开挖步 1	开挖步 2	开挖步 3	开挖步 4	开挖步 5
1	3.43	4.27	4.32	4.26	4.37
2	1.28	3.64	3.90	3.86	4.20
3	0.65	4.39	5.36	5.36	5.36
4	4.23	4.49	4.72	4.79	4.72

纵剖面开挖关键点位移随开挖步变化规律

（岩体参数取平均值，松动区参数为原来的 0.5 倍） 表 3-24

关键点	关键点位移（mm）				
	开挖步 1	开挖步 2	开挖步 3	开挖步 4	开挖步 5
1	3.51	4.36	4.42	4.36	4.47
2	1.24	3.69	3.96	3.92	4.27
3	0.65	4.45	5.42	5.42	5.42
4	4.28	4.56	4.81	4.89	4.81

纵剖面开挖关键点位移随开挖步变化规律

（岩体参数取低值，松动区参数为原来的 0.7 倍） 表 3-25

关键点	关键点位移（mm）				
	开挖步 1	开挖步 2	开挖步 3	开挖步 4	开挖步 5
1	3.75	4.65	4.70	4.64	4.75
2	1.40	3.96	4.23	4.19	4.56
3	0.72	4.83	5.88	5.88	5.88
4	4.65	4.92	5.18	5.26	5.18

纵剖面开挖关键点位移随开挖步变化规律

（岩体参数取低值，松动区参数为原来的 0.5 倍） 表 3-26

关键点	关键点位移（mm）				
	开挖步 1	开挖步 2	开挖步 3	开挖步 4	开挖步 5
1	3.83	4.75	4.81	4.75	4.87
2	1.36	4.01	4.29	4.25	4.62
3	0.71	4.89	5.95	5.95	5.95
4	4.70	5.01	5.29	5.37	5.28

3. 连拱段塑性区特征分析

八字岭隧道连拱段的塑性区主要分布在围岩爆破松动区以及中隔墙上方围岩区域，其中中隔墙上方围岩区域出现的塑性区较大。在岩体参数取低值且爆破松动强度折减系数为 0.5 时，中隔墙上方塑性区范围达到 2 ~ 3m。连拱段隧道的塑性区随着岩体参数的提高而呈现降低的趋势。图 3-62 ~ 图 3-66 为连拱段隧道在岩体参数取低值且爆破松动强度折减系数为0.5

时不同开挖步的围岩塑性区分布图。

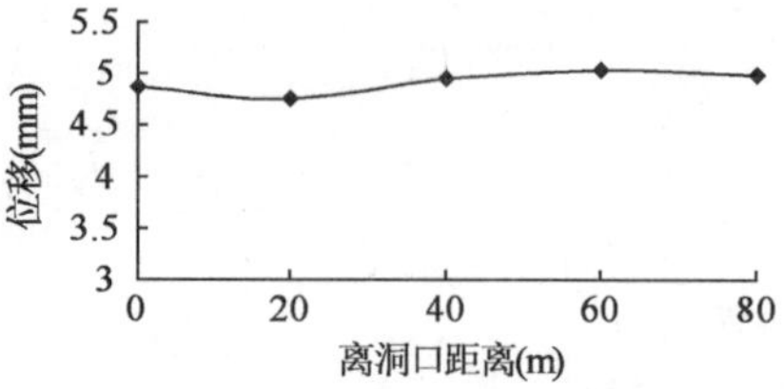

图 3-61　沿纵深方向左洞拱顶的位移沉降变化图

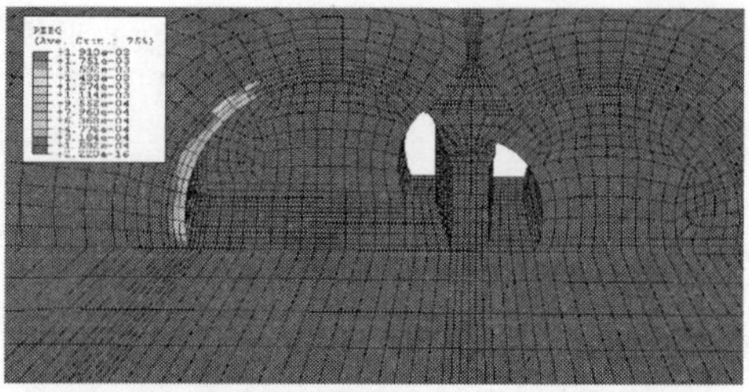

图 3-62　左洞①开挖后围岩塑性区分布图

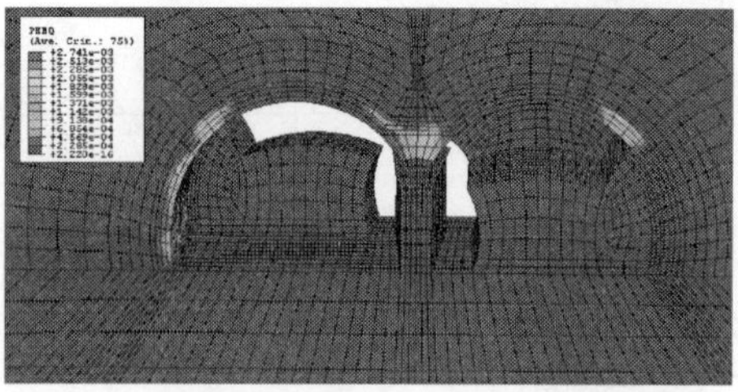

图3-63　左右洞②上半断面开挖后围岩塑性区分布图

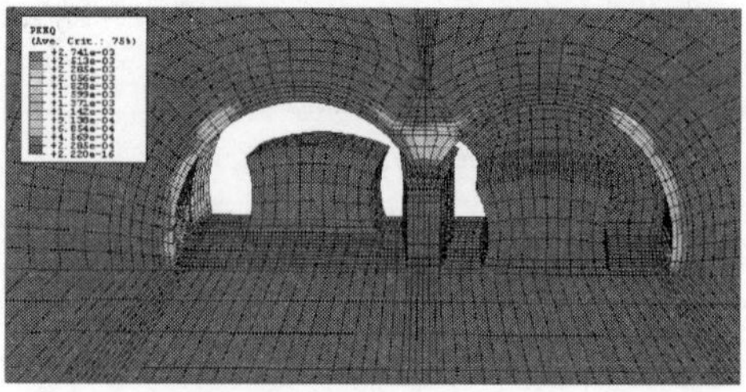

图 3-64　左右洞②侧导洞开挖后围岩塑性区分布图

图 3-65　左右洞②开挖后围岩塑性区分布图

图 3-66　开挖结束后围岩塑性区分布图

4. 支护结构受力分析

在隧道纵深方向，由于隧道是分步交错开挖，同一开挖段施作的二次衬砌支护时间不同，因此左右洞施作的二次衬砌其应力状态变化也会不同。同一开挖段左洞先行开挖，随后右洞进行开挖。左洞开挖段Ⅰ的二次衬砌，在同一开挖段右洞的开挖过程中应力不断增大，开挖完毕时，二次衬砌承受了较大的拉应力。以围岩参数取低值且爆破松动区参数为 0.5 的工况为例，当左洞①开挖完毕时，二次衬砌最大拉应力为 0.24MPa，最大压应力为 1.10MPa，至右洞②开挖完毕时，左洞二次衬砌最大拉应力变为 0.56MPa，最大压应力变为 9.80MPa，而右洞的二次衬砌应力水平不变。图 3-67 ~ 图 3-68 为左洞在①开挖后的二次衬砌最大最小主应力分布图，图 3-69 ~ 图 3-70 是隧道二次衬砌在②开挖后的最大最小主应力分布图，图 3-71 ~ 图 3-72 是隧道二次衬砌在开挖贯通后的最大最小主应力分布图。

由于中隔墙是一次性全连拱段施作，当①开挖完时，中隔墙最大拉应力为 1.18MPa，最大压应力为 7.7MPa；②开挖完时，最大拉应力为 1.13MPa，最大压应力为 12.6MPa；③开挖完时，最大拉应力为 1.11MPa，最大压应力为 12.6MPa，由此可见，中隔墙在②开挖完后应力状态即趋于稳定。根据不同工况计算得到的结果来看，中隔墙均未出现塑性区。图 3-73 ~ 图 3-80 为不同开挖时期的中隔墙最大最小主应力分布图。

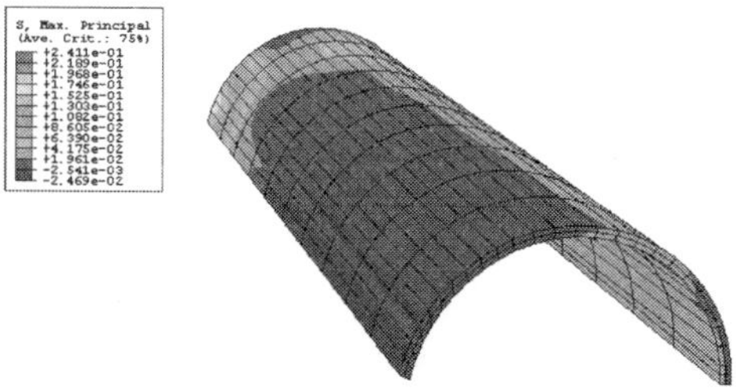

图 3-67　左洞①开挖后二次衬砌最大主应力分布图

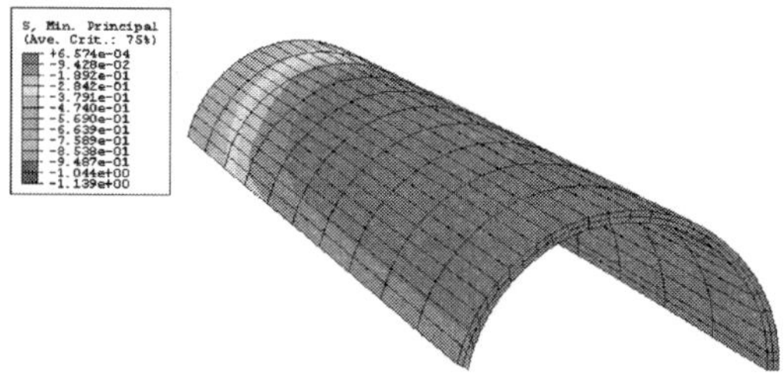

图 3-68　左洞①开挖后二次衬砌最小主应力分布图

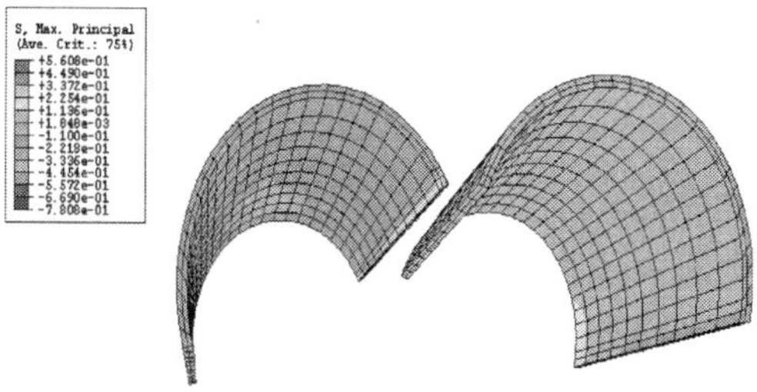

图 3-69　左右洞②开挖后二次衬砌最大主应力分布图

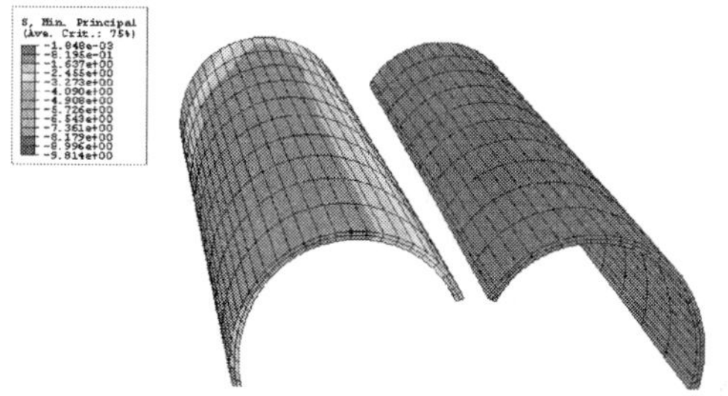

图 3-70　左右洞②开挖后二次衬砌最小主应力分布图

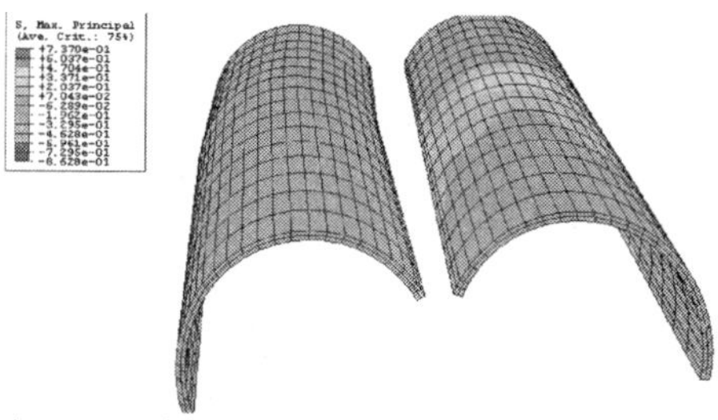

图3-71　左右洞开挖后二次衬砌最大主应力分布图

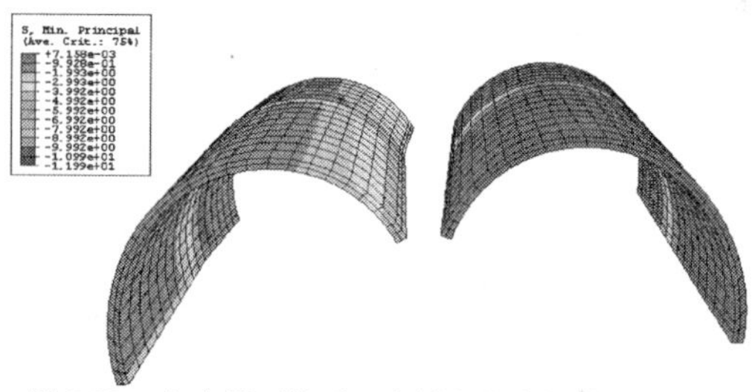

图 3-72　左右洞开挖后二次衬砌最小主应力分布图

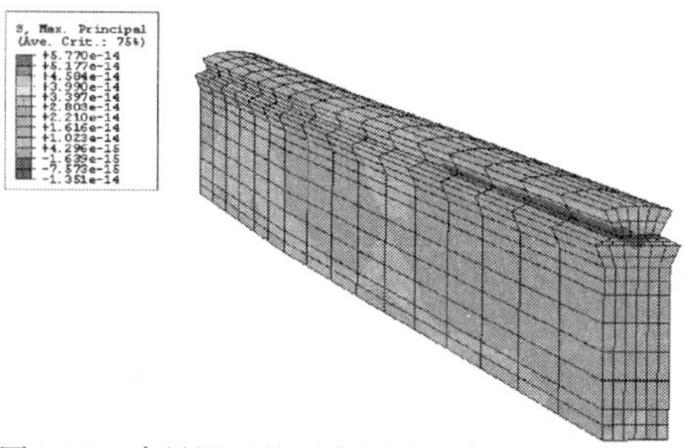

图 3-73　中导洞开挖后中隔墙最大主应力分布图

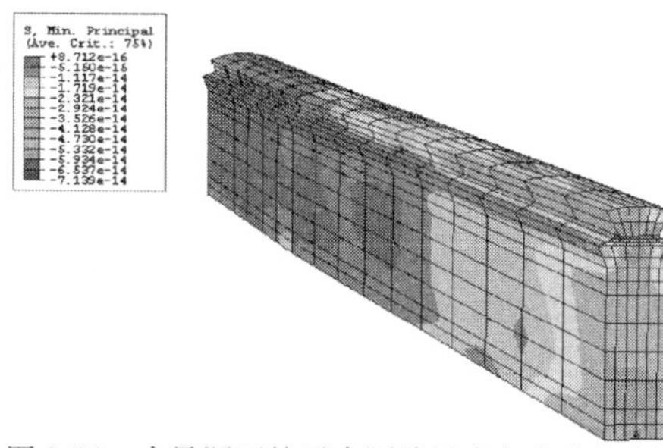

图 3-74　中导洞开挖后中隔墙最小主应力分布图

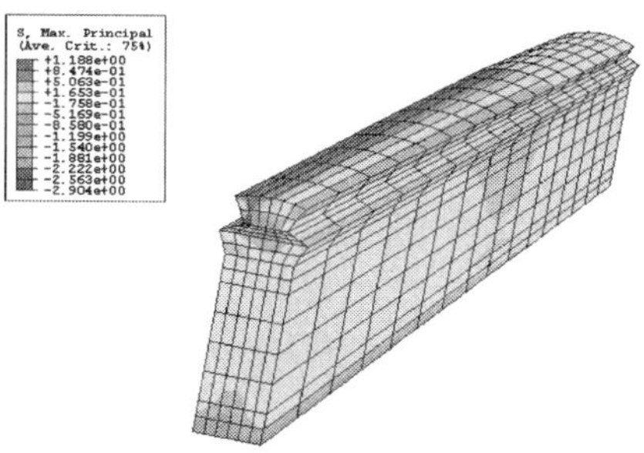

图 3-75　左洞①开挖后中隔墙最大主应力分布图

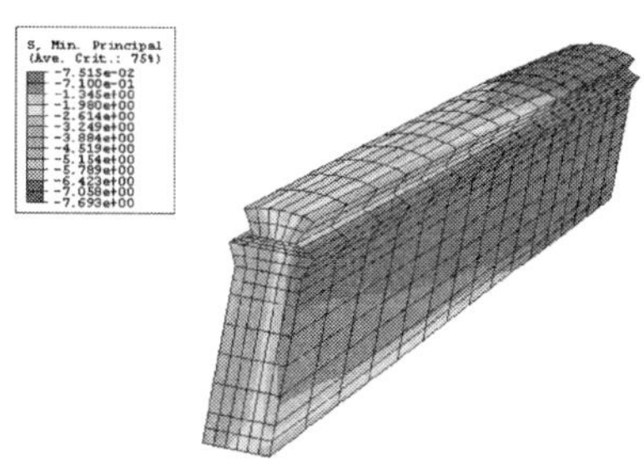

图 3-76　左洞①开挖后中隔墙最小主应力分布图

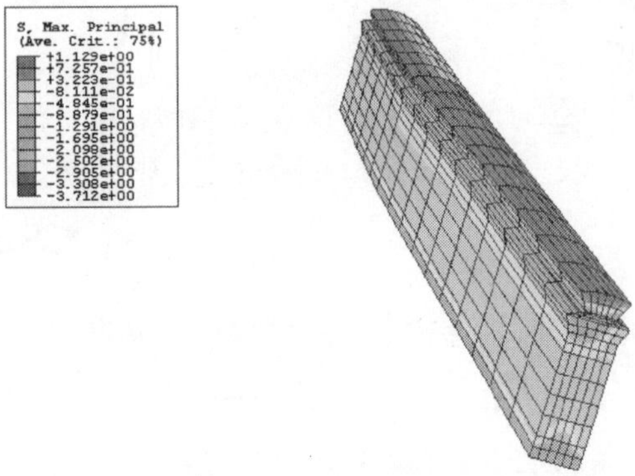

图 3-77　左右洞②开挖后中隔墙最大主应力分布图

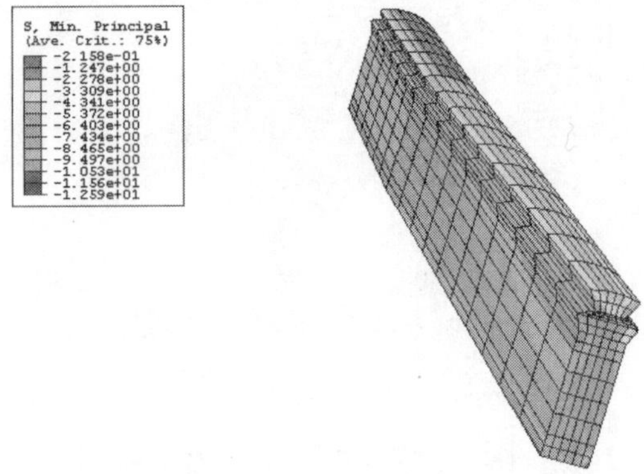

图 3-78　左右洞②开挖后中隔墙最小主应力分布图

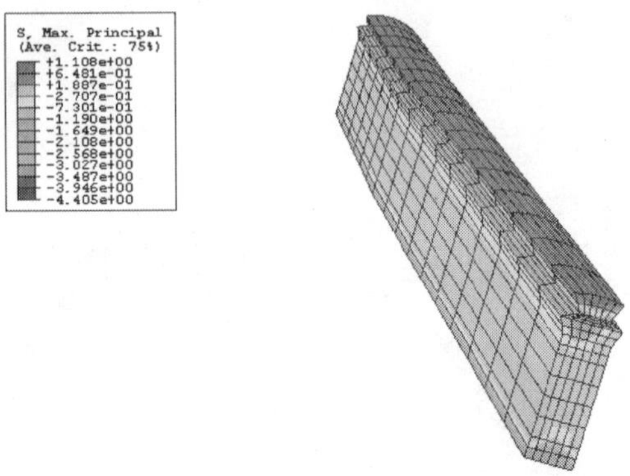

图 3-79　左右洞开挖后中隔墙最大主应力分布图

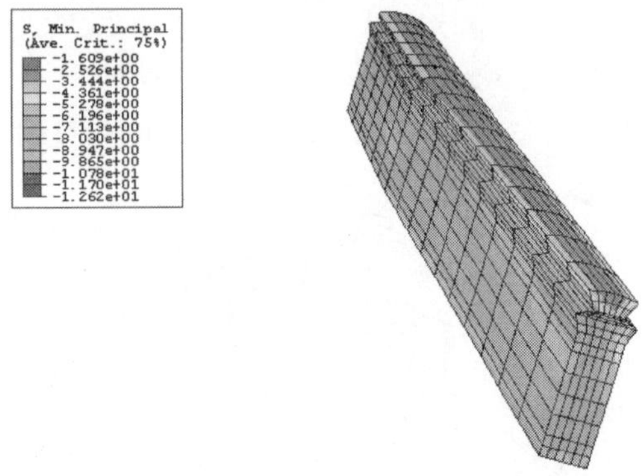

图 3-80　左右洞开挖后中隔墙最小主应力分布图

5. 现场监测结果与计算结果的对比分析

(1)拱顶下沉位移比较

数值模拟时对围岩和隧道开挖松动区一共取了六组不同的力学参数进行计算。在围岩力学参数取低值,爆破松动强度折减系数 0.5 的工况下,二维数值模拟得到的连拱左右洞拱顶沉降分别为 4.58mm 和 4.67mm,和三维数值模拟得到的结果较为接近(左右洞顶位移分别为 4.70mm和 4.86mm),现场对连拱隧道五个断面(分别为断面 4、5、6、7、8)进行了监测,监测结果如表 3-27 所示,由此可以看出,现场监测得到的拱顶位移比数值模拟结果稍小,最大相差近 2mm。这是由于实际爆破开挖时,不是预埋的监测元件,有一部分反弹位移无法监测到,从而监测结果较小。

连拱段各断面拱顶沉降位移　　表 3-27

断　　面	4		5		6		7		8	
	左	右	左	右	左	右	左	右	左	右
观测天数(d)	41	45	50	28	51	19	27	32	31	30
下沉量(mm)	1.42	2.35	0.82	1.92	1.84	0.53	1.34	1.34	1.54	2.66

（2）锚杆内力比较

对连拱隧道断面4、5、6、7、8不同部位的进行了较长时间的监测，监测结果表明，断面6、8在拱顶部位的锚杆应力最大达到87MPa左右，和数值模拟得到的在此位置的锚杆应力较为接近（平面数值模拟为94MPa）。

（3）中隔墙压应力比较

监测结果表明：中隔墙受力普遍较小，约为2～4MPa，最大不超过5MPa；施工开挖引起了隧道围岩状态的调整，表现为曲线上有一个明显的波动。但总体来说，中隔墙受力状况良好。而三维数值计算结果显示中隔墙最大压应力为12.6MPa，相差较大。这也是由于监测时机的滞后性所产生的。

（4）二次衬砌压应力比较

监测结果表明：二次衬砌一般压应力很小，不超过7MPa，说明初期支护已经稳定，围岩变形较小，满足了二次衬砌施作的要求。中隔墙附近由于受力较为复杂，围岩应力和变形较大；数值模拟的结果是二次衬砌最大压应力为9.8MPa，较为接近。

6. 小结

连拱隧道的中导洞顶部、围岩松动区及中隔墙底部都存在不同程度的塑性区分布，且锚杆受力较大，表明锚杆、二次衬砌和中隔墙发挥了较大的支护作用来控制围岩的变形。

连拱段隧道中导洞的开挖和随后左右洞上半断面的先后开挖，对中隔墙上方岩体的应力扰动较大，且在该部位产生较大的应力集中现象，而在中隔墙下方围岩，由于中隔墙的施作而产生压应力集中，左右洞顶拱围岩也出现了一定的拉应力区，在纵深方向分两次推进（第一次推进53.3m，第二次推进27.3m），由于第一次推进的深度较大，隧洞第一次推进开挖后的围岩在第二次推进开挖过程中，围岩应力和位移几乎不受影响，仅受同一开挖段右洞的相互影响；在开挖结束后，左右洞上下围岩均发生了较大的位移变形，其中底板围岩位移最大达到5.4mm；中隔墙在开挖结束后应力水平较高，出现了较大的拉应力和压应力，但并未出现塑性区，左洞的二次衬砌也承受了较大的应力；塑性区主要分布在围岩爆破松动区以及中隔墙上方围岩区域，尤以中隔墙上方围岩区域出现的塑性区较大。

第二节 连拱段支护结构可靠度研究

一、数值计算模型

根据隧道工程的实际状况，取桩号ZK100+195的截面建立二维平面模型（图3-81）。以模型的土体自重方向为y方向，所建模型上表面为自然表面，自然表面距隧洞开挖地面最大为83.5m，模型在x方向尺寸为160m。共有3 847个节点，3 936个单元。

计算中岩体采用Drucker-Prager屈服准则，在整个模型模拟开挖过程中，对于一次衬砌我们仅模拟喷射混凝土和锚杆（预应力锚杆和系统锚杆），将钢拱架等支护形式视为储备。喷射混凝土采用实体单元模拟，采用素混凝土材料参数；锚杆以杆单元模拟，采用Mises屈服准则；为得到二次衬砌的轴应力和弯矩，而且为了做衬砌可靠度分析时便于改变衬砌厚度，我们采用梁单元来模拟二次衬砌。

隧道的围岩属于Ⅳ级围岩,采用钻爆法进行开挖。由于开挖断面较大,连拱段的开挖采取上下台阶外加侧导洞开挖方案。根据比较成熟的施工工法和工程现场的特点,经多次调研和反复论证,连拱隧道的开挖支护按照图3-82分步实施。

开挖过程为:①开挖中导洞→②开挖左右洞上半断面→③开挖左右洞侧导洞→④开挖左右洞核心土。

支护过程为:Ⅰ施作中隔墙及中导洞锚杆支护;Ⅴ施作左右洞上半断面初期支护;Ⅳ施作左右洞两侧导洞初期支护;Ⅲ全断面施作二次衬砌。

整个开挖和支护流程:①→Ⅰ→②→Ⅴ→③→Ⅳ→④→Ⅲ。

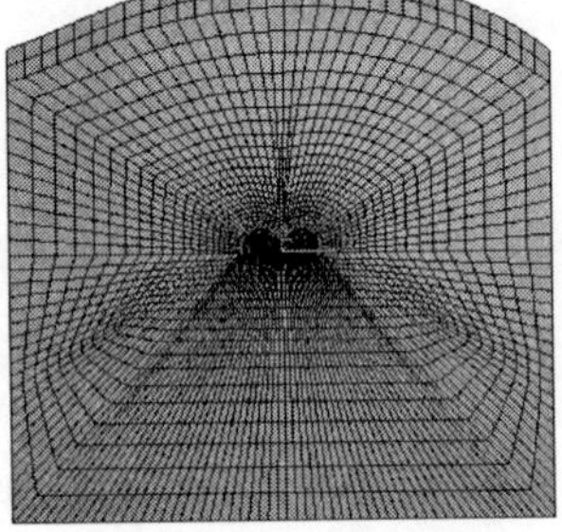

图3-81 模型网格图

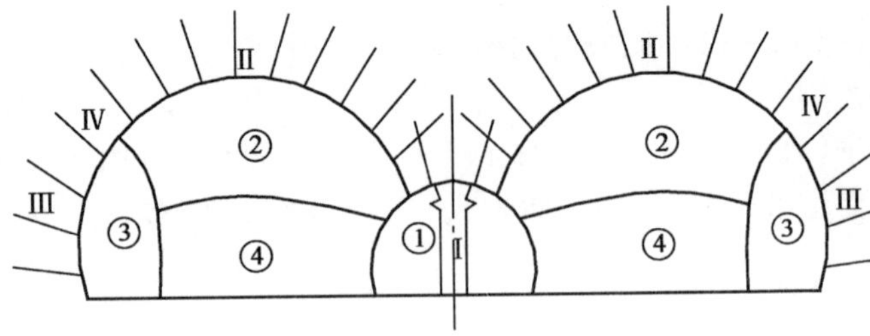

图3-82 开挖支护顺序平面示意图

针对以上开挖工序和实际工程设计的特点,采用有限元程序ABAQUS模拟施工开挖全过程。具体计算时,考虑到支护时机问题,按开挖释放70%应力载荷,锚杆和初次衬砌承受10%,二次衬砌承受20%的比例分步骤逐次释放开挖应力。

连拱隧道最大埋深约为120m,属浅埋隧道,初始地应力以自重产生的应力为主。在计算时,垂向为γh(γ为岩体重度),隧道轴向z向和垂直隧道边墙方向x向为$\frac{\mu}{1-\mu}\gamma h$($\mu$为泊松比)。

二、衬砌结构可靠性分析

对围岩力学参数取定值进行围岩稳定性和支护结构受力分析之后,仍采用上述有限元计算模型,基于连续介质模型、采用前面章节所用的可靠度计算方法,对连拱段隧道衬砌结构进行可靠度分析研究。

同样,仅对二次衬砌进行可靠度计算。把c(黏结力)、φ(摩擦角)、E(弹性模量)和D(衬砌厚度)视为基本随机变量,由于D值需根据不同围岩、不同埋深、不同隧道轮廓尺寸、不同开挖施工方式而具体确定,D的统计特征值很难确定,因此,将探讨D取不同值时的衬砌结构可靠度,以供具体工程设计时参考使用。由于连拱隧洞是浅埋隧道,二次衬砌受力特征几乎对称,为节省工作量和相应篇幅,我们仅对连拱右洞衬砌的几个关键截面进行可靠性分析,如图3-83所示。

1. 单因素分析

为求算衬砌结构可靠度,采用第二章提出的可靠度计算方法,首先需对衬砌轴应力进行单因素分析。针对连拱围岩力学参数统计特征,取c、φ、E、D在一定范围内的定值,利用ABAQUS软件计算出单因素变化条件下衬砌轴应力值。c、φ、E、D分别取不同值。如表3-28~表3-31所示。

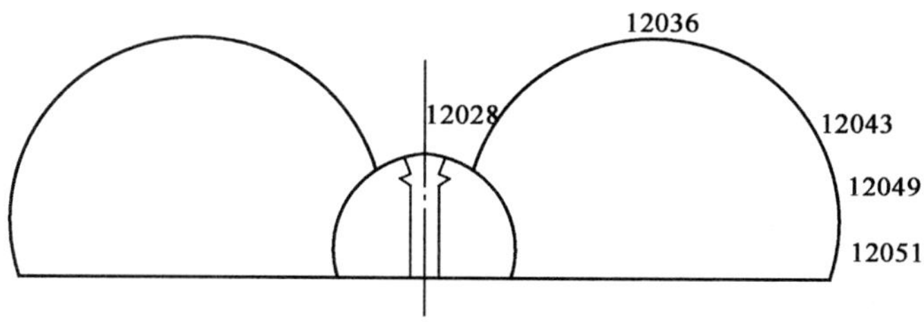

图 3-83 连拱二次衬砌关键截面示意图

c 取一系列值得到的衬砌轴应力值 表 3-28

单元	c(MPa)				
	0.40	0.50	0.60	0.70	0.80
12036	-0.17	-0.16	-0.16	-0.16	-0.16
12028	-0.18	-0.18	-0.18	-0.18	-0.18
12043	0.12	0.13	0.14	0.14	0.14
12049	-1.61	-1.56	-1.53	-1.40	-1.39
12051	-1.51	-1.48	-1.47	-1.46	-1.44

φ 取一系列值得到的衬砌轴应力值 表 3-29

单元	φ(°)				
	30	32	34	36	38
12036	-0.17	-0.16	-0.16	-0.16	-0.16
12028	-0.18	-0.18	-0.18	-0.18	-0.18
12043	0.12	0.12	0.13	0.13	0.13
12049	-1.61	-1.59	-1.58	-1.56	-1.56
12051	-1.51	-1.46	-1.46	-1.45	-1.45

E 取一系列值得到的衬砌轴应力值 表 3-30

单元	E(MPa)				
	4 000	4 500	5 000	5 500	6 000
12036	-0.17	-0.14	-0.12	-0.10	-0.09
12028	-0.18	-0.18	-0.17	-0.17	-0.16
12043	0.12	0.11	0.10	0.09	0.08
12049	-1.61	-1.55	-1.49	-1.45	-1.40
12051	-1.45	-1.41	-1.37	-1.33	-1.29

D 取一系列值得到的衬砌轴应力值 表 3-31

单元	D(m)			
	0.30	0.40	0.50	0.60
12036	-0.17	-0.17	-0.17	-0.17
12028	-0.18	-0.14	-0.12	-0.11
12043	0.12	0.15	0.16	0.16
12049	-1.61	-1.46	-1.31	-1.18
12051	-1.45	-1.25	-1.08	-0.95

采用 Origin7.0 软件对以上表格的数据进行拟合,可得到连拱段二次衬砌各横截面轴应力 σ 关于 c、φ、E、D 单因素变化下的拟合函数(R^2 为相关指数)以及相应的函数曲线。

对于单元 12028:

$$\sigma = -5.16 + 0.91 \times e^{c} \qquad R^2 = 0.99 \tag{3-1}$$

$$\sigma = -3.82 + 8.69 \times 10^{-7} \times e^{0.3\varphi} \qquad R^2 = 0.99 \tag{3-2}$$

$$\sigma = -4.089 + 0.068 \times e^{0.00036E} \qquad R^2 = 0.99 \tag{3-3}$$

$$\sigma = -0.65 - 12.12 \times e^{-4.5D} \qquad R^2 = 1.00 \tag{3-4}$$

相关指数相应的曲线如下:

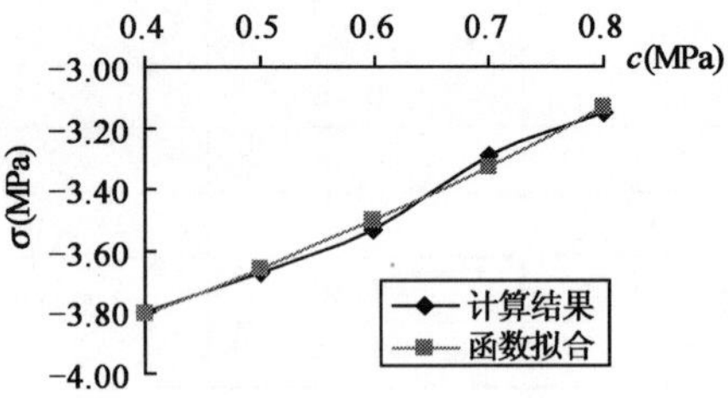

图 3-84　σ 随 c 的变化曲线

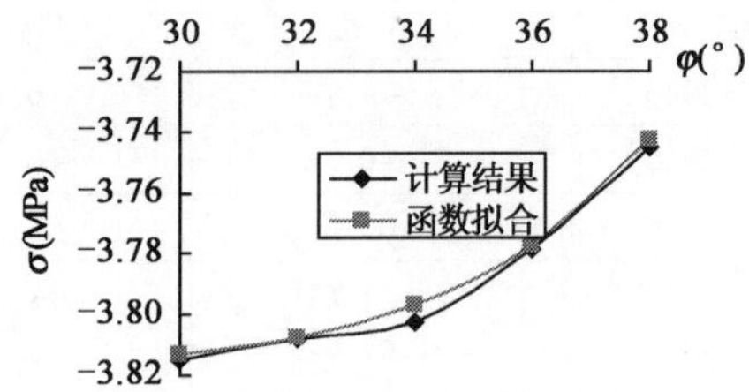

图 3-85　σ 随 φ 的变化曲线

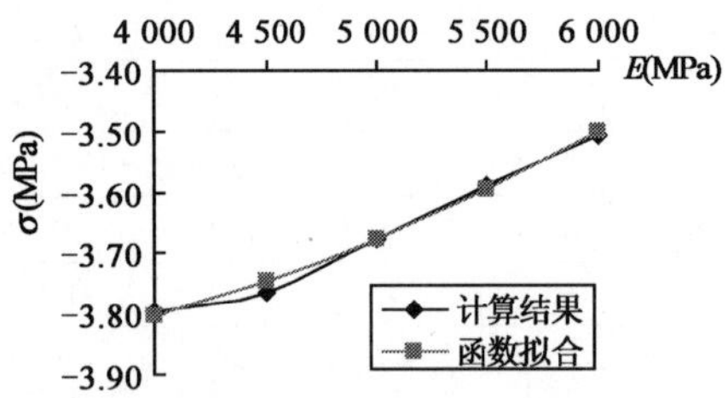

图 3-86　σ 随 E 的变化曲线

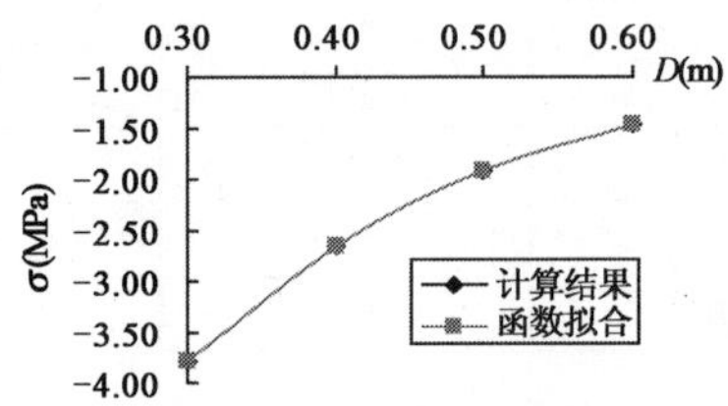

图 3-87　σ 随 D 的变化曲线

对于单元 12036:

$$\sigma = -0.94 - 1.76 \times e^{-3.65c} \qquad R^2 = 0.98 \tag{3-5}$$

$$\sigma = -1.46 + 0.0049 \times e^{0.1\varphi} \qquad R^2 = 1.0 \tag{3-6}$$

$$\sigma = -0.84 - 1.265 \times e^{-0.00022E} \qquad R^2 = 1.0 \tag{3-7}$$

$$\sigma = -0.18 - 2.076 \times e^{-1.9D} \qquad R^2 = 1.0 \tag{3-8}$$

相关指数相应的曲线如下:

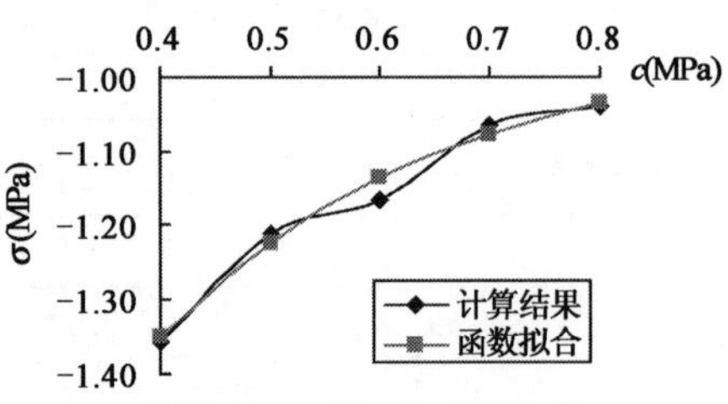

图 3-88　σ 随 c 的变化曲线

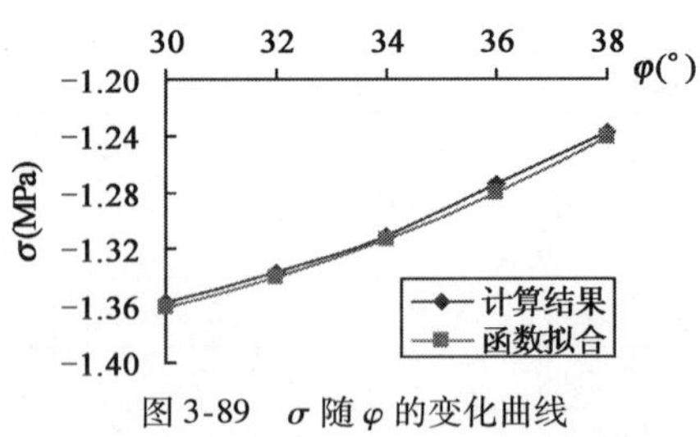

图 3-89　σ 随 φ 的变化曲线

对于单元 12043:

$$\sigma = -3.86 + 0.176 \times e^{2.35c} \qquad R^2 = 1.0 \tag{3-9}$$

$$\sigma = -7.1 + 3.17 \times e^{0.005\varphi} \qquad R^2 = 0.99 \tag{3-10}$$

$$\sigma = -2.13 - 2.845 \times e^{-0.0002E} \qquad R^2 = 1.0 \qquad (3\text{-}11)$$

$$\sigma = -1.01 - 4.94 \times e^{-2.4D} \qquad R^2 = 1.0 \qquad (3\text{-}12)$$

相应的曲线如下：

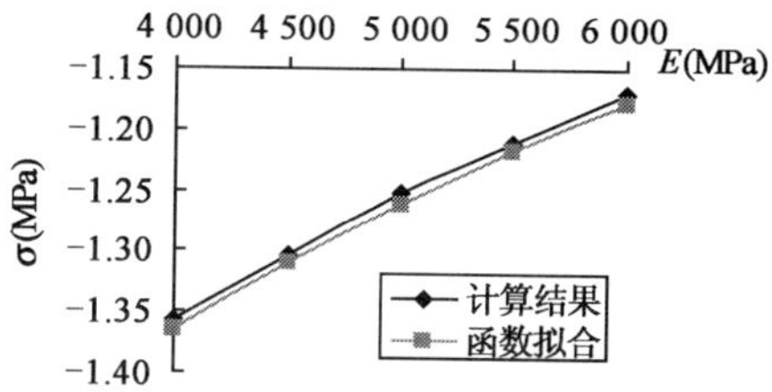

图 3-90　σ 随 E 的变化曲线

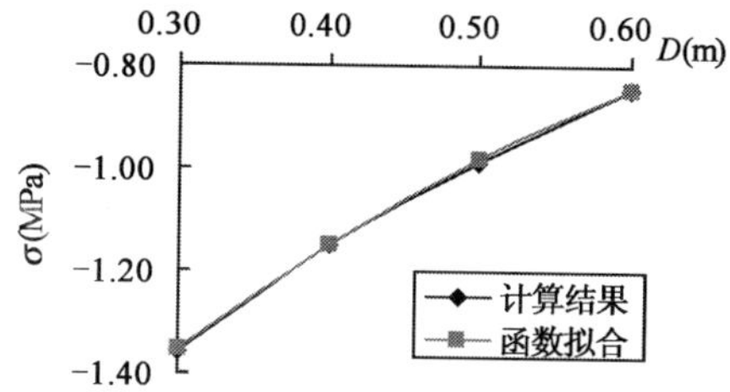

图 3-91　σ 随 D 的变化曲线

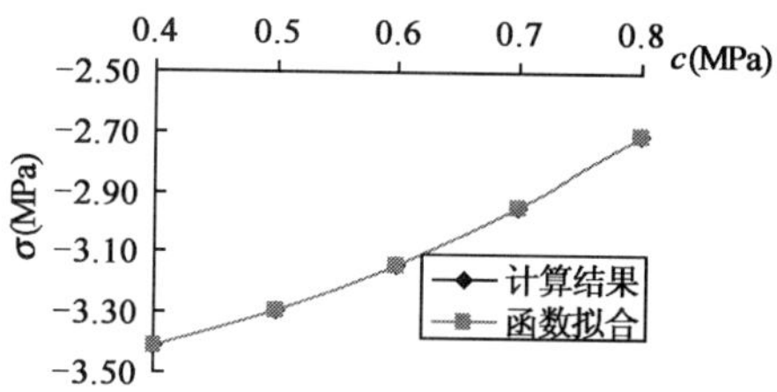

图 3-92　σ 随 c 的变化曲线

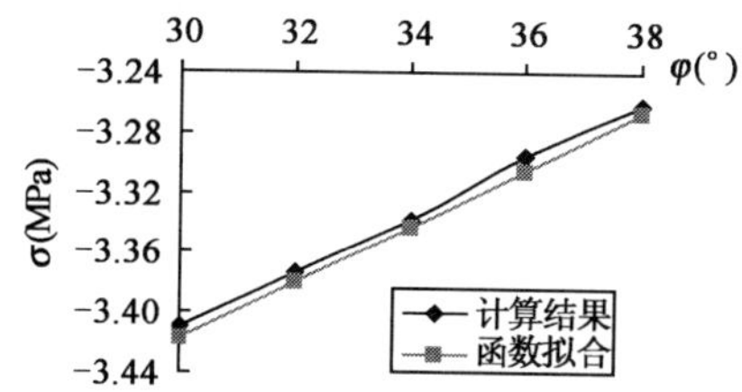

图 3-93　σ 随 φ 的变化曲线

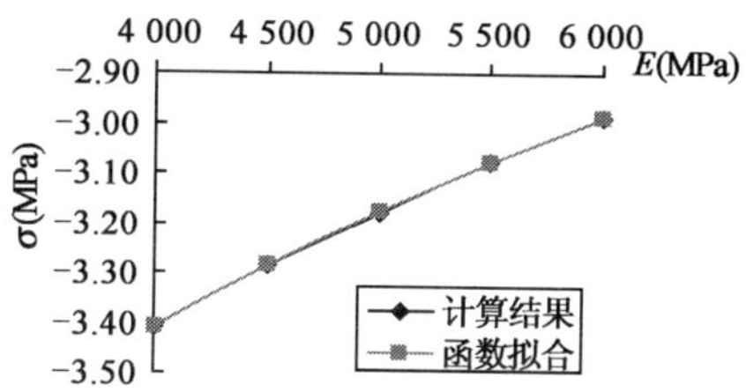

图 3-94　σ 随 E 的变化曲线

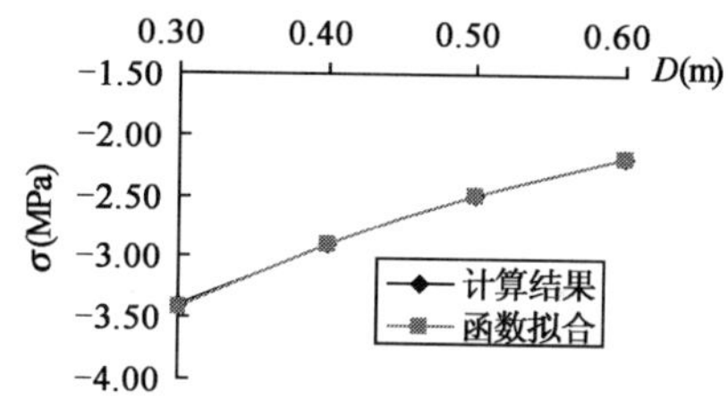

图 3-95　σ 随 D 的变化曲线

对于单元 12049：

$$\sigma = -3.675 + 0.148 \times e^{1.65c} \qquad R^2 = 0.93 \qquad (3\text{-}13)$$

$$\sigma = -3.32 - 271\,685 \times e^{-0.48\varphi} \qquad R^2 = 1.0 \qquad (3\text{-}14)$$

$$\sigma = -2.2 - 2.436 \times e^{-0.00018E} \qquad R^2 = 1.0 \qquad (3\text{-}15)$$

$$\sigma = -0.46 - 6.0 \times e^{-2.4D} \qquad R^2 = 1.0 \qquad (3\text{-}16)$$

相应的曲线如下：

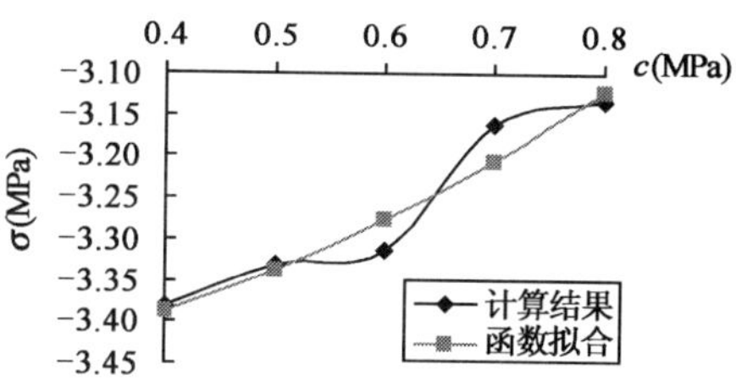

图 3-96　σ 随 c 的变化曲线

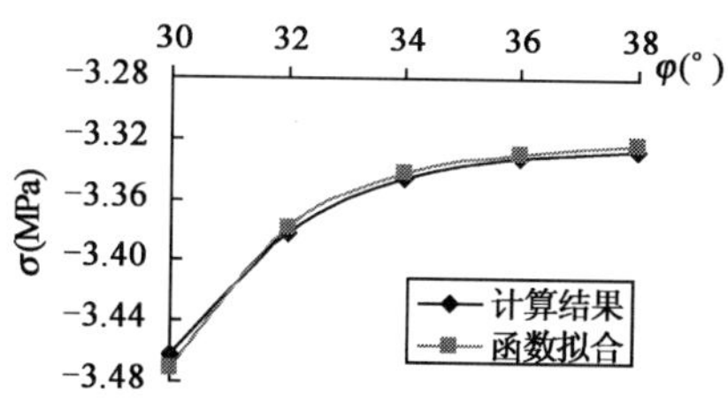

图 3-97　σ 随 φ 的变化曲线

对于单元 12051：

$$\sigma = -2.27 + 0.07 \times e^{2.6c} \qquad R^2 = 0.96 \qquad (3\text{-}17)$$

$$\sigma = -2.04 + 38.02 \times e^{-0.2\varphi} \qquad R^2 = 0.98 \qquad (3\text{-}18)$$

$$\sigma = -1.96 + 0.00079 \times e^{0.00069E} \quad R^2 = 1.0 \tag{3-19}$$

$$\sigma = -0.84 - 2.466 \times e^{-2.65D} \quad R^2 = 1.0 \tag{3-20}$$

相应的曲线如下：

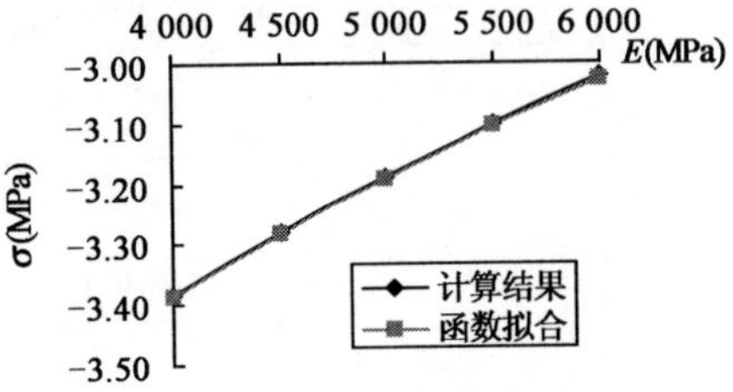

图 3-98 σ 随 E 的变化曲线

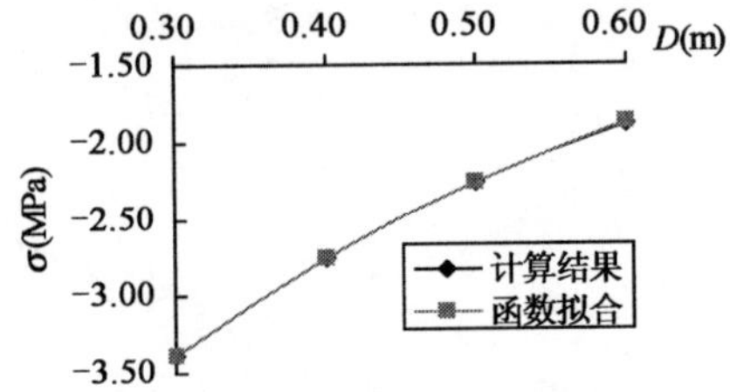

图 3-99 σ 随 D 的变化曲线

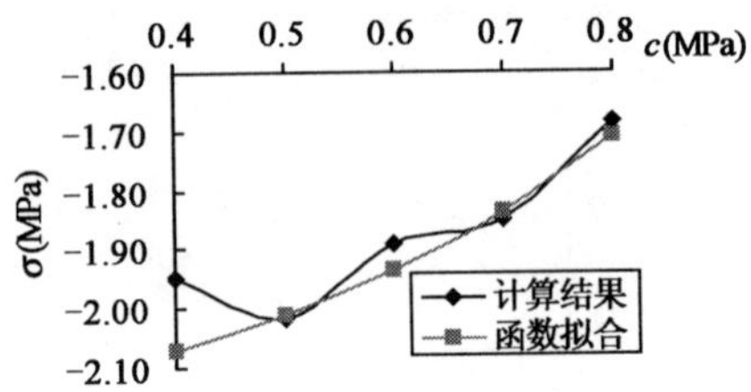

图 3-100 σ 随 c 的变化曲线

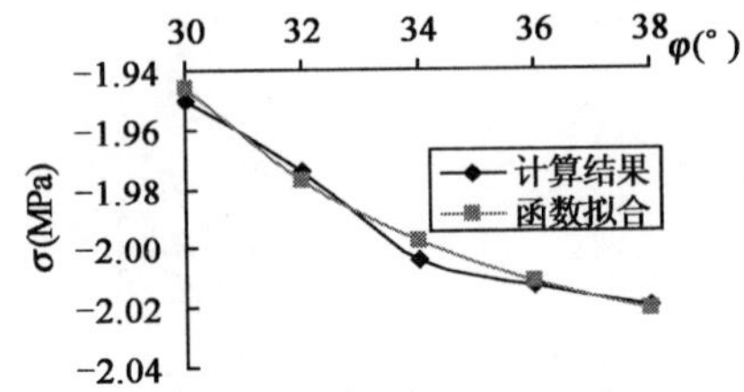

图 3-101 σ 随 φ 的变化曲线

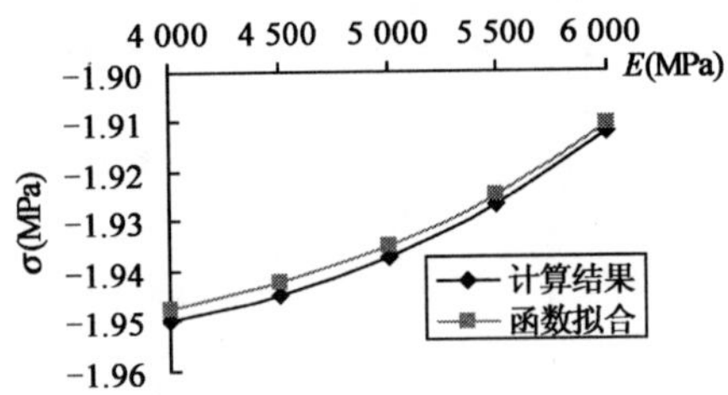

图 3-102 σ 随 E 的变化曲线

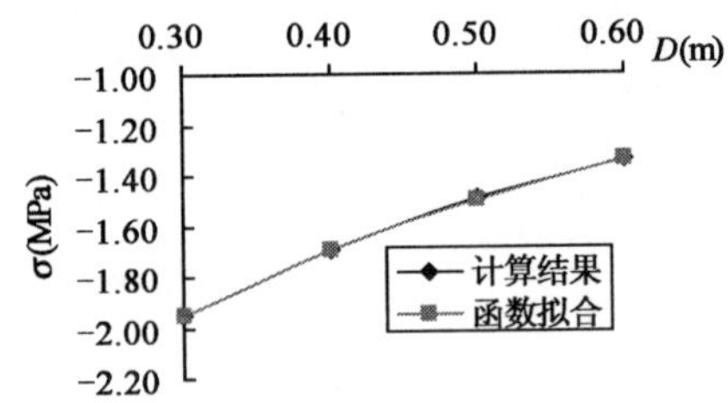

图 3-103 σ 随 D 的变化曲线

2. 敏感性分析

根据得到的单因素下的拟合函数，可分析 c、φ、E、D 等变量的变化对衬砌轴应力的影响程度，限于文章篇幅，仅取单元 12036(拱顶位置)进行敏感性分析。

对于 c 取一系列值 σ 的敏感度如表 3-32 所示。随着 c 值的增加，S_σ 量值逐渐减小，且呈反方向变化，即当 c 增大时，衬砌轴应力 σ 逐渐减小，且减小的越来越慢。

c 取一系列值时的 S_σ 表 3-32

c(MPa)	0.40	0.50	0.60	0.70	0.80
S_σ	-0.37	-0.35	-0.32	-0.27	—

对于 φ 取一系列值 σ 的敏感度如表 3-33 所示。随着 φ 值的增加，S_σ 量值逐渐增大，且呈反方向变化，即当 φ 增大时，衬砌轴应力 σ 逐渐减小，且减小的越来越快。

φ 取一系列值时的 S_σ 表 3-33

φ(°)	30	32	34	36	38
S_σ	-0.24	-0.32	-0.42	-0.56	—

σ 对于 E 取一系列值的敏感度如表 3-34 所示，随着 E 值的增加，S_σ 量值逐渐增大，且呈反方向变化，即当 E 增大时，衬砌轴应力 σ 逐渐减小，且减小的越来越快。

E 取一系列值时的 S_σ 表 3-34

E(MPa)	4 000	4 500	5 000	5 500	6 000
S_σ	-0.32	-0.34	-0.35	-0.36	—

σ 对于 D 取一系列值的敏感度如表 3-35 所示。随着衬砌厚度 D 的增大，S_σ 量值逐渐增大，且呈反方向变化，即当 D 增大时，衬砌轴应力 σ 逐渐减小，且减小的越来越快。

D 取一系列值时的 S_σ 表 3-35

D(m)	0.30	0.40	0.50	0.60
S_σ	-0.45	-0.58	-0.71	—

3. 衬砌结构可靠度分析

在得到了单因素变化下的衬砌轴应力函数后，需进一步拟合得到多因素下的应力函数。采用前面章节圆拱隧道求功能函数的方式，根据单因素拟合的特征规律，通过多元回归分析得到各单元衬砌轴应力关于各基本随机变量的表达式。

回归分析后的各衬砌截面单元的应力表达式分别如下。

单元 12028：

$$\sigma = 0.1185 - 2.274 \times e^{c} + 3.76 \times 10^{-6} \times e^{0.3\varphi} + 0.056 \times e^{0.00036E} - 10.08 \times e^{-4.5D} \tag{3-21}$$

$R^2 = 0.99$

同理可得，单元 12036：

$$\sigma = 0.37 - 1.756 \times e^{-3.65c} + 0.0037 \times e^{0.1\varphi} - 1.50 \times e^{-0.00022E} - 1.33 \times e^{-1.9D}$$

$$R^2 = 0.99 \tag{3-22}$$

单元 12043：

$$\sigma = 7.456 + 0.16 \times e^{2.35c} + 5.63 \times e^{0.005\varphi} - 2.775 \times e^{-0.0002E} - 3.31 \times e^{-2.4D}$$

$$R^2 = 0.99 \tag{3-23}$$

单元 12049：

$$\sigma = -0.22 + 0.1166 \times e^{1.65c} - 179738 \times e^{-0.48\varphi} - 2.263 \times e^{-0.00018E} - 4.40 \times e^{-2.4D}$$

$$R^2 = 0.99 \tag{3-24}$$

单元 12051：

$$\sigma = -1.166 + 0.034 \times e^{2.6c} + 2.136 \times e^{-0.2\varphi} + 0.0022 \times e^{0.00069E} - 1.992 \times e^{-2.65D}$$

$$R^2 = 0.96 \tag{3-25}$$

得到应力函数后，根据现行隧道设计规范的衬砌截面抗拉和抗压检算式，建立衬砌截面抗拉极限状态方程和抗压极限状态方程。

根据现场岩体力学试验结果和国内重大岩土工程灰岩的试验结果，对采集的数据进行统计分析，并参照相关资料，得到大拱隧道的 c、φ、E，K_{PR}，K_{PS} 的统计特征如表 3-36 所示。

随机变量统计特征 表 3-36

统计项目 / 统计特征	黏结力 c(MPa)	内摩擦角 φ(°)	弹性模量 E(MPa)	K_{PR}	K_{PS}
均值	0.6	34	5 000	1.0	1.0
标准差	0.2	2	1 000	0.15	0.15
概率分布	正态	正态	正态	正态	正态

对于连拱隧道，二次衬砌厚度设计一般为 0.50m 左右，根据我们得到的应力关于各基本变量的表达式，我们计算得到 $D=0.4\text{m}, 0.5\text{m}, 0.6\text{m}$ 三种不同厚度下衬砌截面各关键截面的可靠度，如表 3-37 所示。

D 取不同值的可靠度和失效概率 表 3-37

单元号	$D=0.4\text{m}$		$D=0.5\text{m}$		$D=0.6\text{m}$	
	β	$f_{失效}$	β	$f_{失效}$	β	$f_{失效}$
12028	4.72	0%	5.05	0%	5.26	0%
12036	5.34	0%	5.39	0%	5.44	0%
12043	4.15	0%	4.28	0%	4.37	0%
12049	4.63	0%	4.83	0%	4.98	0%
12051	3.98	0%	4.04	0%	4.09	0%

从计算得到的各关键截面可靠度量值来看，随着衬砌截面厚度的加大，衬砌的可靠度越高，失效概率越小。整体上来说，这几个关键衬砌截面可靠度均较高，几乎没有出现失效可能。从量值来看，在拱底位置的衬砌可靠度相对较低，这和定值数值计算结果比较吻合。

采用本文提出的可靠度计算方法对连拱段隧道的二次衬砌结构进行可靠度研究。现对主要工作做一简单总结和讨论。

(1)对分岔隧道连拱段地质勘察的初步结论是认为连拱段隧道围岩类别为 III ~ IV 级，本文的数值模拟采用 IV 级围岩力学参数进行计算分析，考虑了较为恶劣的工程状况。

(2)通过对连拱段隧道的定值数值分析表明：中导洞开挖和左右洞上半断面的开挖对中隔墙上方岩体的应力扰动较大，且在该部位产生较大的应力集中现象；拱底有一定的应力释放，位移出现反弹，因此须施作仰拱衬砌；开挖后的隧洞围岩除左右洞拱顶和拱底部分区域外，整个隧道断面其他围岩处几乎都有塑性区；左右洞在开挖完毕后，拱顶发生的位移较大，接近 5mm；工程监测得到的应力和位移量值普遍较数值模拟计算得到的结果偏低，但总体规律较为一致；中隔墙的受力较大，最大拉应力为 5.70MPa，最大压应力为 11.27MPa，中隔墙上端的系统锚杆，承受的压应力很大，几乎破坏，因此建议锚杆适当加密加粗，二次衬砌的应力水平相对较低。

(3)对连拱隧道二次衬砌几个关键截面的可靠度（建立应力功能函数）进行了计算分析，发现这几个关键衬砌截面可靠度均较高，几乎没有出现失效可能。从量值来看，在拱底位置的衬砌可靠度相对较低，这和定值数值计算结果比较吻合。

三、小结

这部分是对第三章大拱段支护结构可靠度研究和本节连拱段支护结构可靠度研究的小结。

(1)基于“连续介质”模型,提出了一种简单易行的可靠度计算方法,该方法能利用现行较为通用的有限元计算程序,能得到显式的功能函数,但又不同于响应面法,响应面法得到的功能函数形式比较单一,主要是多项式拟合,且对于较多的基本随机变量,计算量非常大,在这里,我们不对这些随机变量进行组合,而是令其他随机变量都取定值时,利用有限元程序计算得到结构响应量关于单一随机变量变化的一系列值,进而拟合出单一变化函数。同理,可得到结构响应量关于其他随机变量的单一变化函数。根据结构响应量关于随机变量的单一变化函数,从中提取能反映结构响应量关于随机变量变化关系的有价值的因子,进行组合,得到结构响应量关于所有随机变量的含有待定系数的表达式,最后利用多元线性或非线性回归求出这些待定系数值,这样就得到了结构响应量关于随机变量的显示表示式,可以进行可靠度计算。

(2)通过对分岔隧道大拱段二次衬砌结构几个关键截面的可靠度计算结果表明:除拱顶位置、左侧拱腰位置的可靠度量值较低外,其他关键截面点的可靠度量值都较高,没有失效。右侧拱腰位置的衬砌由于产生了较大的偏心($e_0=0.14>0.2d$)而受拉,截面按抗拉强度控制承载能力,此时得到的可靠度量值较高。整体来看:拱顶衬砌和左侧拱腰衬砌位置有一定的失效可能,这些是二次衬砌受力的薄弱位置。

(3)对分岔隧道连拱段的数值模拟表明:开挖后的隧洞在断面围岩处几乎都出现了塑性区,中隔墙承受了较大的拉压应力,中隔墙上方施作的系统锚杆所受压应力太大,几乎破坏,因此建议锚杆适当加密加粗,二次衬砌的应力水平相对较低;对连拱隧道二次衬砌几个关键截面的可靠度进行计算分析发现:这几个关键衬砌截面可靠度均较高,几乎没有出现失效可能。从量值来看,在拱底位置的衬砌可靠度相对较低,这和定值数值计算结果比较吻合。

第三节 连拱段设计

一、连拱段衬砌设计的一般原则

(1)连拱隧道根据中隔墙的形式不同可以将其分为整体式中隔墙连拱隧道和夹芯式中隔墙连拱隧道(图3-104),一般整体式中隔墙连拱隧道对洞外路基的中央分隔带的宽度要求低,综合造价低,施工过程中稳定性好,但是中隔墙部分的防排水施工质量难以保证,夹芯式中隔墙连拱隧道则反之。由于分岔隧道左右洞室之间的距离由小逐渐加大,因此分岔隧道连拱段一般同时包含这两种形式的连拱隧道:起初为整体式中隔墙连拱隧道,随着两洞室距离加大,中隔墙厚度也相应增加,当中隔墙增加到一定厚度时,则将整体式中隔墙变为夹芯式中隔墙。

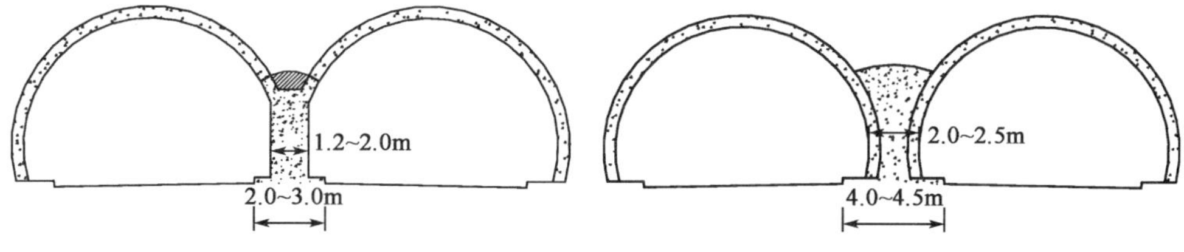

图3-104 连拱隧道结构形式

a)整体式中隔墙;b)夹芯式中隔墙

(2)整体式中隔墙连拱隧道的中隔墙最小厚度一般条件下应达到表3-38的要求,当中隔墙厚度为表中数值或接近表中数值时,中隔墙宜考虑采用钢筋混凝土结构。

整体式中隔墙最小厚度(m) 表3-38

围岩级别	Ⅱ级	Ⅲ级	Ⅳ级	Ⅴ级
坚硬岩	1.0	1.1	1.2	—
较坚硬岩	1.1	1.2	1.3	1.4
较软岩	—	1.3	1.4	1.5
软岩	—	—	1.5	1.6

(3)夹芯式中隔墙墙连拱隧道的夹芯墙最小厚度一般条件下应达到表3-39的要求,当其厚度为表中数值或接近表中数字时,中隔墙宜考虑采用钢筋混凝土结构。

夹芯式中隔墙先期施工的中隔墙最小厚度(m) 表3-39

围岩级别	Ⅱ级	Ⅲ级	Ⅳ级	Ⅴ级
坚硬岩	0.8	0.9	1.0	—
较坚硬岩	0.9	1.0	1.1	1.2
较软岩	—	1.1	1.2	1.3
软岩	—	—	1.3	1.4

(4)由于连拱段可能同时存在各级围岩,因此中隔墙厚度应根据隧道地质条件、埋置深度以及拟定的施工方案综合拟定,一般情况下整体式中隔墙的厚度可在1.2~2.0m选择,相应要求起点附近全幅路基的中央分隔带宽度达到2.5~3.0m;夹芯式中隔墙之夹芯墙的厚度可在1.0~1.2m选择,相应要求起点附近全幅路基的中央分隔带宽度要达到4.5~5.0m。

(5)连拱段支护参数应根据实际地形地质条件以及拟定的施工开挖方法进行围岩稳定分析或进行结构强度校核后确定。一般条件下可按表3-40初步确定其支护参数。

连拱段衬砌支护参数 表3-40

围岩分级		Ⅴ级	Ⅳ级	Ⅲ级	Ⅱ级
初期支护	喷射混凝土	C20厚25cm	C20厚22cm	C20厚12cm	C20厚8cm
	锚杆	$L=3.5$m 间距0.75m×1.0m 交错布置	$L=3$m 间距1.0m×1.0m 交错布置	$L=3$m 间距1.2m×1.2m 交错布置	局部设置
	钢筋网	ϕ8mm,20cm×20cm	ϕ8mm,20cm×20cm	ϕ6mm,20cm×20cm	局部设置
	钢拱架	18工字钢拱架 间距75cm	14工字钢拱架 间距100cm	—	—
二次衬砌	模筑混凝土	C25钢筋混凝土厚45~50cm	C25钢筋混凝土厚40~45cm	C25素混凝土厚35~40cm	C25素混凝土厚30~35cm
仰拱	初期支护(早强混凝土)	C20厚20cm内设拱架	—	—	
	二次衬砌	C25钢筋混凝土厚45~50cm	C25素混凝土厚40~45cm	—	—
备注	—	进行结构计算	进行结构计算	进行结构计算	—

二、连拱段设计荷载

(1)对浅埋地段的连拱隧道,无论处于何种地质条件均应采用荷载-结构模型进行内力计算分析及强度验算;对深埋地段的连拱隧道,可仅对Ⅴ级、Ⅳ级、Ⅲ级围岩条件下的衬砌结构进行内力计算分析及强度验算。

(2)在连拱隧道结构计算中要特别注意中隔墙的稳定性与可靠性,当岩质较软,埋置深度又较大时,应考虑形变荷载的作用。一般情况下,当竖向初始地应力超过岩石饱和单轴抗压强度的15%时,初始地应力对中隔墙的影响不能忽略;当竖向初始地应力超过岩石饱和单轴抗压强度的25%时,应考虑地应力对整个连拱隧道支护结构的影响。

(3)对于四车道连拱隧道,深浅埋分界深度可按表3-41确定。

四车道连拱隧道深浅埋分界深度(m) 表3-41

围岩级别	II级	III级	IV级	V级
坚硬岩	5	8	18	—
较坚硬岩	6	10	22	40
较软岩	—	15	27	50
软岩	—	—	32	60

注:不包含表层比洞身围岩级别低的岩体。

(4)作用在深埋连拱隧道结构上的竖向土压力荷载模式见图3-105,各部分荷载大小可按式(3-26)计算。连拱隧道荷载计算示意图见图3-106,具体计算见式(3-27)~式(3-31)。

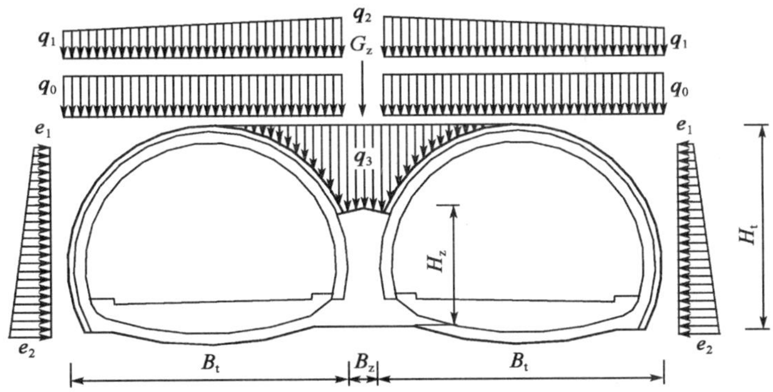

图3-105 连拱隧道荷载分布示意图

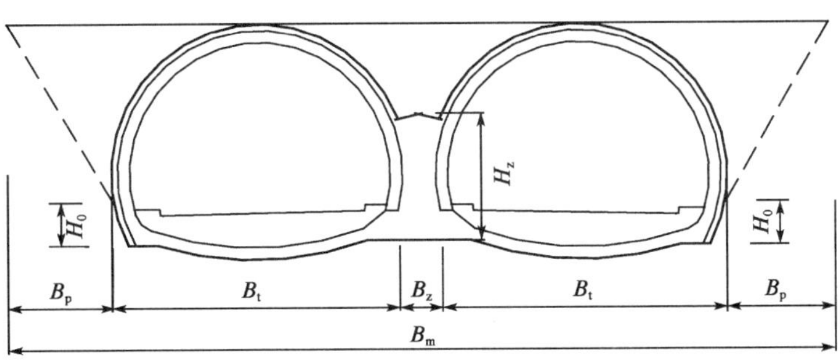

图3-106 连拱隧道荷载计算示意图

$$q = q_1 + q_2 + q_3 = \gamma(H_{q_1} + H_{q_2} + H_{q_3}) \tag{3-26}$$

$$H_{q_1} = \frac{1}{4}B_m/\tan\varphi_j \tag{3-27}$$

$$H_{q_2}^2 = \frac{1}{3}B_m/\tan\varphi_j - 2G_Z/(B_m \cdot \gamma) \tag{3-28}$$

$$H_{q_2}^2 = \frac{1}{2}H_{q_2}^1\frac{B_p}{B_m} \tag{3-29}$$

$$H_{q_3} = h_i \tag{3-30}$$

其中：$0 \leqslant h_i \leqslant H_t - H_z$

上部岩体对中隔墙顶的集中作用荷载：

$$Q_Z^v = \min[R_S^b B_z/K_z, \frac{1}{3}\gamma B_m^2/\tan(\varphi_j)] \tag{3-31}$$

式中：q_1——连拱隧道的基本竖向土压力荷载（kPa）；

q_2——连拱隧道的附加竖向土压力荷载（kPa）；

q_3——中隔墙顶局部岩体松动产生的竖向土压力荷载（kPa）；

R_S^b——中隔墙顶附近岩体的设计抗压强度（kPa）；

γ——拱顶附近岩体的平均重度（kN/m^3）；

B_z——中隔墙顶能够发挥支撑作用的岩体宽度（m）；

B_p——侧边破裂面在水平方向的投影长度（m），可按 $B_p = (H_t - H_0)\tan\left(45 - \frac{1}{2}\varphi_0\right)$ 计算；

K_z——中隔墙顶对上部岩体支撑能力的安全系数，一般 $K_z = 2$；

B_m——整个连拱隧道可能坍塌的宽度，按 $B_m = 2B_t + 2B_p + B_z$ 计算；

B_t——单侧隧道的开挖宽度（m）；

H_0——洞室外侧破裂面与侧边开挖轮廓线交点的高度（m）。

（5）作用在连拱支护结构两侧的水平土压力荷载计算如下。

①外侧拱部及边墙水平方向土压力荷载

破裂面以上：

$$e_{wi} = \lambda(q_1 + q_2^1 + \gamma h_i) \tag{3-32}$$

破裂面以下：$e_{wi} = 0$

式中：h_i——计算点到拱顶外侧的距离（m）。

②内侧拱部水平方向土压力荷载

$$e_{ni} = \lambda(q_1 + q_2^2 + q_3^i) \tag{3-33}$$

式中：λ——侧压力系数，按朗金公式计算：$\lambda=\tan^2\left(45^\circ-\frac{1}{2}\varphi_0\right)$。

(6)根据上述公式，几种典型围岩条件下的深埋四车道连拱隧道计算土压力荷载见表3-42。

深埋四车道连拱隧道衬砌上的设计土压力荷载高度 表3-42

岩体分级	岩石分级	内摩擦角(°)	计算摩擦角(°)	侧压力系数 λ	H_{q_1} (m)	$H^1_{q_2}$ (m)	$H^2_{q_2}$ (m)	G_z (kN)
II级	坚硬岩	57	76	0.088	1.84	0.00	0.00	942.5
	较坚硬岩	52	72	0.119	2.47	0.00	0.00	1 247.3
III级	坚硬岩	48	68	0.147	3.13	0.00	0.00	1 620.5
	较坚硬岩	45	65	0.172	3.68	0.00	0.00	1 855.7
	较软岩	42	62	0.198	4.26	0.38	1.62	1 500.0
IV级	坚硬岩	38	58	0.238	5.12	0.86	3.40	1 350.0
	较坚硬岩	35	55	0.271	5.84	1.29	4.85	1 125.0
	较软岩	32	51	0.307	6.87	1.87	6.74	900.0
	软岩	29	48	0.347	7.77	2.41	8.29	750.0
V级	较坚硬岩	27	45	0.376	8.73	2.98	10.00	600.0
	较软岩	26	40	0.390	10.46	3.83	12.67	450.0
	软岩	24	35	0.422	12.69	4.98	16.03	300.0

(7)根据公式计算出的土压力荷载为作用在初期支护及二次衬砌上的全部荷载，在设计过程中可以根据各层支护的设计强度进行荷载分配，但是一般情况下初期支护的设计承载能力不宜小于全部土压力荷载的50%，如果难以达到该比例，则应考虑提前施作二次衬砌。

(8)当根据式(3-26)~式(3-33)计算作用在连拱隧道支护结构上的松散土压力荷载时，必须保证是采用中导洞法施工、保证中隔墙顶回填密实、保证中隔墙顶岩体的稳定。

(9)当隧道埋置深度小于深埋土压力荷载高度(表3-42)时，作用在支护结构上的土压力荷载按拱顶上全部覆土厚度计算；当隧道埋置深度大于深埋土压力荷载高度时，小于表3-41的深浅埋分界值时，作用在支护结构上的土压力荷载按破裂面理论计算。

(10)当地形偏斜或地质构造明显不均匀时，应对结构在偏压荷载作用工况下进行强度校核；当无显著偏压作用时，也应将 Q_0 荷载的10%~20%按偏压分布、马鞍形分布对结构进行强度校核。

三、连拱段施工图设计示例

作为示例，主要提供了八字岭隧道连拱段的相关施工图。包括建筑限界和净空图(图3-107)、整体式连拱段和夹芯式连拱段的复合式衬砌设计图(图3-108~图3-110)和中导洞衬砌设计图(图3-111)。

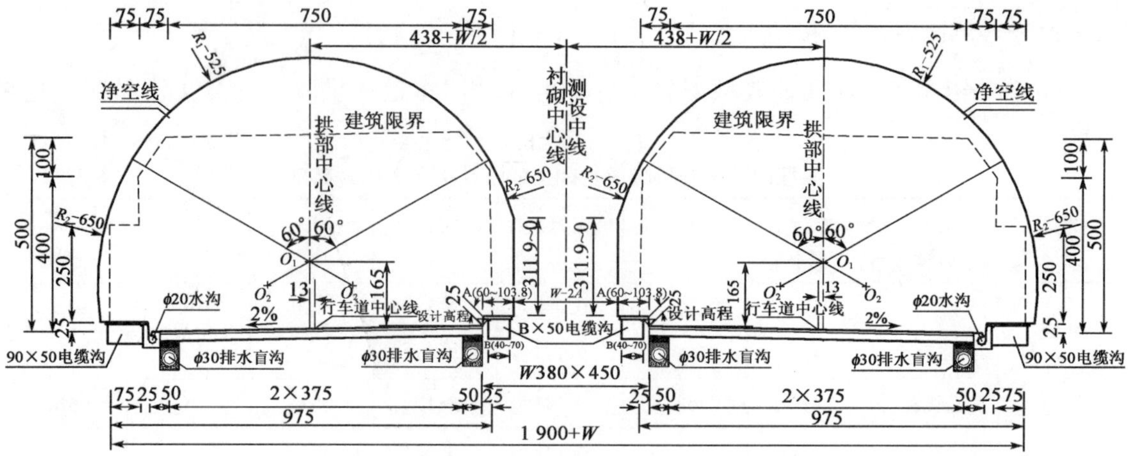

图 3-107　连拱段建筑限界和净空图(尺寸单位:cm)

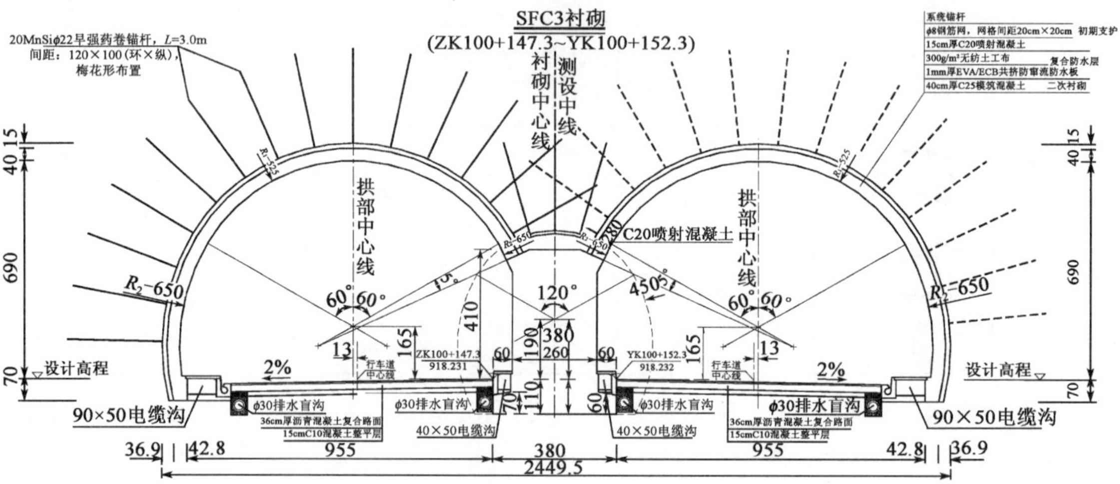

图 3-108　整体式连拱段复合式衬砌设计图(直墙连拱)(尺寸单位:cm)

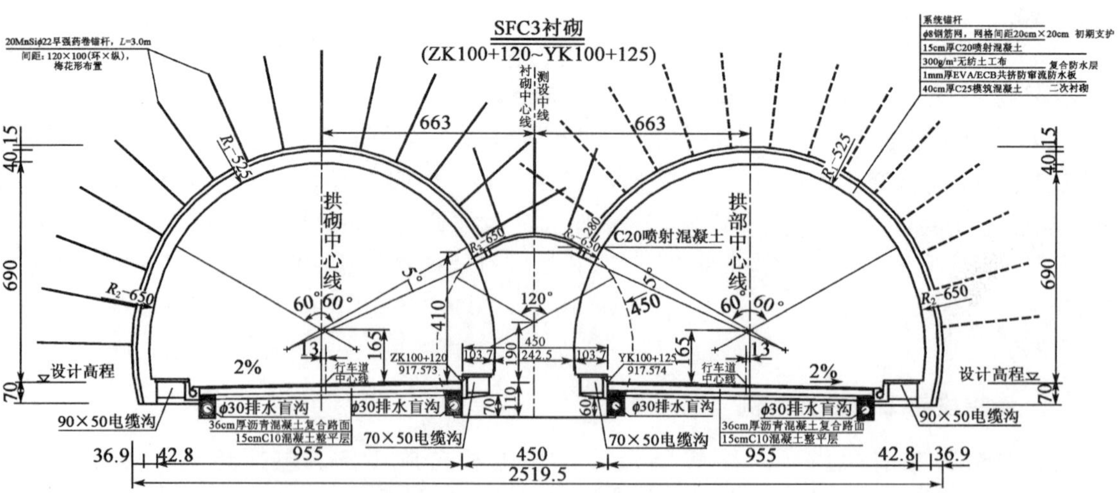

图 3-109　整体式连拱段复合式衬砌设计图(曲墙连拱)(尺寸单位:cm)

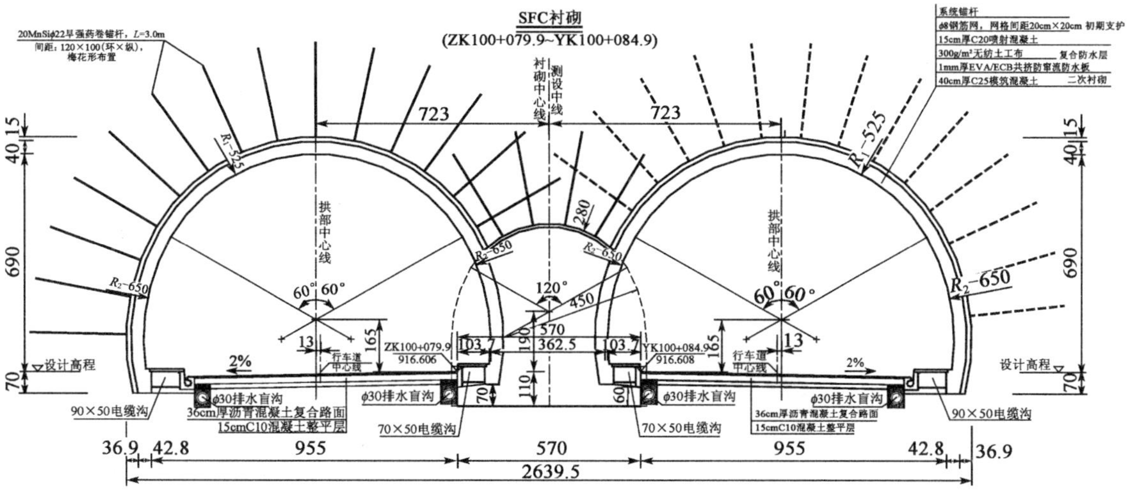

图 3-110　夹芯式连拱段复合式衬砌设计图(尺寸单位:cm)

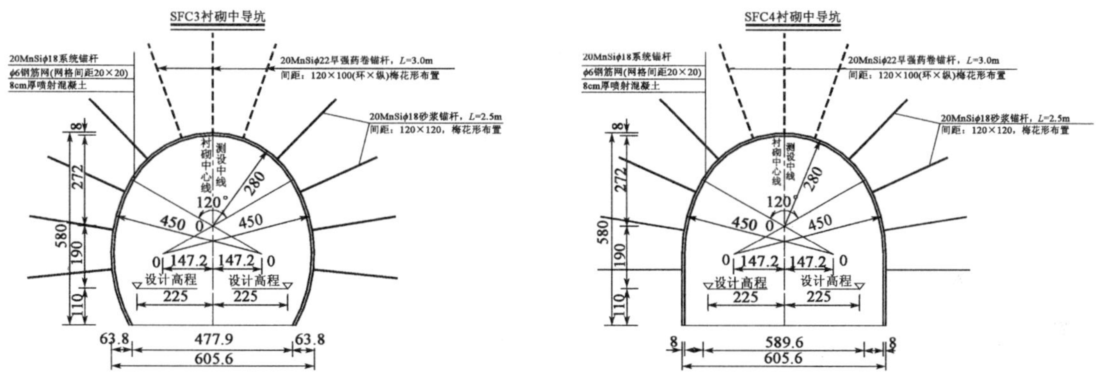

图 3-111　中导洞衬砌设计图(左图为整体式,右图为夹芯式)(尺寸单位:cm)

第四节　连拱段施工

一、连拱段施工原则

(1)连拱隧道施工过程中最重要的问题是如何保护中导洞的稳定以及中隔墙的稳定,以最大限度地发挥中隔墙稳定整个隧道的作用,提高隧道支护结构的可靠性。

(2)无论连拱隧道处于何种地质条件,一般均要求先施工中导坑,待整个连拱段的中导坑贯通后,立即施作中隔墙,待中隔墙达到设计强度后再根据地质条件确定两侧洞室的开挖与支护方法。

(3)处于Ⅴ级围岩地段的连拱隧道,一般条件下应采用三导坑法开挖。其主要施工工序如下(图 3-112)。

①开挖中导坑并施作中导坑初期支护;

②待整个连拱段中导坑开挖完成后浇筑中隔墙;

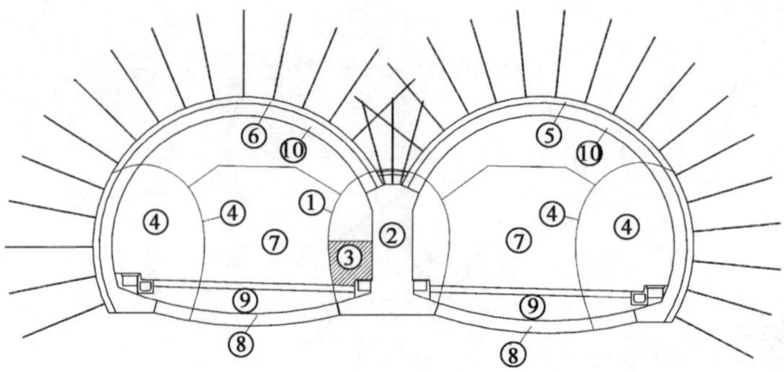

图 3-112　连拱段 V 级围岩施工工序图

③完成对中导坑左侧边的回填(假设右侧主隧道先行开挖);

④开挖两侧导坑并施作侧边初期支护;

⑤待整个连拱段侧导坑开挖完成后再开挖右侧主洞上半断面并施作初期支护;

⑥同时开挖左侧主洞上半断面并施作左侧主洞初期支护(左右洞宜错开 10 ~ 20m);

⑦拆除中导坑右侧支护开挖核心土;

⑧当左洞初期支护闭合后即可浇筑右洞二次衬砌;

⑨紧跟着浇筑左洞二次衬砌;

⑩开挖左右洞的仰拱并施作仰拱初期支护;

⑪施作仰拱二次衬砌并完成仰拱回填。

采用 V 级围岩基本参数,对上导洞多台阶法开挖的连拱进行动态数值模拟,可发现在拱底、拱腰和中隔墙上方区域易出现较大塑性区。

(4)处于Ⅳ级围岩地段的连拱隧道,当地质条件偏差时建议采用三导坑开挖法,当地质条件偏好时,可采用中导坑法另加两侧主隧道的弧形导坑法。后一种施工开挖方法的主要施工工序如下(图 3-113)。

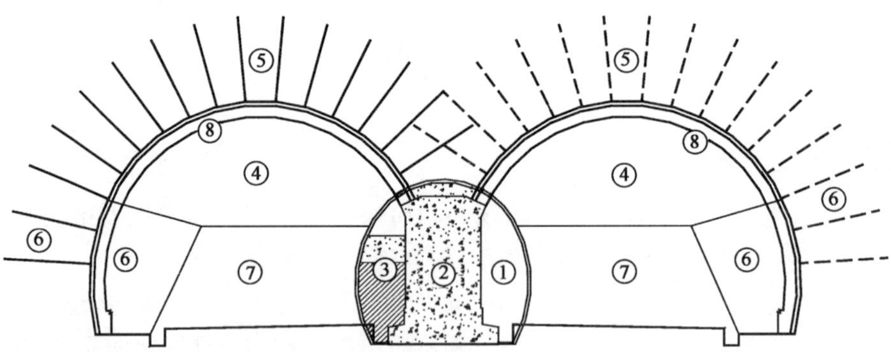

图 3-113　连拱段Ⅳ级围岩施工工序图

①开挖中导坑并施作中导坑初期支护;

②待整个连拱段中导坑开挖完成后浇筑中隔墙;

③完成对中导坑左侧边的回填(假设右侧主隧道先行开挖);

④开挖右侧主洞上半断面并施作右侧主洞拱部初期支护；

⑤开挖右侧主洞下半断面外边墙并施作该部初期支护；

⑥开挖左侧主洞上半断面并施作左侧主洞拱部初期支护(左右洞可错开 20 ~ 30m)；

⑦开挖左侧主洞下半断面边墙并施作该部初期支护；

⑧开挖左右洞核心土并拆除中导坑侧边回填；

⑨浇筑二次衬砌。

(5)处于 II、III 级围岩地段的连拱隧道,建议采用中导坑开挖法,当地质条件偏好时左右主隧道可采用全断面开挖,当地质条件偏差时左右主隧道采用台阶法开挖。主要施工工序如下(图 3-114)。

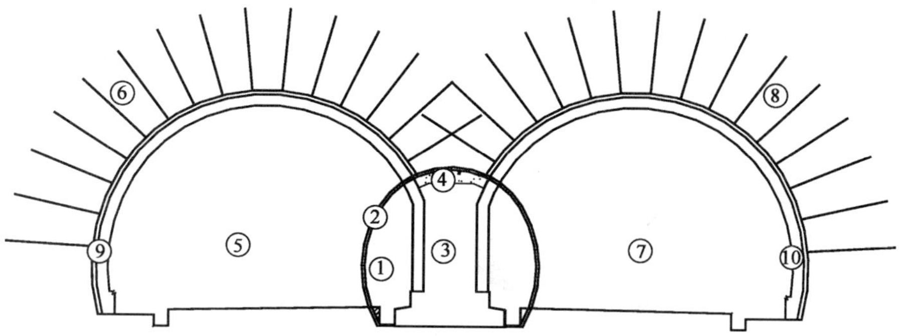

图 3-114 连拱段 II、III 级围岩施工工序图

①开挖中导坑并施作中导坑初期支护；

②待整个连拱段中导坑开挖完成后浇筑中隔墙；

③完成对中导坑左侧边的回填(假设右侧主隧道先行开挖)；

④开挖右侧主洞并施作初期支护；

⑤开挖左侧主洞并初期支护(左右洞可错开 30 ~ 40m)；

⑥开挖底板并施作整平层；

⑦对应地段右洞初期支护闭合后浇筑左洞二次衬砌；

⑧紧跟着浇筑右洞二次衬砌。

(6)在连拱段的施工过程中,应注意以下问题。

①在中导坑施工过程中要注意做好地质资料的记录与分析,以便及时调整主隧道的支护方案与开挖方案；

②中导坑开挖完毕后,根据监控量测资料合理确定中隔墙的浇筑时机；

③充分重视中导坑顶部的喷锚支护质量以及中隔墙顶部的回填质量；

④为确保洞室的稳定,左右隧道的开挖工作面宜保持在 10 ~ 30m 的间距；

⑤根据监控量测资料及时施作两侧主隧道的二次衬砌；

⑥任何条件下二次衬砌均应每 10 ~ 20m 设置一道变形缝,且中隔墙上的变形缝应与两侧主隧道的变形缝处于同一位置。

二、八字岭隧道连拱段现场施工

八字岭隧道连拱段现场施工图如图 3-115 所示。

图 3-115　八字岭隧道连拱段现场施工图

第四章　小间距段建设技术

第一节　小间距段施工工法优化及围岩稳定性分析

一、小间距段施工工法分析

采用第二章第一节所述的方法、参数和模型对小间距段进行各种围岩条件下的施工工法分析。公路小间距隧道建议的常用施工工法如表4-1所示,图中数字表示施工开挖顺序。

1. V级围岩

当前针对V级围岩的施工方案有两种:①上下台阶与正向侧壁导坑组合法;②单侧壁导坑法。这两种施工方案分别如表4-1所示。施工方案一的开挖顺序为:左洞先开挖上台阶1,然后开挖下台阶2,再依次开挖右洞的3、4、5、6。施工方案二的开挖顺序如图中的数字所示,由1→2→3→4→5→6→7→8。

这里对这两种施工方案进行有限元法数值计算,进行开挖方案优化研究。图4-1~图4-4显示了施工方案一开挖后围岩的最大主应力分布图、最小主应力分布图、位移矢量图和塑性区分布图。

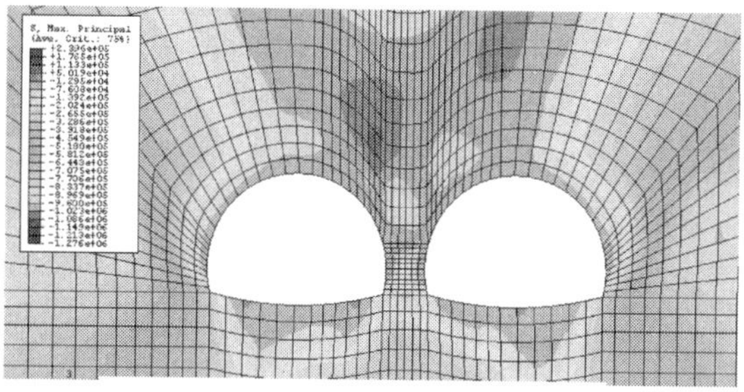

图4-1　开挖后围岩最大主应力分布图

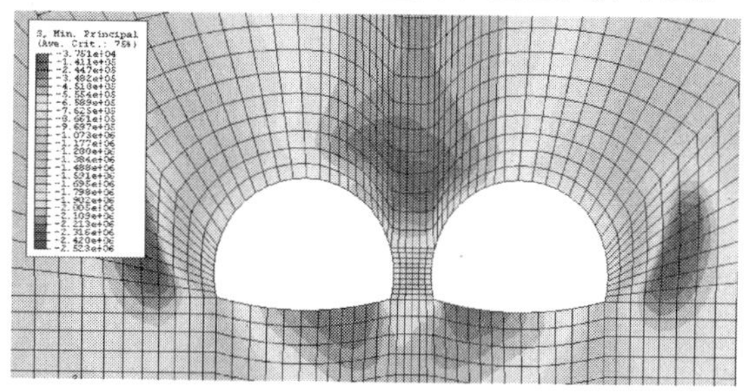

图4-2　开挖后围岩最小主应力分布图

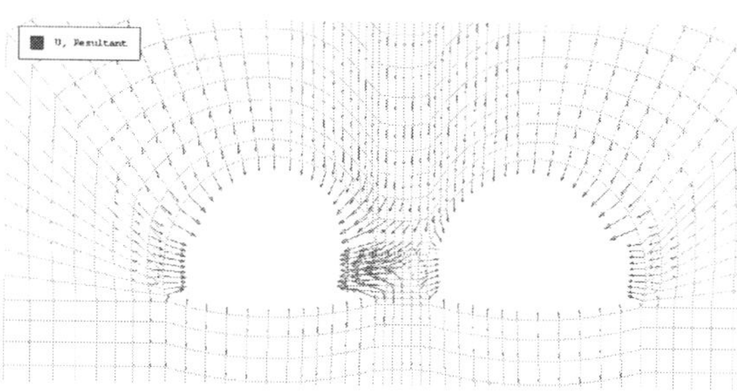

图4-3　开挖后位移矢量图

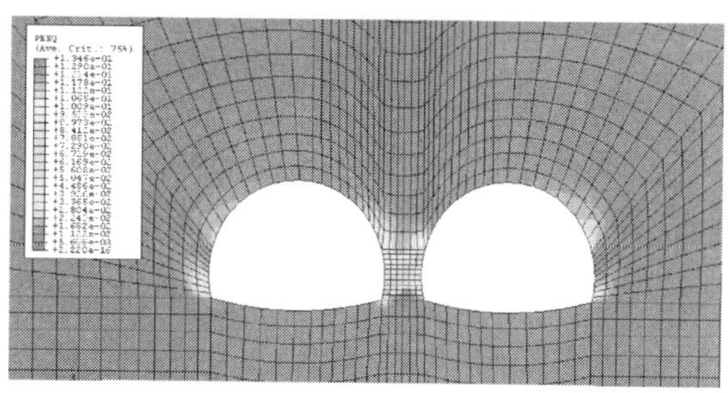

图4-4　开挖后围岩塑性区分布图

计算结果显示:两种计算方案得到的围岩应力差别不太显著。岩柱(隧洞间的岩柱)上方出现拉应力集中区,最大拉应力0.239 6MPa;岩柱和隧道两侧附近出现压应力集中区,最大压应力为2.523MPa,出现在隧道两侧附近。采用上下台阶与正向侧壁导坑组合法开挖完毕的最

小间距隧道建议施工工法 表4-1

围岩类别	开挖方法	示意图	
Ⅱ级	全断面开挖法	方案一	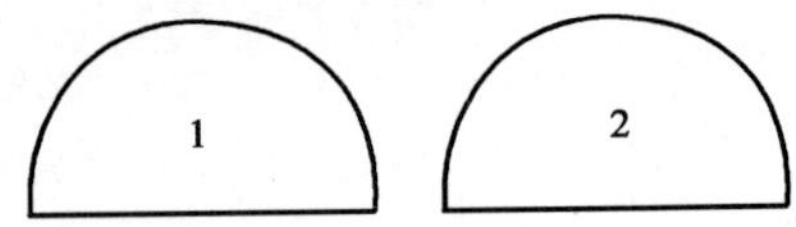
Ⅲ级	上下台阶法	方案一	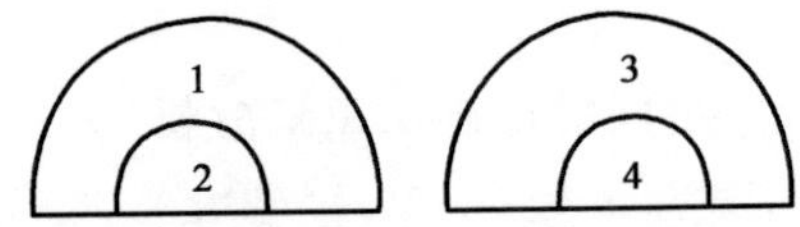
		方案二	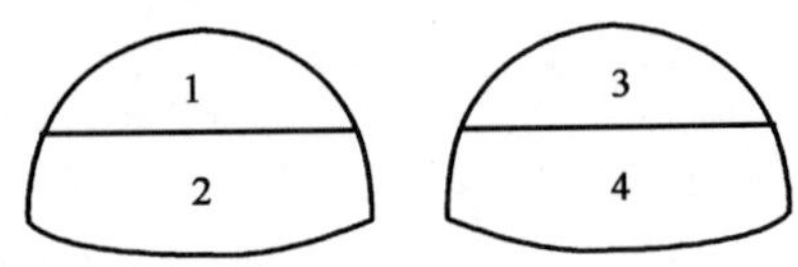
Ⅳ级	上下台阶与正向侧壁导坑组合法	方案一	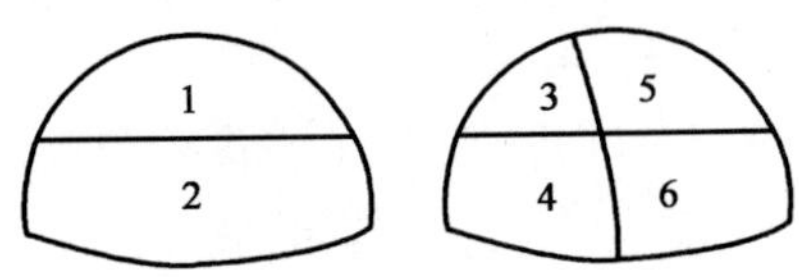
		方案二	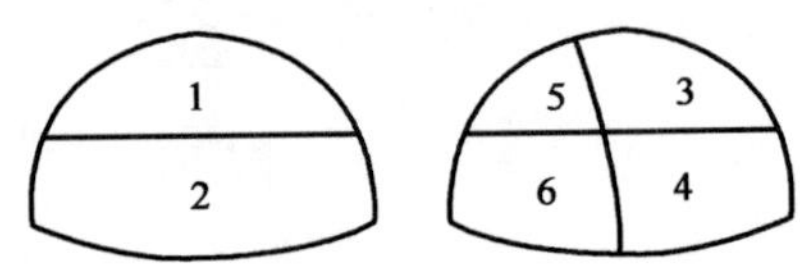
		方案三	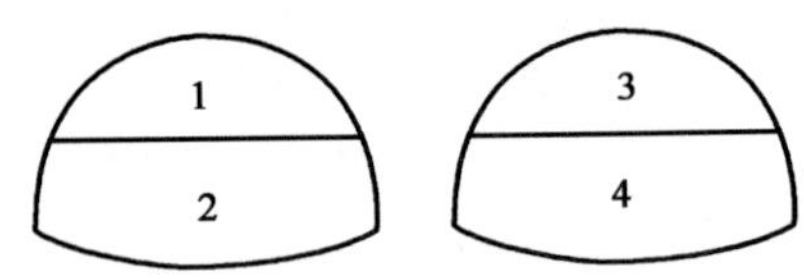
Ⅴ级	上下台阶与正向侧壁导坑组合法	方案一	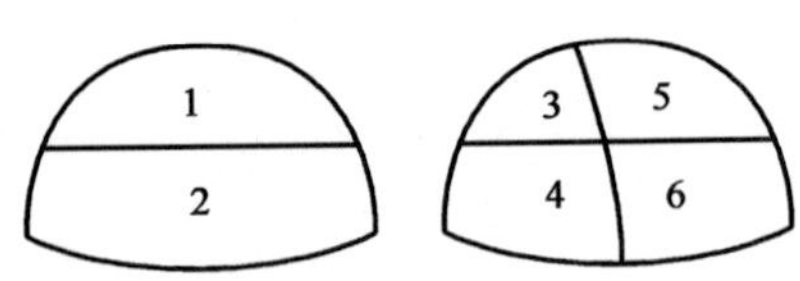
		方案二	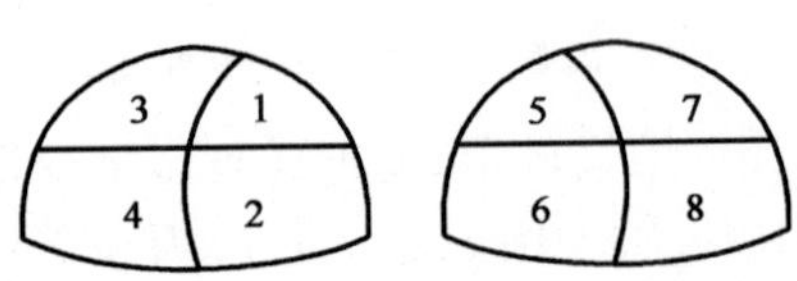

大位移为 9. 894cm，最大塑性应变为 1. 346e－1；采用单侧壁导坑法开挖完毕最大位移则为 10. 02cm，最大塑性应变为 1. 365e－1。最大位移和最大塑性应变都发生在岩柱（隧洞间的岩柱）左侧。塑性区比较显著，分布在岩柱以及隧道周边，尤以岩柱最为显著。在设计、施工中必须慎重对待岩柱的稳定性，应采取必要的设计、施工措施确保小间距隧道的施工安全。根据计算结果，同时考虑到开挖方案一相对简单，认为方案一优于方案二。

2. Ⅳ 级围岩

当前针对 Ⅳ 级围岩的施工方案有三种：①上下台阶与正向侧壁导坑组合法；②上下台阶与反向侧壁导坑组合法；③上下台阶法。这三种施工方案分别如表 4-1 所示。施工方案一的开挖顺序为：左洞先开挖上台阶 1，然后开挖下台阶 2，再依次开挖右洞的 3、4、5、6。施工方案二的开挖顺序如图中的数字所示，由 1→2→3→4→5→6。施工方案三的开挖顺序如图中的数字所示，由 1→2→3→4。

这里分别对这三种施工方案进行有限元法数值计算，进行开挖方案优化研究。图 4-5 ~ 图 4-8 显示了施工方案一开挖后围岩的最大主应力分布图、最小主应力分布图、位移矢量图和塑性分布图，图 4-9 和图 4-10 分别显示了施工方案二和施工方案三的塑性区分布图。

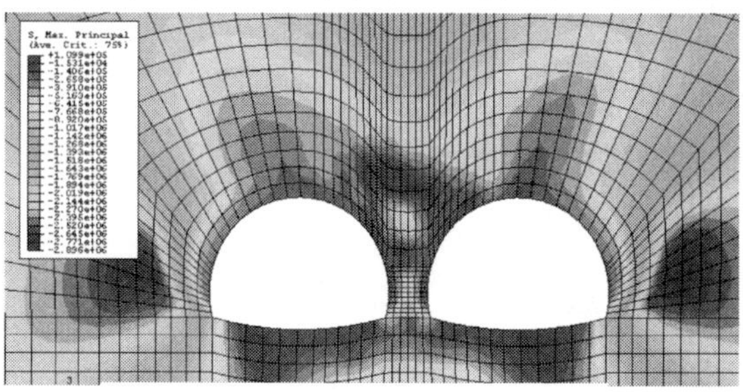

图 4-5　开挖后围岩最大主应力分布图

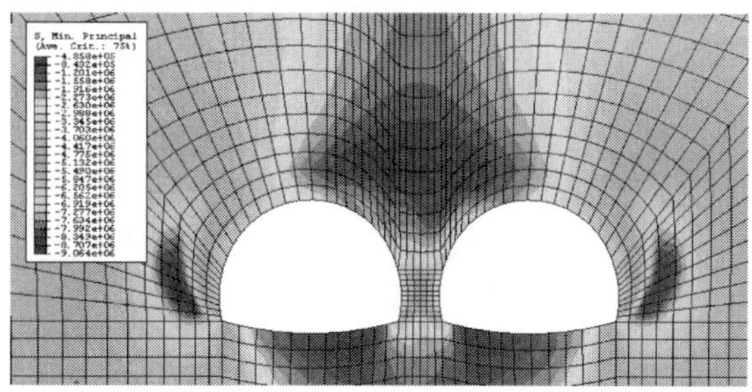

图 4-6　开挖后围岩最小主应力分布图

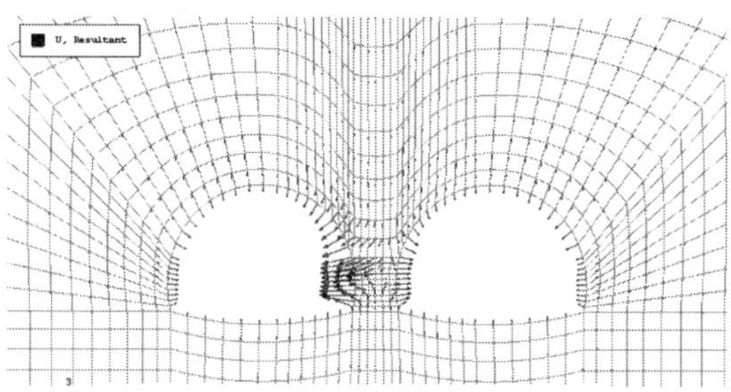

图 4-7　开挖后围岩位移矢量图

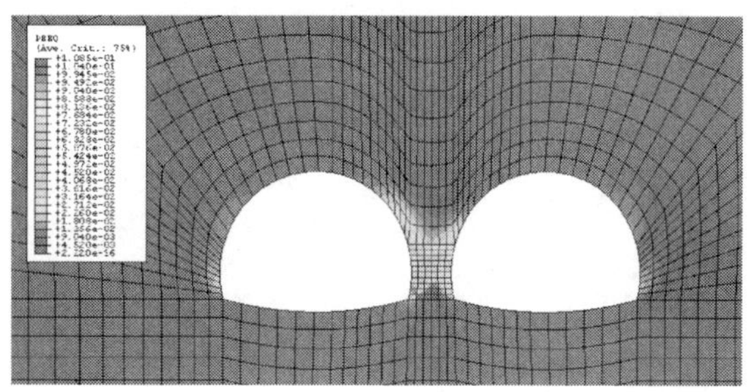

图 4-8　开挖后围岩塑性区分布图

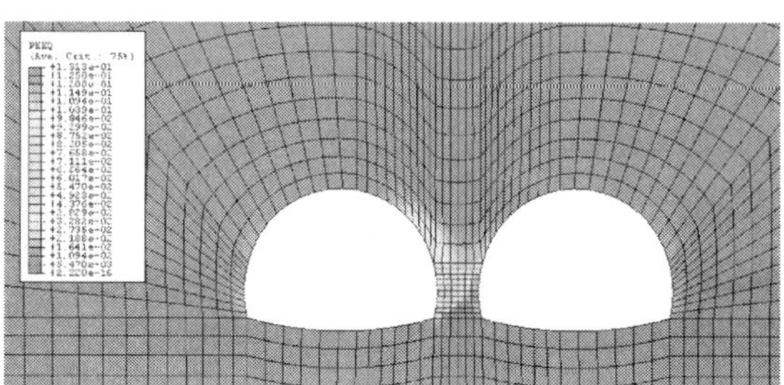

图 4-9　开挖后围岩塑性区分布图（方案二）

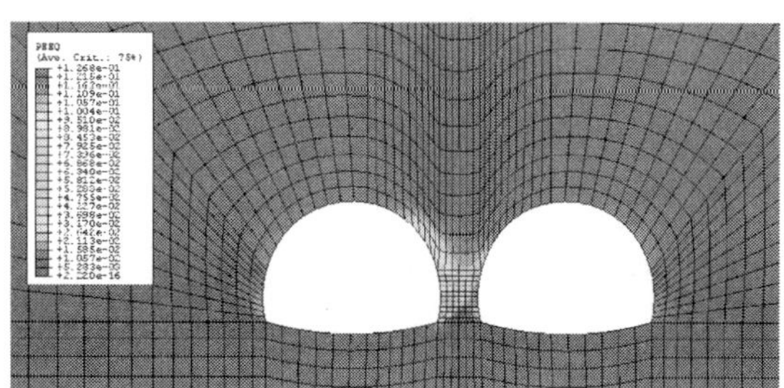

图 4-10　开挖后围岩塑性区分布图（方案三）

计算结果显示：三种方案的围岩应力差别不大。方案一的拉应力集中在隧道底部和顶部，最大拉应力为0.11MPa，压应力集中在隧道两侧附近，最大压应力为9MPa。方案一、二、三的最大塑性应变分别为1.085e-1、1.313e-1、1.268e-1，最大位移分别为9.986cm、11.95cm、11.75cm，最大塑性应变和最大位移都出现在岩柱左侧。在设计、施工中必须慎重对待岩柱的稳定性，应采取必要的设计、施工措施确保小间距隧道的施工安全。尽管方案一的塑性应变区略大，但综合考虑，认为方案一最优。

3. Ⅲ级围岩

当前针对Ⅲ级围岩的施工方案有两种：①下导先行预留光爆层法；②上下台阶法。这两种施工方案如表4-1所示。为了对比研究，另外设计了一种施工方案三，如图4-11所示。施工方案一的开挖顺序为：先开挖左洞2，然后开挖1，再依次开挖右洞的4和3。施工方案二的开挖顺序如图中的数字所示，由1→2→3→4。施工方案三的开挖顺序如图中的数字所示，由1→2(4)→3→5→6(7)→8。

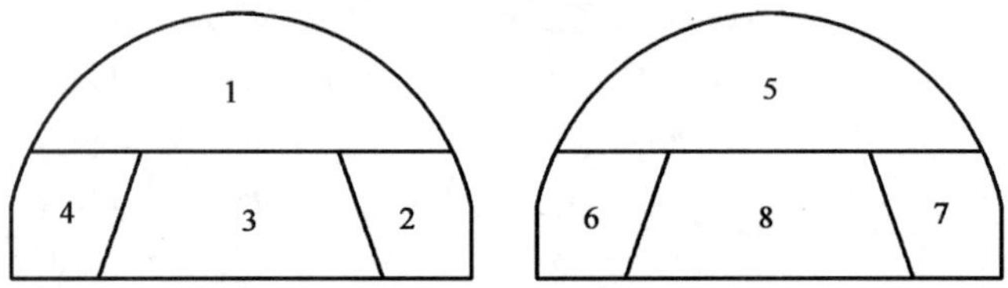

图4-11　小间距隧道Ⅲ级围岩开挖方案三

这里分别对这三种施工方案进行有限元法数值计算，进行开挖方案优化研究。图4-12～图4-15为施工方案二开挖后围岩的最大主应力分布图、最小主应力分布图、位移矢量图和塑性区分布图，图4-16显示了施工方案一的塑性应变分布图。

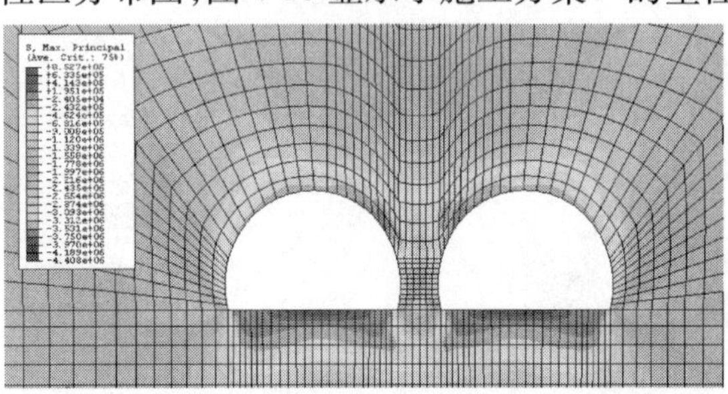

图4-12　开挖后围岩最大主应力分布图

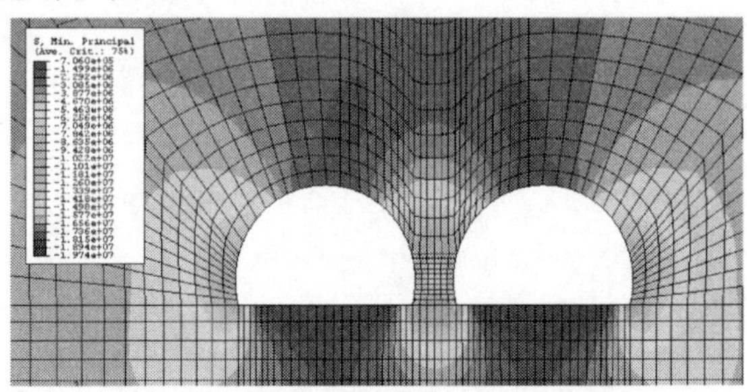

图4-13　开挖后围岩最小主应力分布图

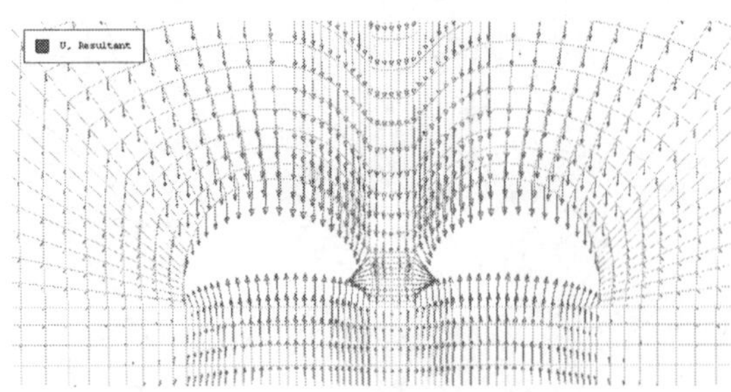

图4-14　开挖后围岩位移矢量图

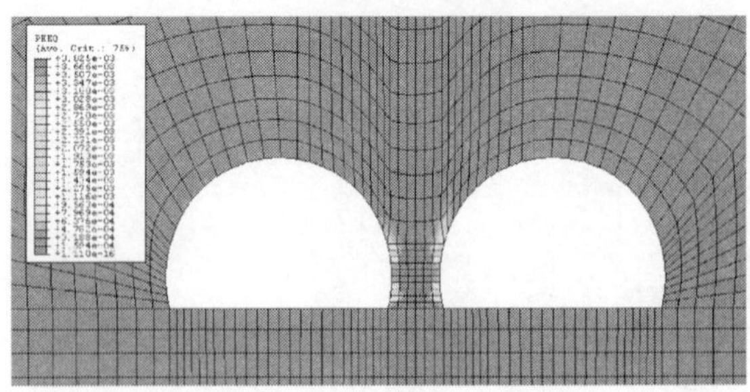

图4-15　开挖后围岩塑性区分布图(方案二)

计算结果显示:不同开挖方案应力场差别不大。上下台阶法开挖后拉应力集中在隧道底部及顶部,最大拉应力为 0.852 7MPa,出现在隧道底部;岩柱和隧道两侧出现压应力集中,最大压应力为 19.74MPa,出现在岩柱两底角。方案一、方案二和方案三的最大塑性应变分别为 5.069e-3、3.825e-3 和 3.812e-3,最大位移分别为 5.541mm、5.278mm 和 5.61mm,最大塑性应变和最大位移都发生在岩柱的两侧。由隧道开挖后围岩塑性区分布图可以看出,塑性区只出现于岩柱,隧洞两侧已不出现塑性区。比较可见下导先行预留光爆层法塑性区最大。考虑到上下台阶法施工方便,认为方案二优于方案三,方案一相对不合理。

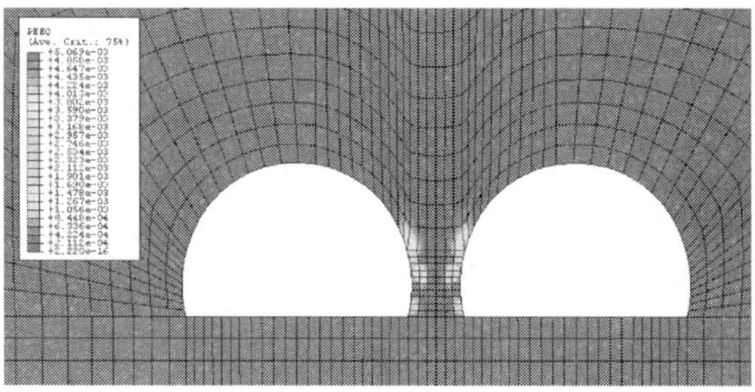

图 4-16 开挖后围岩塑性区分布图(方案一)

4. Ⅱ级围岩

当前针对Ⅱ级围岩的施工方案有两种:①下导先行预留光爆层法;②全断面爆破法。这两种施工方案如表 4-1 所示。施工方案一的开挖顺序为:2→1→4→3。施工方案二的开挖顺序为:1→2。

这里分别对这两种施工方案进行有限元法数值计算,进行开挖方案优化研究。图 4-17 ~ 图 4-20 显示了全断面爆破法开挖后围岩的最大主应力分布图、最小主应力分布图、位移矢量图和塑性区分布图。

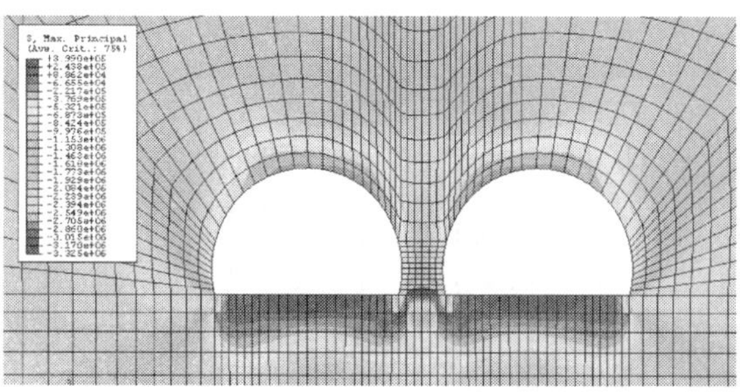

图 4-17 开挖后围岩最大主应力分布图

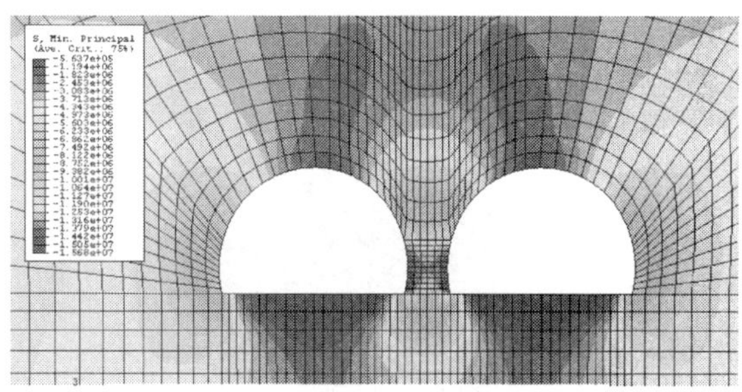

图 4-18 开挖后围岩最小主应力分布图

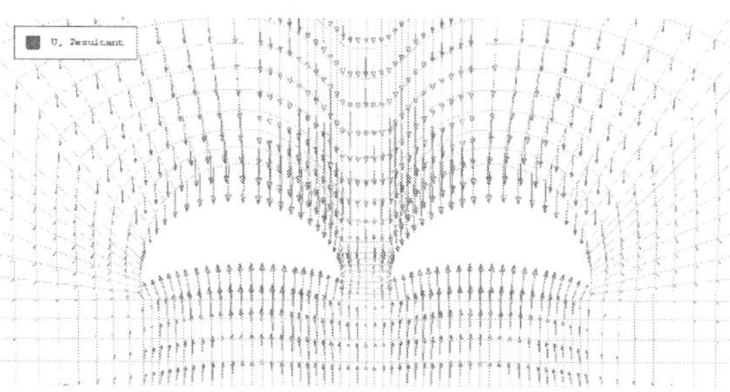

图 4-19 开挖后围岩位移矢量图

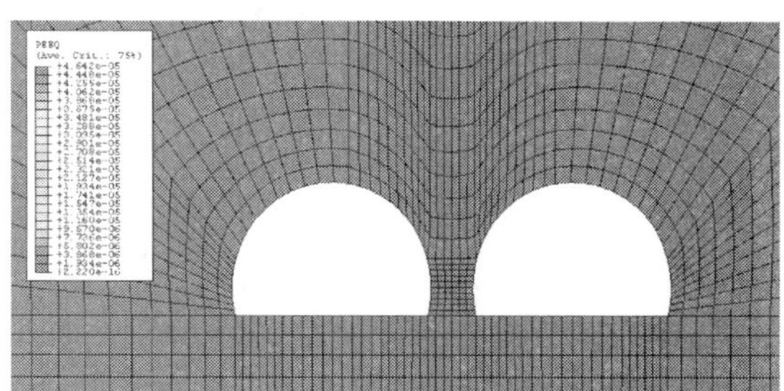

图 4-20 开挖后围岩塑性区分布图

计算结果显示：两种开挖方案引起的应力场差别不大。全断面爆破法开挖后拉应力集中在隧道底部及顶部，最大拉应力为0.399MPa，出现于隧道底部；岩柱周围和隧道两侧出现压应力集中区，其中岩柱中应力集中更为显著，最大压应力为15.68MPa。Ⅱ级围岩由于质量较好，塑性区不显著，位移较小。方案一和方案二的最大位移都为3.477mm，最大塑性应变也相等，为4.642e－5。考虑到施工的难易，认为全断面爆破法优于下导先行预留光爆层法。

5.小结

Ⅴ级围岩，上下台阶与正向侧壁导坑组合法。该法开挖相对单侧壁导坑法开挖产生更小的围岩塑性区以及位移，同时该法便于施工，因此认为更优。

Ⅳ级围岩，上下台阶与正向侧壁导坑组合法。尽管该法产生的塑性区稍大，但是塑性应变明显低于上下台阶与反向侧壁导坑组合法和上下台阶法。

Ⅲ级围岩，上下台阶法。下导先行预留光爆层法开挖产生的塑性区以及塑性应变值都明显高于上下台阶法及开挖方案三，上下台阶法以及方案三结果差别不大，考虑到上下台阶法易于施工，优选上下台阶法。

Ⅱ级围岩，全断面爆破法。全断面爆破法开挖和下导先行预留光爆层法开挖引起的围岩位移以及塑性应变都非常小，主要考虑施工方便程度，认为全断面爆破法稍好。

二、小间距段围岩稳定性及支护结构受力分析

小间距段隧道沿车道方向长约174.9m，三维网格模型如图4-21所示，开挖时，沿纵深方向错开开挖，分6次开挖，具体见图4-22（先挖左洞①，以后交错开挖②、③、④、⑤，最后开挖右洞⑥）。开挖段间距如表4-2所示。

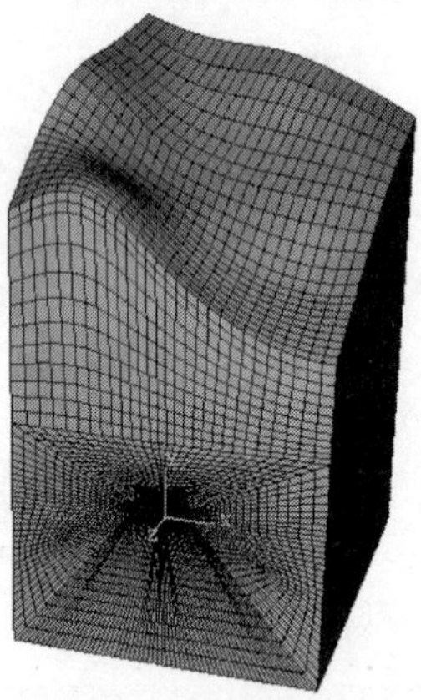

图4-21　三维数值计算模型图

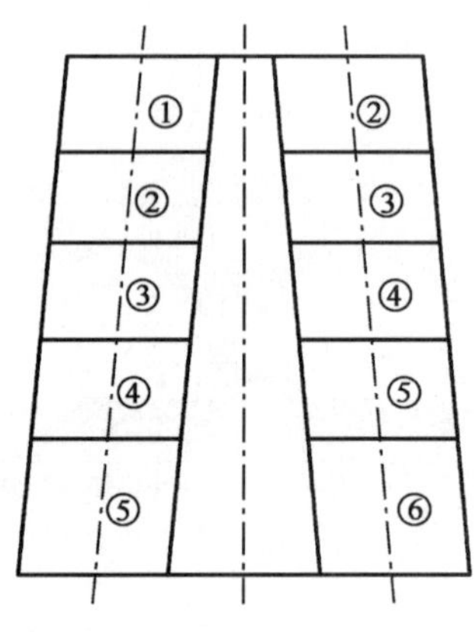

图4-22　隧道纵向开挖示意图

各开挖段的间距变化表　　表4-2

开　挖　段	隧道纵向开挖	纵深(m)	岩柱间距(m)
1	左①，右②	13.86	2.5～3.0
2	左②，右③	14.27	3.0～3.5
3	左③，右④	14.27	3.5～4.0
4	左④，右⑤	45.2	4.0～6.0
5	左⑤，右⑥	87.3	6.0～9.75

1. 小间距段应力场结果分析

(1)隧道开挖面的应力分布特征

左洞上半断面的开挖,使得拱顶部位最小主应力较大,随着隧道其他部分的开挖,最小主应力有继续扩大的趋势,二次衬砌的施加,对顶拱部位的应力状态有明显的改善。为分析方便,以围岩参数取低值且爆破松动区强度折减系数为0.5的计算工况为例,分析隧道间距4m处断面的围岩应力:顶拱最小主应力从刚开始开挖初期的-3.50MPa增加到左侧导洞开挖结束时的-3.00MPa左右,而当二次衬砌施作后,应力有所反弹,变为-3.12MPa;拉应力仅在左右导洞开挖时产生,最大拉应力产生在小间距边墙部位和侧导洞墙底位置,达到1.30MPa左右。此外,在左右洞的墙脚位置存在一定程度的应力集中现象。小间距隧道断面的关键点如图4-23所示,图4-24~图4-33为围岩参数取低值且爆破松动区强度折减系数为0.5时,断面分步开挖的围岩应力分布图。表4-3~表4-8为不同围岩力学参数和爆破松动影响时的关键点应力随隧道开挖的变化规律(岩体参数取高值,松动区参数为原来的0.7倍)。

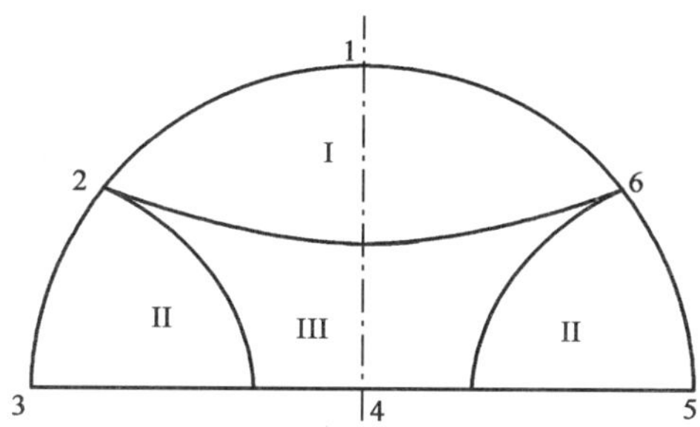

图4-23 小间距隧道断面单洞周关键点示意图

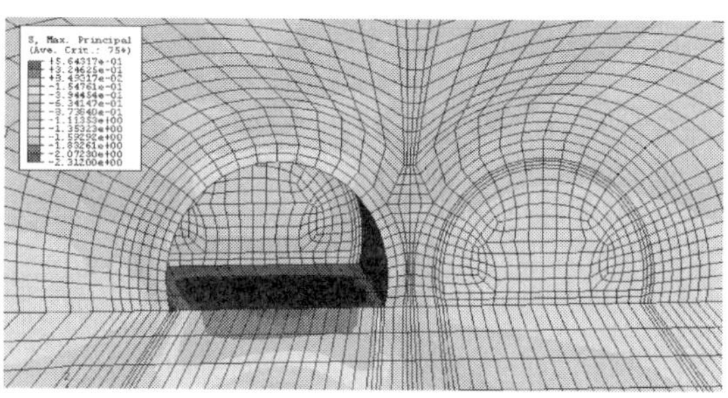

图4-24 左洞①开挖后围岩最大主应力分布图

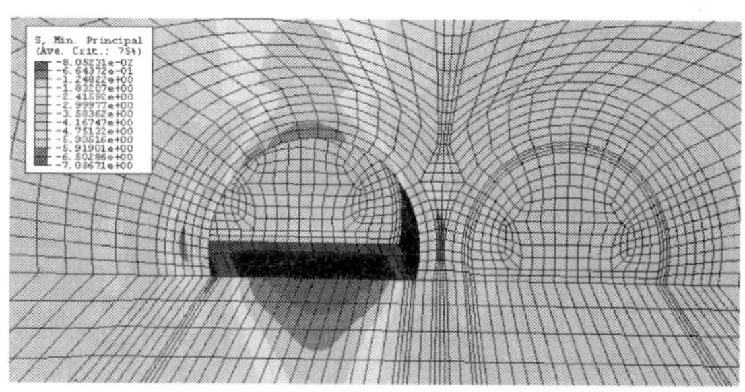

图4-25 左洞①开挖后围岩最小主应力分布图

图4-26 ②上半断面开挖后围岩最大主应力分布图

图4-27 ②上半断面开挖后围岩最小主应力分布图

图 4-28　②左右洞侧导洞开挖后围岩最大主应力分布图

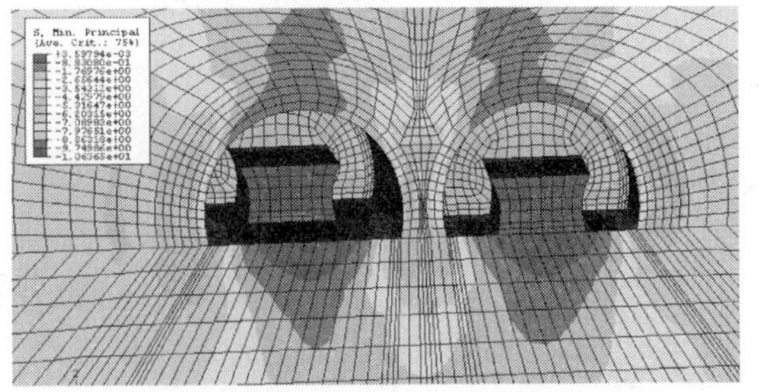

图 4-29　②左右洞侧导洞开挖后围岩最小主应力分布图

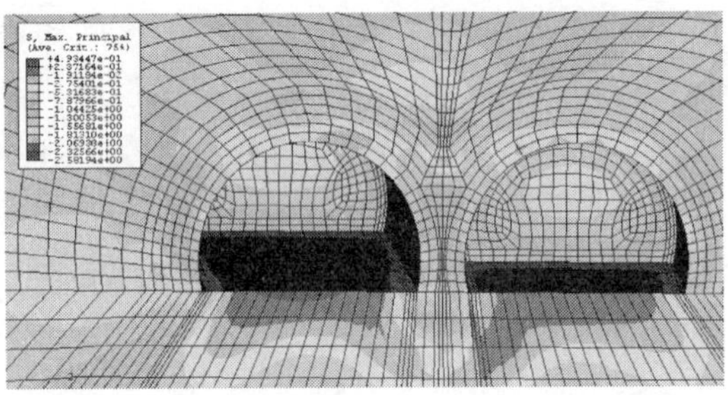

图 4-30　②核心土开挖后围岩最大主应力分布图

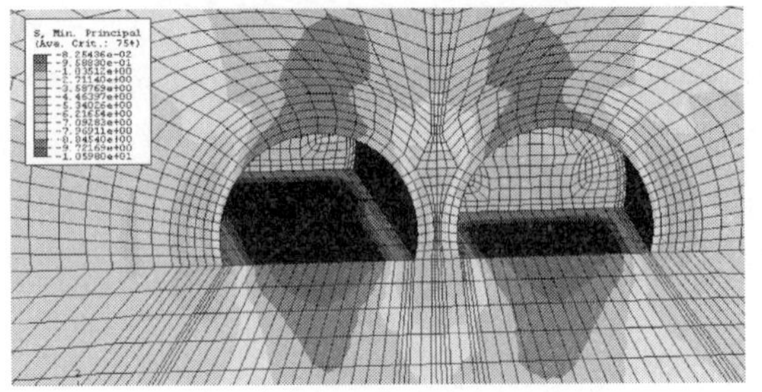

图 4-31　②核心土开挖后围岩最小主应力分布图

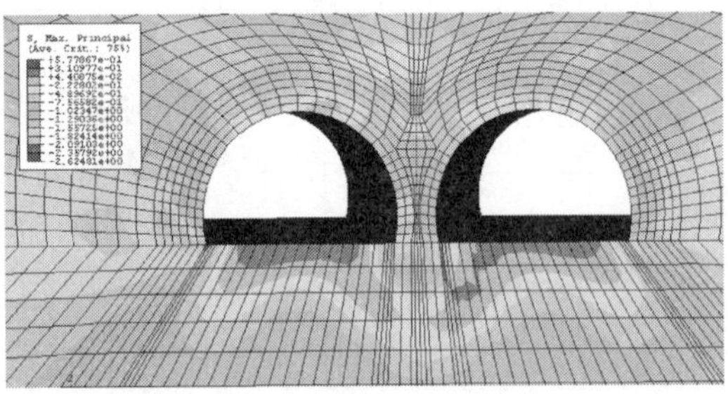

图 4-32　开挖完后的围岩最大主应力分布图

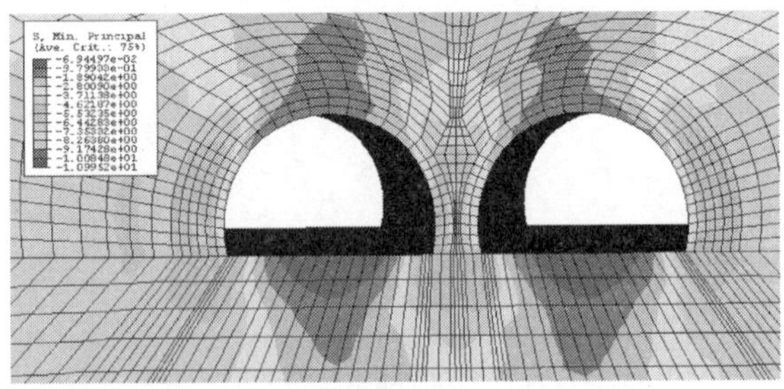

图 4-33　开挖完后的围岩最小主应力分布图

间距 4m 处断面单洞开挖关键点应力随开挖步变化规律

（岩体参数取高值，松动区参数为原来的 0.7 倍）　　表 4-3

关 键 点	关键点应力（MPa）					
	开挖步 I		开挖步 V		开挖步 IV	
	σ_1	σ_3	σ_1	σ_3	σ_1	σ_3
1	-0.37	-1.6	-0.41	-1.69	-0.44	-1.69
2	-1.02	-4.63	-0.43	-2.81	-0.44	-2.83
3	-0.94	-3.84	-1.20	-4.55	-1.29	-4.59
4	-0.97	-2.60	-0.34	-2.74	-0.23	-2.05
5	-0.92	-3.77	-1.06	-4.47	-1.14	-4.53
6	-1.18	-4.75	-0.44	-3.17	-0.45	-3.19

间距 4m 处断面单洞开挖关键点应力随开挖步变化规律

（岩体参数取高值，松动区参数为原来的 0.5 倍） 表 4-4

关 键 点	关键点应力(MPa)					
	开挖步 I		开挖步 V		开挖步 IV	
	σ_1	σ_3	σ_1	σ_3	σ_1	σ_3
1	-0.27	-1.47	-0.30	-1.55	-0.32	-1.54
2	-1.15	-4.18	-0.48	-2.29	-0.48	-2.29
3	-0.98	-3.85	-0.85	-3.35	-0.92	-3.39
4	-0.97	-2.59	-0.34	-2.74	-0.23	-2.05
5	-0.93	-3.78	-0.79	-3.22	-0.86	-3.26
6	-1.15	-4.18	-0.40	-2.43	-0.40	-2.44

间距 4m 处单洞断面开挖关键点应力随开挖步变化规律

（岩体参数取平均值，松动区参数为原来的 0.7 倍） 表 4-5

关 键 点	关键点应力(MPa)					
	开挖步 I		开挖步 V		开挖步 IV	
	σ_1	σ_3	σ_1	σ_3	σ_1	σ_3
1	-0.42	-1.64	-0.45	-1.73	-0.48	-1.72
2	-0.95	-4.48	-0.43	-2.74	-0.44	-2.76
3	-0.95	-3.84	-1.07	-4.33	-1.15	-4.38
4	-0.96	-2.60	-0.34	-2.74	-0.23	-2.05
5	-0.91	-3.77	-0.92	-4.27	-1.00	-4.32
6	-1.11	-4.57	-0.45	-3.06	-0.46	-3.09

间距 4m 处单洞断面开挖关键点应力随开挖步变化规律

（岩体参数取平均值，松动区参数为原来的 0.5 倍） 表 4-6

关 键 点	关键点应力(MPa)					
	开挖步 I		开挖步 V		开挖步 IV	
	σ_1	σ_3	σ_1	σ_3	σ_1	σ_3
1	-0.31	-1.5	-0.34	-1.59	-0.36	-1.57
2	-1.26	-4.05	-0.53	-2.21	-0.53	-2.22
3	-0.97	-3.84	-0.84	-3.23	-0.92	-3.27
4	-0.97	-2.6	-0.34	-2.74	-0.23	-2.05
5	-0.91	-3.77	-0.78	-3.11	-0.85	-3.14
6	-1.25	-4.03	-0.44	-2.32	-0.44	-2.34

间距 4m 处单洞断面开挖关键点应力随开挖步变化规律

（岩体参数取低值，松动区参数为原来的 0.7 倍） 表 4-7

关键点	关键点应力（MPa）					
	开挖步 I		开挖步 V		开挖步 IV	
	σ_1	σ_3	σ_1	σ_3	σ_1	σ_3
1	-0.47	-1.67	-0.5	-1.77	-0.53	-1.76
2	-0.94	-4.26	-0.46	-2.69	-0.46	-2.71
3	-0.93	-3.83	-0.99	-4.13	-1.07	-4.18
4	-0.96	-2.61	-0.34	-2.74	-0.23	-2.06
5	-0.85	-3.75	-0.83	-4.09	-0.9	-4.14
6	-1.06	-4.34	-0.42	-2.94	-0.43	-2.97

间距 4m 处单洞断面开挖关键点应力随开挖步变化规律

（岩体参数取低值，松动区参数为原来的 0.5 倍） 表 4-8

关键点	关键点应力（MPa）					
	开挖步 I		开挖步 V		开挖步 IV	
	σ_1	σ_3	σ_1	σ_3	σ_1	σ_3
1	-0.32	-1.54	-0.36	-1.62	-0.38	-1.60
2	-1.31	-3.80	-0.57	-2.07	-0.57	-2.08
3	-0.94	-3.83	-0.89	-3.01	-0.96	-3.05
4	-0.96	-2.60	-0.34	-2.74	-0.23	-2.06
5	-0.86	-3.76	-0.82	-2.89	-0.89	-2.93
6	-1.29	-3.76	-0.47	-2.16	-0.47	-2.17

（2）沿隧洞纵深方向分步开挖对围岩应力的相互影响

通过三维分段开挖的数值模拟，可以得到围岩应力沿纵深方向的变化规律。在主洞开挖推进过程中，除上下围岩有较大的应力释放外，其掌子面亦有一定程度的应力释放。隧道掘进过程中，隧道前方和后方一定范围内的围岩应力状态受开挖扰动影响而产生一定程度的应力集中。以岩体参数取低值，松动区折减系数为 0.5 的工况为例，当①开挖完毕时，隧道左洞顶拱最大主应力为 -0.22MPa，最小主应力为 -0.83MPa；当②开挖完毕时，此处最大主应力变为 -0.44MPa，最小主应力为 -0.95MPa；当③开挖完毕时，最大主应力变为 -0.49MPa，最小主应力为 -1.04MPa，之后的④、⑤、⑥开挖对开挖段 1 左洞围岩的应力影响就很小了，围岩应力几乎没有变化。②开挖后的围岩在③、④开挖后应力没有什么变化；由于开挖段 4、5 模拟开挖的纵深深度很大（分别为 45.2m、87.3m），因此③、④开挖完时的围岩应力在之后也没有什么变化。根据以上结果分析得到：在纵深方向，当隧洞断面往前推进 30m 左右，之前开挖的围岩应力几乎不再受影响。图 4-34 为开挖段 1 和 2 左洞的几个关键点纵剖面示意图，表 4-9 ~ 表 4-14 为这几个关键点在①开挖完毕时、②三个开挖步（上半断面开挖、侧导洞开挖、核心土开挖）完毕时、③开挖完毕时的应力变化值。图 4-35 ~ 图 4-42 为沿纵深方向的前后开挖段应力分布图。

对于同一断面,由于左、右洞错开开挖,当左洞超前开挖时,右洞虽还未开挖,其应力状态也会由于左洞出现变化。仍以岩体参数取低值,松动区折减系数为0.5的工况,间距为4m断面处为例,左洞从刚开挖到开挖完毕,该断面右洞拱顶处最小主应力由-1.24MPa变为-1.32MPa。图4-43~图4-44为小间距为4m断面处的左右洞最大、最小主应力分布图。

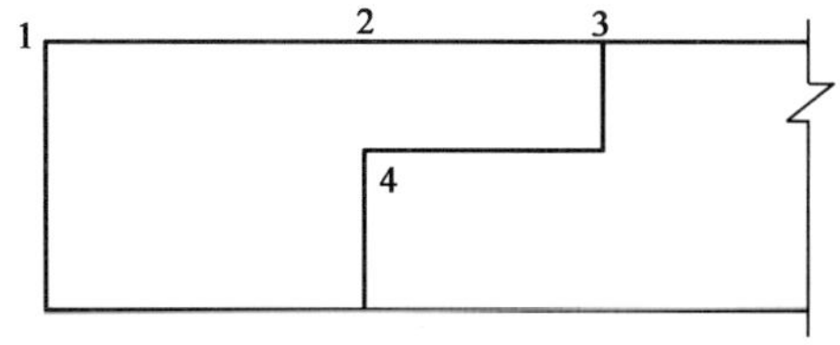

图4-34 小间距隧道纵剖面左洞关键点示意图

纵剖面开挖关键点应力随开挖步变化规律

(岩体参数取高值,松动区参数为原来的0.7倍) 表4-9

关键点	关键点应力(MPa)									
	开挖步1		开挖步2		开挖步3		开挖步4		开挖步5	
	σ_1	σ_3	σ_1	σ_3	σ_1	σ_3	σ_1	σ_3	σ_1	σ_3
1	-0.20	-1.12	-0.46	-1.40	-0.41	-1.26	-0.42	-1.27	-0.53	-1.35
2	-0.24	-1.65	-0.09	-1.29	-0.11	-1.24	-0.11	-1.24	-0.20	-1.38
3	-1.24	-3.49	-0.42	-1.55	-0.46	-1.64	-0.49	-1.63	-0.20	-1.31
4	-0.43	-4.15	0.71	-0.41	-0.04	-0.61	—			

纵剖面开挖关键点应力随开挖步变化规律

(岩体参数取高值,松动区参数为原来的0.5倍) 表4-10

关键点	关键点应力(MPa)									
	开挖步1		开挖步2		开挖步3		开挖步4		开挖步5	
	σ_1	σ_3	σ_1	σ_3	σ_1	σ_3	σ_1	σ_3	σ_1	σ_3
1	-0.13	-0.67	-0.33	-0.86	-0.30	-0.72	-0.31	-0.73	-0.38	-0.79
2	-0.11	-1.45	0.00	-0.85	-0.03	-0.77	-0.03	-0.77	-0.12	-0.95
3	-1.25	-3.50	-0.31	-1.42	-0.34	-1.51	-0.35	-1.49	-0.10	-0.81
4	-0.43	-4.14	0.69	-0.41	-0.04	-0.61	—			

纵剖面开挖关键点应力随开挖步变化规律

(岩体参数取平均值,松动区参数为原来的0.7倍) 表4-11

关键点	关键点应力(MPa)									
	开挖步1		开挖步2		开挖步3		开挖步4		开挖步5	
	σ_1	σ_3	σ_1	σ_3	σ_1	σ_3	σ_1	σ_3	σ_1	σ_3
1	-0.26	-1.24	-0.54	-1.54	-0.51	-1.41	-0.52	-1.42	-0.43	-0.90
2	-0.26	-1.67	-0.15	-1.38	-0.16	-1.34	-0.16	-1.35	-0.09	-1.07
3	-1.24	-3.49	-0.47	-1.58	-0.51	-1.67	-0.53	-1.67	-0.15	-0.90
4	-0.43	-4.15	0.61	-0.42	-0.04	-0.61	—			

纵剖面开挖关键点应力随开挖步变化规律

（岩体参数取平均值，松动区参数为原来的0.5倍） 表4-12

关键点	关键点应力（MPa）									
	开挖步1		开挖步2		开挖步3		开挖步4		开挖步5	
	σ_1	σ_3	σ_1	σ_3	σ_1	σ_3	σ_1	σ_3	σ_1	σ_3
1	-0.17	-0.75	-0.38	-0.94	-0.37	-0.83	-0.38	-0.83	-0.43	-0.90
2	-0.13	-1.48	-0.04	-0.91	-0.05	-0.85	-0.06	-0.86	-0.09	-1.07
3	-1.25	-3.51	-0.34	-1.46	-0.38	-1.54	-0.39	-1.53	-0.15	-0.90
4	-0.43	-4.13	0.59	-0.41	-0.04	-0.61	—			

纵剖面开挖关键点应力随开挖步变化规律

（岩体参数取低值，松动区参数为原来的0.7倍） 表4-13

关键点	关键点应力（MPa）									
	开挖步1		开挖步2		开挖步3		开挖步4		开挖步5	
	σ_1	σ_3	σ_1	σ_3	σ_1	σ_3	σ_1	σ_3	σ_1	σ_3
1	-0.30	-1.34	-0.59	-1.66	-0.58	-1.54	-0.58	-1.55	-0.64	-1.61
2	-0.30	-1.70	-0.23	-1.51	-0.23	-1.49	-0.23	-1.50	-0.39	-1.78
3	-1.24	-3.50	-0.52	-1.62	-0.55	-1.71	-0.58	-1.70	-0.36	-1.56
4	-0.43	-4.15	0.39	-0.43	-0.04	-0.62	—			

纵剖面开挖关键点应力随开挖步变化规律

（岩体参数取低值，松动区参数为原来的0.5倍） 表4-14

关键点	关键点应力（MPa）									
	开挖步1		开挖步2		开挖步3		开挖步4		开挖步5	
	σ_1	σ_3	σ_1	σ_3	σ_1	σ_3	σ_1	σ_3	σ_1	σ_3
1	-0.22	-0.83	-0.42	-1.03	-0.43	-0.94	-0.44	-0.95	-0.49	-1.04
2	-0.13	-1.51	-0.09	-0.98	-0.09	-0.96	-0.09	-0.97	-0.07	-1.24
3	-1.25	-3.51	-0.36	-1.50	-0.40	-1.58	-0.42	-1.56	-0.18	-1.01
4	-0.43	-4.13	0.37	-0.42	-0.04	-0.62	—			

图4-35 左洞①开挖完后沿纵深方向最大主应力分布图

图4-36 左洞①开挖完后沿纵深方向最小主应力分布图

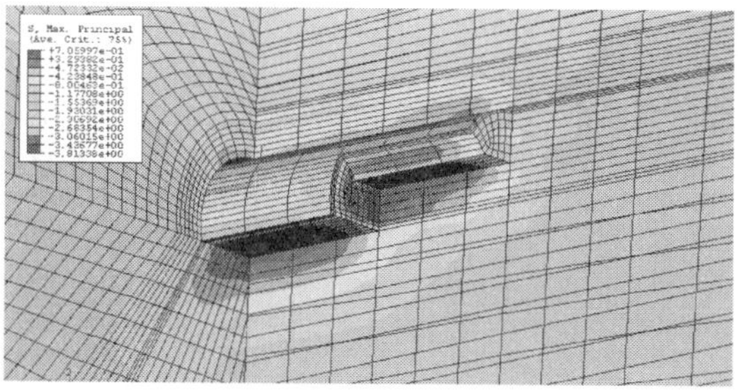

图 4-37 左洞②上半断面开挖后沿纵深方向最大主应力分布图

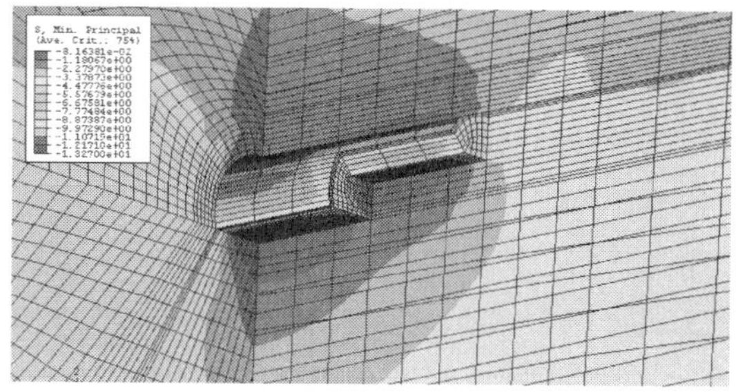

图 4-38 左洞②上半断面开挖后沿纵深方向最小主应力分布图

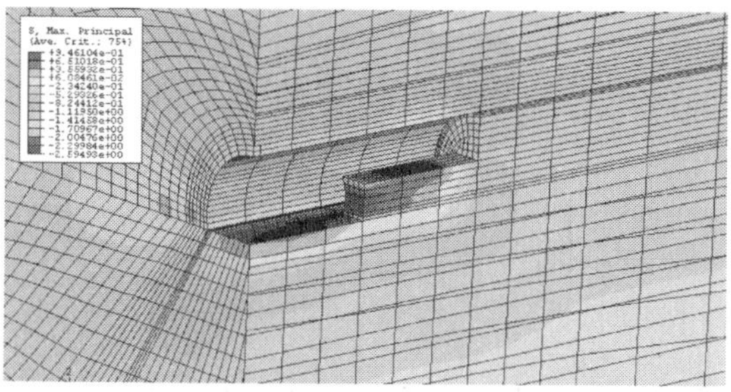

图 4-39 左洞②侧导洞开挖后沿纵深方向最大主应力分布图

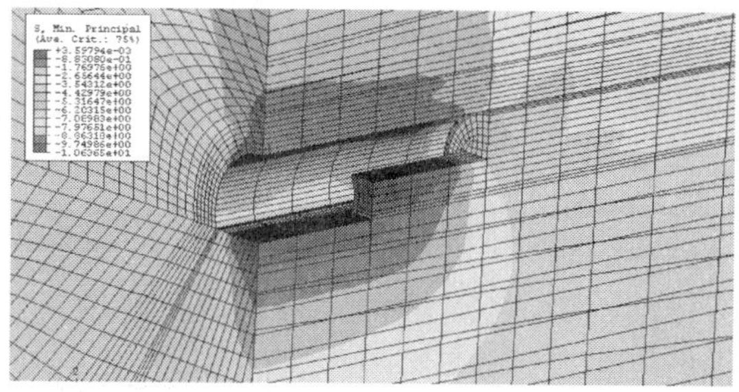

图 4-40 左洞②侧导洞开挖后沿纵深方向最小主应力分布图

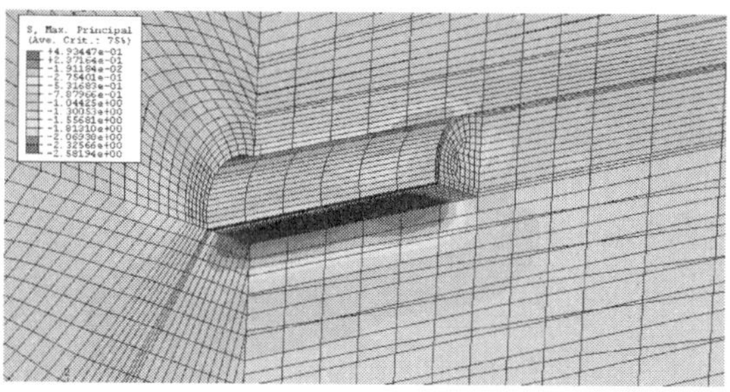

图 4-41 左洞②开挖结束沿纵深方向最大主应力分布图

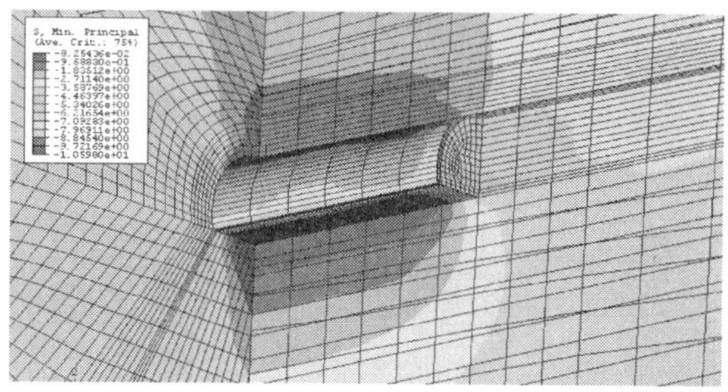

图 4-42 左洞②开挖结束沿纵深方向最小主应力分布图

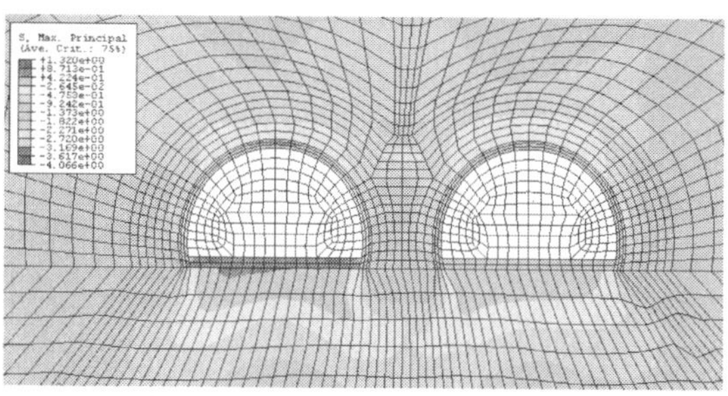

图 4-43 开挖断面 4m 处开挖结束时最大主应力分布图

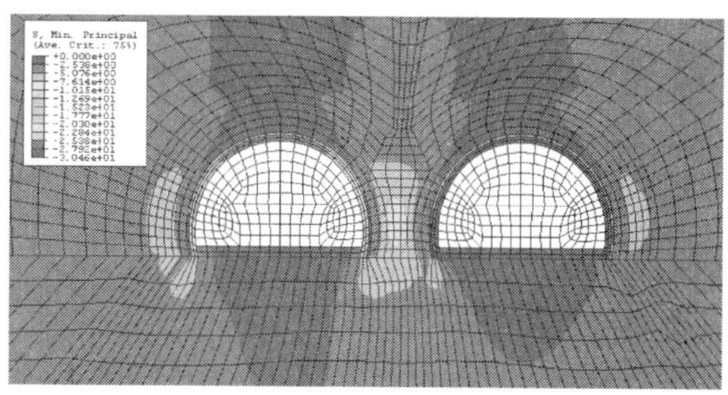

图 4-44 开挖断面 4m 处开挖结束最小主应力分布图

2. 小间距段位移特征

(1)隧道开挖面的应力分布特征

左右洞开挖对小间距墙岩体的应力扰动较大,且在该部位产生较大的应力集中现象,使得该部位围岩的位移随着工程的开挖呈现增大的趋势，其最大值位于左右洞的顶拱部位。以围岩参数取低值且松动区参数为原来的0.5倍时，其位移从刚开挖初期的5.40mm增加到开挖结束时的10.0mm左右，而小间距墙底部岩体的位移从刚开挖初期的3.00mm增加到开挖结束时的3.4mm左右，变化不大，这是和核心土和侧导洞开挖卸荷和小间距墙体受力的增加密切相关的。左右洞的底板围岩在核心土开挖后产生了较大的位移，为10.0mm左右。图4-45为①段左上半断面开挖后的位移分布图，图4-46为①段侧导洞开挖后的位移分布图，图4-47为①段开挖结束时的位移分布图。表4-15～表4-20为不同围岩力学参数和爆破松动影响时的断面关键点位移随隧道开挖的变化规律。

图4-45 左洞①上半断面开挖后围岩位移分布图

图4-46 左洞①侧导洞开挖后围岩位移分布图

图4-47 左洞①开挖结束后围岩位移分布图

间距4m处断面开挖关键点位移随开挖步变化规律

（岩体参数取高值，松动区参数为原来的0.7倍） 表4-15

关键点	关键点位移(mm)		
	开挖步Ⅰ	开挖步Ⅱ	开挖步Ⅲ
1	1.05	1.26	1.40
2	0.89	0.80	0.81
3	0.59	0.94	0.95
4	0.72	1.11	1.09
5	1.61	2.26	1.13
6	0.84	0.75	0.76

间距4m处断面开挖关键点位移随开挖步变化规律

（岩体参数取高值，松动区参数为原来的0.5倍） 表4-16

关键点	关键点位移(mm)		
	开挖步Ⅰ	开挖步Ⅱ	开挖步Ⅲ
1	1.04	1.24	1.38
2	0.94	0.78	0.79
3	0.61	0.99	1.00
4	0.73	1.15	1.13
5	1.61	2.28	1.15
6	0.88	0.74	0.75

间距 4m 处断面开挖关键点位移随开挖步变化规律
（岩体参数取平均值，松动区参数为原来的 0.7 倍）　　表 4-17

关键点	关键点位移(mm)		
	开挖步Ⅰ	开挖步Ⅱ	开挖步Ⅲ
1	1.15	1.37	1.51
2	1.02	0.87	0.88
3	0.66	1.03	1.04
4	0.80	1.21	1.20
5	1.76	2.48	1.24
6	0.95	0.81	0.82

间距 4m 处断面开挖关键点位移随开挖步变化规律
（岩体参数取平均值，松动区参数为原来的 0.5 倍）　　表 4-18

关键点	关键点位移(mm)		
	开挖步Ⅰ	开挖步Ⅱ	开挖步Ⅲ
1	1.13	1.35	1.50
2	1.07	0.85	0.86
3	0.67	1.08	1.09
4	0.81	1.26	1.24
5	1.77	2.50	1.25
6	1.00	0.81	0.81

间距 4m 处断面开挖关键点位移随开挖步变化规律
（岩体参数取低值，松动区参数为原来的 0.7 倍）　　表 4-19

关键点	关键点位移(mm)		
	开挖步Ⅰ	开挖步Ⅱ	开挖步Ⅲ
1	1.27	1.51	1.66
2	1.19	0.97	0.96
3	0.75	1.15	1.17
4	0.90	1.36	1.34
5	1.95	2.74	1.36
6	1.11	0.90	0.90

间距 4m 处断面开挖关键点位移随开挖步变化规律
（岩体参数取低值，松动区参数为原来的 0.5 倍）　　表 4-20

关键点	关键点位移(mm)		
	开挖步Ⅰ	开挖步Ⅱ	开挖步Ⅲ
1	1.26	1.49	1.65
2	1.23	0.95	0.94
3	0.75	1.20	1.22
4	0.91	1.41	1.39
5	1.95	2.76	1.38
6	1.15	0.90	0.89

(2)隧洞纵深方向分步开挖对围岩位移分布的影响

左右洞纵向开挖对拱顶部位围岩的位移随着工程的开挖呈现增大的趋势,其最大值位于左右洞的顶拱部位,三维数值计算的结果可以清晰地反映隧道推进过程中隧道关键点的位移随隧道开挖的变化规律。与应力分析结果相似,在隧道纵深方向推进 30m 左右时,隧道后方围岩关键点的围岩位移几乎不再受开挖影响。表 4-21 ~ 表 4-26 为图 4-34 中四个关键点在①开挖完毕时、②三个开挖步(上半断面开挖、侧导洞开挖、核心土开挖)完毕时、③开挖完毕时共 5 个开挖步结束时的位移变化值。

对岩体参数取低值,松动区参数折减 0.5 倍的工况,小间距段隧道开挖结束时,不同断面顶拱处的位移集中在 9.0mm 左右。图 4-48 为沿纵深方向不同小间距的左洞断面拱顶处在开挖完毕时位移沉降变化图。

纵剖面开挖关键点位移随开挖步变化规律

(岩体参数取高值,松动区参数为原来的 0.7 倍) 表 4-21

关 键 点	关键点位移(mm)				
	开挖步 1	开挖步 2	开挖步 3	开挖步 4	开挖步 5
1	5.03	5.29	6.01	5.98	6.22
2	1.14	4.46	5.11	5.10	5.68
3	0.10	1.01	1.19	1.32	5.27
4	1.15	6.23	8.31	8.31	8.31

纵剖面开挖关键点位移随开挖步变化规律

(岩体参数取高值,松动区参数为原来的 0.5 倍) 表 4-22

关 键 点	关键点位移(mm)				
	开挖步 1	开挖步 2	开挖步 3	开挖步 4	开挖步 5
1	5.18	5.39	6.17	6.13	6.38
2	1.10	4.49	5.17	5.16	5.76
3	0.12	1.01	1.19	1.32	5.38
4	1.17	6.23	8.32	8.32	8.32

纵剖面开挖关键点位移随开挖步变化规律

(岩体参数取平均值,松动区参数为原来的 0.7 倍) 表 4-23

关 键 点	关键点位移(mm)				
	开挖步 1	开挖步 2	开挖步 3	开挖步 4	开挖步 5
1	5.45	5.75	6.53	6.49	6.79
2	1.22	4.80	5.50	5.49	6.14
3	0.10	1.09	1.29	1.43	5.68
4	1.26	6.81	9.09	9.09	9.09

纵剖面开挖关键点位移随开挖步变化规律

（岩体参数取平均值，松动区参数为原来的 0.5 倍）　　表 4-24

关　键　点	关键点位移(mm)				
	开挖步 1	开挖步 2	开挖步 3	开挖步 4	开挖步 5
1	5.62	5.86	6.71	6.68	6.95
2	1.18	4.83	5.57	5.55	6.22
3	0.13	1.10	1.29	1.43	5.81
4	1.27	6.79	9.09	9.09	9.09

纵剖面开挖关键点位移随开挖步变化规律

（岩体参数取低值，松动区参数为原来的 0.7 倍）　　表 4-25

关　键　点	关键点位移(mm)				
	开挖步 1	开挖步 2	开挖步 3	开挖步 4	开挖步 5
1	5.99	6.34	7.22	7.18	7.53
2	1.32	5.24	5.98	5.97	6.71
3	0.11	1.21	1.42	1.56	6.19
4	1.38	7.56	10.08	10.08	10.08

纵剖面开挖关键点位移随开挖步变化规律

（岩体参数取低值，松动区参数为原来的 0.5 倍）　　表 4-26

关　键　点	关键点位移(mm)				
	开挖步 1	开挖步 2	开挖步 3	开挖步 4	开挖步 5
1	6.19	6.48	7.43	7.39	7.70
2	1.27	5.28	6.06	6.04	6.79
3	0.14	1.22	1.42	1.57	6.36
4	1.40	7.53	10.08	10.08	10.08

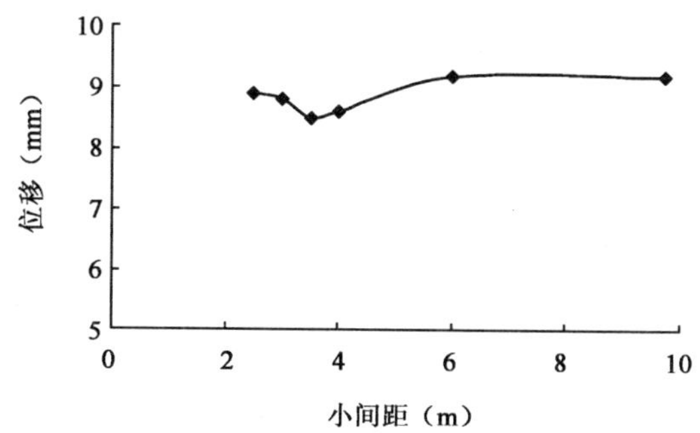

图 4-48　沿纵深方向左洞拱顶的位移沉降变化图

3. 小间距段塑性区特征分析

八字岭隧道小间距段的塑性区主要分布在围岩爆破松动区以及中间小岩柱局部区域，主洞围岩塑性区厚度大约为3～4m，而小岩柱的局部塑性区较大，在岩体参数取低值时，小间距段在间距2.5～4.0m岩柱的塑性区几乎贯通，但塑性区随着岩体参数的提高和岩柱间距的增大而呈现降低的趋势。图4-49～图4-54为隧道间距分别为2.5m、3.0m、3.5m、4m、6m、9.75m处的围岩塑性区分布图，图4-55为小间距开挖结束时围岩的三维塑性区分布图（围岩参数取低值、爆破松动强度折减系数为0.5）。

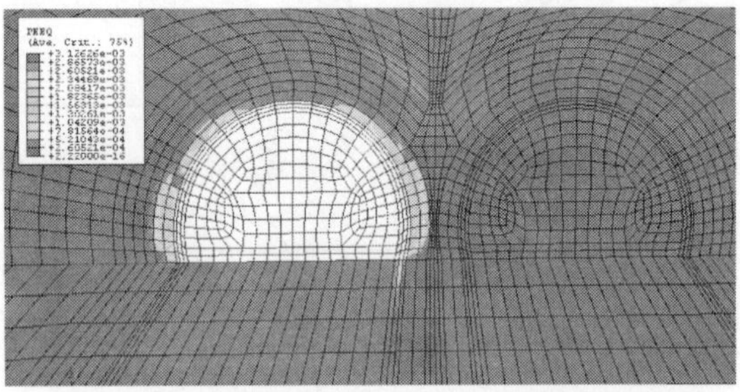

图4-49　左洞①开挖结束后间距为2.5m断面处塑性区分布图

图4-50　②开挖结束后间距为3.0m断面处塑性区分布图

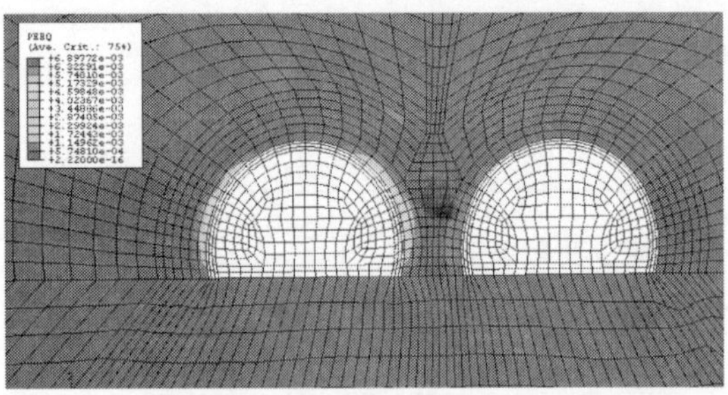

图4-51　③开挖结束后间距为3.5m断面处塑性区分布图

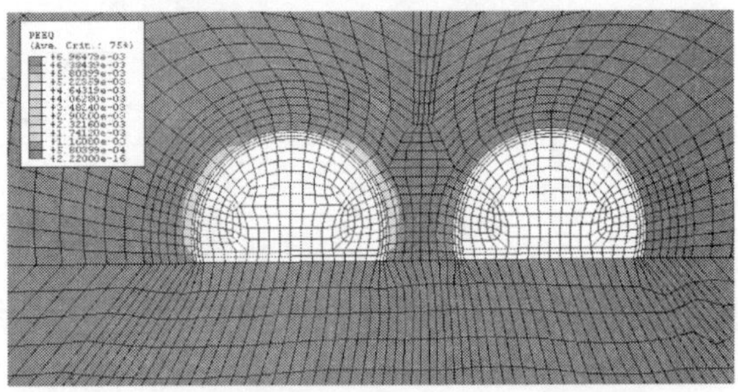

图4-52　④开挖结束后间距为4.0m断面处塑性区分布图

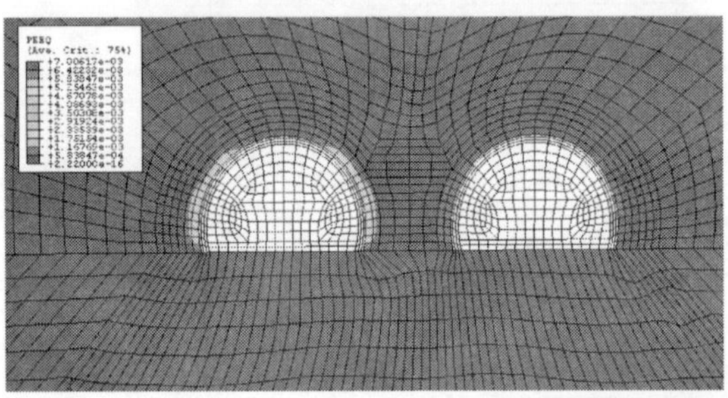

图4-53　⑤开挖结束后间距为6.0m断面处塑性区分布图

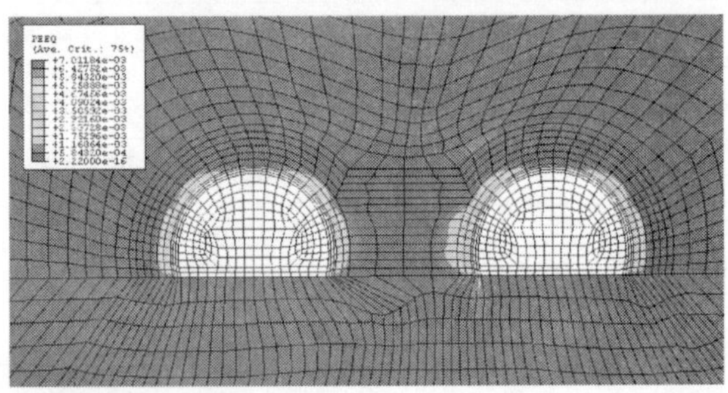

图4-54　⑥开挖结束后间距为9.75m断面处塑性区分布图

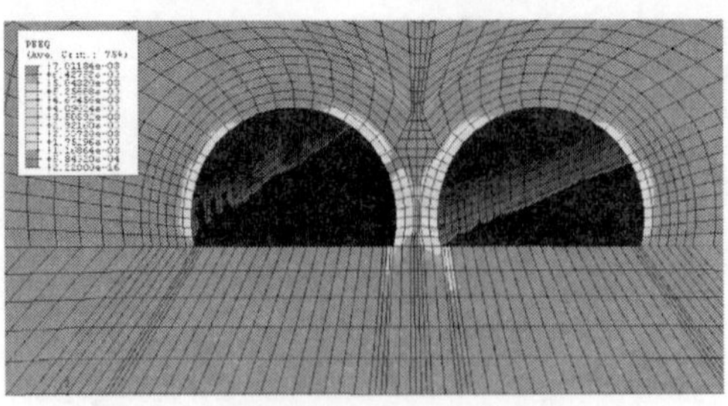

图4-55　开挖结束后围岩塑性区分布图

4. 支护结构特征

左右侧导洞开挖后，其二次衬砌承受了较大的拉应力。以围岩参数取低值且爆破松动区参数为0.5的工况为例，在隧道纵深方向，由于隧道是分步交错开挖，同一开挖段施作的二次衬砌支护时间不同，因此左右洞施作的二次衬砌其应力状态变化也会不同。一般来说，小间距段隧道开挖结束后，二次衬砌所受的最大拉应力大约为1.1MPa，最大压应力为27MPa左右，分别分布在拱顶和拱脚位置区域。图4-56 、图4-57 为右洞二次衬砌施作时对左洞二次衬砌的最大、最小主应力分布图。图4-58 、图4-59 是隧道二次衬砌在开挖贯通后的最大、最小主应力分布图。

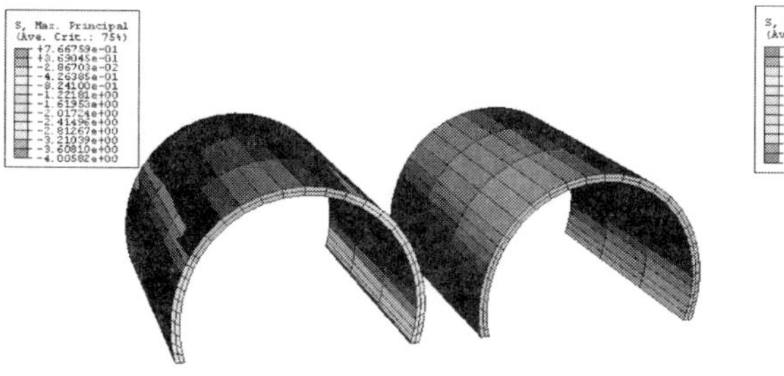

图4-56 ②开挖结束时的二次衬砌最大主应力分布图

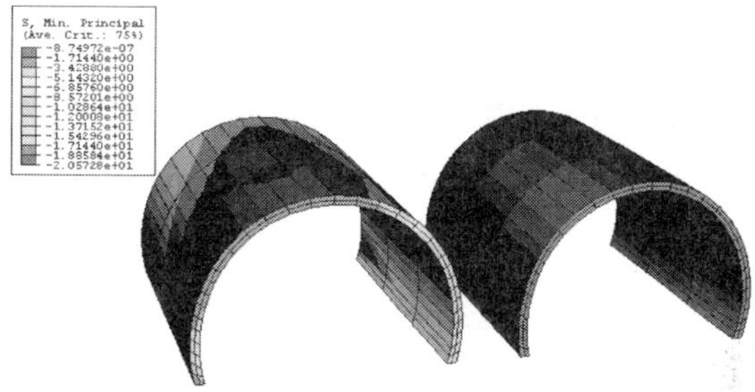

图4-57 ②开挖结束时二次衬砌最小主应力分布图

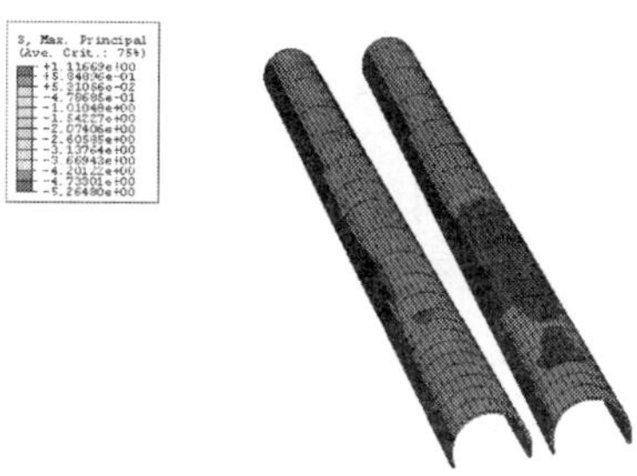

图4-58 开挖结束时的二次衬砌最大主应力分布图

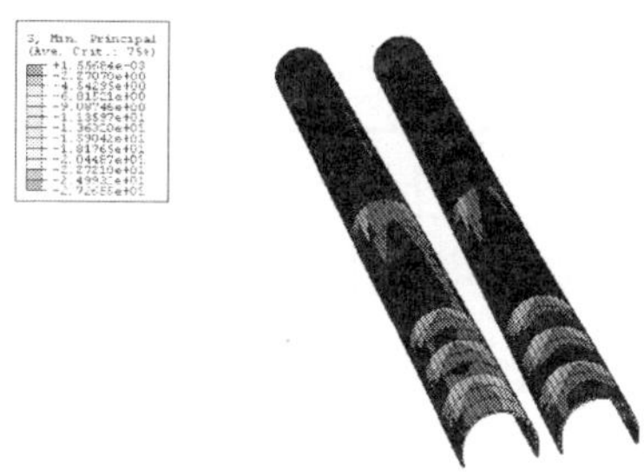

图4-59 开挖结束时的二次衬砌最小主应力分布图

5. 现场监测结果与计算结果的对比分析

对分岔隧道小间距段的监测结果显示，断面9和10右洞监测得到的结果较大，洞顶位移分别为9.27mm和5.26mm，略小于三维数值模拟的结果（最大位移为10mm），和数值计算结果较为接近。

监测结果表明：二次衬砌一般压应力很小，不超过8MPa，说明初期支护已经稳定，围岩变形较小，满足了二次衬砌施作的要求。小间距岩柱附近由于受力较为复杂，围岩应力和变形较大，此处二次衬砌所受压应力均在6MPa左右，比数值模拟的结果稍小。

6. 小结

隧道小间距部位的围岩在隧道开挖后，围岩爆破松动区以及小间距墙体之间的局部区域均存在着一定的塑性区分布，在围岩取低参数时还发现小间距墙体有塑性贯通现象。衬砌应力和变形相对较大，表明支护在隧道开挖过程中承受了很大的应力。

从三维数值模拟开挖顺序的计算结果来看，计算结果在最大主应力、最小主应力、塑性区等方面都偏大于二维平面的数值模拟结果。三维数值模拟也更真实地体现了实际工程交错开挖对围岩的前后段影响：当隧道开挖到某段时，在隧道纵深方向，之前开挖的30m处以外的围岩应力和位移几乎不受影响。考虑到三维数值模拟也出现了岩柱间塑性区贯通的情况(岩体参数取低值,小间距为2.5~4.0m时),因此,在实际设计过程中,此处要引起高度重视,锚杆可采用对穿预应力锚杆,以增强此围岩区域的应力水平,抵抗围岩过大变形。

第二节　小间距段设计

一、小间距段设计的一般原则

(1)不同的地质条件、不同的中夹岩柱厚度对洞室稳定影响程度差异较大。一般情况下要求小间距隧道中夹岩柱的最小厚度 D_{min} 应达到表4-27的要求,否则将难以发挥中夹岩柱的作用,如果强行保留也将会付出较大的代价。

中夹岩柱的最小厚度 D_{min}(m)　　表4-27

围岩级别	Ⅱ级	Ⅲ级	Ⅳ级	Ⅴ级
坚硬岩	2.0	2.5	3.5	—
较坚硬岩	2.5	3.0	4.5	4.5
较软岩	—	3.5	5.5	6.0
软岩	—	—	6.5	7.5

(2)当两洞室之间的中夹岩柱达到一定厚度 D_0 时两洞室之间的相互影响将减少到可以忽略的程度,此时可以作为两座独立的隧道进行设计施工(表4-28)。

不考虑相互影响的中夹岩柱的最小厚度 D_0(m)　　表4-28

围岩级别	Ⅱ级	Ⅲ级	Ⅳ级	Ⅴ级
坚硬岩	15	20	25	—
较坚硬岩	20	25	30	35
较软岩	—	30	35	40
软岩	—	—	40	45

当小间距隧道中夹岩柱厚度 D 在 $D_{0/3} < D < D_{min}$ 范围内时,隧道支护参数可参照表4-29取用。

当隧道间距接近表4-27中夹岩柱的最小厚度时,应在中夹岩柱上设置对拉钢筋或对拉锚杆,以保证初期支护的稳定;当隧道间距大于10m时,不宜设置对拉钢筋或对拉锚杆。对拉锚杆如果设计为永久支护的一部分,则应注意对其做好防腐蚀方面的保护工艺设计。

二、小间距段设计荷载

(1)对浅埋地段的小间距隧道,无论处于何种地质条件均应采用荷载–结构模型进行内力计算分析及强度验算;对深埋地段的小间距隧道,可仅对Ⅴ级、Ⅳ级围岩条件下的衬砌结构进行内力计算分析及强度验算。

(2)在小间距隧道结构计算中要特别注意中夹岩柱的稳定性与可靠性,当岩质较软,埋置深度又较大时,应考虑形变荷载的作用。一般情况下,当竖向初始地应力超过岩石饱和单轴抗压强度的15%时，初始地应力对中夹岩柱的影响不能忽略；当竖向初始地应力超过岩石饱和单轴抗压强度的25%时，应考虑地应力对整个小间距隧道支护结构的影响。

小间距段衬砌支护参数（$D_{min} > D > D_0/3$） 表4-29

围岩分级		Ⅴ级	Ⅳ级	Ⅲ级	Ⅱ级
初期支护	喷射混凝土	C20厚25cm	C20厚22cm	C20厚12cm	C20厚8cm
	锚杆	内侧：$L=3.5$m 间距0.75m×1m 外侧：$L=3.0$m 间距0.75m×1m	内侧：$L=3.0$m 间距0.75m×1m 外侧：$L=2.5$m 间距1m×1m	内侧：$L=3.0$m 间距1m×1m 外侧：$L=2.5$m 间距1.2m×1.2m	内侧：$L=2.5$m 间距1.2m×1.2m 外侧：局部
	钢筋网	ϕ8mm，20cm×20cm	ϕ8mm，20cm×20cm	ϕ6mm，20cm×20cm	内侧设置
	钢拱架	18工字钢拱架间距60～80cm	14工字钢拱架间距100～120cm	—	—
中夹岩柱		对拉高强钢筋	对拉锚杆	重叠锚杆	
二次衬砌	模筑混凝土	C25钢筋混凝土厚45cm	C25素混凝土厚40～45cm	C25素混凝土厚35cm	C25素混凝土厚30cm
仰拱	初期支护（早强模筑混凝土）	C20厚20cm内设拱架	—	—	
	二次衬砌	C25钢筋混凝土厚45cm	C25素混凝土厚40～45cm	—	—
备注	—	进行结构计算后确定	进行结构计算后确定	围岩稳定分析后确定	—

（3）对于四车道高速公路小间距隧道，深浅埋分界深度可按表4-30～表4-32确定。

四车道高速公路小间距隧道深浅埋分界深度(m)（中夹岩柱厚5m） 表4-30

围岩级别	Ⅱ级	Ⅲ级	Ⅳ级	Ⅴ级
坚硬岩	9	15	25	—
较坚硬岩	12	18	30	50
较软岩	—	21	35	60
软岩	—	—	45	70

四车道高速公路小间距隧道深浅埋分界深度(m)（中夹岩柱厚10m） 表4-31

围岩级别	Ⅱ级	Ⅲ级	Ⅳ级	Ⅴ级
坚硬岩	5	8	25	—
较坚硬岩	6	9	30	50
较软岩	—	12	35	60
软岩	—	—	45	70

四车道高速公路小间距隧道深浅埋分界深度(m)(中夹岩柱厚15m)　　表4-32

围岩级别	Ⅱ级	Ⅲ级	Ⅳ级	Ⅴ级
坚硬岩	5	8	14	—
较坚硬岩	6	9	16	45
较软岩	—	10	25	60
软岩	—	—	35	70

注:不包含表层比洞身围岩级别低的岩体。

(4)对于小间距隧道的中夹岩柱,应考虑隧道支护结构(如预应力对拉锚杆)的主动支护力对岩体抗压强度的提高效应,根据摩尔－库仑强度理论,其换算强度可按式(4-1)计算。

$$R_S^T = P_i \frac{1+\sin\varphi_0}{1-\sin\varphi_0} + R_S^b \tag{4-1}$$

式中:R_S^T——中夹岩柱岩体的换算强度(kPa);

P_i——支护结构对中夹岩柱的主动支护压力(kPa)。

因此,中夹岩柱对上部岩体的支撑力可按式(4-2)计算。

$$P_Z = \frac{R_S^T B_{zp}}{K_z} \tag{4-2}$$

式中:K_z——中夹岩柱的支撑能力的安全系数,一般取$K_Z=2$;

B_{zp}——中夹岩柱有效承载宽度(m),可按式(4-3)计算。

$$B_{zp} = \min\left(B_{np}, \frac{1}{2}B_z\right) \tag{4-3}$$

B_z——中夹岩柱能够发挥支撑作用的宽度(m),应扣除超挖值;

B_{np}——中夹岩柱单侧破裂面水平宽度(m),可按式(4-4)计算。

$$B_{np} = (H_t - H_n)\tan\left(45° - \frac{1}{2}\varphi_0\right) \tag{4-4}$$

(5)作用在深埋小间距隧道结构之上的土压力荷载模式见图4-60。

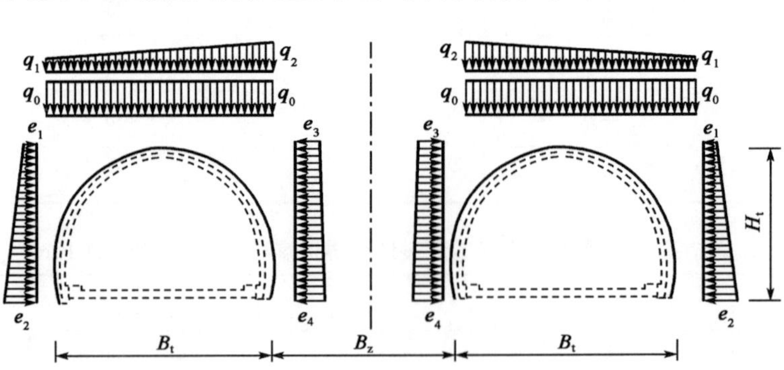

图4-60　小间距隧道荷载分布示意图

各部分荷载大小可按如下公式计算:

$$q = q_1 + q_2 = \gamma(H_1 + H_2) \tag{4-5}$$

$$H_{q_1} = \frac{1}{2}\frac{B_m}{\tan\varphi_j} \tag{4-6}$$

$$H_{q_1}^1 = \left(\frac{2}{3}\frac{B_m}{\tan\varphi_j} - \frac{P_Z}{\gamma B_m}\right)\frac{B_{wp}}{B_m} \tag{4-7}$$

$$H_{q_1}^2 = \left(\frac{2}{3}\frac{B_m}{\tan\varphi_j} - \frac{P_Z}{\gamma B_m}\right)\frac{B_{wp} + B_t}{B_m} \tag{4-8}$$

当 $H_{q_2}^1 \leqslant 0$ 时，则 $H_{q2}^1 = 0$；当 $H_{q2}^2 \leqslant 0$ 时，则 $H_{q2}^2 = 0$。

式中：q_1——小间距隧道的基本竖向土压力荷载（kPa）；

q_2——小间距隧道的附加竖向土压力荷载（kPa）；

γ——拱顶附近岩体的平均重度（kN/m^3）；

B_{wp}——外侧边破裂面在水平方向的投影长度（m），可按 $B_{wp} = (H_t - H_w)\tan\left(45^\circ - \frac{1}{2}\varphi_0\right)$计算；

B_m——小间距隧道单侧洞室可能坍塌的宽度，按 $B_m = B_t + B_{wp} + B_{np}$计算；

B_t——单侧隧道的开挖宽度（m）。

（6）作用在小间距隧道支护结构两侧的水平土压力荷载可如下计算，荷载计算示意图如图 4-61、图 4-62 所示。

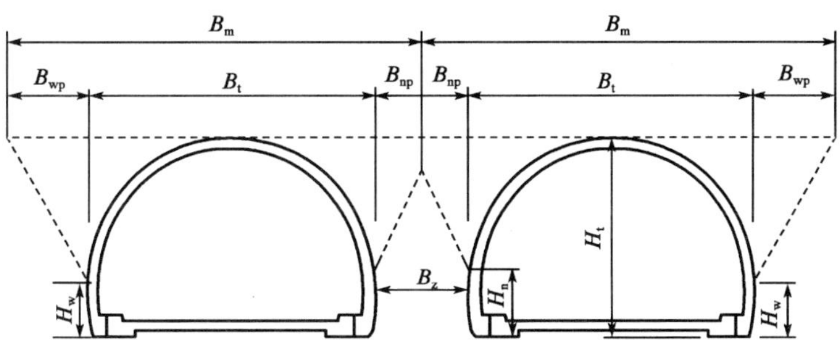

图 4-61　小间距隧道荷载计算示意图（$B_{zp} = 0$）

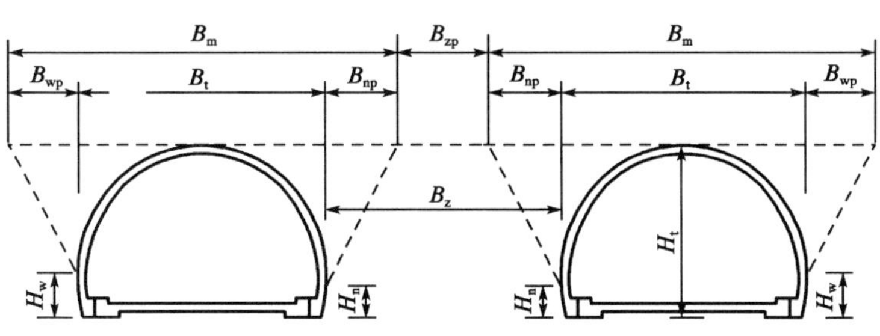

图 4-62　小间距隧道荷载计算示意图（$B_{zp} > 0$）

破裂面以上：

$$e_{1\sim2}^{i} = \lambda_w(q_1 + q_2^1 + \gamma h_i) \tag{4-9}$$

破裂面以下：

$$e_{1\sim2}^{i} = 0 \tag{4-10}$$

内侧拱部水平方向土压力荷载：

$$e^{\mathrm{i}}_{3\sim4} = \lambda_{\mathrm{n}}(q_1 + q_2^2 + \gamma h_{\mathrm{i}}) + p_{\mathrm{i}} \tag{4-11}$$

式中：$e^{\mathrm{i}}_{3\sim4}$——外侧拱部及边墙任意点水平方向土压力(kPa)；

h_{i}——计算点到拱顶外侧的距离(m)；

p_{i}——小间距隧道内侧附加侧向土压力荷载(kPa)；

λ——侧压力系数，按朗金公式计算：$\lambda = \tan^2\left(45° - \dfrac{1}{2}\varphi_0\right)$。

(7)根据上述公式，几种典型围岩条件下的深埋四车道高速公路小间距隧道计算土压力荷载见表4-33～表4-35。

深埋四车道高速公路小间距隧道衬砌上的设计土压力荷载高度 表4-33

岩体分级	岩石分级	内摩擦角(°)	计算摩擦角(°)	侧压力系数 λ	中夹岩柱宽3m		
					H_{q_0}(m)	H_{q_1}(m)	H_{q_2}(m)
Ⅱ级	坚硬岩	57	76	0.088	1.93	0.38	2.33
	较坚硬岩	52	72	0.119	2.59	0.57	3.13
Ⅲ级	坚硬岩	48	68	0.147	3.29	0.80	3.98
	较坚硬岩	45	65	0.172	3.85	1.00	4.67
	较软岩	42	62	0.198	4.46	1.22	5.42
Ⅳ级	坚硬岩	38	58	0.238	5.36	1.58	6.52
	较坚硬岩	35	55	0.271	6.10	1.89	7.43
	较软岩	32	51	0.307	7.17	2.33	8.75
	软岩	29	48	0.347	8.11	2.76	9.91
Ⅴ级	较坚硬岩	27	45	0.376	9.10	3.19	11.14
	较软岩	26	40	0.390	10.91	3.87	13.36
	软岩	24	35	0.422	13.22	4.83	16.20

深埋四车道高速公路小间距隧道衬砌上的设计土压力荷载高度 表4-34

岩体分级	岩石分级	中夹岩柱宽5m			中夹岩柱宽7m			中夹岩柱宽10m		
		H_{q_0}(m)	H_{q_1}(m)	H_{q_2}(m)	H_{q_0}(m)	H_{q_1}(m)	H_{q_2}(m)	H_{q_0}(m)	H_{q_1}(m)	H_{q_2}(m)
Ⅱ级	坚硬岩	2.06	0.36	2.33	2.06	0	0	2.06	0	0
	较坚硬岩	2.75	0.54	3.13	2.82	0	0	2.82	0	0
Ⅲ级	坚硬岩	3.49	0.75	3.98	3.64	0.49	2.68	3.64	0	0
	较坚硬岩	4.09	0.94	4.67	4.32	0.89	4.67	4.32	0	0
	较软岩	4.73	1.15	5.42	4.99	1.09	5.42	5.07	0.19	0.97
Ⅳ级	坚硬岩	5.67	1.49	6.52	5.98	1.41	6.52	6.18	0.83	3.96
	较坚硬岩	6.45	1.79	7.43	6.80	1.69	7.43	7.12	1.30	5.99
	较软岩	7.58	2.20	8.75	7.98	2.09	8.75	8.47	1.84	8.17
	软岩	8.56	2.61	9.91	9.01	2.48	9.91	9.68	2.31	9.91

续上表

岩体分级	岩石分级	中夹岩柱宽5m			中夹岩柱宽7m			中夹岩柱宽10m		
		H_{q_0}(m)	H_{q_1}(m)	H_{q_2}(m)	H_{q_0}(m)	H_{q_1}(m)	H_{q_2}(m)	H_{q_0}(m)	H_{q_1}(m)	H_{q_2}(m)
V级	较坚硬岩	9.60	3.02	11.14	10.10	2.87	11.14	10.85	2.67	11.14
	较软岩	11.51	3.67	13.36	12.10	3.49	13.36	13.00	3.25	13.36
	软岩	13.94	4.58	16.20	14.65	4.36	16.20	15.72	4.06	16.20

深埋四车道高速公路小间距隧道衬砌上的设计土压力荷载高度　　表4-35

岩体分级	岩石分级	中夹岩柱宽15m			中夹岩柱宽20m			中夹岩柱宽25m		
		H_{q_0}(m)	H_{q_1}(m)	H_{q_2}(m)	H_{q_0}(m)	H_{q_1}(m)	H_{q_2}(m)	H_{q_0}(m)	H_{q_1}(m)	H_{q_2}(m)
Ⅱ级	坚硬岩	2.06	0	0	2.06	0	0	2.06	0	0
	较坚硬岩	2.82	0	0	2.82	0	0	2.82	0	0
Ⅲ级	坚硬岩	3.64	0	0	3.64	0	0	3.64	0	0
	较坚硬岩	4.32	0	0	4.32	0	0	4.32	0	0
	较软岩	5.07	0	0	5.07	0	0	5.07	0	0
Ⅳ级	坚硬岩	6.18	0	0	6.18	0	0	6.18	0	0
	较坚硬岩	7.12	0	0	7.12	0	0	7.12	0	0
	较软岩	8.47	0.70	3.12	8.47	0	0	8.47	0	0
	软岩	9.69	1.32	5.67	9.69	0.33	1.43	9.69	0	0
V级	较坚硬岩	10.96	1.93	8.10	10.96	1.14	4.79	10.96	0	0
	较软岩	13.18	2.67	11.10	13.18	2.05	8.53	13.18	0.81	3.37
	软岩	16.10	3.63	14.81	16.10	3.19	13.05	16.10	2.33	9.52

(8)根据式(4-1)~式(4-11)计算出的土压力荷载为作用在初期支护及二次衬砌上的全部荷载,在设计过程中可以根据各层支护的设计强度进行荷载分配,但是一般情况下初期支护的设计承载能力不宜小于全部土压力荷载的50%,如果难以达到该比例,则应考虑提前施作二次衬砌。

(9)当根据式(4-1)~式(4-11)计算作用在连拱隧道支护结构之上的松散土压力荷载时,必须采用确保中夹岩柱稳定的开挖方法施工。

(10)当隧道埋置深度小于深埋土压力荷载高度时,作用在支护结构之上的土压力荷载按拱顶上全部覆土厚度计算;当隧道埋置深度大于深埋土压力荷载高度,小于深浅埋分界值时,作用在支护结构之上的土压力荷载按破裂面理论计算。

(11)当地形偏斜或地质构造明显不均匀时,应对结构在偏压荷载作用工况下进行强度校核;当无显著偏压作用时,也应将 Q_0 荷载的10%~20%按偏压分布、马鞍形分布对结构进行强度校核。

三、小间距段施工图设计示例

作为示例,主要提供了八字岭隧道小间距段的相关施工图。包括建筑限界和净空图(图4-63)、复合式衬砌设计图(图4-64、图4-65)。

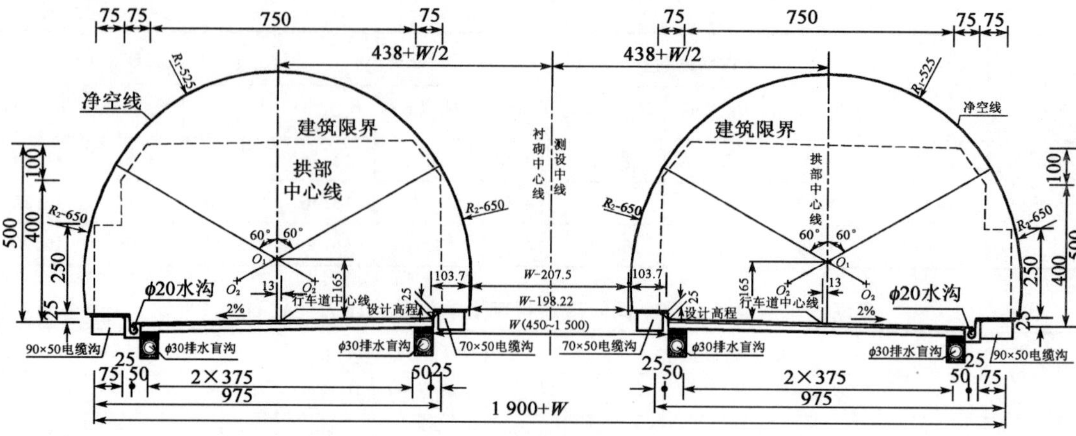

图 4-63 小间距段建筑限界和净空图(尺寸单位:cm)

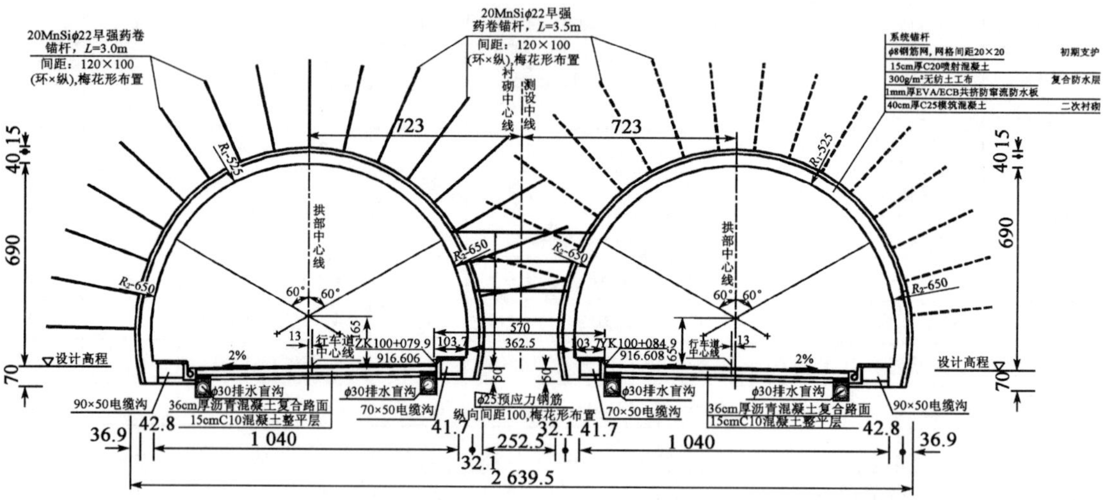

图 4-64 小间距段复合式衬砌设计图(中隔岩柱设对拉预应力锚杆)(尺寸单位:cm)

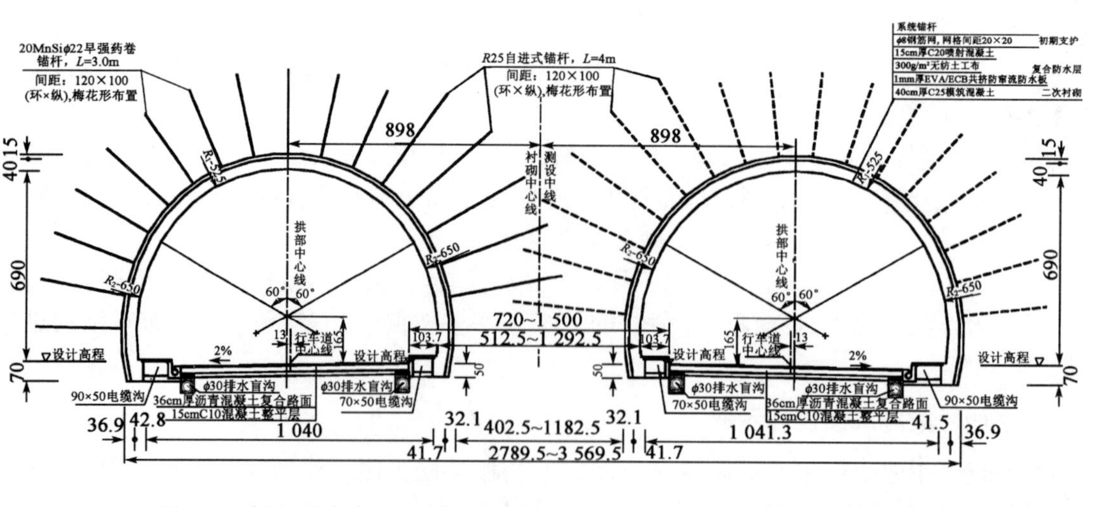

图 4-65 小间距段复合式衬砌设计图(中隔岩柱不设对拉预应力锚杆)(尺寸单位:cm)

第三节　小间距段施工

(1)小间距隧道施工过程中最重要问题是如何保护中夹岩柱的完整性与稳定性，以最大限度地发挥中夹岩柱稳定隧道的作用，提高隧道支护结构的可靠性。

(2)对于Ⅴ级围岩地段，当中夹岩柱厚度为5～10m且地质条件偏差时，一般要求左右洞均采用侧壁导坑法开挖；当中夹岩柱大于10m时，先行洞可以考虑采用短台阶法开挖，后行洞则采用侧壁导坑法开挖。地质条件越差，中夹岩柱的加固越应提前，必要时可以考虑采用超前注浆加固中夹岩柱。在开挖过程中，每循环进尺控制在1.0～1.5m。

左右洞均采用侧壁导坑开挖的施工工序如下(图4-66)。

①开挖左洞内侧导洞；

②施作左洞内侧初期支护；

③开挖右洞内侧导洞；

④施作右洞内侧初期支护；

⑤施作中夹岩柱上的对拉钢筋或对拉锚杆；

⑥开挖左右洞外侧部分；

⑦施作左右洞外侧初期支护；

⑧开挖并施作仰拱；

⑨施作左右洞二次衬砌。

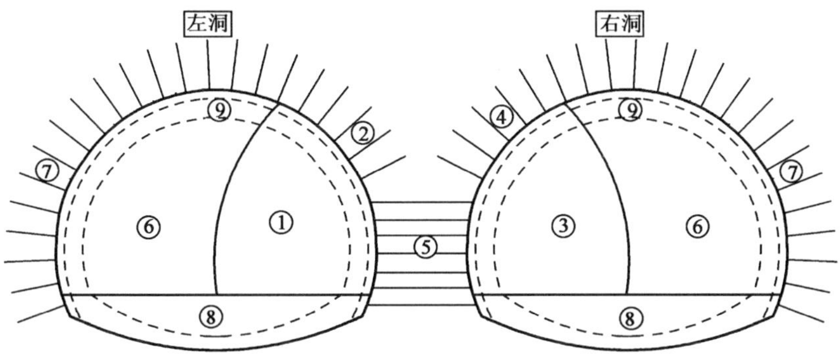

图4-66　小间距段Ⅴ级围岩施工工序图

采用Ⅴ级围岩基本参数，对中侧壁导坑开挖法开挖的小间距隧道进行动态数值模拟，可发现塑性区最易在中夹岩柱和拱底附近围岩产生。

以上为假设左洞先行，实际施工过程中，应根据现场条件确定是左洞先行还是右洞先行。

(3)对于Ⅳ级围岩地段，当中夹岩柱厚度为3.5～8m且地质条件偏差时，一般要求先行洞采用台阶法开挖，后行洞采用侧壁导坑法开挖；当中夹岩柱大于8m时，后行洞也可以考虑采用短台阶法开挖。在开挖过程中，每循环进尺控制在1.5～2.0m。

左洞采用台阶法，右洞采用侧壁导坑法的施工工序如下(图4-67)。

①开挖左洞内侧导洞；

②施作左洞内侧初期支护；

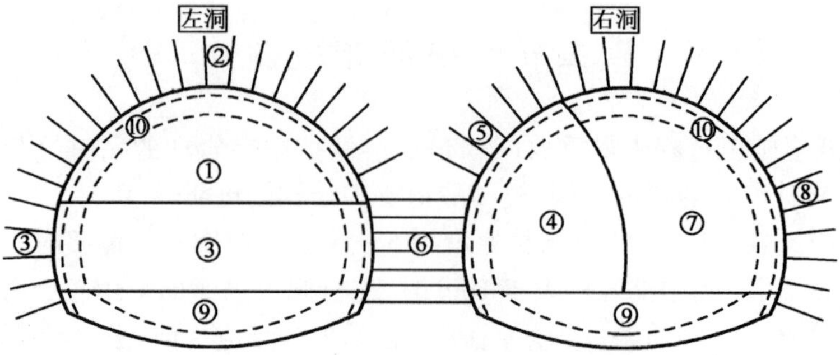

图 4-67　小间距段 IV 级围岩施工工序图

③开挖右洞内侧导洞；

④施作右洞内侧初期支护；

⑤施作中夹岩柱上的对拉钢筋或对拉锚杆；

⑥开挖左右洞外侧部分；

⑦施作左右洞外侧初期支护；

⑧开挖并施作仰拱；

⑨施作左右洞二次衬砌。

以上为假设左洞先行，实际施工过程中，应根据现场条件确定是左洞先行还是右洞先行。

(4)对于Ⅱ、Ⅲ级围岩地段，当中夹岩柱厚度为 2 ~ 5m 且地质条件偏差时，一般要求先行洞采用台阶法开挖，后行洞也可采用台阶法开挖，但是内侧开挖及支护应适当先行；当中夹岩柱大于 5m 时，左右隧道也可以考虑采用短台阶法开挖。一般左右洞均可采用台阶法开挖，每循环进尺控制在 2.0 ~ 2.5m，具体施工工序如下(图 4-68)。

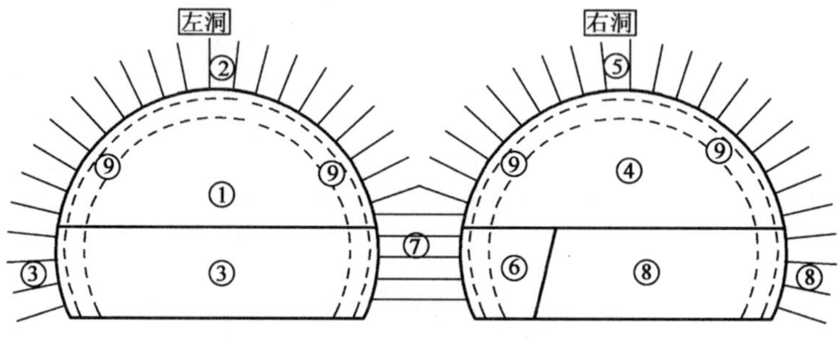

图 4-68　小间距段Ⅱ、Ⅲ级围岩施工工序图

①开挖左洞上半断面；

②施作上半断面初期支护；

③开挖左洞下半断面，并施作左洞下半断面初期支护；

④开挖右洞上半断面；

⑤施作右洞上半断面初期支护；

⑥开挖右洞下半断面内侧；

⑦施作中夹岩柱系统锚杆或对拉锚杆；

⑧施作右洞下半断面外侧，并施作初期支护；

⑨施作左右洞二次衬砌。

左右洞超前开挖次序应根据地质条件及施工组织综合确定，一般条件下地质条件偏差的洞室超前开挖对洞室稳定及结构受力更有利。

(5)在开挖过程中要特别注意保护中夹围岩的稳定与完整性：严格控制上下行隧道相邻侧预裂爆破质量，确保岩柱的稳定性；严格控制隧道的爆破时间，杜绝两侧隧道同时实施爆破，及时施作对拉锚杆。

第五章　过渡段建设技术

分岔隧道的过渡段主要有两处：四车道大拱隧道到连拱隧道的过渡段以及连拱隧道到小间距隧道的过渡段。过渡段的设计施工是分岔隧道工程成败的关键。本章结合八字岭分岔隧道两处过渡段的工程特点和初步设计资料，首先通过数值仿真，研究了过渡段的围岩稳定性和支护结构的受力情况，然后借助地质力学模型试验，分析了隧道围岩的应力位移特征和承载安全度，最后作为第二～第四章关于设计、施工的补充和总结，详细论述了分岔隧道的设计、施工。

第一节　过渡段围岩稳定性分析

一、大拱段到连拱段过渡段数值模拟

大拱段到连拱段过渡段取大拱和连拱纵深各 10m 共 20m 的长度作为研究范围，交界面为大拱段和连拱段的过渡界面，为计算结果分析方便，取模型四个剖面 set-1 ～ set-4，位置如图 5-1所示。对从大拱段一直开挖到连拱段的整个动态开挖过程进行数值模拟。大拱-连拱隧道连接段计算模型如图 5-2 所示。

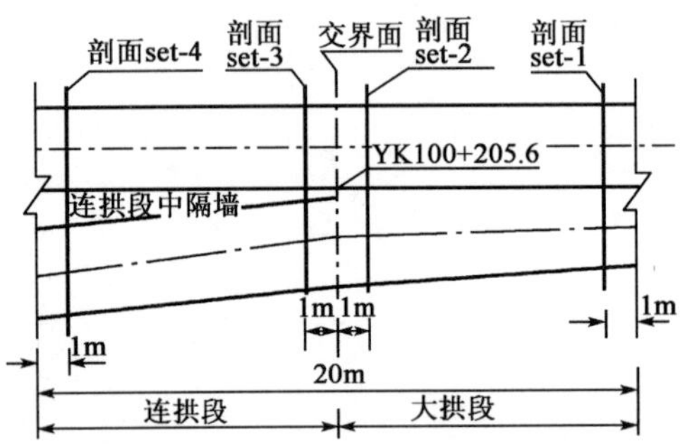

图 5-1　大拱段到连拱段过渡段示意图

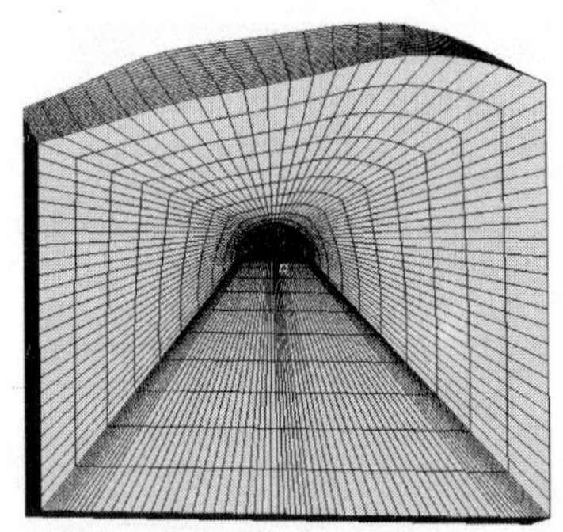

图 5-2　大拱-连拱隧道连接段计算模型图

大拱段开挖工序：上半断面拱部开挖→施作拱部喷射混凝土初期支护→开挖两侧拱腰→两侧拱腰施作初期支护→开挖核心土→开挖两侧边墙→全断面施作衬砌→施作二次衬砌，见图 5-3。连拱段开挖工序：开挖中导洞→施作中隔墙→开挖左洞→施作左洞支护。对于左洞的主要施工工序如下：开挖左洞上半断面及侧导洞→施工拱部和边墙初期支护→开挖核心土→施作二次衬砌和仰拱衬砌，对于右洞的施工工艺和左洞类似，见图 5-4。图 5-3 和图 5-4 中的数字为进行分析的关键点编号。

1. 围岩应力分布特征

（1）大拱段部分

大拱段隧道上半断面开挖后，在拱肩角点部位（剖面 set-1 关键点 2、8 处）形成压应力集中区，最大压应力接近3MPa；随着大拱第二步开挖完成，最大压应力转移到腰部角点部位（剖面 set-1 关键点 3、7 处），最大压应力接近 4MPa；核心土开挖后，3、7 角点处压应力进一步增大；大拱开挖结束后，最大压应力区转移到拱脚部位（剖面 set-1 关键点 4、6 处），分别为 2.46MPa、2.92MPa。开挖过程中，拉应力区出现于拱顶部位以及底板中间部位，量值不大，都低于 0.2MPa。

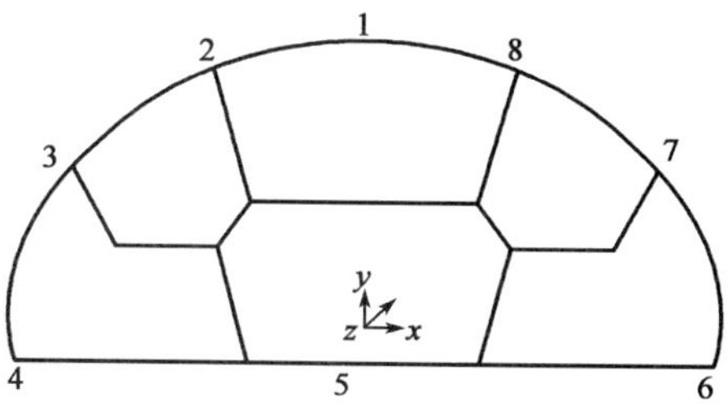

图 5-3 大拱段隧道开挖平面示意图

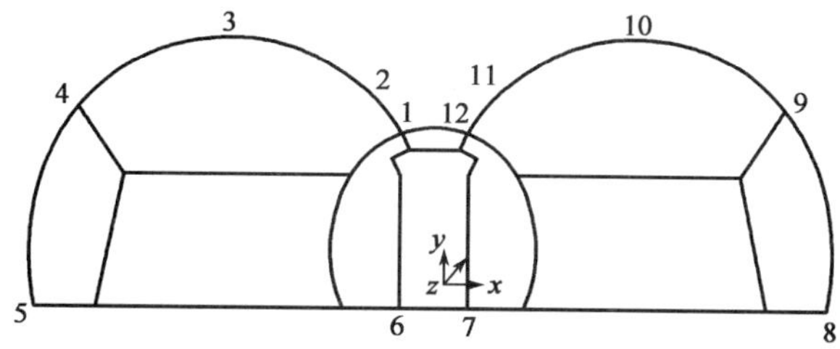

图 5-4 连拱段隧道开挖平面示意图

比较剖面 set-1 关键点和剖面 set-2 关键点应力值可知，剖面 set-1 关键点的压应力、拉应力普遍比剖面 set-2 关键点的压应力、拉应力要大，这是由于连拱段对附近的岩体有一个支撑作用，控制了围岩的变形。例如，大拱段开挖结束后，剖面 set-1 关键点 4、6 处的压应力分别为 2.64MPa、2.92MPa，而剖面 set-2 关键点 4、6 处的压应力分别为 2.19MPa、2.42MPa。连拱段剖面 set-3 关键点的压应力从开挖初期的 1.5MPa 左右增大到大拱段隧道开挖结束后的 2.0MPa 左右，连拱段剖面 set-4 关键点的应力受到大拱开挖的影响不大，增加幅度不超过 0.3MPa。

（2）连拱段部分

连拱段隧道中导洞开挖后，最大压应力出现在中导洞两脚点处，达 6MPa，中隔墙顶部角点处压应力值也较大，达 3MPa；随着左洞上半断面以及外侧导洞的开挖，中隔墙的左下部位出现明显的压应力集中现象，最大压应力达 8.82MPa，在左洞脚点和中隔墙底部、顶部也出现压应力集中，剖面 set-3 关键点 5（左洞脚点）和 1、12（中隔墙角点）处的压应力值分别为 4.22MPa、4.95MPa 和 4.52MPa，剖面 set-4 关键点 5、1 和 12 处的压应力值分别为 4.09MPa、4.70MPa 和 4.54MPa；左洞开挖结束后，压应力值进一步增大，最大压应力值依然出现在中隔墙左下部压应力集中区，为 8.93MPa，其余部位压应力集中规律变化不大，量值稍有增大；右洞上半断面及侧导洞开挖后，连拱角点处和中隔墙顶部都出现压应力集中，且压应力值进一步增大，最大压应力依然出现在中隔墙左侧下部靠近大拱段隧道一端，其值为 12.49MPa；右洞开挖结束后，应力集中规律变化不大，应力集中值稍有增大，中隔墙中最大压应力为 12.55MPa。

大拱隧道顶部的拉应力值随着大拱和连拱隧道的开挖而减小，而大拱底板的最大拉应力则随着开挖而增大。如剖面 set-1 关键点 1（拱顶部位）在大拱第一步开挖结束时的拉应力为 0.17MPa，大拱开挖结束后降为 0.14MPa，连拱开挖结束后则降为 0.12MPa；大拱内部（剖面 set-2 关键点）拱顶拉应力的变化规律有所不同，大拱开挖时先从 0.05MPa 增至 0.1MPa，连拱开挖结束后降为 0.05MPa。大拱底板部位拉应力最大，且随着连拱的开挖进一步增大，如剖面 set-1 关键点 5 从 0.36MPa 增至 0.53MPa，剖面 set-2 关键点 5 从 0.09MPa 增至 0.39MPa，这反映了大拱底板随着连拱的开挖而上抬。大拱脚点处的最大压应力值也随着连拱开挖而增大。大拱开挖结束时，剖面 set-1 关键点 4、6 的压应力值为 2.68MPa、2.96MPa，随着连拱的开挖，量值逐渐增大，连拱开挖结束后，其值增加到 3.19MPa、3.48MPa；剖面 set-2 关键点 4、6 显示了同样的规律，但量值稍小。连拱隧道内剖面 set-3 关键点和剖面 set-4 关键点的应力变化差别不大。

图 5-5 ~ 图 5-22 反映了各开挖步的围岩最大主应力和最小主应力的分布情况。表 5-1 ~ 表 5-4 则是 4 个剖面的关键点随开挖进程的大小主应力值。这些图表显示了隧道动态开挖过程中的围岩应力变化情况。

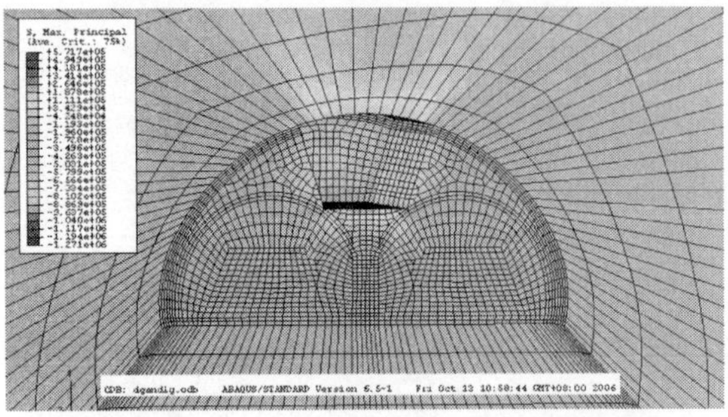

图 5-5　大拱段上半断面开挖后最大主应力分布图

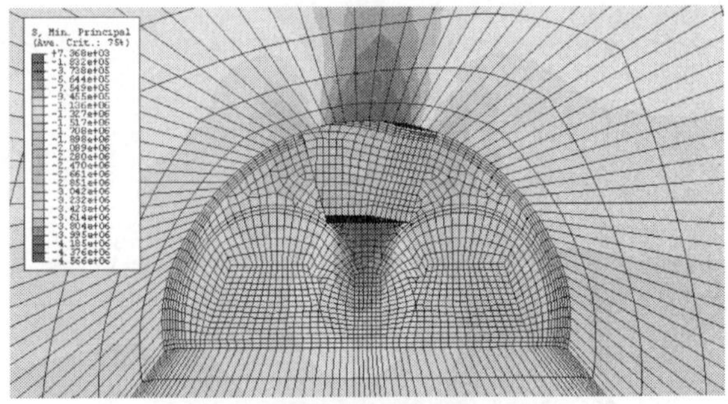

图 5-6　大拱段上半断面开挖后最小主应力分布图

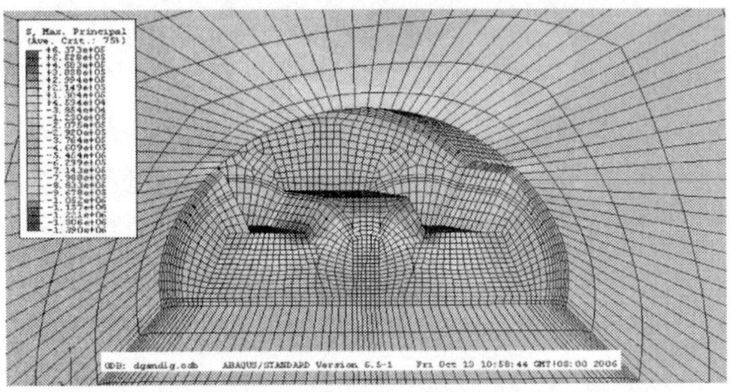

图 5-7　大拱段两侧拱腰开挖后最大主应力分布图

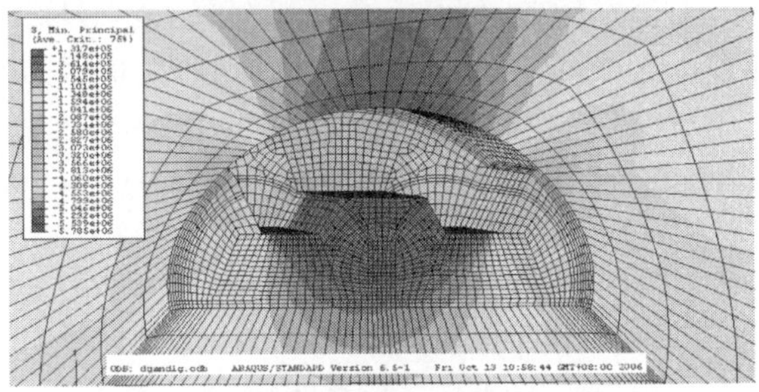

图 5-8　大拱段两侧拱腰开挖后最小主应力分布图

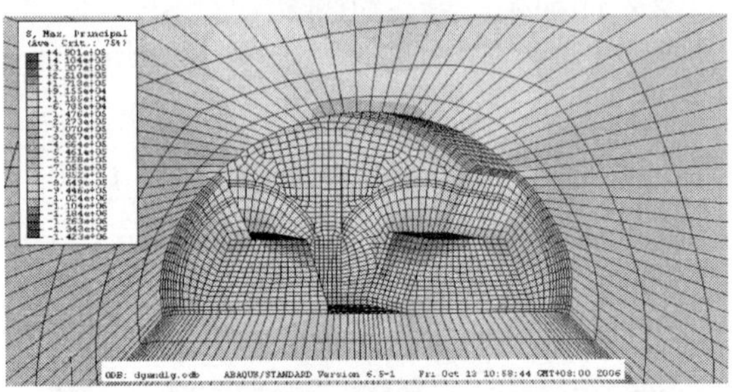

图 5-9　大拱段中间核心土开挖后最大主应力分布图

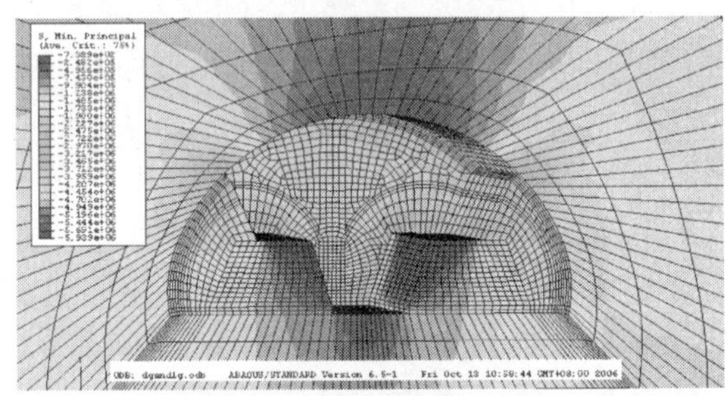

图 5-10　大拱段中间核心土开挖后最小主应力分布图

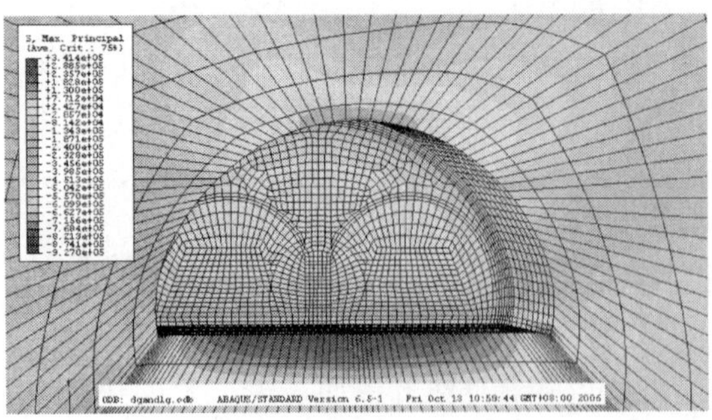

图 5-11　大拱段开挖结束后最大主应力分布图

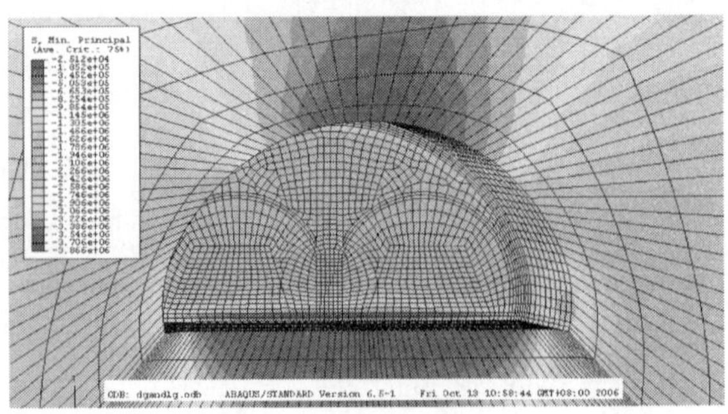

图 5-12　大拱段开挖结束后岩最小主应力分布图

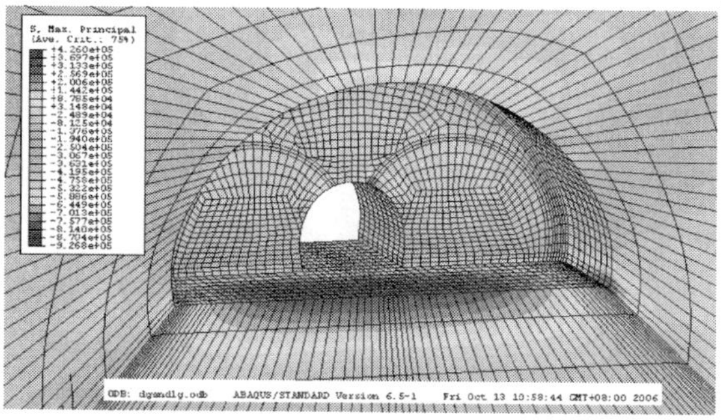

图 5-13 连拱段中导洞开挖后最大主应力分布图

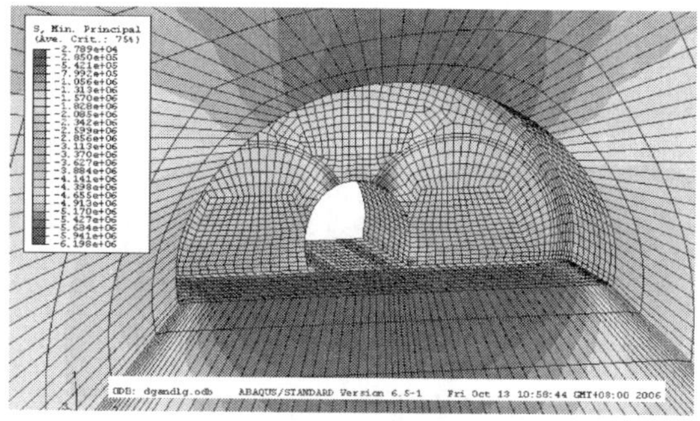

图 5-14 连拱段中导洞开挖后最小主应力分布图

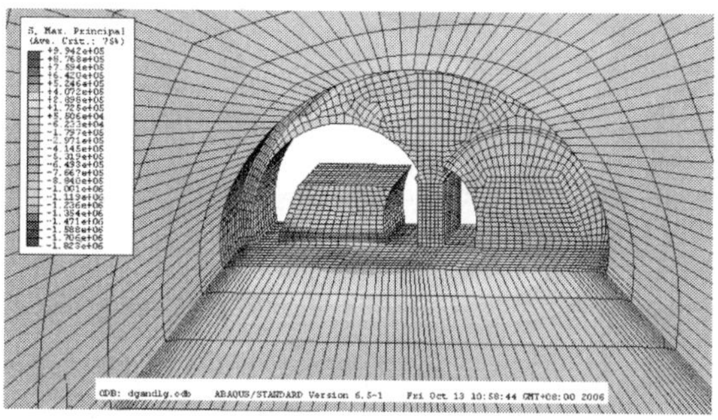

图 5-15 连拱段左洞上半断面开挖后最大主应力分布图

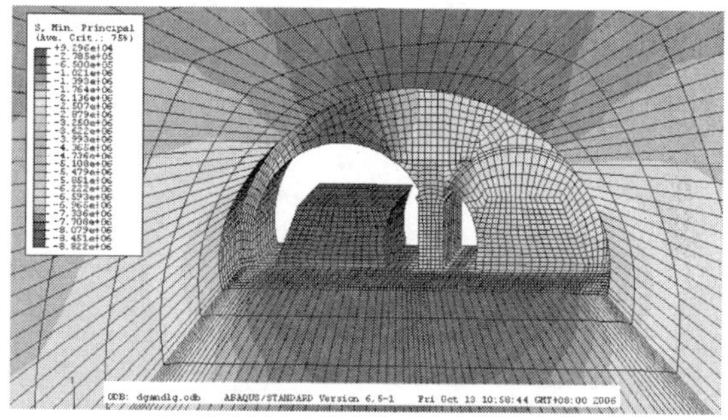

图 5-16 连拱段左洞上半断面开挖后最小主应力分布图

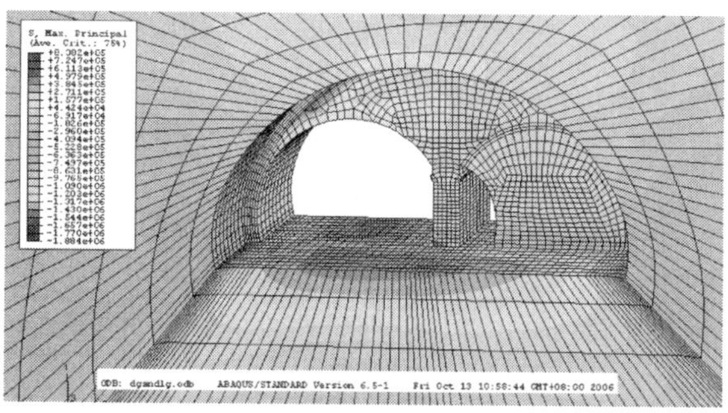

图 5-17 连拱段左洞核心土开挖后最大主应力分布图

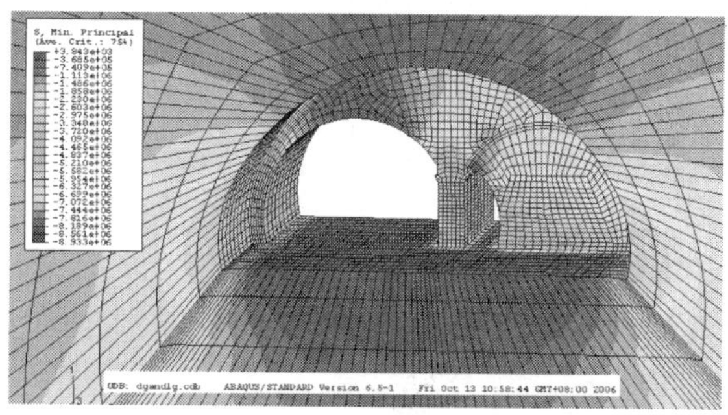

图 5-18 连拱段左洞核心土开挖后最小主应力分布图

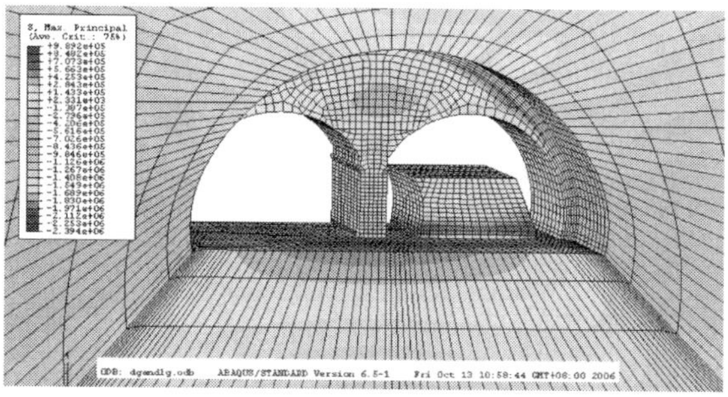

图 5-19 连拱段右洞上半断面开挖后最大主应力分布图

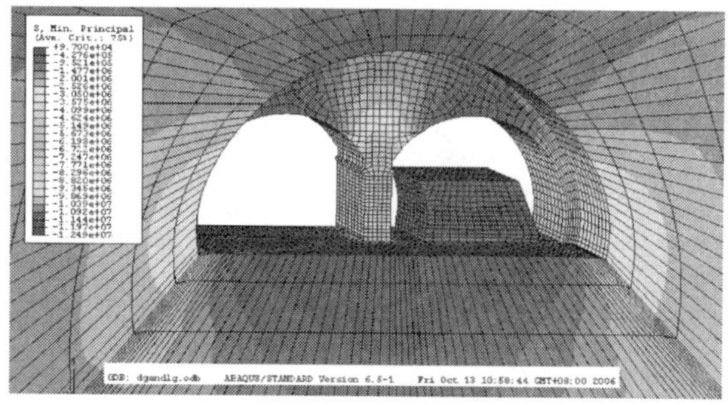

图 5-20 连拱段右洞上半断面开挖后最小主应力分布图

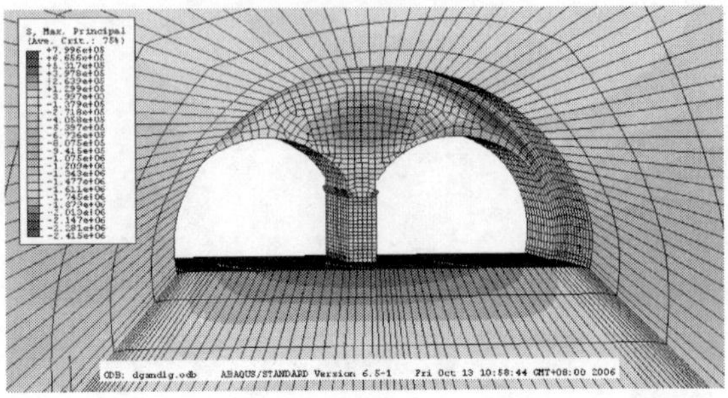

图 5-21　连拱段开挖结束后最大主应力分布图

图 5-22　连拱段开挖结束后最小主应力分布图

大拱段隧道洞口第一组关键点的应力随开挖步变化规律　　表 5-1

关键点	关键点应力(MPa)							
	step-1		step-2		step-3		step-4	
	σ_1	σ_3	σ_1	σ_3	σ_1	σ_3	σ_1	σ_3
1	0.17	-0.05	0.16	-0.03	0.15	-0.03	0.14	-0.05
2	-0.74	-2.95	0.02	-0.53	0.01	-0.53	0.02	-0.53
3	-0.34	-1.46	-1.08	-3.83	-1.10	-3.92	-0.18	-1.83
4	-0.37	-1.52	-0.27	-1.56	-0.24	-1.58	-0.62	-2.64
5	-0.43	-1.21	-0.34	-0.59	-0.04	-0.25	0.33	-0.04
6	-0.37	-1.62	-0.29	-1.70	-0.27	-1.72	-0.74	-2.92
7	-0.37	-1.50	-1.03	-3.72	-1.06	-3.80	-0.15	-1.42
8	-0.58	-2.66	0.05	-0.33	0.04	-0.33	0.05	-0.29

关键点	关键点应力(MPa)									
	step-5		step-6		step-7		step-8		step-9	
	σ_1	σ_3	σ_1	σ_3	σ_1	σ_3	σ_1	σ_3	σ_1	σ_3
1	0.13	-0.05	0.13	-0.04	0.13	-0.04	0.12	-0.04	0.12	-0.04
2	0.01	-0.54	-0.01	-0.54	-0.01	-0.53	-0.02	-0.59	-0.02	-0.58
3	-0.19	-1.85	-0.21	-2.00	-0.21	-2.00	-0.23	-2.13	-0.23	-2.13
4	-0.62	-2.68	-0.64	-3.00	-0.64	-3.00	-0.67	-3.18	-0.67	-3.19
5	0.36	-0.03	0.43	-0.03	0.43	-0.03	0.53	-0.03	0.53	-0.03
6	-0.75	-2.96	-0.80	-3.09	-0.80	-3.09	-0.96	-3.47	-0.96	-3.48
7	-0.16	-1.44	-0.17	-1.53	-0.17	-1.53	-0.18	-1.66	-0.18	-1.67
8	0.04	-0.29	0.03	-0.32	0.03	-0.32	0.02	-0.32	0.03	-0.32

大拱段隧道洞内第二组关键点的应力随开挖步变化规律 表 5-2

关 键 点	关键点应力(MPa)							
	step-1		step-2		step-3		step-4	
	σ_1	σ_3	σ_1	σ_3	σ_1	σ_3	σ_1	σ_3
1	0.05	-0.68	0.10	-0.86	0.09	-0.87	0.08	-0.96
2	-0.53	-2.29	-0.01	-0.99	-0.02	-1.00	0.00	-1.07
3	-0.36	-1.41	-0.74	-2.90	-0.76	-2.96	-0.16	-1.71
4	-0.39	-1.54	-0.31	-1.58	-0.31	-1.60	-0.51	-2.19
5	-0.40	-1.39	-0.21	-1.28	-0.05	-0.81	0.03	-1.12
6	-0.39	-1.63	-0.33	-1.69	-0.33	-1.71	-0.59	-2.42
7	-0.38	-1.46	-0.73	-2.85	-0.74	-2.90	-0.15	-1.53
8	-0.45	-2.10	0.00	-0.97	-0.01	-0.98	0.00	-1.06

关 键 点	关键点应力(MPa)									
	step-5		step-6		step-7		step-8		step-9	
	σ_1	σ_3	σ_1	σ_3	σ_1	σ_3	σ_1	σ_3	σ_1	σ_3
1	0.07	-0.90	0.06	-0.76	0.06	-0.76	0.04	-0.60	0.05	-0.61
2	-0.01	-1.05	-0.01	-0.63	-0.01	-0.63	-0.02	-0.68	-0.02	-0.68
3	-0.17	-1.74	-0.05	-1.78	-0.05	-1.78	-0.08	-1.91	-0.08	-1.91
4	-0.51	-2.23	-0.43	-2.84	-0.46	-2.85	-0.49	-3.04	-0.49	-3.05
5	0.09	-0.78	0.23	-1.19	0.22	-1.19	0.39	-1.61	0.39	-1.63
6	-0.61	-2.46	-0.67	-2.57	-0.67	-2.57	-0.78	-3.29	-0.80	-3.32
7	-0.16	-1.55	-0.17	-1.64	-0.17	-1.64	-0.01	-1.56	-0.01	-1.57
8	0.00	-1.01	-0.01	-1.06	-0.01	-1.06	-0.03	-0.53	-0.03	-0.53

连拱段隧道洞口第三组关键点应力随开挖步变化规律 表 5-3

关 键 点	关键点应力(MPa)							
	step-1		step-2		step-3		step-4	
	σ_1	σ_3	σ_1	σ_3	σ_1	σ_3	σ_1	σ_3
1	-0.25	-1.53	-0.27	-1.95	-0.05	-1.83	-0.03	-2.01
2	-0.41	-1.67	-0.47	-2.39	-0.05	-1.87	-0.03	-1.94
3	-0.36	-1.48	-0.11	-1.91	-0.09	-1.93	-0.06	-1.96
4	-0.36	-1.43	-0.40	-1.69	-0.41	-1.72	-0.14	-2.04
5	-0.39	-1.54	-0.33	-1.59	-0.33	-1.61	-0.51	-2.13
6	-0.39	-1.49	-0.22	-1.51	-0.47	-2.06	-0.62	-2.66
7	-0.38	-1.50	-0.22	-1.52	-0.48	-2.06	-0.62	-2.67

续上表

关键点	关键点应力(MPa)							
	step-1		step-2		step-3		step-4	
	σ_1	σ_3	σ_1	σ_3	σ_1	σ_3	σ_1	σ_3
8	-0.39	-1.62	-0.35	-1.69	-0.35	-1.70	-0.52	-2.27
9	-0.38	-1.50	-0.41	-1.74	-0.41	-1.77	-0.16	-2.20
10	-0.37	-1.53	-0.11	-1.97	-0.10	-1.97	-0.07	-2.05
11	-0.42	-1.69	-0.53	-2.43	-0.05	-1.86	-0.03	-1.97
12	-0.26	-1.54	-0.29	-1.96	-0.05	-1.83	-0.03	-2.02

关键点	关键点应力(MPa)									
	step-5		step-6		step-7		step-8		step-9	
	σ_1	σ_3	σ_1	σ_3	σ_1	σ_3	σ_1	σ_3	σ_1	σ_3
1	-0.11	-2.64	-0.34	-4.95	-0.34	-4.95	-0.43	-5.93	-0.43	-5.97
2	-0.01	-1.48	0.08	-1.58	0.08	-1.58	0.08	-2.06	0.08	-2.08
3	-0.06	-1.99	0.18	-0.03	0.19	-0.03	0.12	-0.07	0.12	-0.06
4	-0.14	-2.10	0.06	-2.18	0.06	-2.17	0.03	-2.42	0.03	-2.42
5	-0.53	-2.17	-0.39	-4.22	-0.45	-4.27	-0.48	-4.58	-0.49	-4.60
6	-0.17	-2.10	0.00	-3.32	-0.04	-3.36	-0.08	-4.49	-0.09	-4.53
7	-0.24	-1.84	-0.34	-2.70	-0.35	-2.72	0.01	-4.00	-0.03	-4.06
8	-0.55	-2.31	-0.62	-2.42	-0.62	-2.42	-0.70	-5.31	-0.74	-5.38
9	-0.16	-2.26	-0.18	-2.43	-0.18	-2.43	0.10	-2.24	0.10	-2.24
10	-0.06	-2.01	-0.07	-2.22	-0.07	-2.22	0.38	0.00	0.39	0.00
11	-0.01	-1.30	-0.01	-1.60	-0.01	-1.60	0.08	-2.22	0.08	-2.22
12	-0.05	-3.03	-0.31	-4.52	-0.32	-4.56	-0.46	-6.26	-0.47	-6.28

连拱段隧道洞内第四组关键点的应力随开挖步变化规律 表 5-4

关键点	关键点应力(MPa)							
	step-1		step-2		step-3		step-4	
	σ_1	σ_3	σ_1	σ_3	σ_1	σ_3	σ_1	σ_3
1	-0.38	-1.48	-0.38	-1.57	-0.38	-1.60	-0.39	-1.75
2	-0.37	-1.44	-0.37	-1.54	-0.37	-1.57	-0.38	-1.71
3	-0.36	-1.39	-0.36	-1.47	-0.35	-1.50	-0.37	-1.62
4	-0.37	-1.41	-0.38	-1.48	-0.37	-1.49	-0.38	-1.61
5	-0.41	-1.54	-0.41	-1.60	-0.41	-1.61	-0.42	-1.69
6	-0.41	-1.59	-0.37	-1.67	-0.40	-1.67	-0.43	-1.78
7	-0.41	-1.60	-0.37	-1.67	-0.40	-1.68	-0.43	-1.79
8	-0.41	-1.62	-0.41	-1.67	-0.41	-1.68	-0.42	-1.77

续上表

关 键 点	关键点应力(MPa)							
	step-1		step-2		step-3		step-4	
	σ_1	σ_3	σ_1	σ_3	σ_1	σ_3	σ_1	σ_3
9	-0.38	-1.47	-0.38	-1.54	-0.37	-1.56	-0.38	-1.68
10	-0.36	-1.43	-0.36	-1.51	-0.36	-1.54	-0.37	-1.67
11	-0.37	-1.46	-0.37	-1.55	-0.37	-1.58	-0.38	-1.72
12	-0.38	-1.48	-0.38	-1.58	-0.38	-1.61	-0.39	-1.75

关 键 点	关键点应力(MPa)									
	step-5		step-6		step-7		step-8		step-9	
	σ_1	σ_3	σ_1	σ_3	σ_1	σ_3	σ_1	σ_3	σ_1	σ_3
1	-0.49	-2.50	-0.61	-4.70	-0.60	-4.68	-0.74	-5.99	-0.74	-6.04
2	-0.30	-1.34	-0.03	-1.59	-0.03	-1.58	-0.03	-2.08	-0.03	-2.10
3	-0.31	-1.67	0.15	-0.02	0.15	-0.02	0.07	-0.05	0.07	-0.05
4	-0.38	-1.67	-0.05	-2.54	-0.05	-2.53	-0.05	-2.81	-0.05	-2.82
5	-0.43	-1.73	-0.42	-4.09	-0.51	-4.15	-0.58	-4.51	-0.59	-4.53
6	-0.16	-1.79	-0.05	-3.34	-0.17	-3.36	-0.28	-4.65	-0.32	-4.68
7	-0.24	-1.53	-0.44	-2.47	-0.49	-2.48	-0.10	-4.16	-0.20	-4.22
8	-0.44	-1.80	-0.52	-1.90	-0.52	-1.90	-0.79	-5.22	-0.87	-5.30
9	-0.33	-1.74	-0.39	-1.87	-0.39	-1.87	-0.04	-2.29	-0.04	-2.29
10	-0.29	-1.63	-0.30	-1.83	-0.30	-1.84	0.35	0.01	0.36	0.01
11	-0.27	-1.17	-0.34	-1.49	-0.34	-1.49	-0.02	-2.25	-0.02	-2.25
12	-0.41	-2.86	-0.77	-4.54	-0.78	-4.58	-0.74	-6.37	-0.74	-6.38

2. 围岩位移分布特征

随着大拱段、连拱段隧道的开挖，大拱拱顶、底板的位移不断增大，最大位移发生在大拱底板。从大拱开挖初期到大拱开挖结束再到连拱开挖结束，剖面 set-1 关键点 1(大拱拱顶)、5(大拱底板)的位移变化分别为 0.82mm→1.61mm→2.40mm，0.31mm→2.29mm→3.00mm。剖面 set-2 关键点显示了同样的规律，但是位移较小，这是由于连拱段中隔墙的支撑作用。

图 5-23 是大拱段开挖结束时的围岩位移分布图，而图 5-24 则显示了连拱段开挖结束时的位移分布。由图 5-24 可见，连拱段隧道开挖后，最大位移发生在底板部位。关键点位移值显示了连接端附近连拱拱顶的位移稍大于远离连接端拱顶的位移，如开挖结束后剖面 set-3 关键点 3、10 的位移分别为 1.96mm、2.12mm，剖面 set-4 关键点 3、10 的位移分别为 1.90mm、2.07mm。表 5-5 ~ 表 5-8 分别为剖面 set-1 ~ set-4 关键点各开挖步完成后的位移值。

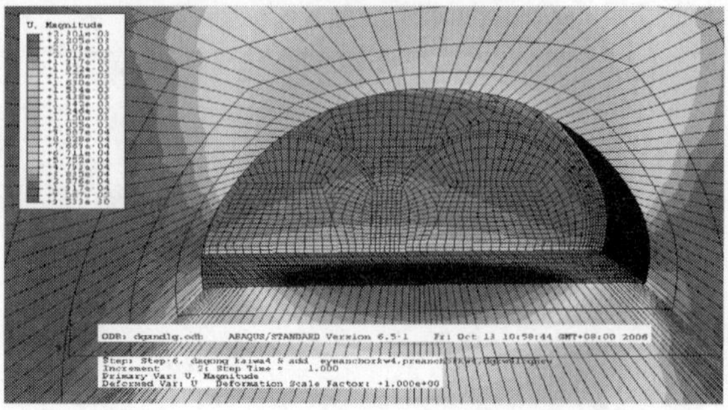
图 5-23 大拱开挖结束时的围岩位移分布图

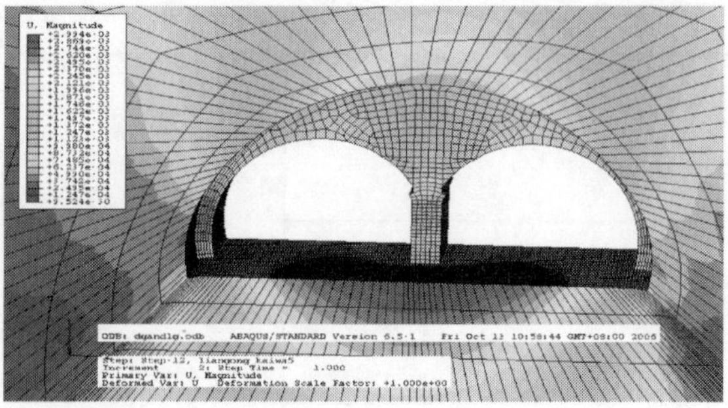
图 5-24 连拱开挖结束后围岩位移分布图

大拱隧道洞口第一组关键点位移随开挖步的变化规律 表 5-5

关键点	关键点位移(mm)								
	step-1	step-2	step-3	step-4	step-5	step-6	step-7	step-8	step-9
1	0.82	1.35	1.38	1.61	1.66	2.00	2.00	2.38	2.40
2	0.23	1.19	1.22	1.49	1.54	1.89	1.89	2.20	2.22
3	0.06	0.40	0.43	1.05	1.08	1.35	1.35	1.54	1.56
4	0.08	0.27	0.30	0.59	0.60	0.65	0.66	0.69	0.69
5	0.31	1.04	1.41	2.29	2.37	2.64	2.64	2.98	3.00
6	0.06	0.21	0.24	0.53	0.54	0.57	0.58	0.68	0.69
7	0.05	0.39	0.41	1.24	1.28	1.46	1.46	1.80	1.81
8	0.23	1.26	1.28	1.59	1.64	1.91	1.91	2.34	2.35

大拱隧道洞内第二组关键点位移随开挖步的变化规律 表 5-6

关键点	关键点位移(mm)								
	step-1	step-2	step-3	step-4	step-5	step-6	step-7	step-8	step-9
1	0.57	0.86	0.90	1.07	1.15	1.60	1.60	2.10	2.12
2	0.16	0.78	0.80	1.00	1.06	1.65	1.66	2.00	2.02
3	0.04	0.28	0.30	0.70	0.73	1.27	1.27	1.47	1.48
4	0.06	0.19	0.20	0.42	0.43	0.57	0.58	0.62	0.62
5	0.20	0.64	1.03	1.52	1.75	2.05	2.06	2.47	2.49
6	0.04	0.15	0.16	0.38	0.39	0.42	0.43	0.60	0.62
7	0.04	0.27	0.29	0.82	0.87	1.04	1.04	1.72	1.74
8	0.16	0.81	0.84	1.05	1.13	1.43	1.43	2.12	2.14

连拱隧道洞口第三组关键点位移随开挖步的变化规律 表 5-7

关键点	关键点位移(mm)								
	step-1	step-2	step-3	step-4	step-5	step-6	step-7	step-8	step-9
1	0.16	0.35	0.21	0.24	0.29	0.57	0.57	0.75	0.75
2	0.11	0.23	0.16	0.21	0.32	1.26	1.27	1.62	1.63

续上表

关键点	关键点位移(mm)								
	step-1	step-2	step-3	step-4	step-5	step-6	step-7	step-8	step-9
3	0.06	0.09	0.09	0.19	0.24	1.64	1.64	1.94	1.96
4	0.04	0.13	0.14	0.13	0.15	1.06	1.06	1.24	1.25
5	0.05	0.17	0.18	0.26	0.27	0.83	0.84	0.91	0.91
6	0.15	0.44	0.36	0.49	0.89	1.11	1.12	1.25	1.26
7	0.14	0.43	0.36	0.49	0.91	1.00	1.01	1.29	1.30
8	0.04	0.13	0.14	0.25	0.25	0.30	0.30	0.86	0.88
9	0.03	0.12	0.13	0.15	0.17	0.31	0.31	1.39	1.40
10	0.05	0.09	0.09	0.20	0.29	0.46	0.46	2.10	2.12
11	0.10	0.23	0.16	0.21	0.36	0.60	0.60	1.66	1.67
12	0.16	0.34	0.21	0.23	0.29	0.44	0.44	0.69	0.69

连拱隧道洞内第四组关键点位移随开挖步的变化规律　　表5-8

关键点	关键点位移(mm)								
	step-1	step-2	step-3	step-4	step-5	step-6	step-7	step-8	step-9
1	0.03	0.06	0.06	0.05	0.14	0.50	0.51	0.68	0.68
2	0.02	0.05	0.04	0.02	0.21	1.22	1.22	1.62	1.63
3	0.02	0.04	0.03	0.05	0.11	1.56	1.56	1.89	1.90
4	0.02	0.05	0.05	0.06	0.06	0.94	0.95	1.13	1.14
5	0.03	0.08	0.08	0.12	0.13	0.77	0.77	0.86	0.86
6	0.05	0.13	0.14	0.20	0.52	0.82	0.83	0.93	0.93
7	0.05	0.13	0.13	0.20	0.54	0.68	0.69	0.97	0.96
8	0.02	0.07	0.07	0.11	0.11	0.18	0.19	0.80	0.83
9	0.02	0.05	0.05	0.06	0.06	0.20	0.20	1.37	1.39
10	0.01	0.04	0.03	0.05	0.18	0.37	0.37	2.06	2.07
11	0.02	0.05	0.03	0.01	0.27	0.54	0.54	1.64	1.66
12	0.03	0.06	0.06	0.05	0.14	0.33	0.33	0.58	0.59

3.围岩塑性区分布特征

岩体开挖扰动,使得隧道洞周部分岩体因应力释放,产生应力集中,当应力超出围岩材料的屈服极限时,就会出现塑性区。数值计算结果表明:连拱段开挖结束后,在中隔墙上部连拱肩部出现了塑性区,如图5-25所示。

4.隧道支护结构受力特征

随着连拱段隧道的开挖,大拱段二次衬砌所承受的拉应力逐渐增大。拉应力区主要分布于靠近连拱的底板和拱肩一些部位,越靠近连拱,拉应力值越大,最终最大拉应力值为1.3MPa左右。大拱段二次衬砌靠近脚点部位有压应力集中,越靠近连拱段,集中越明显,且最大压应力值随着连拱的开挖而增大,如中导洞开挖后最大压应力值为1.35MPa,连拱开挖结束后增大到6.9MPa。大拱段二次衬砌在连拱隧道开挖过程中的主应力分布变化如图5-26～图5-30所示。而连拱段二次衬砌在连拱隧道开挖结束后的主应力分布情况见图5-31。

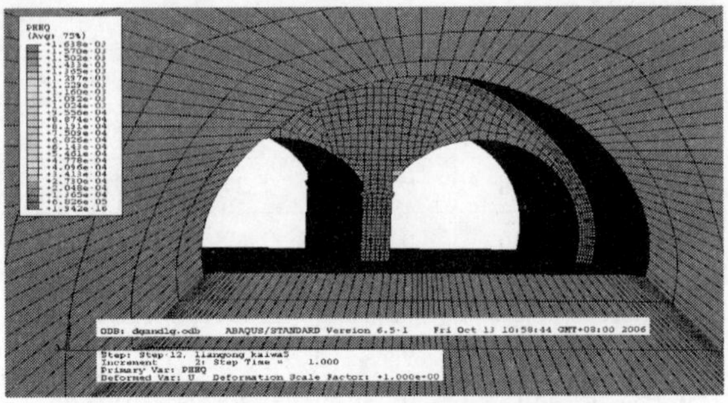

图5-25　连拱隧道开挖结束后的塑性区分布图

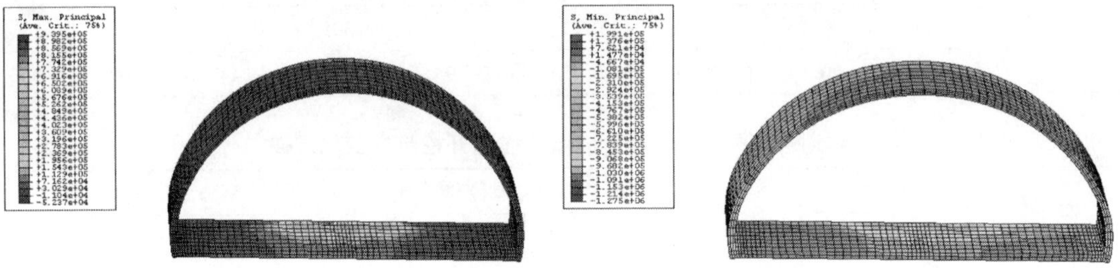

a)　b)

图5-26　连拱段中导洞开挖后大拱二次衬砌主应力分布图

a)最大主应力分布；b)最小主应力分布

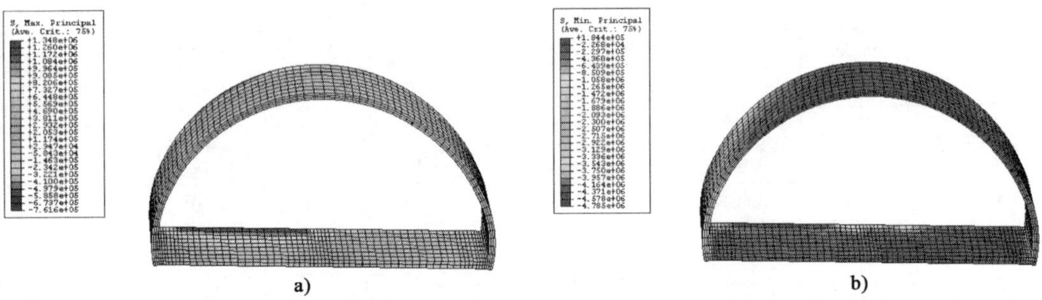

a)　b)

图5-27　连拱段左洞上半断面及侧导洞开挖后大拱二次衬砌主应力分布图

a)最大主应力分布；b)最小主应力分布

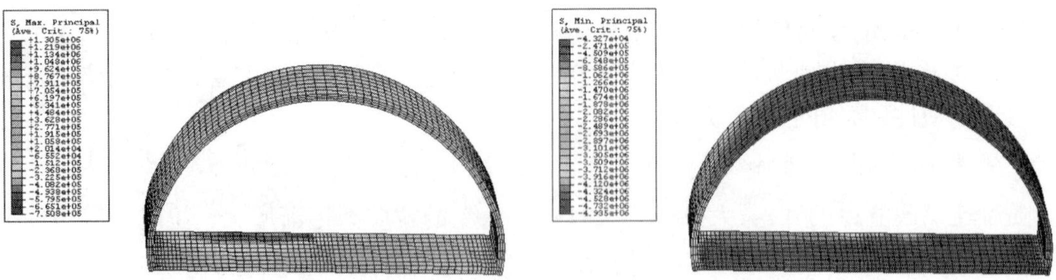

a)　b)

图5-28　连拱段左洞开挖后大拱二次衬砌主应力分布图

a)最大主应力分布；b)最小主应力分布

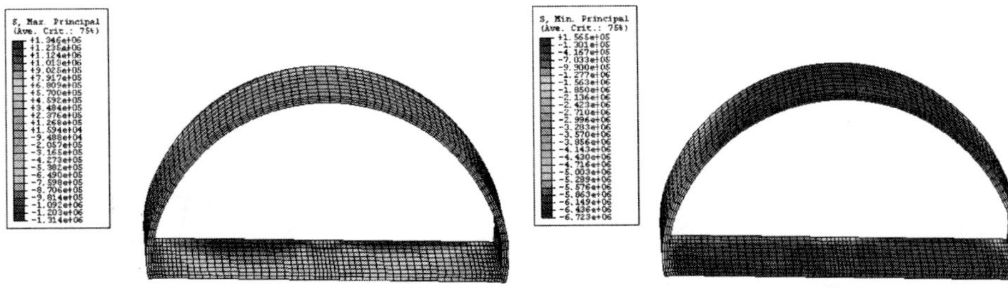

a) b)

图5-29 连拱段右洞上半断面及侧导洞开挖后大拱二次衬砌主应力分布图

a)最大主应力分布;b)最小主应力分布

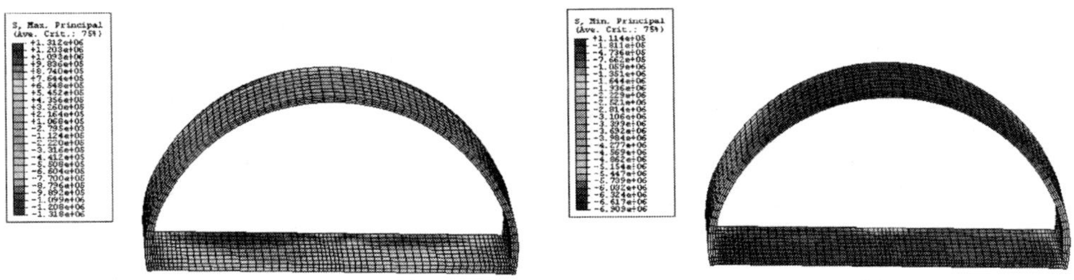

a) b)

图5-30 连拱段开挖结束后大拱二次衬砌主应力分布图

a)最大主应力分布;b)最小主应力分布

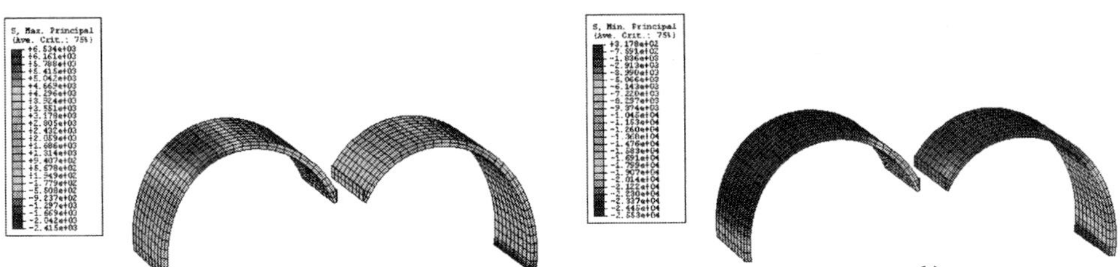

a) b)

图5-31 连拱段开挖结束后连拱二次衬砌主应力分布图

a)最大主应力分布;b)最小主应力分布

随着连拱段隧道的开挖,中隔墙下端左侧出现压应力集中,最大压应力值随着开挖的进行越来越大,从开挖中导洞后的5.36MPa增至开挖结束的12.55MPa。中隔墙拉应力变化不大,且值较小,不超过1MPa。由于不承受隧道开挖所释放的应力,连拱隧道的二次衬砌应力很小。中隔墙的主应力随连拱隧道开挖进程的变化情况见图5-32、图5-33。

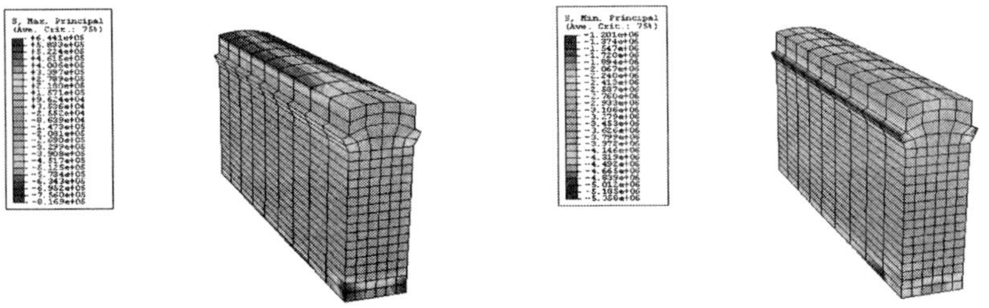

a) b)

图5-32 连拱段中导洞开挖后中隔墙主应力分布图

a)最大主应力分布;b)最小主应力分布

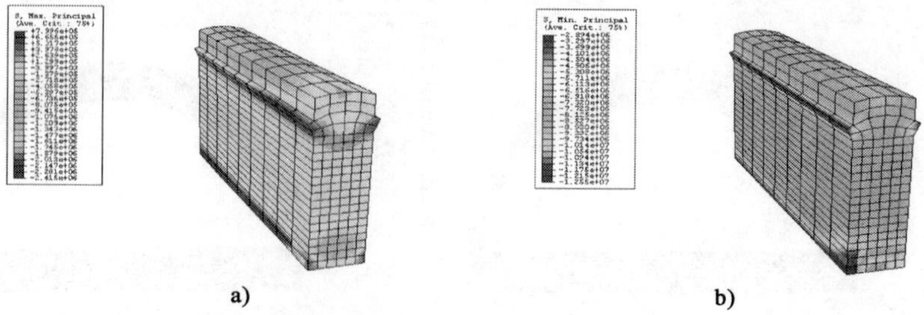

图 5-33　连拱段开挖结束后中隔墙主应力分布图
a）最大主应力分布；b）最小主应力分布

大拱隧道开挖后，大拱隧道拱顶附近的系统锚杆出现最大拉应力，其值为 28MPa，连拱开挖结束后，最大拉应力增至 30MPa。大拱两侧的锚杆部分段受压，且随着连拱开挖，最大压应力从 4.6MPa 增至 7.1MPa。大拱开挖结束后，相比于远离连接端的锚杆，连接端附近的大拱系统锚杆所受的拉应力稍小，这是由于连拱为开挖提供支撑的原因；连拱开挖结束后，大拱锚杆最大拉应力出现在靠近连拱隧道的部位，这可能是由于该部位相对位移较大的原因。预应力锚杆所受应力变化不大。大拱段系统锚杆和预应力锚杆的拉应力分布见图 5-34 ~ 图 5-37。

连拱隧道开挖后，连拱隧道锚杆所承受的最大拉应力为 44MPa，出现于拱顶附近，靠近连接端的锚杆其拉应力大于远离连接端端锚杆的拉应力；中隔墙上部部分锚杆受压，最大压应力达 95MPa。连拱段系统锚杆的拉应力分布如图 5-38 所示。

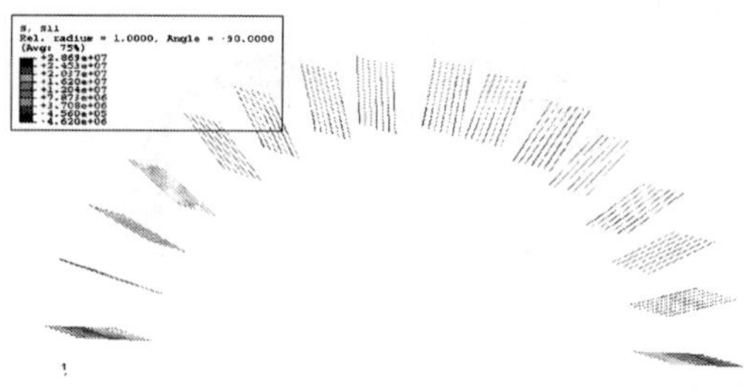

图 5-34　大拱段开挖结束后大拱系统锚杆拉应力分布图

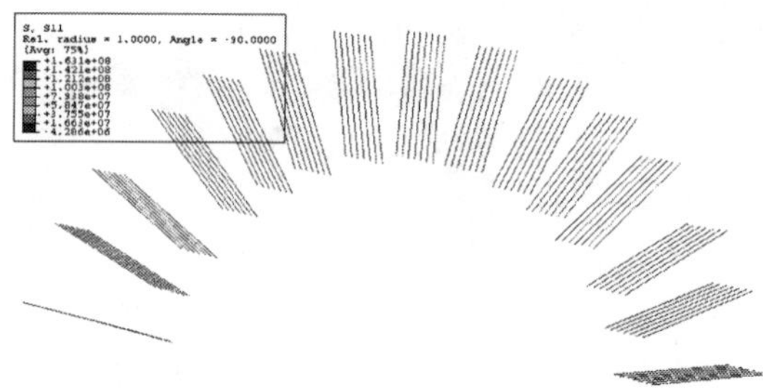

图 5-35　大拱段开挖结束后大拱预应力锚杆拉应力分布图

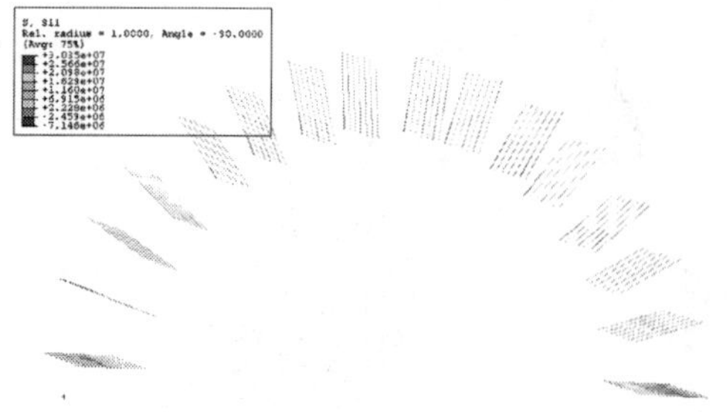

图 5-36　连拱段开挖结束后大拱系统锚杆拉应力分布图

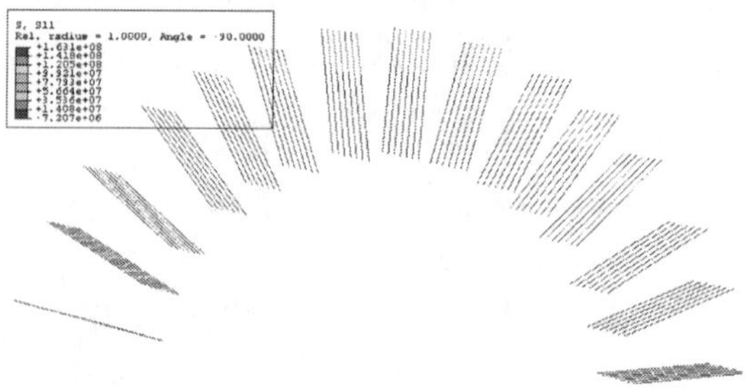

图 5-37　连拱段开挖结束后大拱预应力锚杆拉应力分布图

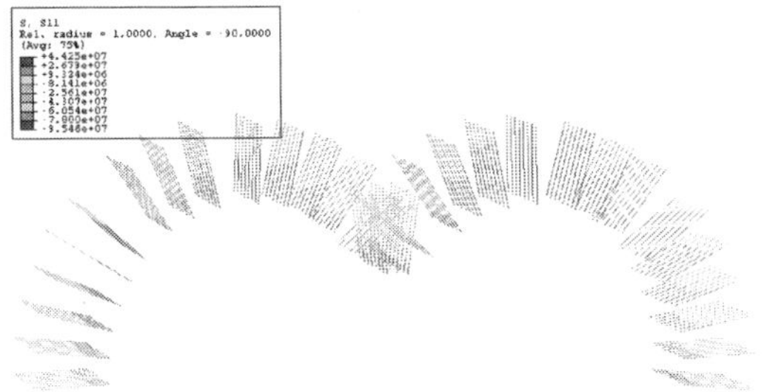

图 5-38 连拱段开挖结束后连拱系统锚杆拉应力分布图

5. 小结

(1)大拱段隧道开挖完成后,拱顶和底板出现拉应力集中,拱脚有压应力集中;拱顶下沉,底板上抬,最大位移出现于底板中部;围岩没有进入塑性。由于连拱隧道尚未开挖,远离连接端位置的位移和应力值要稍高于连接端附近围岩的位移和应力值,大拱系统锚杆应力也有同样的变化规律。连接段隧道开挖结束后,连拱隧道中隔墙有压应力集中,中隔墙上方围岩两侧出现局部塑性区,等效塑性应变不大。

(2)连拱隧道的开挖使得大拱拱脚部位的压应力集中进一步加剧,拱底进一步上抬;大拱二次衬砌所承受的拉压应力也随着连拱隧道的开挖逐渐增大,比较发现,连接端附近衬砌的应力集中程度稍高于远离连接端的衬砌。靠近连接端大拱隧道的系统锚杆所受的拉应力稍高于远离连接端的大拱锚杆,靠近连接端的连拱隧道系统锚杆所受的拉应力稍高于远离连接端的连拱锚杆。连拱隧道围岩的位移也有同样的规律。

(3)随着连拱段开挖的进行,大拱拱脚部位压应力不断增大。剖面 set-1 关键点 4 的压应力值由连拱段开挖前的 2.64MPa 增大到开挖结束后的 3.19MPa;从图 5-39 可以看出,远离连接处的拱脚压应力大于靠近连接处断面拱脚的相应值,这是由于连拱段中隔墙的约束效应造成的。中隔墙上部关键点 1 处所受最大压应力不断增大,剖面 set-3 关键点 1 的压应力值由大拱开挖初期的 1.53MPa 增大到连拱开挖结束后的 5.97MPa。另外,从图中可见,远离连接端 set-3 的围岩压应力值稍小于靠近连接端剖面 set-4 的相应值,到连拱段开挖结束时,远离连接端部位的压应力值稍大于靠近连接端 set-4 的应力值。

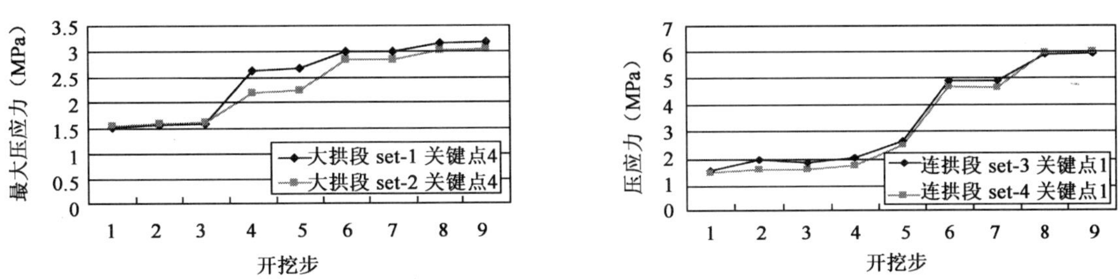

a) b)

图 5-39 关键点最大压应力随开挖变化图

a)大拱段 set-1、set-2 关键点 4;b)连拱段 set-3、set-4 关键点 1

(4)随着连拱段的开挖,大拱底板部位位移不断增大,剖面 set-1 关键点 5 的位移值由连拱开挖前的 2.29mm 增大到开挖结束后的 3.00mm(图 5-40);远离连接处的部位位移大于靠近连接处部位的位移,这也是由于连拱段中隔墙的影响。随着开挖的进行,连拱右洞拱顶部位位移不断增大,剖面 set-3 剖面关键点 10 的位移值由连拱开挖前的 0.20mm 增大到开挖结束后的 2.12mm;另外远离连接端部位的位移小于靠近连接端部位的位移,这是由于靠近连接端部分连拱受大拱影响较大的原因。

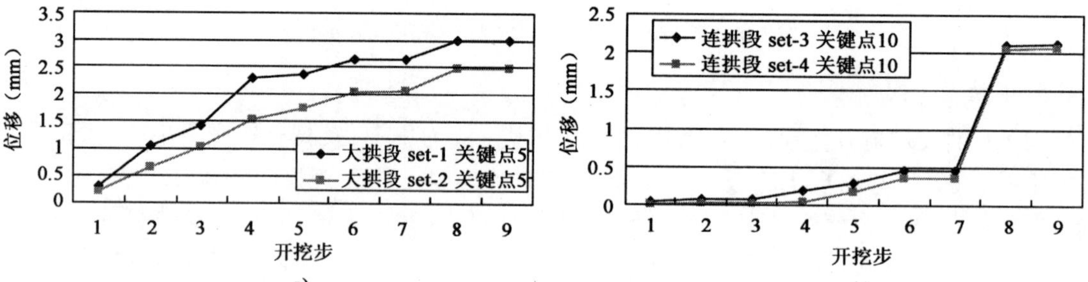

图 5-40 关键点位移随开挖变化图

a)大拱段 set-1、set-2 关键点 5;b)连拱段 set-3、set-4 关键点 10

二、夹心连拱到小间距拱过渡段数值模拟

夹心连拱段到小间距段过渡段取夹心连拱段和小间距段纵深各 10m 共 20m 的长度作为分析区间,如图 5-41 所示,图中交界面为夹心连拱到小间距段的过渡界面。为方便分析计算结果,取模型 4 个剖面 set-1 ~ set-4,位置如图。对夹心连拱一直开挖到小间距段的整个动态开挖过程进行数值模拟。夹心连拱—小间距隧道过渡段计算模型见图 5-42。

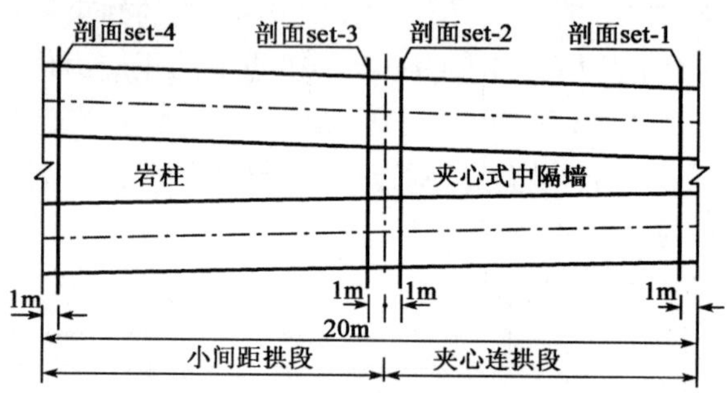

图 5-41 夹心拱—小间距隧道连接段示意图

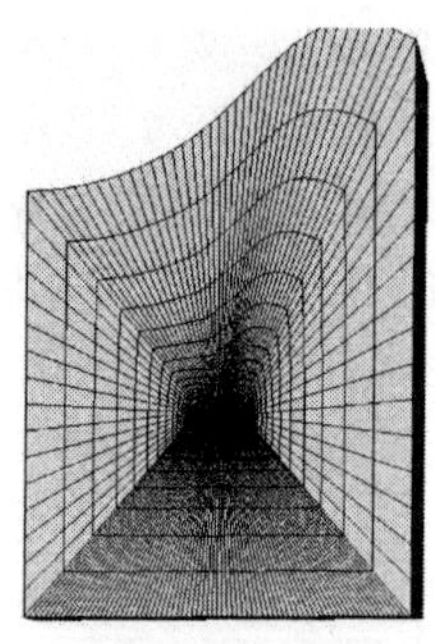

图 5-42 计算模型图

夹心连拱段施工工法:开挖中导洞→施作中隔墙和中导洞临时支护→开挖左洞→施作左洞支护。对于左洞的主要施工工序如下:开挖左洞上半断面→施工拱部初期支护→开挖侧导洞→施作边墙初期支护→开挖核心土→施作二次衬砌和仰拱衬砌;右洞的施工工艺和左洞类似。小间距段施工工法:开挖左洞上半断面→施工拱部初期支护→交错开挖左(右)洞两侧边洞→施作左(右)洞两侧边洞初期支护→开挖左(右)洞核心土→施工左(右)洞仰拱衬砌。开挖工序示意图见图 5-43。图 5-44 是为了便于进行结果分析而标识的关键点的位置示意图。

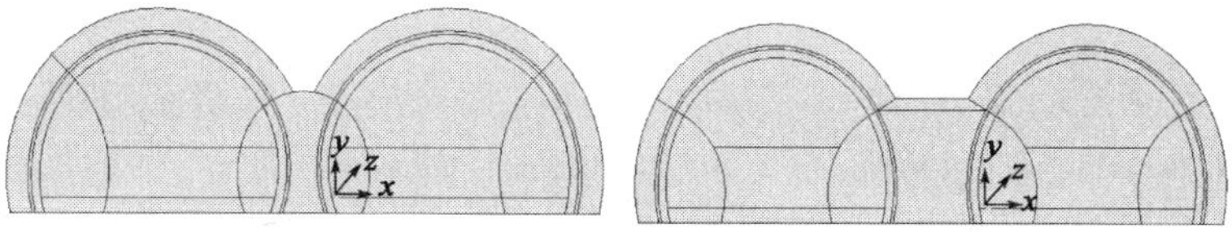

图 5-43 夹心拱、小间距隧道开挖示意图

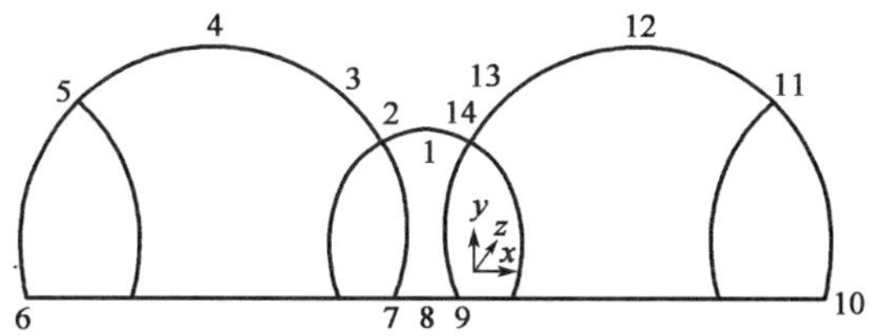

图 5-44 夹心连拱段、小间距段洞周关键点示意图

1. 围岩应力分布特征

(1)夹心连拱段部分开挖

连拱隧道中导洞开挖后,曲中墙和核心土两侧出现压应力集中,剖面 set-1 关键点 7 最大压应力为 3.39MPa;左洞上半断面开挖后,曲中墙左侧压应力集中逐渐增大,最大压应力出现于左洞腰部附近,约为 10MPa;左洞侧导洞开挖完成后,曲中墙左侧压应力进一步集中,剖面 set-1 关键点 7 最大压应力为 5.04MPa;夹心拱左洞开挖后,压应力分布规律变化不大,压应力集中值有所增大;右洞开挖过程中,也在角点处产生压应力集中,曲中墙两侧压应力集中加剧;右洞开挖结束后,曲中墙右侧上端(剖面 set-1 关键点 14)的压应力最大,为 12.31MPa,曲中墙下部(剖面 set-1 关键点 8)的压应力也由开挖初期的 2.78MPa 逐渐增至 7.22MPa。

沿着隧道开挖方向至小间距段,曲中墙压应力集中程度逐渐降低,如夹心拱开挖初期以及结束后,剖面 set-2 关键点 8 的压应力由 2.47MPa 增至 4.67MPa,比剖面 set-1 低很多。另外,小间距段内剖面 set-3 关键点上的压应力值也显著高于剖面 set-4 关键点上的压应力值,如夹心拱段开挖结束后剖面 set-3 关键点 8 的压应力值由开挖初期的 3.29MPa 增至 4.51MPa,而剖面 set-4 关键点 8 的值则由 3.13MPa 增至 3.50MPa,受夹心拱开挖的影响很小。

夹心拱隧道开挖后,底板中部和曲中墙上端中部出现拉应力区,最大拉应力达 1MPa,且越靠近小间距段,拉应力集中程度越小,拉应力值越小。

(2)小间距段部分开挖

小间距段左洞上半断面开挖后,在角点处形成压应力集中区,但集中现象不很显著,剖面 set-3 关键点 5 的压应力达 6.69MPa;随着左洞侧导洞、核心土的开挖,小间距岩柱没有出现明显的压应力集中区,剖面 set-3 岩柱下部(关键点 8)的压应力由 4.91MPa 增至 6.37MPa。小间距段右洞的开挖过程中,压应力也是集中在角点处,集中程度不大,至全部开挖结束,剖面set-3 关键点 8 的压应力增至 8.06MPa。

在夹心连拱—小间距连接处附近,小间距隧道岩柱所受的压应力较大,且该区域应力变化也很大,远离连接处隧道围岩及岩柱应力变化幅度很小;如开挖结束后剖面 set-3 关键点 1、8(靠近连接处岩柱上端和下端)的压应力值分别为 6.58MPa、8.06MPa,剖面 set-4 关键点 1、8(远离连接处岩柱上端和下端)的压应力值分别为 4.17MPa、6.40MPa。

小间距隧道的开挖使得夹心拱曲中墙应力集中进一步加剧，最大压应力由开挖初期的12.31MPa增大至开挖结束时的15.43MPa；同时，剖面set-1关键点1、8的压应力分别由4.98MPa增至6.06MPa、7.44MPa增至9.31MPa，剖面set-2关键点1、8的压应力分别由4.47MPa增至6.17MPa、5.11MPa增至9.56MPa，由此可见，小间距隧道开挖后，岩柱作为一种弱支撑，使得靠近小间距段的夹心拱围岩、曲中墙应力集中加剧程度更大，应力增加幅度更大。

开挖结束后，底板和拱顶有拉应力集中，曲中墙上端和下端也有拉应力集中，但拉应力值不大，不超过1MPa。

图5-45～图5-70反映了各开挖步后围岩最大主应力和最小主应力的分布情况。表5-9～表5-12则是4个剖面的关键点随开挖进程的大小主应力值。这些图表显示了隧道动态开挖过程中的围岩应力变化情况。

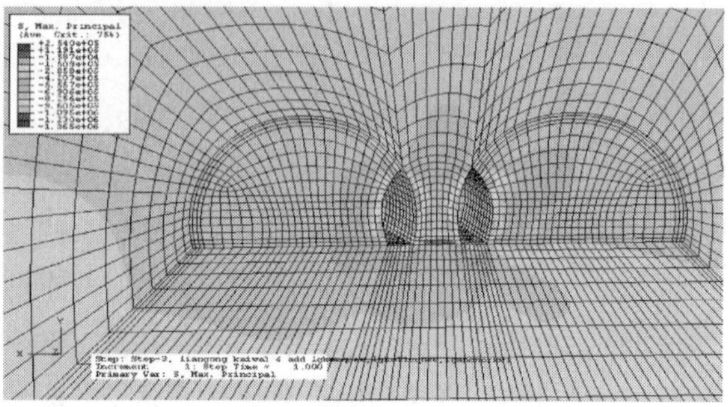

图5-45　夹心拱段中导洞开挖后最大主应力分布图

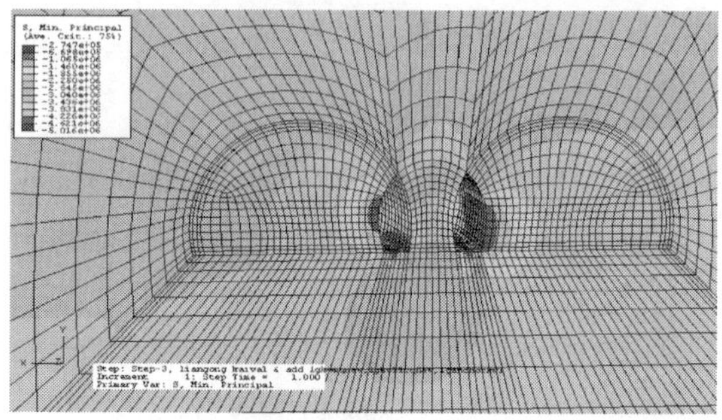

图5-46　夹心拱段中导洞开挖后最小主应力分布图

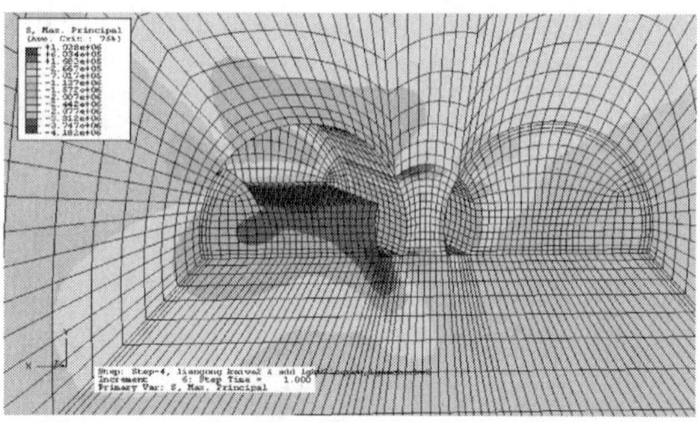

图5-47　夹心段左洞上半断面开挖后最大主应力分布图

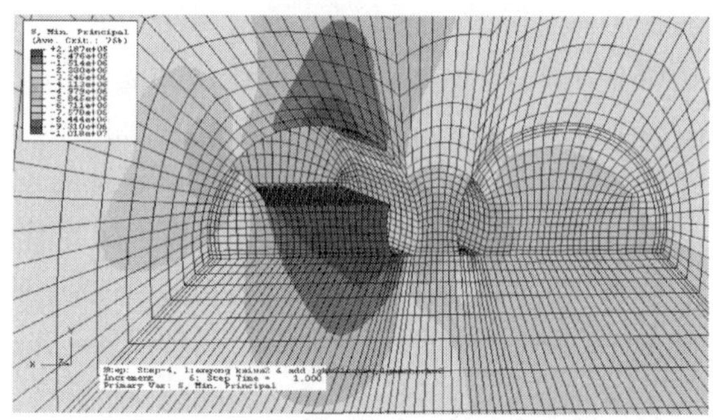

图5-48　夹心段左洞上半断面开挖后最小主应力分布图

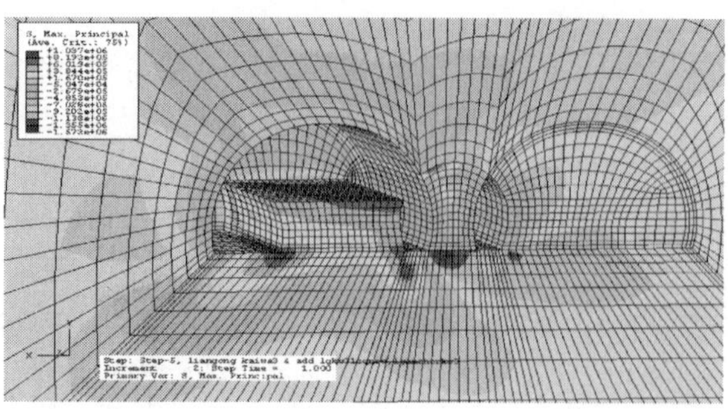

图5-49　夹心拱段左洞侧导洞开挖后最大主应力分布图

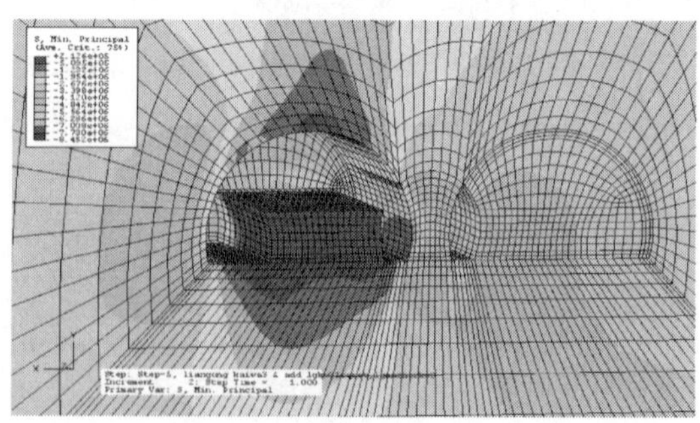

图5-50　夹心拱段左洞侧导洞开挖后最小主应力分布图

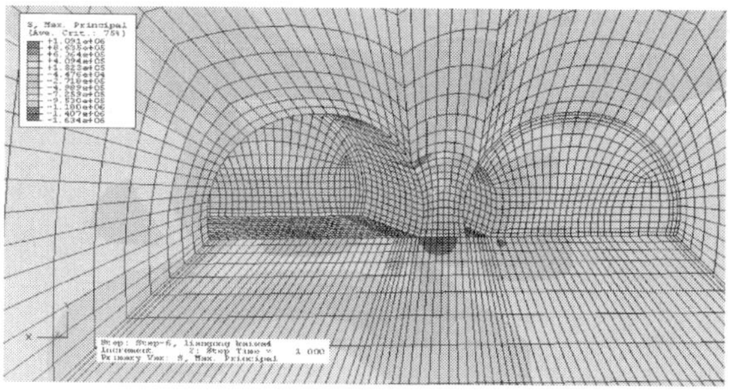

图 5-51 夹心拱段左洞开挖结束后最大主应力分布图

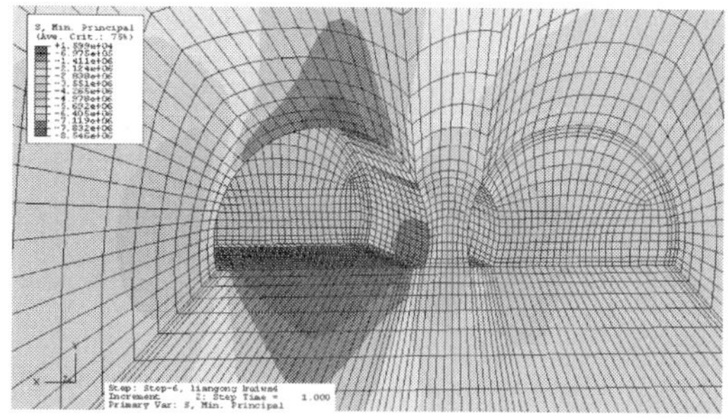

图 5-52 夹心拱段左洞开挖结束后最小主应力分布图

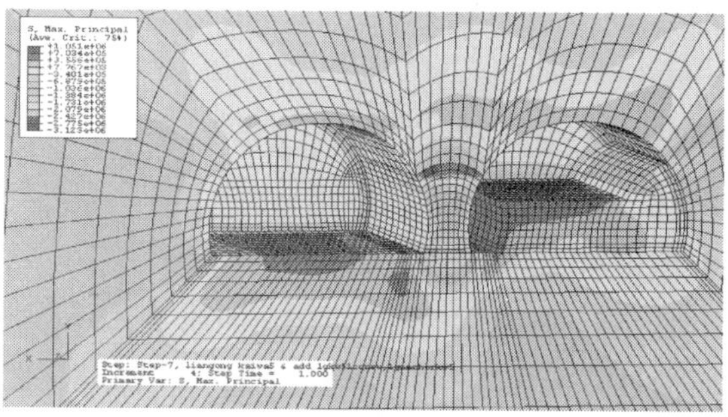

图 5-53 夹心段右洞上半断面开挖后最大主应力分布图

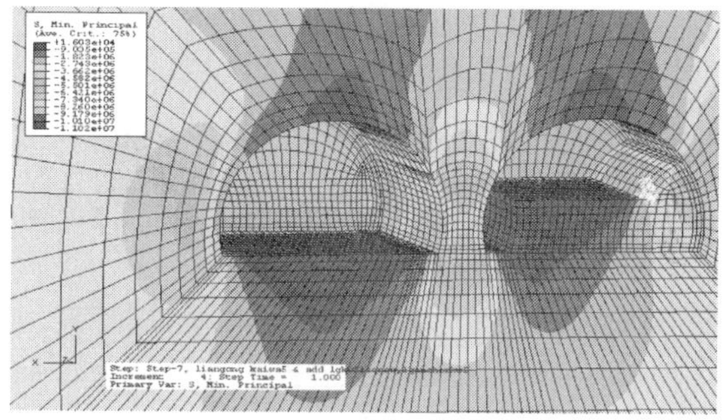

图 5-54 夹心段右洞上半断面开挖后最小主应力分布图

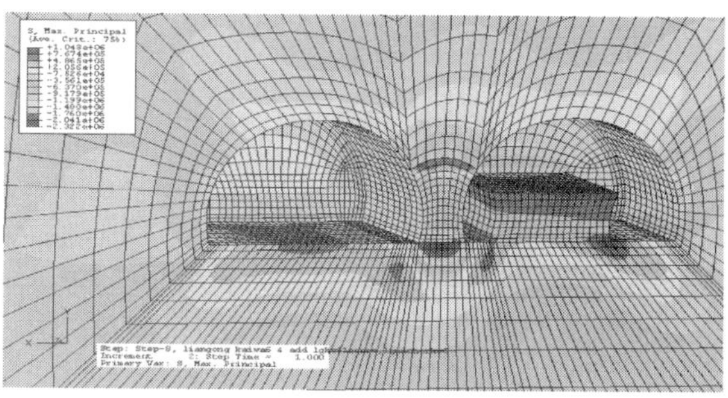

图 5-55 夹心拱段右洞侧导洞开挖后最大主应力分布图

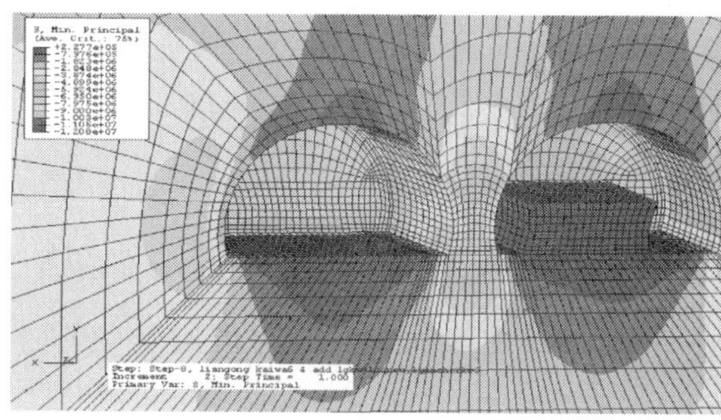

图 5-56 夹心拱段右洞侧导洞开挖后最小主应力分布图

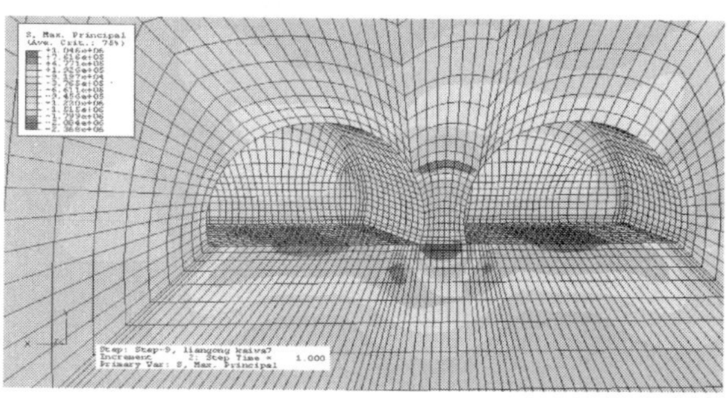

图 5-57 夹心拱段开挖结束后最大主应力分布图

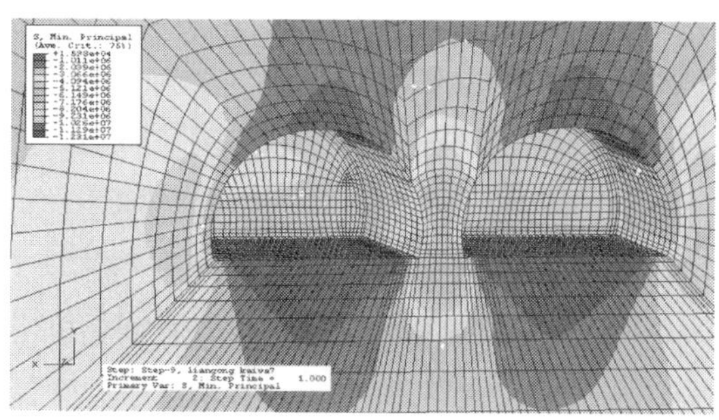

图 5-58 夹心拱段开挖结束后最小主应力分布图

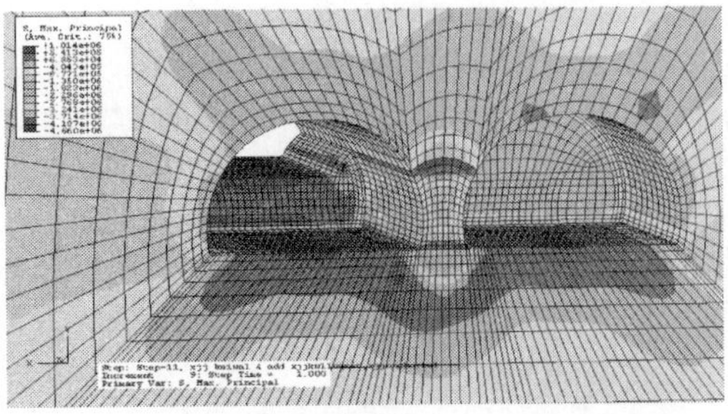

图 5-59　小间距段左洞上断面开挖后最大主应力分布图

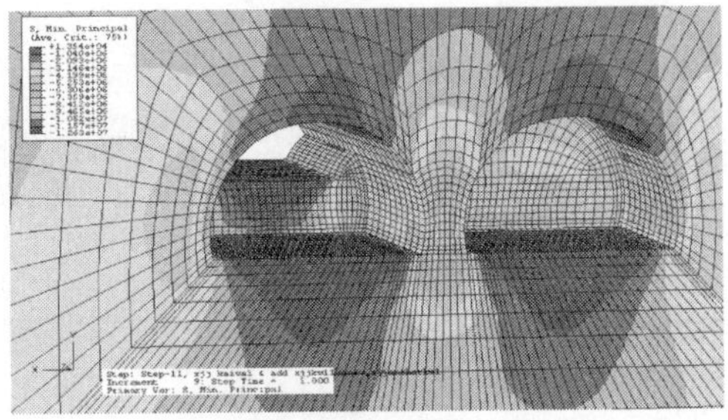

图 5-60　小间距段左洞上断面开挖最小主应力分布图

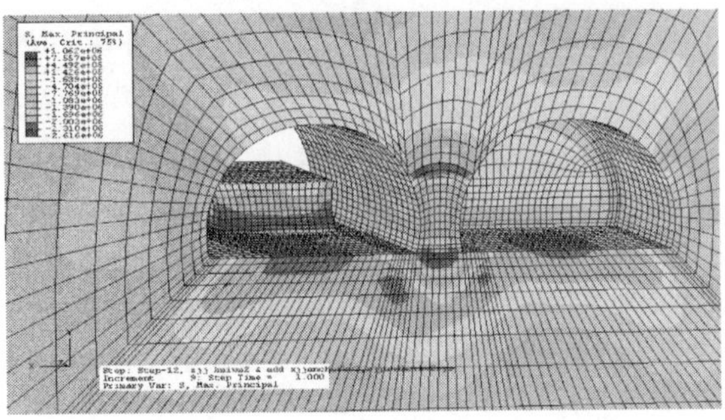

图 5-61　小间距段左洞侧导洞开挖后最大主应力分布图

图 5-62　小间距段左洞侧导洞开挖后最小主应力分布图

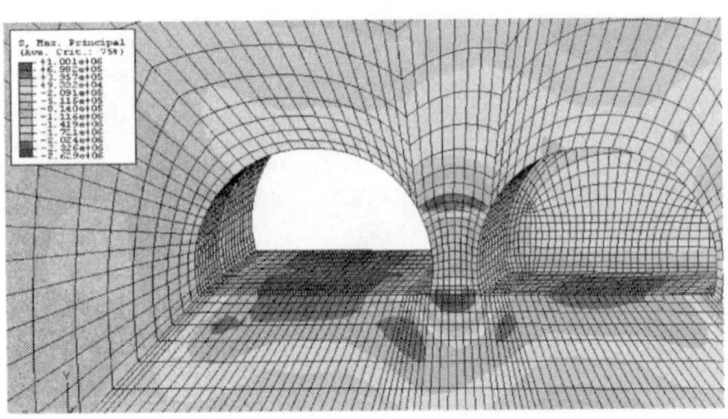

图 5-63　小间距段左洞核心土开挖后最大主应力分布图

图 5-64　小间距段左洞核心土开挖后最小主应力分布图

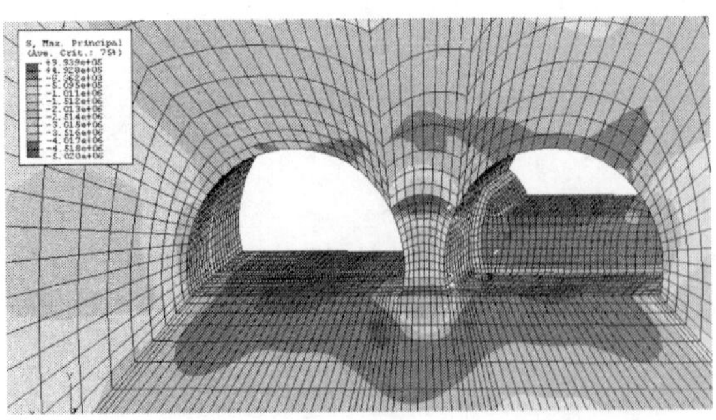

图 5-65　小间距段右洞上断面开挖后最大主应力分布图

图 5-66　小间距段右洞上断面开挖后最小主应力分布图

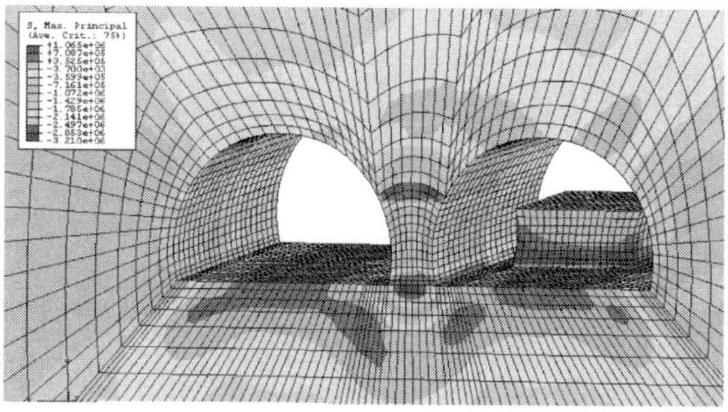

图 5-67 小间距段右洞侧导洞开挖后最大主应力分布图

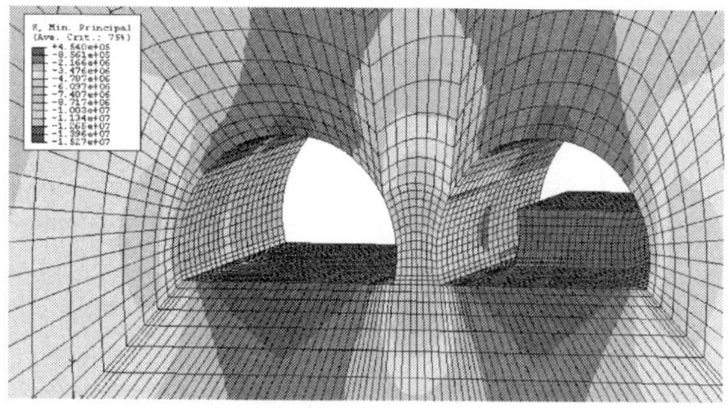

图 5-68 小间距段右洞侧导洞开挖后最小主应力分布图

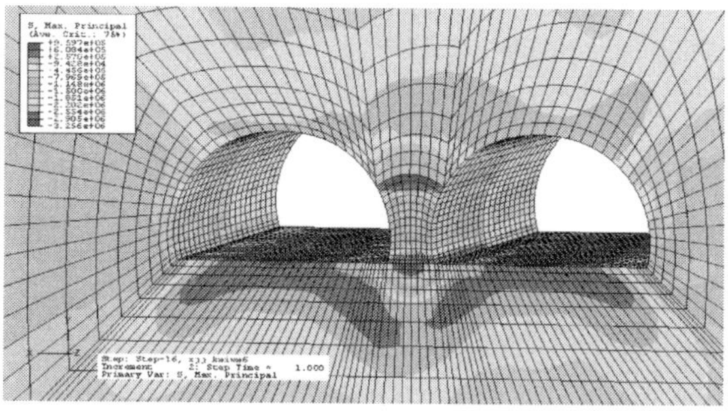

图 5-69 小间距段开挖结束后最大主应力分布图

图 5-70 小间距段开挖结束后最小主应力分布图

夹心拱段隧道洞口第一组关键点的应力随开挖步的变化规律 表 5-9

关键点	关键点应力(MPa)													
	step-1		step-2		step-3		step-4		step-5		step-6		step-7	
	σ_1	σ_3	σ_1	σ_3	σ_1	σ_3	σ_1	σ_3	σ_1	σ_3	σ_1	σ_3	σ_1	σ_3
1	-0.65	-2.18	-0.65	-3.13	-0.70	-3.24	-0.71	-3.28	-1.09	-4.59	-1.17	-4.79	-1.20	-4.85
2	-0.82	-2.38	-0.33	-2.77	-0.36	-2.86	-0.37	-2.87	-0.43	-3.02	-0.44	-3.05	-0.45	-3.07
3	-0.86	-3.09	-0.11	-1.87	-0.15	-2.01	-0.15	-2.02	-0.20	-2.33	-0.21	-2.36	-0.22	-2.38
4	-0.76	-2.92	0.12	-0.21	0.12	-0.23	0.10	-0.23	0.11	-0.27	0.10	-0.31	0.10	-0.32
5	-0.78	-2.88	-2.40	-6.78	-0.36	-2.16	-0.36	-2.16	-0.38	-2.23	-0.38	-2.26	-0.39	-2.27
6	-0.79	-2.97	-0.11	-3.04	-1.04	-3.63	-1.11	-3.76	-1.19	-3.94	-1.19	-3.98	-1.20	-4.00
7	-0.73	-3.39	-1.25	-4.97	-1.28	-5.04	-1.39	-5.22	-1.85	-6.38	-1.94	-6.60	-1.97	-6.68
8	-0.70	-2.78	-1.30	-4.47	-1.36	-4.68	-1.40	-4.77	-1.94	-6.52	-2.13	-7.04	-2.20	-7.22
9	-0.64	-2.91	-1.12	-4.02	-1.16	-4.20	-1.19	-4.27	-1.70	-6.04	-1.56	-5.70	-1.67	-5.96
10	-0.82	-3.20	-0.89	-3.26	-0.90	-3.28	-0.90	-3.28	-0.25	-3.54	-1.40	-4.45	-1.44	-4.59
11	-0.75	-3.08	-0.77	-3.18	-0.78	-3.19	-0.79	-3.20	-2.20	-6.48	-0.22	-1.94	-0.22	-1.95
12	-0.72	-2.96	-0.63	-3.14	-0.66	-3.17	-0.67	-3.18	0.09	-0.21	0.08	-0.29	0.06	-0.29
13	-0.83	-2.84	-0.92	-3.33	-0.95	-3.40	-0.96	-3.43	-0.20	-2.44	-0.24	-2.56	-0.24	-2.57
14	-0.81	-2.54	-0.91	-3.24	-0.95	-3.29	-0.97	-3.35	-0.46	-3.10	-0.50	-3.20	-0.51	-3.21

续上表

关键点	关键点应力(MPa)											
	step-8		step-9		step-10		step-11		step-12		step-13	
	σ_1	σ_3	σ_1	σ_3	σ_1	σ_3	σ_1	σ_3	σ_1	σ_3	σ_1	σ_3
1	-1.25	-4.98	-1.38	-5.28	-1.39	-5.30	-1.42	-5.35	-1.68	-5.98	-1.71	-6.06
2	-0.48	-3.15	-0.55	-3.31	-0.56	-3.33	-0.59	-3.34	-0.74	-3.74	-0.76	-3.79
3	-0.25	-2.46	-0.29	-2.61	-0.29	-2.62	-0.31	-2.63	-0.42	-2.92	-0.43	-2.96
4	0.06	-0.34	0.04	-0.37	0.04	-0.38	0.01	-0.40	-0.04	-0.51	-0.04	-0.52
5	-0.45	-2.35	-0.52	-2.48	-0.52	-2.49	-0.53	-2.50	-0.62	-2.66	-0.63	-2.69
6	-1.21	-4.12	-1.16	-4.34	-1.15	-4.35	-1.16	-4.35	-1.27	-4.67	-1.28	-4.71
7	-2.03	-6.81	-2.10	-6.98	-2.10	-6.99	-2.13	-7.05	-2.17	-7.16	-2.17	-7.15
8	-2.30	-7.44	-2.53	-7.96	-2.55	-8.00	-2.60	-8.11	-3.04	-9.20	-3.08	-9.31
9	-1.73	-6.10	-1.82	-6.32	-1.83	-6.33	-1.85	-6.40	-1.99	-6.72	-2.00	-6.76
10	-1.46	-4.63	-1.52	-4.77	-1.53	-4.79	-1.58	-4.87	-1.82	-5.40	-1.83	-5.46
11	-0.24	-1.97	-0.27	-2.02	-0.27	-2.02	-0.31	-2.05	-0.46	-2.25	-0.47	-2.27
12	0.04	-0.35	0.04	-0.42	0.04	-0.43	0.03	-0.44	0.04	-0.58	0.04	-0.60
13	-0.27	-2.64	-0.34	-2.80	-0.34	-2.81	-0.36	-2.84	-0.48	-3.12	-0.49	-3.14
14	-0.55	-3.29	-0.64	-3.50	-0.64	-3.52	-0.66	-3.56	-0.82	-3.95	-0.84	-3.99

夹心拱段隧道洞内第二组关键点的应力随开挖步的变化规律 表 5-10

关键点	关键点应力(MPa)													
	step-1		step-2		step-3		step-4		step-5		step-6		step-7	
	σ_1	σ_3	σ_1	σ_3	σ_1	σ_3	σ_1	σ_3	σ_1	σ_3	σ_1	σ_3	σ_1	σ_3
1	-0.60	-2.03	-0.60	-2.69	-0.63	-2.76	-0.63	-2.77	-0.81	-3.55	-0.85	-3.70	-0.86	-3.73
2	-0.82	-2.43	-0.24	-2.36	-0.26	-2.44	-0.29	-2.44	-0.29	-2.67	-0.29	-2.68	-0.29	-2.70
3	-0.83	-2.98	0.09	-1.78	0.07	-1.84	0.03	-1.82	0.00	-2.00	0.00	-2.01	-0.01	-2.02
4	-0.78	-2.94	0.34	-1.19	0.33	-1.21	0.30	-1.21	0.31	-1.26	0.31	-1.28	0.31	-1.28
5	-0.82	-2.93	-1.68	-5.74	-0.19	-2.10	-0.20	-2.10	-0.20	-2.15	-0.21	-2.18	-0.21	-2.18
6	-0.84	-3.05	-0.37	-3.13	-0.78	-3.01	-0.86	-3.12	-0.92	-3.23	-0.92	-3.27	-0.93	-3.28
7	-0.62	-2.90	-1.03	-4.37	-1.05	-4.43	-1.11	-4.60	-1.27	-5.02	-1.31	-5.11	-1.36	-5.20
8	-0.63	-2.47	-0.83	-3.26	-0.85	-3.36	-0.91	-3.49	-1.20	-4.30	-1.24	-4.52	-1.33	-4.67
9	-0.52	-2.56	-0.70	-3.09	-0.72	-3.19	-0.76	-3.25	-1.13	-4.62	-1.11	-4.64	-1.22	-4.89
10	-0.82	-3.18	-0.87	-3.24	-0.88	-3.25	-0.88	-3.26	-0.50	-3.45	-1.05	-3.50	-1.14	-3.63
11	-0.76	-3.07	-0.79	-3.15	-0.80	-3.16	-0.81	-3.16	-1.41	-4.87	-0.22	-2.04	-0.24	-2.04
12	-0.72	-2.97	-0.68	-3.11	-0.70	-3.13	-0.71	-3.14	0.08	-1.28	0.08	-1.34	0.06	-1.33
13	-0.80	-2.84	-0.85	-3.17	-0.88	-3.21	-0.89	-3.23	-0.09	-2.21	-0.12	-2.28	-0.14	-2.29
14	-0.74	-2.25	-0.78	-2.72	-0.81	-2.75	-0.83	-2.77	-0.35	-2.84	-0.39	-2.92	-0.40	-2.94

续上表

关键点	关键点应力(MPa)											
	step-8		step-9		step-10		step-11		step-12		step-13	
	σ_1	σ_3	σ_1	σ_3	σ_1	σ_3	σ_1	σ_3	σ_1	σ_3	σ_1	σ_3
1	-1.07	-4.47	-1.14	-4.69	-1.15	-4.72	-1.40	-5.31	-1.73	-6.10	-1.76	-6.17
2	-0.57	-3.31	-0.64	-3.27	-0.64	-3.29	-0.72	-3.45	-0.90	-4.01	-0.92	-4.06
3	-0.25	-2.49	-0.29	-2.37	-0.29	-2.38	-0.37	-2.45	-0.41	-2.86	-0.42	-2.90
4	0.19	-0.32	0.20	-0.38	0.20	-0.38	0.16	-0.45	0.16	-0.54	0.16	-0.55
5	-0.47	-2.86	-0.46	-2.78	-0.46	-2.79	-0.47	-2.80	-0.57	-3.02	-0.57	-3.05
6	-0.57	-3.31	-1.02	-4.40	-1.04	-4.44	-1.05	-4.46	-1.25	-4.92	-1.28	-4.99
7	-1.36	-5.24	-1.74	-6.12	-1.75	-6.15	-1.85	-6.39	-2.50	-7.93	-2.53	-8.01
8	-1.34	-5.11	-1.91	-6.47	-1.93	-6.52	-2.03	-6.83	-3.15	-9.41	-3.20	-9.56
9	-1.32	-5.14	-1.61	-5.78	-1.62	-5.81	-1.58	-5.74	-2.29	-7.44	-2.36	-7.59
10	-1.18	-3.67	-1.24	-3.78	-1.25	-3.79	-0.88	-3.84	-1.67	-5.70	-1.70	-5.79
11	-0.26	-2.07	-0.29	-2.14	-0.29	-2.14	-0.51	-2.87	-0.40	-2.57	-0.40	-2.60
12	0.04	-1.42	0.03	-1.46	0.03	-1.47	0.00	-0.51	0.05	-0.68	0.05	-0.70
13	-0.21	-2.46	-0.23	-2.54	-0.23	-2.55	-0.34	-2.80	-0.43	-2.95	-0.43	-2.99
14	-0.53	-3.19	-0.53	-3.26	-0.54	-3.27	-0.76	-3.82	-0.93	-4.15	-0.95	-4.19

小间距段隧道洞口第三组关键点的应力随开挖步的变化规律 表 5-11

关键点	关键点应力(MPa)													
	step-1		step-2		step-3		step-4		step-5		step-6		step-7	
	σ_1	σ_3	σ_1	σ_3	σ_1	σ_3	σ_1	σ_3	σ_1	σ_3	σ_1	σ_3	σ_1	σ_3
1	-0.70	-3.06	-0.69	-3.52	-0.72	-3.57	-0.76	-3.56	-0.86	-4.05	-0.88	-4.16	-0.94	-4.18
2	-0.77	-3.10	-0.76	-3.96	-0.77	-4.04	-0.81	-3.80	-0.94	-4.13	-0.97	-4.21	-0.98	-4.24
3	-0.80	-3.10	-0.76	-4.10	-0.78	-4.19	-0.79	-3.90	-0.91	-4.21	-0.95	-4.29	-0.95	-4.31
4	-0.79	-2.93	-0.91	-4.03	-0.95	-4.13	-0.94	-3.91	-1.00	-4.08	-1.02	-4.13	-1.02	-4.15
5	-0.82	-2.93	-0.87	-3.83	-0.89	-3.78	-0.85	-3.75	-0.89	-3.85	-0.90	-3.88	-0.91	-3.90
6	-0.85	-3.05	-0.55	-3.23	-0.91	-3.60	-1.05	-3.70	-1.09	-3.79	-1.09	-3.83	-1.10	-3.84
7	-0.79	-3.27	-0.79	-3.86	-0.79	-3.94	-1.00	-4.13	-1.11	-4.49	-1.10	-4.61	-1.19	-4.67
8	-0.76	-3.29	-0.88	-3.74	-0.89	-3.80	-0.92	-3.87	-1.05	-4.30	-1.03	-4.43	-1.19	-4.51
9	-0.79	-3.30	-0.94	-3.62	-0.95	-3.67	-0.98	-3.71	-0.88	-4.19	-0.83	-4.33	-1.23	-4.57
10	-0.82	-3.18	-0.87	-3.24	-0.87	-3.24	-0.88	-3.25	-0.65	-3.48	-0.95	-3.97	-1.06	-4.08
11	-0.77	-3.06	-0.80	-3.14	-0.81	-3.14	-0.82	-3.15	-0.84	-4.14	-0.88	-4.20	-0.85	-4.11
12	-0.74	-2.98	-0.72	-3.11	-0.74	-3.13	-0.74	-3.14	-0.84	-4.28	-0.87	-4.47	-0.86	-4.24
13	-0.77	-3.10	-0.83	-3.37	-0.86	-3.40	-0.87	-3.41	-0.91	-4.46	-0.94	-4.62	-0.93	-4.40
14	-0.75	-3.06	-0.80	-3.36	-0.83	-3.40	-0.85	-3.42	-0.93	-4.33	-0.95	-4.47	-0.91	-4.34

续上表

关键点	关键点应力(MPa)											
	step-8		step-9		step-10		step-11		step-12		step-13	
	σ_1	σ_3	σ_1	σ_3	σ_1	σ_3	σ_1	σ_3	σ_1	σ_3	σ_1	σ_3
1	-1.21	-5.52	-0.88	-5.19	-0.88	-5.21	-1.27	-6.50	-1.03	-6.50	-1.03	-6.58
2	-1.34	-5.74	-0.25	-2.17	-0.25	-2.18	-0.28	-2.28	-0.25	-2.48	-0.25	-2.51
3	-0.11	-2.26	-0.17	-1.69	-0.17	-1.69	-0.22	-1.80	-0.14	-2.12	-0.14	-2.14
4	-0.01	-0.49	-0.02	-0.57	-0.01	-0.57	-0.05	-0.64	-0.02	-0.70	-0.02	-0.71
5	-1.95	-6.69	-0.40	-2.47	-0.40	-2.48	-0.41	-2.49	-0.46	-2.71	-0.46	-2.74
6	-0.39	-3.79	-1.05	-4.11	-1.10	-4.16	-1.10	-4.17	-1.29	-4.59	-1.30	-4.64
7	-0.50	-5.03	-1.05	-4.49	-1.11	-4.57	-1.03	-4.44	-1.28	-5.04	-1.29	-5.06
8	-0.87	-4.91	-1.39	-6.37	-1.42	-6.42	-1.28	-6.57	-1.48	-7.95	-1.51	-8.06
9	-1.11	-4.90	-1.66	-5.79	-1.69	-5.82	-1.05	-5.65	-1.13	-4.68	-1.20	-4.83
10	-1.12	-4.13	-1.21	-4.24	-1.21	-4.25	-0.58	-4.30	-1.62	-5.19	-1.65	-5.28
11	-0.92	-4.15	-0.94	-4.30	-0.94	-4.32	-1.84	-6.41	-0.40	-2.28	-0.41	-2.30
12	-0.91	-4.38	-0.89	-4.57	-0.89	-4.59	-0.13	-0.67	-0.09	-0.81	-0.09	-0.82
13	-1.13	-4.73	-0.95	-5.02	-0.95	-5.04	-0.22	-2.52	-0.23	-2.14	-0.23	-2.18
14	-1.18	-4.74	-0.88	-5.12	-0.87	-5.14	-1.41	-6.23	-0.34	-2.53	-0.35	-2.56

小间距段隧道洞内第四组关键点的应力随开挖步的变化规律 表 5-12

关键点	关键点应力(MPa)													
	step-1		step-2		step-3		step-4		step-5		step-6		step-7	
	σ_1	σ_3	σ_1	σ_3	σ_1	σ_3	σ_1	σ_3	σ_1	σ_3	σ_1	σ_3	σ_1	σ_3
1	-0.81	-3.01	-0.82	-3.14	-0.83	-3.16	-0.82	-3.18	-0.84	-3.32	-0.85	-3.37	-0.84	-3.40
2	-0.82	-3.01	-0.82	-3.16	-0.83	-3.18	-0.83	-3.21	-0.85	-3.33	-0.86	-3.38	-0.85	-3.40
3	-0.81	-2.98	-0.82	-3.13	-0.82	-3.16	-0.83	-3.19	-0.85	-3.30	-0.86	-3.34	-0.85	-3.37
4	-0.81	-2.91	-0.81	-3.07	-0.81	-3.11	-0.83	-3.12	-0.86	-3.20	-0.87	-3.23	-0.86	-3.25
5	-0.82	-2.92	-0.84	-3.06	-0.85	-3.10	-0.85	-3.13	-0.88	-3.18	-0.89	-3.21	-0.89	-3.22
6	-0.85	-3.04	-0.85	-3.18	-0.88	-3.21	-0.88	-3.22	-0.91	-3.28	-0.91	-3.30	-0.92	-3.31
7	-0.85	-3.12	-0.86	-3.26	-0.86	-3.29	-0.86	-3.30	-0.87	-3.43	-0.87	-3.48	-0.88	-3.49
8	-0.85	-3.13	-0.85	-3.26	-0.86	-3.28	-0.86	-3.29	-0.86	-3.43	-0.87	-3.48	-0.87	-3.50
9	-0.84	-3.13	-0.85	-3.25	-0.86	-3.27	-0.85	-3.28	-0.86	-3.43	-0.87	-3.49	-0.87	-3.51
10	-0.82	-3.17	-0.85	-3.22	-0.86	-3.22	-0.86	-3.23	-0.87	-3.36	-0.87	-3.43	-0.87	-3.45
11	-0.79	-3.05	-0.81	-3.11	-0.82	-3.11	-0.82	-3.12	-0.83	-3.25	-0.84	-3.33	-0.83	-3.37
12	-0.78	-2.98	-0.80	-3.07	-0.81	-3.08	-0.79	-3.09	-0.80	-3.25	-0.80	-3.32	-0.82	-3.34
13	-0.80	-3.01	-0.82	-3.13	-0.83	-3.14	-0.82	-3.16	-0.83	-3.31	-0.84	-3.37	-0.84	-3.41
14	-0.81	-3.03	-0.83	-3.15	-0.84	-3.17	-0.82	-3.19	-0.84	-3.33	-0.85	-3.39	-0.84	-3.43

续上表

关键点	关键点应力(MPa)											
	step-8		step-9		step-10		step-11		step-12		step-13	
	σ_1	σ_3	σ_1	σ_3	σ_1	σ_3	σ_1	σ_3	σ_1	σ_3	σ_1	σ_3
1	-1.65	-5.30	-0.72	-4.77	-0.71	-4.78	-1.52	-6.58	-0.69	-4.15	-0.67	-4.17
2	-1.89	-6.01	-0.28	-2.02	-0.28	-2.02	-0.38	-2.13	-0.18	-2.38	-0.18	-2.41
3	-0.12	-2.29	-0.16	-1.45	-0.16	-1.45	-0.22	-1.64	-0.07	-1.98	-0.06	-2.00
4	0.00	-0.18	-0.03	-0.20	-0.02	-0.19	-0.07	-0.35	-0.03	-0.33	-0.02	-0.33
5	-2.66	-7.65	-0.42	-2.38	-0.42	-2.39	-0.43	-2.41	-0.48	-2.67	-0.49	-2.69
6	-0.33	-3.32	-1.21	-4.13	-1.27	-4.18	-1.28	-4.20	-1.49	-4.69	-1.51	-4.74
7	-0.26	-3.76	-1.05	-4.50	-1.16	-4.58	-1.00	-4.37	-1.30	-5.07	-1.31	-5.10
8	-0.48	-3.97	-1.25	-6.06	-1.30	-6.12	-1.11	-6.10	-1.06	-6.34	-1.07	-6.40
9	-0.68	-3.95	-1.43	-5.13	-1.48	-5.16	-1.04	-4.76	-1.03	-4.45	-1.10	-4.61
10	-0.94	-3.49	-1.03	-3.60	-1.04	-3.61	-0.50	-3.68	-1.81	-5.36	-1.85	-5.47
11	-0.94	-3.41	-0.93	-3.57	-0.93	-3.58	-2.29	-6.39	-0.46	-2.10	-0.47	-2.11
12	-0.92	-3.52	-0.74	-3.72	-0.74	-3.74	-0.03	-0.30	-0.02	-0.26	-0.01	-0.26
13	-1.22	-3.87	-0.83	-4.25	-0.83	-4.27	-0.23	-2.55	-0.22	-1.74	-0.22	-1.77
14	-1.34	-4.00	-0.92	-4.58	-0.92	-4.61	-2.10	-6.88	-0.30	-2.17	-0.29	-2.18

2. 位移分布特征

夹心拱隧道开挖完成后，拱顶下沉，底板上抬，最大位移出现于底板中部，其值为3.73mm，剖面 set-1 关键点 4、12(左、右洞拱顶位置)的位移分别 2.96mm、3.16mm；剖面 set-2 关键点 4、12 的位移分别为 2.16mm、2.09mm，这是因为小间距还没有开挖，对其附近的夹心拱围岩有一定的约束效应。

小间距隧道开挖结束后，拱顶下沉，拱底上抬，最大位移出现于远离夹心拱的小间距底板中间，其值为 5.2mm；开挖结束后剖面 set-3 关键点 4、12 的位移分别为 4.3mm、4.59mm，剖面 set-4 关键点 4、12 的位移分别为 4.61mm、4.91mm。夹心拱隧道的位移随着小间距隧道的开挖进一步增大，剖面 set-1 关键 4、12 位移增至 4.12mm、4.40mm，剖面 set-2 关键点 4、12 位移增至 4.34mm、4.59mm。由位移变化规律可见，小间距隧道开挖后，岩柱形成一个弱支撑(相对于夹心拱曲中墙)，沿着小间距往夹心拱隧道的方向，位移越来越小。

图 5-71 是夹心拱段开挖结束时的围岩位移云图，而图 5-72 则显示了小间距段开挖结束时的位移分布。表 5-13 ~ 表 5-16 分别为剖面 set-1 ~ set-4 关键点各开挖步完成后的位移值。这些图表显示了隧道动态开挖过程中围岩位移值的变化情况。

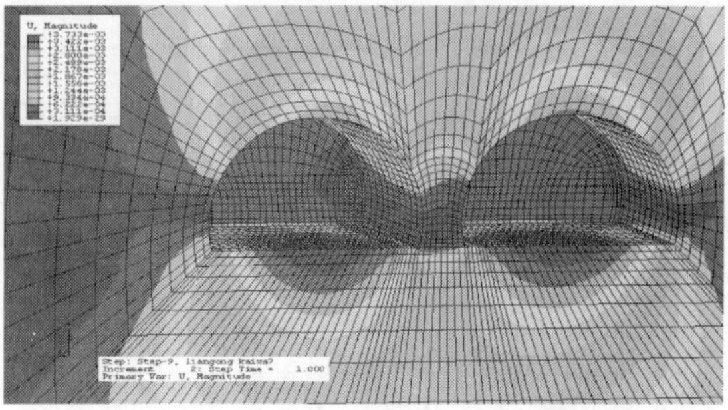

图 5-71　夹心拱段隧道开挖后的围岩位移图

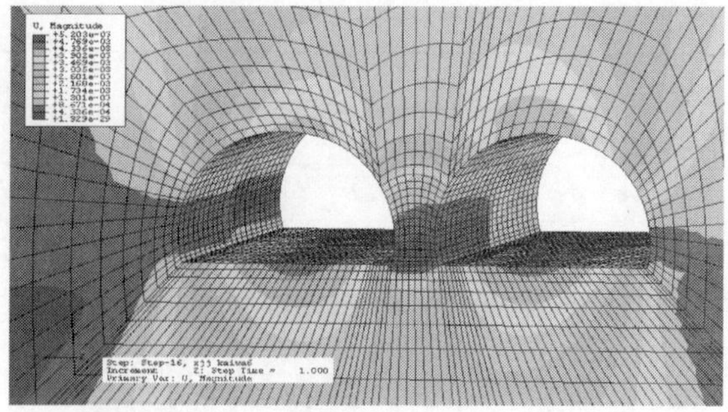

图 5-72　小间距段隧道开挖结束后围岩位移图

夹心拱隧道洞口第一组关键点位移随开挖步的变化规律　　表 5-13

关键点	关键点位移(mm)												
	step-1	step-2	step-3	step-4	step-5	step-6	step-7	step-8	step-9	step-10	step-11	step-12	step-13
1	0.21	0.68	0.64	0.63	0.91	0.92	0.92	1.00	1.04	1.05	1.09	1.28	1.39
2	0.20	1.05	1.02	1.02	1.24	1.29	1.30	1.40	1.49	1.50	1.55	1.81	1.93
3	0.20	1.74	1.74	1.74	2.19	2.27	2.29	2.44	2.63	2.65	2.68	3.07	3.21
4	0.05	2.42	2.59	2.61	2.90	2.94	2.96	3.21	3.50	3.53	3.53	3.96	4.12
5	0.01	0.99	1.19	1.21	1.32	1.33	1.34	1.47	1.59	1.61	1.62	1.84	1.97
6	0.04	0.98	0.88	0.93	0.95	0.98	0.98	0.94	1.00	1.00	1.00	1.07	0.99
7	0.28	0.42	0.43	0.47	0.20	0.25	0.26	0.21	0.25	0.25	0.21	0.08	0.08
8	0.26	0.51	0.52	0.57	0.26	0.35	0.36	0.34	0.45	0.45	0.43	0.32	0.29
9	0.35	0.58	0.60	0.65	0.44	0.59	0.61	0.59	0.72	0.73	0.72	0.76	0.71
10	0.02	0.09	0.08	0.09	0.81	0.73	0.78	0.74	0.81	0.81	0.82	0.99	0.95
11	0.04	0.12	0.11	0.11	1.20	1.57	1.60	1.71	1.82	1.84	1.88	2.22	2.36
12	0.14	0.35	0.33	0.32	2.85	3.11	3.16	3.27	3.47	3.50	3.59	4.22	4.40
13	0.29	0.60	0.58	0.57	2.03	2.07	2.08	2.21	2.34	2.35	2.39	2.70	2.84
14	0.20	0.40	0.38	0.36	0.93	0.89	0.89	1.00	1.06	1.08	1.09	1.27	1.39

夹心拱隧道洞内第二组关键点位移随开挖步的变化规律　　表 5-14

关键点	关键点位移(mm)												
	step-1	step-2	step-3	step-4	step-5	step-6	step-7	step-8	step-9	step-10	step-11	step-12	step-13
1	0.18	0.39	0.37	0.39	0.50	0.49	0.52	0.57	0.92	0.93	0.98	1.46	1.59
2	0.18	0.64	0.62	0.65	0.74	0.76	0.78	0.88	1.36	1.38	1.50	1.96	2.09
3	0.14	1.15	1.15	1.18	1.39	1.44	1.47	1.85	2.40	2.42	2.56	3.19	3.34
4	0.03	1.77	1.88	1.92	2.10	2.14	2.16	3.06	3.54	3.58	3.59	4.18	4.34
5	0.01	0.61	0.88	0.91	0.98	0.99	1.00	1.17	1.56	1.58	1.59	1.84	1.97
6	0.03	0.56	0.66	0.67	0.68	0.70	0.70	0.89	0.84	0.84	0.85	0.93	0.86
7	0.24	0.27	0.30	0.32	0.31	0.34	0.34	0.45	0.21	0.21	0.25	0.12	0.18

续上表

关键点	关键点位移(mm)												
	step-1	step-2	step-3	step-4	step-5	step-6	step-7	step-8	step-9	step-10	step-11	step-12	step-13
8	0.21	0.28	0.30	0.34	0.31	0.36	0.34	0.39	0.42	0.43	0.57	0.27	0.26
9	0.29	0.39	0.41	0.45	0.45	0.53	0.51	0.51	0.61	0.62	0.88	0.77	0.70
10	0.01	0.08	0.08	0.08	0.44	0.50	0.52	0.48	0.56	0.56	0.66	0.90	0.89
11	0.02	0.10	0.09	0.09	0.76	1.04	1.10	1.19	1.29	1.31	1.41	2.26	2.41
12	0.08	0.23	0.21	0.21	1.85	2.02	2.09	2.21	2.44	2.47	3.37	4.41	4.59
13	0.21	0.38	0.37	0.37	1.20	1.21	1.27	1.42	1.63	1.65	1.89	2.69	2.84
14	0.16	0.27	0.25	0.26	0.52	0.48	0.52	0.65	0.79	0.81	0.78	1.39	1.52

小间距隧道洞口第三组关键点位移随开挖步的变化规律 表5-15

关键点	关键点位移(mm)												
	step-1	step-2	step-3	step-4	step-5	step-6	step-7	step-8	step-9	step-10	step-11	step-12	step-13
1	0.06	0.22	0.22	0.25	0.35	0.35	0.40	0.57	1.22	1.24	1.42	2.73	2.89
2	0.02	0.11	0.13	0.18	0.22	0.22	0.25	0.40	1.58	1.61	1.79	2.70	2.85
3	0.05	0.14	0.15	0.24	0.32	0.33	0.35	1.73	2.56	2.59	2.78	3.65	3.80
4	0.01	0.23	0.28	0.39	0.48	0.49	0.51	2.78	3.38	3.41	3.44	4.12	4.30
5	0.01	0.21	0.14	0.17	0.24	0.25	0.27	0.98	1.47	1.49	1.50	1.79	1.92
6	0.02	0.34	0.32	0.31	0.33	0.35	0.35	0.88	1.14	1.14	1.15	1.27	1.19
7	0.10	0.29	0.33	0.29	0.37	0.43	0.42	0.90	0.88	0.88	1.04	1.39	1.35
8	0.09	0.19	0.22	0.23	0.34	0.40	0.39	0.59	0.67	0.68	1.12	1.98	1.91
9	0.07	0.15	0.17	0.19	0.40	0.49	0.41	0.49	0.59	0.60	1.33	2.07	1.99
10	0.01	0.08	0.08	0.08	0.28	0.33	0.33	0.31	0.41	0.42	0.64	1.04	1.01
11	0.01	0.09	0.09	0.09	0.27	0.26	0.32	0.43	0.53	0.56	1.09	2.18	2.33
12	0.06	0.18	0.17	0.17	0.40	0.47	0.61	0.72	0.93	0.95	3.14	4.40	4.59
13	0.08	0.22	0.21	0.22	0.26	0.27	0.38	0.53	0.81	0.83	2.00	3.32	3.48
14	0.04	0.16	0.15	0.17	0.16	0.16	0.25	0.41	0.66	0.68	0.59	2.03	2.18

小间距隧道洞内第四组关键点位移随开挖步的变化规律　　表 5-16

关键点	关键点位移(mm)												
	step-1	step-2	step-3	step-4	step-5	step-6	step-7	step-8	step-9	step-10	step-11	step-12	step-13
1	0.01	0.06	0.06	0.06	0.08	0.08	0.11	0.47	1.19	1.22	1.55	3.83	4.02
2	0.01	0.04	0.04	0.04	0.06	0.06	0.08	0.66	1.66	1.69	1.97	3.33	3.50
3	0.01	0.04	0.04	0.06	0.09	0.09	0.11	1.40	2.60	2.63	2.91	4.22	4.38
4	0.01	0.05	0.06	0.10	0.15	0.17	0.18	2.65	3.45	3.49	3.53	4.43	4.61
5	0.01	0.05	0.06	0.06	0.11	0.13	0.14	0.98	1.64	1.67	1.68	2.01	2.15
6	0.02	0.07	0.07	0.07	0.10	0.11	0.12	0.79	1.04	1.05	1.06	1.24	1.16
7	0.02	0.04	0.06	0.06	0.09	0.11	0.10	0.79	0.65	0.66	0.89	1.28	1.30
8	0.02	0.04	0.05	0.05	0.09	0.11	0.10	0.45	0.58	0.60	1.23	2.84	2.81
9	0.02	0.04	0.05	0.05	0.09	0.11	0.10	0.26	0.47	0.49	1.36	2.13	2.08
10	0.01	0.07	0.07	0.07	0.09	0.12	0.11	0.17	0.31	0.33	0.53	1.07	1.06
11	0.00	0.08	0.08	0.08	0.12	0.13	0.15	0.26	0.37	0.39	1.18	2.35	2.51
12	0.01	0.09	0.09	0.09	0.12	0.13	0.19	0.33	0.55	0.58	2.99	4.72	4.91
13	0.01	0.07	0.07	0.07	0.07	0.07	0.11	0.36	0.66	0.68	1.86	3.96	4.14
14	0.01	0.06	0.06	0.06	0.05	0.05	0.07	0.38	0.61	0.63	0.69	2.60	2.78

3. 围岩塑性区分布特征

夹心拱隧道开挖后，在中墙上部、中墙下部脚点处、隧道肩部、脚点处围岩局部进入塑性区，其中中墙脚点部位塑性变形最大，最大为 8.85e-3；并且越靠近连接端，塑性应变越小。

小间距隧道开挖过程中，岩柱两侧的塑性区越来越大，塑性应变值也越来越大。在右洞侧导洞开挖后，岩柱中间塑性区域贯通；小间距开挖结束后，最大等效塑性应变出现于岩柱侧部，其值为 3.8e-2。因此，在开挖小间距隧道过程中要及时对岩柱进行合理支护。

小间距隧道开挖过程中，夹心拱段曲中墙也有部分区域进入塑性区，主要发生在 4 个角点附近，但是塑性变形都非常小。

开挖过程中，围岩塑性区的发展情况如图 5-73 ~ 图 5-88 所示，为了直观全面地显示，有的开挖步后给出了两种角度的塑性区图；图 5-89 ~ 图 5-93 则反映了夹心连拱段曲中墙的塑性区扩展过程。

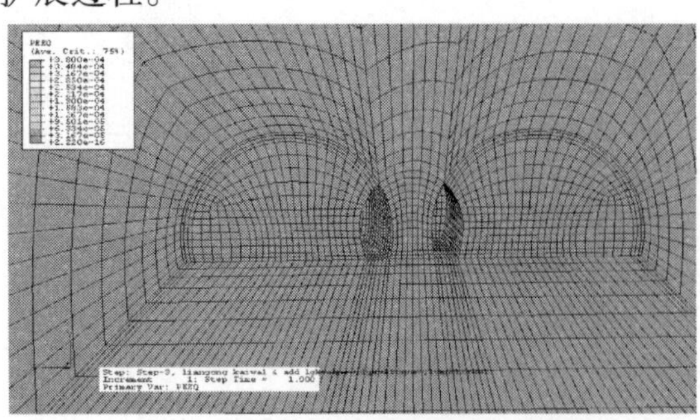

图 5-73　夹心拱段中导洞开挖后塑性区

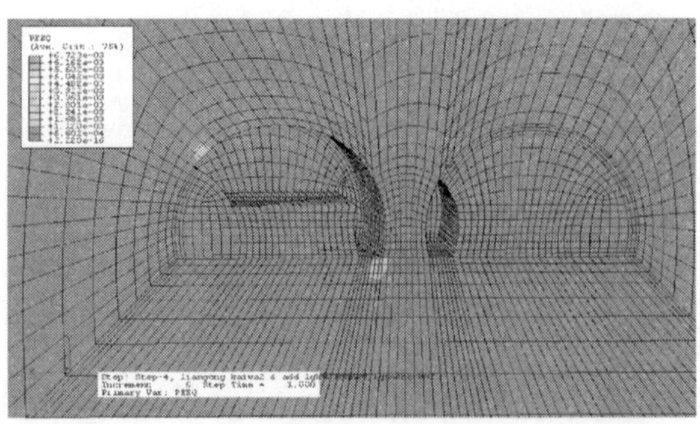

图 5-74　夹心拱段左洞上半断面开挖后塑性区

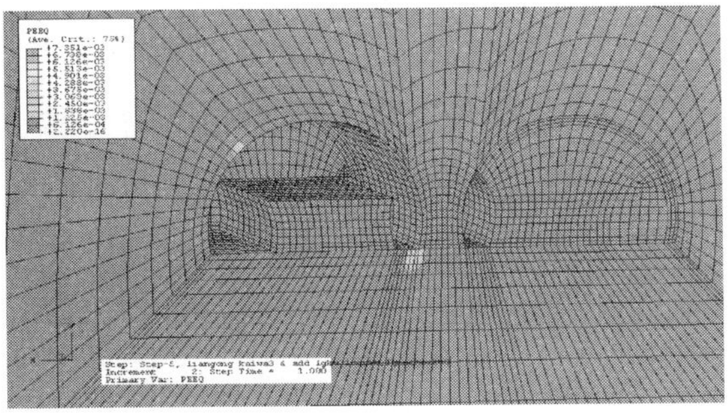

图 5-75　夹心拱段左洞侧导洞开挖后塑性区

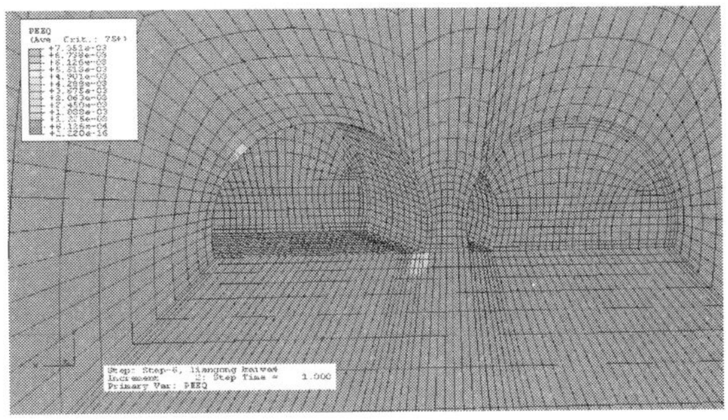

图 5-76　夹心拱段左洞开挖后塑性区

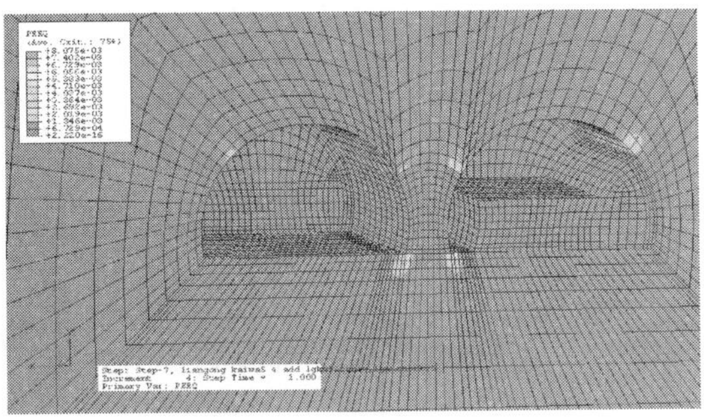

图 5-77　夹心拱段右洞上半断面开挖后塑性区

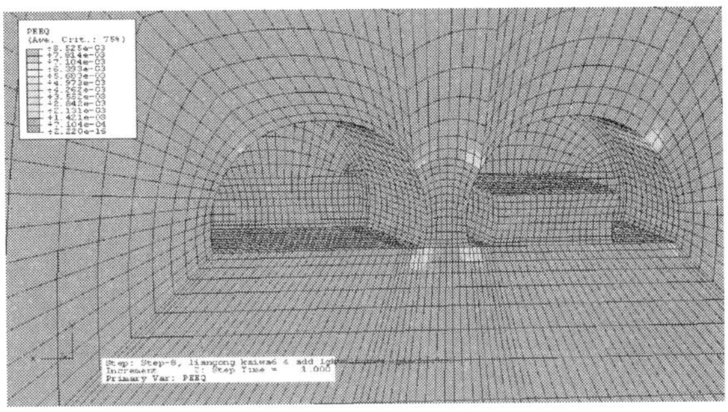

图 5-78　夹心拱段右洞侧导洞开挖后塑性区

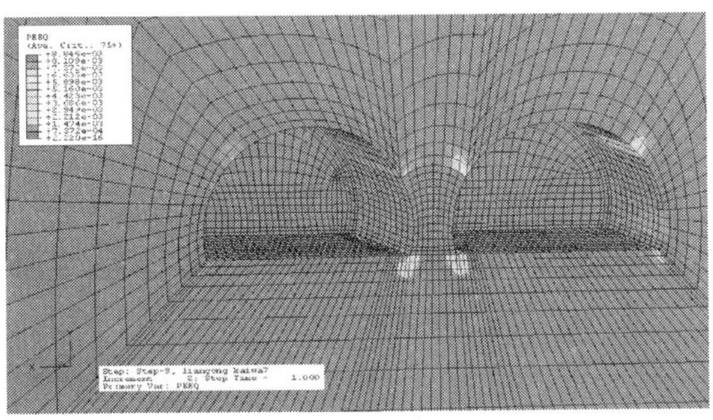

图 5-79　夹心拱段右洞开挖后塑性区

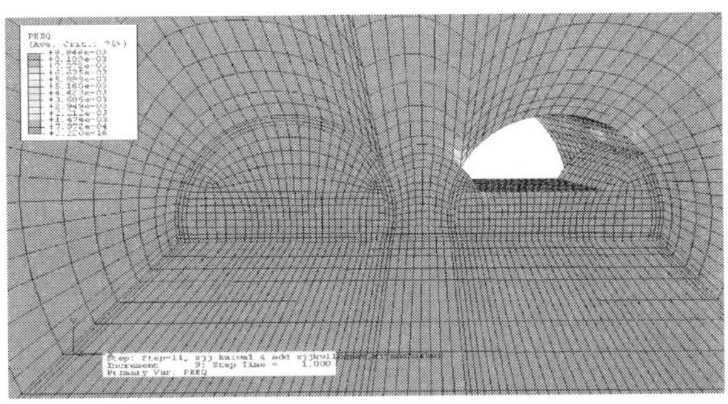

图 5-80　小间距段左洞上半断面开挖后塑性区

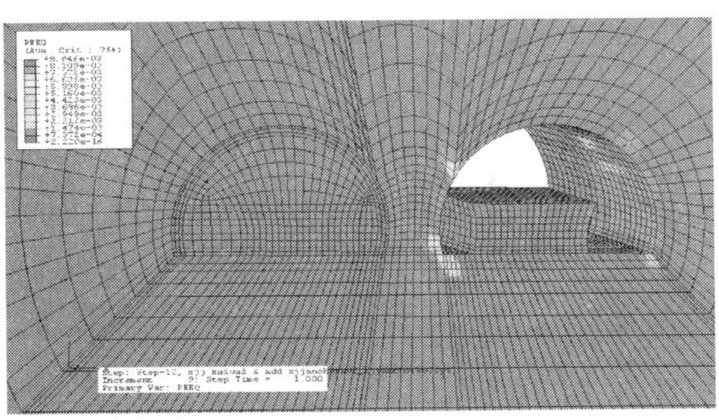

图 5-81　小间距段左洞上侧导洞开挖后塑性区(1)

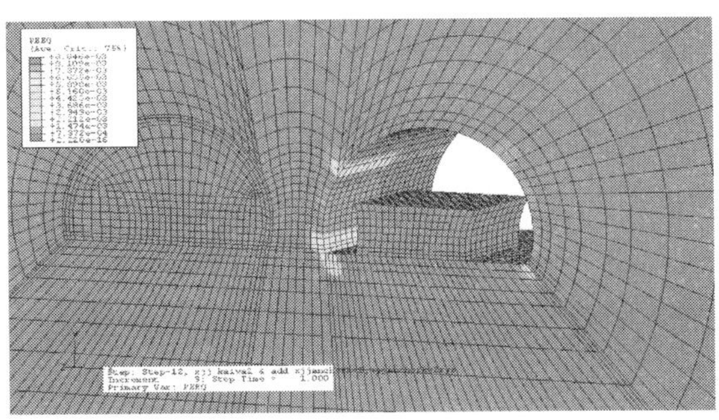

图 5-82　小间距段左洞上侧导洞开挖后塑性区(2)

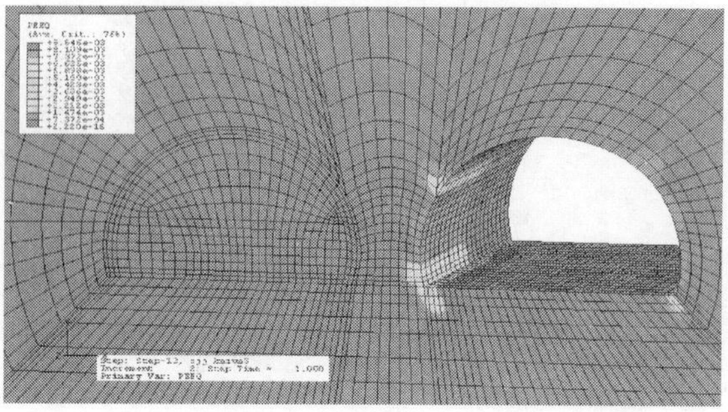

图 5-83　小间距段左洞开挖后塑性区

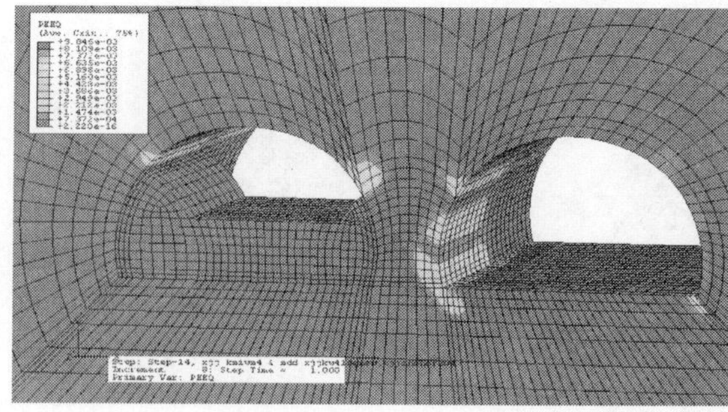

图 5-84　小间距段右洞上半断面开挖后塑性区

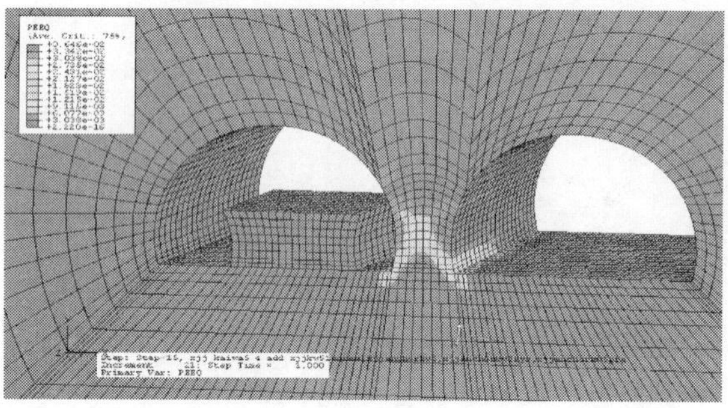

图 5-85　小间距段右洞侧导洞开挖后塑性区(1)

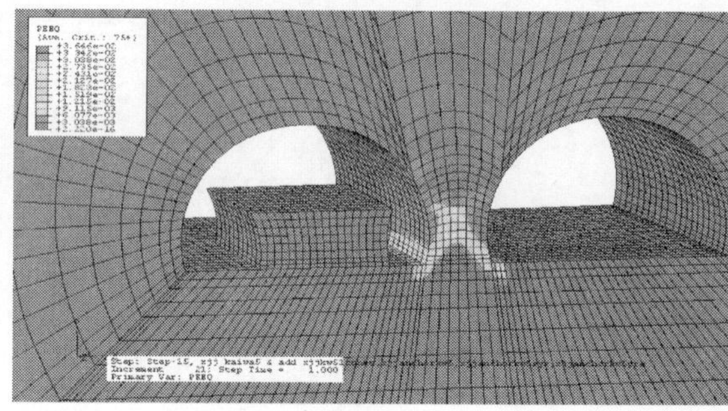

图 5-86　小间距段右洞侧导洞开挖后塑性区(2)

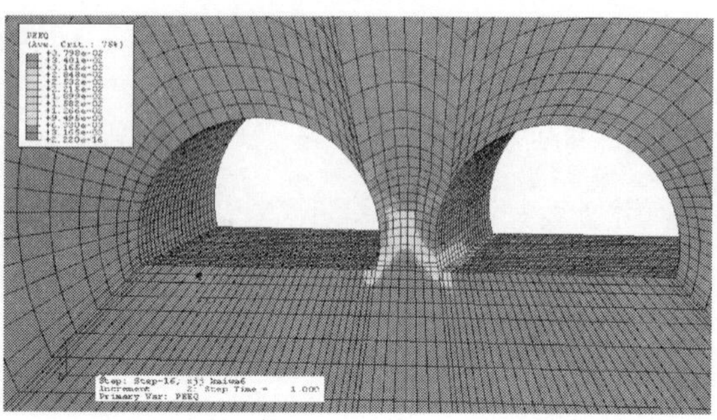

图 5-87　小间距段开挖结束后塑性区(1)

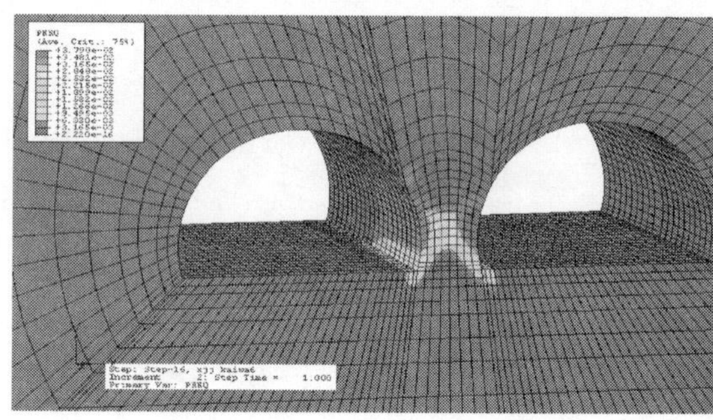

图 5-88　小间距段开挖结束后塑性区(2)

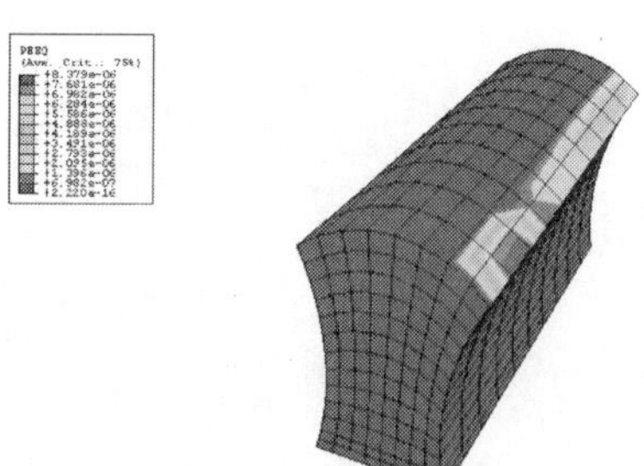

图 5-89　夹心拱段左洞开挖后中墙的塑性区

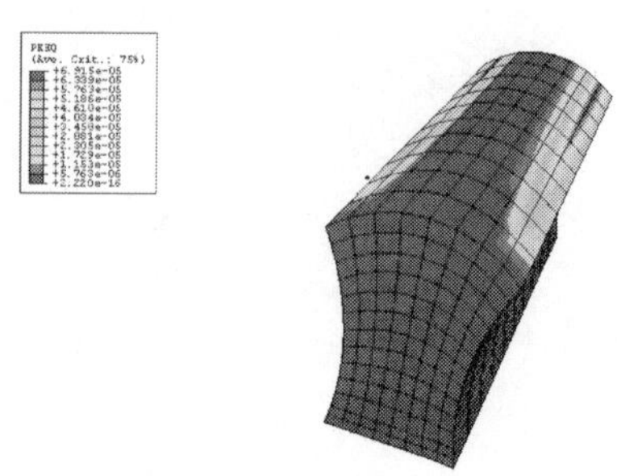

图 5-90　夹心拱段右洞上半断面开挖后中墙的塑性区

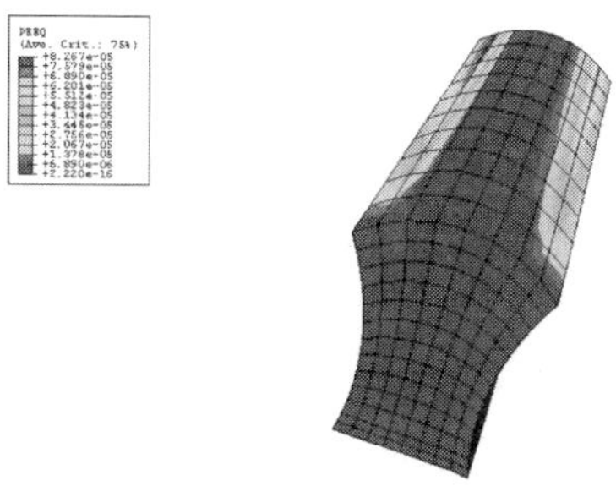

图 5-91　夹心拱段右洞侧导洞开挖后中墙的塑性区

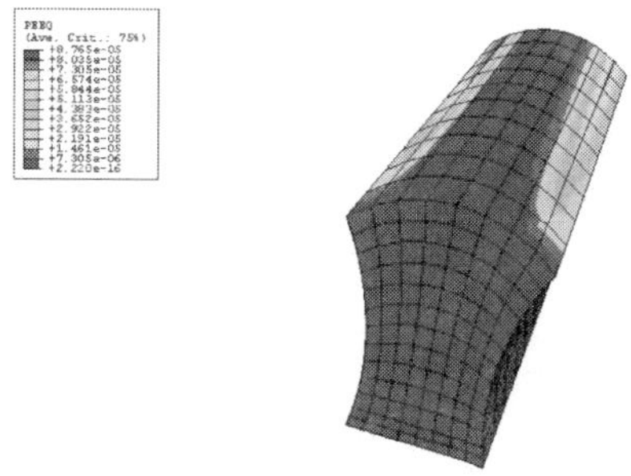

图 5-92　夹心拱段右洞开挖后中墙的塑性区

4. 隧道支护结构受力特征

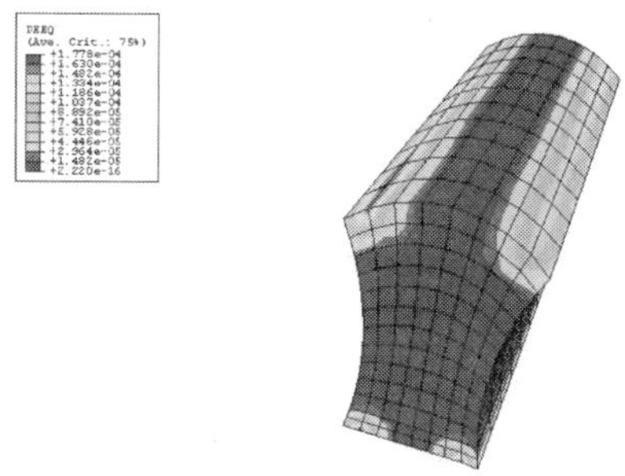

图 5-93　小间距段开挖结束后中墙的塑性区

小间距隧道开挖过程中，夹心拱二次衬砌曲中墙上方部分形成压应力集中区，且压应力集中区随着开挖的进行向靠近小间距的那端延伸，压应力值也逐渐增大，从小间距开挖初期的11.32MPa增大至开挖结束后的21.47MPa。拉应力主要发生在靠近底板的部位，拉应力值很小，开挖结束后最大为1.13MPa。由于小间距隧道二次衬砌不承受开挖释放荷载，因此所受应力很小。图 5-94 ~ 图 5-99 是夹心连拱段二次衬砌应力分布随小间距段开挖的变化情况，而图 5-100 则为小间距段二次衬砌在本隧道段开挖后的应力分布图。

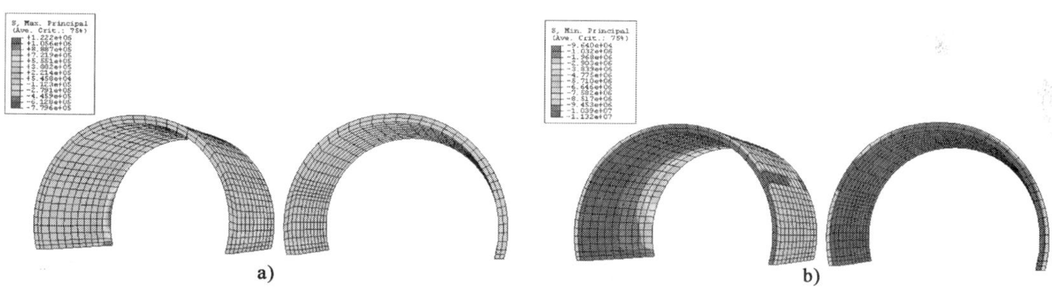

图 5-94　小间距段左洞上半断面开挖后夹心拱二次衬砌主应力分布图

a）最大主应力分布；b）最小主应力分布

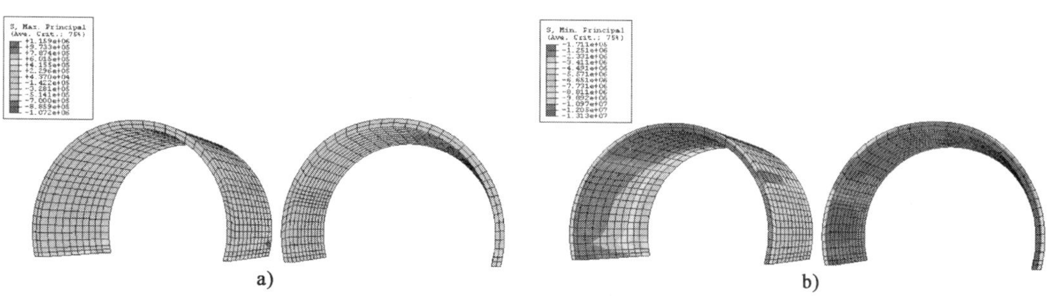

图 5-95　小间距段左洞侧导洞开挖后夹心拱二次衬砌主应力分布图

a）最大应力分布；b）最小主应力分布

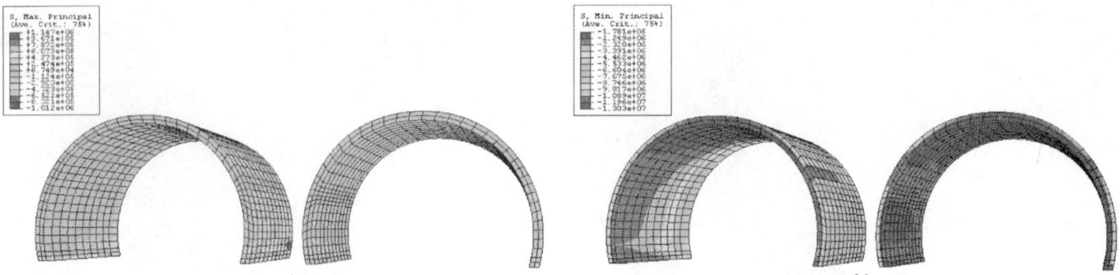

a)　　　　b)

图 5-96　小间距段左洞开挖后夹心拱二次衬砌主应力分布图

a)最大主应力分布;b)最小主应力分布

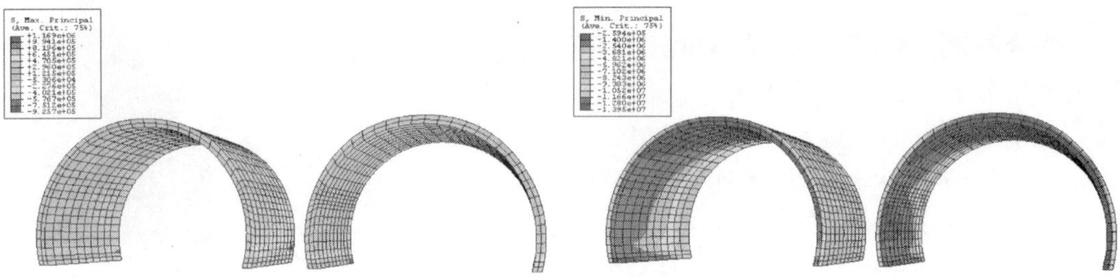

a)　　　　b)

图 5-97　小间距段右洞上半断面开挖后夹心拱二次衬砌主应力分布图

a)最大主应力分布;b)最小主应力分布

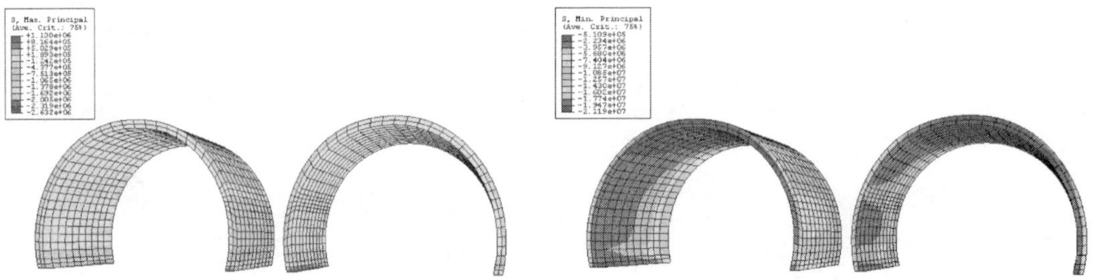

a)　　　　b)

图 5-98　小间距段右洞侧导洞开挖后夹心拱二次衬砌主应力分布图

a)最大主应力分布;b)最小主应力分布

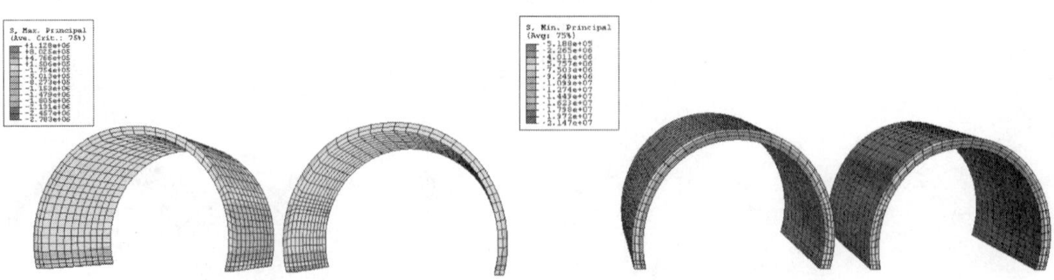

a)　　　　b)

图 5-99　小间距段开挖结束后夹心拱二次衬砌主应力分布图

a)最大主应力分布;b)最小主应力分布

从夹心拱段隧道开挖开始，曲中墙远离连接端的两侧部位就形成压应力集中区，随着开挖的进行，压应力集中区逐步向连接端扩大，且压应力值逐步增大，到夹心拱隧道开挖结束时，最大压应力值由开挖初期的4.07MPa增大至夹心拱开挖结束时的9.05MPa；小间距隧道的开挖使得曲中墙的压应力区发生了转移且压应力值有所增大。随着小间距隧道的开挖，压应力区向靠近小间距端的曲中墙两侧集中，至开挖结束时，最大压应力值由小间距开挖初期的9.35MPa增大至14.72MPa，最大压应力出现在靠近小间距岩柱部位的曲中墙侧部，这是由于岩柱弱支撑造成的。开挖过程中，曲中墙上端侧部和下端侧部局部受拉，但是拉应力很小，开挖结束后，拉应力值不超过1MPa。图5-101、图5-102分别是夹心连拱段中隔墙在夹心段和小间距段开挖结束后的最大、最小主应力分布图。

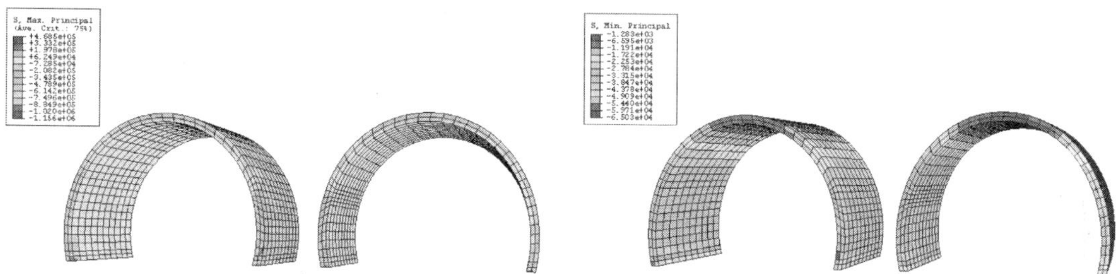

a) b)

图5-100 小间距段开挖结束后小间距二次衬砌主应力分布图

a)最大主应力分布；b)最小主应力分布

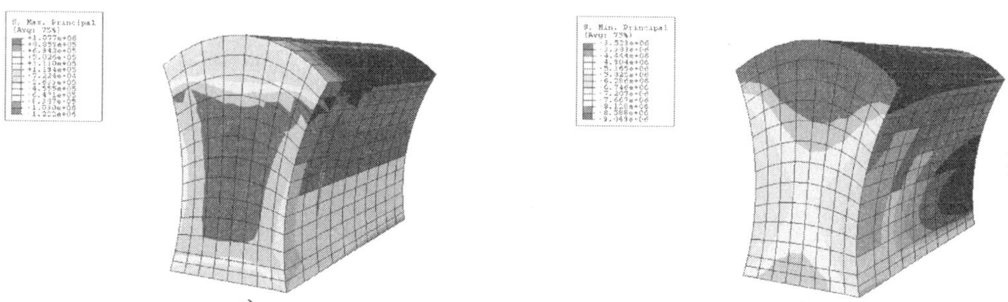

a) b)

图5-101 夹心拱段开挖后夹心拱中隔墙主应力分布图

a)最大主应力分布；b)最小主应力分布

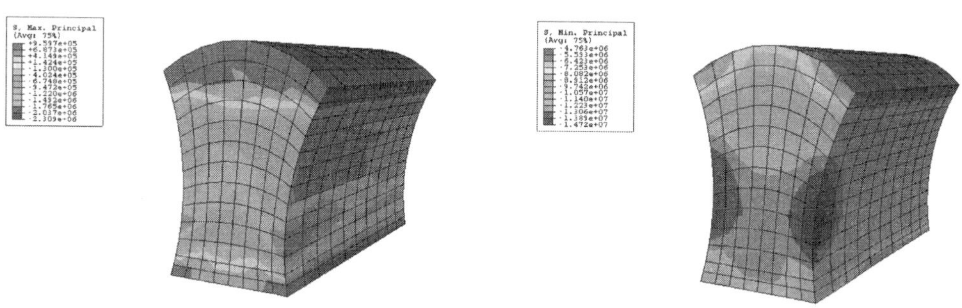

a) b)

图5-102 小间距段开挖后夹心拱中隔墙主应力分布图

a)最大主应力分布；b)最小主应力分布

夹心拱隧道开挖结束后，夹心拱段左、右洞外侧肩部的系统锚杆承受较大拉应力，且远离连接端的锚杆拉应力大于靠近连接端锚杆的拉应力，最大拉应力达138MPa；曲中墙上方的锚杆受压，离连接端越远，压应力越大，夹心拱隧道开挖结束时最大压应力为156MPa。随着小间距段隧道开挖，靠近连接端的夹心拱段锚杆应力有所增大，小间距段隧道开挖结束后，最大拉应力为132MPa；靠近连接端的曲中墙上方锚杆的压应力也随着小间距隧道的开挖而增大，开挖结束时，最大压应力为226MPa。两段隧道开挖结束后，夹心拱段系统锚杆的应力分布情况分别如图5-103、图5-104所示。

开挖结束后，小间距隧道系统锚杆所承受的最大拉应力出现于岩柱上部，最大拉应力为206MPa，左、右洞外侧部位的系统锚杆局部受压，最大压应力值为10.35MPa；距连接端越远，岩柱部位锚杆拉应力越大，因为连接端附近的岩柱变形受到曲中墙的控制。小间距岩柱中施作了预应力锚杆。图5-105、图5-106分别反映了小间距段开挖完成后的本隧道段的系统锚杆和预应力锚杆的应力分布。

图5-103　夹心拱段开挖后夹心拱系统锚杆应力分布图

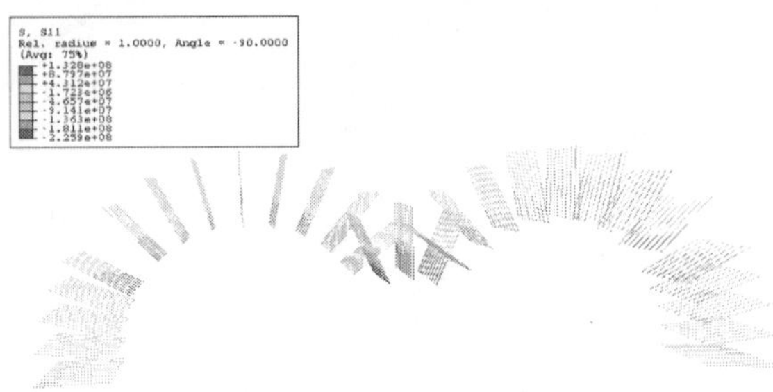

图5-104　小间距段开挖后夹心拱系统锚杆应力分布图

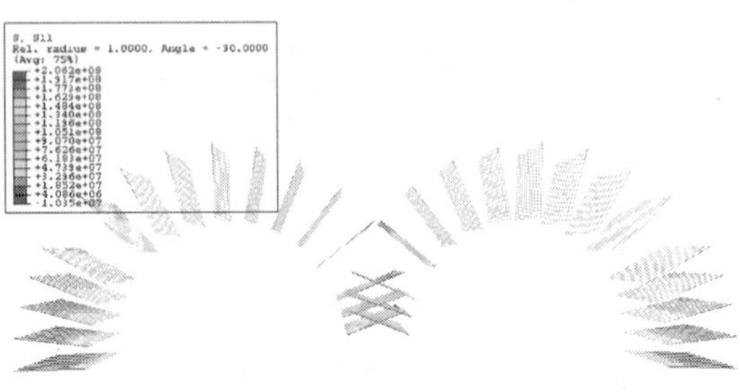

图5-105　小间距段开挖后小间距系统锚杆应力分布图

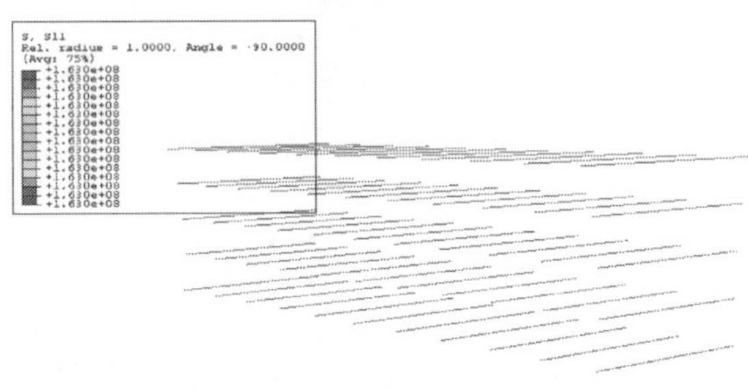

图5-106　小间距段开挖后小间距预应力锚杆应力分布图

5. 连拱-小间距段

(1)连拱隧道开挖结束后，底板上抬，拱顶下沉；曲中墙两侧形成压应力集中区域，且压应力集中程度较高，曲中墙右侧上端的压应力达12.31MPa。靠近连接端的围岩位移量稍小，应力集中程度也稍小，这是由于小间距隧道尚未开挖，形成了一定的约束。曲中墙上下方两侧围岩、隧道肩部和脚点处都有局部岩体进入塑性区，最大等效塑性应变值为8.85e-3，且靠近连接端的围岩塑性区域稍小，塑性变形也稍小。

(2)随着小间距隧道的开挖，拱顶继续下沉，底板进一步上抬。由于岩柱受压，其两侧岩体进入塑性区，在小间距段右洞开挖后，塑性区进一步扩展直至贯通，最大等效塑性应变出现于岩柱侧部，其值为3.8e-2。

（3）小间距段隧道的开挖使得连拱段曲中墙的压应力进一步加剧，且靠近连接端处的曲中墙应力增大幅度大于远离连接端部分，夹心拱段围岩位移也有同样的变化规律。这是由于小间距段隧道开挖后，岩柱的支护强度低于曲中墙，使得靠近连接端部位的夹心拱段围岩应力值更大，围岩位移更大。同样，靠近连接端的小间距围岩则受到曲中墙强支护的影响，相对于远离连接端部分，靠近连接端的小间距围岩应力集中大，位移变化小，塑性区域小，以及塑性变形小。

（4）随着小间距段隧道的开挖，夹心拱段曲中墙底部压应力有所增大，剖面set-1关键点8的压应力由小间距开挖前的7.22MPa增大到开挖结束时的9.31MPa。另外，远离连接端部分的压应力值高于靠近连接端部分，但到小间距段开挖结束前，靠近连接端部位的压应力值反而稍高。其原因是：小间距段隧道右洞侧导洞没开挖时，约束了连接端附近岩体，所以应力值要小；而小间距隧道开挖结束后，岩柱强度低于曲中墙，所以靠近连接端的曲中墙要承受更大的压力，造成连接端附近曲中墙应力值稍高。

随着开挖步的进行，小间距岩柱下部压应力逐渐增大，剖面set-3关键点8的压应力由隧道开挖初期的3.29MPa增大到隧道开挖结束后的8.06MPa。另外，靠近连接端部位岩柱下部的压应力要稍高于远离连接端部位的岩柱。这是由于小间距隧道岩柱受到夹心拱段曲中墙的刚性约束造成。

连拱和小间距剖面关键点8的最大压应力随开挖过程的变化如图5-107所示。

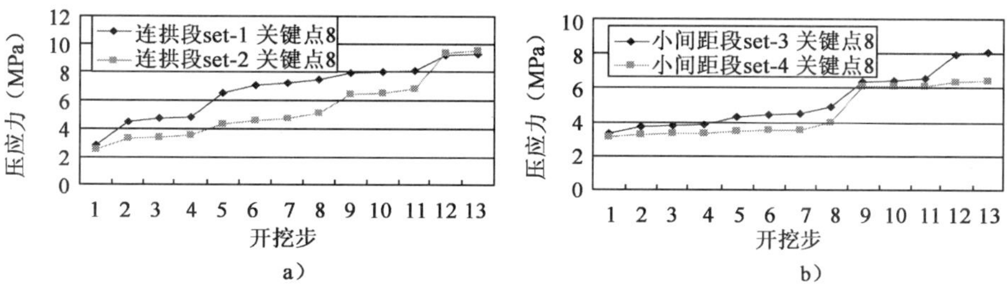

图5-107 关键点8的最大压应力随开挖的变化

a）连拱段set-1、set-2；b）小间距段set-3、set-4

（5）过渡段开挖结束后，沿着轴线方向曲中墙、岩柱底部、中部和上部的压应力变化趋势如图5-108所示。整体上看，小间距断岩柱承受的压应力小于夹心拱段曲中墙承受的压应力，曲中墙、岩柱中是上部压应力小于中部，中部小于底部，但是在连接端周围，曲中墙、岩柱中部压应力增加幅度较大。

（6）随着开挖步的进行，连拱隧道右洞洞顶的位移不断增大，剖面set-1关键点12的位移由小间距开挖前的3.16mm增大到开挖结束后的4.40mm。另外，远离连接端部位的位移大于靠近连接端部位的位移，但到小间距开挖结束时，则是靠近连接端部位的位移稍大。随着小间距段的进一步开挖，小间距隧道右洞洞顶的位移不断增大，剖面set-3关键点12的位移由隧道开挖初期的0.06mm增大到开挖结束后的4.59mm。另外，远离连接端部位的位移稍小于靠近连接端部位的位移，但到小间距段开挖结束前，靠近连接端部位的位移反而稍小。由于小间距段开挖右洞以前，连拱隧道开挖使得连接端附近的小间距隧道围岩位移较大；而小间距隧道开挖结束后，相对与岩柱，连拱段曲中墙对附近的小间距支撑作用更强，使得靠近连接端的小间距隧道位移稍小。连拱和小间距段关键点的位移随开挖过程的变化规律如图5-109所示。

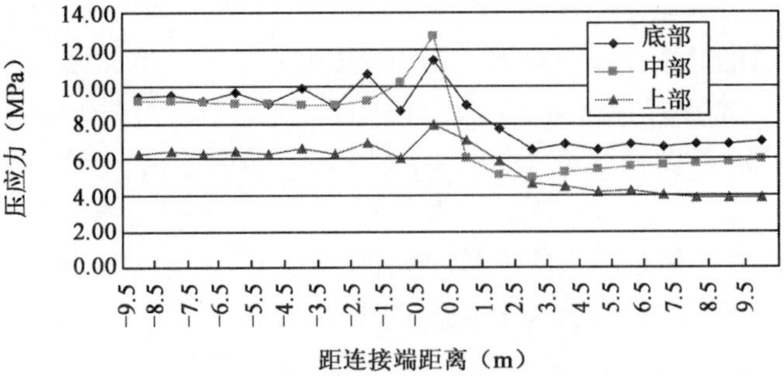

图 5-108　连拱小间距过渡段岩柱和曲中墙压应力分布图

（距离 0 处为连接端面，距离为正一端是小间距段，距离为负一端是夹心拱段）

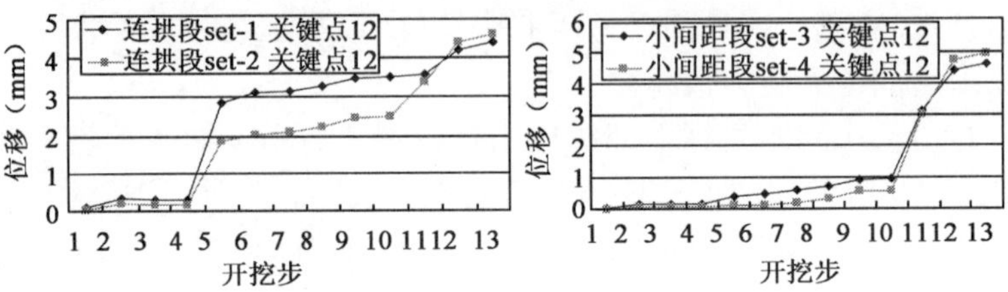

a）　　　　　　　　　　　　b）

图 5-109　关键点 12 的位移随开挖的变化

a）连拱段 set-1、set-2；b）小间距段 set-3、set-4

第二节　过渡段模型试验——模型制作、开挖测试

地质力学模型是客观物理实体的再现，在满足相似原理的条件下，能够真实反映地质构造和工程结构的空间关系，能够准确模拟施工过程和把握岩体工程力学变形特性。针对八字岭分岔隧道复杂的结构，采用国内规模最大的三维地质力学模型试验系统和新型铁晶砂胶结相似材料，分别对隧道连拱段到大拱段、小间距段到连拱段的三维地质力学模型进行试验研究。较真实地模拟了分岔隧道的开挖施工过程以及超载破坏过程，通过多种高精度测试手段和方法，获得了分岔隧道洞周围岩位移场、应力场的变化规律以及围岩的破坏机制。本节主要介绍模型的制作过程和开挖测试情况。

一、相似原理

模型试验的相似原理是指模型上重现的物理现象应与原型相似，即要求模型材料、模型形状和荷载等遵循一定的规律。我们把原型 P 和模型 M 之间具有相同量纲的物理量之比称为相似比尺，用字母 C 代替。定义 L 代表长度，γ 代表重度，δ 代表位移，σ 代表应力，ε 代表应变，E 代表弹性模量，σ_t 代表抗拉强度，σ_c 代表抗压强度，c 代表黏结力，φ 代表摩擦角，μ 代表泊松比，f 代表摩擦系数。

根据原型和模型的平衡方程、几何方程、物理方程、应力边界条件和位移边界条件，可推导如下地质力学模型试验的相似关系。

（1）应力相似比尺 C_σ、重度相似比尺 C_r 和几何相似比尺 C_L 之间的相似关系：

$$C_{\sigma} = C_{r}C_{L} \tag{5-1}$$

(2)位移相似比尺 C_{δ}、几何相似比尺 C_{L} 和应变相似比尺 C_{ε} 之间的相似关系：

$$C_{\delta} = C_{\varepsilon}C_{L} \tag{5-2}$$

(3)应力相似比尺 C_{σ}、弹性模量相似比尺 C_{E} 和应变相似比尺 C_{ε} 之间的相似关系：

$$C_{\sigma} = C_{\varepsilon}C_{E} \tag{5-3}$$

(4)地质力学模型试验要求所有无量纲物理量(如应变、内摩擦角、摩擦系数、泊松比等)的相似比尺等于1,相同量纲物理量的相似比尺相等,即：

$$C_{\varepsilon} = C_{f} = C_{\mu} = C_{\varphi} = 1 \tag{5-4}$$

$$C_{\sigma} = C_{E} = C_{c} = C_{\sigma_c} = C_{\sigma_t} \tag{5-5}$$

二、分岔隧道模型试验的技术难点

由于分岔隧道作为一种新型隧道结构形式,国内外目前对于其地质力学模型试验,也没有研究的先例,因此,分岔隧道模型试验存在一定的难度,其技术难点如下。

(1)为了充分反映分岔隧道的结构形式和受力条件,需要研制符合分岔隧道试验要求的三维地质力学模型试验台架装置。

(2)为了满足地质力学模型试验相似原理的要求,需要研制分岔隧道地层介质的相似模型材料。

(3)由于分岔隧道特殊的变截面空间结构形式,为了实现模型与原型的相似,需要研制模型的制作技术与相关工艺。

(4)由于模型试验的不可逆性,如何可靠地在模型内部埋设测试仪器,并准确、高效地采集分岔隧道模型试验数据,也是一大技术难点。

三、新型三维地质力学模型试验系统的研制

要进行地质力学模型试验,就必须有相应的模型试验装置和加荷系统。目前,国内很多研究单位研制了多重地质力学模型试验系统,如武汉大学研制的平面应力试验装置及加载系统、清华大学研制的离散化三维多主应力面加载试验系统、总参工程兵科研三所研制的平面应变三向加载地质力学模型试验装置以及重庆交通科研设计院研制的公路隧道结构与围岩综合试验系统等。

上述模型试验系统存在的主要问题是:①模型试验装置尺寸固定,不能根据模型试验范围进行灵活调整;②试验采用千斤顶均匀加载,不能模拟非均匀分布的初始地应力场。

为克服上述现有地质力学模型试验系统技术的不足,我们研制出一种尺寸可调、组装灵活方便,并能实施同步非均匀加载的新型三维地质力学模型试验系统。

1)设计与系统构成

图5-110为新型三维地质力学模型试验系统设计图,图5-111为加工完成的模型试验系统照片。由图可知:本系统主要由组合式台架装置、带薄千斤顶的变荷加载板和液压加载控制试验台三大部分组成。

组合式台架装置主要由盒式铸钢构件、角件和底盘通过高强螺栓连接而成。图 5-112 为加工完成的装置照片。根据盒式铸钢构件尺寸的不同，分别有六种形式（500mm×250mm×250mm、1 500mm×250mm×250mm 等），其壁厚为 25mm，采用螺栓连接。台架底盘由 8 块厚 80mm、长 2.5m、宽 50cm 的型钢钢板拼接而成，拼接后整个底盘长 4m、宽 2.5m、厚 8cm。通过底盘上的高强连接螺栓可将盒式台架体与底盘按多种方式固定，以满足试验要求，形成三维地质力学模型试验组合式台架装置。

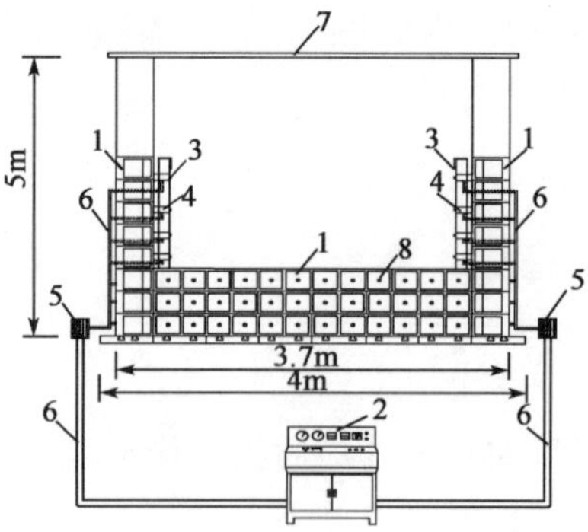

图 5-110　新型三维地质力学试验系统设计图

1-盒式台架装置；2-液压加载控制试验台；3-变荷加载板；4-微型薄千斤顶；5-分油器；6-高压油管；7-钢横梁；8-引线与材料透气孔

图 5-111　新型三维地质力学模型试验系统照片

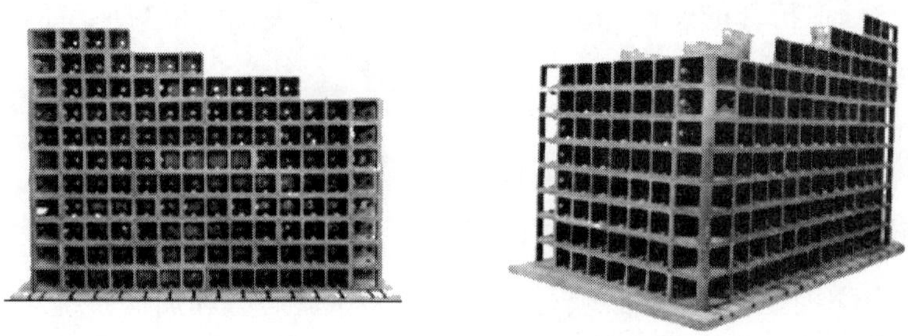

图 5-112　组合式台架装置照片

2）模型试验台架装置的特点

与国内外同类型的试验装置相比，组合式模型试验台架装置具有如下显著特点：

（1）规模较大，可进行大比尺地质力学模型试验。目前该装置能够容纳的最大模型尺寸为：长 3.2m、宽 1.7m、高 5m，其规模在国内外同类型三维地质力学模型试验中是最大的。

（2）具有多种功能，既能进行三维模型试验，又能进行平面模型试验。

（3）操作简单，组装灵活方便。台架采用盒式铸钢构件通过高强螺栓连接组合而成，台架组装和拆卸灵活方便，真正实现了模型装置的组合式。

（4）尺寸可任意调整，即台架尺寸可以增大，也可以缩小，能满足不同规模模型试验的要求。因为台架体是通过底盘连接螺栓固定在底盘上的，因此调整底盘连接螺栓在螺栓槽内的位置就可以改变模型架的长、宽尺寸，同时在高度方向通过增、减盒式构件的数量，可任意调整台架的高度。这克服了国内外大部分模型试验装置尺寸固定、不能按照试验范围进行灵活调整的缺陷。

(5)刚度高、整体稳定性好。台架采用强度较大的铸钢构件通过高强螺栓连接成整体,并在台架内部设置有高强度钢拉杆,可保证试验台架有足够的侧向刚度和较好的整体稳定性,克服了大多数试验台架因刚度不够而造成挠度过大的缺陷。

(6)采用开放式结构,模型制作与台架安装可同时进行,为大体积三维模型制作提供了有利的空间操作条件。

(7)具有"封而不闭"的结构特性,即台架前后、左右是封闭的,在模型重度相似比尺等于1的情况下,台架顶部完全开放,借此可模拟岩土工程的实际地形地貌特征,真正使该台架装置制作的试验模型与原型做到不但在力学机制方面相似,而且在几何形态上也尽可能相似。

(8)易于实现对模型任何部位的开挖,通过拆卸台架任何部位的构件可方便地在模型相应部位进行开挖试验。另外,在每个盒式构件紧贴模型的侧面中心开设有孔洞,一方面便于从模型材料内引出测试导线,另一方面也便于模型材料的透气与通风干燥。

(9)试验台架装置耐久性好、可重复使用。由于台架盒式构件强度高,刚度大,构件本身出现破裂的可能性非常小,即便出现破损,也可用备用构件重新加以更换。

3)模型加载控制系统

加载控制系统主要由带薄千斤顶的变荷加载板和液压加载控制试验台两部分组成。图5-113为加工的变荷加载板照片。带薄千斤顶的变荷加载板主要由两端等间距并列固定在角钢上的多根槽钢组合而成,薄千斤顶自上而下由疏至密非均匀地固定在槽钢上。通过竖向非等间距分布的千斤顶,可实现侧向荷载的非均匀加载。由图5-110知:变荷加载板通过薄千斤顶连接在盒式台架装置的左右内侧壁上,液压加载控制试验台通过分油器和油管与薄千斤顶连接。由图5-113知:变荷加载板的千斤顶非等间距布置,横向设置了5排、纵向设置了7排,共设置了35个量程为5t的微型千斤顶。

图5-113 变荷加载板照片

图5-114为液压加载控制试验台,该试验台主要用于模型试验荷载的自动施加与稳压。在液压加载控制台内设置有油箱、柱塞泵、电机、压力传感器和阀门,在控制台面上设有智能数显压力表和控制开关。

液压加载控制系统的技术特点：

(1)操作简单，组装灵活方便。

(2)能按照实际非均匀分布的地应力进行同步非均匀加载，且具有压力高、升压快速、持荷稳定的优点，克服了大多数模型试验系统采用均匀加载来模拟地应力场分布的缺陷。

(3)能自动控制模型加载与稳压。当加压到设定压力值后，系统自动切断油泵供油并保持油压稳定；当油压下降时，系统自动开启油泵重新供油以保证试验压力稳定。

(4)系统泵站是一台能单独工作的液压动力源，具有结构简单、体积小、压力高等特点。其泵体低压时能获得大的流量，高压时可获得大的压力吨位。高压安全阀调整压力为50MPa，低压安全阀调整压力为7MPa，减功阀调整压力为7～11MPa。

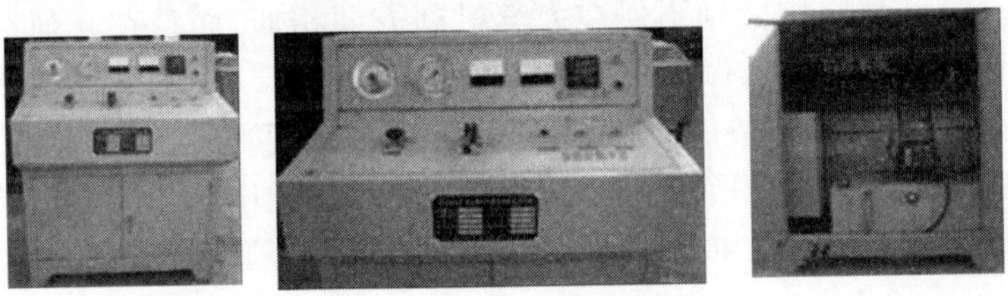

图5-114　液压加载控制试验台照片

四、模型试验新型相似材料的研制

要进行地质力学模型试验，必须研制与岩土材料物理力学特性保持相似的材料。目前国内有关模型相似材料的研究也有很多，如MIB材料、NIOS地质力学模型材料等。但是以前的模型相似材料普遍存在的缺点是：材料重度低、干燥时间慢、力学参数变化范围窄。我们根据模型试验相似原理的要求，经过300多组、近1 000多个材料试件的力学参数测试，研制出了一种新型模型相似材料，它是由铁矿粉、重晶石粉、石英砂、石膏粉和松香酒精溶液按规定的配比均匀拌和压实而成的一种复合材料，称为铁晶砂胶结相似材料。该材料具有重度高、力学参数变化范围广、性能稳定、价格低廉、干燥快速、制作工艺简单且无毒副作用，可用来模拟从软岩到硬岩的大部分岩体材料。

1.相似材料研制的基本原则

地质力学模型试验是根据一定的相似原理对特定工程地质问题进行缩尺研究的一种方法，其中模型材料的选择对地质力学模型试验的成功与否起着至关重要的作用。在岩土工程地质力学模型试验中，模拟岩土力学特性的相似材料必须具备重度高、强度低和力学参数变化范围广等基本特点，而满足这些要求的材料在自然界是不存在的，必须用人工方法进行组合得到。对相似材料的研制，一般遵循如下一些基本原则：

(1)应由散粒体组成，经胶结剂胶结并在模具内强压成一定尺寸的砌块，才能保证有致密的结构和较大的内摩擦角。

(2)散粒体应选用大比重的物质，并由粗、细颗粒按最优级配组成，以获得最大的重度和较小的空隙率。

(3)成型后的材料应具有较高的电气绝缘度，且不受温度和湿度变化的影响。

(4)应采用价廉易得的原材料，以降低材料制作成本和模型试验经费。

(5)材料制作工艺力求简化,成型后能快速干燥,以加快模型试验进程。

(6)力学参数具有较大的可变化范围,以适应模拟不同岩土介质的需要。

(7)对人体无任何毒害作用。

2. 铁晶砂胶结相似材料的研制过程

1)材料的选择

试验中,我们选择重晶石粉、铁矿粉、石英砂、一级松香、99.9%纯度的工业酒精以及石膏粉等作原料,其中,铁矿粉、重晶石粉和石英砂作主集料,松香与酒精配制的溶液作胶结剂,石膏粉作调节剂。由于铁矿粉、重晶石粉太细,为了优化级配和调节材料的力学特性,在材料中加入石英砂作粗集料。图5-115为模型试验材料样本照片。

图5-115 模型试验材料样本

2)材料试件的压制

为压制试件以便于进行材料力学参数测试,试验中设计加工了部分钢模具,图5-116为部分钢模具照片。

图5-116 试件模具照片

材料试件的制作工艺过程是:先把铁矿粉、重晶石粉、石英砂和少量石膏粉按规定配比称量后倒入搅拌机内充分搅拌均匀,然后加入松香、酒精溶液进一步拌和,将拌和好的混合料倒入钢制模具内,并以一定的压力(1.5~2.0MPa)将混合料压实,最后将模具拆开,取出压制成型的试件,在试件表面贴上标签,放置在室温下通风干燥2~3d即可进行材料力学参数试验。为满足相似理论对模型材料的要求,试验中共进行了300多组材料的配比试验,每种配比各制作了3个试件,共压制了近1 000个高为100mm、直径为50mm的圆柱体试件进行材料力学参数测试。图5-117为压制成型的部分材料试件照片。

3)材料物理力学参数测试

材料物理力学参数测试包括重度、弹性模量、泊松比、抗压强度、抗弯拉强度、黏结力和内摩擦角等参数的测试。物理力学参数测试采用德国进口的SCHENK-RSA250型电子万能试验机,该仪器具有速度、载荷、位移、应变四种闭环控制方式,其精度达到德国0级标准。材料的黏结力和内摩擦角在三轴剪力仪上进行。

(1)材料重度测试

材料力学参数测试前,先在精密天平上称取每个试件的质量,并量测每个试件的高度、直径,然后计算出每个试件的体积,由此可计算出每个试件的重度。试验中,对每个试件的高度、直径、质量以及计算出的试件体积和重度做好详细的记录。

(2)材料弹性模量 E 和泊松比 μ 的测试

材料弹性模量 E 和泊松比 μ 采用了电测和机械式量测两种方法。

图 5-117　压制成型的部分材料试件

所谓电测就是在试件侧面沿纵向 $H/2$ 处(H 为试件高度)对称贴上应变片，然后对试件进行纵向分级加载，并用静态电阻应变仪量测每级荷载下相应的应变值，最后将记录的 $\Delta\sigma$ 和 $\Delta\varepsilon$ 标在坐标纸上，绘出 σ-ε 曲线，这样就可计算出材料的弹性模量 E。泊松比 μ 可以和弹性模量 E 同时测试，只是贴片的方向与荷载方向垂直。

对于低弹性模量的材料，由于刚化效应的影响，不宜用电阻应变仪进行量测。这时可用电子万能试验机自动测试每级荷载作用下试件的位移值，并自动绘制材料在分级荷载作用下的压力—位移曲线，然后将压力—位移曲线转化为 σ-ε 曲线，由此可计算出材料的弹性模量 E。材料的泊松比采用应变规测量试件的横向应变，并根据纵向应变可计算出材料的泊松比。图 5-118 为材料泊松比测试照片，图 5-119 为电子万能试验机测定材料弹性模量照片。

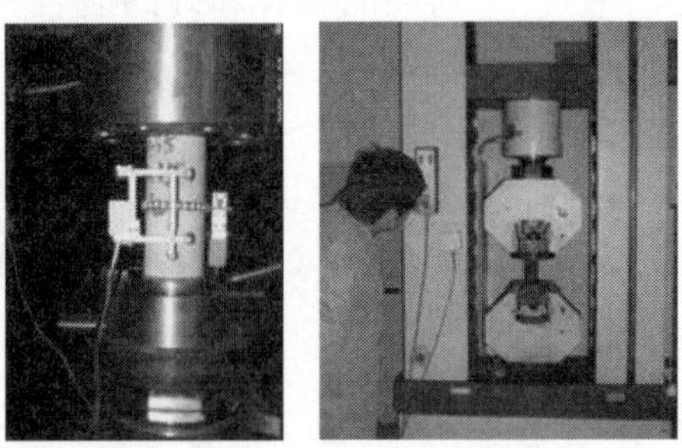

图 5-118　材料泊松比测试

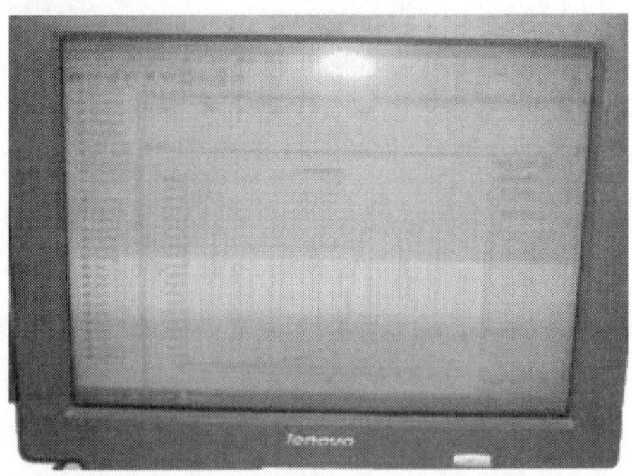

图 5-119　电子万能试验机测定材料弹性模量

(3)材料抗压强度测试

材料单轴抗压强度 σ_c 等于达到破坏时的最大轴向压力 P 除以试件的横截面积 A，即：

$$\sigma_c = \frac{P}{A} \tag{5-6}$$

试件在单轴压缩荷载作用下可产生三种破坏形式，分别为 X 状共轭斜面剪切破坏、单斜面剪切破坏和横向拉伸破坏。前两种破坏都是由于破坏面上的剪应力超过极限剪应力引起的，因而被视为剪切破坏，但破坏前破坏面所需承受的最大剪应力也与破坏面上的正应力有关，因而也可称该类破坏为压剪破坏。在轴向压应力的作用下，由于泊松效应的结果，在横向将产生拉应力，当横向拉应力超过材料的抗拉极限时，就会引起横向拉伸破坏。图 5-120 为试件抗压强度试验。

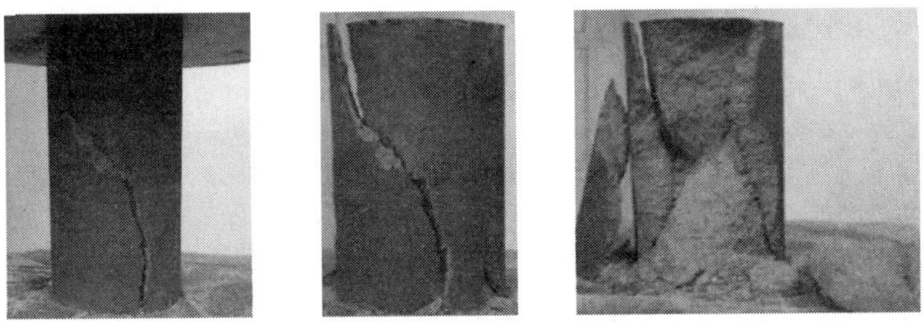

图 5-120　试件抗压强度试验

（4）材料抗拉强度测试

试件在单轴拉伸荷载作用下达到破坏时所能承受的最大拉应力称为试件的单轴抗拉强度，简称抗拉强度，其值等于达到破坏时的最大轴向拉伸荷载 P_t 除以试件横截面积 A，即：

$$\sigma_t = \frac{P_t}{A} \tag{5-7}$$

试件在拉伸荷载作用下的破坏通常是沿其横截面的断裂破坏。试件的拉伸破坏试验分为直接试验和间接试验两类。要直接进行拉伸试验是很困难的，所以我们选择了间接试验方法最著名的巴西试验法，即劈裂试验法对试件进行抗拉试验。劈裂试验的试件为一圆盘，加载方式如图 5-121 所示，试验照片见图 5-122。它是将经加工的圆盘状（或正方形板状）试件，横置于压力机的承压板间，并在试件的上、下承压板之间各放置一根硬质钢丝作为垫条，然后加载使试件受压，试件沿径向产生张拉破坏，以求其抗拉强度。

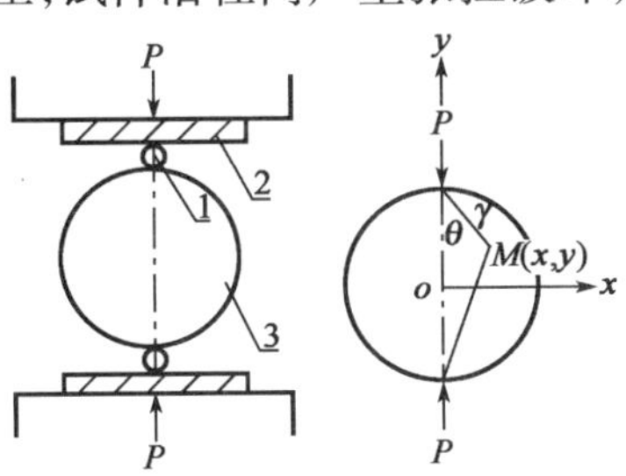

图 5-121　圆盘劈裂试验加载方式

1-硬质钢丝；2-承压板；3-圆盘状岩石试件

图 5-122　材料劈裂试验照片

由弹性力学理论知道，在圆形试件条件下，材料抗拉强度计算式为：

$$\sigma_t = 2P/(\pi D t) \times 10 \qquad (\mathrm{MPa}) \tag{5-8}$$

若用正方形板状试件，则按下式计算抗拉强度：

$$\sigma_t = 2P/(\pi a t) \times 10 \qquad (\mathrm{MPa}) \tag{5-9}$$

式中：a——正方形板状试件边长（cm）。

(5)材料抗剪强度测试

相似材料的抗剪强度指标 c、φ 可用直剪试验或者三轴压缩试验进行。

①直剪试验

直剪试验在土力学直剪仪上进行,计算公式为:

$$\tau = \sigma\tan\varphi + c \tag{5-10}$$

具体做法是,对同一配比的试件,施以不同的正应力 σ_i,得到相应的抗剪强度 τ_i;以 σ 为横坐标,τ 为纵坐标,得到 τ_i-σ_i 抗剪强度线,该直线与 σ 轴的夹角即为材料的内摩擦角 φ,在 τ 轴上的截距为材料的黏结力 c。图 5-123 为材料直剪试验照片。

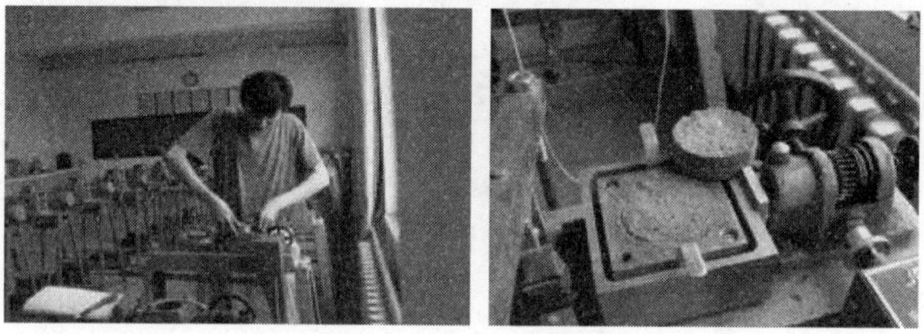

图 5-123　材料直剪试验

通过十几组试验结果发现:直剪试验只能近似得到相似材料的 c、φ,要得到精确结果,还需进行三轴试验。

②三轴试验

岩石在三向压缩荷载作用下,达到破坏时所能承受的最大压应力称为岩石的三轴抗压强度。与单轴压缩试验相比,试件除受轴向压力外,还受侧向压力。侧向压力限制试件的横向变形,因而三轴试验是限制性抗压强度试验。

三轴压缩试验的加载方式有两种。一种是真三轴加载,试件为立方体,加载方式如图 5-124a)所示。其中 σ_1 为主压应力,σ_2 和 σ_3 为侧向压应力。这种加载方式试验装置繁杂,且 6 个面均可受到由加压铁板所引起的摩擦力,对试验结果有较大影响。常规三轴试验是伪三轴试验,试件为圆柱体,试件直径为 25 ~ 150mm,长度与直径之比为 2∶1 或 3∶1,加载方式如图 5-124b)所示。轴向压力 σ_1 的加载方式与单轴压缩试验时相同,但由于有了侧向压力,其加载时的端部效应比单轴加载时要轻微得多,侧向压力($\sigma_1 = \sigma_2$)由圆柱形液压油缸施加,而且侧向压力可以均匀施加到试件中。在上述两种试验条件下,三轴抗压强度均为试件达到破坏时所能承受的最大 σ_1 值。

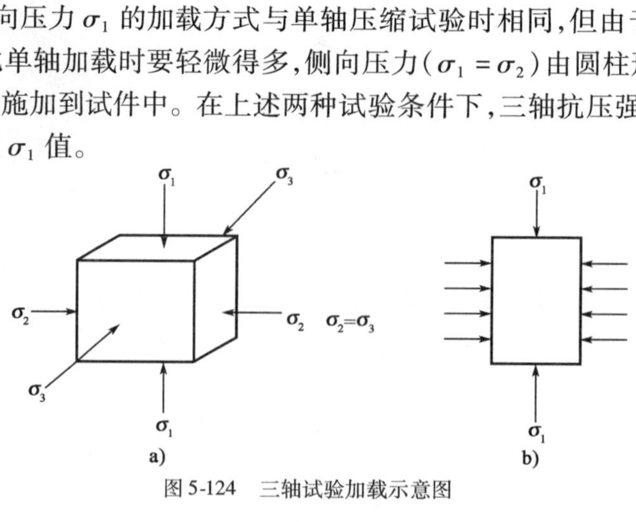

图 5-124　三轴试验加载示意图

三轴压缩试验最重要的成果就是对于同一种岩石的不同试件或不同的试验条件给出几乎恒定的强度指标值。这一强度指标值以摩尔强度包络线的形式给出。直线型强度包络线与 τ 轴的截距称为岩石的黏结力(或称内聚力),与 σ_1 轴的夹角称为岩石的内摩擦角。图 5-125 为材料三轴试验照片。

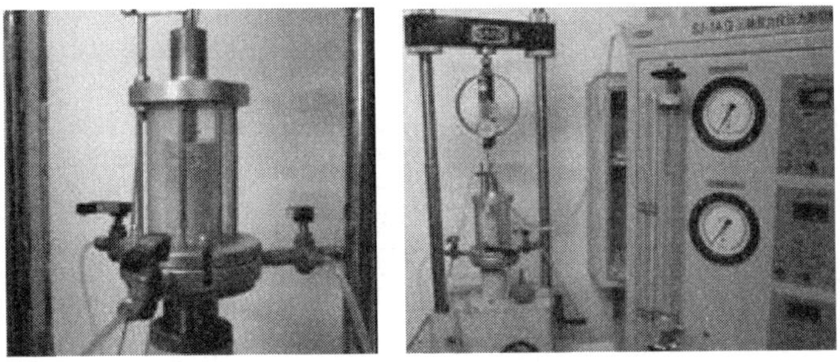

图 5-125　材料三轴试验

4)铁晶砂胶结相似材料力学特性分析

图 5-126 ~ 图 5-131 为根据上述试验方法得到的铁晶砂胶结相似材料的主要物理力学参数测试结果曲线(I、B 和 S 分别表示铁矿粉、重晶石粉和石英砂的质量单位含量)。

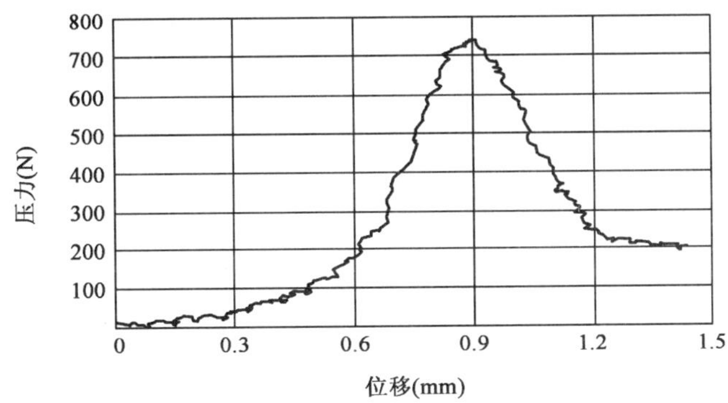

图 5-126　材料典型压力—位移关系曲线

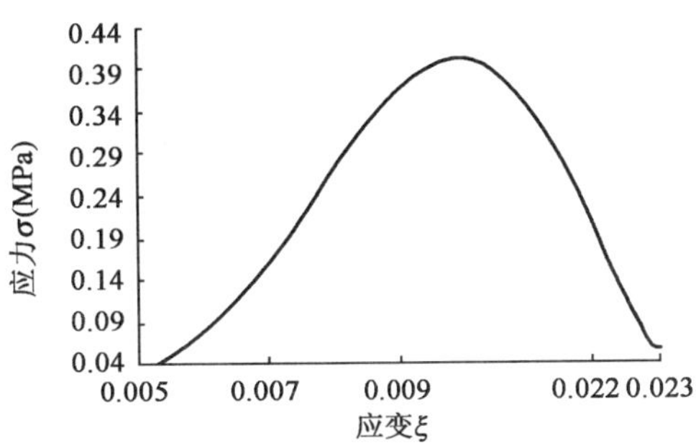

图 5-127　材料典型应力应变关系曲线

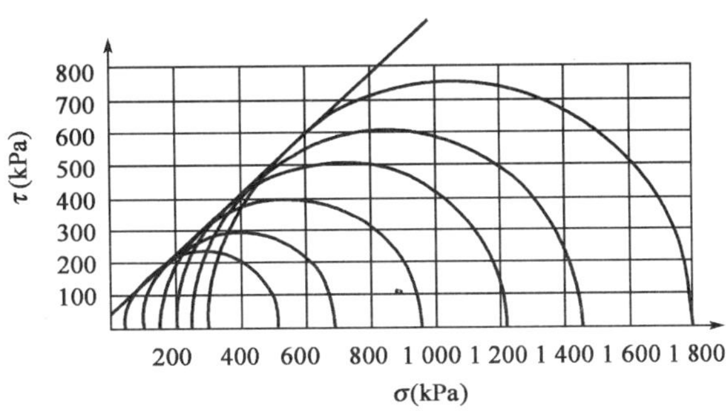

图 5-128　材料典型摩尔强度包络线

由图 5-129 知:在某一材料配比时,调整松香酒精溶液的摩尔浓度可以调节材料的强度、弹性模量和黏结力,松香酒精溶液的摩尔浓度越高,相似材料的抗压强度、弹性模量和黏结力就越大。同时,由图 5-129d)知,松香酒精溶液的浓度对材料密度影响不大。

由图 5-130 知：铁矿粉对材料密度有较大影响，随着铁矿粉含量的增加，材料的密度也随之增加，调整配比，材料的密度最大可达到 2 900kg/m^3。另外，铁矿粉和重晶石粉在一定比例搭配时，材料弹性模量最大。例如松香酒精溶液浓度为 25%，不添加石膏粉，石英砂占总质量的 15% 时，铁矿粉在铁矿粉与重晶石粉总量中占 81% 左右时材料的弹性模量最大。

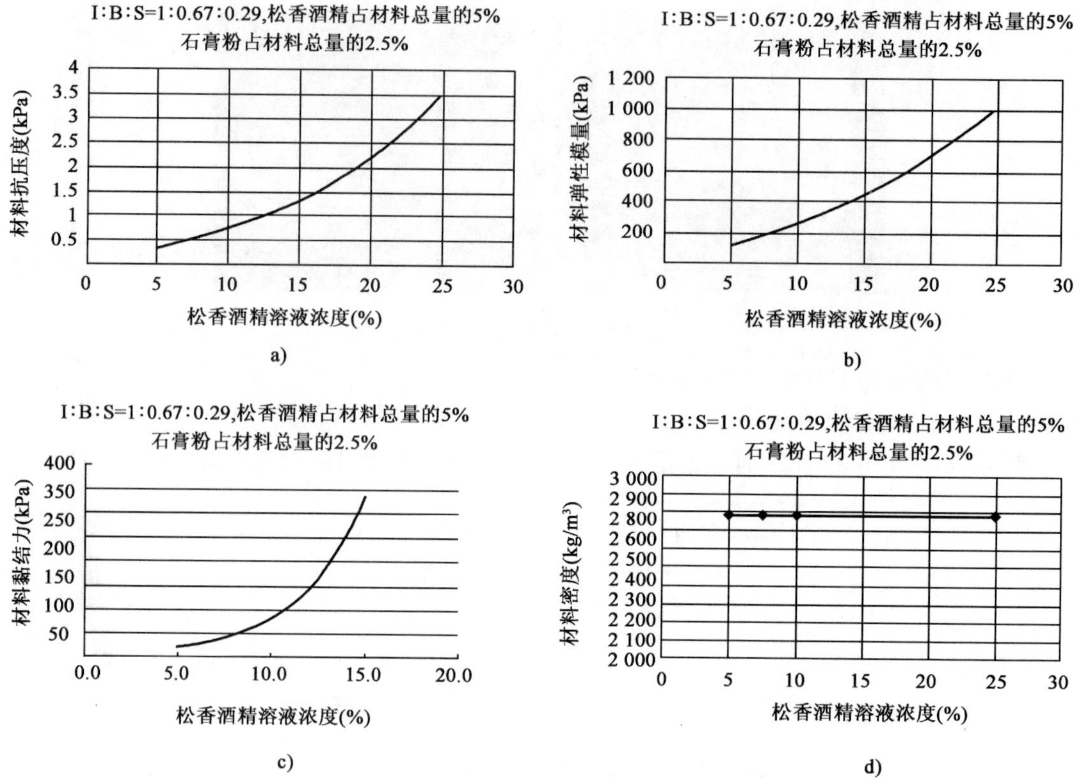

图 5-129　松香酒精溶液对材料力学特性的影响

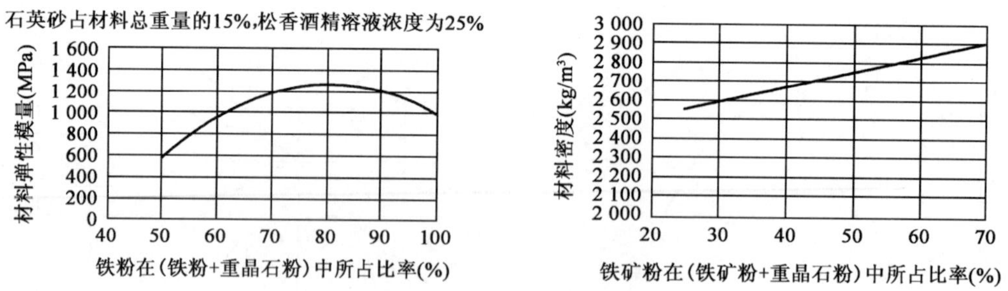

图 5-130　铁矿粉对材料力学特性的影响

由图 5-131 知：石英砂目数对材料黏结力和内摩擦角有影响，石英砂目数越大，材料黏结力越大，但内摩擦角越小。

3. 铁晶砂胶结相似材料的特点

相似材料物理力学参数测试表明，铁晶砂胶结相似材料的物理力学参数变化范围较广，其材料密度变化范围为 2 500 ~ 2 900kg/m^3，弹性模量变化范围为 80 ~ 1 200MPa，抗压强度变化范围为0.2~3.5MPa、黏结力变化范围为20~350kPa，内摩擦角变化范围为32°~50°，可用来模拟从软岩到硬岩的大部分岩体原型材料。试验证明，该材料具有如下显著的优点。

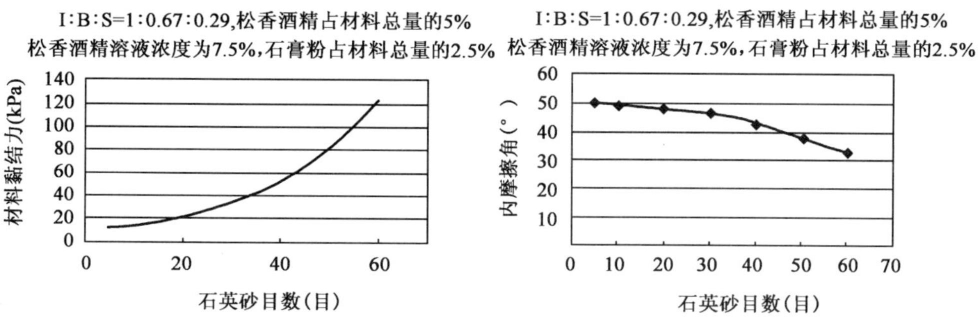

图5-131　石英砂目数对材料黏结力和内摩擦角的影响

(1)材料力学参数变化范围较广，只要调整其中各组成部分的配合比，即可适应不同种类岩体介质的相似要求，大大简化了模型试验研究工作的难度。

(2)材料不生锈，具有很高的绝缘性，且不受温度和湿度的影响，可在模型块上贴片而无须采取其他保护措施。

(3)所使用的主要原料均为市场或工厂定型产品，价廉易得，对降低模型试验成本意义重大。

(4)材料制作工艺简单，砌块成型脱模后，在室温下通风3d即可全部干燥投入使用，大大缩短了模型制作周期。

(5)材料没有任何毒副作用，不会对人体造成伤害。

(6)压制成型的材料砌块易于切割，因此便于各种形状模型的加工制作，并且砌块接缝可用本身材料进行黏结，砌缝不影响模型整体性能。

(7)材料物理力学特性稳定，同配比材料可多次重复使用，大大提高了材料利用率和使用寿命。

4. 锚杆材料的模拟

现场所使用的锚杆参数为：①20MnSi，ϕ22mm，$L=3$m；②20MnSi，ϕ22mm，$L=3.5$m。根据相似原理，由原型锚杆的支护参数可得到模型锚杆的支护参数，见表5-17。

原型锚杆和模型锚杆的支护参数　　表5-17

锚　杆	弹性模量E(GPa)	抗拉强度σ_t(MPa)	屈服强度σ_s(MPa)	长度(cm)
原型	210	510	345	300~350
模型	4.2	10.2	6.90	6~7

在进行了多种金属材料的力学参数试验后，我们选用力学参数较接近模型的铝丝作为锚杆的模型材料。图5-132为铝丝的力学参数试验。

五、八字岭分岔隧道三维模型的制作

1. 模型模拟范围与相似比尺的选取

为充分模拟分岔隧道关键部位的变形、破坏机理和支护受力特征等，拟截取从四车道大拱过渡到连拱和从连拱过渡到小间距两段进行三维地质力学模型试验。第一段：从大拱段过渡到连拱段，称为模型Ⅰ，沿隧道轴线长85m，其中，大拱段34m，整体式中隔墙连拱段51m；第二段从连拱段过渡到小间距段，称为模型Ⅱ，沿隧道轴线长85m，其中，夹心式中隔墙连拱段42.2m，小间距段42.8m。

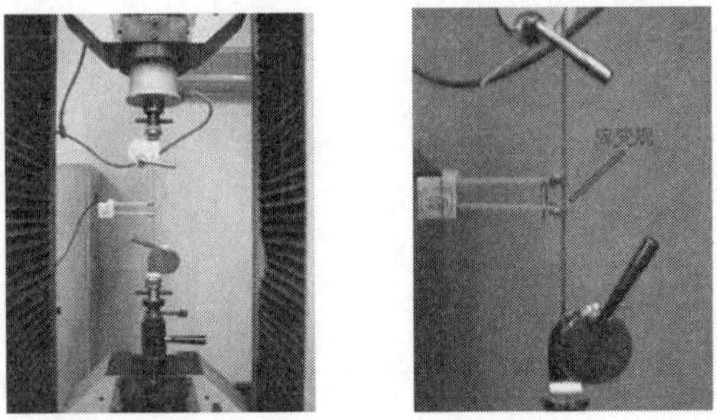

图5-132　铝丝力学参数试验

模型Ⅰ的原型模拟尺寸为：长（垂直隧道轴线方向，即 x 向）×高（沿高程方向，即 y 向）×厚（平行隧道轴线方向，即 z 向）= 160m ×（75 ~ 131）m × 85m。模型Ⅱ的原型模拟尺寸相应为：150m ×（113 ~ 200）m × 85m，隧道底板以下深度按3倍最大洞宽来考虑，山体表面高低不平，按实际地形加以模拟。

地质模型试验的几何相似比例尺为1/50，据此可得到模型Ⅰ的尺寸为：3.2m ×（1.50 ~ 2.62）m × 1.7m，其中，大拱段模型试验长68cm，连拱段长102cm；模型Ⅱ的尺寸为：3.0m ×（2.25 ~ 4.0）m × 1.7m，模型Ⅱ的连拱段长84.4cm，小间距段长85.6cm。

由于模型Ⅰ洞顶埋深较浅，其洞顶最大埋深约81m，最小埋深约50m，因此，完全考虑自重应力分布。模型Ⅱ埋深较大，其洞顶最大埋深约150m，最小埋深约63m，因此，垂直向考虑自重应力分布，水平向考虑构造应力分布。水平构造应力可通过拟订的多种侧压系数进行计算。

图5-133为模拟范围的地形图和地质纵剖面地质图，图5-134为分岔隧道平面布置图，图5-135为分岔隧道模型Ⅰ和模型Ⅱ的三维立视图。

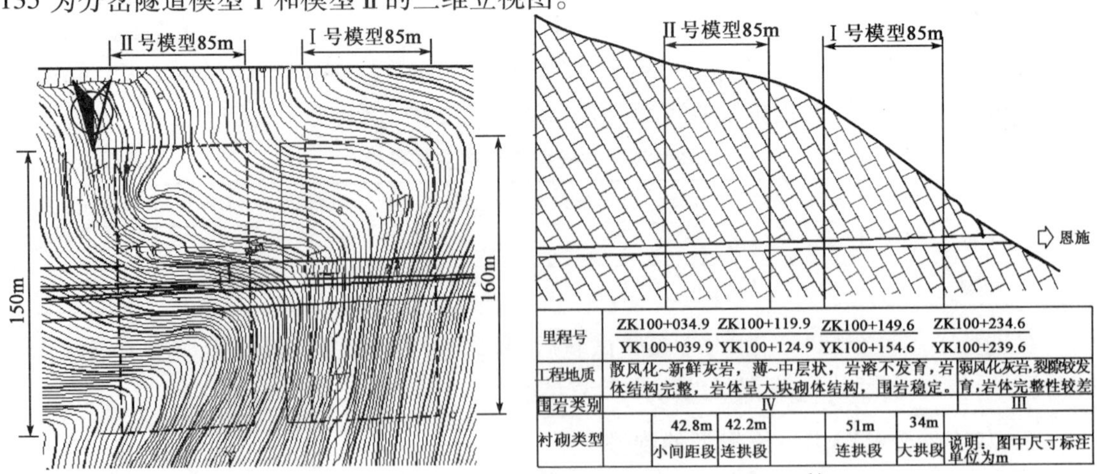

a)　　b)

图5-133　隧道原型模拟范围

a）地形图；b）纵剖面地质图

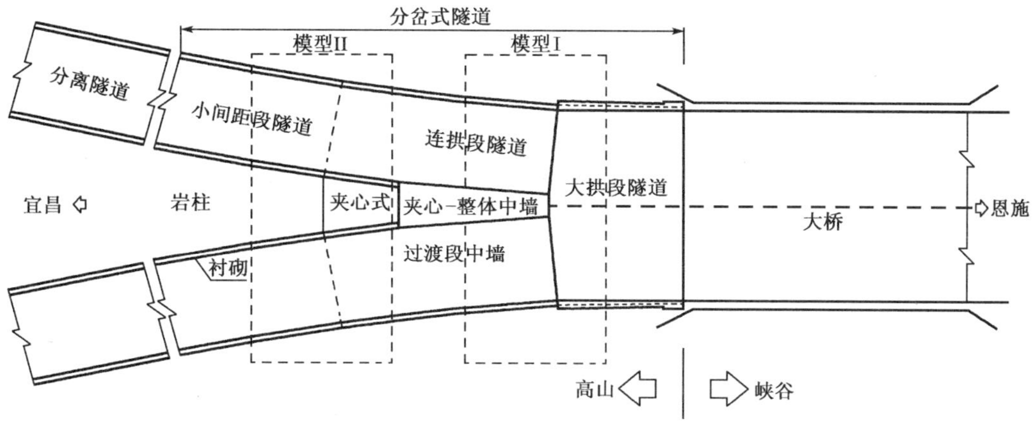

图 5-134 分岔隧道平面布置图

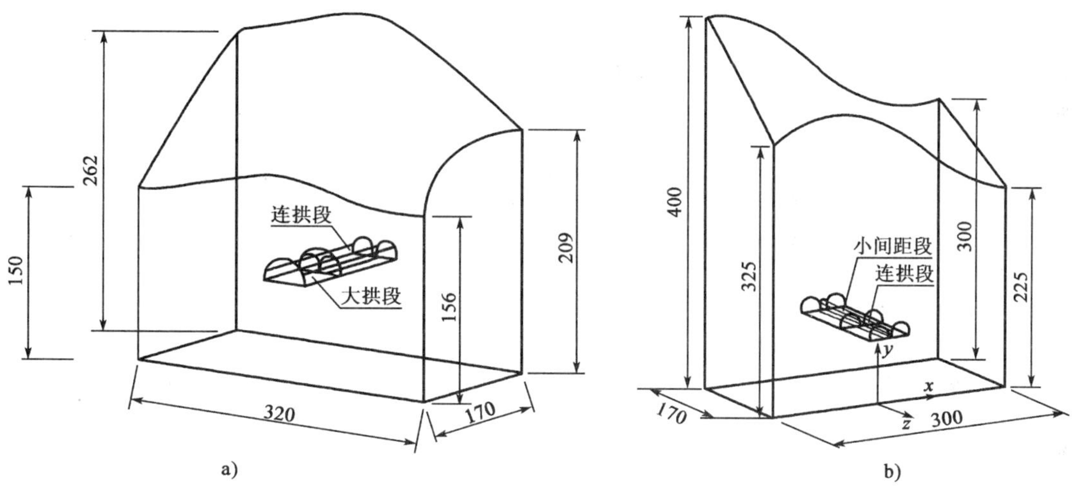

图 5-135 分岔隧道模型三维立视图(尺寸单位:cm)

a)模型 I;b)模型 II

2. 模型材料配合比

根据工程地质报告,八字岭分岔隧道围岩为微风化新鲜灰岩,岩溶不发育,岩体结构完整,岩体呈大块砌体结构,属 IV 级岩体。根据现场岩体力学试验结果和国内重大岩土工程灰岩的试验结果,物理力学参数取值见表 5-18。根据相似原理和原型材料的物理力学参数,可计算出模型材料的物理力学参数。

原型和模型材料物理力学参数 表 5-18

材料类型	重度 γ (kN/m^3)	弹性模量 E (MPa)	黏结力 c (MPa)	内摩擦系数	抗压强度 σ_c (MPa)	抗拉强度 σ_t (MPa)	泊松比 μ
原岩材料	27.8	6 000	1.3	1.11	30.0	0.9	0.25
模型材料	27.8	120	0.026	1.11	0.6	0.018	0.25

根据模型材料的物理力学参数,通过前面介绍的铁晶砂胶结相似材料物理力学参数试验,可得到模型相似材料的配合比,见表 5-19。

模型相似材料的配合比 表 5-19

I:B:S	石膏占材料总量的百分比	松香酒精溶液的摩尔浓度	松香酒精溶液占材料总量的百分比
1:0.67:0.29	2.5%	7.5%	5.0%

注:I、B 和 S 分别表示铁矿粉、重晶石粉和石英砂的质量单位含量。

3. 模型制作工艺流程

模型采用夯实填筑法制作,其基本流程如下:按材料规定配分比大规模称量配制材料→用搅拌机均匀搅拌材料→在试验台架内由下往上分层摊铺材料→用人工或机械逐层遍布地夯实材料→按设计高程在洞周部位分层埋设量测元件(包括应变砖、微型多点位移计和光纤光栅传感器等)→洞周埋设仪器部位以外仍用人工或机械逐层遍布地夯实材料,直至模型顶部。

模型制作工艺具体包括材料称重、配料拌和、摊铺碾压、锤击夯实、放线定位、埋设测试元件等,详细过程可见如图 5-136 ~ 图 5-139 所示。

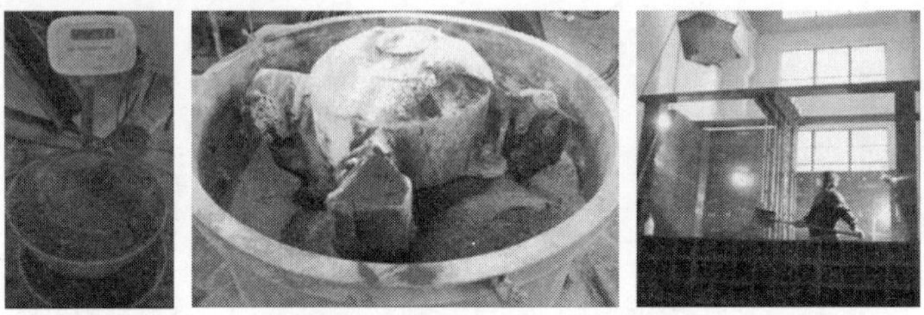

图 5-136 材料称重、搅拌与卸料

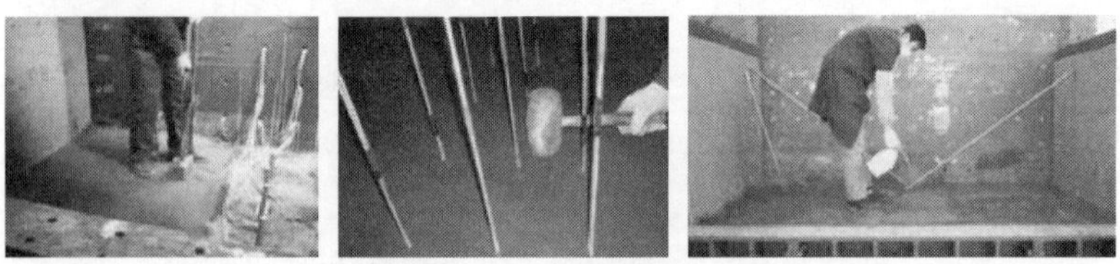

图 5-137 模型材料锤击夯实和层面凿毛喷酒精养护

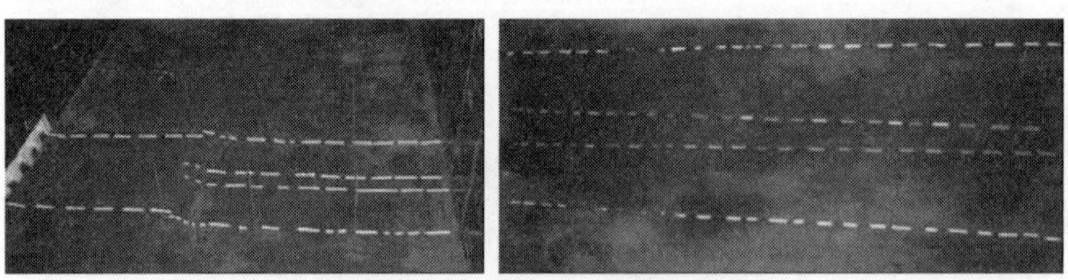

图 5-138 模型隧道开挖边界定位

图 5-139 模型夯实(人工与机械结合)

4. 模型量测元件的埋设和布置

模型量测元件具体包括分岔隧道围岩、岩柱、中隔墙内部、隧道洞周、模型架表面以及典型锚杆上布置的若干种类型的微型测试传感器和测量小元件，用来测试隧道开挖引起围岩、岩柱和中隔墙内关键点位移、应力的变化以及锚杆中应力的变化规律。埋设和布置的量测元件包括微型高精度多点位移计、应变片、应变砖（用应变片粘贴）、光纤光栅传感器、千分表等。

1）应变砖的布置和埋设

（1）模型应变监测断面

为监测模型开挖过程中洞周应力和应变变化，沿隧道轴向设计了多个监测断面，在监测断面控制部位布设了应变砖。图5-140为应变监测断面，图5-141、图5-142为监测断面洞周应变砖布置图。模型Ⅰ、Ⅱ分别布设了3mm×5mm的纸基型应变片各300片。

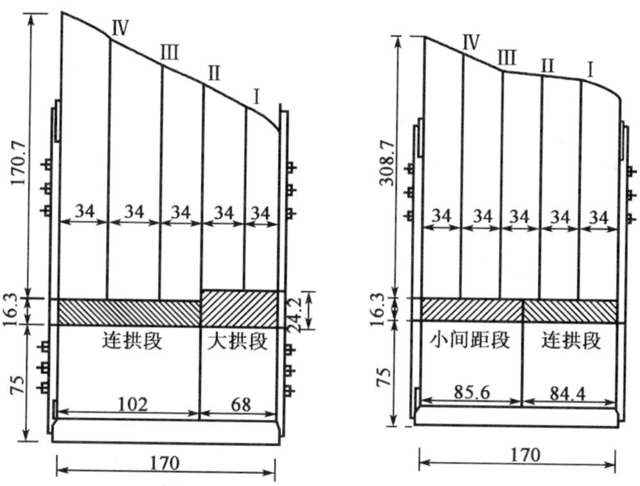

a)　　b)

图5-140　分岔隧道模型应变监测断面（尺寸单位：cm）

a）模型Ⅰ；b）模型Ⅱ

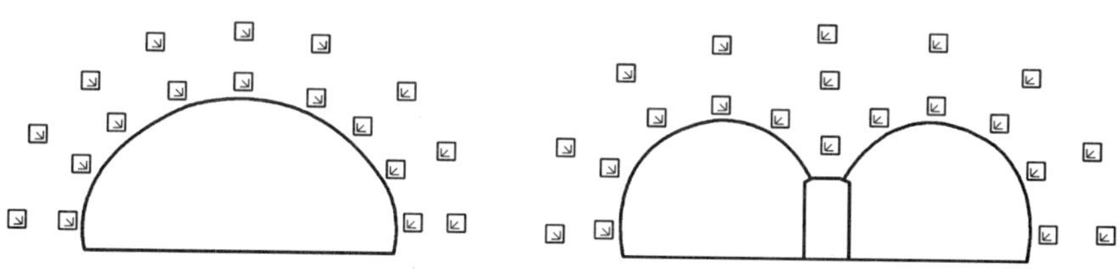

a)　　b)

图5-141　模型Ⅰ洞周应变砖布置图

a）大拱段；b）连拱段

a)　　b)

图5-142　模型Ⅱ洞周应变砖布置图

a）连拱段；b）小间距段

(2)应变砖的制作和埋设方法

模型内部应力应变测量采用传统的电阻应变片方法,我们采用箔式纸基型电阻应变片,其具有灵敏度高、横向应变小和适应性强等优点,其型号为:BX120-5AA(栅长为5mm,栅宽为3mm,电阻为120Ω)。

由于模型采用夯实填筑法制作,决定了应变片不能直接埋设在模型材料内,这是因为应变片在散粒体内无法有效粘贴,定位不准确,不能保证应变片的有效性,同时由于填筑夯实,还可能导致应变片破坏。因此,我们制作了能埋设在模型内的应变砖(图5-143)。应变砖的制作方法是:首先,按照测点处模型材料的配合比制作3cm×3cm×3cm的立方体试快;然后,在立方体表面用氯丁胶粘贴上应变花;最后,将连接导线和应变片的引线分别对应焊接在应变花的接线片上,同时,每根连接导线上需做上测点编号,以方便测试结果的识别。

图5-143　制作的应变砖

应变砖的埋设方法是:先将模型夯实填筑到设计高程以上5~8cm,然后在该高程埋设点挖一定深度的小坑,将应变砖放入坑内,定位准确后在砖周围拥土,保证应变砖与周围模型材料紧密接触,同时对拥土进行小心夯实。埋设好后将应变砖的连接导线通过模型台架的引线孔引出接到高速静态电阻应变仪上。图5-144为洞周应变砖的埋设和接线。

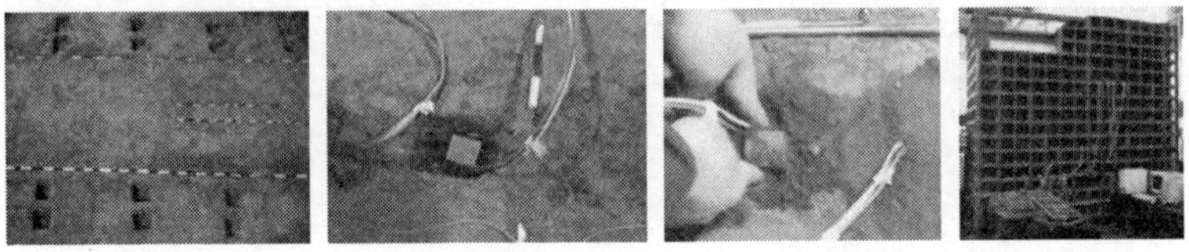

a)　b)　c)　d)

图5-144　洞周应变砖的埋设和接线

a)挖坑;b)放块;c)拥土;d)导线引出接箱

2)位移监测断面和位移测试仪器的埋设

(1)模型位移监测断面设计

为监测模型开挖过程中洞周位移变化,沿轴向各布设了4个位移监测断面,见图5-145。

(2)隧道位移测试仪器

对于模型Ⅰ,采用卡尺型收敛计测量洞腰位移,精密水准仪测量拱顶沉降。在模型Ⅱ中,采用模型用微型高精度多点位移计。在模型Ⅱ隧道腰部布设的多点位移计有三个测点,其中第一个测点靠近洞壁,第二个距离洞壁15cm,第三个测点距离洞壁30cm。在隧道拱顶和中隔墙顶部布设的多点位移计有两个测点,第一个测点靠近洞壁,第二个距离洞壁15cm,见图5-146。

(3)多点位移计的埋设

模型用微型高精度多点位移计测杆采用“多点支撑结构”,具有较高的位移传递精度,而其外形尺寸大大减小(护管外径仅为6mm),以尽量减少对模型的影响。采用的金属护管有较高的强度及刚度,对模型制作过程中的夯实振动,具有一定的承受能力。它可以配用多种形式的位移传感器,实现遥测及自动巡检。图5-147为模型Ⅱ洞周多点位移计埋设照片。

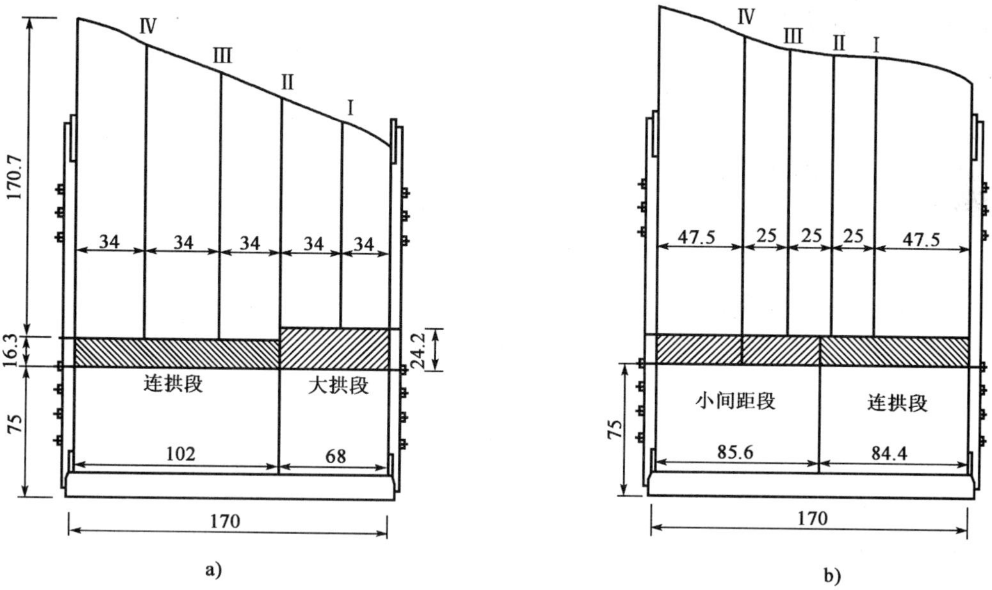

图5-145 模型位移监测断面(尺寸单位:cm)

a)模型Ⅰ;b)模型Ⅱ

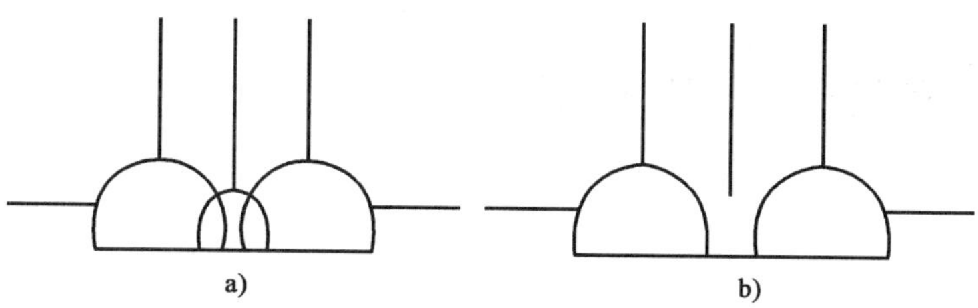

图5-146 模型Ⅱ监测断面多点位移计布置图

a)连拱段;b)小间距段

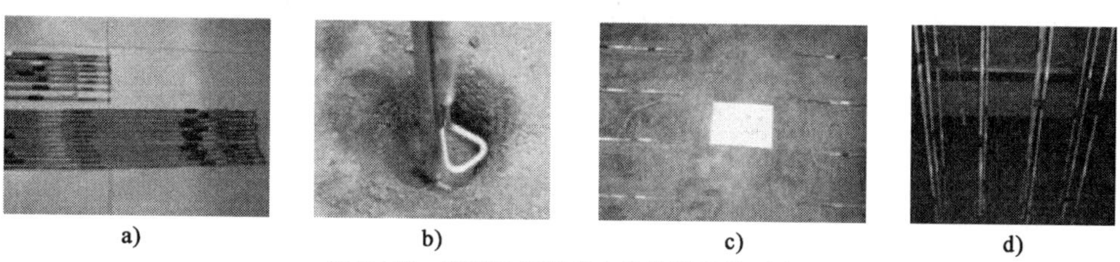

图5-147 模型Ⅱ洞周多点位移计埋设照片

a)多点位移计;b)位移计锚头埋设;c)水平多点位移计埋设;d)竖向多点位移计埋设

3)光纤光栅应变传感器埋设

为了利用光纤光栅测试模型内部关键点的应力和应变,特别制作了粘贴于相似材料块上的光纤光栅应变传感器。试验中共制作了三个这种应变传感器(编号分别为brick1、brick2、brick3),埋在应变监测断面Ⅰ和断面Ⅱ之间靠近断面Ⅱ的左右拱顶和中隔墙上,埋设位置见

图 5-148。其中,传感器 brick1 靠近编号为 217 的应变砖,brick2 靠近应变砖 207,brick3 靠近应变砖 221。在 brick3 附近埋了一个光纤光栅温度传感器以进行温度补偿。

以用相似材料压实而成的材料块(12cm × 12cm × 3cm)为基础,在其上分别沿与应变花相同的方向(即 0°、90°、45°方向)粘贴了三根光纤光栅,分别用于测试水平方向(*X* 光栅)、竖直方向(*Y* 光栅)以及斜向 45°方向(*Z* 光栅)的应变,其中心波长分别为 1 540nm、1 545nm、1 550nm。为保护光纤光栅,在光纤光栅的表面粘贴了薄层相似材料。图 5-149 为光纤光栅应变传感器结构示意图,图 5-150 为埋设光纤光栅应变传感器的照片。

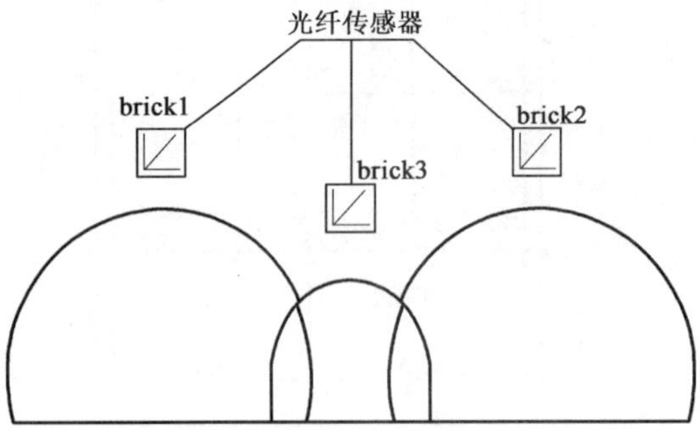

图 5-148　光纤光栅应变传感器布置示意图

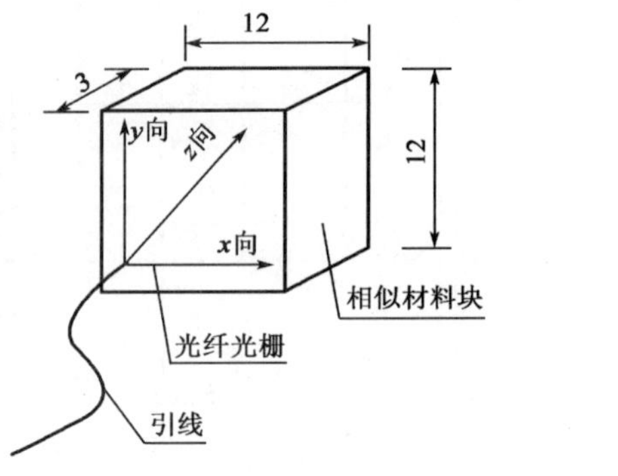

图 5-149　光纤光栅应变传感器结构示意图(尺寸单位:cm)

图 5-150　洞周光纤光栅应变传感器埋设

4)锚杆的制作及埋设

由于锚杆布置的密集性,试验中无法逐一打设全部锚杆,因此,对锚杆按设计抗拔力相等原则进行了一定的等效,即试验中用一根粗锚杆代替四根细锚杆,图 5-151 为锚杆等效图、图 5-152、图 5-153 分别为模型Ⅱ断面锚杆布置图和锚杆埋设照片。

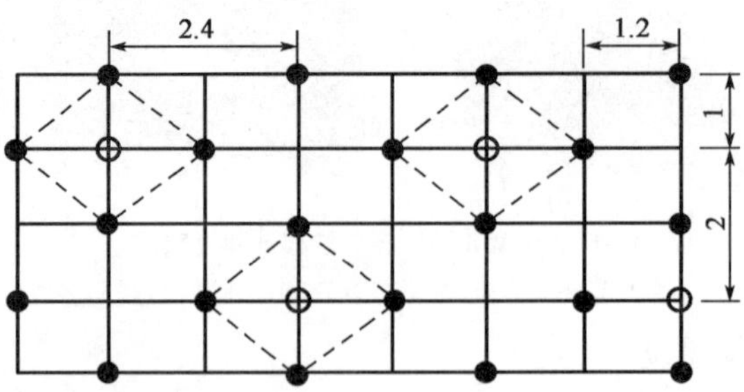

注:● 代表锚杆,间距:1.2m×1m(环×纵),梅花形布置
　　○ 代表锚杆,间距:2.4m×2m(环×纵),梅花形布置

图 5-151　锚杆等效图(尺寸单位:m)

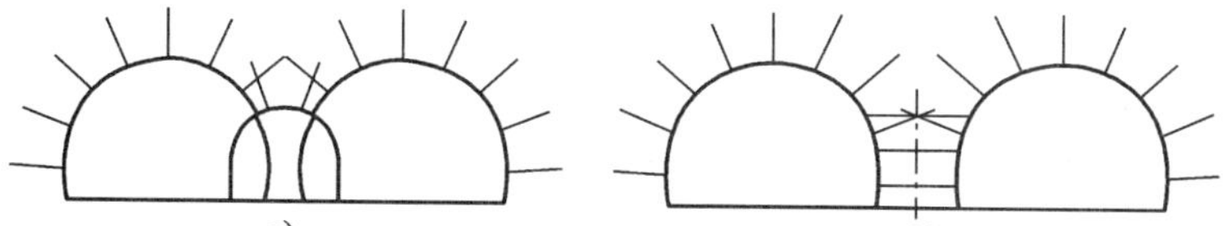

a) b)

图 5-152 模型Ⅱ断面锚杆布置图

a)连拱段；b)小间距段

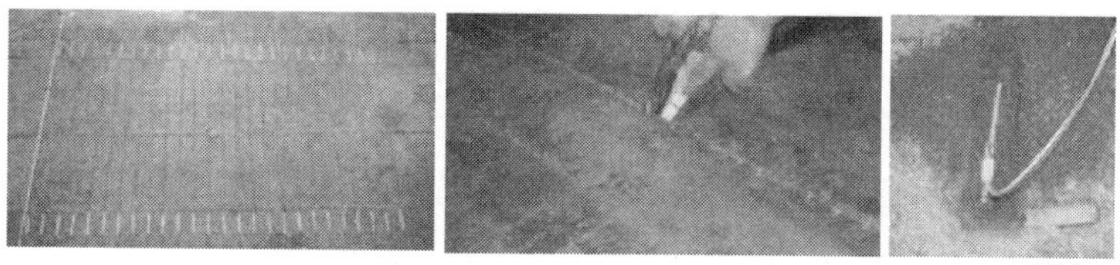

图 5-153 洞周和中隔墙部位锚杆埋设

5. 制作完成的分岔隧道三维试验模型

按照上述分岔隧道三维模型的制作流程和制作工艺，以及模型内部测试仪器的埋设方法，制作完成的模型Ⅰ和模型Ⅱ分别如图 5-154、图 5-155 所示。

a) b)

图 5-154 分岔隧道三维试验模型Ⅰ照片

a)正面；b)侧面

a) b)

图 5-155 分岔隧道三维试验模型Ⅱ照片

a)正面；b)侧面

六、模型开挖与测试

1. 模型加载设计

由于模型Ⅰ洞周以自重应力分布为主，并且模型相似材料的重度与原型岩体的重度一致，因此对模型Ⅰ来说，分岔隧道模型制作完毕，洞周自重应力即自动形成，无须在模型顶部另外施载。对模型Ⅱ来说,原岩自重应力场将由重度与原岩一致的相似材料的自重加以模拟,而原岩水平构造应力则需要通过模型侧面施加的边界面荷载予以产生。梯度分布的边界面荷载将由模型侧面设置的变荷加载板施加,变荷加载板出力大小则通过液压控制试验台加以调整。

考虑侧压系数 $K=0.5$ 时的水平构造应力作为模型Ⅱ侧向设计加载,通过计算可得到相应于各种侧压系数的液压加载控制试验台设计出力和超载出力(表 5-20)。

液压加载控制试验台的设计出力和超载出力 表 5-20

设计出力(MPa)	超载出力(MPa)							
$K=0.5$	$K=1.0$	$K=1.2$	$K=1.5$	$K=2.0$	$K=2.5$	$K=3.0$	$K=3.5$	$K=4.0$
1.507	3.014	3.617	4.521	6.028	7.535	9.042	10.549	12.056
设计出力(MPa)	超载出力(MPa)							
$K=0.5$	$K=4.5$	$K=5.0$	$K=5.5$	$K=6.0$	$K=6.5$	$K=7.0$	$K=7.5$	$K=8.0$
1.507	13.563	15.070	16.577	18.084	19.591	21.098	22.605	24.113

2. 模型隧道开挖

对模型Ⅰ来说,由于仅考虑自重应力,因此模型制作完毕并通风干燥 3 周后,即可进行隧道分步开挖。而对模型Ⅱ来说,除了自重应力,还有构造应力,因此模型Ⅱ制作完毕须先将加荷装置全部安装到位,然后进行 3 周的通风干燥,这时便可以开始按照设计出力由试验控制台进行模型边界加荷。

模型Ⅱ边界加载分两步进行:第一步为设计加载,第二步为超载。在加荷时应逐级按比例增加荷载直至预定值,并实时通过模型台架外围固定装置上布置的千分表观察试验装置是否处于平衡状态。当加荷完成后保持荷载不变,按照隧道实际开挖、支护步骤,进行模型隧道的开挖和支护。每当开挖完一个掘进长度后即停止开挖,开始钻孔打设锚杆,在开挖锚固一定时间后对模型各测试传感器测定其读数变化,并做好记录,然后进行下一个掘进长度的隧道开挖、支护和测试记录,直至隧道开挖和支护完毕。待全部开挖、锚固和测试完成后,可按表 5-20 要求进行超载试验,直至隧道出现破坏。在超载试验的过程中,亦须多次对测试元件进行测读并做好记录。

1)隧道开挖步骤

图 5-156 为模型Ⅰ隧道分步开挖示意图。模型Ⅰ大拱段采用上下台阶法开挖,沿隧道轴向循环开挖进尺为 8cm(相当于原型 4m);模型Ⅰ连拱段采用中导洞半断面法左右洞交替进行开挖,即先开挖中导洞,然后从Ⅰ→Ⅱ→Ⅲ→Ⅳ,沿隧道轴向循环开挖进尺为 8cm(相当于原型 4m)。由于中导洞模型尺寸太小,无法进行开挖换填,故在三维模型制作时,将中隔墙预先制作并预埋而成。

图 5-157 为模型Ⅱ隧道分步开挖示意图。连拱段采用中导洞半断面法左右洞交替进行开挖,小间距段采用上下台阶法左右洞交替进行开挖。具体步骤是:先开挖中导洞(仅针对夹心式中隔墙连拱段),然后开挖左洞上半断面→开挖左洞下半断面→开挖进尺 8cm(相当于原型 4m)后进行断面锚杆支护→左洞超前右洞 40cm(相当于原型 20m)后开挖右洞,右洞的开挖步骤和支护工艺与左洞一致。由于连拱段中导洞模型尺寸太小,无法进行开挖换填,故在三维模型制作时,将中隔墙预先制作并预埋而成。

2）隧道开挖方式

由于模型材料强度较低，因此隧道开挖采用人工钻、凿掘进方式，同时配备内窥可视摄像系统实时监控深埋隧道开挖进程。在模型开洞过程中，配备全站仪、经纬仪等精密仪器辅助隧道开挖走向。图5-158～图5-162为分岔隧道模型开挖过程中的部分照片。

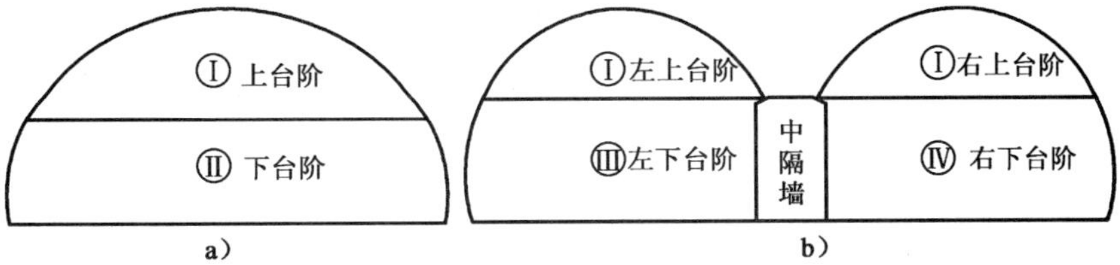

图5-156　模型Ⅰ隧道分步开挖示意图

a）大拱段；b）连拱段

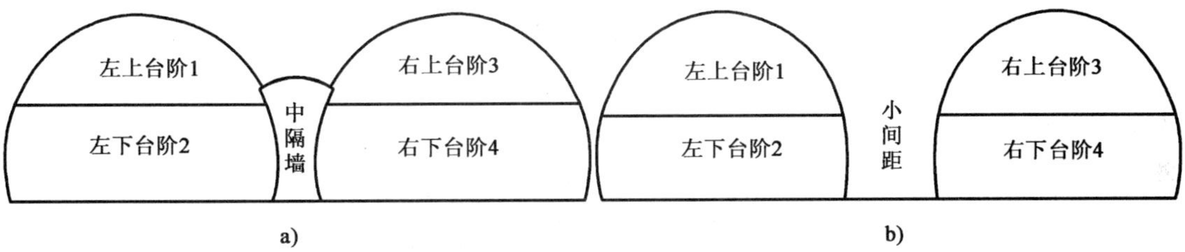

图5-157　模型Ⅱ隧道分步开挖示意图

a）连拱段；b）小间距段

图5-158　内窥可视摄像系统实时监控隧道开挖

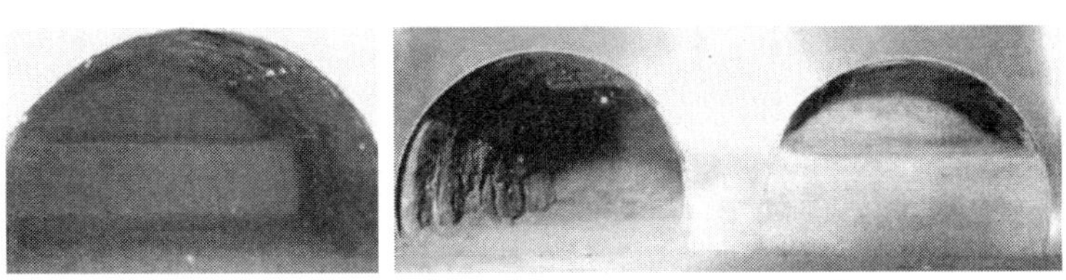

图5-159　隧道台阶法开挖

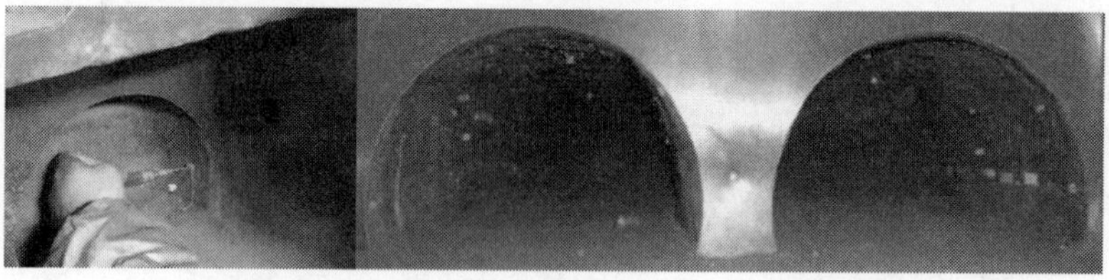

图 5-160　隧道开挖后打设的部分锚杆

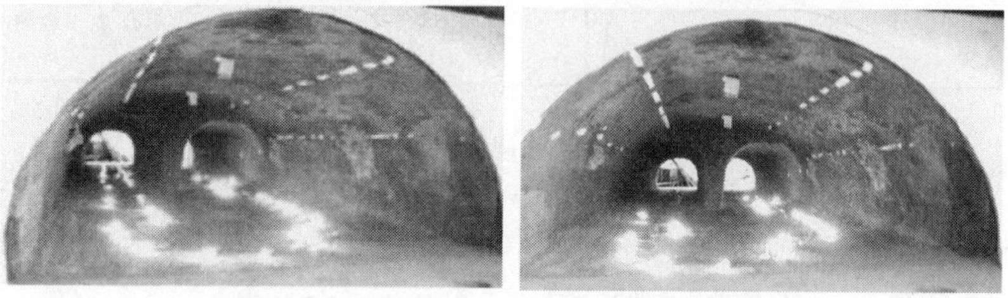

图 5-161　模型Ⅰ隧道挖通后洞内全景照片

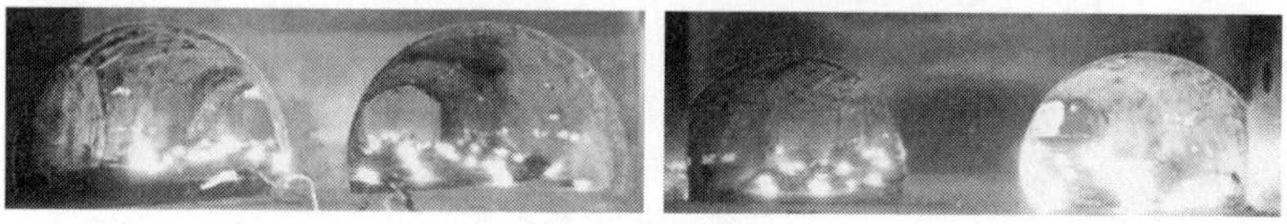

图 5-162　模型Ⅱ隧道开挖

3. 模型量测系统

模型开挖过程中,采用了多种量测系统,如高速静态电阻应变仪量测系统、微型多点位移计量测系统、光纤光栅传感器量测系统等,对开挖过程中围岩的应力和变形状况进行监测。

(1)高速静态电阻应变仪测量系统

隧道内部应变采用 XL2101G 型高速静态应变仪量测系统量测,如图 5-163 所示。该系统由 XL2101 高速静态应变仪、计算机及支持软件组成,具有精度高、性能稳定、抗干扰能力强、零点漂移小($\pm 3\mu\varepsilon/4h$; $\pm 1\mu\varepsilon/℃$)、自动扫描平衡、扫描测试速度快(1 200 点/s)等优点,是目前国内同类型仪器中最先进的应变采集分析系统。

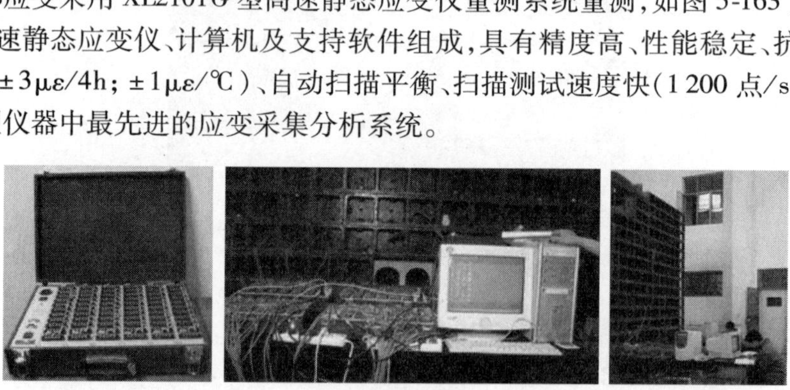

图 5-163　高速静态电阻应变仪测量系统

(2)模型位移量测系统

模型Ⅰ采用精密水准仪测量模型Ⅰ的拱顶下沉(图 5-164),应用卡尺型收敛计测量洞腰水平收敛位移(图 5-165、图 5-166)。

在模型Ⅱ开挖过程中,我们研制了一套模型用微型高精度多点位移计量测系统,用来量测洞周和深部岩体的位移,位移测量精度可达 1/1 000mm。图 5-167 为模型Ⅱ用微型多点位移计量测系统照片。

图 5-164 模型Ⅰ隧道拱顶沉降监测

图 5-165 洞壁收敛点

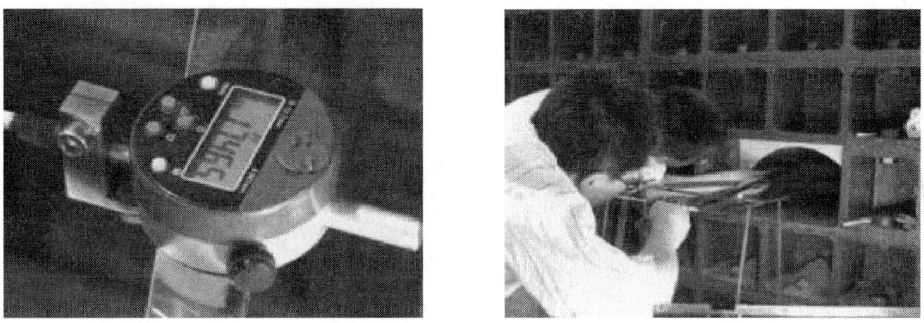

a) b)

图 5-166 模型Ⅰ隧道腰部收敛测量

a)数字千分表;b)收敛量测

图 5-167 微型多点位移计量测系统

(3)光纤光栅应变传感器量测系统

光纤光栅应变传感器量测的基本原理是通过测量反射光波长的变化来反映被测点应变的大小。图 6-168 为光纤光栅应变传感器测量系统示意图。图中由宽带光源发出的光经过耦合器到达光纤光栅传感器并被反射回来,由探测器接收后转变成电信号送入计算机进行处理。当光纤光栅传感器所在位置的应变发生变化时,反射光的波长也会发生变化,变化的大小与应变成正比例关系:

$$\varepsilon = K \cdot \Delta\lambda = K' \cdot \Delta u \tag{5-11}$$

式中:ε——被测应变;

K、K'——测量系统常数；

$\Delta\lambda$——反射光波长的变化量；

Δu——探测器输出电压的变化量。

图 5-169 为光纤光栅应变传感器量测系统的工作照片。

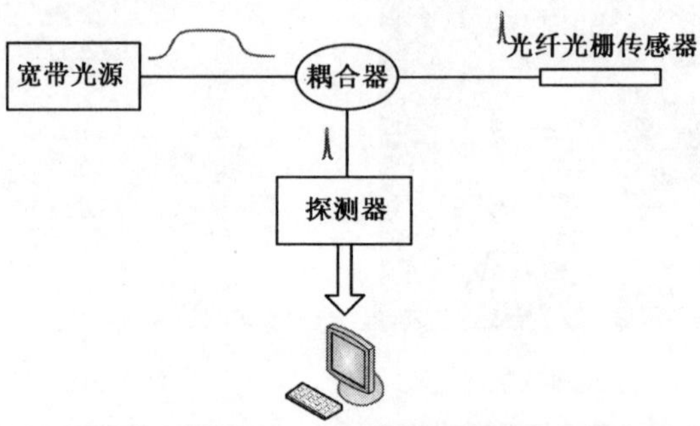

图 5-168　光纤光栅应变传感器测量系统示意图

图 5-169　光纤光栅传感器量测系统工作照片

第三节　过渡段模型试验——结果分析

先按照相似原理将试验得到的模型位移和应力值等测试结果换算成原型位移和应力值，然后再进行分析。

一、模型Ⅰ试验结果分析

1. 洞周应力变化

图 5-170 为模型Ⅰ大拱段和连拱段洞周应变监测点编号示意图，表 5-21、表 5-22 为分岔隧道开挖过程中，大拱段和连拱段监测断面洞周测点主应力的变化；图 5-171、图 5-172 为开挖完毕后，大拱段和连拱段监测断面洞周测点沿坐标轴 x 和 y 向的应力分量。

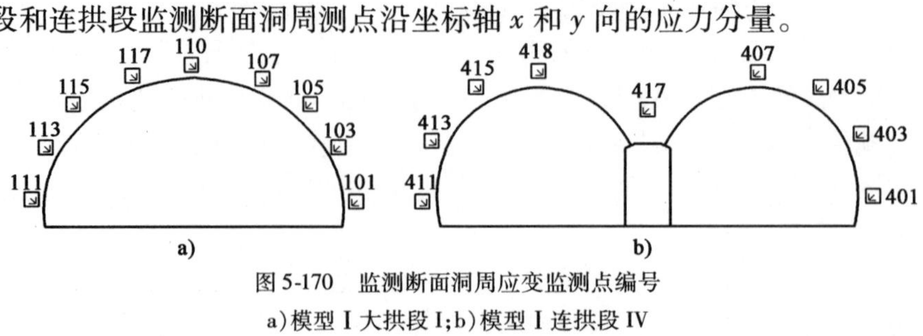

图 5-170　监测断面洞周应变监测点编号

a) 模型Ⅰ大拱段Ⅰ；b) 模型Ⅰ连拱段Ⅳ

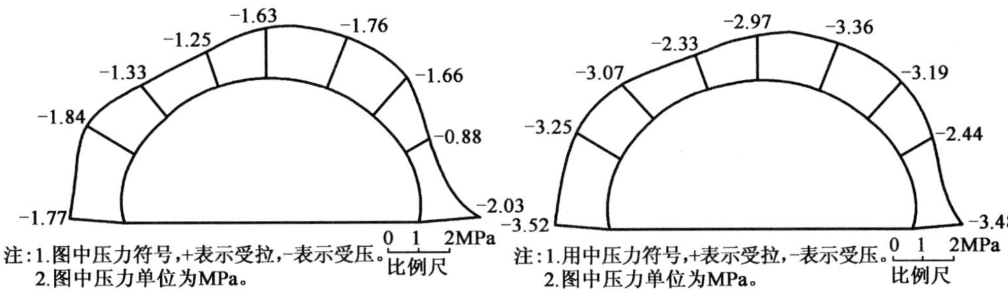

a)　　　　b)

图 5-171　大拱段开挖完毕洞周应力分量

a) x 方向;b) y 方向

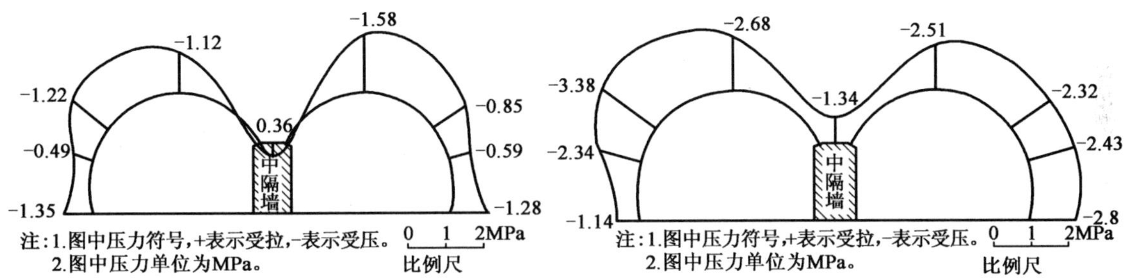

a)　　　　b)

图 5-172　连拱段开挖完毕洞周应力分量

a) x 方向;b) y 方向

大拱段监测断面洞周主应力随开挖进尺变化(MPa)　　　　表 5-21

测点	初始主应力		开挖进尺											
			4m				8m				12m			
			上半台阶		下半台阶		上半台阶		下半台阶		上半台阶		下半台阶	
	σ_{10}	σ_{30}	σ_1	σ_3	σ_1	σ_3	σ_1	σ_3	σ_1	σ_3	σ_1	σ_3	σ_1	σ_3
101	-0.57	-2.02	-0.57	-2.08	-0.57	-2.08	-0.58	-2.08	-0.59	-2.1	-0.68	-2.25	-0.71	-2.28
111	-0.57	-2.02	-0.58	-2.09	-0.56	-2.08	-0.56	-2.08	-0.56	-2.08	-0.6	-2.15	-0.62	-2.17
103	-0.54	-1.92	-0.57	-2.09	-0.56	-2.08	-0.56	-2.11	-0.57	-2.12	-0.52	-2.03	-0.54	-2.04
113	-0.54	-1.92	-0.58	-2.1	-0.56	-2.08	-0.57	-2.09	-0.55	-2.07	-0.48	-2.09	-0.51	-2.11
105	-0.52	-1.86	-0.57	-2.07	-0.55	-2.06	-0.53	-2.05	-0.55	-2.06	-0.53	-2.07	-0.55	-2.09
115	-0.52	-1.86	-0.59	-2.09	-0.53	-2.06	-0.53	-2.05	-0.51	-2.04	-0.42	-2.03	-0.44	-2.04
107	-0.50	-1.77	-0.57	-2.08	-0.56	-2.07	-0.55	-2.06	-0.57	-2.08	-0.53	-2.06	-0.54	-2.07
117	-0.50	-1.77	-0.59	-2.1	-0.55	-2.05	-0.54	-2.06	-0.53	-2.04	-0.5	-1.99	-0.51	-1.99
110	-0.50	-1.77	-0.58	-2.09	-0.23	-1.98	-0.23	-1.99	-0.22	-1.97	-0.14	-1.93	-0.16	-1.94

续上表

测点	开挖进尺													
	16m				17m		20m				24m			
	上半台阶		下半台阶		一次性开挖		上半台阶		下半台阶		上半台阶		下半台阶	
	σ_1	σ_3	σ_1	σ_3	σ_1	σ_3	σ_1	σ_3	σ_1	σ_3	σ_1	σ_3	σ_1	σ_3
101	-0.76	-2.34	-0.74	-2.33	-0.79	-2.38	-0.91	-2.42	-0.77	-2.23	-0.82	-2.3	-0.82	-2.3
111	-0.7	-2.25	-0.65	-2.23	-0.65	-2.24	-0.83	-2.45	-0.58	-2.25	-0.61	-2.27	-0.57	-2.26
103	-0.57	-2.07	-0.58	-2.1	-0.6	-2.13	-1.02	-2.66	0.05	-1.51	0.11	-1.45	0.13	-1.44
113	-0.57	-2.19	-0.54	-2.16	-0.56	-2.17	-0.74	-2.38	-0.68	-2.19	-0.68	-2.22	-0.66	-2.22
105	-0.58	-2.16	-0.58	-2.15	-0.61	-2.18	-0.78	-2.32	-0.58	-2.13	-0.57	-2.11	-0.56	-2.1
115	-0.5	-2.12	-0.49	-2.1	-0.51	-2.11	-0.68	-2.36	-0.41	-2.13	-0.44	-2.16	-0.43	-2.15
107	-0.62	-2.13	-0.61	-2.12	-0.63	-2.13	-0.87	-2.35	-0.67	-2.17	-0.67	-2.2	-0.67	-2.2
117	-0.57	-1.95	-0.54	-1.9	-0.51	-1.87	-0.69	-1.93	-0.39	-1.68	-0.4	-1.67	-0.39	-1.66
110	-0.08	-1.98	-0.11	-1.94	-0.14	-1.93	-0.32	-1.87	0.07	-1.68	0.71	-1.56	0.7	-1.55

测点	开挖进尺									
	28m				32m		34m			
	上半台阶		下半台阶		一次性开挖		上半台阶		下半台阶	
	σ_1	σ_3	σ_1	σ_3	σ_1	σ_3	σ_1	σ_3	σ_1	σ_3
101	-0.81	-2.29	-0.97	-2.43	-0.98	-2.44	-0.95	-2.41	-2.03	-3.48
111	-0.55	-2.25	-0.56	-2.29	-0.57	-2.3	-0.53	-2.27	-1.77	-3.52
103	0.16	-1.42	0.14	-1.46	0.13	-1.47	0.18	-1.42	-0.85	-2.46
113	-0.64	-2.22	-0.69	-2.29	-0.71	-2.31	-0.68	-2.27	-1.83	-3.26
105	-0.53	-2.07	-0.63	-2.16	-0.64	-2.16	-0.61	-2.14	-1.66	-3.19
115	-0.41	-2.14	-0.52	-2.22	-0.55	-2.24	-0.52	-2.21	-1.32	-3.08
107	-0.65	-2.19	-0.71	-2.25	-0.73	-2.27	-0.69	-2.23	-1.75	-3.37
117	-0.38	-1.65	-0.35	-1.55	-0.37	-1.57	-0.33	-1.54	-1.2	-2.39
110	0.73	-1.52	-0.04	-1.72	-0.06	-1.74	-0.18	-1.73	-1.61	-2.98

注:表中 - 表示应力为压应力。

连拱段监测断面洞周主应力随开挖进尺变化(MPa) 表 5-22

测点	初始主应力		开挖进尺											
			4m								8m			
			左洞上半台阶		右洞上半台阶		左洞下半台阶		右洞下半台阶		左洞上半台阶		右洞上半台阶	
	σ_{10}	σ_{30}	σ_1	σ_3	σ_1	σ_3	σ_1	σ_3	σ_1	σ_3	σ_1	σ_3	σ_1	σ_3
401	-0.59	-2.1	-3.48	-4.99	-3.37	-4.88	-3.3	-4.81	-3.24	-4.79	-3.15	-4.69	-3.14	-4.68
411	-0.59	-2.1	-3.37	-4.54	-3.19	-4.36	-3.15	-4.28	-3.12	-4.24	-2.99	-4.02	-2.96	-4
403	-0.57	-2.03	-3.09	-4.74	-2.95	-4.61	-2.85	-4.52	-2.81	-4.52	-2.73	-4.41	-2.7	-4.41
413	-0.57	-2.03	-3.4	-5.55	-3.19	-5.39	-3.15	-5.35	-3.11	-5.3	-3.01	-5.19	-2.97	-5.16
405	-0.55	-1.96	-2.76	-4.54	-2.62	-4.41	-2.6	-4.37	-2.59	-4.35	-2.53	-4.27	-2.52	-4.25

续上表

测点	初始主应力		开挖进尺											
			4m								8m			
			左洞上半台阶		右洞上半台阶		左洞下半台阶		右洞下半台阶		左洞上半台阶		右洞上半台阶	
	σ_{10}	σ_{30}	σ_1	σ_3	σ_1	σ_3	σ_1	σ_3	σ_1	σ_3	σ_1	σ_3	σ_1	σ_3
415	-0.55	-1.96	-3.96	-5.72	-3.8	-5.58	-3.8	-5.58	-3.77	-5.55	-3.68	-5.47	-3.65	-5.44
407	-0.53	-1.89	-2.8	-4.37	-3.15	-4.57	-3.35	-4.8	-3.38	-4.86	-3.32	-4.81	-3.28	-4.8
418	-0.55	-1.96	-4.18	-5.89	-3.94	-5.67	-3.97	-5.63	-5.06	-7.39	-5.04	-7.57	-5.05	-7.74
417	-0.53	-1.89	-3.17	-4.76	-2.95	-4.55	-2.93	-4.54	-2.9	-4.5	-2.81	-4.41	-2.77	-4.37

测点	开挖进尺													
	8m				12m								16m	
	左洞下半台阶		右洞下半台阶		左洞上半台阶		右洞上半台阶		左洞下半台阶		右洞下半台阶		左洞上半台阶	
	σ_1	σ_3	σ_1	σ_3	σ_1	σ_3	σ_1	σ_3	σ_1	σ_3	σ_1	σ_3	σ_1	σ_3
401	-3.09	-4.62	-3.03	-4.57	-3.03	-4.56	-2.94	-4.47	-2.9	-4.43	-2.87	-4.39	-2.82	-4.34
411	-2.89	-3.94	-2.82	-3.87	-2.81	-3.86	-2.73	-3.79	-2.69	-3.76	-2.64	-3.71	-2.59	-3.66
403	-2.62	-4.34	-2.55	-4.27	-2.52	-4.25	-2.4	-4.14	-2.36	-4.11	-2.3	-4.06	-2.24	-4.01
413	-2.89	-5.08	-2.82	-5.02	-2.8	-5.01	-2.71	-4.92	-2.67	-4.88	-2.61	-4.84	-2.57	-4.81
405	-2.43	-4.17	-2.38	-4.12	-2.37	-4.11	-2.3	-4.03	-2.27	-4.00	-2.23	-3.96	-2.2	-3.93
415	-3.59	-5.38	-3.53	-5.32	-3.53	-5.32	-3.44	-5.25	-3.41	-5.23	-3.36	-5.19	-3.34	-5.17
407	-3.22	-4.75	-3.16	-4.69	-3.15	-4.67	-3.08	-4.6	-3.06	-4.57	-3.02	-4.52	-2.99	-4.49
418	-4.93	-7.77	-4.28	-6.05	-4.29	-6.07	-4.21	-6	-4.19	-5.99	-4.14	-5.96	-4.14	-5.97
417	-2.71	-4.31	-2.64	-4.23	-2.64	-4.24	-2.56	-4.17	-2.53	-4.15	-2.49	-4.1	-2.82	-4.34

测点	开挖进尺													
	16m						21m							
	右洞上半台阶		左洞下半台阶		右洞下半台阶		左洞上半台阶		右洞上半台阶		左洞下半台阶		右洞下半台阶	
	σ_1	σ_3	σ_1	σ_3	σ_1	σ_3	σ_1	σ_3	σ_1	σ_3	σ_1	σ_3	σ_1	σ_3
401	-2.8	-4.34	-2.26	-3.74	-2.18	-3.66	-1.92	-3.4	-1.93	-3.49	-1.86	-3.42	-1.77	-3.34
411	-2.57	-3.64	-1.63	-2.79	-1.46	-2.57	-0.99	-2.12	-1.17	-2.39	-0.92	-2.11	-0.79	-1.99
403	-2.22	-4	-1.89	-3.59	-1.79	-3.51	-1.38	-3.21	-1.59	-3.34	-1.4	-3.23	-1.3	-3.14
413	-2.57	-4.8	-1.49	-4.05	-1.33	-3.9	-0.86	-3.44	-1.02	-3.51	-0.78	-3.32	-0.61	-3.17
405	-2.21	-3.94	-1.75	-3.45	-1.68	-3.39	-1.39	-3.17	-1.48	-3.25	-1.33	-3.13	-1.27	-3.06
415	-3.36	-5.18	-2.64	-4.6	-2.52	-4.49	-2.1	-4.08	-2.06	-4.12	-1.91	-3.98	-1.77	-3.84
407	-2.97	-4.48	-2.58	-3.6	-2.55	-3.57	-2.31	-3.31	-1.7	-2.53	-2.14	-2.97	-2.18	-3.13
418	-4.16	-6.02	-3.08	-5.64	-2.93	-5.52	-1.76	-4.27	-1.64	-4.3	-1.43	-4.11	-2.13	-3.01
417	-2.47	-4.08	-1.4	-3.1	-1.25	-2.97	-0.82	-2.55	-0.87	-2.61	-0.56	-2.31	-1.27	-3.96

续上表

测点	开挖进尺													
	25m								29m					
	左洞上半台阶		右洞上半台阶		左洞下半台阶		右洞下半台阶		左洞上半台阶		右洞上半台阶		左洞下半台阶	
	σ_1	σ_3	σ_1	σ_3	σ_1	σ_3	σ_1	σ_3	σ_1	σ_3	σ_1	σ_3	σ_1	σ_3
401	-1.75	-3.31	-1.84	-3.4	-1.72	-3.28	-1.78	-3.34	-1.68	-3.24	-1.63	-3.2	-1.56	-3.12
411	-0.75	-1.96	-0.75	-1.96	-0.67	-1.88	-0.67	-1.86	-0.63	-1.83	-0.59	-1.8	-0.5	-1.72
403	-1.25	-3.11	-1.32	-3.19	-1.21	-3.07	-1.26	-3.12	-1.18	-3.04	-1.12	-2.98	-1.05	-2.91
413	-0.57	-3.15	-0.57	-3.16	-0.49	-3.08	-0.49	-3.08	-0.44	-3.03	-0.39	-2.98	-0.28	-2.87
405	-1.24	-3.04	-1.27	-3.1	-1.14	-2.98	-1.2	-3.03	-1.12	-2.95	-1.05	-2.9	-0.99	-2.83
415	-1.74	-3.81	-1.76	-3.83	-1.66	-3.75	-1.67	-3.76	-1.62	-3.71	-1.57	-3.67	-1.47	-3.57
407	-2.14	-3.06	-2.18	-3.13	-2.08	-3.04	-2.09	-3.05	-2.02	-2.98	-1.97	-2.92	-1.89	-2.85
418	-1.23	-3.93	-1.25	-3.94	-1.14	-3.85	-1.14	-3.86	-1.07	-3.79	-0.99	-3.74	-0.88	-3.64
417	-0.41	-2.19	-0.45	-2.22	-0.33	-2.11	-0.36	-2.14	-0.27	-2.05	-0.24	-2.03	-0.14	-1.93

测点	开挖进尺													
	29m		34m								38m			
	右洞下半台阶		左洞上半台阶		右洞上半台阶		左洞下半台阶		右洞下半台阶		左洞上半台阶		右洞上半台阶	
	σ_1	σ_3	σ_1	σ_3	σ_1	σ_3	σ_1	σ_3	σ_1	σ_3	σ_1	σ_3	σ_1	σ_3
401	-1.64	-3.21	-1.72	-3.28	-1.49	-3.05	-1.54	-3.1	-1.55	-3.11	-1.72	-3.29	-1.70	-3.25
411	-0.57	-1.78	-0.6	-1.81	-0.42	-1.62	-0.46	-1.67	-0.48	-1.69	-0.34	-1.56	-0.31	-1.53
403	-1.12	-2.98	-1.19	-3.05	-0.97	-2.83	-1.02	-2.88	-1.02	-2.88	-1.3	-3.09	-1.1	-3.02
413	-0.37	-2.97	-0.39	-2.99	-0.19	-2.78	-0.23	-2.83	-0.25	-2.85	-0.12	-2.76	-0.10	-2.73
405	-1.04	-2.89	-1.09	-2.96	-0.89	-2.76	-0.92	-2.8	-0.92	-2.8	-1.02	-2.93	-1.01	-2.91
415	-1.56	-3.66	-1.59	-3.69	-1.39	-3.5	-1.43	-3.54	-1.47	-3.58	-1.49	-3.68	-1.46	-3.65
407	-1.94	-2.9	-1.98	-3.00	-1.78	-2.81	-1.83	-2.85	-1.84	-2.87	-2.13	-3.17	-2.11	-3.13
418	-0.97	-3.73	-0.99	-3.75	-0.75	-3.52	-0.79	-3.57	-0.77	-3.61	-0.76	-3.71	-0.73	-3.68
417	-0.24	-2.02	-0.26	-2.06	-0.03	-1.83	-0.04	-1.85	-0.09	-1.89	-0.01	-1.83	-0.01	-1.81

测点	开挖进尺							
	38m				51m			
	左洞下半台阶		右洞下半台阶		左洞一次开挖		右洞一次开挖	
	σ_1	σ_3	σ_1	σ_3	σ_1	σ_3	σ_1	σ_3
401	-1.52	-3.11	-1.56	-3.13	-1.25	-2.84	-1.09	-2.69
411	-0.20	-1.42	-0.22	-1.44	-0.01	-1.14	0.12	-1.04
403	-0.91	-2.83	-0.97	-2.84	-0.59	-2.43	-0.4	-2.24
413	0.02	-2.61	0.02	-2.63	0.23	-2.41	0.35	-2.3
405	-0.7	-2.73	-0.8	-2.75	-0.41	-2.35	-0.3	-2.22
415	-1.35	-3.57	-1.37	-3.56	-1.22	-3.38	-1.14	-3.32
407	-2.04	-3.18	-2.05	-3.14	-1.51	-2.58	-1.49	-2.58
418	-0.60	-3.55	-0.62	-3.59	-0.4	-3.39	-0.37	-3.37
417	0.06	-1.76	0.09	-1.73	0.4	-1.39	0.49	-1.3

注：表中 - 表示应力为压应力。

由上述图表分析知:模型Ⅰ隧道开挖后,洞周径向应力释放、切向应力增加。由于岩体内应力以自重应力为主,所以洞室开挖后,自重向(y 向)应力普遍大于水平向(x 向)应力。围岩应力以压应力为主,且远小于岩体抗压强度。在中隔墙部位出现拉应力区,但量值不大。

2. 洞周位移变化

表 5-23 为隧道开挖完毕,其监测断面洞腰、拱顶位移值。

模型Ⅰ监测断面洞腰和拱顶位移(mm)　　表 5-23

监测断面		监测部位	左腰部收敛	拱顶下沉	右腰部收敛
大拱段	断面Ⅰ	主洞	0.29	4.7	0.31
连拱段	断面Ⅱ	左洞	0.29	4.3	0.21
		右洞	0.08	4.3	0.28
	断面Ⅲ	左洞	0.23	4.0	0.17
		右洞	0.08	4.0	0.22
	断面Ⅳ	左洞	0.19	3.9	0.23
		右洞	0.05	3.7	0.19

由表 5-23 知:开挖后,洞周围岩向洞内变形,竖向位移大于水平向位移。总的来说,洞周变形不大,最大变形未超过 5mm。

3. 模型Ⅰ试验结论

(1)隧道开挖后,因开挖卸荷变形,洞周围岩向洞内移动;由于仅考虑自重应力,隧道竖向位移大于水平向位移,洞周变形普遍较小,最大变形未超过 5mm。

(2)由于自重竖向应力大于水平向应力,故围岩内部以压应力为主,但洞周最大压应力远小于岩体抗压强度;由于卸荷变形,在中隔墙部位出现拉应力区,但其量值不大。

(3)大拱段采用上下台阶法开挖,连拱段采用中导洞上下台阶法左右洞交替进行开挖,提高了开挖效率,避免了多次开挖对围岩的反复扰动,大大增加了围岩的开挖稳定性。

(4)由于围岩内部应力量值不大,洞周卸荷回弹变形较小,模型Ⅰ隧道围岩总体是安全稳定的。

二、模型Ⅱ位移测试分析

1. 设计加载阶段的围岩位移

图 5-173 为模型Ⅱ位移监测断面的设计图。

1)洞周位移的时间(开挖步)特征

表 5-24 为在侧压系数 $K=0.5$ 的设计荷载作用下,模型Ⅱ洞周典型部位位移随开挖过程的变化(表中第 1 列中的 1 ~4 分别代表左洞拱顶、右洞拱顶、左洞左腰部和右洞右腰部等洞周典型部位),图 5-174 为洞周典型部位位移随开挖时步的变化曲线。

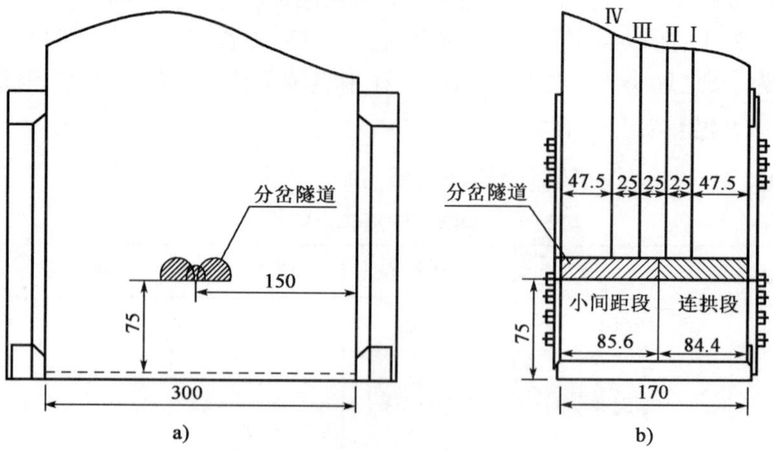

图 5-173　模型Ⅱ位移监测断面设计图(尺寸单位:cm)

a)正视图;b)侧视图

模型Ⅱ洞周典型部位位移随开挖时步的变化(mm)　　表 5-24

开挖步	1	2	3	4	5	6	7	8	9	10
左洞累计开挖进尺	上半台阶 4m	下半台阶 4m	上半台阶 8m	下半台阶 8m	上半台阶 12m	下半台阶 12m	上半台阶 16m	下半台阶 16m	上半台阶 20m	下半台阶 20m
右洞累计开挖进尺	未开挖	未开挖	未开挖	未开挖	未开挖	未开挖	未开挖	未开挖	未开挖	未开挖
Ⅰ-1	-0.023 6	-0.048 2	-0.073 8	-0.097 4	-0.111 5	-0.123 3	-0.141 7	-0.354 2	-0.779 2	-0.8850
Ⅱ-1	-0.012 1	-0.025 3	-0.037 8	-0.055 6	-0.072 5	-0.075 0	-0.087 5	-0.218 8	-0.481 3	-0.551 3
Ⅲ-1	-0.010 0	-0.020 1	-0.031 5	-0.040 6	-0.051 6	-0.061 8	-0.070 0	-0.175 0	-0.385 0	-0.441 0
Ⅳ-1	-0.003 3	-0.006 6	-0.008 2	-0.012 1	-0.018 9	-0.020 2	-0.023 3	-0.058 3	-0.128 3	-0.147 0
Ⅰ-2	-0.019 2	-0.038 4	-0.054 2	-0.071 8	-0.093 6	-0.125 6	-0.134 2	-0.335 4	-0.737 9	-0.845 2
Ⅱ-2	-0.010 8	-0.020 6	-0.030 4	-0.040 2	-0.047 8	-0.071 0	-0.075 8	-0.189 6	-0.417 1	-0.477 7
Ⅲ-2	-0.007 0	-0.014 0	-0.021 5	-0.032 7	-0.039 8	-0.048 6	-0.052 5	-0.131 3	-0.288 8	-0.330 8
Ⅳ-2	-0.006 1	-0.012 2	-0.018 3	-0.024 4	-0.030 5	-0.036 6	-0.046 7	-0.116 7	-0.256 7	-0.294 0
Ⅰ-3	-0.034 3	-0.072 6	-0.103 9	-0.144 2	-0.173 5	-0.217 8	-0.247 0	-0.257 5	-0.306 7	-0.344 0
Ⅱ-3	-0.026 2	-0.052 4	-0.078 6	-0.104 8	-0.113 1	-0.157 2	-0.183 7	-0.196 9	-0.278 5	-0.284 1
Ⅲ-3	-0.013 3	-0.027 4	-0.041 6	-0.055 3	-0.068 6	-0.081 3	-0.096 7	-0.166 7	-0.223 1	-0.231 2
Ⅳ-3	-0.003 0	-0.006 2	-0.009 2	-0.010 0	-0.011 1	-0.011 3	-0.011 7	-0.029 2	-0.064 2	-0.073 5
Ⅰ-4	-0.084 0	-0.168 0	-0.225 2	-0.336 0	-0.420 0	-0.504 0	-0.588 0	-0.630 0	-0.714 0	-0.736 4
Ⅱ-4	-0.026 2	-0.052 4	-0.078 6	-0.104 8	-0.134 0	-0.167 2	-0.183 7	-0.196 9	-0.223 1	-0.230 1
Ⅲ-4	-0.000 4	-0.000 8	-0.002 5	-0.007 8	-0.009 6	-0.010 5	-0.011 7	-0.029 2	-0.064 2	-0.073 5
Ⅳ-4	-0.000 3	-0.000 5	-0.000 6	-0.000 9	-0.001 1	-0.003 2	-0.005 8	-0.014 6	-0.032 1	-0.036 8

续上表

开挖步	11	12	13	14	15	16	17	18	19	20
左洞累计开挖进尺	上半台阶 24m	下半台阶 24m	下半台阶 24m	下半台阶 24m	上半台阶 28m	下半台阶 28m	下半台阶 28m	下半台阶 28m	上半台阶 32m	下半台阶 32m
右洞累计开挖进尺	未开挖	未开挖	上半台阶 4m	下半台阶 4m	下半台阶 4m	下半台阶 4m	上半台阶 8m	下半台阶 8m	下半台阶 8m	下半台阶 8m
Ⅰ-1	-0.972 5	-1.007 5	-1.042 5	-1.060 0	-1.097 5	-1.112 5	-1.127 5	-1.142 5	-2.233 3	-2.666 7
Ⅱ-1	-0.616 9	-0.643 1	-0.669 4	-0.682 5	-0.710 6	-0.721 9	-0.733 1	-0.744 4	-1.187 5	-1.362 5
Ⅲ-1	-0.493 5	-0.514 5	-0.535 5	-0.546 0	-0.568 5	-0.577 5	-0.586 5	-0.595 5	-0.870 8	-0.979 2
Ⅳ-1	-0.164 5	-0.171 5	-0.178 5	-0.182 0	-0.189 5	-0.192 5	-0.195 5	-0.198 5	-0.533 3	-0.666 7
Ⅰ-2	-0.945 9	-0.986 1	-1.026 4	-1.046 5	-1.089 6	-1.106 9	-1.124 1	-1.141 4	-1.816 7	-2.083 3
Ⅱ-2	-0.534 6	-0.557 4	-0.580 1	-0.591 5	-0.608 6	-0.615 4	-0.622 2	-0.629 0	-0.783 3	-0.916 7
Ⅲ-2	-0.370 1	-0.385 9	-0.401 6	-0.409 5	-0.426 4	-0.433 1	-0.439 9	-0.446 6	-0.639 8	-0.642 7
Ⅳ-2	-0.329 0	-0.343 0	-0.357 0	-0.364 0	-0.379 0	-0.385 0	-0.391 0	-0.397 0	-0.483 3	-0.516 7
Ⅰ-3	-0.379 0	-0.393 0	-0.407 0	-0.414 0	-0.424 5	-0.428 7	-0.432 9	-0.437 1	-0.443 7	-0.445 5
Ⅱ-3	-0.289 4	-0.291 5	-0.293 6	-0.294 6	-0.308 3	-0.331 7	-0.355 0	-0.378 3	-0.407 5	-0.414 5
Ⅲ-3	-0.240 6	-0.244 4	-0.248 1	-0.250 0	-0.296 2	-0.296 8	-0.297 4	-0.298 1	-0.298 9	-0.299 0
Ⅳ-3	-0.082 3	-0.085 8	-0.089 3	-0.091 0	-0.093 6	-0.094 7	-0.095 7	-0.096 8	-0.098 4	-0.098 9
Ⅰ-4	-0.757 4	-0.765 8	-0.774 2	-0.778 4	-0.784 7	-0.787 2	-0.789 7	-0.792 3	-0.795 4	-0.796 2
Ⅱ-4	-0.236 7	-0.239 3	-0.241 9	-0.243 2	-0.245 2	-0.246 0	-0.246 8	-0.247 6	-0.248 6	-0.248 8
Ⅲ-4	-0.082 2	-0.085 7	-0.089 2	-0.091 0	-0.093 6	-0.094 7	-0.095 7	-0.096 8	-0.098 1	-0.098 4
Ⅳ-4	-0.041 1	-0.042 9	-0.044 6	-0.045 5	-0.046 8	-0.047 3	-0.047 9	-0.048 4	-0.049 2	-0.049 4

开挖步	21	22	23	24	25	26	27	28	29	30
左洞累计开挖进尺	下半台阶 32m	下半台阶 32m	上半台阶 36m	下半台阶 36m	下半台阶 36m	下半台阶 36m	上半台阶 40m	下半台阶 40m	下半台阶 40m	下半台阶 40m
右洞累计开挖进尺	上半台阶 12m	下半台阶 12m	下半台阶 12m	下半台阶 12m	上半台阶 16m	下半台阶 16m	下半台阶 16m	下半台阶 16m	上半台阶 20m	下半台阶 20m
Ⅰ-1	-3.100 0	-3.533 3	-4.627 9	-4.878 7	-5.129 6	-5.255 0	-5.518 4	-5.593 6	-5.668 9	-5.7065
Ⅱ-1	-1.537 5	-1.712 5	-2.922 9	-3.243 8	-3.564 6	-3.725 0	-4.061 9	-4.158 1	-4.254 4	-4.302 5
Ⅲ-1	-1.087 5	-1.195 8	-2.400 0	-2.800 0	-3.200 0	-3.400 0	-3.487 5	-3.512 5	-3.537 5	-3.550 0
Ⅳ-1	-0.800 0	-0.933 3	-1.862 5	-2.037 5	-2.212 5	-2.300 0	-2.483 7	-2.536 2	-2.588 7	-2.615 0
Ⅰ-2	-2.350 0	-2.616 7	-4.465 0	-4.955 0	-5.445 0	-5.690 0	-6.204 5	-6.351 5	-6.498 5	-6.572 0
Ⅱ-2	-1.050 0	-1.183 3	-1.821 7	-1.985 0	-2.222 1	-2.365 0	-2.665 1	-2.750 9	-2.836 6	-2.879 5
Ⅲ-2	-0.645 6	-0.648 5	-1.650 4	-1.936 2	-2.148 3	-2.230 0	-2.409 5	-2.486 5	-2.563 5	-2.602 0
Ⅳ-2	-0.550 0	-0.583 3	-1.498 3	-1.755 0	-2.011 7	-2.140 0	-2.401 5	-2.450 5	-2.499 5	-2.524 0
Ⅰ-3	-0.447 3	-0.449 1	-0.613 3	-0.660 0	-0.706 7	-0.730 0	-0.779 0	-0.793 0	-0.807 0	-0.814 0
Ⅱ-3	-0.421 5	-0.428 5	-0.439 3	-0.441 4	-0.443 5	-0.444 6	-0.446 8	-0.447 4	-0.448 1	-0.448 4
Ⅲ-3	-0.299 2	-0.299 4	-0.299 7	-0.299 8	-0.299 8	-0.299 9	-0.299 9	-0.299 9	-0.299 9	-0.300 0

续上表

开挖步	21	22	23	24	25	26	27	28	29	30
左洞累计开挖进尺	下半台阶 32m	下半台阶 32m	上半台阶 36m	下半台阶 36m	下半台阶 36m	下半台阶 36m	上半台阶 40m	下半台阶 40m	下半台阶 40m	下半台阶 40m
右洞累计开挖进尺	上半台阶 12m	下半台阶 12m	下半台阶 12m	下半台阶 12m	上半台阶 16m	下半台阶 16m	下半台阶 16m	下半台阶 16m	上半台阶 20m	下半台阶 20m
Ⅳ-3	-0.0993	-0.0998	-0.1408	-0.1525	-0.1642	-0.1700	-0.1823	-0.1858	-0.1893	-0.1910
Ⅰ-4	-0.7969	-0.7977	-0.7988	-0.7991	-0.7993	-0.7994	-0.7997	-0.7997	-0.7998	-0.7998
Ⅱ-4	-0.2490	-0.2493	-0.2496	-0.2497	-0.2498	-0.2498	-0.2499	-0.2499	-0.2499	-0.2499
Ⅲ-4	-0.0987	-0.0990	-0.1113	-0.1288	-0.1463	-0.1550	-0.1734	-0.1786	-0.1839	-0.1865
Ⅳ-4	-0.0497	-0.0499	-0.0995	-0.0996	-0.0997	-0.0998	-0.0999	-0.0999	-0.0999	-0.0999

开挖步	31	32	33	34	35	36	37	38	39	40
左洞累计开挖进尺	上半台阶 44m	下半台阶 44m	下半台阶 44m	下半台阶 44m	上半台阶 48m	下半台阶 48m	下半台阶 48m	下半台阶 48m	上半台阶 52m	下半台阶 52m
右洞累计开挖进尺	下半台阶 20m	下半台阶 20m	上半台阶 24m	下半台阶 24m	下半台阶 24m	下半台阶 24m	上半台阶 28m	下半台阶 28m	下半台阶 28m	下半台阶 28m
Ⅰ-1	-5.7855	-5.8081	-5.8307	-5.8419	-5.8589	-5.8657	-5.8724	-5.8826	-5.8846	-5.8877
Ⅱ-1	-4.4036	-4.4324	-4.4613	-4.4758	-4.4974	-4.5061	-4.5147	-4.5277	-4.5303	-4.5342
Ⅲ-1	-3.5908	-3.6025	-3.6142	-3.6200	-3.6288	-3.6323	-3.6358	-3.6410	-3.6425	-3.6448
Ⅳ-1	-2.6701	-2.6859	-2.7016	-2.7095	-2.7213	-2.7260	-2.7308	-2.7378	-2.7393	-2.7414
Ⅰ-2	-6.7263	-6.7704	-6.8145	-6.8366	-6.8697	-6.8829	-6.8961	-6.9160	-6.9199	-6.9259
Ⅱ-2	-2.9695	-2.9953	-3.0210	-3.0338	-3.0531	-3.0609	-3.0686	-3.0802	-3.0825	-3.0859
Ⅲ-2	-2.6829	-2.7060	-2.7291	-2.7406	-2.7579	-2.7649	-2.7718	-2.7822	-2.7843	-2.7874
Ⅳ-2	-2.5755	-2.5902	-2.6049	-2.6122	-2.6232	-2.6276	-2.6320	-2.6387	-2.6400	-2.6420
Ⅰ-3	-0.8287	-0.8329	-0.8371	-0.8392	-0.8424	-0.8436	-0.8449	-0.8468	-0.8471	-0.8477
Ⅱ-3	-0.4490	-0.4492	-0.4494	-0.4495	-0.4497	-0.4497	-0.4498	-0.4499	-0.4499	-0.4499
Ⅲ-3	-0.3000	-0.3000	-0.3000	-0.3000	-0.3000	-0.3000	-0.3000	-0.3000	-0.3000	-0.3000
Ⅳ-3	-0.1947	-0.1957	-0.1968	-0.1973	-0.1981	-0.1984	-0.1987	-0.1992	-0.1993	-0.1994
Ⅰ-4	-0.7999	-0.7999	-0.7988	-0.7991	-0.7993	-0.7994	-0.7997	-0.7997	-0.7998	-0.7998
Ⅱ-4	-0.2500	-0.2500	-0.2496	-0.2497	-0.2498	-0.2498	-0.2499	-0.2499	-0.2499	-0.2499
Ⅲ-4	-0.1920	-0.1936	-0.1113	-0.1288	-0.1463	-0.1550	-0.1734	-0.1786	-0.1839	-0.1865
Ⅳ-4	-0.1000	-0.1000	-0.0995	-0.0996	-0.0997	-0.0998	-0.0999	-0.0999	-0.0999	-0.0999

续上表

开挖步	41	42	43	44	45	46	47	48	49	50
左洞累计开挖进尺	下半台阶 52m	下半台阶 52m	上半台阶 56m	下半台阶 56m	下半台阶 56m	下半台阶 56m	上半台阶 60m	下半台阶 60m	下半台阶 60m	下半台阶 60m
右洞累计开挖进尺	上半台阶 32m	下半台阶 32m	下半台阶 32m	下半台阶 32m	上半台阶 36m	下半台阶 36m	下半台阶 36m	下半台阶 36m	上半台阶 40m	下半台阶 40m
Ⅰ-1	-5.889 7	-5.891 7	-5.893 8	-5.894 8	-5.895 4	-5.896 3	-5.896 9	-5.897 5	-5.898 1	-5.898 4
Ⅱ-1	-4.536 8	-4.539 4	-4.542 0	-4.543 3	-4.544 1	-4.545 3	-4.546 0	-4.546 8	-4.547 6	-4.548 0
Ⅲ-1	-3.646 3	-3.647 8	-3.649 3	-3.650 0	-3.685 0	-3.737 5	-3.772 5	-3.807 5	-3.842 5	-3.860 0
Ⅳ-1	-2.742 8	-2.744 2	-2.745 6	-2.746 4	-2.746 8	-2.747 4	-2.747 8	-2.748 3	-2.748 7	-2.748 9
Ⅰ-2	-6.929 9	-6.933 8	-6.937 8	-6.939 8	-6.941 0	-6.942 8	-6.944 0	-6.945 2	-6.946 3	-6.946 9
Ⅱ-2	-3.088 3	-3.090 6	-3.092 9	-3.094 0	-3.094 7	-3.095 8	-3.096 5	-3.097 2	-3.097 9	-3.098 2
Ⅲ-2	-2.789 5	-2.791 5	-2.793 6	-2.794 7	-2.795 3	-2.796 2	-2.796 8	-2.797 5	-2.798 1	-2.798 4
Ⅳ-2	-2.643 3	-2.644 6	-2.645 9	-2.646 6	-2.647 0	-2.647 6	-2.648 0	-2.648 4	-2.648 8	-2.649 0
Ⅰ-3	-0.848 1	-0.848 5	-0.848 8	-0.849 0	-0.849 1	-0.849 3	-0.849 4	-0.849 5	-0.849 7	-0.849 7
Ⅱ-3	-0.449 9	-0.449 9	-0.449 9	-0.450 0	-0.450 0	-0.450 0	-0.450 0	-0.450 0	-0.450 0	-0.450 0
Ⅲ-3	-0.300 0	-0.300 0	-0.300 0	-0.300 0	-0.300 0	-0.300 0	-0.300 0	-0.300 0	-0.300 0	-0.300 0
Ⅳ-3	-0.199 5	-0.199 6	-0.199 7	-0.199 8	-0.199 8	-0.199 8	-0.199 9	-0.199 9	-0.199 9	-0.199 9
Ⅰ-4	-0.800 0	-0.800 0	-0.800 0	-0.800 0	-0.800 0	-0.800 0	-0.800 0	-0.800 0	-0.800 0	-0.800 0
Ⅱ-4	-0.250 0	-0.250 0	-0.250 0	-0.250 0	-0.250 0	-0.250 0	-0.250 0	-0.250 0	-0.250 0	-0.250 0
Ⅲ-4	-0.199 3	-0.199 4	-0.199 6	-0.199 6	-0.199 7	-0.199 7	-0.199 8	-0.199 8	-0.199 9	-0.199 9
Ⅳ-4	-0.100 0	-0.100 0	-0.100 0	-0.100 0	-0.100 0	-0.100 0	-0.100 0	-0.100 0	-0.100 0	-0.100 0

开挖步	51	52	53	54	55	56	57	58	59	60
左洞累计开挖进尺	上半台阶 64m	下半台阶 64m	下半台阶 64m	下半台阶 64m	上半台阶 68m	下半台阶 68m	下半台阶 68m	下半台阶 68m	上半台阶 72m	下半台阶 72m
右洞累计开挖进尺	下半台阶 40m	下半台阶 40m	上半台阶 44m	下半台阶 44m	下半台阶 44m	下半台阶 44m	上半台阶 48m	下半台阶 48m	下半台阶 48m	下半台阶 48m
Ⅰ-1	-5.898 6	-5.898 9	-5.899 1	-5.899 3	-5.899 5	-5.899 6	-5.896 9	-5.897 5	-5.898 1	-5.898 4
Ⅱ-1	-4.548 2	-4.548 6	-4.548 8	-4.549 0	-4.549 4	-4.549 5	-4.546 0	-4.546 8	-4.547 6	-4.548 0
Ⅲ-1	-3.870 5	-3.886 2	-3.896 7	-3.907 2	-3.923 0	-3.927 5	-3.772 5	-3.807 5	-3.842 5	-3.860 0
Ⅳ-1	-2.749 0	-2.749 2	-2.749 4	-2.749 5	-2.749 7	-2.749 7	-2.747 8	-2.748 3	-2.748 7	-2.748 9
Ⅰ-2	-6.947 3	-6.947 8	-6.948 2	-6.948 5	-6.949 1	-6.949 2	-6.944 0	-6.945 2	-6.946 3	-6.946 9
Ⅱ-2	-3.098 4	-3.098 7	-3.098 9	-3.099 2	-3.099 5	-3.099 6	-3.096 5	-3.097 2	-3.097 9	-3.098 2
Ⅲ-2	-2.798 6	-2.798 9	-2.799 1	-2.799 2	-2.799 5	-2.799 6	-2.796 8	-2.797 5	-2.798 1	-2.798 4
Ⅳ-2	-2.649 1	-2.649 3	-2.649 4	-2.649 5	-2.649 7	-2.649 7	-2.648 0	-2.648 4	-2.648 8	-2.649 0
Ⅰ-3	-0.849 7	-0.849 8	-0.849 8	-0.849 9	-0.849 9	-0.849 9	-0.849 4	-0.849 5	-0.849 7	-0.849 7
Ⅱ-3	-0.450 0	-0.450 0	-0.450 0	-0.450 0	-0.450 0	-0.450 0	-0.450 0	-0.450 0	-0.450 0	-0.450 0
Ⅲ-3	-0.300 0	-0.300 0	-0.300 0	-0.300 0	-0.300 0	-0.300 0	-0.300 0	-0.300 0	-0.300 0	-0.300 0

续上表

开挖步	51	52	53	54	55	56	57	58	59	60
左洞累计开挖进尺	上半台阶 64m	下半台阶 64m	下半台阶 64m	下半台阶 64m	上半台阶 68m	下半台阶 68m	下半台阶 68m	下半台阶 68m	上半台阶 72m	下半台阶 72m
右洞累计开挖进尺	下半台阶 40m	下半台阶 40m	上半台阶 44m	下半台阶 44m	下半台阶 44m	下半台阶 44m	上半台阶 48m	下半台阶 48m	下半台阶 48m	下半台阶 48m
Ⅳ-3	-0.1999	-0.1999	-0.2000	-0.2000	-0.2000	-0.2000	-0.1999	-0.1999	-0.1999	-0.1999
Ⅰ-4	-0.8000	-0.8000	-0.8000	-0.8000	-0.8000	-0.8000	-0.8000	-0.8000	-0.8000	-0.8000
Ⅱ-4	-0.2500	-0.2500	-0.2500	-0.2500	-0.2500	-0.2500	-0.2500	-0.2500	-0.2500	-0.2500
Ⅲ-4	-0.1999	-0.1999	-0.1999	-0.1999	-0.2000	-0.2000	-0.1998	-0.1998	-0.1999	-0.1999
Ⅳ-4	-0.1000	-0.1000	-0.1000	-0.1000	-0.1000	-0.1000	-0.1000	-0.1000	-0.1000	-0.1000

开挖步	61	62	63	64	65	66	67	68	69	70
左洞累计开挖进尺	下半台阶 72m	下半台阶 72m	上半台阶 76m	下半台阶 76m	下半台阶 76m	下半台阶 76m	上半台阶 80m	下半台阶 80m	下半台阶 80m	下半台阶 80m
右洞累计开挖进尺	上半台阶 52m	下半台阶 52m	下半台阶 52m	下半台阶 52m	上半台阶 56m	下半台阶 56m	下半台阶 56m	下半台阶 56m	上半台阶 60m	下半台阶 60m
Ⅰ-1	-5.8999	-5.8999	-5.8999	-5.8999	-5.8999	-5.9000	-5.9000	-5.9000	-5.9000	-5.9000
Ⅱ-1	-4.6375	-4.7688	-4.8563	-4.9738	-5.2013	-5.3150	-5.3833	-5.4856	-5.5539	-5.6221
Ⅲ-1	-4.1775	-4.5188	-4.7463	-4.9438	-5.0313	-5.0750	-5.1013	-5.1406	-5.1669	-5.1931
Ⅳ-1	-2.7499	-2.7499	-2.7499	-2.7500	-2.7500	-2.7500	-2.7500	-2.7500	-2.7500	-2.7500
Ⅰ-2	-7.0725	-7.2562	-7.3787	-7.5012	-7.6237	-7.6850	-7.7217	-7.7769	-7.8136	-7.8504
Ⅱ-2	-3.2458	-3.4646	-3.6104	-3.7562	-3.9021	-3.9750	-4.0187	-4.0844	-4.1281	-4.1719
Ⅲ-2	-2.8350	-2.8875	-2.9225	-2.9575	-2.9925	-3.0100	-3.0205	-3.0363	-3.0468	-3.0573
Ⅳ-2	-2.6499	-2.6499	-2.6499	-2.6500	-2.6500	-2.6500	-2.6500	-2.6500	-2.6500	-2.6500
Ⅰ-3	-0.8500	-0.8500	-0.8500	-0.8500	-0.8500	-0.8500	-0.8500	-0.8500	-0.8500	-0.8500
Ⅱ-3	-0.4500	-0.4500	-0.4500	-0.4500	-0.4500	-0.4500	-0.4500	-0.4500	-0.4500	-0.4500
Ⅲ-3	-0.3000	-0.3000	-0.3000	-0.3000	-0.3000	-0.3000	-0.3000	-0.3000	-0.3000	-0.3000
Ⅳ-3	-0.2000	-0.2000	-0.2000	-0.2000	-0.2000	-0.2000	-0.2000	-0.2000	-0.2000	-0.2000
Ⅰ-4	-0.8000	-0.8000	-0.8000	-0.8000	-0.8000	-0.8000	-0.8000	-0.8000	-0.8000	-0.8000
Ⅱ-4	-0.2500	-0.2500	-0.2500	-0.2500	-0.2500	-0.2500	-0.2500	-0.2500	-0.2500	-0.2500
Ⅲ-4	-0.2000	-0.2000	-0.2000	-0.2000	-0.2000	-0.2000	-0.2000	-0.2000	-0.2000	-0.2000
Ⅳ-4	-0.1000	-0.1000	-0.1000	-0.1000	-0.1000	-0.1000	-0.1000	-0.1000	-0.1000	-0.1000

开挖步	71	72	73	74	75	76	77	78	79	80
左洞累计开挖进尺	左洞挖通	左洞挖通	左洞挖通	左洞挖通	左洞挖通	左洞挖通	左洞挖通	左洞挖通	左洞挖通	左洞挖通
右洞累计开挖进尺	下半台阶 60m	上半台阶 64m	下半台阶 64m	上半台阶 68m	下半台阶 68m	上半台阶 72m	下半台阶 72m	上半台阶 76m	下半台阶 76m	上半台阶 80m
Ⅰ-1	-5.9000	-5.9000	-5.9000	-5.9000	-5.9000	-5.9000	-5.9000	-5.9000	-5.9000	-5.9000

续上表

开挖步	71	72	73	74	75	76	77	78	79	80
左洞累计开挖进尺	左洞挖通	左洞挖通	左洞挖通	左洞挖通	左洞挖通	左洞挖通	左洞挖通	左洞挖通	左洞挖通	左洞挖通
右洞累计开挖进尺	下半台阶 60m	上半台阶 64m	下半台阶 64m	上半台阶 68m	下半台阶 68m	上半台阶 72m	下半台阶 72m	上半台阶 76m	下半台阶 76m	上半台阶 80m
Ⅱ-1	-5.690 4	-5.724 5	-5.745 0	-5.775 7	-5.816 6	-5.837 1	-5.847 4	-5.856 1	-5.869 3	-5.878 1
Ⅲ-1	-5.219 4	-5.232 5	-5.240 4	-5.252 2	-5.267 9	-5.275 8	-5.279 7	-5.283 1	-5.288 2	-5.291 6
Ⅳ-1	-2.750 0	-2.750 0	-2.750 0	-2.750 0	-2.750 0	-2.750 0	-2.750 0	-2.750 0	-2.750 0	-2.750 0
Ⅰ-2	-7.887 1	-7.905 5	-7.916 5	-7.933 1	-7.955 1	-7.966 1	-7.971 7	-7.976 4	-7.983 5	-7.988 2
Ⅱ-2	-4.215 6	-4.237 5	-4.250 6	-4.270 3	-4.296 6	-4.309 7	-4.316 2	-4.321 9	-4.330 3	-4.335 9
Ⅲ-2	-3.067 8	-3.073 0	-3.076 2	-3.080 9	-3.087 2	-3.090 3	-3.091 9	-3.093 3	-3.095 3	-3.096 6
Ⅳ-2	-2.650 0	-2.650 0	-2.650 0	-2.650 0	-2.650 0	-2.650 0	-2.650 0	-2.650 0	-2.650 0	-2.650 0
Ⅰ-3	-0.850 0	-0.850 0	-0.850 0	-0.850 0	-0.850 0	-0.850 0	-0.850 0	-0.850 0	-0.850 0	-0.850 0
Ⅱ-3	-0.450 0	-0.450 0	-0.450 0	-0.450 0	-0.450 0	-0.450 0	-0.450 0	-0.450 0	-0.450 0	-0.450 0
Ⅲ-3	-0.300 0	-0.300 0	-0.300 0	-0.300 0	-0.300 0	-0.300 0	-0.300 0	-0.300 0	-0.300 0	-0.300 0
Ⅳ-3	-0.200 0	-0.200 0	-0.200 0	-0.200 0	-0.200 0	-0.200 0	-0.200 0	-0.200 0	-0.200 0	-0.200 0
Ⅰ-4	-0.800 0	-0.800 0	-0.800 0	-0.800 0	-0.800 0	-0.800 0	-0.800 0	-0.800 0	-0.800 0	-0.800 0
Ⅱ-4	-0.250 0	-0.250 0	-0.250 0	-0.250 0	-0.250 0	-0.250 0	-0.250 0	-0.250 0	-0.250 0	-0.250 0
Ⅲ-4	-0.200 0	-0.200 0	-0.200 0	-0.200 0	-0.200 0	-0.200 0	-0.200 0	-0.200 0	-0.200 0	-0.200 0
Ⅳ-4	-0.100 0	-0.100 0	-0.100 0	-0.100 0	-0.100 0	-0.100 0	-0.100 0	-0.100 0	-0.100 0	-0.100 0

开挖步	81	82								
左洞累计开挖进尺	左洞挖通	左洞挖通								
右洞累计开挖进尺	下半台阶 80m	右洞挖通								
Ⅰ-1	-5.900 0	-5.900 0								
Ⅱ-1	-5.886 8	-5.895 6								
Ⅲ-1	-5.294 9	-5.298 3								
Ⅳ-1	-2.750 0	-2.750 0								
Ⅰ-2	-7.992 9	-7.997 6								
Ⅱ-2	-4.341 6	-4.347 2								
Ⅲ-2	-3.098 0	-3.099 3								
Ⅳ-2	-2.650 0	-2.650 0								
Ⅰ-3	-0.850 0	-0.850 0								
Ⅱ-3	-0.450 0	-0.450 0								
Ⅲ-3	-0.300 0	-0.300 0								
Ⅳ-3	-0.200 0	-0.200 0								
Ⅰ-4	-0.800 0	-0.800 0								
Ⅱ-4	-0.250 0	-0.250 0								
Ⅲ-4	-0.200 0	-0.200 0								
Ⅳ-4	-0.100 0	-0.100 0								

注:1. 隧道开挖进尺方向,横向是先左洞、后右洞,且左洞超前右洞20m,纵向是从连拱到小间距,每次开挖进尺深度为4m。

2. 表中位移符号,腰部 - 表示位移方向朝向洞内;拱部 - 表示位移方向向下。

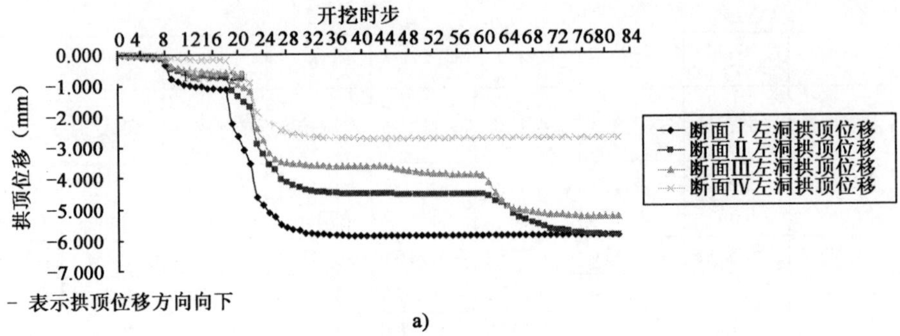

a)

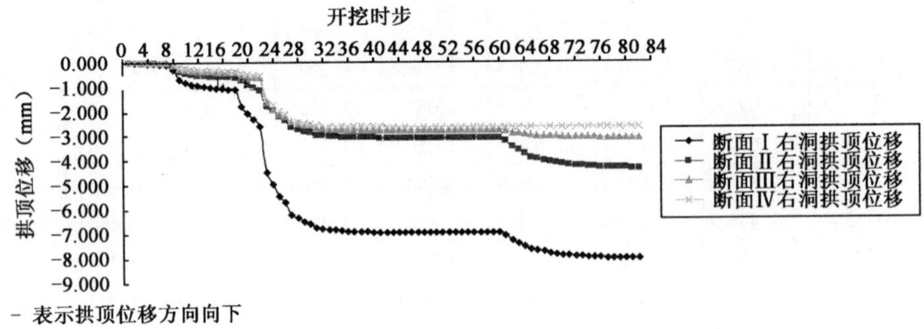

b)

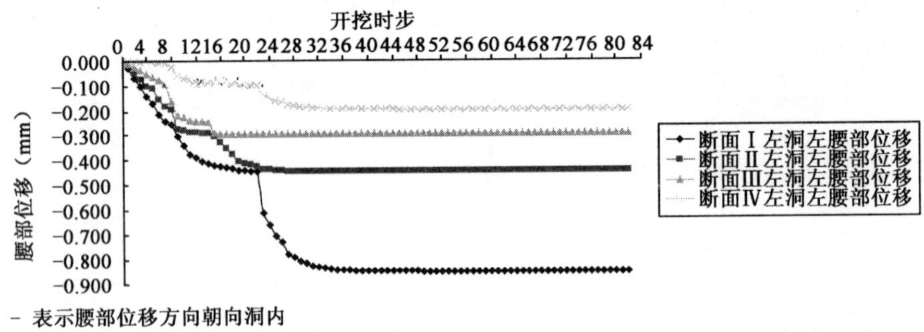

c)

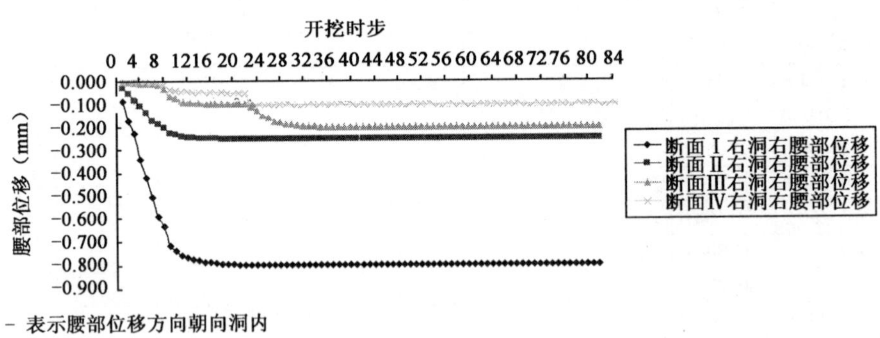

d)

图 5-174　拱顶位移及腰部位移随开挖时步变化曲线

a)左洞拱顶；b)右洞拱顶；c)左洞左腰；d)右洞右腰

由表5-24和图5-174分析可知:

(1)隧道开挖后,由于洞周应力释放,围岩变形朝向洞内。设计加载阶段以自重应力为主,因此拱顶下沉量值远大于洞腰水平方向的位移。

(2)开挖后洞周最大变形为8mm,发生在连拱段的Ⅰ号断面右拱顶。总体来说,隧道变形值不大,满足施工运行安全要求。

(3)各断面监测点的位移值随开挖进尺的增加而增大。开挖到某一监测断面时,该断面位移明显增大;随着开挖的继续往前推进,该断面位移虽仍有一定程度的增加,但增幅不大。

(4)分岔隧道开挖过程中,其左右隧道之间存在明显的相互影响,如左洞开挖到某一进尺不动,而右洞继续开挖,也会引起左洞位移增加;同样,右洞开挖到某一进尺不动,而左洞继续开挖,也同样会引起右洞位移的增加。因此,实际隧道开挖过程中应合理控制左右洞之间的超前距离,以尽可能减弱左右隧道因交替开挖造成的相互影响。

(5)连拱段的位移(即Ⅰ、Ⅱ断面位移)总体大于小间距段的位移(即Ⅲ、Ⅳ断面位移)。这主要是因为连拱段左右隧道在中隔墙处通过厚度较小的混凝土中隔墙连接,横向间距较小,其相互影响较大;而小间距段左右隧道之间通过厚度较大的原岩完全分隔,横向间距较大,其相互影响较连拱段小。所以这在隧道设计和开挖中,应优化中隔墙厚度,使其厚度不能太厚也不能太薄,以达到既能有效减弱左右洞之间的相互影响,又不至于因中隔墙太厚而过多增加工程成本。从试验研究结果来看,在围岩较坚硬完整的状态下(即Ⅱ ~ Ⅲ级围岩),连拱段整体式中隔墙的厚度取1.2 ~2.0m,连拱段夹心式中隔墙的厚度取2.0 ~2.5m,小间距段中夹岩柱的厚度取2.5 ~4.0m是合理可行的。

2)洞周位移的空间特征

表5-25列出了在隧道开挖到某一进尺时,各监测断面左右拱顶位移值的变化。图5-175 ~ 图5-184是对应于表5-25中数据在某一开挖进尺时,各监测断面左右拱顶位移变化图。

各监测断面左右拱顶位移值变化(mm) 表5-25

开挖进尺	断面Ⅰ左拱顶向下位移	断面Ⅱ左拱顶向下位移	断面Ⅲ左拱顶向下位移	断面Ⅳ左拱顶向下位移
左洞28m	1.142 5	0.744 4	0.595 5	0.198 5
左洞40m	5.706 5	4.302 5	3.550 0	2.615 0
左洞52m	5.891 7	4.539 4	3.647 8	2.744 2
左洞64m	5.899 3	4.549 0	3.907 2	2.749 5
左洞85m	5.900 0	5.895 6	5.298 3	2.750 0
开挖进尺	断面Ⅰ右拱顶向下位移	断面Ⅱ右拱顶向下位移	断面Ⅲ右拱顶向下位移	断面Ⅳ右拱顶向下位移
右洞28m	1.141 4	0.629 0	0.446 6	0.397 0
右洞40m	6.572 0	2.879 5	2.602 0	2.524 0
右洞52m	6.933 8	3.090 6	2.791 5	2.644 6
右洞64m	6.948 5	3.099 2	2.799 2	2.649 5
右洞85m	7.997 6	4.347 2	3.099 3	2.650 0

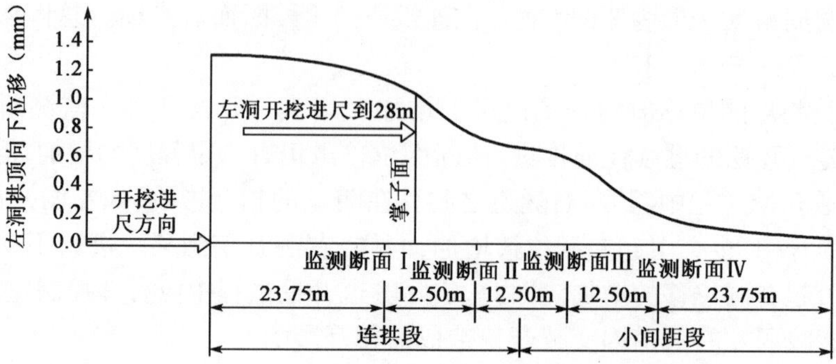

图 5-175　左洞开挖到 28m 时左洞拱顶位移变化

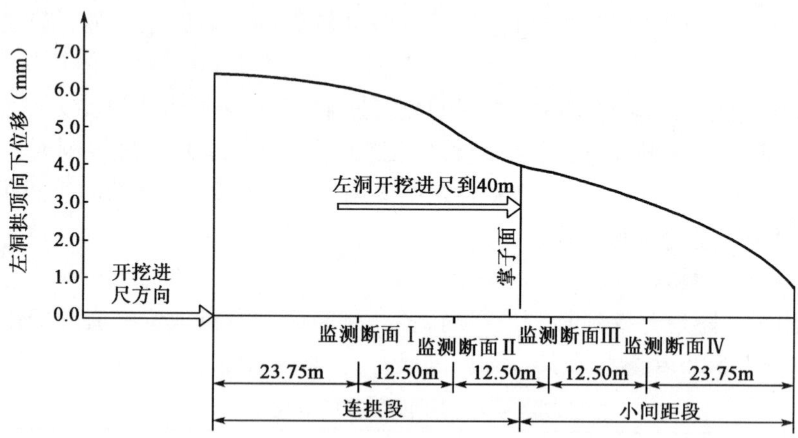

图 5-176　左洞开挖到 40m 时左洞拱顶位移变化

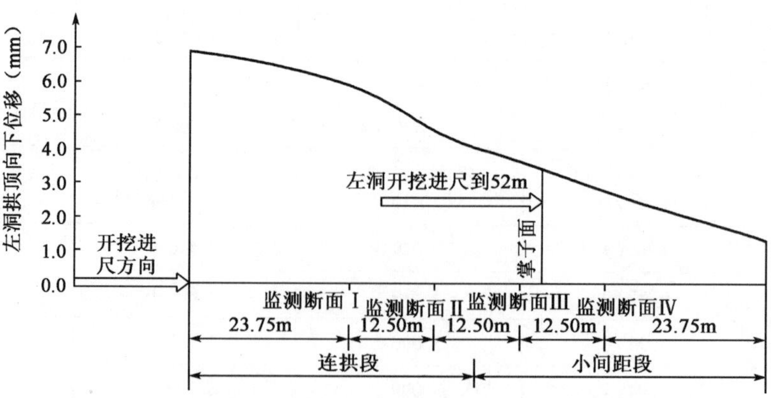

图 5-177　左洞开挖到 52m 时左洞拱顶位移变化

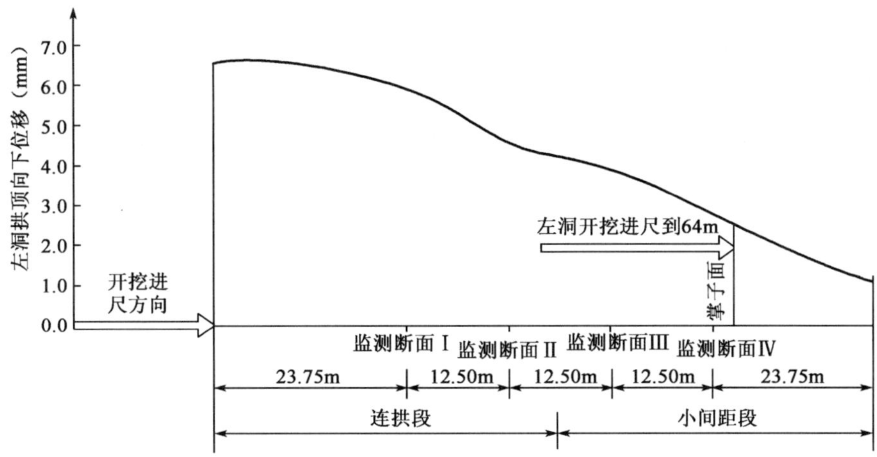

图 5-178　左洞开挖到 64m 时左洞拱顶位移变化

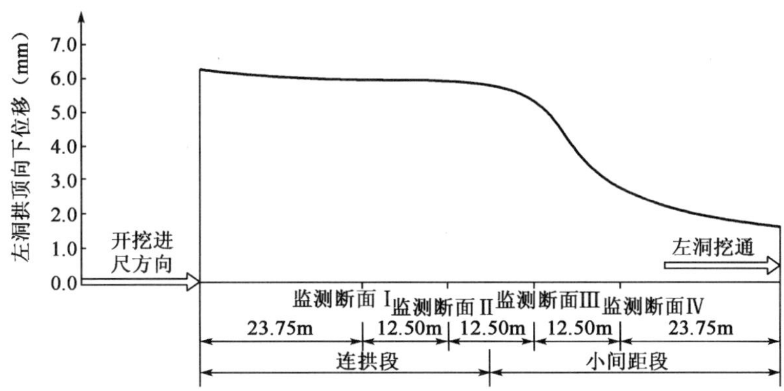

图 5-179　左洞开挖到 85m 时左洞拱顶位移变化

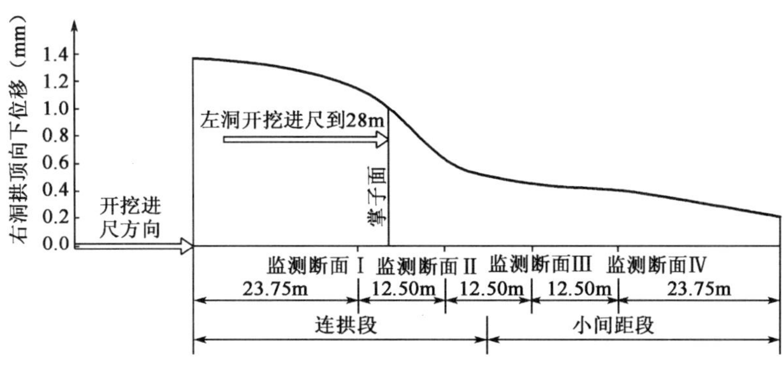

图 5-180　右洞开挖到 28m 时右洞拱顶位移变化

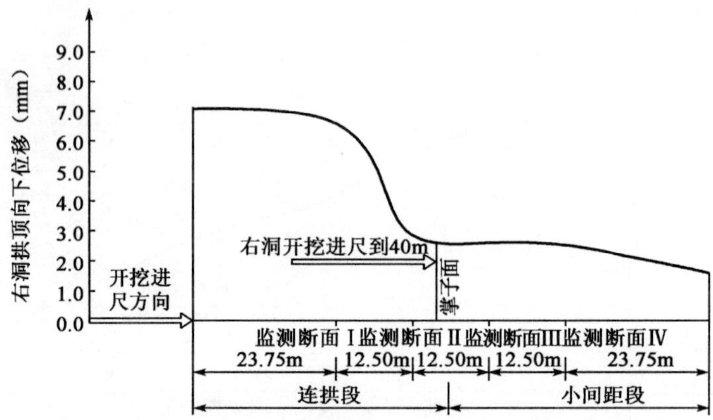

图 5-181　右洞开挖到 40m 时右洞拱顶位移变化

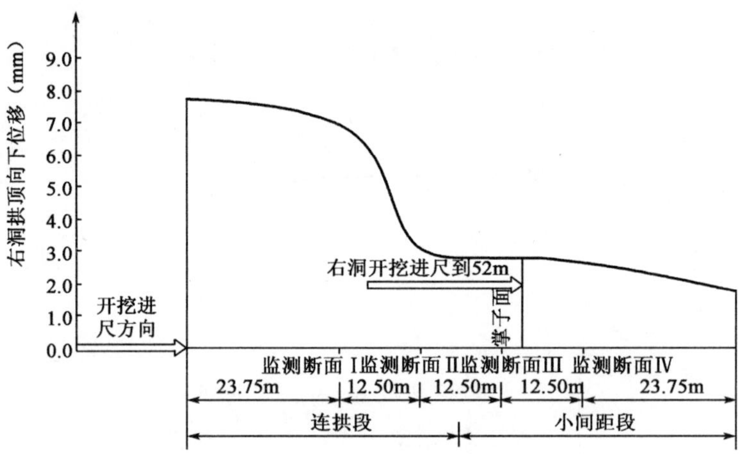

图 5-182　右洞开挖到 52m 时右洞拱顶位移变化

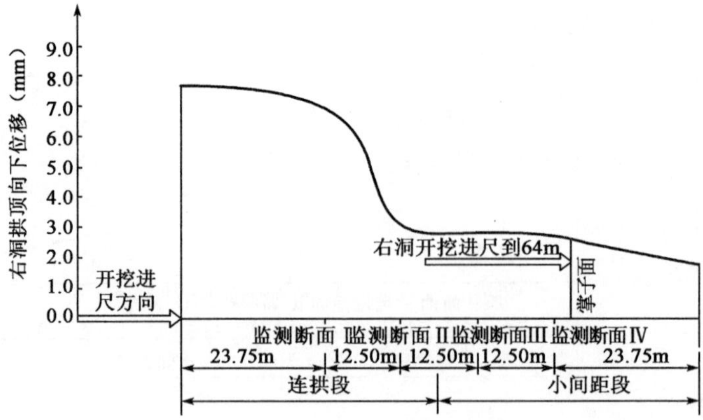

图 5-183　右洞开挖到 64m 时右洞拱顶位移变化

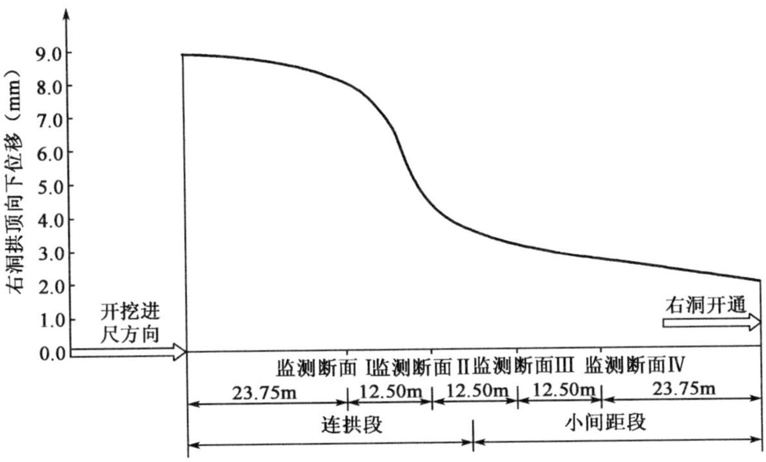

图 5-184　右洞开挖到 85m 时右洞拱顶位移变化

由表 5-25 和图 5-175 ~ 图 5-184 分析知：

当隧道开挖到某一断面时，开挖对掌子面前方的扰动影响大约为 3 ~ 5 倍的洞径范围，影响程度沿开挖方向向前逐渐减弱。因此，在实际施工中，如果地质条件较差，就必须采取措施对工作面前方围岩进行预加固。同时，由于开挖掌子面的空间约束效应，掌子面对其后方已开挖隧道的洞周变形具有约束作用，约束效应沿远离掌子面的方向逐渐减弱。所以在隧道施工中，应充分利用这些特点，开挖后及时对围岩进行初期喷锚网支护。

3）深部围岩位移

比较每个监测断面拱顶、腰部和中隔墙处多点位移计的位移变化可发现：

（1）靠近洞周的测点位移比远离洞周的测点大，这表明洞周围岩位移随着与洞壁距离的加大而逐渐减小，即洞周围岩的变形与距洞周的距离成反比。

（2）靠近中隔墙顶部测点的位移比远离中隔墙顶部测点的位移小，即距离中隔墙顶部较近的测点其位移小，而距离中隔墙顶部较远的测点位移反而大。这说明中隔墙的存在抑制了中隔墙上部围岩的向下变形。所以隧道拱顶下沉将导致中隔墙承受较大的压力。

2. 超载作用下洞周位移

隧道开挖完毕，进行了超载试验，即在模型侧面分别按侧压系数等于 0.5、1.0、1.2、1.5、2.0、2.5、3.0、3.5、4.0、4.5、5.0、5.5 进行倍比加载，以观测隧道的破坏情况和获得分岔隧道的设计超载安全度。表 5-26 为超载作用下各断面拱顶和腰部位移随侧压系数的变化。图 5-185是对应于表 5-26 超载作用下各断面拱顶和腰部位移随侧压系数的变化曲线。

超载作用下各断面拱顶和腰部位移随侧压系数的变化　　表 5-26

开挖步	0.5	1.0	1.2	1.5	2.0	2.5	3.0	3.5	4.0	4.5	5.0	5.5
Ⅰ-1	-5.90	-3.05	-0.20	3.05	5.50	8.20	11.75	14.35	30.70	31.55	31.60	31.70
Ⅱ-1	-5.90	-2.83	0.25	3.33	6.40	10.65	15.65	18.95	41.65	43.00	43.25	43.35
Ⅲ-1	-5.30	-2.25	0.80	3.85	6.90	11.45	16.80	20.60	50.50	51.95	52.30	52.50

续上表

开挖步	0.5	1.0	1.2	1.5	2.0	2.5	3.0	3.5	4.0	4.5	5.0	5.5
Ⅳ-1	-2.75	-1.39	-0.03	1.33	2.70	6.20	7.05	10.20	23.45	24.35	24.45	24.60
Ⅰ-2	-8.00	-3.84	0.32	4.48	8.65	12.70	17.10	20.35	44.35	45.65	45.85	46.00
Ⅱ-2	-4.35	-2.35	-0.35	1.65	3.65	6.05	11.55	15.15	38.30	39.60	39.90	40.05
Ⅲ-2	-3.10	-1.19	0.72	2.63	4.55	8.25	11.65	13.50	25.65	26.45	26.65	26.75
Ⅳ-2	-2.65	-0.87	0.91	2.69	4.45	6.80	9.85	12.05	28.90	30.00	30.15	30.15
Ⅰ-3	-0.85	-0.85	-0.90	-1.35	-2.45	-6.75	-14.25	-19.75	-65.10	-67.60	-68.15	-68.40
Ⅱ-3	-0.45	-3.00	-3.55	-4.75	-6.60	-12.70	-23.85	-32.05	-96.40	-99.95	-100.70	-101.05
Ⅲ-3	-0.30	-1.70	-2.20	-3.25	-5.45	-12.30	-24.90	-33.90	-106.50	-110.35	-111.25	-111.60
Ⅳ-3	-0.20	-4.40	-6.65	-8.65	-8.70	-14.90	-26.10	-33.95	-95.10	-98.50	-99.25	-99.65
Ⅰ-4	-0.80	-2.85	-3.00	-3.80	-5.20	-8.95	-16.55	-22.05	-66.55	-69.20	-69.80	-70.05
Ⅱ-4	-0.25	-1.95	-1.95	-2.40	-4.65	-10.20	-20.70	-27.85	-83.35	-86.40	-87.05	-87.35
Ⅲ-4	-0.20	-2.10	-2.40	-3.45	-5.30	-10.65	-20.95	-28.25	-82.35	-85.15	-85.75	-85.90
Ⅳ-4	-0.10	-2.05	-2.30	-3.10	-4.50	-8.60	-16.65	-22.30	-64.70	-67.20	-67.75	-68.00

注:表中位移符号,-表示位移方向朝向洞内,+表示位移方向朝向洞外。

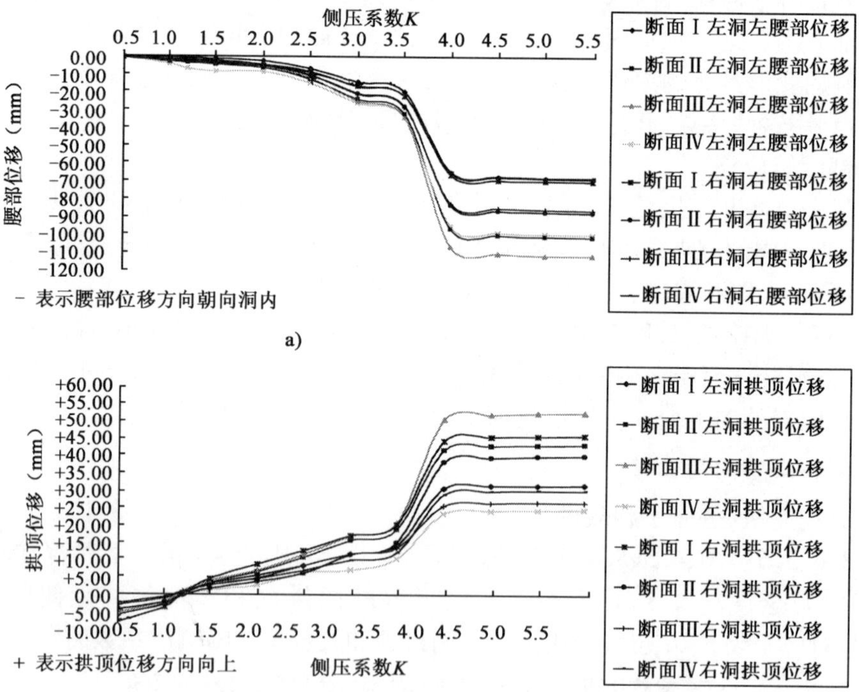

图5-185 隧道腰部及拱顶位移随侧压系数的变化曲线

a)腰部;b)拱顶

分析表5-26和图5-185可得到模型Ⅱ洞周变形随侧压系数的变化规律:

(1)随着侧压系数的增加,隧道腰部位移(即水平向变形)逐渐增大,以侧向挤压为主,方向朝向洞内；拱顶下沉位移逐渐减小。随着侧压的逐渐增加，拱顶位移由朝向洞内逐渐转变为朝向洞外。从表中数据和图中曲线可知：当侧压系数超过1.2以后，拱顶位移方向转变为朝向洞外。

（2）从侧压系数 $K=0.5$ 开始，洞周变形随侧压的增加而增大。当侧压系数从 $K=0.5$ 增加到 $K=2.0$ 时，洞周变形变化不大，基本上以线性增加的趋势在变化，累计位移量值总体保持在毫米级水平；当侧压系数从 $K=2.0$ 增加到 $K=2.5$ 时，洞周变形开始增大，在侧压系数增加到2.5时，累计位移量值进入厘米级水平；当侧压系数从 $K=2.5$ 增加到 $K=3.5$ 时，洞周变形开始显著增加，从图5-184上也可看出，在 $K=3.5$ 时，位移曲线开始出现明显拐点；当侧压系数从 $K=3.5$ 增加到 $K=4.0$ 时，洞周变形开始大幅度攀升，单位荷载状态下的洞周位移增量也达到了最大；此后，随着侧压的继续增大，洞周变形虽然仍有增加，但增幅缓慢。

（3）通过超载状态下隧道洞周变形变化规律的分析，并参考试验中观察到的试验现象，可进一步揭示出分岔隧道的变形破坏机制：当侧压系数在 $K=0.5\sim2.0$ 范围内变化时，隧道洞周围岩主要以线弹性和非线性弹性变形为主；当侧压系数在 $K=2.0\sim3.5$ 范围内变化时，主要以弹塑性变形为主，在侧压系数达到3.5后，隧道拱顶、拱肩和拱腰部位开始出现微裂缝；在侧压系数从 $K=3.5$ 增大到4.0的过程中，洞周微裂缝开始起裂、扩展，且随着侧压的增加，微裂缝扩展的宽度和长度也显著增加，从而导致洞周变形显著增大；当侧压系数增大到4.0时，在超载试验过程中，我们通过在隧道内部放置的内窥摄像系统观察到在拱顶、拱肩和拱腰部位出现了比较明显的裂缝和微破裂区。当围岩出现裂缝并在多点位移计埋设的部位产生破裂后，多点位移计的锚固头与围岩的接触就不甚紧密，从而导致在侧压系数从 $K=4.0$ 增加到 $K=5.5$ 过程中，洞周位移虽然仍在增加，但增幅较小。此后，随着侧压的继续加大，当侧压系数达到5.5时，试验中观察到在拱顶、拱腰部位有大块的围岩掉落，表明分岔隧道拱顶已产生显著破坏，见图5-186。

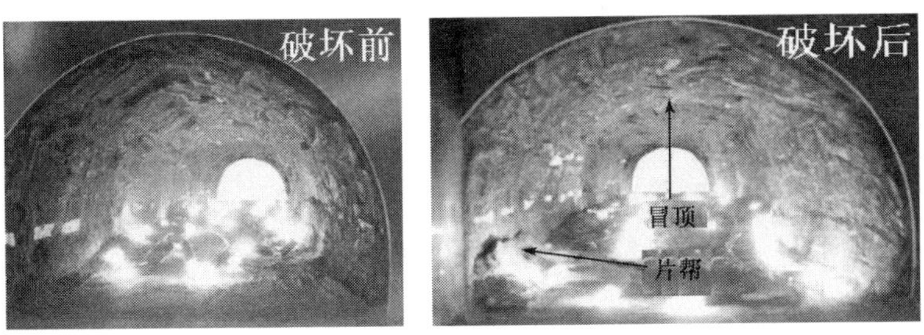

图5-186 隧道破坏前后对照图

通过超载试验过程中隧道的破坏形态可知：

①在侧压增加的情况下，隧道顶部和侧帮由于受到剪应力的作用而发生破坏，表现为顶板冒落和片帮。

②中墙基本稳定，没有受到大的影响，塑性区变化不大，试验中也没有产生裂纹和破坏。

（4）如果将侧压系数 $K=0.5$ 的状态作为设计加载考虑，则通过上述分岔隧道洞周围岩变形规律和破坏机制的分析，我们可将洞周围岩变形明显增加的状态，即超载侧压系数 $K=2.0$ 的状态作为确定分岔隧道设计承载安全度的依据；将洞周围岩变形开始显著增大并出现微裂缝的状态，即超载侧压系数 $K=3.5$ 的状态作为确定分岔隧道极限承载安全度的依据。由此得到分岔隧道的设计承载安全度为4.0,极限承载安全度为7.0。

三、模型Ⅱ洞周应力测试分析

1.设计荷载阶段的洞周应力

应力监测断面与位移监测相同,如图5-187～图5-190所示,为各监测断面洞周应力监测点的布置图。表5-27和表5-28分别为隧道开挖完毕,各监测断面洞周测点应力分量和主应力的量值。

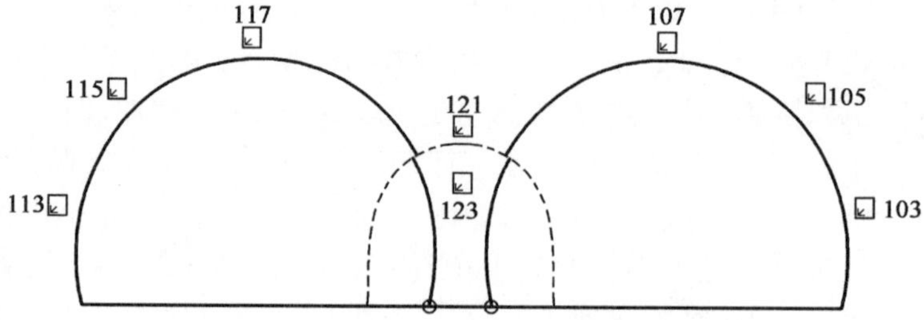

图5-187 监测断面Ⅰ洞周应力特征点布置

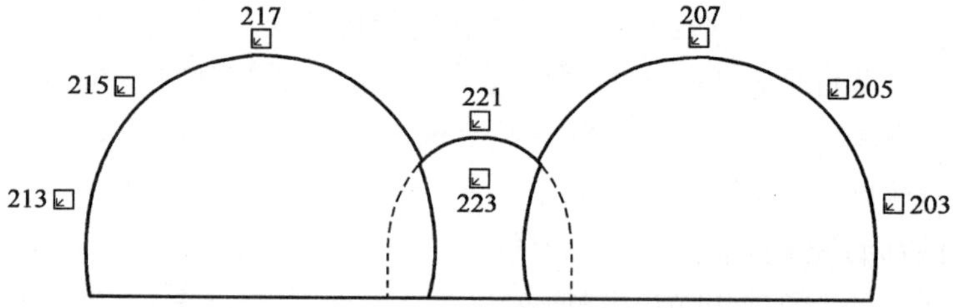

图5-188 监测断面Ⅱ洞周应力特征点布置

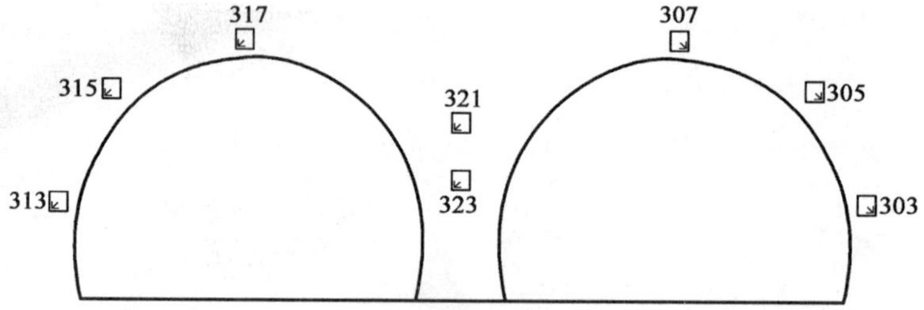

图5-189 监测断面Ⅲ洞周应力特征点布置

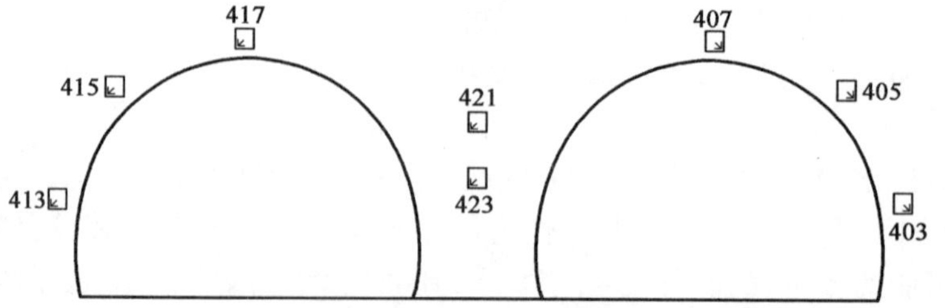

图5-190 监测断面Ⅳ洞周应力特征点布置

开挖前后各监测断面洞周测点的应力分量 表 5-27

监测部位	断面编号	测点编号	初始应力		开挖后应力		断面编号	测点编号	初始应力		开挖后应力	
			σ_{x0}	σ_{y0}	σ_x	σ_y			σ_{x0}	σ_{y0}	σ_x	σ_y
连拱段	Ⅰ	103	-2.00	-3.43	-1.14	-6.65	Ⅱ	203	-2.00	-3.44	-1.17	-6.72
		105	-1.92	-3.34	-2.65	-1.17		205	-1.92	-3.34	-2.73	-1.12
		107	-1.90	-3.33	-2.46	-0.387		207	-1.91	-3.33	-2.46	-0.402
		113	-1.92	-3.60	-1.08	-6.92		213	-1.92	-3.61	-1.10	-6.99
		115	-1.87	-3.46	-2.07	-0.987		215	-1.87	-3.46	-2.09	-0.938
		117	-1.87	-3.42	-2.13	-0.341		217	-1.87	-3.43	-2.14	-0.358
		123	-1.95	-3.51	-1.50	-12.9		223	-1.96	-3.51	-1.67	-7.82
		121	-1.90	-3.40	-0.967	-6.25		221	-1.90	-3.40	-0.967	-6.25
监测部位	断面编号	测点编号	初始应力		开挖后应力		断面编号	测点编号	初始应力		开挖后应力	
			σ_{x0}	σ_{y0}	σ_x	σ_y			σ_{x0}	σ_{y0}	σ_x	σ_y
小间距段	Ⅲ	303	-1.99	-3.42	-1.10	-6.49	Ⅳ	403	-2.00	-3.45	-1.15	-6.76
		305	-1.93	-3.35	-2.64	-1.21		405	-1.94	-3.36	-2.63	-2.40
		307	-1.90	-3.34	-2.33	-0.673		407	-1.90	-3.33	-2.48	-0.612
		313	-1.91	-3.58	-1.01	-6.45		413	-1.92	-3.62	-1.08	-7.04
		315	-1.87	-3.47	-2.06	-1.00		415	-1.88	-3.49	-2.07	-2.14
		317	-1.86	-3.41	-2.19	-0.753		417	-1.86	-3.43	-2.25	-0.575
		323	-1.96	-3.52	-1.33	-8.91		423	-1.96	-3.52	-1.42	-8.41
		321	-1.91	-3.43	-0.968	-5.82		421	-1.91	-3.44	-1.12	-6.24

开挖前后各监测断面洞周测点的主应力 表 5-28

监测部位	断面编号	测点编号	初始主应力		开挖后主应力		断面编号	测点编号	初始主应力		开挖后主应力	
			σ_{10}	σ_{30}	σ_1	σ_3			σ_{10}	σ_{30}	σ_1	σ_3
连拱段	Ⅰ	103	-3.45	-1.96	-6.72	-1.07	Ⅱ	203	-3.45	-1.96	-6.79	-1.10
		105	-3.35	-1.90	-3.52	-0.309		205	-3.36	-1.90	-3.65	-0.206
		107	-3.34	-1.89	-2.50	-0.353		207	-3.35	-1.89	-2.49	-0.363
		113	-3.60	-1.92	-6.95	-1.05		213	-3.61	-1.92	-7.02	-1.07
		115	-3.47	-1.86	-2.83	-0.230		215	-3.47	-1.86	-2.89	-0.143
		117	-3.43	-1.86	-2.14	-0.337		217	-3.44	-1.86	-2.14	-0.352
		123	-3.52	-1.95	-13.0	-1.46		223	-3.52	-1.95	-7.82	-1.67
		121	-3.41	-1.89	-6.26	-0.961		221	-3.41	-1.89	-6.26	-0.961
监测部位	断面编号	测点编号	初始主应力		开挖后主应力		断面编号	测点编号	初始主应力		开挖后主应力	
			σ_{10}	σ_{30}	σ_1	σ_3			σ_{10}	σ_{30}	σ_1	σ_3
小间距段	Ⅲ	303	-3.43	-1.94	-6.96	-0.627	Ⅳ	403	-3.46	-1.95	-6.84	-1.07
		305	-3.36	-1.89	-3.51	-0.341		405	-3.37	-1.90	-4.62	-0.405
		307	-3.35	-1.88	-2.39	-0.608		407	-3.34	-1.87	-2.53	-0.569
		313	-3.59	-1.91	-6.86	-0.602		413	-3.62	-1.92	-7.07	-1.04
		315	-3.48	-1.86	-2.83	-0.233		415	-3.50	-1.87	-3.88	-0.336
		317	-3.42	-1.85	-2.40	-0.551		417	-3.44	-1.85	-2.25	-0.574
		323	-3.53	-1.95	-8.91	-1.33		423	-3.53	-1.95	-8.41	-1.42
		321	-3.44	-1.90	-5.83	-0.967		421	-3.45	-1.90	-6.25	-1.11

分析表 5-27 和表 5-28 可知：

(1)隧道开挖后，洞周径向应力释放、切向应力增加，洞周自重向应力大于水平向应力，且围岩内部应力以压应力为主，最大压应力远小于岩体抗压强度。

(2)由于开挖卸荷影响，在隧道拱脚、拱肩和中隔墙部位出现应力集中现象。

2. 超载作用下洞周应力

表 5-29 反映了隧道腰部和拱顶的径向、切向应力在不同侧压系数条件下的变化情况，而图 5-191 ~ 图 5-194 为相应的变化曲线。

超载作用下洞周测点的径向应力与切向应力(MPa) 表 5-29

部位	编号	$K=0.5$		$K=1.0$		$K=1.5$		$K=2.0$		$K=2.5$		$K=3.0$		$K=3.5$		$K=4.0$		$K=4.5$	
		σ_x	σ_y	σ_x	σ_y	σ_x	σ_y	σ_x	σ_y	σ_x	σ_y	σ_x	σ_y	σ_x	σ_y	σ_x	σ_y	σ_x	σ_y
Ⅰ-1	117	-2.13	-0.34	-2.20	-0.36	-5.50	-0.72	-8.84	-0.97	-9.58	-1.06	-9.90	-1.11	-9.73	-1.10	-9.23	-1.08	-8.30	-1.04
Ⅱ-1	217	-2.14	-0.36	-2.19	-0.37	-5.51	-0.74	-9.03	-0.98	-9.51	-1.06	-9.93	-1.11	-9.78	-1.12	-9.33	-1.09	-8.28	-1.04
Ⅲ-1	317	-2.19	-0.75	-2.19	-0.71	-4.94	-1.01	-7.91	-1.30	-10.88	-1.59	-11.34	-1.65	-11.25	-1.72	-10.82	-1.70	-9.79	-1.75
Ⅳ-1	417	-2.25	-0.58	-2.28	-0.58	-5.20	-1.02	-8.67	-1.44	-12.03	-1.68	-12.21	-1.73	-12.37	-1.81	-11.55	-1.76	-9.70	-1.53
Ⅰ-2	107	-2.46	-0.39	-2.29	-0.36	-5.59	-0.72	-9.18	-0.99	-9.69	-1.06	-9.98	-1.11	-9.84	-1.13	-8.83	-1.03	-8.34	-1.02
Ⅱ-2	207	-2.46	-0.40	-2.28	-0.37	-5.60	-0.75	-9.03	-1.00	-9.71	-1.07	-9.90	-1.11	-9.81	-1.15	-8.86	-1.03	-8.44	-1.01
Ⅲ-2	307	-2.33	-0.67	-2.24	-0.70	-4.98	-0.99	-7.95	-1.28	-10.93	-1.57	-11.30	-1.65	-11.34	-1.68	-10.40	-1.61	-9.35	-1.20
Ⅳ-2	407	-2.48	-0.61	-2.34	-0.58	-5.26	-1.01	-8.75	-1.45	-11.85	-1.69	-12.40	-1.75	-12.29	-1.81	-11.07	-1.61	-9.14	-1.36
Ⅰ-3	113	-1.08	-6.92	-1.13	-6.99	-1.23	-6.41	-1.25	-5.56	-1.24	-4.51	-1.18	-3.14	-1.08	-1.88	-0.78	-1.39	-0.50	-1.07
Ⅱ-3	213	-1.10	-6.99	-1.15	-7.06	-1.25	-6.50	-1.28	-5.64	-1.26	-4.58	-1.20	-3.21	-1.11	-1.94	-0.80	-1.43	-0.55	-1.15
Ⅲ-3	313	-1.01	-6.45	-1.08	-6.60	-1.11	-5.50	-1.16	-4.40	-1.18	-3.22	-1.24	-1.92	-1.08	-1.38	-0.71	-0.96	-0.34	-0.51
Ⅳ-3	413	-1.08	-7.04	-1.13	-7.11	-1.21	-6.50	-1.25	-5.63	-1.24	-4.57	-1.18	-3.16	-1.11	-1.92	-0.80	-1.41	-0.57	-1.20
Ⅰ-4	103	-1.14	-6.65	-1.08	-6.65	-1.18	-6.03	-1.21	-5.17	-1.19	-4.12	-1.14	-2.77	-1.01	-1.78	-0.77	-1.53	-0.56	-1.46
Ⅱ-4	203	-1.17	-6.72	-1.10	-6.71	-1.18	-6.07	-1.21	-5.20	-1.19	-4.13	-1.14	-2.79	-1.01	-1.76	-0.77	-1.51	-0.58	-1.52
Ⅲ-4	303	-1.10	-6.49	-1.01	-6.35	-1.07	-5.28	-1.12	-4.18	-1.15	-2.97	-1.21	-1.77	-0.99	-1.25	-0.64	-0.85	-0.35	-0.54
Ⅳ-4	403	-1.15	-6.76	-1.08	-6.75	-1.15	-6.08	-1.19	-5.20	-1.18	-4.13	-1.13	-2.77	-1.02	-1.80	-0.80	-1.57	-0.65	-1.65

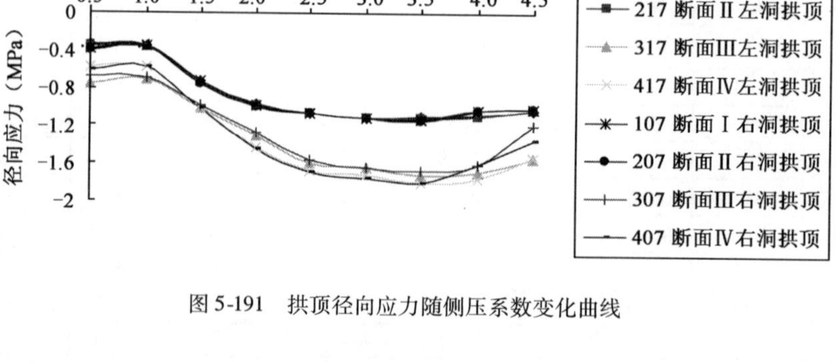

图 5-191 拱顶径向应力随侧压系数变化曲线

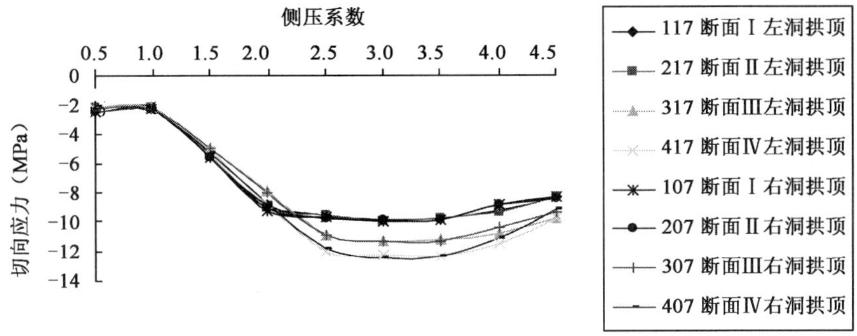

图 5-192 拱顶切向应力随侧压系数变化曲线

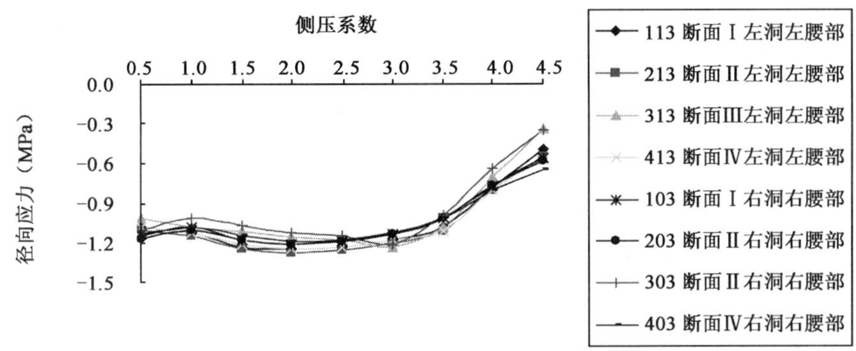

图 5-193 腰部径向应力随侧压系数变化曲线

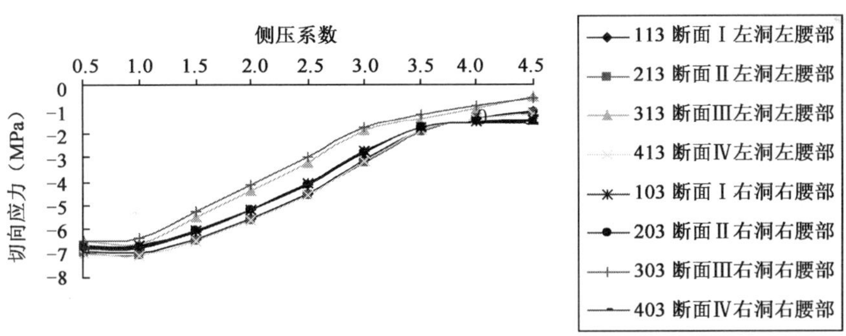

图 5-194 腰部切向应力随侧压系数变化

由表 5-29 和图 5-191 ~ 图 5-194 分析知：

(1)在侧压系数由 $K=0.5$ 增加到 3.5 的过程中，隧道拱顶的径向应力和切向应力皆随着侧压系数的增加而增大，只是拱顶切向应力的增幅要远大于径向应力。在侧压系数达到 3.5 以后，拱顶径向应力和切向应力不再继续增加，而是随着侧压系数的继续增加而逐渐减小。这表明，在侧压系数达到 3.5 以后，拱顶部位出现了微裂缝。微裂缝随着侧压的增加逐步起裂、扩展，形成微破裂区，从而导致拱顶应力因微破裂区的出现逐步转移和释放。因此在侧压系数由 3.5 增加到 4.5 的过程中，拱顶的径向应力和切向应力随着侧压系数的增加而逐渐减小。这一承载机理的分析结论与前面对隧道围岩变形破坏机制的结论是互相吻合的。

(2)在侧压系数由 $K=0.5$ 增加到 2.0 的过程中,腰部径向应力略有增加,但增幅不大;随着侧压的继续增大,受已开挖的洞壁临空面的影响,腰部的径向应力和切向应力都得到转移和释放,随着侧压系数的增大而逐步减小。这表明随着侧压的增加,隧道腰部不能承受太大的应力,增加的侧向压力随着竖向挤压变形的发展逐渐转移,由拱顶和深部围岩承受。

(3)前面超载状态隧道洞周围岩变形规律的分析中,将侧压系数 $K=2.0$ 的状态作为评判八字岭分岔隧道设计承载安全度,侧压系数 $K=3.5$ 的状态作为评判其极限承载安全度的依据的结论是合理可行的。通过对在超载状态下洞周围岩变形和受力规律的分析,可以确定分岔隧道的设计承载安全度为 4.0,极限承载安全度为 7.0。这说明八字岭分岔隧道的初步设计是安全可靠的,其围岩整体是安全稳定的。

四、RFPA 计算得到的分岔隧道承载安全度

为了验证模型试验所得到的分岔隧道承载安全度的可靠性,用 RFPA 岩石破裂计算分析软件模拟了隧道的侧压加载破裂过程。计算采用联想深腾 1 800 高性能并行计算机,其计算速度达每秒 3 400 亿次,装备有 32 节点(64 个 CPU),最大计算自由度数为 2 000 万个。图 5-195为联想深腾 1 800 高性能并行计算机,图 5-196 为 RFPA 软件剖分的分岔隧道计算网格,划分的单元数在 100 万个左右。

图 5-195　联想深腾 1 800 高性能并行计算机

图 5-196　RFPA 软件剖分的计算网格

计算得到,分岔隧道设计承载安全度为 5.0,极限承载安全度为 8.0。这与模型试验得到的结果(分别为 4.0、7.0)还是比较吻合的。

计算还表明:随着侧压系数的增加,分岔隧道首先从拱顶、拱肩部位产生微破裂,这与模型试验揭示的破裂状况也是相符的,图 5-197 为 RFPA 软件计算得到的破裂过程照片。

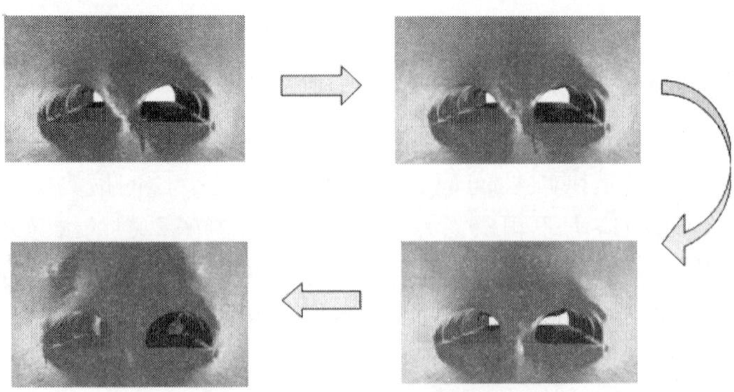

图 5-197　RFPA 软件计算得到的破裂过程

五、光纤光栅应变传感器测试结果

为了检验光纤光栅应变传感器在模型制作过程中能否正常工作，随时记录了一些光纤读数。从实际测试结果来看，在模型夯实填筑过程中，由于碾压振动的影响，部分光纤光栅被损坏，说明光纤光栅应变传感器的结构设计和埋入技术还需进一步改进。但从能正常工作的光纤光栅应变传感器的测试结果来看，其应力、应变测试结果和电阻应变仪的测量结果还是比较吻合的。图5-198就是模型Ⅱ监测断面Ⅱ测点221处（中隔墙顶部位置）Y方向应力随开挖进尺变化曲线，三条曲线分别是数值计算、电阻应变片和光纤光栅传感器的结果。从应力变化趋势来看，三条曲线比较吻合，说明采用光纤光栅传感器来测量模型的应力应变是可行的。

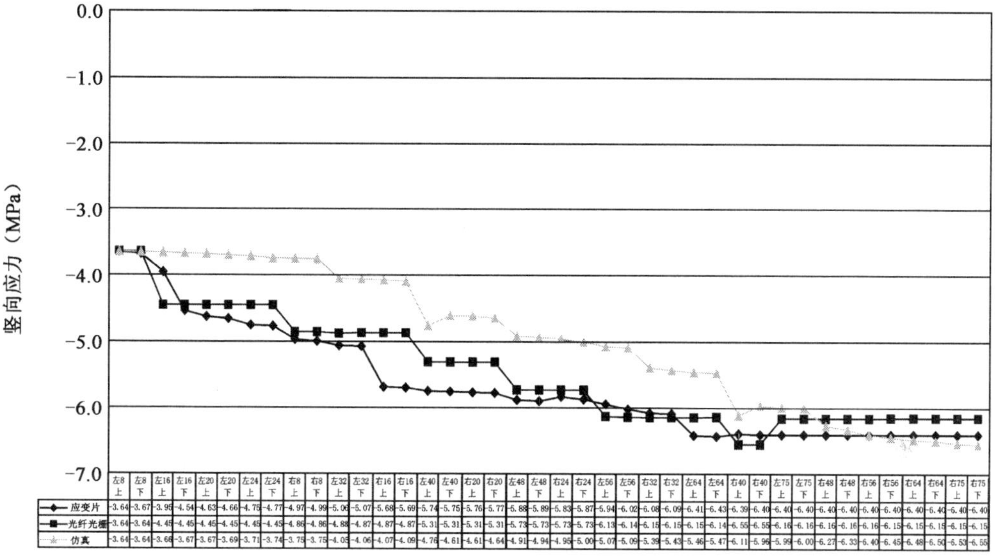

图5-198　模型Ⅱ断面Ⅱ测点221处Y方向应力随开挖进尺变化曲线

六、洞周锚杆受力分析

本次试验由于模型隧道尺寸太小，除靠近洞口人手能够触及的部分采用钻孔、放杆、注浆工艺施作洞周锚杆外，其余部位锚杆仍采用传统的预埋法。其中，在监测断面控制部位埋设的锚杆中部粘贴了栅长为0.5mm，栅宽为0.5mm，电阻为120Ω的纸基型电阻应变片，以测量洞周锚杆受力变化。由于开挖振动的影响，部分锚杆贴片被损坏。表5-30列出了模型Ⅱ隧道开挖后各监测断面拱顶和中隔墙内部所埋设锚杆的应力值，从中可以得到以下结论。

模型Ⅱ各监测断面拱顶和中隔墙部位锚杆应力值（单位：MPa）　　表5-30

断面Ⅰ		断面Ⅱ		断面Ⅲ		断面Ⅳ		岩柱中部
左拱顶	右拱顶	左拱顶	右拱顶	左拱顶	右拱顶	左拱顶	右拱顶	10.96
13.8	13.83	12.79	12.91	11.53	11.58	10.96	10.81	

（1）隧道拱顶部位锚杆所受应力为拉应力，由此可以看出开挖后拱顶上部围岩下沉量较大，锚杆的存在阻止了变形的发展。

(2)小间距段岩柱中墙内的对拉锚杆承受拉应力，说明对拉锚杆的存在限制了岩墙向洞内的侧向变形。

(3)连拱段围岩变形比小间距段大，连拱段洞周埋设锚杆所承受的拉应力也相应地比小间距段大。

(4)总体来说，洞周系统锚杆的拉应力值不大，其承载能力未得到充分发挥。这说明分岔隧道的锚杆支护设计可以进一步优化，数量可以适当减少，长度可适当减短。

第四节　分岔隧道设计

本节先介绍过渡段的设计原则，然后对分岔隧道的设计进行了总结，最后给出了一些施工图设计图纸。

一、过渡段设计的一般原则

(1)分岔隧道的过渡段主要有两处：四车道大拱隧道到连拱隧道的过渡，以及连拱隧道到小间距隧道的过渡。由于该地段结构形式发生变化，施工工序较多，在设计过程中应特别注意该地段的衬砌设计、防排水设计、施工方案设计以及监控量测设计。

(2)过渡段由于临空面较多，支护结构承受更大的不可预计的外力，洞室稳定问题也更为突出，一般应将该地段的支护结构参数适当加强。

(3)在过渡段，一般存在施工工序的转换，在进行施工方案设计过程中注意与前后地段施工工序的协调，宜给出该地段施工工序设计；同时过渡段部分结构可能处于临界状态，如连拱隧道中隔墙、小间距隧道中夹岩柱，更需要在施工过程中得到有效保护，因此宜给出该地段的爆破振动控制方案设计。

(4)过渡段前后由于结构形式发生变化，开挖临空面复杂，施工缝多，变形较大，是衬砌渗漏水的多发地段，在设计过程中应针对过渡段衬砌布置，给出相对更为详细的防排水构造设计以及施工工序设计，确保衬砌防排水的可靠性。

二、分岔隧道设计

前面已经分别介绍了大拱段、连拱段、小间距段和过渡段的设计，现在对分岔隧道的设计进行总结和补充。

1. 总则

(1)在进行分岔隧道设计时，必须保证符合《公路隧道设计规范》(JTG D70—2004)、《公路隧道施工技术规范》(JTG F60—2009)中的相关规定。

(2)分岔隧道根据其布置方式可分为两种，即Ⅰ型分岔隧道和Ⅱ型分岔隧道。在第一章第一节已经作了详细介绍，此处不再赘述。

(3)高速公路特大跨度桥梁受结构稳定及经济因素的影响，一般左右幅桥必须建造为整体，如果隧道洞口紧邻该类型桥梁，两者之间缺少足够的过渡路基，且隧道长度大于1 000m时，可以将隧道设置为分岔隧道。

当洞口段围岩达到Ⅲ级及其以上时，可以设置为Ⅰ型分岔隧道；当洞口段围岩达到Ⅳ级及其以上时，可以设置为Ⅱ型分岔隧道；当洞口较长地段为Ⅴ级围岩时，为降低施工风险，不宜设置分岔隧道。

(4)分岔隧道设计应综合考虑洞口分岔段的地形地质条件、洞外桥梁结构形式及布置方式、桥隧间过渡路基宽度与长度、洞口行车安全、左右洞通风方案及洞口相互影响、附近其他地物限制等因素。

(5)在施工过程中应注意选择与地形地质相适应的开挖方法、控制爆破方法、振动控制标准以及监控量测手段。大跨度隧道及连拱隧道的设计与施工存在较强的相互作用：支护结构在施工与运营过程中的安全不仅依赖于支护参数与施工工艺，还与施工开挖的顺序有关，因此在设计过程中应针对每一级支护结构明确其施工开挖方法、爆破注意事项以及爆破振动控制标准，提出较为详细的监控量测方案、监控量测内容与监控量测要求。

2. 总体设计

(1)分岔隧道洞口段由整体式路基(隧道)逐渐过渡为分离式隧道，左右洞平面线形可采用满足运营安全要求的小偏角S形曲线逐渐分离，并保证隧道洞门前后“3s设计速度行程”范围内的线形一致。

(2)当分岔隧道洞口平面采用小偏角S形曲线分离时，为了保证运营安全，应注意控制隧道洞门前后的设计纵坡：一般情况下不宜大于2%，特殊情况下不宜大于2.5%。

(3)根据分岔隧道布置方式，总体上隧道断面可以分为洞口大拱衬砌段、整体式中隔墙连拱衬砌段、夹心式中隔墙连拱衬砌段以及小间距衬砌段等。为了保证隧道洞口段景观效果及通风效果，净空断面设计要采取逐渐变化的方式过渡，不宜采用突变的净空断面。

(4)分岔隧道洞门设置形式应考虑将洞口送排风相互影响降低到最小。当左右洞均采用全纵向通风方式，且送排风量较大时，可以考虑在中央分隔带适当设置分隔墙或将左右洞门错开设置。当设置分隔墙时，分隔墙高度不宜小于隧道拱顶内侧高度；当错开左右洞门时，洞门错开距离不宜小于5m，也不宜大于15m。

(5)分岔隧道各级衬砌设计一般依据“新奥法”原理，采用复合式衬砌结构。设计过程中应根据地质条件及结构形式给出完整的施工工序设计以及监控量测方案，以保证支护结构在施工过程中的安全。

3. 设计荷载

大拱段、连拱段和小间距段的设计荷载计算分别在第二、三、四章进行了详细介绍。

4. 强度校核

(1)分岔隧道混凝土结构的强度校核方法应符合《公路隧道设计规范》(JTG D70—2004)以及钢筋混凝土结构的强度校核方法《公路钢筋混凝土及预应力混凝土桥涵设计规范》(JTG D62—2004)。

(2)当分岔隧道结构处于Ⅲ级或Ⅲ级以上围岩地段时，初期支护应作为主要承载结构，二次衬砌可仅作为安全储备；当隧道结构处于Ⅴ级或Ⅴ级以下围岩地段时，二次衬砌应作为主要承载结构，其承载能力不应低于全部土压力荷载的50%。

(3)大拱衬砌应注意对施工过程中支护结构的稳定性与强度的验算，连拱隧道要注意对中隔墙的稳定性与强度的验算，小间距隧道要注意对中夹岩柱及内侧初期支护的稳定性与强度的验算。

5. 围岩稳定分析

(1)分岔隧道洞室跨度大，构造复杂，且分岔段位于隧道洞口，一般地质条件差，受地形条件影响大，缺乏设计经验，因此在设计过程中应选择代表性地段进行围岩稳定性分析。

对于Ⅴ级及其以下的软弱围岩，由于围岩自身稳定性较差，洞室稳定主要依靠支护结构，且岩体变形破坏并非仅仅为弹塑性破坏，还有围岩徐变产生的形变压力。故数值分析时应考虑选用流变模型分析围岩长期流变对锚喷支护和二次衬砌应力分布的影响。在设计过程中一般采用荷载-结构法来计算确定支护参数，但支护参数合理性应通过数值模拟方法进行校核。对于Ⅱ级及其以上稳定性能较好的围岩，由于洞室自稳能力强，一般不要求进行计算，支护结构参数根据经验选定即可。因此，一般情况下，Ⅲ级、Ⅳ级及Ⅴ级围岩中的隧道才需要进行围岩稳定性分析。

(2)由于分岔隧道跨度大，施工工序复杂，在进行围岩稳定分析过程中应考虑施工开挖步骤的影响，进行不同工法对围岩稳定性影响的分析；同时，还应检验围岩的稳定性和支护结构的受力变形状态是否满足强度条件或按使用要求确定的变形量限制条件。

(3)在进行围岩稳定分析中，相对准确地确定初始地应力是关键，对于隧道埋深较大的部位，建议地应力场进行实地测量，以便更好地优化隧道断面形状、支护方式和支护参数。

(4)一般对级别相对较高的围岩(好的围岩)取用较大的荷载释放系数(表5-31)，使初期支护和围岩承受较大的荷载，而二次衬砌承受较小的围岩压力；对级别相对较低的围岩则取较小的释放系数，以让二次衬砌承受较大的围岩压力。对于软弱围岩，建议设计时将其开挖荷载全部由衬砌承担，以确保工程的长期稳定性。

(5)采用释放系数模拟隧道开挖施工过程的影响时，应考虑使围岩的自承能力得到充分发挥。释放荷载分担比是各级释放系数综合作用的结果，而不是荷载释放系数本身。建议数值计算时考虑围岩不同释放荷载比例对围岩变形和支护结构受力的比较，以使支护结构的受力在一个安全的范围。

一般条件下释放荷载分担比例参考值 表5-31

围岩级别	分担比例	
	围岩+初期支护	二次衬砌
Ⅲ级	60%~80%	40%~20%
Ⅳ级	40%~60%	60%~40%
Ⅴ级	20%~40%	80%~60%

三、施工图设计示例

第二~第四章已经给出了大拱段、连拱段和小间距段的建筑限界和净空图以及复合式衬砌砌设计图，现在只补充分岔段衬砌平面布置图。图5-199、图5-200分别是八字岭隧道和庙垭隧道的相应图纸，而表5-32、表5-33则是分岔段各类复合衬砌支护参数表。

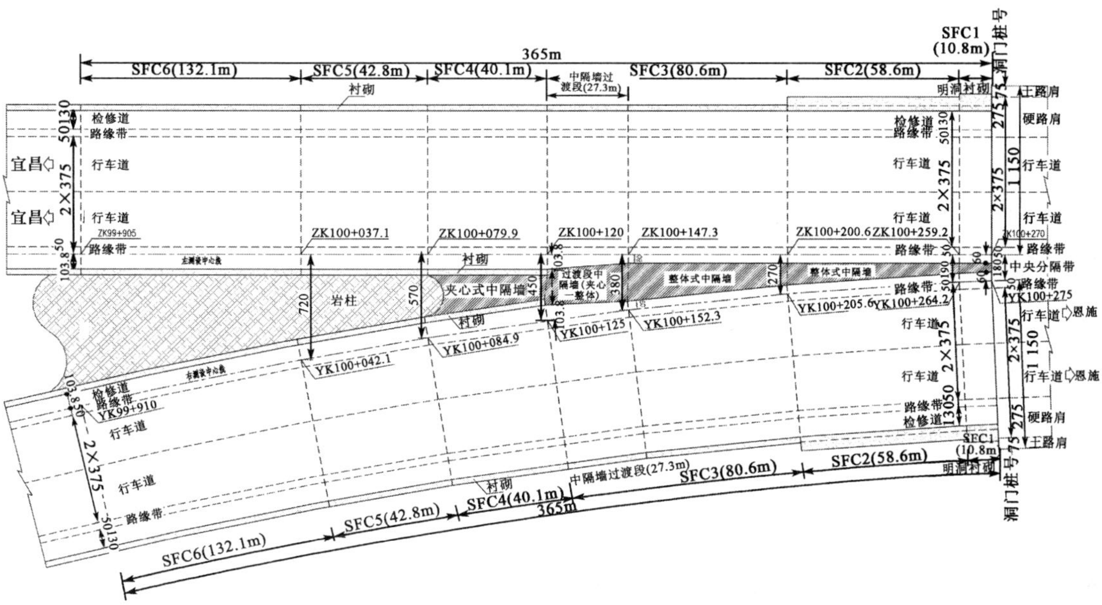

图 5-199 八字岭隧道分岔段衬砌平面布置图

八字岭隧道分岔段各类复合衬砌支护参数 表 5-32

衬砌类型	围岩级别	初期支护				二次衬砌（C25）	备注
		锚杆	钢筋网	喷射混凝土	钢拱架		
SFC2	Ⅲ	ϕ25mm 预应力锚杆 $L=6$m，ϕ22mm 全长黏结砂浆锚杆 $L=3.5$m	双层 ϕ8mm 钢筋网	C20 喷射混凝土厚 25cm	I20b 工字钢间距 100cm	拱部 90cm（C30）	分岔端洞口大拱
SFC3	Ⅲ	ϕ22mm 药卷锚杆 $L=3$m	单层 ϕ8mm 钢筋网	C20 喷射混凝土厚 15cm	—	拱部 40cm	分岔端整体连拱
SFC4	Ⅲ	ϕ22mm 药卷锚杆 $L=3$m	单层 ϕ8mm 钢筋网	C20 喷射混凝土厚 15cm	—	拱部 40cm	分岔端夹心连拱
SFC5	Ⅲ	ϕ22mm 药卷锚杆 $L=3$m，ϕ25mm 预应力钢筋	单层 ϕ8mm 钢筋网	C20 喷射混凝土厚 15cm	—	拱部 40cm	分岔端超小间距
SFC6	Ⅲ	ϕ22mm 药卷锚杆 $L=3$m	单层 ϕ8mm 钢筋网	C20 喷射混凝土厚 15cm	—	拱部 40cm	分岔端小间距

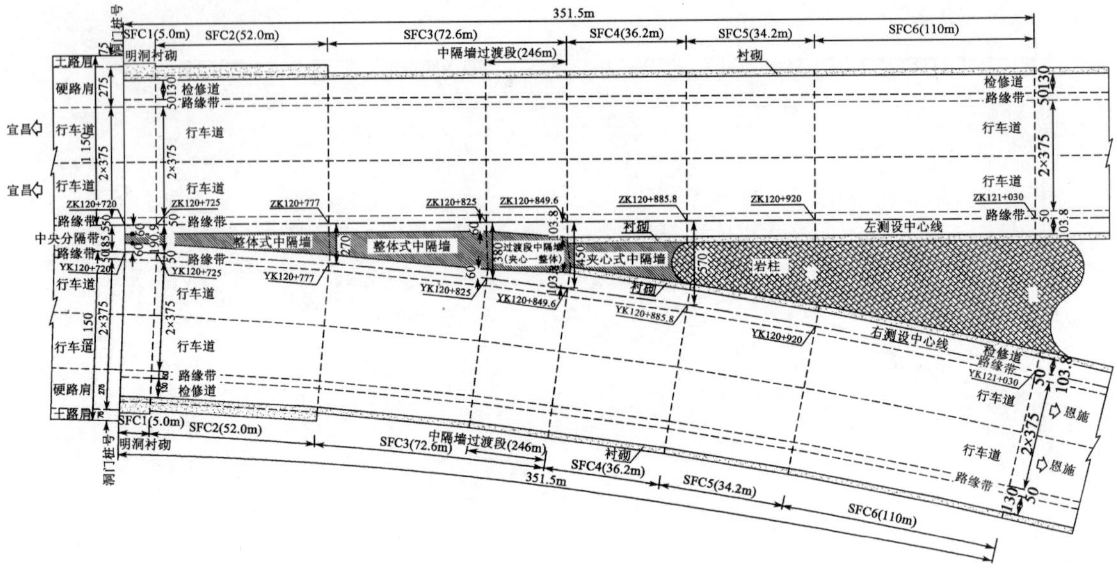

图 5-200　庙垭隧道分岔段衬砌平面布置图

庙垭隧道分岔段各类复合衬砌支护参数　　表 5-33

衬砌类型	围岩级别	初期支护				二次衬砌（C25）	备注
		锚杆	钢筋网	喷射混凝土	钢拱架		
SFC2	Ⅲ	φ25mm 预应力锚杆 $L = 6m$，φ22mm 全长黏结砂浆锚杆 $L = 3.5m$	双层 φ8mm 钢筋网	C20 喷射混凝土厚 25cm	I20b 工字钢间距 100cm	外衬拱部 80cm，内衬 35cm	分岔端洞口大拱
SFC3	Ⅲ	φ22mm 药卷锚杆 $L = 3m$	单层 φ8mm 钢筋网	C20 喷射混凝土厚 15cm	—	拱部 40cm	分岔端整体连拱
SFC4	Ⅲ	φ22mm 药卷锚杆 $L = 3m$	单层 φ8mm 钢筋网	C20 喷射混凝土厚 15cm	—	拱部 40cm	分岔端夹心连拱
SFC5	Ⅲ	φ22mm 药卷锚杆 $L = 3m$，φ25mm 预应力钢筋	单层 φ8mm 钢筋网	C20 喷射混凝土厚 15cm	—	拱部 40cm	分岔端超小间距
SFC6	Ⅴ	D25 注浆锚杆 $L = 3m$、R25 预应力中空注浆锚杆 $L = 4.5m$	双层 φ8mm 钢筋网	C20 喷射混凝土厚 26cm	18 工字钢间距 50cm	拱部 45cm 仰拱 45cm	小间距

第五节 分岔隧道施工

本节先总结了过渡段的施工原则，然后对分岔隧道的施工工艺及要求进行了简要介绍。由于分岔隧道总是出现在桥隧相交的特殊地形情况下，所以施工场地异常狭小，施工相互干扰严重等问题是不可避免的，必须采取有效的措施。本节最后给出了八字岭隧道施工过程中的一些成功经验供类似工程参考。

一、过渡段施工的一般原则

(1)分岔隧道的过渡段结构复杂，洞室稳定性较差，施工工艺要求高，施工中应严格坚持“弱爆破、短进尺、强支撑、勤量测”的原则，合理确定施工开挖步骤和循环进尺，严禁放大炮，过度扰动围岩，给下阶段施工留下隐患。

(2)分岔隧道过渡段施工方法应注意与过渡段前后洞室的施工方法统一协调，注意保护已施作的结构及需要保留的中夹岩柱。

(3)大拱到连拱的过渡段施工：

①注意及时加固过渡处开挖面，保证开挖面的稳定。

②只能在大拱段初期支护完成落底甚至仰拱施作完成后才能进行连拱隧道的开挖。

③连拱衬砌起始段10m可考虑降低一级围岩进行支护设计，施工开挖方法也应按降低围岩级别进行，以保证施工安全。

④地质条件较差时应适当加强连拱起始段的超前支护以及导洞支护。

⑤施工过程中注意保证衬砌背后排水系统的通畅以及防水层的完整性。

(4)连拱到小间距的过渡段施工：

①只能在连拱段中隔墙施作完成并达到设计强度后才能向前开挖小间距隧道。

②小间距衬砌起始段10m可考虑降低一级围岩进行支护设计，施工开挖方法也应按降低后的围岩级别进行，以保证施工安全。

③开挖过程中注意保护已施作的连拱隧道中隔墙以及需要保留的中夹岩柱。

④充分重视中夹岩柱上系统锚杆或对拉钢筋的施工质量。

(5)在施工过程中，应加强对分岔过渡段洞室周边变形及支护结构内力的监控量测，根据监控量测数据及时调整开挖方法以及支护参数，确保施工安全及结构的永久安全。

(6)二次衬砌在衬砌结构形式变化处及地质条件变化处均应设置变形缝，施工过程中注意变形缝防水构造。

二、施工工艺及要求

(1)洞口长管棚施工。管棚一般采用ϕ108mm×6mm热轧无缝钢管，环向间距40～50cm。钢管设置于衬砌拱部，管心与衬砌设计外轮廓线间距大于20cm，平行路线中线布置，考虑钻进中的下垂，实际施工时钻孔方向应较钢管设计方向上偏1°。为保证管棚强度，一般要求管棚钢管沿隧道纵向同一横断面内接头数不大于50%，相邻钢管接头至少须错开1m。在极其软弱围岩地段或严重偏压地段，可在管棚钢管中加设钢筋笼，以增强管棚的强度与刚度。在洞口施作长管棚，可以通过注浆提高围岩自身承载能力，提高岩体对结构的弹性抗力，改善结构受力条件。

管棚外端，一般应设置钢筋混凝土套拱，套拱厚为60～80cm，纵向长2.0～3.0m。钻孔位置、方向均应用测量仪器测定，且钻进过程中需用测斜仪测定钢管偏斜度，若发现偏斜有可能超限，应及时纠正，以免影响开挖和支护。

（2）洞内超前小导管施工技术。超前小导管一般设置在Ⅴ级围岩地段，大多采用外径42～60mm，壁厚3.5～5mm，长350～500cm的热轧无缝钢管。钢管环向间距约35～45cm，外插角10°～15°，尾端支撑于钢架上，也可焊接于系统锚杆的尾端。

钢管距尾端1m范围外在管壁钻ϕ6mm压浆孔，每排小导管纵向至少需搭接1.0m。施工过程中在地质软弱时可直接顶入，也可采用钻孔法置入。为改善注浆效果，小导管注浆过程中建议采用袖阀管注浆系统。

（3）砂浆锚杆要求采用风动锚杆钻机或风钻利用多功能台架钻孔，钻至设计深度后，用高压风吹孔，然后用砂浆泵向孔内灌入孔深2/3的砂浆，插入杆体，孔口不满部分用泵补灌，再用砂浆将孔口抹平，安装托板螺栓。

（4）早强药卷锚杆的钻眼同砂浆锚杆。药包先浸水，浸水前，先在其端头扎两个透气孔，然后竖直浸入水中1～2min，待不冒气泡时，取出药包，按计算数量逐个依次装入孔内，再将锚杆插入，缓慢转动以破碎药包，连续转动时间不少于1min，以保证充分搅拌均匀。安装托板和紧固螺母在搅动完毕20min后进行。

（5）中空注浆锚杆的钻眼同砂浆锚杆，锚杆人工配合小型机具插入。孔口人工安装止浆塞及垫板。注浆采用注浆机进行，注浆压力控制在0.5～1MPa，并注意随时排除孔中空气，最后用张拉机具对锚杆施加不小于50kN的预应力。

（6）预应力锚杆由锚头、预应力筋、锚固体组成，利用预应力筋自由段的弹性伸长，对锚杆施加预应力，以提供所需要的主动支护拉力的长锚杆。预应力锚杆的杆体材料宜用钢绞线、高强钢丝或高强精轧螺纹钢筋，当预应力值较小或锚杆长度小于20m时，预应力筋也可以采用Ⅱ级钢筋。

在预应力锚杆施工过程中，应注意检查原材料的型号、规格、品种以及锚杆各部件质量和技术性能是否符合设计要求；钻孔的孔深、孔径是否达到设计要求，钻孔与锚杆预定方位的允许偏差为1°～3°；锚杆体放入锚孔前应清除钻孔内的石屑与岩粉，将锚固端安装在杆体端头，用人工或辅以小型机具（如风头顶在杆体垫片上）将锚杆送入孔内，杆体长度不够时用套筒将两根杆体连接起来继续送入孔内，孔外预留安装拉拔器的长度为40cm；预应力张拉前，应对张拉器进行校订，张拉应按照程序进行，边张拉边用扳手旋紧锚固体上的螺栓；预应力筋正式张拉前，应取20%的设计张拉荷载，对其张拉1～2次，使其各部位接触紧密，钢丝或钢绞线完全平直；预应力筋锁定48h后，若发现预应力损失大于锚杆设计拉力的10%，应进行补偿张拉。

（7）锚杆质量应达到如下要求：

①锚杆杆体应平直、无锈和无油，杆体材料应达到设计强度要求，锚杆长度应大于设计长度。

②砂浆应优先使用普通硅酸盐水泥，条件不具备时可使用矿渣硅酸盐水泥或火山灰硅酸盐水泥；宜采用清洁、坚硬的中细砂，粒径不宜大于3mm，使用前过筛。

③孔位应根据设计要求和围岩情况作出标记，孔位允许偏差±50mm，钻孔深度允许偏差±50mm；砂浆锚杆孔径应大于杆体直径15mm。

④锚杆插入孔内的长度不得短于设计长度的90%。

⑤锚杆方向宜尽量与岩体层主要结构面垂直，孔钻后用高压空气将孔眼吹净。

⑥药包使用前应检查药包是否受潮、结块，药包的浸泡宜在清水中进行，随泡随用，药包必须泡透。

⑦药包直径宜较钻孔直径小20mm左右，药卷每节长度一般为20～30cm。

⑧托板可用3号钢，厚度不宜小于6mm，尺寸不宜小于150mm×150mm。

⑨锚杆安设后不得随意敲击，施工期间不得作用大于其抗拔能力的施工荷载。

（8）钢支撑分型钢拱架和钢筋格栅拱架两种。格栅以螺纹钢筋作为主骨架，采用现场焊制，型钢拱架用液压千斤顶弯制。钢架各单元间以螺栓连接牢固，接头板焊接，纵向插入连接钢筋连接。

（9）钢支撑施工间距应满足设计要求，拱脚一般可采用垫石、垫钢板、纵向加托梁或锁脚锚杆固定；钢架与围岩之间尽量接近，留2～3cm间隙保护层；在安设钢拱架过程中，当钢拱架与围岩之间有较大的间隙时，应设垫块垫紧；不仅钢拱架之间采用纵向连接钢筋焊接，而且尽可能与锚杆露头及钢筋网焊接；喷射混凝土时，应注意将钢拱架与岩面之间的间隙用混凝土喷射饱满。

（10）喷射混凝土应优先选用普通硅酸盐水泥，采用中粗砂，细度模数大于2.5，粗集料的最大粒径不宜大于15mm，所使用的速凝剂必须经过检验合格后才允许使用；在喷射前应对喷射机及输料软管、风水管路及其连接处进行检查和试运转；认真清除作业面墙脚或底部的石渣和回弹料，以确保全部作业面均被喷射混凝土覆盖；对光面的岩面必要时进行凿毛，以保证喷射混凝土与岩面的黏结强度；对于特别突出的、应力集中的岩面，应进行凿除，以保证受力均衡；工作台架应架设牢固，并配有安全栏杆，距离作业面的距离应为0.5～1.0m，保证喷射作业方便、灵活和安全；埋设控制喷射混凝土厚度的标志。

（11）喷射混凝土作业应遵循如下程序：

①作业开始时，应先送风，后开机，再给料；结束时，应待料喷射完后再关风。

②喷射顺序应自下而上，以免松散的回弹料黏污尚未喷射的壁面，同时还起到下部喷层对上部喷层的支托作用，防止喷层的松脱和坠落。

③喷层厚度超过10cm时，应分层喷射，当为钢筋网喷射混凝土时，一次性喷射厚度可适当加大，后一层喷射应在前一层混凝土终凝后进行。

④喷射速度，即喷头处的工作风压应为0.1MPa左右，这样喷射混凝土的回弹率较小，强度较高，粉尘浓度较低。风压过大或过小都会影响混凝土强度及回弹率等。

⑤喷头应尽量与受喷面垂直，并与受喷面的距离保持在0.6～1.0m。

⑥喷射混凝土终凝2h后，应喷水养护，养护时间不得少于7d。

⑦喷射混凝土作业紧跟开挖面时，混凝土终凝到下一循环放炮时间不得小于3h。

⑧受喷面有滴水、淋水时，应埋设导管做好排水。

⑨开始喷射时，应减少喷头与受喷面的距离，并调节喷射角度，保证钢筋与壁面混凝土的密实性。

(12)钢筋网施工前应清除锈蚀,所选用的纵筋及环筋直径必须符合设计要求,经过张拉、切割后的钢筋才能使用。钢筋网片应随受喷面的起伏铺设,与受喷面的间隙一般不大于3cm;两片钢筋网搭接长度不能低于两个网格;当设计采用双层钢筋网时,第二层钢筋网应在第一层钢筋网被混凝土覆盖后铺设;钢筋网应与锚杆、格栅或其他焊接装置连接牢固,喷射混凝土时钢筋网不得晃动;钢筋的保护层厚度不得少于2cm。

(13)隧道二次衬砌如采用钢筋混凝土结构,则钢筋首先必须按照不同钢种、等级、牌号、规格及生产厂家分批验收,分别堆存,不得混杂,且应设立识别标志;钢筋加工前应将表面油渍、漆皮、鳞锈等清楚干净;采用冷拉法调直钢筋时,Ⅱ级钢筋的冷拉率不宜大于1%;轴心受拉和小偏心受拉中的钢筋接头不宜绑扎,钢筋纵向焊接应采用闪光对焊;钢筋接头采用搭接或帮条电弧焊时,应采用双面焊接,焊缝长度不小于5d,单面焊缝长度不应小于10d;衬砌用内主筋的间距允许偏差±10mm,两层钢筋间距允许偏差±5mm,箍筋间距允许偏差±20mm;受力钢筋的绑扎接头应设置在内力较小处,并错开布置,两接头的间距不小于1.3倍的搭接长度。

(14)衬砌混凝土宜优先选用普通硅酸盐水泥,粗细集料级配均匀,所使用的防水剂必须经过检验合格后才允许使用。二次衬砌浇筑前做好地下水引排工作,基础部位的虚渣、积水必须清理干净;灌注作业应由下而上分层浇筑,每次灌注的高度、次序及方向应根据搅拌能力、运输距离、灌注速度、洞内气温和振捣等因素确定;初期支护与二次衬砌间的空隙,必须回填密实。

(15)混凝土泵应连续运转,输送管道宜直,转弯宜缓,接头应严密,泵送前应润滑管道;二次衬砌的混凝土应连续浇筑,不得不间歇时,其间歇时间不应大于表5-34中规定时间。

混凝土浇筑最大间隙时间(min) 表5-34

浇筑时气温(℃)	材料	
	普通硅酸盐水泥	矿渣火山灰硅酸盐水泥
20~30	90	120
10~20	135	180
5~10	195	

当采用硅酸盐水泥拌制的混凝土,其养护时间不得少于7d,掺有外加剂或有抗渗要求的混凝土,不得少于14d;对于不承受外荷载作用的二次衬砌混凝土强度达到2.5MPa时,方可拆模,拆模时内外温差不得大于20℃;对于承受外荷载作用的二次衬砌,应根据结构受力情况确定拆模时间,必要时应验算模板强度及刚度。衬砌的施工缝应与设计的沉降缝、伸缩缝结合布置,且所有的施工缝、沉降缝和伸缩缝均应进行防水处理。

三、八字岭隧道施工注意事项

八字岭隧道恩施端从四车道大拱过渡到整体式中隔墙连拱、夹心式中隔墙连拱及小间距隧道形式,最后分离成标准间距分离式隧道形式,其中还存在一些结构复杂的过渡段,施工难度相当大。同时,隧道出口接四渡河特大桥(主桥为900m单跨双铰钢桁梁悬索桥),其宜昌岸(八字岭隧道侧)锚碇采用隧道式锚,隧道锚施工段投影桩号为YK100+085~YK100+195,其最底面距隧道洞顶约23m。

这一桥一隧除上述显著特点外，还有一特点即桥隧间施工场地异常狭小，施工相互干扰问题非常严重。八字岭隧道恩施端出口与四渡河特大桥宜昌端搭板尾端之间的间距仅为11.75m。同时，还存在着一些对桥隧施工较为不利的客观因素，如这两个特大型构造物分属两个不同的施工单位、不同的监理单位以及不同的指挥部下属工作站等。上述这些原因加上桥隧本身的技术难度及工期比较紧张等，使得其施工、监理及管理难度相当大，特别是两个标段之间的协调问题。

根据施工工期的需要、分岔段隧道施工难度大及最大限度减小桥隧施工干扰的特点，除从隧道两端同时开挖施工外，有必要在分岔端一侧另外再开辟一个工作面，以增加施工进度。根据分析比选并结合隧道需风量分析，在比较经济合理的位置即右线隧道 YK99 + 775 处（近出口端）设置了一处通风（施工）横洞，长约486m，纵坡为平坡。施工期间作为出渣通道，营运期间作为右线排风通道。

根据隧道分岔段各种断面形式、衬砌结构形式的特点及其相应施工开挖方式等，分岔段特别是四车道大拱段仅适合从洞口向洞内掘进。为了隧道洞口段施工的安全，同时避免隧道与隧道锚同时施工对围岩特别是隧道锚区岩体的扰动失控，在分岔段从洞口向洞内施工开挖期间，位于隧道洞口上方的四渡河特大桥的隧道锚不得大范围施工。在此前提及结合桥隧施工工期要求下，应注意如下几点：

（1）隧道施工横洞与分岔端洞口应同时先期开工，同时在条件许可的前提下施作四渡河特大桥宜昌端主塔部分。隧道主洞准备进洞施工开挖的同时，施工二次衬砌的模板台车必须基本到位。为切实保证本段隧道施工期间衬砌结构的安全及尽量减少对隧道上方隧道锚区岩体的爆破振动，本段特别是 YK100 + 080 ~ YK100 + 275（ZK100 + 075 ~ ZK100 + 270）段应采用光面爆破或预留光面层光面爆破，边墙部可以考虑采用预裂爆破。隧道施工应确保隧道周边围岩特别是隧道锚区岩体不产生爆振裂缝，应保持围岩的完整性。

（2）在隧道 YK100 + 080 ~ YK100 + 275（ZK100 + 075 ~ ZK100 + 270）段施工完毕后（包括二次衬砌），才能开始施工桥梁锚室施工人洞及锚洞。锚室施工人洞宜采用少药量短进尺的预裂爆破法，以保证围岩的完整性和减少对隧道结构及锚区岩体的扰动，同时还应及时支护，防止围岩变形过大。锚洞开挖施工以围岩不产生爆振裂缝、保持围岩完整性为第一要求，在隧道锚洞施工的同时，八字岭隧道施工横洞进入主洞开始向两头分别掘进开挖施工。在工期允许的前提下，考虑主桥施工宜昌端场地狭窄等原因，八字岭隧道主洞出口端可以暂时停止掘进施工，转入进行隧道内部沟管铺设、设备安装以及装饰等小范围工程的施工。

（3）无论是八字岭隧道出口段、锚室施工人洞，还是隧道锚洞，其开挖施工应加倍小心谨慎，因为一旦对锚区围岩的完整性造成损害，则将造成难以弥补的损失。施工时不仅要控制地表沉降、围岩变形及稳定，更应侧重爆破振动速度的监测与控制，施工前应进行现场爆破试验，从而使隧道、隧道锚区围岩和结构受到的影响降到可接受的范围内。

（4）八字岭隧道和四渡河特大桥施工除各自技术难度外，更主要的也许应该是协调问题。各单位之间应本着同心协力、互相体谅、以大局为重的宗旨，合理安排施工进度，确保施工质量，施工期间加强沟通，避免各自为政，特别是业主单位应发挥其管理上的优势，在施工过程中加强监督与协调。

图5-201为八字岭隧道分岔段施工完毕后全景。

图 5-201　八字岭隧道分岔段施工完毕后全景

第六章　监控量测及反分析

近些年来,信息化施工技术在地下工程,尤其是采用新奥法修建的隧道工程中的作用日显重要。首先,这是由地下工程工作对象(岩土体)本身的特殊性决定的。作为一种在地球内、外力长期作用下形成的地质体,岩土体具有高度非线性、非均质的特点,并与周围的环境进行着水和能量的交换,要准确地刻画这种材料的物理力学性能十分困难。其次,修建地下工程是人地相互作用的过程。这个过程涉及施工开挖、支护和施工组织等各种因素,这使得原本复杂的问题变得更为复杂。

对于隧道工程,信息化施工技术就是通过在施工中及时进行围岩和支护系统的位移、应力和松动圈等全方位的测量,监控其在施工期间的各种行为表现,及时捕捉岩土体的大量信息。监测结果有两方面的重要应用:一是通过分析可以评价原设计成果、判断施工方案的合理性,必要时对设计施工进行指导修正;二是借助反分析方法可计算和修正岩土力学参数,预测下一阶段施工可能出现的新动态。这样,监控量测工作就能为施工期间优化设计和合理组织施工提供可靠的信息,对后续开挖支护方案提出建议,及时预报施工过程中可能出现的问题。

分岔隧道作为一种新的结构形式的隧道,目前国内外对它的设计和施工尚无相应的技术规范和标准,也没有可以借鉴的工程经验。在这种情况下,只有认真地进行现场监控量测,才能掌握隧道围岩和支护系统的施工动态反应,优化设计参数和施工工艺,以达到确保工程建设安全顺利,为分岔隧道的修建积累经验的目的。

本章以八字岭隧道为工程背景,通过现场监控量测工作,对施工过程中围岩和支护体系的变形和受力特点进行分析,并进一步开展了反分析工作,据此给出了分岔隧道设计和施工的特点、要求和注意事项。

第一节　现场监控量测方案

一、监测设备

在八字岭隧道的监测工作中,变形量测的项目包括拱顶下沉、周边收敛和岩体内部位移,受力量测包括钢拱架应力、锚杆应力、支护压力(初期支护和二次衬砌间的压力)和中隔墙压力,另外,还进行了围岩松动圈范围的测试。

拱顶下沉采用水准仪或全站仪,周边位移收敛监测采用收敛计。考虑隧道围岩主要为灰岩,一般情况下变形较小,在监测中采用了高精度的位移收敛计和水准仪,其精度分别达到了0.001mm 和0.01mm。采用多点位移计对岩体内部位移进行了监测,每个多点位移计有3个测点,分别距孔口5m、8m 和15m。

在支护系统(钢拱架及锚杆)的应力监测中,考虑到该段隧道的施工工艺复杂,围岩要经过多次扰动,选取了高灵敏度和可靠度的钢拱架应力计和锚杆应变片,精度分别为±0.2%

FS、±2με。

围岩松动范围的测试采用了超声波方法，仪器为 RS-UT01C 式超声波仪。而中隔墙压力和支护压力则采用压力盒测量。

作为示例，图 6-1 和图 6-2 分别是制作完成的锚杆应变片和现场拱顶下沉量测的图片。

图 6-1　锚杆应变片

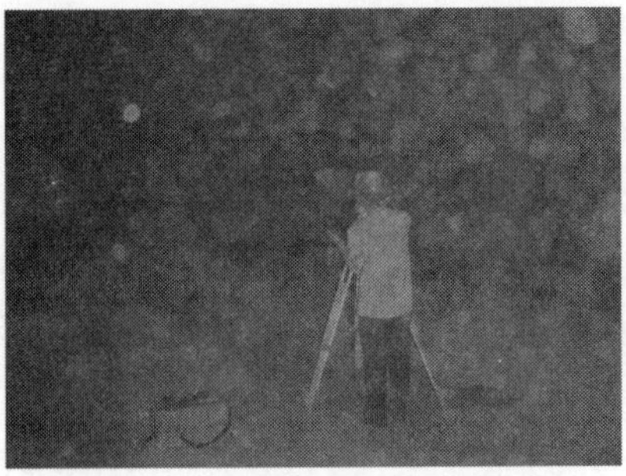

图 6-2　现场拱顶下沉量测

二、监测断面布置

针对八字岭隧道分岔段的结构特点、施工工艺以及地质情况，监测断面沿隧道轴线的布设情况大致如图 6-3 所示，各段监测项目在横断面上的布置方式见图 6-4。由图可知，每根测量锚杆上安装有三处应变片来记录锚杆不同位置的应变。大拱段各监测断面的轴线距离是 20m，而连拱段和小间距段则分别为 25m、30m。表 6-1 给出了各监测项目在隧道轴向的布置情况及其图例。应该注意的是，支护压力与钢拱架应力在横断面中的量测位置相同。

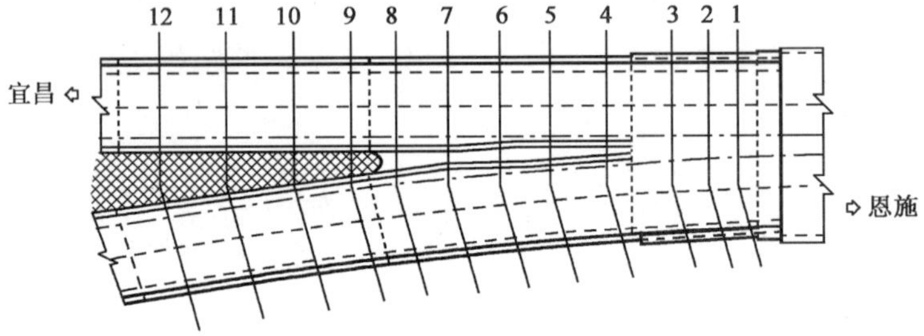

图 6-3　八字岭分岔隧道监测断面轴向布置图

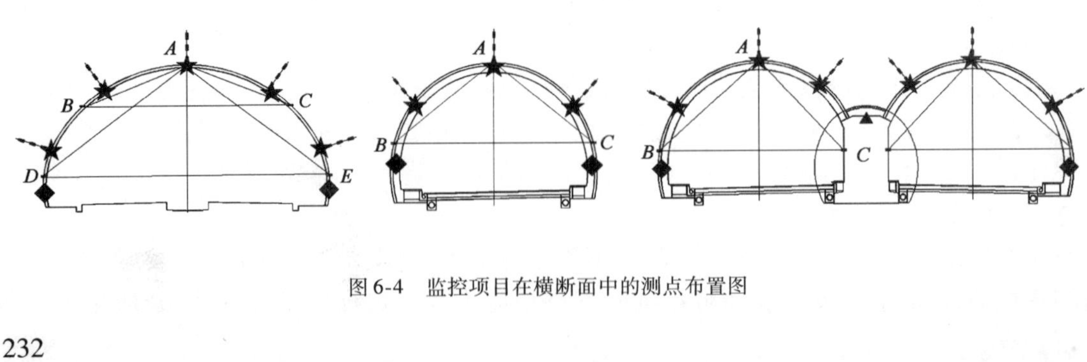

图 6-4　监控项目在横断面中的测点布置图

现场监控量测方案 表6-1

序号	项目/图例	仪器	布置断面	说明	量测频率			
					1~15d	16~30d	1~3月	3月以后
1	拱顶下沉/A	莱卡水准仪	1~12	—	1~2次/d	1次/2d	1次/周	2次/月
2	周边收敛/A~E	基康钢尺收敛计	1~12	大拱段每断面5个测点，连拱及小净距段每断面左右对称各3个测点	1~2次/d	1次/2d	1次/周	2次/月
3	钢拱架应力/★	钢拱架应变计	1~4、6、8~10		1次/d	1次/2d	2次/周	2次/月
4	锚杆应力/▌	应变片	1、3、4、6、8~10		1次/d	1次/2d	2次/周	2次/月
5	支护压力/★	压力盒			1次/d	1次/2d	2次/周	2次/月
6	松动圈范围/◆	声波测试仪	2、5、7、9、11	每断面2个测点	—	—	—	—
7	中隔墙压力/▲	压力盒	4~8	—	1次/d	1次/2d	2次/周	2次/月
8	岩体内部位移	多点位移计	5	—	1次/d	1次/2d	2次/周	2次/月

三、监测要求

监控量测断面及监测点的布置可以根据地质条件、施工方法等方面的具体情况进行适当调整。测点应在距离开挖面2m处安设，并应保证爆破后12h或下一次爆破前读取初次数据。测点量测频率的一般要求见表6-1，但实际操作时可以根据围岩和支护变形情况以及距开挖面的距离等因素进行微调，比如当地质条件偏差、洞室变形速率大，或距离掌子面近时，量测频率应该高一些。

周边位移收敛及拱顶下沉断面按Ⅱ级不超过20m，Ⅲ级不超过25m，Ⅳ级不超过40m的要求布置，同时各个测点应确保在爆破后12h内及时埋设。监测断面间距可以根据围岩的好坏适当调整，但是距离增减不宜大于5m。

支护系统内力的监测根据该段隧道特点在大拱段、连拱段和小净距段的相应部位布设了断面，并且在连拱段及小净距段要左右对称布置测点。

松动范围的测试要防止施工的扰动，共布置了5个断面，大拱段1个，连拱段和小净距段各2个。要求测试在不影响施工的前提下尽早开展。

中隔墙的压力量测要求及时，压力盒布置在中隔墙上方与围岩接触的部位。

支护压力反映了初期支护与二次衬砌间的相互作用，压力盒布置在拱腰与拱顶。

岩体内部位移的监测要求开挖完毕后及时布设。

第二节 监控量测结果及其分析

本节分大拱段、连拱段和小间距段三部分介绍现场监控量测的结果以及对结果进行的分析。

一、大拱段监测结果及其分析

1. 位移收敛监测结果及其分析

大拱段监测断面 1 ~3 的监测结果如图 6-5 ~ 图 6-7 所示。

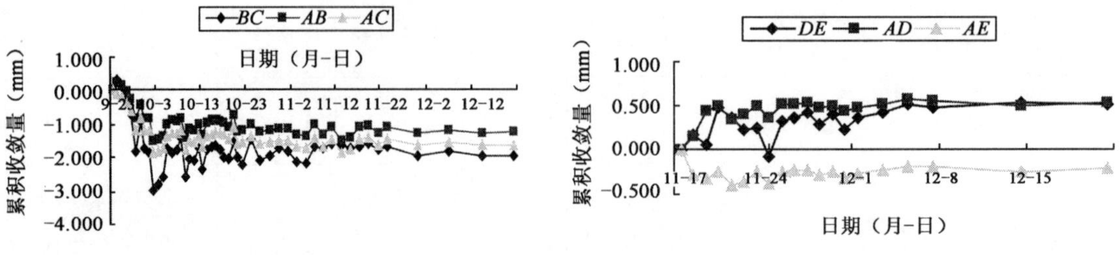

图 6-5　断面 1 洞周收敛曲线

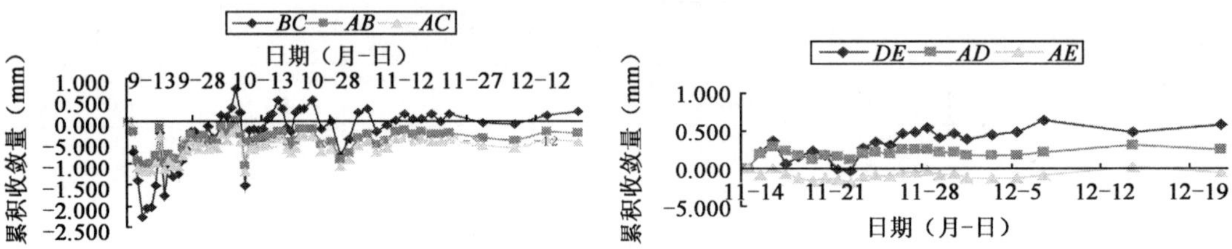

图 6-6　断面 2 洞周收敛曲线

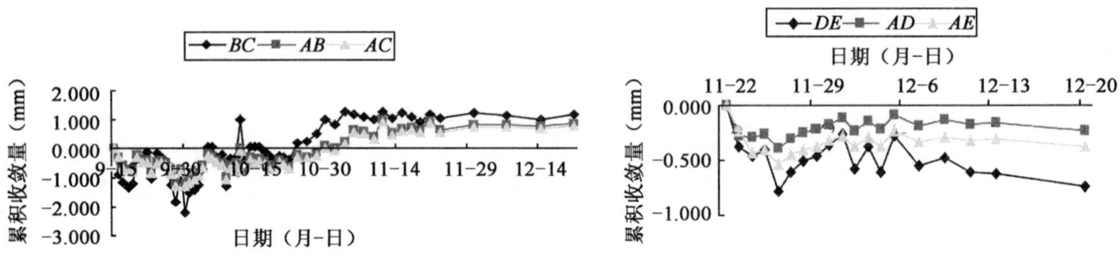

图 6-7　断面 3 洞周收敛曲线

从量测结果看，该段隧道的整体稳定性较好，初期支护的及时施作和合理的施工组织，有效地控制了围岩变形，使得施工能够安全、顺利地进行。

公路隧道的相关规范中，对于隧道围岩相对变形量的规定如表 6-2 所示。

规范中隧道围岩相对变形量要求（%）　　表 6-2

隧道覆盖层厚度（m）／围岩级别	<50	50 ~ 300	>300
Ⅲ	0.10 ~ 0.30	0.20 ~ 0.50	0.40 ~ 1.20
Ⅳ	0.15 ~ 0.50	0.40 ~ 1.20	0.80 ~ 2.00
Ⅴ	0.20 ~ 0.80	0.60 ~ 1.60	1.00 ~ 3.00

相对位移是指实测位移值与两测点间距离之比，或拱顶位移实测值与隧道宽度之比。八字岭隧道围岩主要为灰岩，属脆性围岩，应该取表中的小值。据此，可以得到大拱段围岩收敛的允许值，如表6-3所示。

大拱段围岩收敛允许值(mm)　　表6-3

隧道覆盖层厚度(m) / 围岩级别	<50	50～300	>300
Ⅲ	25～75	50～125	100～300
Ⅳ	37.5～125	100～300	200～500
Ⅴ	50～200	150～400	250～750

将各条测线的最终收敛量列入表6-4。

大拱段各测线最终收敛值　　表6-4

断　面	围岩级别	观测天数(d)	最终收敛量(mm)
1-*AB*	Ⅳ	88	2.051
1-*AC*	Ⅳ	88	1.632
1-*BC*	Ⅳ	88	1.974
1-*AD*	Ⅳ	35	0.503
1-*AE*	Ⅳ	35	-0.211
1-*DE*	Ⅳ	35	0.501
2-*AB*	Ⅳ	90	-0.239
2-*AC*	Ⅳ	90	-0.317
2-*BC*	Ⅳ	90	0.212
2-*AD*	Ⅳ	38	-0.178
2-*AE*	Ⅳ	38	0.301
2-*DE*	Ⅳ	38	0.510
3-*AB*	Ⅳ	96	0.812
3-*AC*	Ⅳ	96	0.798
3-*BC*	Ⅳ	96	0.917
3-*AD*	Ⅳ	29	-0.259
3-*AE*	Ⅳ	29	-0.407
3-*DE*	Ⅳ	29	-0.778

由表6-4可见，各段面位移收敛值不大，即使是围岩状况最差的部位收敛量也不到3mm，远小于允许值。稳定时间较短，大多在15～20d之间，反映了围岩自身条件对于稳定性的影响。另外，大拱段施工工艺较为复杂，开挖和支护不断交替进行，反映在收敛曲线上就有几个明显的波动。

2. 拱顶下沉监测结果及其分析

图6-8～图6-10为各断面拱顶下沉曲线。

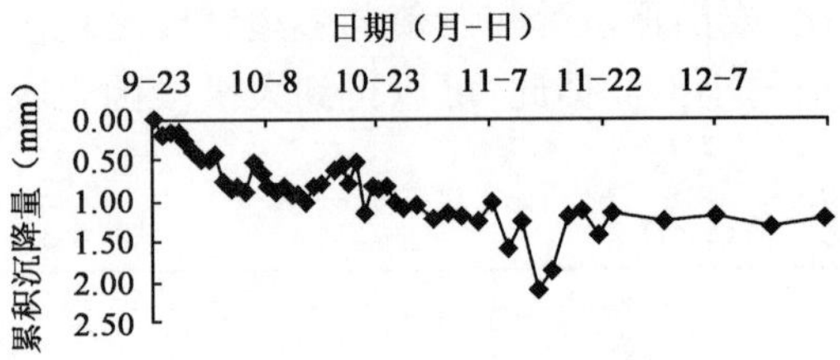

图 6-8　断面 1 拱顶下沉曲线

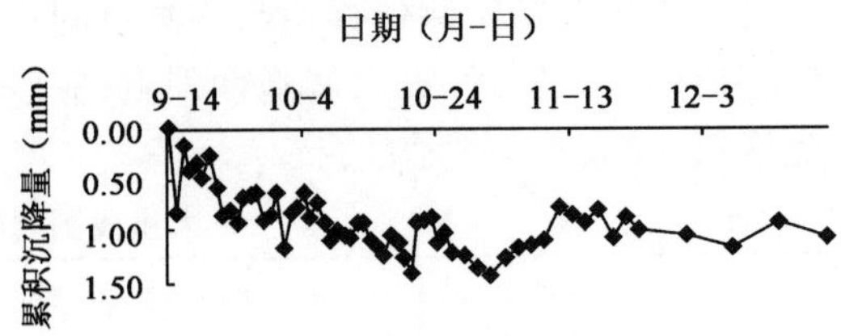

图 6-9　断面 2 拱顶下沉曲线

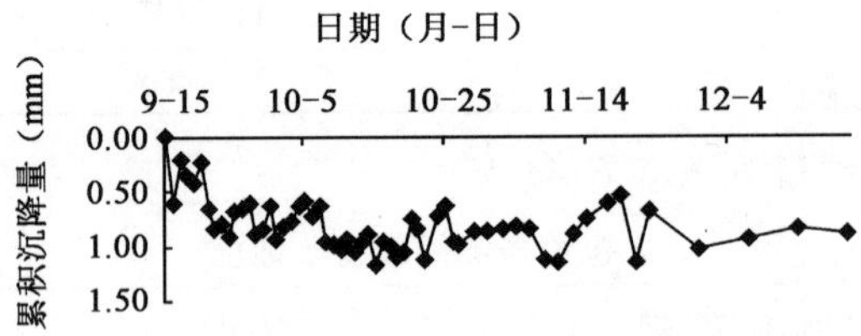

图 6-10　断面 3 拱顶下沉曲线

首先，从量值上来分析，该段隧道拱顶下沉值普遍较小，均未超过 3mm，稳定时间较短，量测值小于允许值，反映了隧道围岩整体状况较为稳定；其次，与周边位移收敛相比，拱顶下沉曲线同样反映了施工引起的围岩的动态响应，这说明地质地形条件和施工过程对于现场各项监控量测的结果具有决定性意义。在确定的隧道区，由于工程地质条件、施工过程相同，所以从不同的监测角度来看，如周边收敛和拱顶下沉，围岩位移量测结果是基本一致的。

将各段面最终沉降值整理如表 6-5 所示。

大拱段各断面最终拱顶下沉值　　表 6-5

断　　面	围 岩 级 别	观测天数(d)	最终下沉量(mm)
1	Ⅳ	88	1.352
2	Ⅳ	98	1.247
3	Ⅳ	96	0.984

3. 锚杆应力监测结果及其分析

断面 1 内锚杆应力变化曲线如图 6-11 ~ 图 6-15 所示，断面 3 内锚杆应力变化曲线如图 6-16 ~ 图 6-20 所示。对于单根锚杆来说，从孔口到孔底的应变片标号依次为 1→2→3。各测点最终应力值见表 6-6，表中拉应力为正值，压应力为负值。

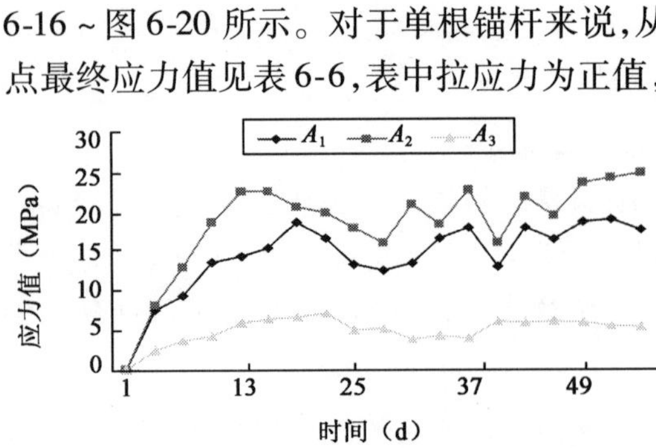

图 6-11　断面 1 内 A 锚杆应力变化曲线

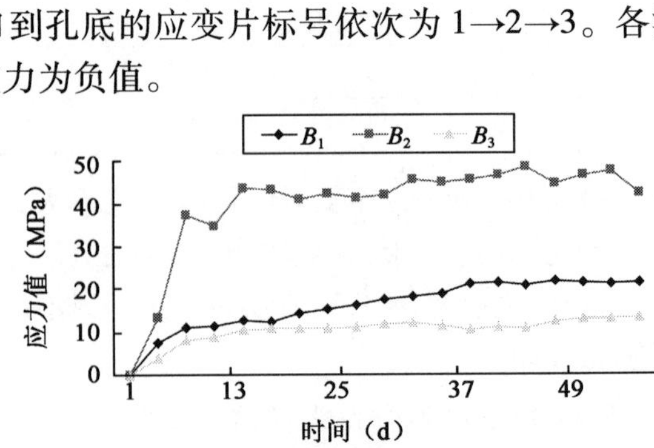

图 6-12　断面 1 内 B 锚杆应力变化曲线

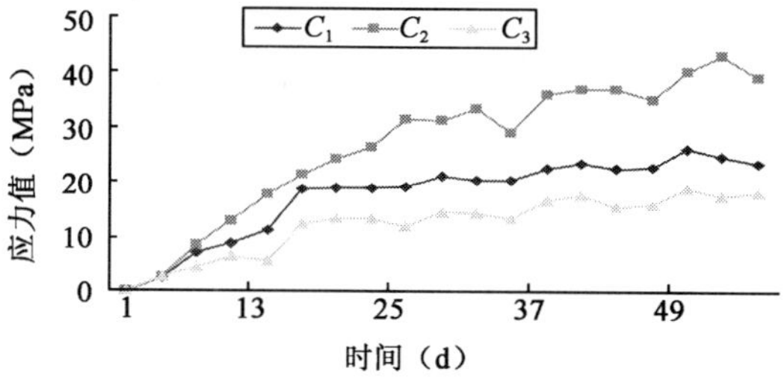

图 6-13　断面 1 内 C 锚杆应力变化曲线

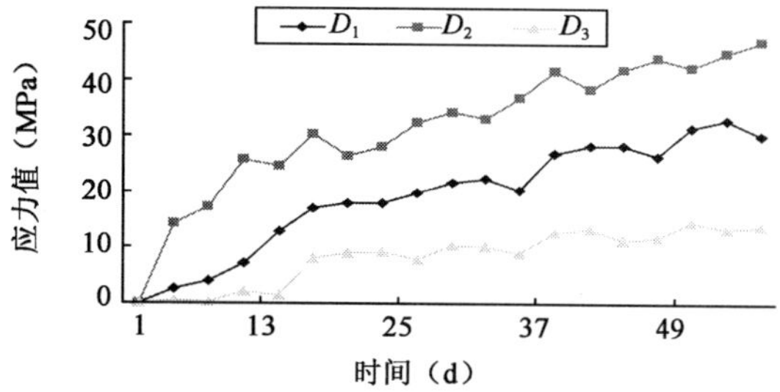

图 6-14　断面 1 内 D 锚杆应力变化曲线

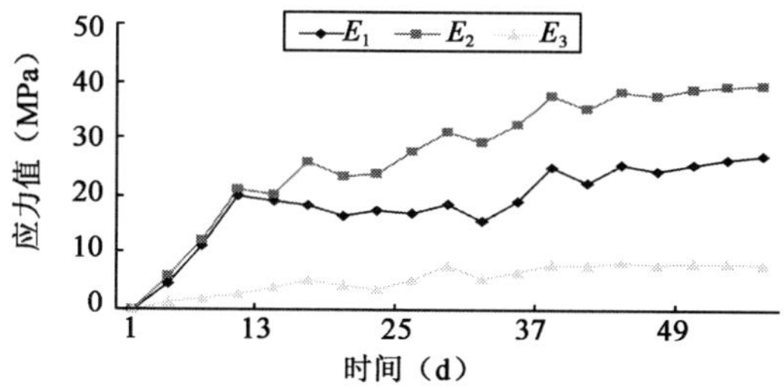

图 6-15　断面 1 内 E 锚杆应力变化曲线

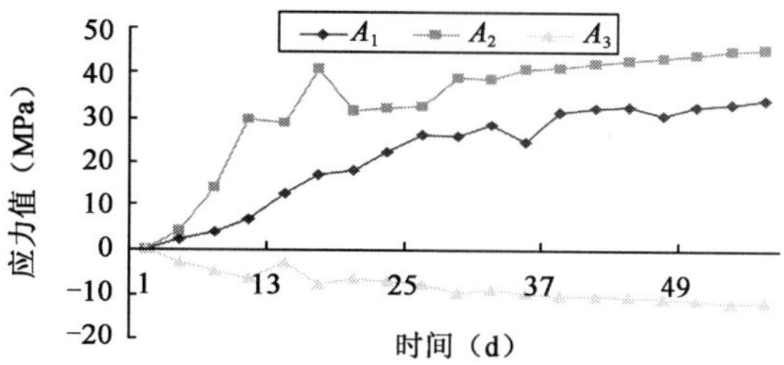

图 6-16　断面 3 内 A 锚杆应力变化曲线

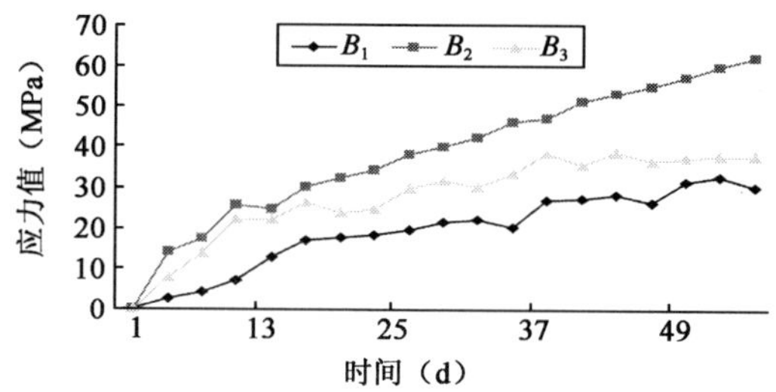

图 6-17　断面 3 内 B 锚杆应力变化曲线

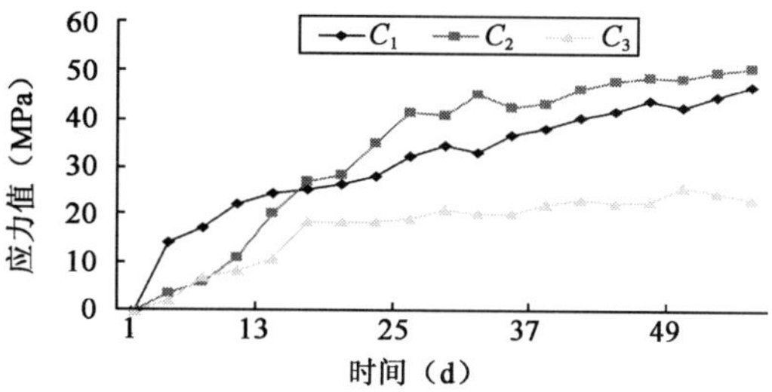

图 6-18　断面 3 内 C 锚杆应力变化曲线

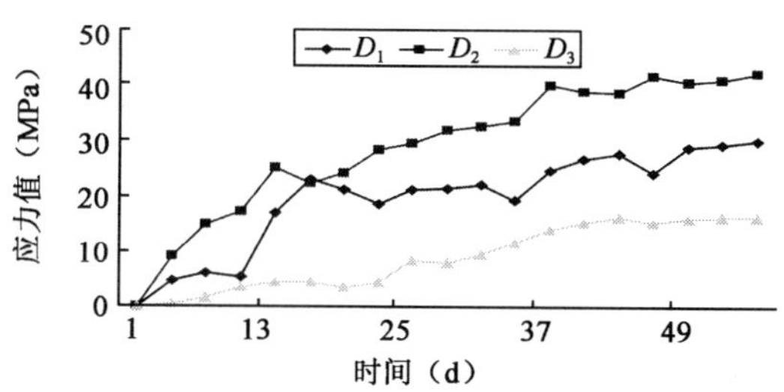

图 6-19　断面 3 内 D 锚杆应力变化曲线

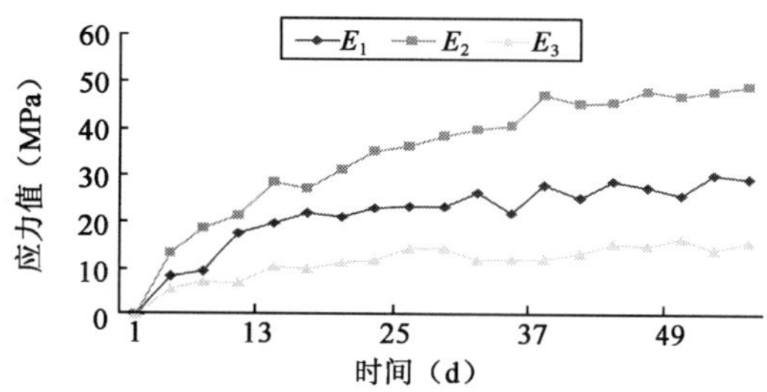

图 6-20　断面 3 内 E 锚杆应力变化曲线

对实测数据进行分析，可得出以下结论：

（1）大拱段围岩锚杆应力最大值约为 60MPa，发生在拱腰。右拱侧变形比左侧大，反映在锚杆应力上即右侧锚杆应力比左侧锚杆大。

（2）大拱段锚杆设计最大承载力为 100kN，折算为应力约为 200MPa，实际锚杆应力远小于设计值。这说明大拱段锚喷支护后，围岩稳定性较好，变形量小，锚杆实际承载力不大，安全储备足够。

（3）监测用锚杆为全长黏结型砂浆锚杆，从单根锚杆应力分布看，中间部位受力最大，孔口其次，而孔底较小。

大拱段各锚杆应力表 表6-6

点　位	观测天数(d)	断面1(MPa)	断面3(MPa)
A_1	55	17.56	34.17
A_2	55	24.69	45.36
A_3	55	5.27	-11.58
B_1	55	21.32	30.21
B_2	55	42.36	62.34
B_3	55	13.25	37.92
C_1	55	23.52	46.87
C_2	55	39.16	50.62
C_3	55	18.06	23.52
D_1	55	29.97	30.11
D_2	55	46.87	42.12
D_3	55	13.86	16.28
E_1	55	27.10	29.35
E_2	55	39.41	49.32
E_3	55	8.14	15.63

(4)锚杆主要承受由于围岩的相对变形而引起的应力,因此多数情况下受到拉应力,只有在极少数情况下才会受到压应力的作用,且量值较小。

(5)锚杆的稳定时间较短,多数情况下在20d左右趋于稳定。

(6)从大拱横断面各个监测部位受力情况分析,拱顶最小,而右侧最大,这与岩层走向关系较为密切。

4. 钢拱架应力监测结果及其分析

断面1~3钢拱架应力变化曲线分别如图6-21~图6-23所示。

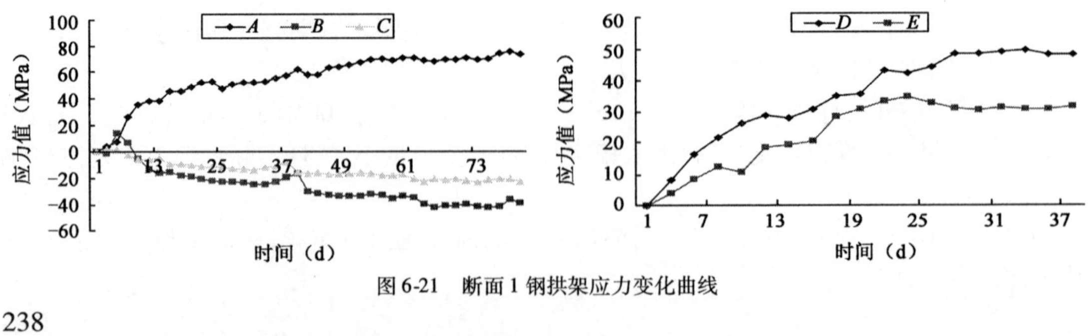

图6-21　断面1钢拱架应力变化曲线

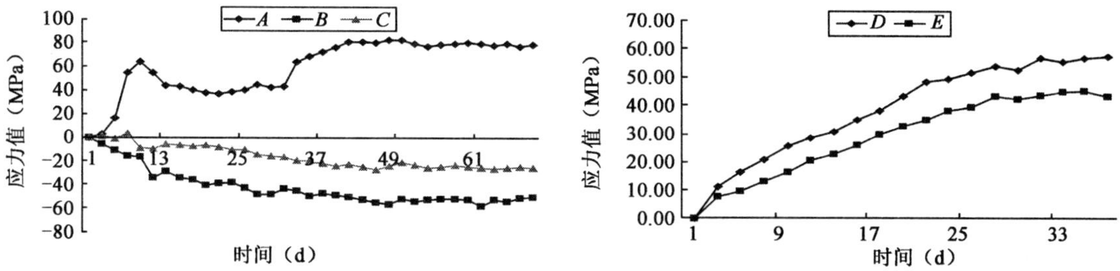

图 6-22 断面 2 钢拱架应力变化曲线

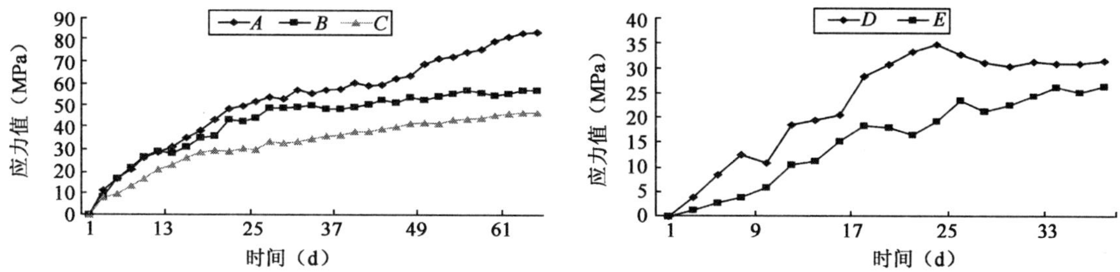

图 6-23 断面 3 钢拱架应力变化曲线

将各个点位钢拱架受力的最终值列入表 6-7，表中正值为压应力，负值表示拉应力。

大拱段各点位钢拱架应力表（MPa） 表 6-7

断 面	A	B	C	D	E
1	73.42	-38.46	-22.84	48.26	31.60
2	78.36	-50.45	-25.76	57.37	43.22
3	83.54	57.16	46.78	31.60	26.38

对监测数据进行分析，可以得出以下结论：

（1）钢拱架应力随时间增长，逐渐趋于稳定，实测最大稳定应力值约为 85MPa，出现在拱顶，而拱腰和边墙处应力较小。最大应力值远小于钢拱架最大容许应力，总体反映隧道大拱段钢拱架变形量不大，围岩变形也相应较小。

（2）隧洞最大位移发生在拱顶。地质勘察资料表明，大拱段岩层走向近乎平行于隧道轴向，在这种直立层状岩层中，拱顶承受了较大的围岩压力，而边墙部位承受较大的拉力。

（3）钢拱架应力变化曲线的稳定时间大都在 30d 左右，且走势较平稳。

（4）钢拱架是一种刚度较大的支护，其内力由围岩变形挤压钢拱架引起。由于围岩变形的不均匀性，钢拱架内力分布也很不均匀。

5. 松动范围测试

大拱段超声波波速曲线见图 6-24。

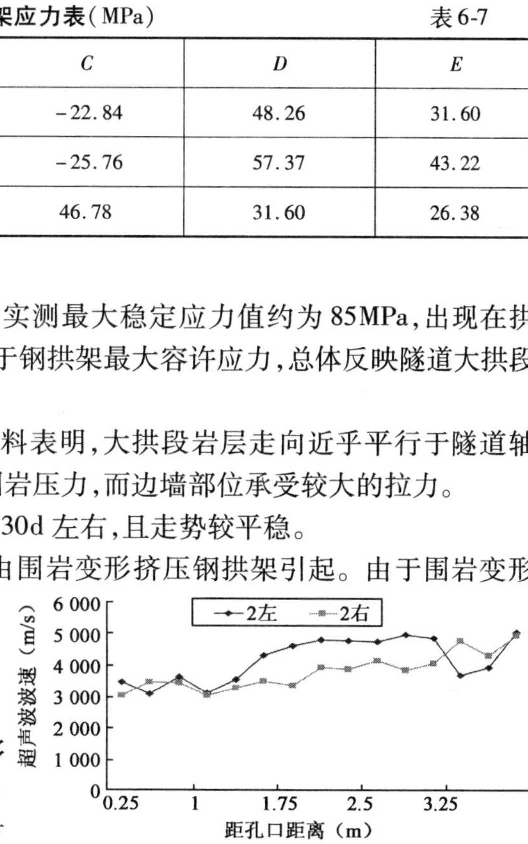

图 6-24 大拱段超声波波速曲线

在距孔口 0～1.5m 的区域内，围岩波速大多低于相关规范值及设计提供的参考值（3.7～4.5km/s），并且距孔口 1.5m 以外的围岩波速有明显的提高，故隧道围岩的松动区范围在1.5m以内。围岩松动范围不大,是因为施工中采用的光面爆破、预裂爆破等技术手段有效地减弱了爆破振动效应,减少了施工爆破引起的围岩扰动。

6. 支护压力监测结果及其分析

断面支护压力变化曲线见图6-25和图6-26。

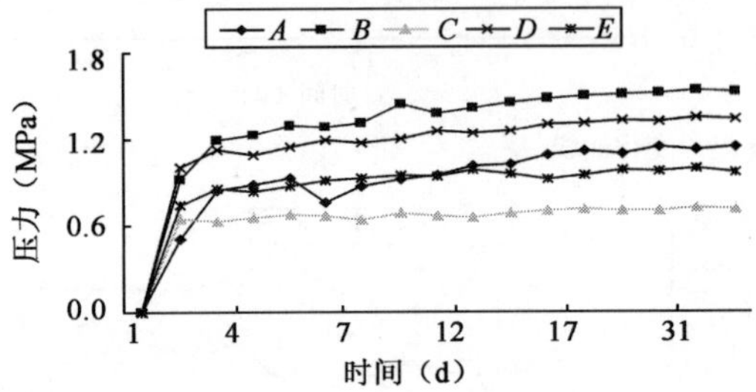

图6-25 断面1支护压力变化曲线

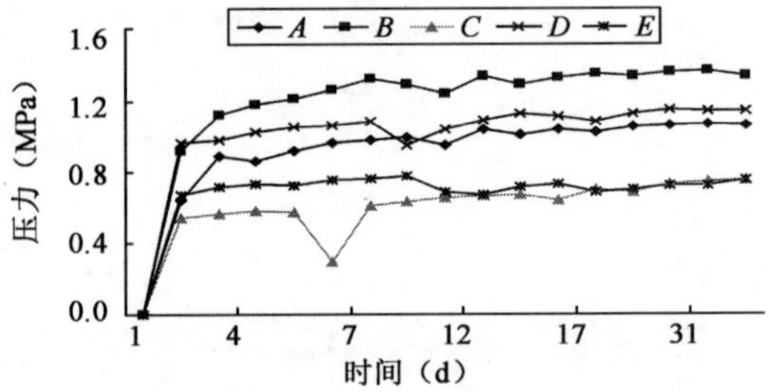

图6-26 断面3支护压力变化曲线

从图6-25、图6-26可以看出,大拱段支护压力具有以下特点:

(1)压应力值较小,不超过2MPa,可以保证二次衬砌的结构稳定性。

(2)变化平稳,说明调整过程合理,初期支护的残余应力逐渐释放。

二、连拱段监测结果及分析

1. 位移收敛监测结果及其分析

连拱段监测断面4~8的监测结果如图6-27~图6-31所示。

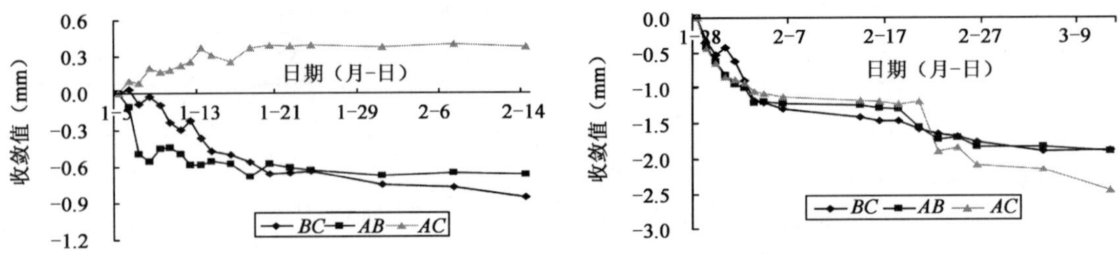

a) b)

图6-27 断面4洞周收敛曲线

a)左洞;b)右洞

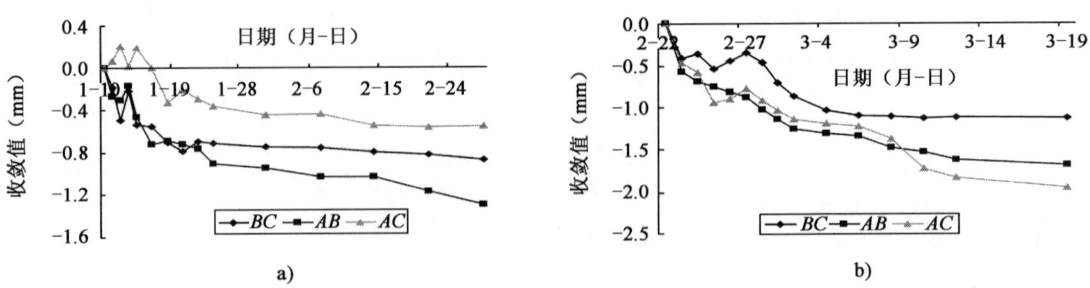

a) b)

图6-28 断面5洞周收敛曲线

a)左洞;b)右洞

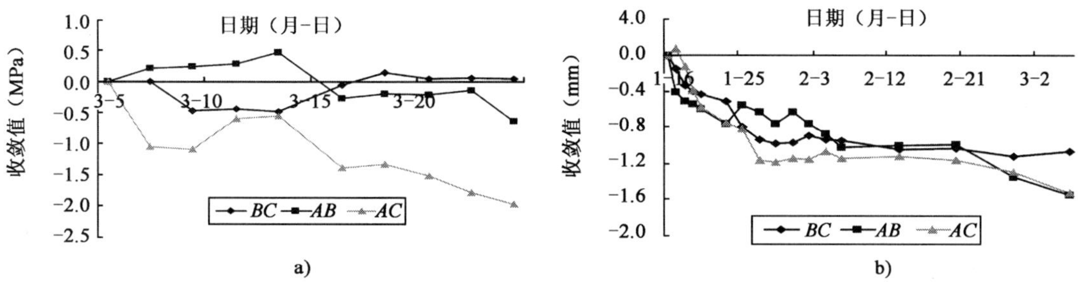

图 6-29 断面 6 洞周收敛曲线

a)左洞；b)右洞

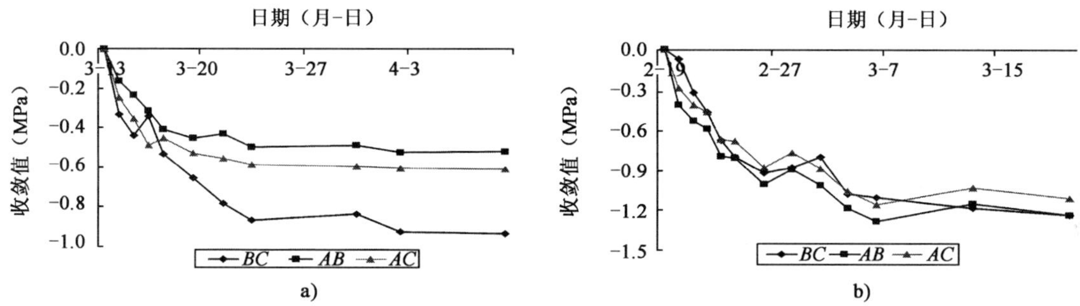

图 6-30 断面 7 洞周收敛曲线

a)左洞；b)右洞

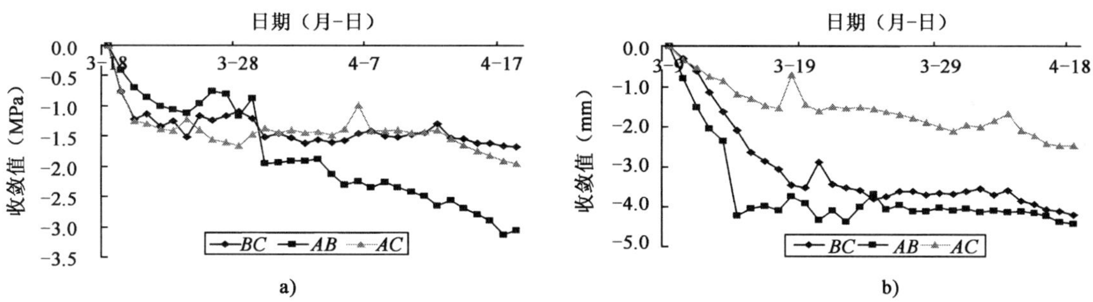

图 6-31 断面 8 洞周收敛曲线

a)左洞；b)右洞

从量测结果看，分岔隧道连拱段的整体稳定性较好，初期支护的及时施作和合理的施工组织，有效地控制了围岩变形，使得施工得以安全、顺利地进行。

根据公路隧道相关规范的要求，可得到连拱段隧道围岩收敛的最大允许值如表 6-8 所示。

连拱段隧道围岩收敛允许值(mm) 表 6-8

隧道覆盖层厚度(m) 围岩级别	<50	50~300	>300
Ⅲ	10~30	20~50	40~120
Ⅳ	15~50	40~120	80~200
Ⅴ	20~80	60~160	100~300

将连拱段各断面最终收敛值列入表6-9。

连拱段各断面测线收敛稳定值(mm) 表6-9

断面		AB	AC	BC
4	左	-0.664	0.377	-0.853
	右	-2.515	-2.452	-1.085
5	左	-1.291	-0.547	-0.868
	右	-2.068	-1.959	-1.734
6	左	-1.555	-1.528	-1.065
	右	-0.633	-1.970	0.048
7	左	-0.518	-0.611	-0.936
	右	-1.232	-1.110	-1.234
8	左	-3.057	-1.954	-1.680
	右	-4.412	-2.474	-4.197

从监测结果看,连拱段隧道围岩收敛表现出下列特点:

(1)从量值上分析,连拱段最大收敛值约为5mm,远小于该类围岩的允许值。而且收敛曲线走势较为平稳,反映出该段围岩稳定性较好。

(2)纵向来看,先行侧隧道围岩的变形要大于后行侧。这是由于后行侧隧道的开挖效应引起了先行隧道围岩的再次调整。

(3)与大拱段比较,连拱段收敛量较大。

2. 拱顶下沉监测结果及其分析

各断面拱顶下沉曲线见图6-32～图6-36。

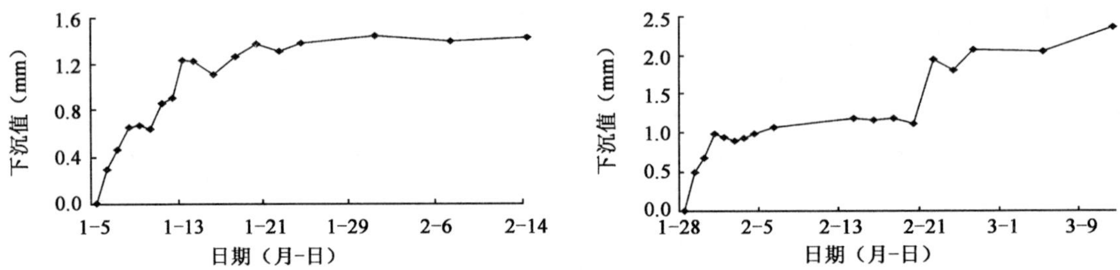

a) b)

图6-32 断面4拱顶下沉曲线

a)左洞;b)右洞

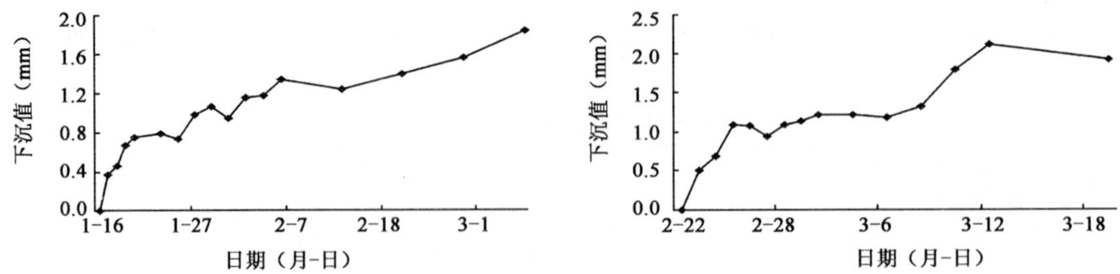

a) b)

图6-33 断面5拱顶下沉曲线

a)左洞;b)右洞

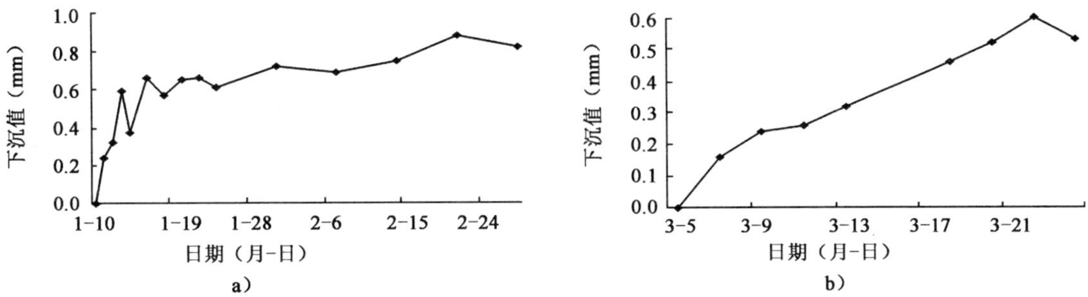

图 6-34 断面 6 拱顶下沉曲线

a) 左洞;b) 右洞

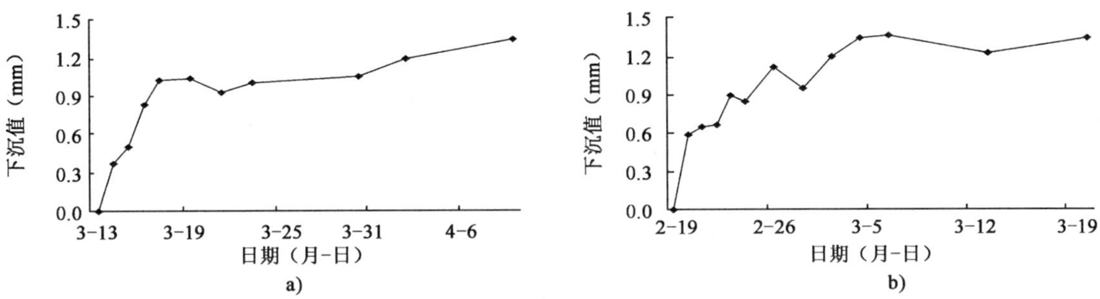

图 6-35 断面 7 拱顶下沉曲线

a) 左洞;b) 右洞

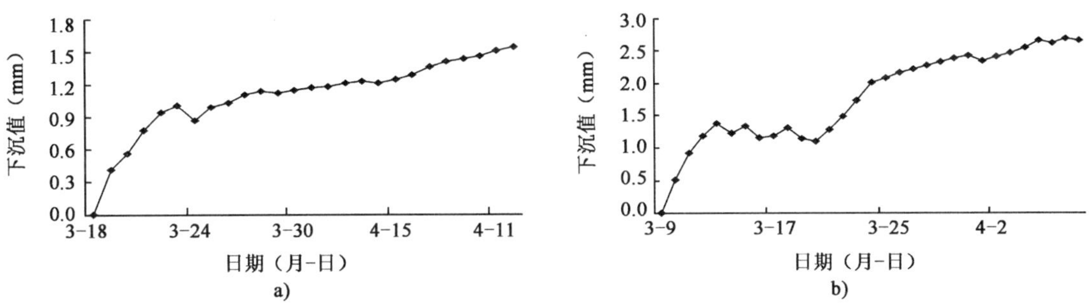

图 6-36 断面 8 拱顶下沉曲线

a) 左洞;b) 右洞

将各个断面拱顶最终下沉量列入表 6-10。

从监测数据来看，分岔隧道连拱段拱顶下沉具有以下特点：

(1) 从整体上看，各断面拱顶下沉值不大，远小于该类围岩允许值，说明隧道围岩整体稳定，初期支护合理有效。

(2) 从左右洞关系看，右洞下沉值较左洞大，反映了先行隧道受到了后行隧道的影响，围岩应力调整时间长，因此位移较大。

(3) 纵向比较，该段围岩的拱顶下沉值较大拱段大，说明了该段围岩比大拱段薄弱，受开挖扰动程度大。

连拱段各断面拱顶下沉值　　表 6-10

断面		观测天数(d)	下沉量(mm)
4	左	41	1.42
	右	45	2.35
5	左	50	0.82
	右	28	1.92
6	左	51	1.84
	右	19	0.53
7	左	27	1.34
	右	32	1.34
8	左	31	1.54
	右	30	2.66

3. 锚杆应力监测结果及其分析

各断面不同部位锚杆应力变化曲线见图 6-37 ~ 图 6-54。

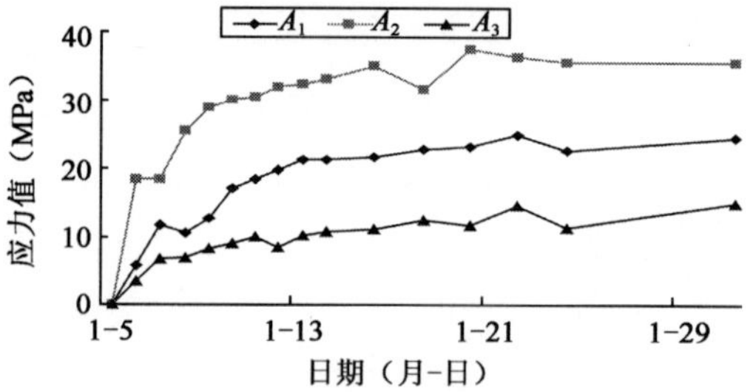

图 6-37　断面 4 左洞 *A* 锚杆应力变化曲线

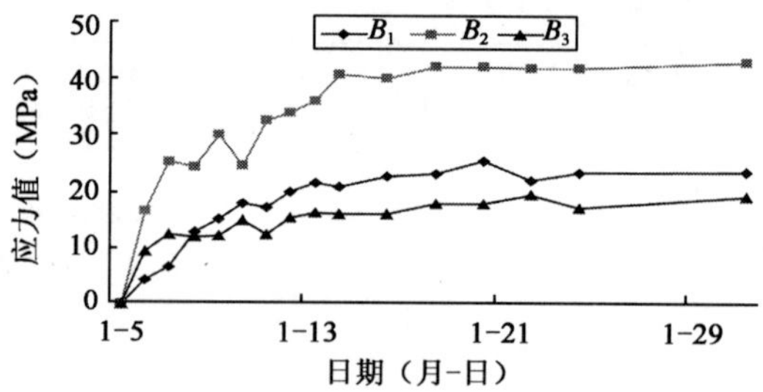

图 6-38　断面 4 左洞 *B* 锚杆应力变化曲线

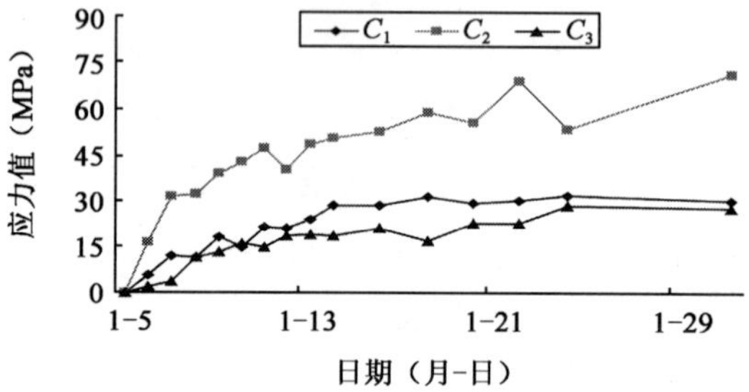

图 6-39　断面 4 左洞 *C* 锚杆应力变化曲线

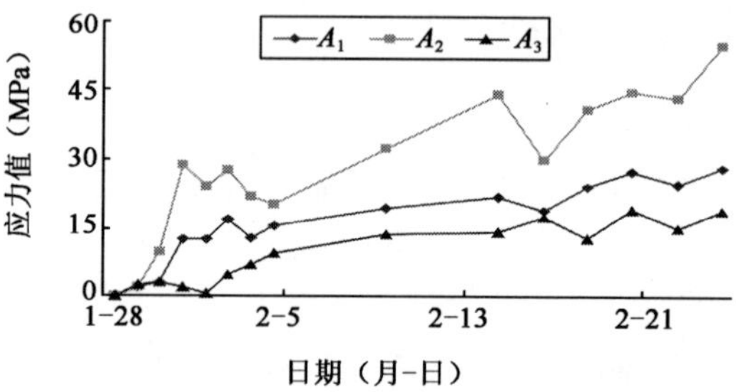

图 6-40　断面 4 右洞 *A* 锚杆应力变化曲线

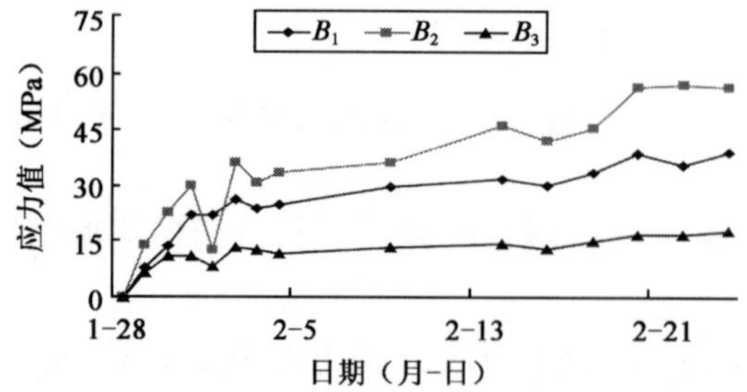

图 6-41　断面 4 右洞 *B* 锚杆应力变化曲线

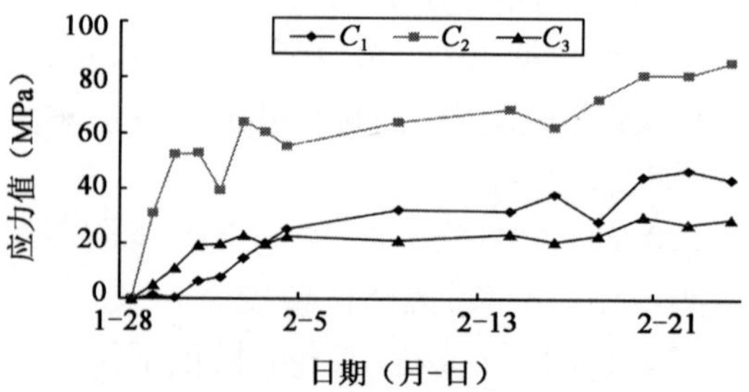

图 6-42　断面 4 右洞 *C* 锚杆应力变化曲线

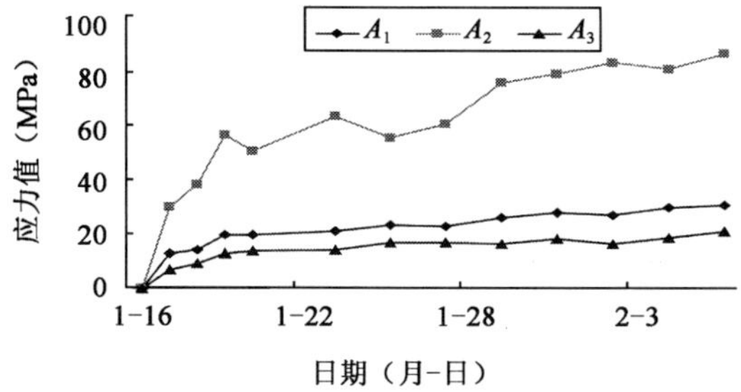

图 6-43　断面 6 左洞 A 锚杆应力变化曲线

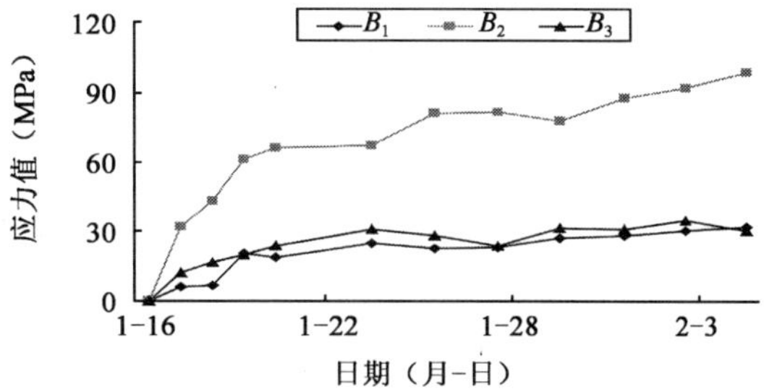

图 6-44　断面 6 左洞 B 锚杆应力变化曲线

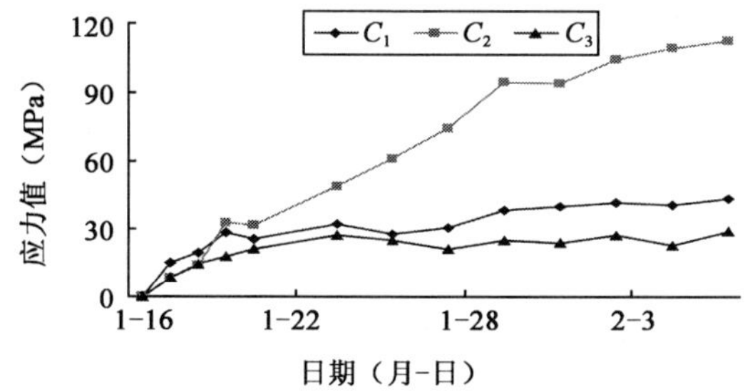

图 6-45　断面 6 左洞 C 锚杆应力变化曲线

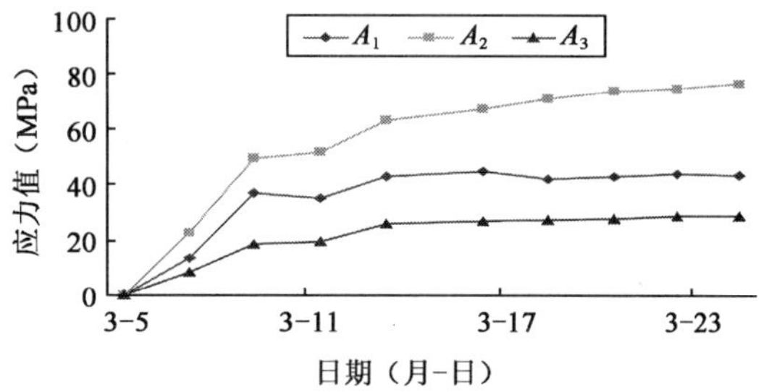

图 6-46　断面 6 右洞 A 锚杆应力变化曲线

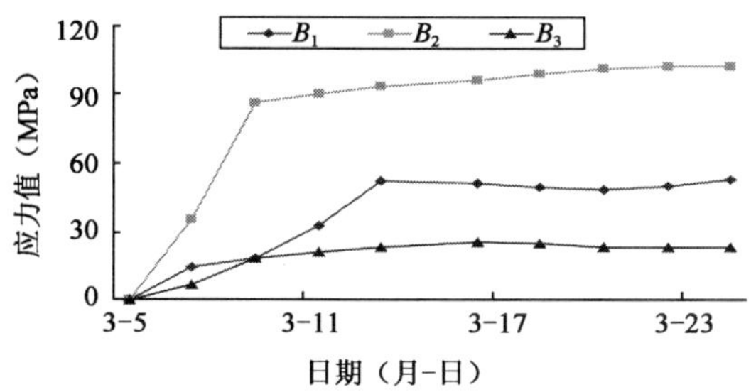

图 6-47　断面 6 右洞 B 锚杆应变化曲线

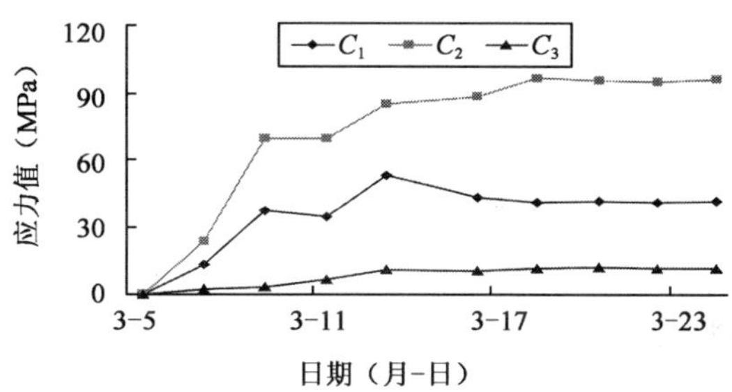

图 6-48　断面 6 右洞 C 锚杆应力变化曲线

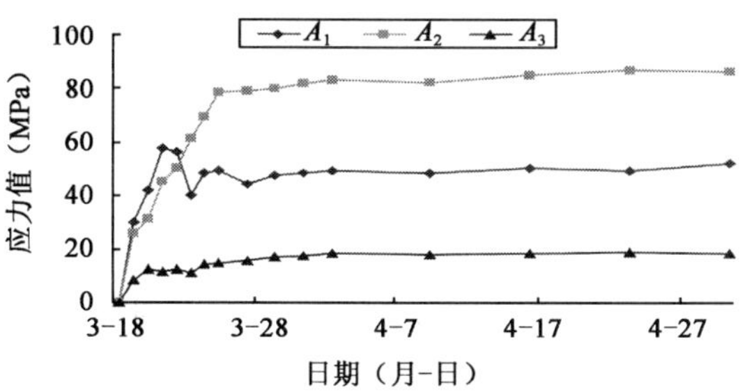

图 6-49　断面 8 左洞 A 锚杆应力变化曲线

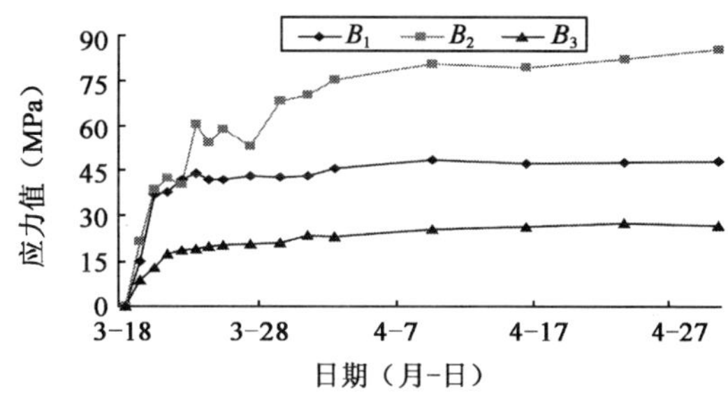

图 6-50　断面 8 左洞 B 锚杆应力变化曲线

将各个断面不同部位锚杆的最大应力列于表 6-11 中。

从实测数据来看，连拱段锚杆受力具有以下特点：

(1) 锚杆受力最大值为 110MPa，小于允许值，因此整体来说该段设计较为合理，支护措施得当。

(2) 从变化曲线来看，变化过程较为复杂，说明该段围岩受力状态较为复杂；且曲线有明显的波动出现，说明应力调整的过程比较明显。

连拱段各断面锚杆最大应力值(MPa)　　　表 6-11

断面		A	B	C
4	左	35.66	43.20	71.51
	右	54.82	56.50	85.33
6	左	86.37	103.55	112.30
	右	76.31	102.34	96.34
8	左	86.64	85.33	96.89
	右	87.66	86.35	103.28

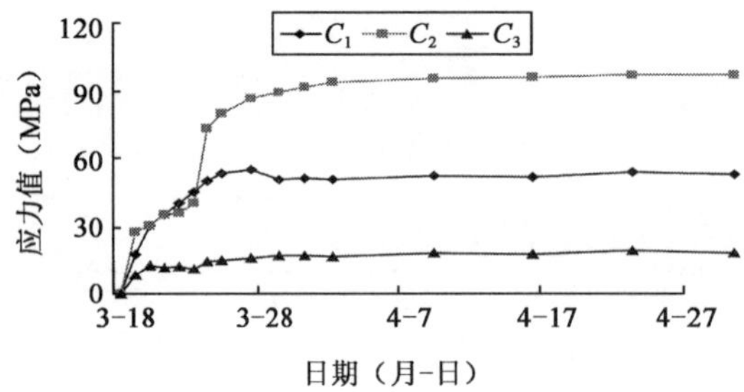

图 6-51　断面 8 左洞 C 锚杆应力变化曲线

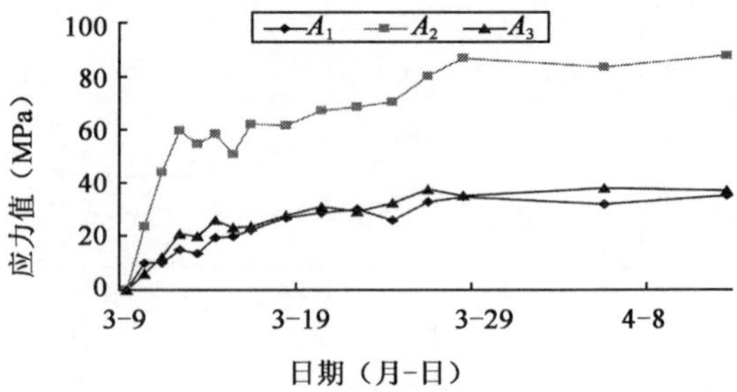

图 6-52　断面 8 右洞 A 锚杆应力变化曲线

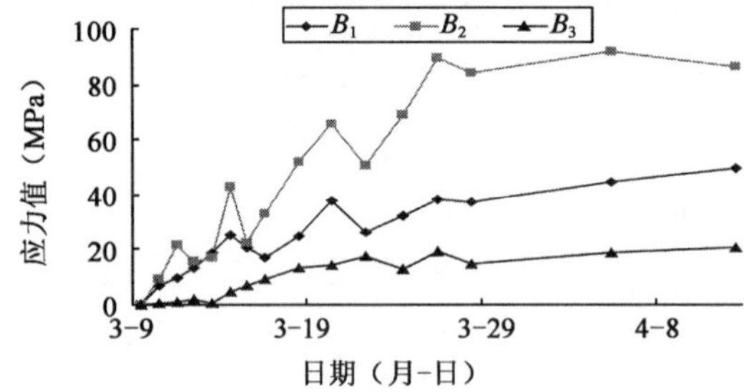

图 6-53　断面 8 右洞 B 锚杆应力变化曲线

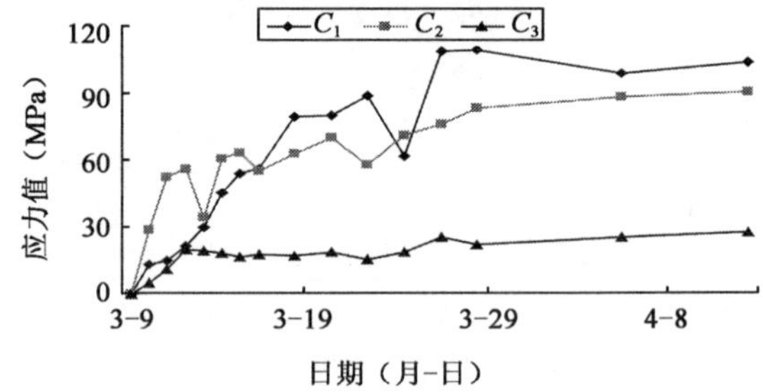

图 6-54　断面 8 右洞 C 锚杆应力变化曲线

(3)中隔墙一侧的锚杆受力较大,说明中隔墙上方岩体稳定性较差,为整个连拱段较为薄弱的部位。

(4)纵向来看,连拱段隧道锚杆受力比大拱段大。

4. 钢拱架应力监测结果及其分析

各断面钢拱架应力变化曲线见图 6-55 ~ 图 6-57。

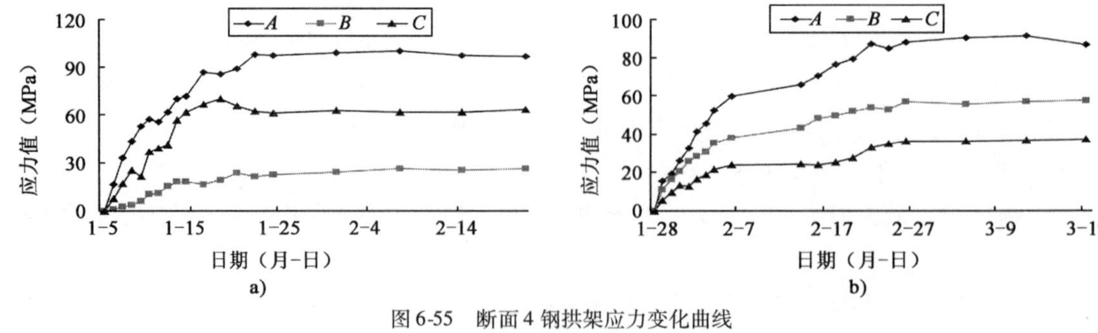

a)　b)

图 6-55　断面 4 钢拱架应力变化曲线

a)左洞;b)右洞

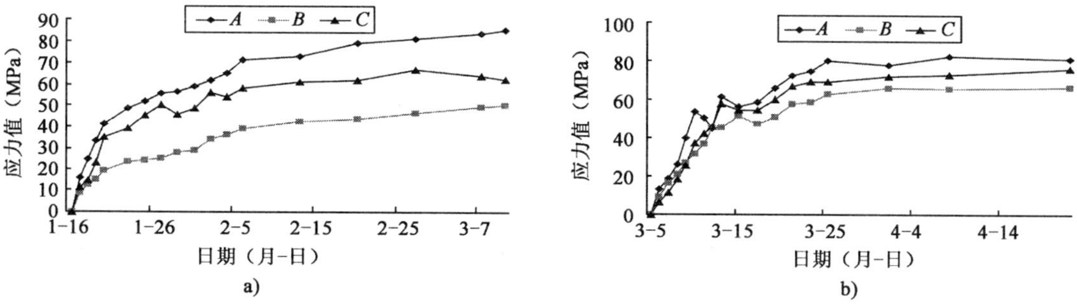

图 6-56　断面 6 钢拱架应力变化曲线

a) 左洞；b) 右洞

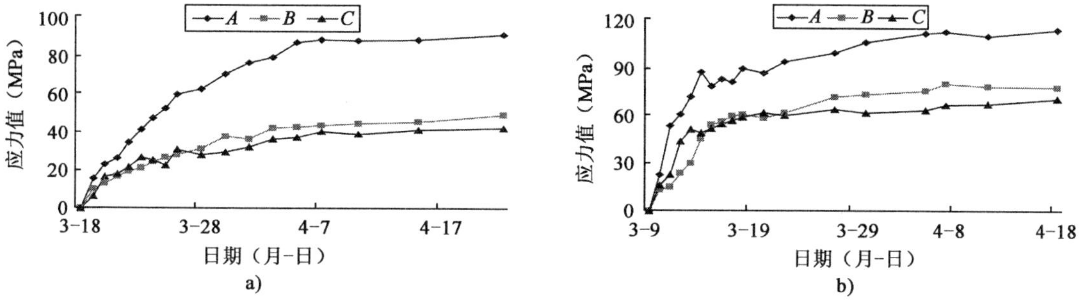

图 6-57　断面 8 钢拱架应力变化曲线

a) 左洞；b) 右洞

将各个断面的钢拱架应力值列于表 6-12 中。

连拱段钢拱架应力值（MPa）　　表 6-12

断面		*A*	*B*	*C*
4	左	96.52	26.38	63.20
	右	86.44	57.37	37.28
6	左	85.31	50.27	62.35
	右	81.22	66.51	70.30
8	左	90.66	48.91	42.31
	右	113.26	77.78	70.35

对监测数据进行分析，可以得到以下结论：

（1）钢拱架应力随时间增长，逐渐趋于稳定，实测最大稳定应力值出现在拱顶，拱腰和边墙相对较小。

（2）钢拱架最大应力约为 120MPa，小于最大容许应力，反映隧道连拱段钢拱架变形量不大，即围岩变形较小。

（3）钢拱架应力的稳定时间大都在 30d 左右，且走势比较平稳。

（4）钢拱架是一种刚度较大的支护，其内力由围岩挤压产生的变形引起，由于围岩变形具有不均匀性，钢拱架的内力分布也很不均匀。

(5)纵向比较，连拱段钢拱架受力比大拱段大，说明该段围岩变形较大拱段大，因此施加到钢拱架上的围岩压力也较大。

5. 松动圈范围测试

连拱段超声波波速曲线见图6-58。

在距孔口0～1.0m的区域内，围岩波速低于相关规范值及设计提供的参考值(3.4～3.8km/s)，并且距孔口1.0m以外的围岩波速开始逐渐提高，故隧道围岩的松动区范围在1.0m以内。纵向比较，连拱段围岩的松动区较大拱段小，这是因为连拱段每个开挖步的开挖面积都较大拱段小，所以单段装药量也较小，引起的施工爆破振动效应相应较弱。

6. 中隔墙压力监测结果及其分析

各断面中隔墙压力变化曲线见图6-59～图6-63。

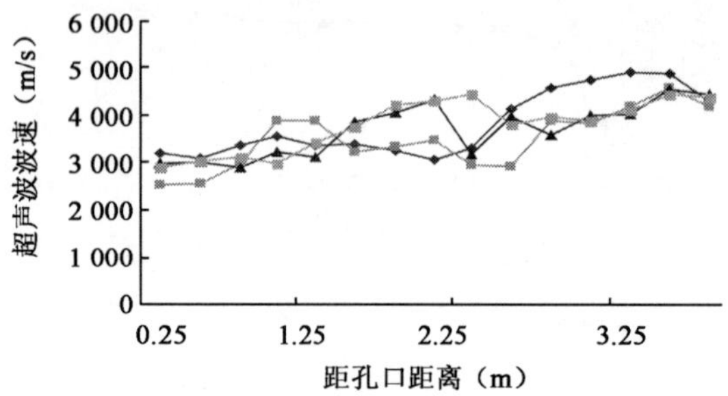

图6-58　连拱段超声波波速曲线

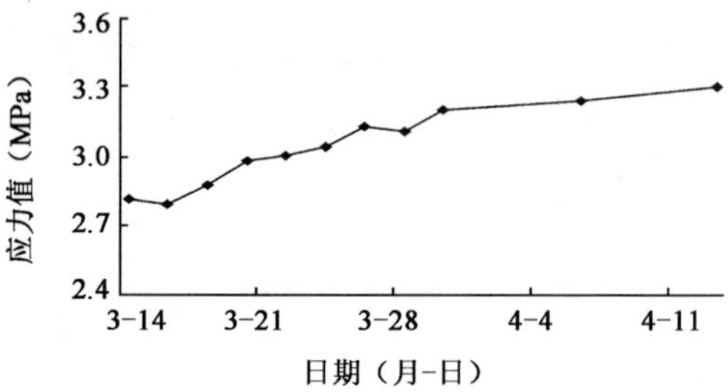

图6-59　断面4中隔墙压力变化曲线

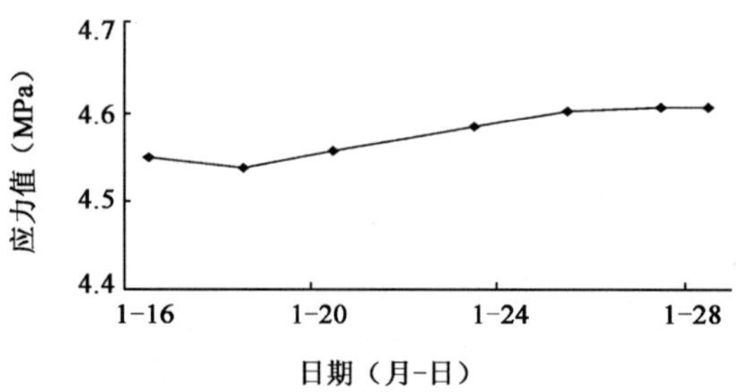

图6-60　断面5中隔墙压力变化曲线

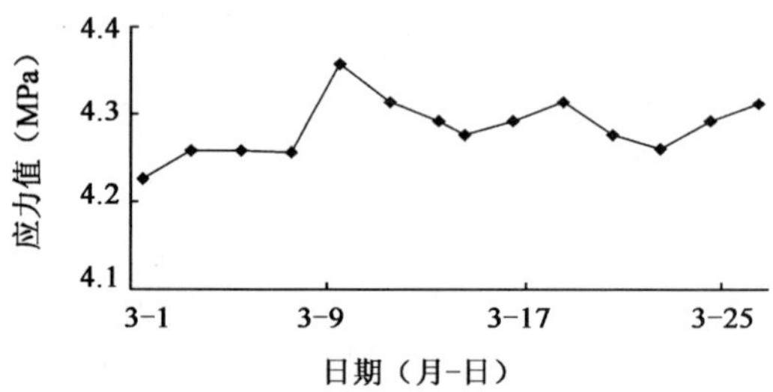

图6-61　断面6中隔墙压力变化曲线

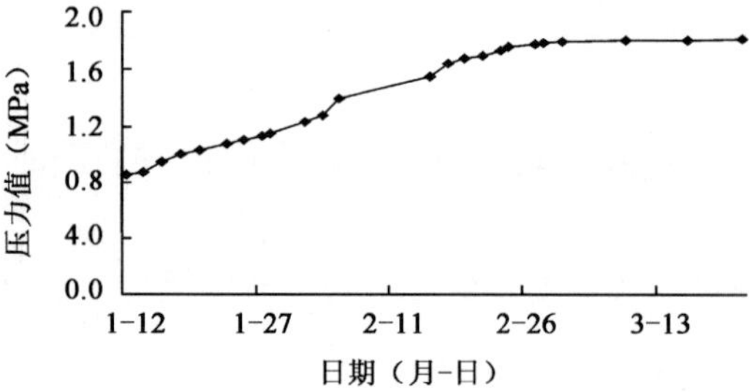

图6-62　断面7中隔墙压力变化曲线

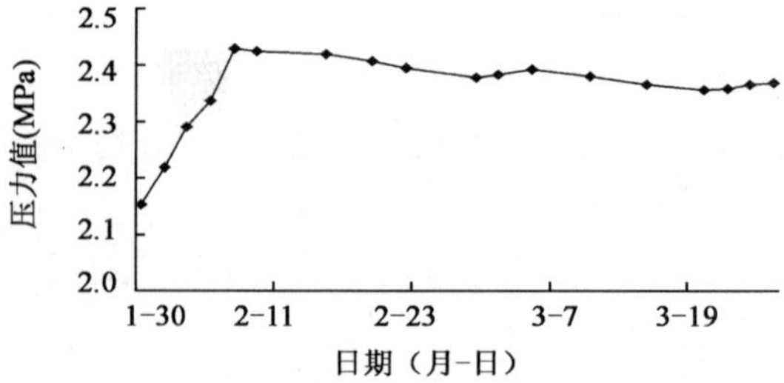

图6-63　断面8中隔墙压力变化曲线

将各个断面最终压应力值列入表6-13中。

中隔墙压应力值 表6-13

断 面	围岩级别	观测天数(d)	最终应力值(MPa)
4	Ⅳ	54	2.4
5	Ⅳ	75	1.8
6	Ⅲ	51	4.3
7	Ⅲ	62	4.6
8	Ⅲ	60	3.3

监测结果表明:中隔墙受力普遍较小,约为2~4 MPa,最大不超过5MPa;施工开挖引起了隧道围岩状态的调整,在曲线上表现为有一个明显的波动。但总体来说,中隔墙受力状况良好。

7. 支护压力监测结果及其分析

各断面的支护压力见图6-64~图6-66。

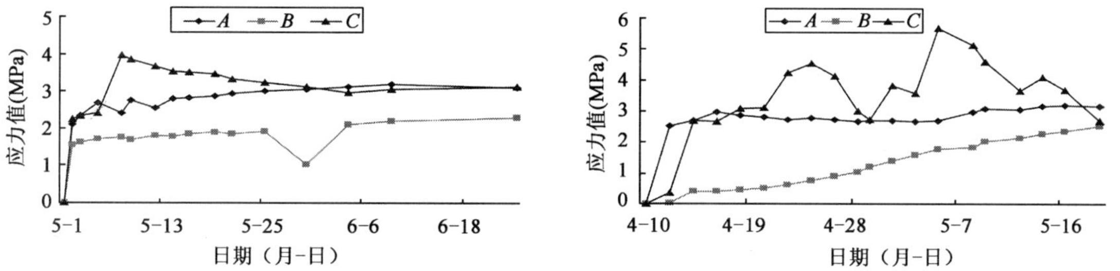

a) b)

图6-64 断面4支护压力变化曲线

a)左洞;b)右洞

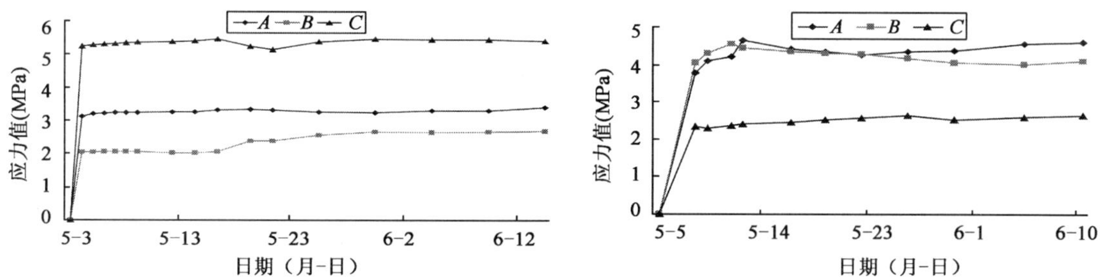

a) b)

图6-65 断面6支护压力变化曲线

a)左洞;b)右洞

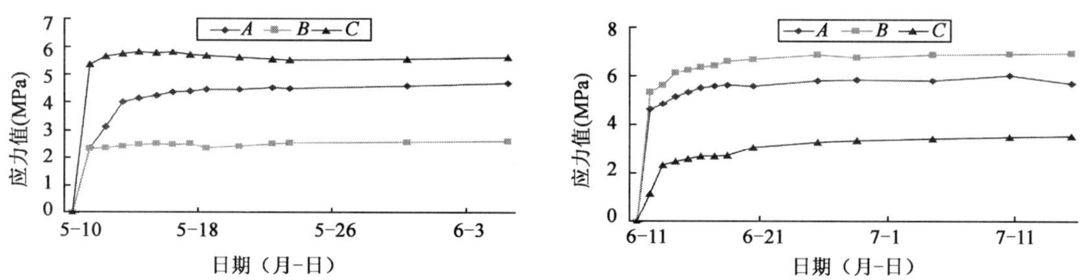

a) b)

图6-66 断面8支护压力变化曲线

a)左洞;b)右洞

将各个断面的支护压力列于表6-14中。

连拱段支护压力(MPa)　　表6-14

断　面		A	B	C
4	左	3.09	2.29	3.12
	右	3.16	2.52	2.69
6	左	3.40	2.68	5.41
	右	4.62	4.10	2.64
8	左	4.68	2.60	5.62
	右	5.68	6.95	3.52

从监测结果看,连拱段支护压力具有以下特点:

(1)支护压力一般很小,不超过7MPa,说明围岩变形已基本趋于稳定,初期支护承受了大部分围岩压力,二次衬砌施作时机的选择比较恰当。

(2)支护压力的量值随着时间推移不断增大,说明二次衬砌随着混凝土养护期的增长,强度储备的作用逐渐发挥。

(3)中隔墙附近由于受力较为复杂,围岩压力和变形较大,因此该侧支护压力较大,为施工中的关键部位。

8. 岩体内部位移

由于现场操作的原因,距孔口15m的测点受损,没能量测到位移数据,只有5m和8m的测点数据,见图6-67。

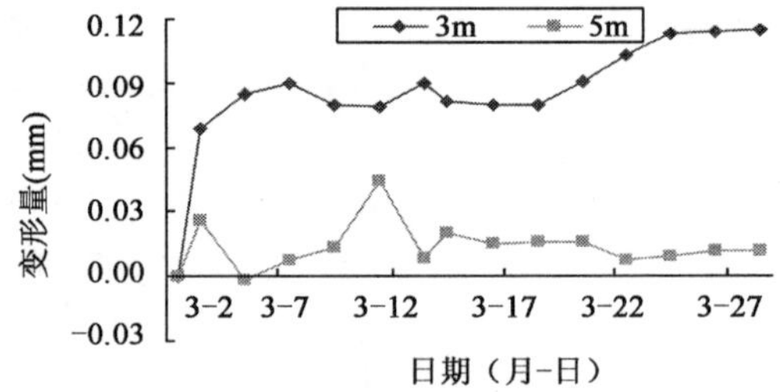

图6-67　岩体内部位移变化曲线

从图中可以看出:

(1)与隧道洞壁位移收敛值相比,深部围岩位移值较小。

(2)深部围岩的位移值随着与洞壁距离的增大而变小。

三、小净距段监测结果及分析

1. 位移收敛监测结果及其分析

小间距段监测断面9~12的监测结果如图6-68~图6-71所示。

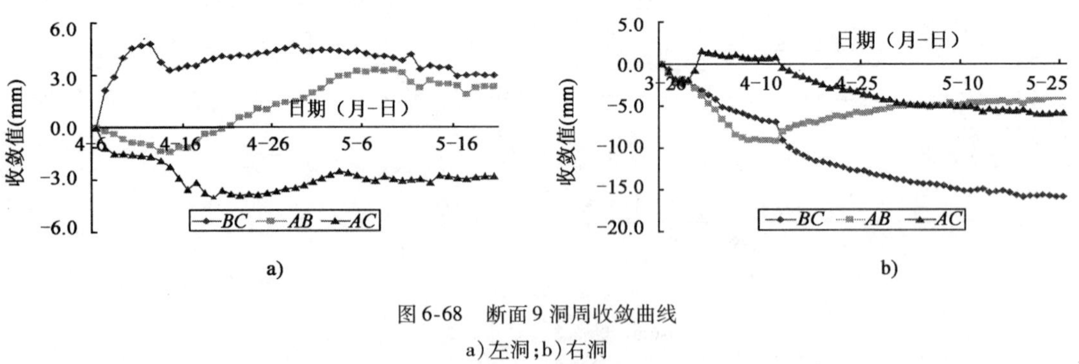

图6-68　断面9洞周收敛曲线

a)左洞;b)右洞

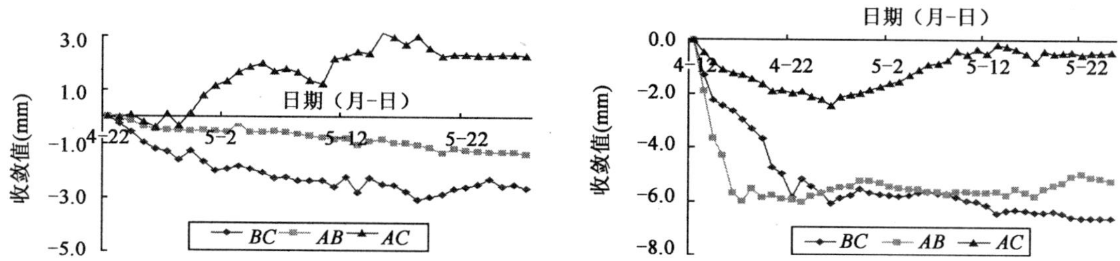

a) b)

图 6-69 断面 10 洞周收敛曲线

a) 左洞；b) 右洞

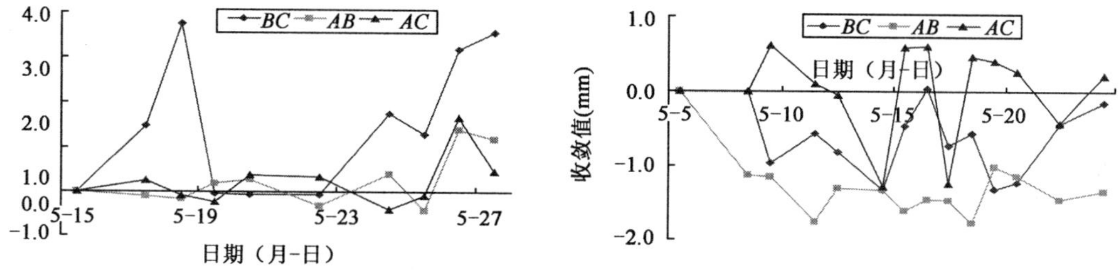

a) b)

图 6-70 断面 11 洞周收敛曲线

a) 左洞；b) 右洞

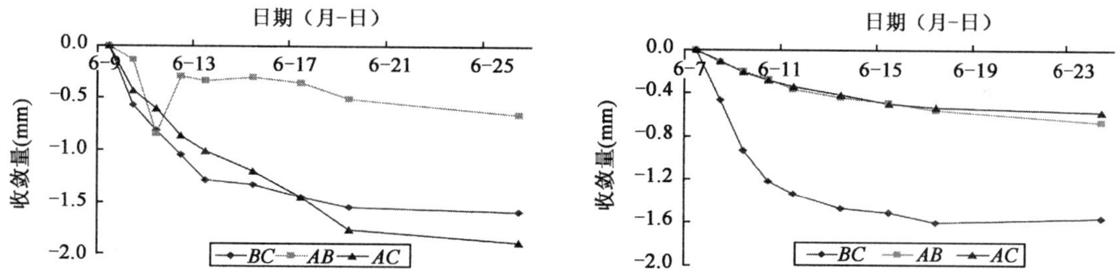

a) b)

图 6-71 断面 12 洞周收敛曲线

a) 左洞；b) 右洞

小净距段各断面最终收敛值列入表 6-15。

小净距段各断面测线收敛稳定值(mm) 表 6-15

断面		*AB*	*AC*	*BC*
9	左	2.981	2.358	-2.788
	右	-15.832	-3.935	-5.864
10	左	-2.625	-1.356	2.315
	右	-6.611	-5.232	-0.448
11	左	3.570	1.179	0.463
	右	0.325	-1.224	0.578
12	左	-1.585	-0.655	-1.878
	右	-1.559	-0.665	-0.579

从监测结果看，小净距段隧道洞周收敛表现出下列特点：

(1)从量值上分析，小净距段最大收敛值约为15mm，小于该类围岩的允许值。

(2)先行侧隧道围岩的变形要大于后行侧。这是由于后行侧隧道的开挖效应引起了先行隧道围岩状态的再次调整。

(3)该段开始部位收敛量较大，而在断面11之后收敛值较小，说明在该断面后，随着中间岩柱厚度的增加，两侧隧道间施工的相互影响逐渐减弱。

(4)整体来看，小净距段隧道围岩变形比大拱段和连拱段大，是整个分岔段隧道的薄弱部位，应该引起足够的重视。

2. 拱顶下沉监测结果及其分析

各断面拱顶下沉曲线见图6-72～图6-75。

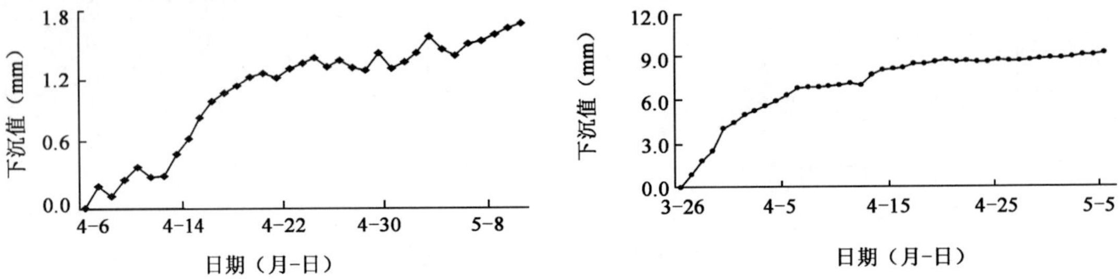

a)　　b)

图6-72　断面9拱顶下沉曲线

a)左洞；b)右洞

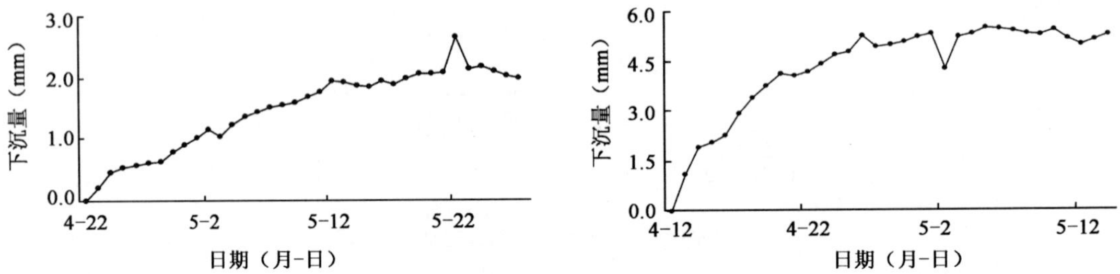

a)　　b)

图6-73　断面10拱顶下沉曲线

a)左洞；b)右洞

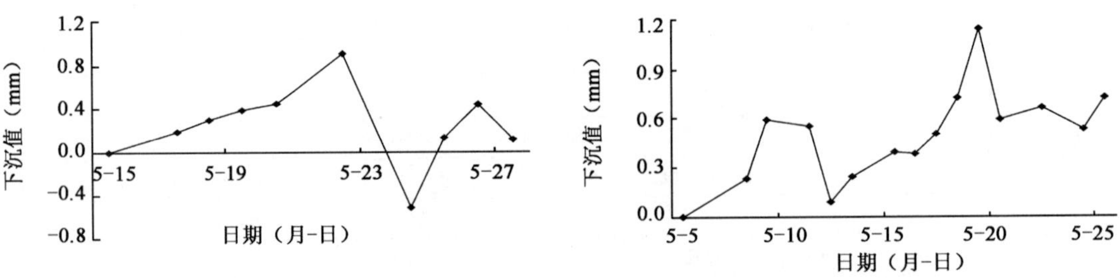

a)　　b)

图6-74　断面11拱顶下沉曲线

a)左洞；b)右洞

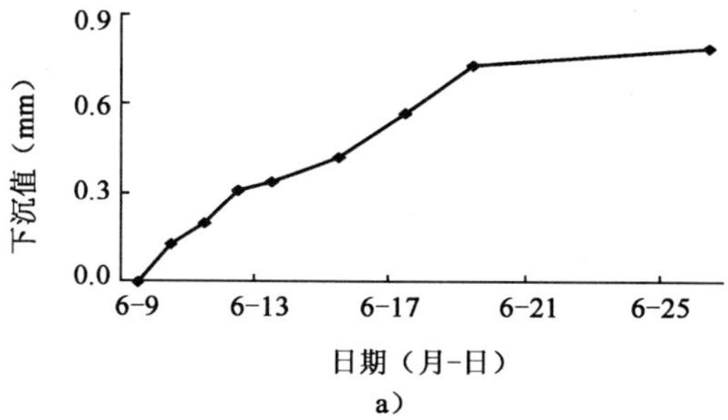

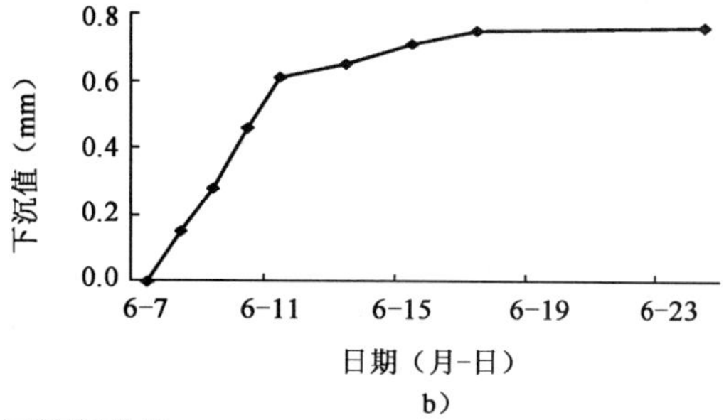

图 6-75 断面 12 拱顶下沉曲线

a)左洞;b)右洞

将各个断面拱顶最终下沉值列入表 6-16。

小净距段各断面拱顶下沉值 表 6-16

断面		观测天数(d)	下沉量(mm)
9	左	35	1.67
	右	41	9.27
10	左	36	1.98
	右	33	5.26
11	左	13	0.12
	右	20	0.72
12	左	17	0.79
	右	17	0.76

从监测数据来看，分岔隧道小净距段拱顶下沉具有以下的特点：

(1)从整体上看,各断面拱顶下沉值不大,小于该类围岩允许值,说明隧道围岩整体稳定,初期支护合理有效。

(2)从左右洞关系看,右洞下沉值较左洞大,反映了先行隧道受到了后行隧道的影响,围岩应力调整时间长,变形较大。

(3)纵向比较,该段围岩的开始部位是整个分岔段拱顶下沉值最大的部位,说明该段围岩比较薄弱,受开挖扰动程度大,为整个隧道的重点关注部位。

(4)与洞周收敛监测结果表现出一致性,从断面 11 开始围岩拱顶下沉曲线表现出分离段特点,说明从该断面开始,隧道间施工的相互影响已经逐渐变弱。

3. 锚杆应力监测结果及其分析

各断面不同部位的锚杆应力变化曲线见图 6-76 ~ 图 6-87。

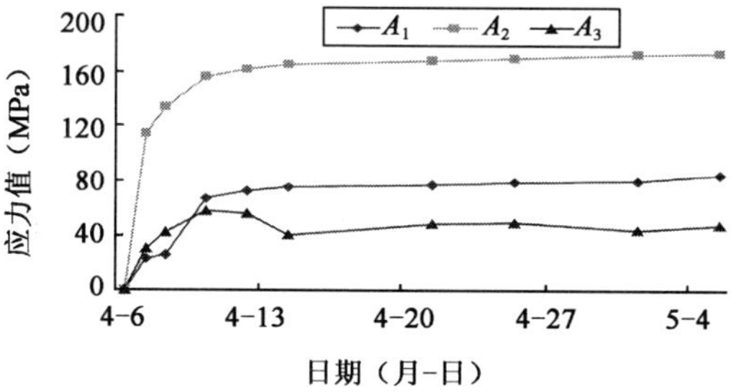

图 6-76 断面 9 左洞 A 锚杆应力变化曲线

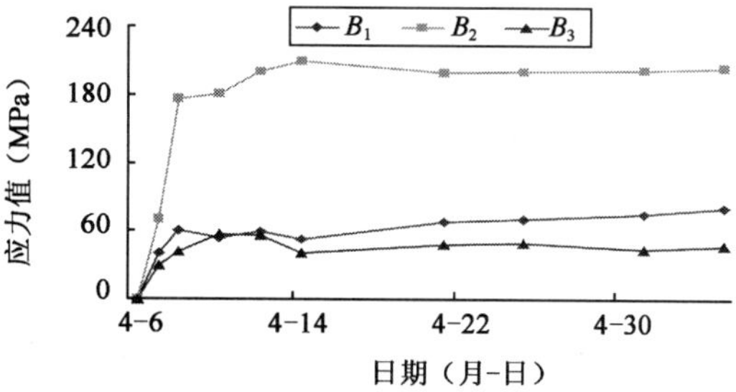

图 6-77 断面 9 左洞 B 锚杆应力变化曲线

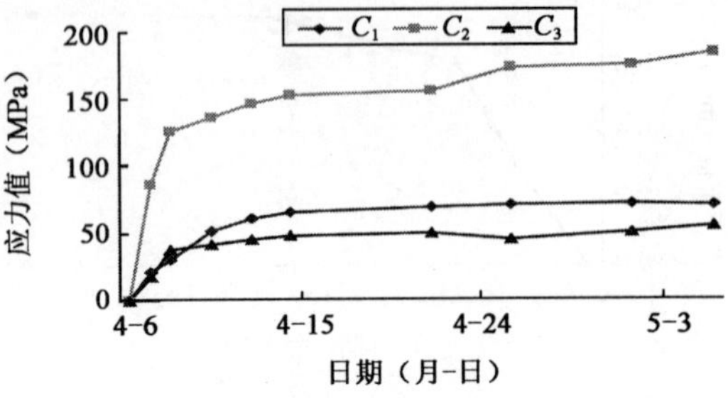

图 6-78　断面 9 左洞 *C* 锚杆应力变化曲线

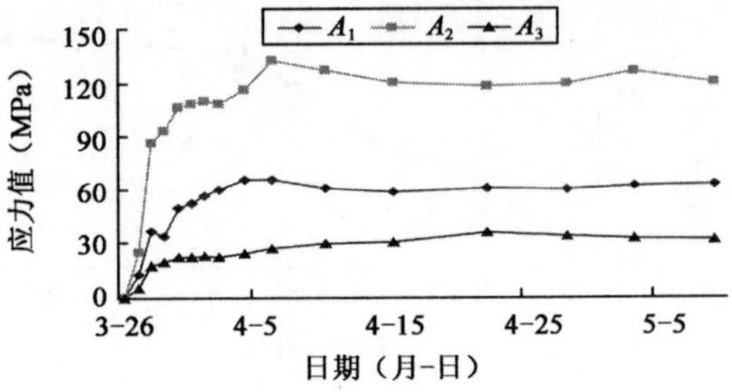

图 6-79　断面 9 右洞 *A* 锚杆应力变化曲线

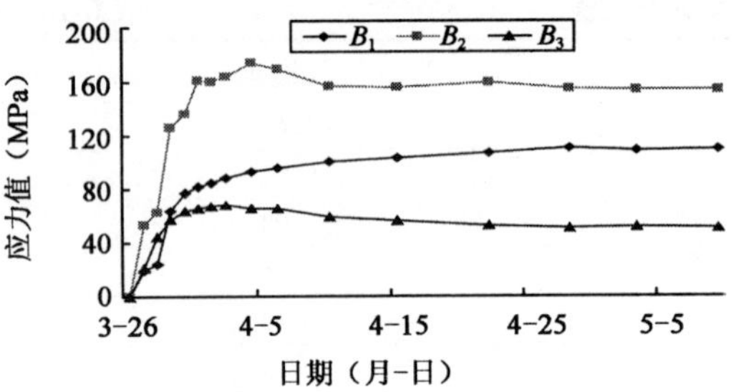

图 6-80　断面 9 右洞 *B* 锚杆应力变化曲线

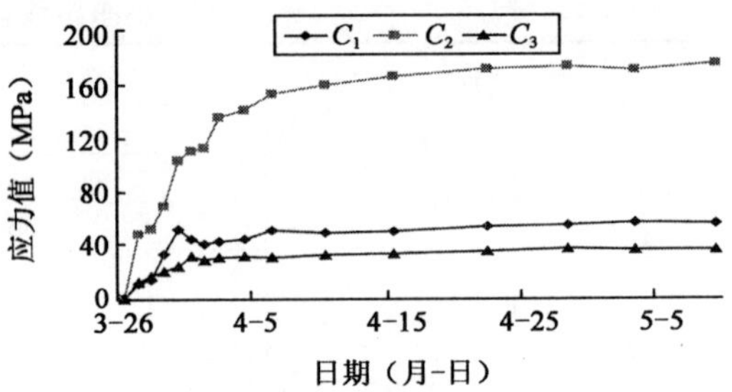

图 6-81　断面 9 右洞 *C* 锚杆应力变化曲线

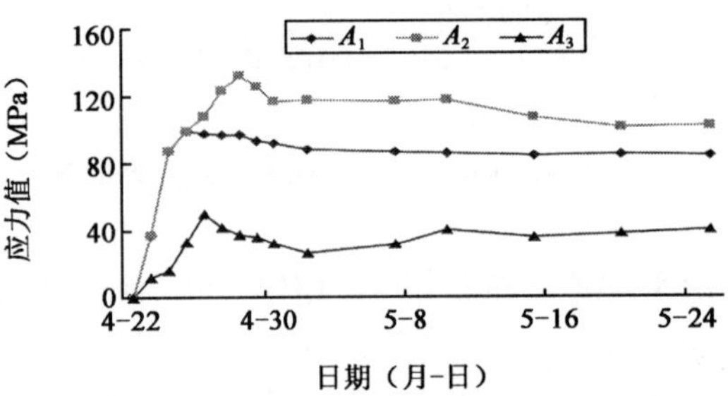

图 6-82　断面 10 左洞 *A* 锚杆应力变化曲线

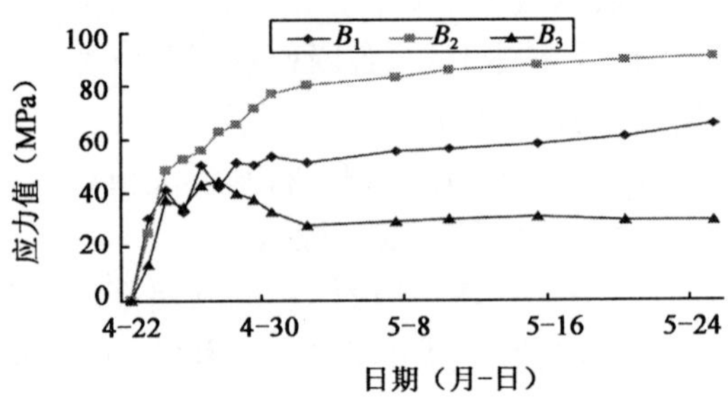

图 6-83　断面 10 左洞 *B* 锚杆应力变化曲线

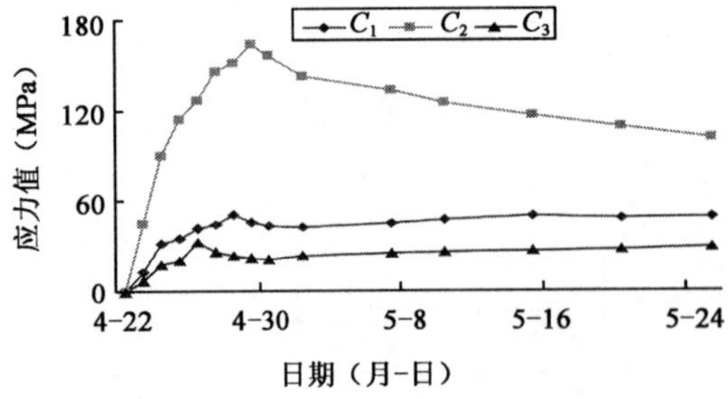

图 6-84　断面 10 左洞 *C* 锚杆应力变化曲线

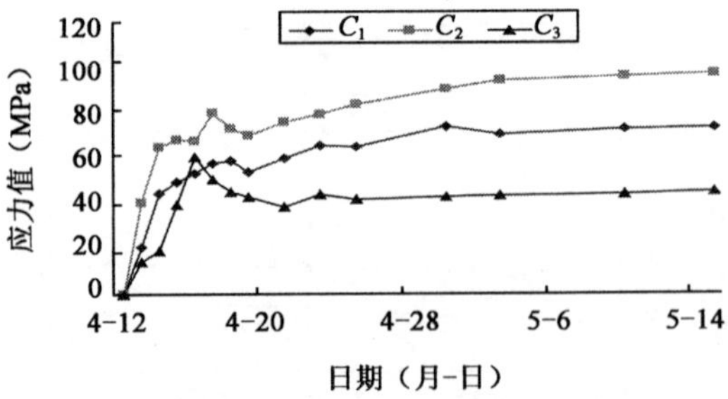

图 6-85　断面 10 右洞 *A* 锚杆应力变化曲线

将各个断面不同部位的锚杆最大应力列于表6-17中。

小净距段各断面锚杆最大应力值(MPa)　　表6-17

断面		A	B	C
9	左	173.41	203.54	183.26
	右	120.35	153.21	174.49
10	左	102.31	91.03	101.51
	右	80.65	41.36	102.35

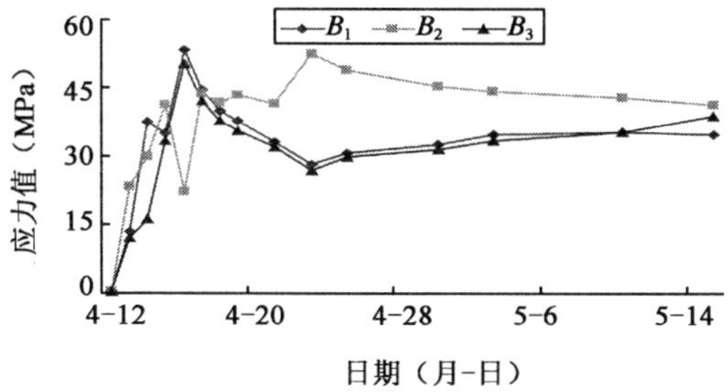

图6-86　断面10右洞B锚杆应力变化曲线

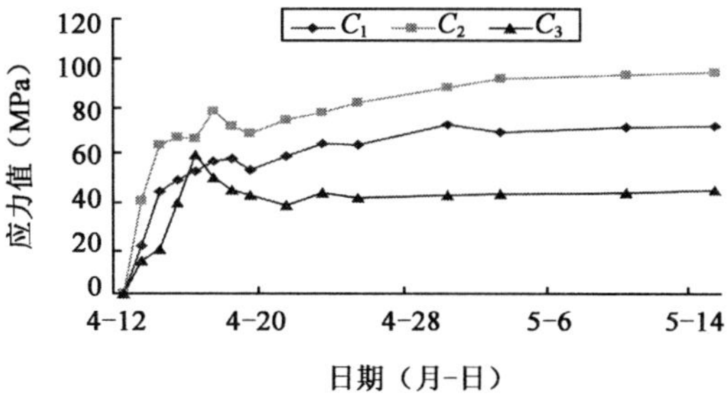

图6-87　断面10右洞C锚杆应力变化曲线

从实测数据来看,小净距段锚杆受力具有以下特点:

(1)锚杆拉应力最大值为203.54MPa,虽然小于允许值,但是安全储备较少,应该引起足够的重视。

(2)应力曲线变化过程较为复杂,且有明显波动出现,说明该段隧道围岩应力状态调整时间长且过程较为复杂。

(3)靠近岩柱一侧的锚杆受力较大,说明岩柱上方岩体稳定性较差,是整个小间距段较薄弱的部位。

(4)纵向来看,小净距段隧道开始部位的锚杆应力比大拱段和连拱段大很多,说明该段是整个分岔段最为薄弱的部位,在施工中必须重点关注。

4.钢拱架应力监测结果及其分析

各断面的钢拱架应力变化曲线见图6-88和图6-89。

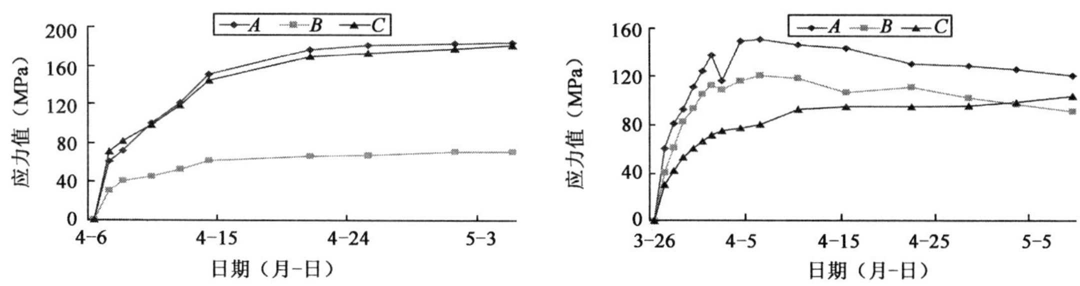

图6-88　断面9钢拱架应力变化曲线

a)左洞;b)右洞

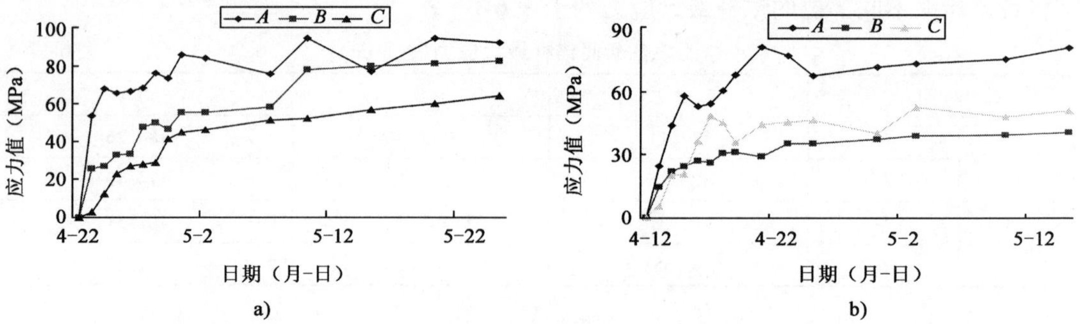

图 6-89 断面 10 钢拱架应力变化曲线

a)左洞;b)右洞

各个断面的钢拱架应力值如表 6-18 所示。

小净距段钢拱架应力值(MPa)　　表 6-18

断面		B	A	C
9	左	70.62	183.26	180.35
	右	91.31	120.32	103.20
10	左	82.35	92.32	64.32
	右	40.36	80.32	50.63

对监测数据进行分析,可以得出下面的结论。

(1)钢拱架应力随时间增长,逐渐趋于稳定。实测最大稳定应力值出现在拱顶,约为180MPa,小于钢拱架最大容许应力,拱腰和边墙处应力值较小。

(2)钢拱架是一种刚度较大的支护,其内力由围岩挤压产生的变形引起,由于围岩变形具有不均匀性,钢拱架的内力分布也很不均匀。

(3)纵向来看,小净距段钢拱架应力比大拱段和连拱段大,说明该段围岩变形较大,施加到钢拱架上的围岩压力较大。

5. 松动圈范围测试

小净距段超声波波速曲线见图 6-90。

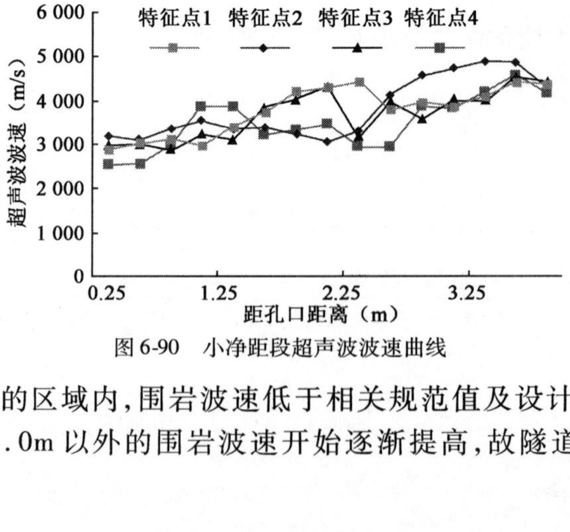

图 6-90 小净距段超声波波速曲线

在距孔口 0 ~ 1.0m 的区域内,围岩波速低于相关规范值及设计提供的参考值(3.4 ~ 4.8km/s),并且距孔口 1.0m 以外的围岩波速开始逐渐提高,故隧道围岩的松动区范围在

1.0m以内。纵向比较,小间距段围岩的松动区和连拱段相差不大,比大拱段小。这是因为虽然小间距段中间岩柱的支护强度比连拱段中隔墙大很多,但是小间距段开挖步的开挖面积都较连拱段大,较大的单段装药量引起强烈的爆破振动效应,二者相抵,松动圈的范围基本相同。

6. 支护压力监测结果及其分析

两个断面的支护压力变化曲线见图6-91和图6-92。

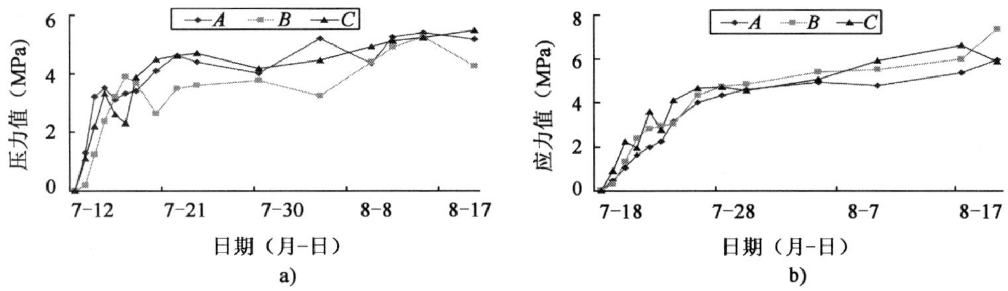

图6-91 断面9支护压力变化曲线

a)左洞;b)右洞

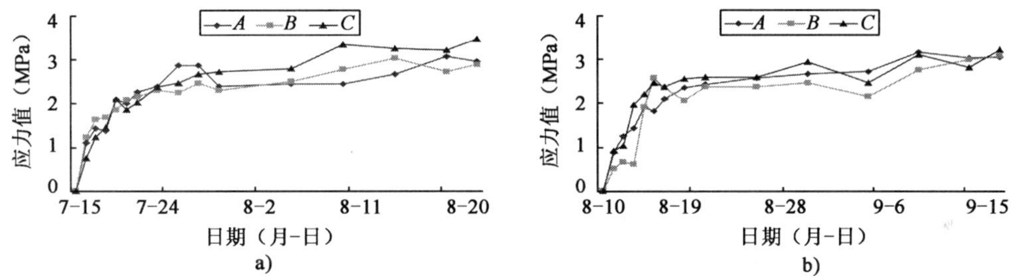

图6-92 断面10支护压力变化曲线

a)左洞;b)右洞

两个断面的支护压力见表6-19。

小净距段支护压力(MPa) 表6-19

断面		A	B	C
9	左	5.16	4.26	5.49
	右	5.96	7.35	5.88
10	左	2.96	2.89	3.46
	右	3.04	3.06	3.20

从监测结果看,小净距段支护压力具有以下特点:

(1)支护压力一般很小,不超过8MPa,说明围岩变形已基本趋于稳定,初期支护承受了大部分围岩压力,二次衬砌施作时机的选择比较恰当。

(2)支护压力的量值随着时间推移不断增大,说明二次衬砌随着混凝土养护期的增长,强度储备的作用逐渐发挥。

(3)中隔岩柱附近由于受力情况较为复杂,围岩压力和变形较大,因此靠近中隔岩柱处的支护压力较大,是现场施工和监测重点部位。

第三节 反分析理论

一、岩土体基本反演理论

1. 弹性问题的位移反分析

对于岩土工程中的弹性问题,由于问题本身的可逆性,一种最直观的思维即对所求的问题进行数学上的求逆,通常也称为逆反分析。

首先,将反分析计算中可作为输入信息的位移量、应变量、应力增量和弹性模量 E、泊松比 μ 及初始地应力分量 $\{P\}$ 之间的关系表示如下。

$$\begin{aligned} U_i^* &= f_i(E,\mu,\{P\}) \\ \varepsilon_i^* &= g_i(E,\mu,\{P\}) \\ \Delta\sigma_i^* &= h_i(E,\mu,\{P\}) \end{aligned} \tag{6-1}$$

式中:U_i^*、ε_i^*、$\Delta\sigma_i^*$——分别为在任意测点 i 的预定量测方向上获得的位移、应变和应力增量的量测值。

通常情况下,显示表达上面各式比较困难,工程中多借助有限元法、边界元法等数值方法,将其表示为离散格式。如对于有限元法,与位移量信息相应的基本方程为:

$$E[K]\{\delta\} = \{F\} \tag{6-2}$$

式中,刚度矩阵 $[K]$ 与泊松比 μ 及节点坐标位置有关,$\{F\}$ 为等效节点荷载。对于开挖问题,$\{F\}$ 与初始应力场 $\{P\}$ 相关,见式(6-3)。对于给定点的量测位移值 U_i^*,有如式(6-4)的插值转换关系。

$$\{F\} = [M]\{P\} \tag{6-3}$$

$$U_i^* = [L_u]\{\delta\} \tag{6-4}$$

代入有限元离散方程中,得到:

$$U_i^* = \frac{1}{E}[T_u]\{P\} \tag{6-5}$$

其中:$[T_u] = [L_u][K]^{-1}[M]$。

对应变量测信息 $\{\varepsilon^*\}$,应力增量量测信息 $\{\Delta\sigma^*\}$,类似的可以得到:

$$\{\varepsilon^*\} = \frac{1}{E}[T_\varepsilon]\{P\},\{\Delta\sigma^*\} = \frac{1}{E}[T_\sigma]\{P\} \tag{6-6}$$

式中,$[T_\varepsilon] = [L_\varepsilon][B][K]^{-1}[M]$,$[T_\sigma] = [D][L_\sigma][B][K]^{-1}[M]$,$[L_\varepsilon]$、$[L_\sigma]$ 分别为与应变、应力增量测量值相关的插值变换矩阵,$[D]$ 为弹性矩阵。

由下式:

$$[T] = \begin{bmatrix} [T_u] & -\{U^*\} \\ [T_\varepsilon] & -\{\varepsilon^*\} \\ [T_\sigma] & 0 \end{bmatrix},[X] = \begin{Bmatrix} \{P\} \\ E \end{Bmatrix},[H] = \begin{bmatrix} 0 \\ 0 \\ \{\Delta\varepsilon^*\} \end{bmatrix} \tag{6-7}$$

可以得到:$[T]=\{X\}\{H\}$。

当量测信息总数等于未知量个数时,上式有唯一解:

$$\{X\}=[T]^{-1}\{H\} \tag{6-8}$$

当量测信息总数大于未知量个数时,其解为:

$$\{X\}=([T]^{\mathrm{T}}[T])^{-1}[T]^{\mathrm{T}}\{H\} \tag{6-9}$$

由应变量测信息和应力量测信息,可以得到类似的转换关系,该式中,各系数矩阵在弹性条件下均为可逆矩阵,也即可利用现场量测位移信息建立方程组。当测量信息数等于未知量个数时,通过求逆可得到反演计算结果;当测量信息数大于未知量个数时,采用最小二乘法和求逆运算可以得到最佳逼近的弹性反演结果。

很明显,逆反分析在数学上的限制性要求是很强的,当逆矩阵不存在或严重病态时,逆反分析很容易失败,所以这种"苛刻"的计算方法在岩土工程中很少能获得应用。

2. 弹塑性问题的位移优化反分析

实际岩土工程中,大多数的岩土体材料理论上更接近弹塑性材料。弹塑性材料最大的特征是具有不可逆的塑性耗散和塑性变形,在数学上这使得弹塑性有限元只能采用增量形式,而类似于弹性有限元的全量、可逆的格式是不存在的。可见,弹塑性问题的位移反分析在理论上存在很大的困难,求解这类问题较现实的方法是采用一些实用的计算方法,如基于正算逼近的优化反演法。

优化反演是一种不同于逆反分析的正反分析方法。其基本思想是,以理论位移与实测位移之间的误差统计量为目标函数,在可行的样本空间(需要反演的参数空间)进行搜索寻优,直至找到一组反演参数,使得目标函数取最小值,则该组参数为最优结果。由于该类方法最终归结为数学上的最优化问题,故多被称为优化反演分析法。

对于类似弹塑性的非线性问题,优化反演目标函数常取:

$$J(x)=\sum_{i=1}^{N}[f_{\mathrm{i}}(x)-u_{\mathrm{i}}]^2 \tag{6-10}$$

$$J(x)=f(P,E,\mu,\varphi,c)$$

式中: P——初始地应力场;

E、μ、φ、c——分别为岩土体的弹性模量、泊松比、内摩擦角和内聚力;

$f_{\mathrm{i}}(x)$——围岩在第 i 个量测方向上发生的相对位移量的理论计算值,通常是初始地应力和各岩性参数的函数;

u_{i}——围岩在第 i 个量测方向上发生的相对位移量的实测值;

N——由现场获取的相对位移量测值的总个数。

从数学上讲,式(6-10)所表示的目标函数,其寻优过程一般可以采用各类优化算法进行,如牛顿类算法、梯度类算法、共轭方向类算法等。这些最优化方法通常要求目标函数必须是凸函数。对于一个复杂的函数,其凸性通常很难验证,对于弹塑性问题不难证明其目标函数也不是凸函数。因而,弹塑性优化反演分析最大的挑战即是:如何保证优化反演过程的可行性、稳定性及全局最优性。

二、岩土体系统辨识和参数辨识理论

岩土工程中的反问题,一般可分为系统辨识和参数辨识两类,这两类辨识问题在实践和数学上存在一定差别,也具有一定的类似性。

1. 系统辨识

系统辨识是通过量测系统的输入输出来确定这个系统的数学方程,即模型结构。为了得到这个模型,我们可以用各种输入来试探系统并观测其响应输出,然后对输入输出数据进行处理来得到模型。基于对系统的先验信息的了解程度,我们把系统辨识问题又分为“黑箱问题”和“灰箱问题”。

黑箱问题,也叫完全辨识问题,此种情况下,被辨识系统的基本特征是完全未知的。例如,系统是线性的还是非线性的,动态的还是静态的等,都一无所知,要辨识这类系统困难较大,目前尚无有效的方法。

灰箱问题,又叫不完全辨识问题,系统的某些基本特征为已知,这类问题当然比黑箱问题容易处理。实际工程中的问题多属于灰箱问题,这样系统辨识问题就逐渐简化为模型鉴别和参数辨识问题,而参数辨识问题是这类问题中最重要也是研究最成熟的部分。

可见,一般的系统辨识问题,最后也逐渐归结到相应的系统参数辨识上,所以下面将着重研究岩土体的参数辨识问题。

2. 参数辨识

参数辨识是在模型结构已知的情况下,根据能够量测的输入输出,来决定模型中的某些或全部参数。显然,量测中不可避免地存在误差,故求出的参数值只能是真实参数的估计值,所以很多文献中也称之为参数估计。

参数辨识理论的研究,在各个领域都引起了重视,如非线性拟合,非线性回归,参数优化,优化反演等,都与参数辨识紧密相关。

1)参数辨识的基本要素

(1)模型

模型的表达形式可以是概念性的,或物理、数学的,其结构形式也是多样的,可以是静态或动态的、线性或非线性的、确定的或随机的等。数学中各种代数方程、偏微分方程,岩土体中的本构模型、屈服函数、损伤演化方程等,都是典型的模型。模型是对实际系统“原型”的一种抽象。

(2)参数和状态

模型总存在着一些自变量、因变量以及一些常数。因变量也称为状态变量(或信号)。而常数多被称为参数,这些常数往往构成参数辨识的主要对象。显然,作为参数辨识输入项的状态变量,应该能较精确、方便地直接量测。如岩土体中的塑性应力应变状态,可以方便地被量测,多作为辨识输入项。而对应的本构关系曲线中的指数、常数,则是人们所关心的参量,且往往未知,需要通过用状态变量进行辨识。

(3)准则函数

参数辨识问题极少是唯一定解问题,而更多的是一个选优问题。为尽可能地克服模型的近似性和测量的误差,往往辨识输入的独立方程数远大于待辨识的参数个数,这是一个矛盾方程组,必须通过最优化算法来求得最优解。通常,把所使用的最优化准则称为准则函数或能量函数。参数辨识的目的归结于寻找一组参数使准则函数取极小值。

最常用的准则函数是最小二乘法：

$$J=\sum_{i=1}^{n}[y(t_i)-\eta(t_i)]^2 \tag{6-11}$$

式中：$y(t_i)$——已知的输出量测值；

$\eta(t_i)$——模型的响应输出，给定模型的结构，也就确定了 $\eta(t_i)$ 的函数形式。

目标函数 J 显然随着模型参数的变化而变化，即 J 是模型待辨识参数的函数，当 J 取最小值时，对应的参数即为最优参数。类似的准则还有加权最小二乘法等，该类准则一般也称为第一类准则函数。

第二类准则函数是以量测误差或参数的概率统计性质为基础，事先考虑了输入输出信号量测误差的统计特性，把待求参数作为确定性常数或随机变量。由于第二类准则考虑了统计特征，它能计算量测噪声对辨识参数的影响程度，其结果往往优于第一类，如最小方差法、极大似然法、贝叶斯法等。但基于该类准则的参数辨识同时也更复杂。

2）反问题参数识别的相关讨论

在弹性逆反分析中，$\{X\}=([T]^{\mathrm{T}}[T])^{-1}[T]^{\mathrm{T}}\{H\}$。当$[T]^{\mathrm{T}}[T]$为非奇异矩阵时，显然该式能辨识出所有的参数；而当$[T]^{\mathrm{T}}[T]$为奇异矩阵时，上式中逆矩阵不存在，即不能唯一地辨识出所有参数。对于实际工程中的一些问题，有时候不论怎样调整模型、测点，$[T]^{\mathrm{T}}[T]$始终是奇异的，则这类问题是不可辨识问题。而岩土工程中多数问题，当对模型、测点、待反演参数进行合理调配后，可以得到相应的辨识参数，即当合理选取各参数时，大多数岩土工程参数反问题是可辨识的。

与参数可辨识条件紧密相关的是灵敏系数。设有模型$\{H\}=f([T],\{x\})$，其中，$\{H\}$为输出矩阵，$\{x\}$为参数矢量，$[T]$为系数矩阵，则可将 f 关于第 i 个参数 x_i 的一阶导数称为参数 x_i 的灵敏系数，记为 $X_i=\dfrac{\partial f}{\partial x_i}$。在量测范围内，如果所有待求参数的灵敏系数互相线性无关，那么，量测值选择适当时可同时唯一地辨识出所有的参数；反之，如果参数的灵敏性系数线性相关，则不能同时唯一地辨识出所有的参数。

数学上，判别线性无关的关系式为：

$$\sum_{i=1}^{m}C_iX_{ki}=0 \qquad (k=1,2,\cdots,n) \tag{6-12}$$

式中：C_i——常数系数；

X_{ki}——各参量的灵敏度，$X_{ki}=\dfrac{\partial f(T_k,\{X\})}{\partial x_i}$.

如果存在 $C_i\neq0(i=1,2,\cdots,n)$，使得上式成立，则灵敏系数间线性相关；当所有 $C_i=0$ $(i=1,2,\cdots,n)$时，上式才成立时，则线性无关。

对于非线性问题的反分析计算，通常需要借助优化计算算法实现，其目标函数见式(6-11)。关于这类问题解的存在性和唯一性论证，在数学上已有定理阐明，即可以证明通过优化算法能得到局部极小点，而优化解唯一存在的条件是这个极小点必须是全局极小点。满足上面要求的充要条件是：

（1）自变量 x 的集合必须是凸集合；

（2）目标函数 $J(x)$应是与自变量的凸集合相应的凸函数。

但是，函数的凸性条件通常都不容易得到验证，特别是对于复杂的非线性岩土工程问题，甚至往往无法得到目标函数的显示表达，这对岩土工程研究人员来说是个很大的难题。实际工程中，很多问题的解答是客观存在的，但由于本构的非线性、复杂性，同时，存在不可避免的误差影响，导致反分析结果可能存在多极值、初值依赖、甚至病态的情况。也就是说，反问题参数辨识的适定性和稳定性，客观上取决于所选力学模型的正确性、合理性及现场测量数据的可靠性；在数学上主要归结于优化算法的适定性和健壮性，且要求算法对误差具有一定的抑制能力。

三、优化反演理论

1. 优化反演的基本流程

优化反演分析主要有两部分，即优化迭代算法和有限元正算。其中，有限元正算是优化算法工作量最大的部分，优化算法直接影响反演迭代的稳定性、全局最优以及反演效率。本小节将着重对各种优化算法进行探讨。图 6-93 是优化反演的一般过程。

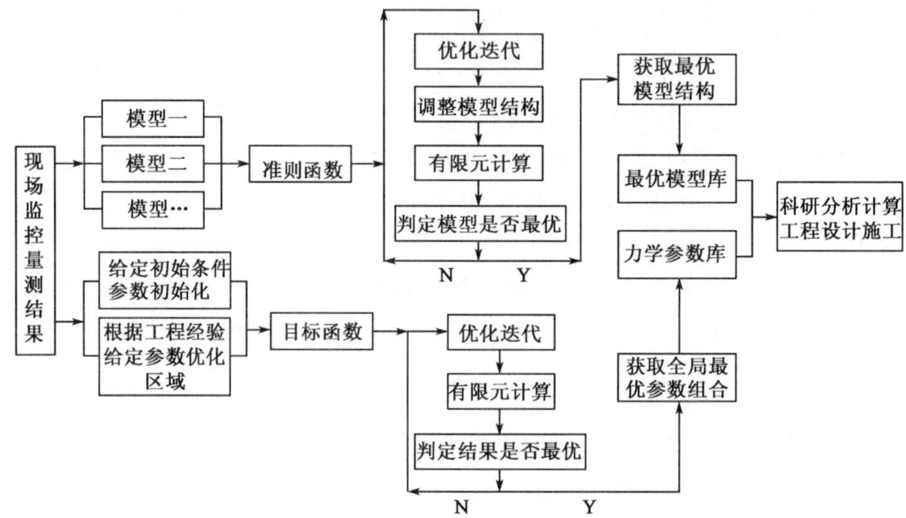

图 6-93　优化反演的基本流程

2. 常用优化数值算法介绍

(1) 梯度类算法

法国数学家 Cauchy 于 1847 年首先提出最速下降法，在每次迭代中，沿最速下降的方向（负梯度方向）进行迭代搜索，迭代公式为：

$$x^{(k+1)} = x^{(k)} + \lambda_k d^{(k)} \tag{6-13}$$

其中：$d^{(k)} = -\nabla f[x^{(k)}]$，$\lambda = f[x^{(k)} + \lambda_k d^{(k)}] = \min\limits_{\lambda \geqslant 0} f[x^{(k)} + \lambda_k d^{(k)}]$。

最速下降方向反映了目标函数的一种局部性质。从局部看，最速下降方向确实是目标函数值下降最快的方向，但从全局看，由于其严重的"锯齿"现象，即使向着极小点移动不太大的距离，也要经历很长的"弯路"，因此收敛速率大为减缓，也导致从全局看，它的收敛是比较慢的，通常把它用在计算过程的前期迭代。

(2) 牛顿迭代类算法

牛顿迭代类算法的基本思路是，给出一个二次函数局部的近似函数$f(x)$，然后求出此近似函数的极小点，从而得到迭代公式：

$$x^{(k+1)}=x^{(k)}-\nabla^{2}f(x^{(k)})^{-1}\nabla f(x^{(k)}) \tag{6-14}$$

为了克服牛顿法的各种缺陷，人们又陆续发展了多种改进的牛顿法，如阻尼牛顿法、Marquardt-Levenberg 修正方法和拟牛顿法（DFP、BFGS）等。

（3）共轭方向类算法

共轭方向法起源于扩张子空间定理，设有二次函数：

$$f(x)=\frac{1}{2}x^{\mathrm{T}}Ax+b^{\mathrm{T}}x+c \tag{6-15}$$

其中，A 是 n 阶对称正定矩阵，$d^{(1)}$、$d^{(2)}$、…、$d^{(k)}$是 A 共轭的非零向量，以任意 $x^{(1)}\in E^{n}$ 为初始点，依次沿方向 $d^{(1)}$、$d^{(2)}$、…、$d^{(k)}$进行一维搜索，得到 $x^{(2)}$、$x^{(3)}$、…、$x^{(k+1)}$，则 $x^{(k+1)}$是$f(x)$在线性流形 $x^{(1)}+\beta_{k}$ 上的唯一极小点。特别当 $k=n$ 时，$x^{(k+1)}$是函数$f(x)$在E^{n}中的唯一极小点，其中：

$$\beta_{k}=\{x\mid x=\sum_{i=1}^{k}\lambda_{i}d^{(i)},\lambda_{i}\in(-\infty,+\infty)\} \tag{6-16}$$

式（6-16）是 $d^{(1)}$、$d^{(2)}$、…、$d^{(k)}$生成的子空间。该定理表明，对于二次凸函数，若沿一组共轭方向搜索，经有限步迭代必达到极小点。这种性质称为二次终止性。

当把共轭性与最速下降方法相结合，利用已知点处的梯度构造一组共轭方向，并沿此组方向进行搜索，求出目标函数的极小点。这种方法当然具有二次终止性。比较经典的共轭方法有：Fletcher-Reeves 法、Daniel 法、Powell 法等。

3. 非数值类优化算法介绍

1）随机搜索类算法

Monte Carlo 随机搜索方法，又称随机抽样或统计试验方法，其基本思想是利用频率近似概率。一般 Monte Carlo 方法解题的步骤是：构造概率过程，实现从已知概率抽样，建立各种需要的估计量。

假定随机变量 $\theta(\omega)$的简单子样 $\theta(\omega_{1})$、$\theta(\omega_{2})$、…、$\theta(\omega_{N})$的算术平均值为 $\bar{\theta}_{N}=\frac{1}{N}\sum_{n=1}^{N}\theta(\omega_{n})$。由加强大数定理可知，$\bar{\theta}_{N}$ 以概率 1 收敛到所求近似解 Θ，即 $p(\lim\limits_{N\to\infty}\bar{\theta}_{N}=\Theta)=1$。

当给定置信区间后，Monte Carlo 方法的误差 $\varepsilon=X_{\alpha}\sigma/\sqrt{N}$。

α 与 X_{α} 服从正态分布 $N(0,1)$，可以通过查表得到。显然，要提高精度一位数字，就要增加约 100 倍的工作量。可见，通常 Monte Carlo 方法的工作量是巨大的。

2）遗传算法

遗传算法是解决搜索问题的一种通用算法，对于各种通用问题都可以使用。搜索算法的共同特征为：首先组成一组候选解，依据某些适应性条件测算这些候选解的适应度；根据适应度保留某些候选解，放弃其他候选解；对保留的候选解进行某些操作，生成新的候选解。在遗传算法中，上述几个特征以一种特殊的方式组合在一起：基于染色体群的并行搜索，带有猜测性质的选择操作、交换操作和突变操作。这种特殊的组合方式将遗传算法与其他搜索算法区别开来。

遗传算法还具有以下几方面的特点：

(1)处理对象不是参数本身，而是对参数集进行了编码的个体。此操作使得遗传算法可直接对结构对象进行操作。

(2)许多传统搜索算法都是单点搜索算法，容易陷入局部的最优解。遗传算法同时处理群体中的多个个体，即对搜索空间中的多个解进行评估，减少了陷入局部最优解的风险，同时算法本身易于实现并行化。

(3)遗传算法基本上不用搜索空间的知识或其他辅助信息，而仅用适应度函数值来评估个体，在此基础上进行遗传操作。适应度函数不仅不受连续可微的约束，而且其定义域可以任意设定。这一特点使得遗传算法的应用范围大大扩展。

(4)遗传算法不是采用确定性规则，而是采用概率的变迁规则来指导其搜索方向。

(5)具有自组织、自适应和自学习性。遗传算法利用进化过程获得的信息自行组织搜索，硬度大的个体具有较高的生存概率，并获得更适应环境的基因结构。

3)进化规划

进化规划是由 Fogel 在 20 世纪 60 年代提出来的，是一种基于自然选择和遗传变异等生物进化机制的全局性概率搜索算法。虽然它与遗传算法有许多共同之处，但不像遗传算法注重父代与子代的遗传细节上的联系，而是把重点放在父代与子代的表现行为上。进化规划和遗传算法均含有并行算法机制，有较好的全局性能，所以都适合于解决传统方法难以解决的问题。但是它们有各自不同的侧重点，遗传算法强调编码后的空间，性能的改进主要在此空间内通过交换操作进行，而在很多情况下，不同的编码方式可能会影响到最优解的求解。另外，遗传算法的交换操作也会扩大搜索空间，产生不可行解，并对不可行解进行修补，修补过多也会造成算法效率的低下。进化规划强调群体层次的进化，它直接在解空间进行优化搜索，因而就没有编码、译码问题，而且进化规划中没有交换操作，性能的改进主要通过变异操作，因而也不会遇到遗传算法中交换操作的问题，另外，进化规划搜索解的过程比较平稳。因此，进化规划更适合于求解结构不固定的优化问题。

4)蚁群算法

研究表明，蚂蚁在觅食途中会留下一种外激素，蚂蚁利用外激素与其他蚂蚁交流、合作，找到较短路径。经过某地的蚂蚁越多，外激素的强度越大。蚂蚁择路偏向选择外激素强度大的方向。这种跟随外激素强度前进的行为会随着经过蚂蚁的增多而加强，因为通过较短路径往返于食物和巢穴之间的蚂蚁能以更短的时间经过这条路径上的点，所以这些点上的外激素就会因蚂蚁经过的次数增多而增强，这样，就会有更多的蚂蚁选择此路径，这条路径上的外激素就会越来越强，选择此路径的蚂蚁也越来越多，直到最后，几乎所有的蚂蚁都选择这条最短的路径。其思想是一种正反馈现象。

4. 对各种优化算法的一些讨论

通过以上一些介绍，不难发现常规数值算法的一些基本特性。

(1)通用性：只要给定组合优化问题的实例 f，初始解 S，迭代产生器和领域结构，就能实现算法。

(2)灵活性：可以选用不同机制的产生器，设定不同负责程度的领域结构。

(3)最终解是某个局部最优解：由于大多数情况下，无法设定恰当的邻域结构，因此一般不能保证最终解的质量。

(4)最终解的质量还依赖于初始解的选择,对于大多数组合优化问题,不存在选择初始解的准则,算法执行时的初始解往往是随机选取的,它可能导致低质的最终解。

(5)算法的时间负责性取决于问题的性质与领域结构的复杂程度。对许多问题来说,其时间负责性很难确定。

所以,在保持局部搜索算法通用性和灵活性的前提下,有必要对它进行改善,以期获得高质量的最终解。对于如图6-94所示的多峰函数寻优问题,必须采用全局优化型算法,才可能得到正确的优化解。即在全局解域上,进行全局搜索,使其结果逐渐落入一个局部领域——准最优解领域(吸引域)。而此时在该局部领域,如果继续采用全局算法,其效率是很低的,所以直观的想法就是转用常规的局部算法,快速收敛到全局最优。这种算法的核心思想即:全局优化能力结合局部快速收敛。这种优化算法在岩土体参数反演中具有较显著的优点和适应性。

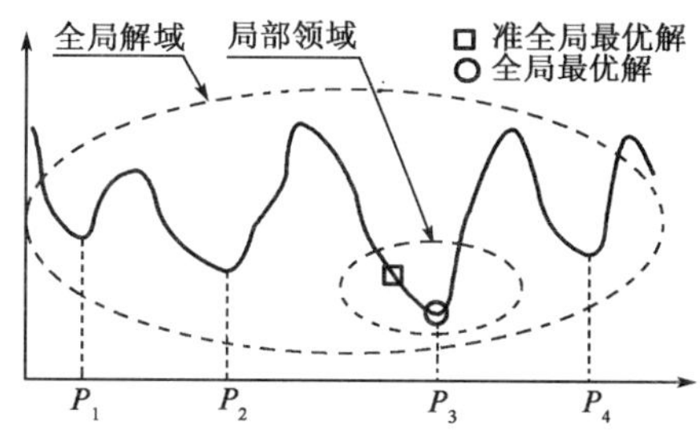

图6-94　混合型模拟退火算法思想

从数学角度讲,实现全局优化的随机算法可分为两大类:一类是通过遍历搜索方式,如遗传算法GA、模拟退火算法SA等;另一类是通过定向推进的方式,如广义的遗传算法(GGA)等。在通往最优化的道路计算智能研究中,目前有两种随机优化算法非常流行,即Metropolis的模拟退火算法(SA)和Holland的遗传算法(GA)。

SA模拟的是金属材料加工后的退火过程,GA模拟的是生物自然进化过程。从模拟的对象看,两者几乎没有任何共同之处。但从算法本身的形式结构看,两者则及其相似。SA借助于产生函数确保状态空间各点的概率可达性,通过选择算子模拟平衡态,通过接受算子的定向变化保证算法迭代进程的方向性。而GA则通过交换算子和突变算子的协同作用确保状态空间各点的概率可达性,通过选择算子的作用保证算法迭代进程的方向性。

前面我们已经简单介绍了遗传算法,下面将重点介绍本章中拟采用的模拟退火类算法。SA类方法算法简单,稳定性良好,尤其对于岩土体参数优化反演,SA算法具有良好的适应性。

5. 模拟退火算法基本原理

模拟退火(Simulated Annealing)由物理化学的退火过程类推得来,它由Metropolis算法和退火过程组成。Metropolis算法由Metropolis于1953年提出,这是一种改进的Monte Carlo方法,该方法早期是用来进行在给定温度下原子达到平衡状态的随机仿真计算。“退火”是热力学物理术语,意为对物体加温后再冷却的处理过程。加温时,固体内部粒子随温升变为无序状,内能增大,而徐徐冷却时粒子却渐趋有序,在每个温度都达到平衡态,最后在常温时达到基态,内能减为最小。借鉴这种思想,可得到解组合优化问题的模拟退火算法。

首先,系统在高温下进行搜索,此时各种状态出现的概率相差不大,可以很快进入“热平衡状态”,这是一种粗搜索,也就是大致找到系统的低能区域;随着温度的逐渐降低,各状态出现的概率差距逐渐扩大,搜索精度不断提高,这就可以越来越准确地找到网络能量函数的全局最小点。

模拟退火算法与传统迭代最优算法相比的优点在于:

(1)当系统在非零温度下,从局部最优中跳出是非常可能的,因此不会陷入局部最优。

(2)系统最终状态的总特征可以在较高温度下看到，而状态较好的细节却在低温下表现，因此，模拟退火是自适应的。

SA 算法的具体步骤如下：

(1)给定模型每一参数变化的范围，在其中随机生成初始模型 m_0，并计算相应的系统能量函数值 $E(m_0)$。

(2)对当前 m_0 进行扰动产生新模型 m，得到新能量值 $E(m)$，并有 $\Delta E = E(m) - E(m_0)$。

(3)按 Metropolis 接受准则抽样。当 $\Delta E < 0$ 时，接受新模型；当 $\Delta E > 0$ 时，按概率 $P = \exp(-\Delta E/T)$ 进行接受，其中 T 为温度。接受新模型以后，$m_0 = m$，$E(m_0) = E(m)$。

(4)恒温 T 下，让系统重复扰动和接受，即循环 2、3 过程，使得系统逐渐趋于平衡稳定。

(5)退火，降低温度，重复步骤(2)~(5)，直到满足收敛条件，即可认为收敛到全局最小。通常降温方式为：$T = \eta \cdot T_0$，η 为衰减降温因子，一般可取 $\eta = 0.8 \sim 0.99$。

1)快速模拟退火算法

上述 SA 方法中，扰动分布采用的是随机高斯分布，如果采用依赖于温度的似 Cauchy 分布产生扰动模型，将会获得更高的计算效率。这称为非常快速模拟退火算法(VFSA)，其扰动模型为：

$$m = m_0 + y(B - A) \tag{6-17}$$

$$y = T\mathrm{sgn}(\mathrm{rand} - 0.5)\left[\left(1 + \frac{1}{T}\right)^{|2\mathrm{rand} - 1|} - 1\right] \tag{6-18}$$

式中：A、B——模型的下界和上界；

sgn——符号函数；

T——温度；

rand——0 ~ 1 之间的随机数。

采用似 Cauchy 分布函数的优点是：在高温下进行大范围搜索，在低温时搜索在当前附近进行，而且 Cauchy 分布“尾巴”很平坦，这使其能迅速跳出局部极值。这一改进极大地提高了 SA 算法的收敛速度。对于非常快速模拟退火方法，一般采用 Ingber(1989 年)提出的快速退火方式：

$$T_n = T_0 \exp(-CN^{1/D}) \tag{6-19}$$

式中：C——常数；

N——迭代次数；

D——反演参数的规模。

通常也可以取其近似表达为：

$$T_n = \frac{T_0}{N} \tag{6-20}$$

2)混合型快速模拟退火

在对问题的领域知识了解很少的情况下，采用非常快速模拟退火算法最合适，因为它不像传统的确定型启发式算法，需要依赖于问题的邻域知识来提高算法的性能。但另一方面，当获得求解问题的一些信息后，SA 型算法还是无法充分利用它们，这使得 SA 型算法的优点成为了缺点。所以各种 SA 算法，如果要获得严格的全局最优解，仍需要耗费大量的随机搜索时间。当前很多的商业软件都不是单一的 SA 型算法，如七维高科有限公司的一套数学优化分析综合工具软件包 1stOpt，采用的是通用全局优化算法混合局部算法，实现无需初值的非线性全局优化。

我们将把常规的局部快速收敛算法（如 BFGS、Powell 算法等）和具有快速全局搜索能力的 VFSA 算法结合起来，从而获得一种高效率、高精度的混合型快速模拟退火算法。该方法的基本思路是 VFSA 算法和局部算法交替执行：

（1）首先，产生一个任意的随机初始值。

（2）执行自适应快速模拟退火算法，获得近似（次）全局最优解。

（3）将上一步产生的解作为局部算法的初始值，执行局部算法，搜索求解空间的谷底。

（4）获得更高精度的全局最优解，结束算法。

对于大规模、高维数问题，还可以采用记忆存储或回火等过程，循环执行该算法。实际操作中，这种算法一般能较快收敛到全局最优解。

3）混合型快速模拟退火算法实例验证

为了验证混合型 VFSA 算法的有效性，针对经典的全局搜索问题，对其进行测试，测试结果显示良好。图 6-95 为旅行商问题（TSP）的解答，得到的结果非常接近全局最优解，且寻优速度也较快；图 6-96 为驼峰形函数问题（Camel）的解答，得到的结果中，100 次搜索中，仅有 3 次陷入局部最小解。可见，VFSA 的全局搜索能力是比较强大的，总体上看，混合型 SA 算法的全局优化能力较好，同时效率较高。

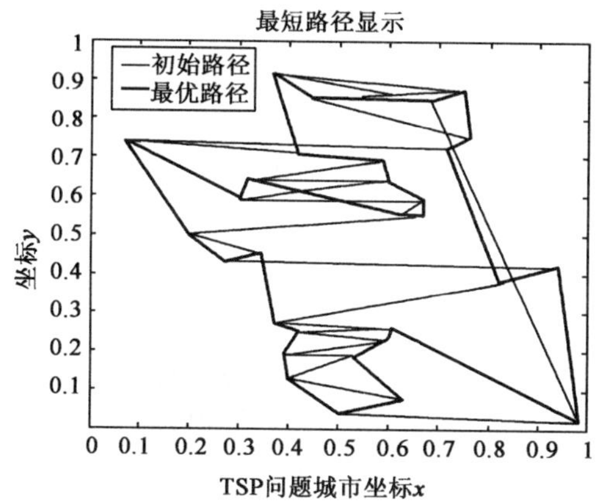

图 6-95 TSP 问题全局寻优

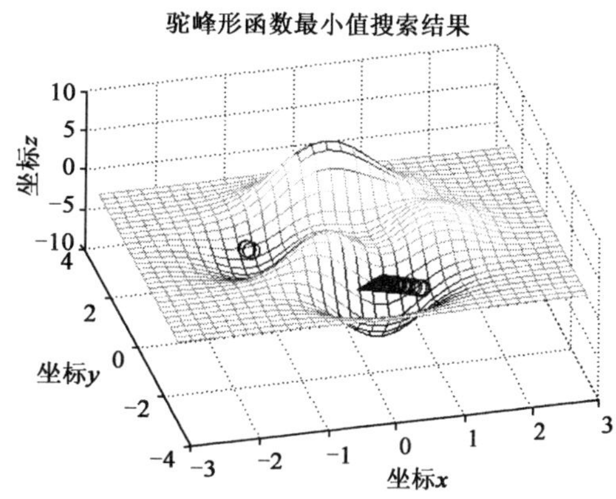

图 6-96 Camel 问题全局寻优

四、人工神经网络基本理论

1. 人工神经网络基本介绍

1）人工智能若干基本概念及其发展

智能是人类个体有目的的行为、合理的思维以及有效的适应环境的综合性能力。人类个体的智能是一种综合性能力。

人工智能（Artificial Intelligence）是相对于自然智能（即人脑智能）而言。它研究的是怎样利用机器模仿人脑从事推理、规划、设计、思考、学习等思维活动，解决现在人类认为需要由专家才能处理好的复杂问题。通俗点说，就是由计算机来表示和执行人类的智能活动，其目标是利用各种自动机器或智能机器模仿、延伸和扩展人的智能，实现某些“机器思维”或脑力活动自动化。

岩石力学反馈分析的智能化研究是应用人工智能的思想，采用人工智能技术，研究智能化的力学分析与计算模型，研制具有感知、推理学习、联想、决策等思维活动的计算机综合集成智能系统，解决须要专家才能处理的岩体力学问题。

人工神经网络(Artificial Neural Network)是人工智能中最富有活力的方法之一。人工神经网络是一门高度综合的交叉学科，它的研究和发展涉及神经生理科学、数理科学、信息科学和计算机科学等众多学科领域。人工神经网络的探索性研究开始于20世纪40年代，但在国内土木工程界，较早从事神经网络在本学科应用研究工作的是石成钢和刘西拉，他们在20世纪90年代初采用人工神经网络方法处理了震中烈度与震级的关系，主要是在网络学习过程中，用过滤法解决样本的冲突问题，计算结果具有较高的精度。许多学者也都已经意识到神经网络在岩土工程中将会得到广泛的应用，从20世纪90年代初到现在，神经网络不断地被应用到岩土工程的许多问题中去，也取得了不少成果。

2)生物神经元模型

在人类的大脑皮层中，大约有100亿个神经元，60万亿个神经突触以及它们的连接体。单个神经元处理一个事件需要10^{-3}s，而硅芯片处理器处理一个事件只需10^{-9}s。但人脑是个非常高效的结构，大脑每秒钟每个动作的能量约为10^{-16}J，而当今性能最好的计算机进行相应的操作需要10^{-6}J。

大脑中的神经元是基本的信息处理单元。生物神经元主要由树突、轴突和突触组成，其结构示意图见图6-97。树突是由细胞体向外伸出的，有不规则的表面和许多较短的分支，相应于信号的输入端，用于接受神经冲动。轴突是由细胞体向外伸出的最长的一条分支，即神经纤维，相应于信号的输出电缆，其端部的许多神经末梢为信号的输出端子，用于传出神经冲动。神经元之间通过轴突(输出)和树突(输入)相互连接，其接口为突触，每个细胞有1 000～10 000个突触。神经元将得到的电信号转化为化学信号，再将化学信号转换为电信号输出。它相应于双接口设备，具有加强兴奋或抑制作用，但两者不能同时发生。细胞膜内外有20～100mV的电位差，称为膜电位。膜外为正，膜内为负。

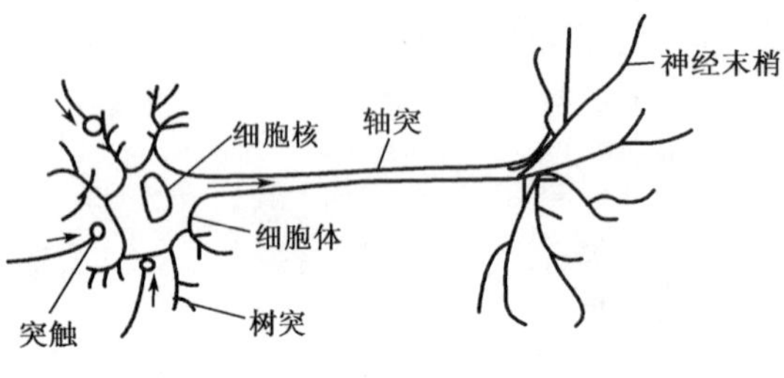

图6-97 生物神经元结构

神经元作为信息处理的基本单元，具有如下的重要功能。

(1)可塑性：反映在新突触的产生和现有神经突触的调整上，可塑性使得神经网络能够适应周围的环境。

(2)时空整合功能：时间整合功能表现在不同时间、同一突触上；空间整合功能表现在同一时间、不同突触上。

(3)兴奋与抑制状态：当传入的时空整合结果使细胞膜电位升高，超过被称为动作电位的阈值(约40mV)时，细胞进入兴奋状态，产生神经冲动，由轴突输出；同样，当膜电位低于阈值时，无神经冲动输出，细胞出于抑制状态。

(4)脉冲和电位转换：沿神经纤维传递的电脉冲为等幅、恒宽、编码(60～100mV)的离散脉冲信号，而细胞电位变化为连续信号，在突触接口处进行“数/模”转换。神经元的轴突非常长和窄,具有电阻高、电压大的特性,因此轴突可以建模成阻容传播电路。

(5)突触的延时和不应期:突触对神经冲动的传递具有延时和不应期,在相邻的两次冲动之间需要一个时间间隔。在此期间对激励不响应,不能传递神经冲动。

(6)学习、遗忘和疲劳:突触的传递作用有学习、遗忘和疲劳过程。

3)人工神经元模型

人工神经网络是由大量处理单元广泛互连而成的网络,是人脑的抽象、简化和模拟,反映人脑的基本特征。通常人工神经元具有以下三个要素:

(1)具有一组突触或连接:常用 w_{ij} 表示神经元 i 和神经元 j 之间的连接强度,或称之为连接权值。与人脑神经元不同,人工神经元权值的取值可在负值与正值之间。

(2)具有反映生物神经元时空整合功能的输入累加器。

(3)具有一个激励函数限制神经元输出。激励函数将输出信号进行压缩(限制在某个允许范围内,使其成为有限值,通常神经元的输出区间为[0,1]或[-1,1])。

一个典型的人工神经元模型如图 6-98 所示。

激励函数可取不同的函数,通常有阈值函数、分段线性函数、Sigmoid 函数,在岩土工程 Sigmoid 函数被广泛使用。

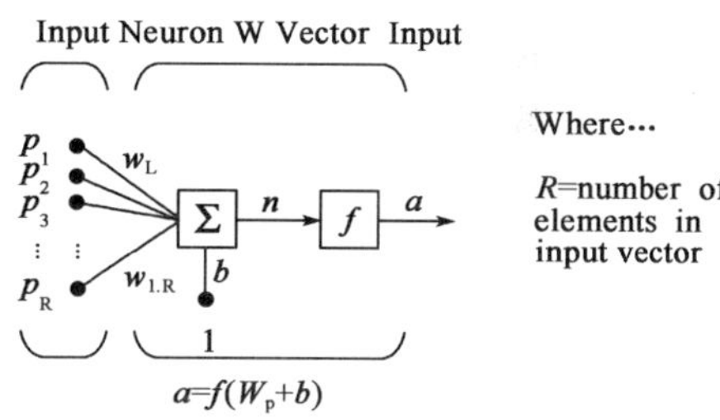

图 6-98 人工神经元模型

2. BP 神经网络的基本理论

1)BP 神经网络的基本思想

20 世纪 80 年代中期,David Rumelhart、Geoffrey Hinton 和 Ronald Williams、David Parker 等人,分别独立发现了 BP 算法。1986 年 Rumelhert 和 McClelland 编写了《Parallel Distributed Processing:Explorations in the Microstructures of Cognition》一书,该书的出版对 BP 神经网络的发展起了巨大的推动作用。

BP 网络是反向传播神经网(back-propagation neural network)的简称,它是使用最为广泛的人工神经网络之一。BP 神经网络具有较强的非线性动态处理能力,学习、存储和计算能力以及容错特性,并且无须知道变形与力学参数之间的关系,能够实现高度非线性映射关系。这使得它可以从实例样本中提取特征,获取知识,从而较好地表达位移和力学参数间的隐式非线性映射关系。

BP 网络是采用 Widrow-Hoff 学习算法和非线性可微转移函数的多层网络。网络上下层之间各神经元实现全连接,即下层的每一个神经元与上层的每个神经元都实现全连接;而每层中各神经元之间无连接。网络按有导师示教的方式进行学习。当把一对学习模式提供给网络后,神经元的激活值从输入层经各中间层向输出层传播,在输出层的各神经元获得网络的输入响应之后,按减小希望输出与实际输出误差的方向,从输出层经各中间层,逐层修正各连接权,最后回到输入层,故又称误差逆传播算法。由于这种网络及其算法,增加了中间隐含层,并有相应学习规则可循,使其具有对非线性模式的识别能力,特别是其数学意义明确、步骤分明的学习算法,更使它具有广泛的应用前景。

如前所述,BP 学习过程有工作信号正向传播和误差信号反向传播两个过程,下面进行详细说明。

输入信号从输入层经隐含单元传到输出层，在输出端产生输出信号，这是工作信号的正向传播。在信号向前传递的过程中，网络的权值保持固定不变，每层神经元的状态只影响下一层神经元状态。如果在输出层得不到期望的输出，则转入误差信号反向传播。

网络的实际输出与期望输出之间的差值即为误差信号。误差信号由输出端开始逐层向前传播，即是误差信号的反向传播。在误差信号反向传播的过程中，网络的权值由误差反馈进行调节。通过权值的不断修正使网络的实际输出更接近期望输出。图6-99是BP算法的基本流程。

BP网络训练的过程，即输入信息的前向传播，误差的反向传播和连接权值的调整，最终使得网络输出与期望的目标输出值之间的误差小于给定的精度值。当训练精度到达上面的标准，则网络训练完成。此时该网络可以用来较好地模拟、逼近要求的非线性映射关系。

典型的单层BP神经网络如图6-100所示。

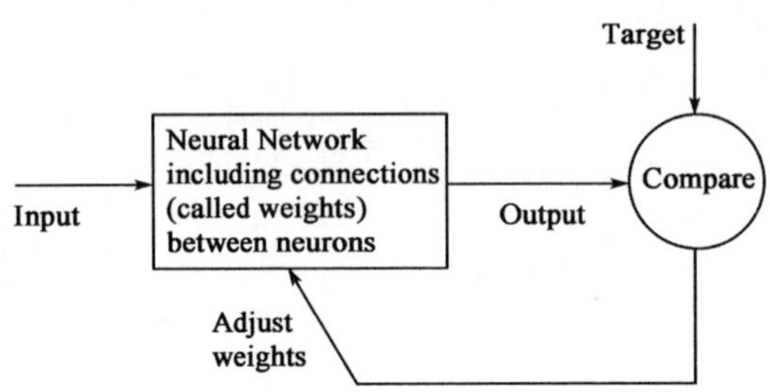

图6-99　BP神经网络基本流程

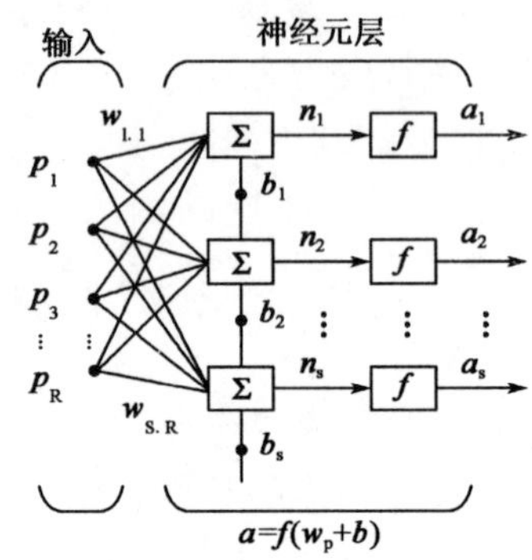

图6-100　单层BP神经网络

图中，w为权值矩阵，p为输入向量，b为偏置，a为输出向量，f为转移函数。常用的转移函数为下式所示的s型函数。

$$f(x)=\frac{1}{(1+e^{-x})} \tag{6-21}$$

图6-101是经典的三层BP神经网络结构简图，下面以三层网络结构说明BP网络训练的过程。

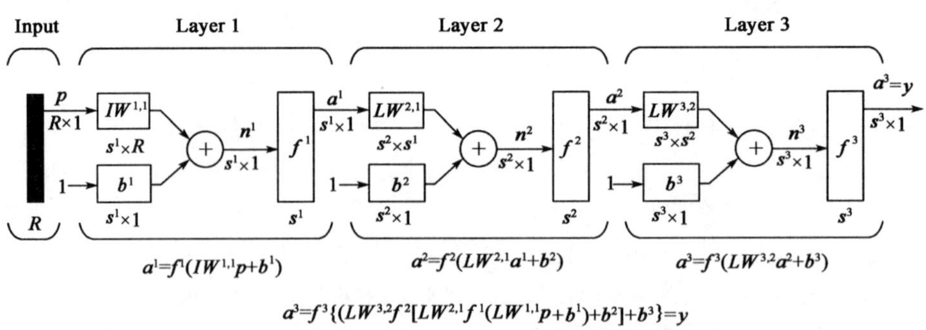

图6-101　三层BP神经网络结构

(1)信号正向传播过程

不妨设输入层为M，即有M个输入信号，其中任一输入信号用m表示；第一个隐含层为I，其中任一神经元用i表示；第二隐层为J，其中任一输入信号用j表示；输出层为P，其中任一输

入信号用 p 表示。

输入层和第一层之间的突触权值为 w_{mi}；第一层和第二层之间的突触权值为 W_{ij}；第二层和输出层之间的突触权值为 w_{jp}。

神经元的输入用 u 表示，激励输出用 v 表示，u、v 的上标表示层，下标表示层中的某个神经元，如 u_i^I 表示 I 层(第一层)的第 i 个神经元输入。设所有神经元的激励函数均用 Sigmoid 函数；训练样本集 $X=[X_1、X_2、\cdots、X_k、\cdots、X_N]$，其中，任意一个样本为 $X_k=[x_{k1}、x_{k2}、\cdots、x_{km}]^T$；实际输出为 $Y_k=[y_{k1}、y_{k2}、\cdots、y_{kp}]^T$，目标输出为：$d_k=[d_{k1}、d_{k2}、\cdots、d_{kp}]^T$，$n$ 为实际迭代次数，权值矩阵和实际输出是 n 的函数。

网络输入训练样本 X_k 的工作信号正向传播过程为：

$u_i^I=\sum_{m=1}^{M}w_{mi}x_{km}$　　$v_i^I=f(\sum_{m=1}^{M}w_{mi}x_{km})(i=1,2,\cdots,I)$　　(输入层→第 1 层，正向传播)

$u_i^J=v_i^I$　　$v_j^J=f(\sum_{i=1}^{I}w_{ij}u_i^J)(j=1,2,\cdots,J)$　　(第 1 层→第 2 层，正向传播)

$u_j^P=v_j^J$　　$v_p^P=f(\sum_{j=1}^{J}w_{jp}u_j^P)(p=1,2,\cdots,P)$　　(第 2 层→输出层，正向传播)

$y_{kp}=v_p^P=f(\sum_{j=1}^{J}w_{jp}u_j^P)$　　(第 k 个样本的正向输出)

输出层第 p 个神经元的信号误差为 $e_{kp}(n)=d_{kp}(n)-y_{kp}(n)$，按最小二乘定义神经元的误差能量为$\frac{1}{2}e_{kp}^2(n)$，则输出层所有神经元的误差能量总和为 $E(n)=\frac{1}{2}\sum_{p=1}^{P}e_{kp}^2(n)$。

(2)误差反向传播过程

根据最速下降原理，计算隐含层 J 与输出层间的权值 $w_{jp}(n)$的修正量见下式。

$$\Delta w_{jp}(n)=-\eta\frac{\partial E(n)}{\partial w_{jp}(n)} \tag{6-22}$$

式中：η——学习步长。

由导数传递法则得到：

$$\frac{\partial E(n)}{\partial w_{jp}(n)}=\frac{\partial E(n)}{\partial e_{kp}(n)}\cdot\frac{\partial e_{kp}(n)}{\partial y_{kp}(n)}\cdot\frac{\partial y_{kp}(n)}{\partial u_p^P(n)}\cdot\frac{\partial u_p^P(n)}{\partial w_{jp}(n)} \tag{6-23}$$

上式右端各项均可求出。给定 η，可得到 $\Delta w_{jp}(n)$。

$$w_{jp}(n+1)=w_{jp}(n)+\Delta w_{jp}(n) \tag{6-24}$$

类似，对于隐含层 I 与隐含层 J，有：

$$\Delta w_{ij}(n)=-\eta\frac{\partial E(n)}{\partial w_{ij}(n)},w_{ij}(n+1)=w_{ij}(n)+\Delta w_{ij}(n) \tag{6-25}$$

对于隐含层 J 与输入层 P，有：

$$\Delta w_{mi}(n)=-\eta\frac{\partial E(n)}{\partial w_{mi}(n)},w_{mi}(n+1)=w_{mi}(n)+\Delta w_{mi}(n) \tag{6-26}$$

至此，误差反向传播完成一次迭代。

BP 算法训练网络有两种方式。一种是顺序方式，即每输入一个样本，修正权值一次，具体过程如上面所述。另一种是批处理方式，即输入一组样本(一个训练周期)，以总的平均误差能量为学习目标函数，进行修正权值训练。

$$E_{ave}=\frac{1}{N}\sum_{k=1}^{N}E_k=\frac{1}{2N}\sum_{k=1}^{N}\sum_{p=1}^{P}e_{kp}^2 \tag{6-27}$$

式中：e_{kp}——网络输入第 k 个样本时神经元 p 的误差；

N——总的训练样本个数。

顺序方式需要的临时存储空间较小，而且输入的样本随机，更容易获得较好的拟合精度，但其误差收敛条件建立困难，批处理方式计算简单，收敛条件容易设置，易于并行处理。

2）BP 神经网络的探讨和改进

1989 年，Robert、Hecht 和 Nielson 证明了对于任何闭区间内的一个连续函数可以用一个隐层的 BP 网络来逼近，而且具有偏差和至少一个 S 形隐含层加上一个线性输出层的网络，理论上能够逼近任何有理函数。可见，BP 网络的非线性表达能力、稳定性及适用性是很强的，但 BP 网络也有其需要注意的一些问题。

（1）局部极小问题

BP 网络是基于最速梯度算法进行误差反向传递，这限制了 BP 神经网络的搜索能力，即 BP 网络的结果很容易陷入局部最优解，并且 BP 网络存在明显的初值依赖，即取不同的初始权值，可能导致不同的局部极小结果。我们考虑将模拟退火算法和局部算法结合起来，代替最速梯度算法，来进行误差反向传递，基本流程如图 6-102 所示。

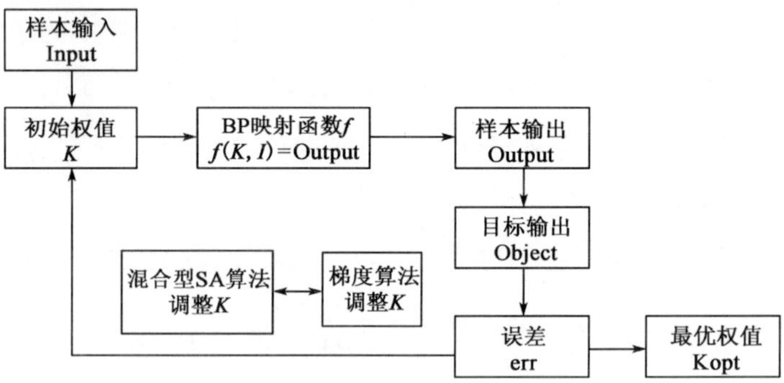

图 6-102 混合型 SA 算法嵌入 BP 神经网络

（2）学习收敛速度太慢

由于常规 BP 算法本质上采用一种比较简单的最速梯度下降法，从前面优化算法理论的介绍中可知，其收敛速度比较慢，经常出现平台问题和严重的锯齿现象，导致接近收敛点时，误差梯度变得很小，收敛尤其缓慢。这种现象在高维问题中更为严重。本文采用的办法是用模拟退火方法进行全局搜索，当结果逼近全局最优解邻域时，在采用 BFGS 或 Powell 算法进行局部加速搜索，这种混合型算法结合了全局和局部算法各自的优点，全局优化能力和收敛效率都是比较优良的。

（3）泛化能力不强

BP 网络学习的目标是分类误差应对所有可能的样本点都达到极小，而算法推导的目标函数是经验风险，它只能保证分类误差对于有限个样本点是极小。因此，BP 网络的泛化能力不强，这也使得 BP 网络的学习、记忆具有不稳定性。一个训练结束的 BP 网络，当给它提供新的记忆模式时，将使已有的连接权产生混乱，导致已记忆的学习模式的信息消失，而对新输入的误差变得比较大。

如图 6-103 所示为 $y=\sin(x)$ 曲线的 BP 网络拟合，拟合结果显示存在明显的过学习，理想的曲线为虚线。虽然拟合结果从最小二乘的角度看，精度更高，但实际上是偏离真实情况的结果,其原因是 BP 网络的泛化能力不够,未能有效抑制输入数据中噪声的影响。

通常需要通过正规化、提前终止来改善结果。图 6-104 是采用贝叶斯正规化方法拟合的结果,过学习问题得到显著改善。

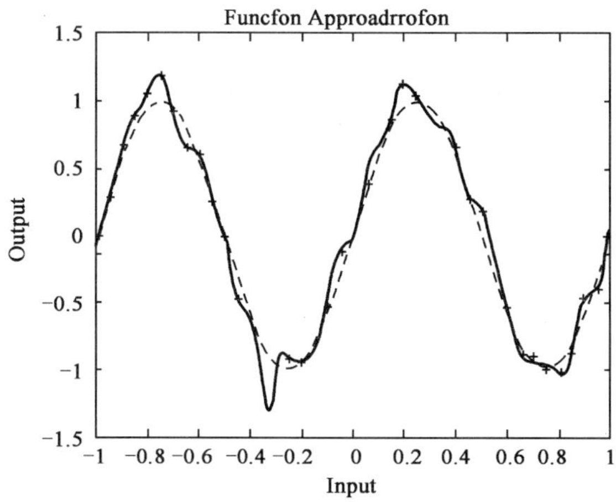

图 6-103　BP 神经网络产生过学习

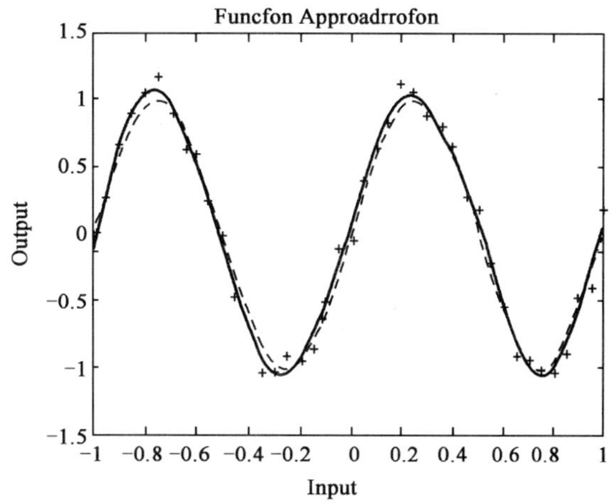

图 6-104　BP 神经网络正规化改善

(4)网络结构设计多根据经验确定

BP 的网络层数、每层的神经元结点数、初始权值的选择以及学习速率的选择都需要具体分析。岩土工程中,求解问题一般为中等规模问题,含有一个输入层、1 ~ 3 个隐含层、一个输出层的网络结构比较实用。网络结点个数依据问题求解、训练规模确定,太少则精度不够,往往难以达到工程的要求;太多的话又会产生很大的冗余性,无形中增加了网络学习的时间,甚至最终导致过学习。学习的步长(速率)也要平衡考虑,链长太长,模拟退火算法容易振荡失效,太短就会极大地增加工作量。

(5)输入输出需要优化

如果输入样本规模过大且互相不独立,需要进行主元分析以缩减工作量,提高效率;如样本对输出结果的灵敏度相差太大,则需要对输入输出进行缩放归一化处理或规格化处理;通常需要对 BP 的训练结果进行验证和评估。

3. 基于 BP 神经网络的裂隙岩体位移反分析

人工神经网络极强的学习功能和非线性表达能力,正好符合岩体力学中许多问题描述不完善和非线性的特点。它与数值模拟方法相结合,可以通过简单易测的信息来推知不易获得的信息,比如通过现场监控量测反演岩体参数。

岩体力学参数主要包括工程应力环境参数和岩体物理力学性质参数。应力环境参数即初始地应力的大小及方向(P_x,P_y,P_{xy});岩体的物理力学性质参数(弹塑性体)包括岩体变形参数如变形模量 E、泊松比 μ 和强度参数如黏结力 c、内摩擦角 φ 以及损伤参数 D、β 等,还可以是本构方程中的一些系数。

岩体的变形是由其受力情况和本身的物理力学性质所决定的,即岩体变形和其物理力学参数具有一定的映射关系。对实际工程而言,这种映射关系是高度非线性的、复杂的,一般不存在显式的表达,可用式(6-28)简单地表示,其反演关系见式(6-29)。

$$f(X_i)=f(E,\mu,D,c,\cdots)=u \tag{6-28}$$

$$U(u_1,u_2,\cdots,u_i)=f(E,\mu,D,c,\cdots) \tag{6-29}$$

式中：　X_i——各种参数向量，$X_i=\{E,\mu,D,c,\cdots\}$；

u——岩土体变形位移场；

$(u_1,u_2,\cdots,u_i)$——实测点的位移量(多数为相对位移)。

这个映射关系虽然数学表达式未知，但是它可以用适当的神经网络表示。网络建模的过程中，首先要明确参与反演建模的输入参数(多数为相对位移量和应力测试分量)、输出目标向量(岩土体参数)，以及它们的规模。接下来设计 BP 网络的网络层数、每层中的神经元个数、初始权值，并要综合考虑学习方法、速率等方面。

(1)网络层数：增加层数可以更进一步降低误差，提高精度，但同时也使网络复杂化，从而增加了网络权值的训练时间。而误差精度的提高实际上也可以通过增加隐含层中的神经元数目个数来获得，其训练效果更容易观察和调整，所以一般情况优先考虑增加隐含层中的神经元数。

(2)隐含层的神经元数：隐含层的神经元数，可以凭借经验和 Kolmogorov 理论来确定，一般为参数的 2 倍。

(3)初始权值的选取：由于系统的非线性，初始值对于学习是否达到全局最小、是否能够收敛以及训练时间的长短关系很大。如果初始值太大，会使得加权后的输入落在激活函数的饱和区，从而导致其导数非常小，陷入局部平台。但对于混合型 SA 算法，初值的选择没有特别的限制，大体在上下界之间即可。

(4)学习速率：学习速率决定每一次循环训练中所产生的权值变化量。大的学习速率可能引起系统的不稳定；小的学习速率将会导致训练较长，收敛很慢，但能保证网络的误差值最终趋于最小误差值。一般情况下，退火速率在 0.90～0.99。

(5)期望误差的选取：在网络的训练过程中，期望误差值也应当通过对比训练后确定一个合适的值。这里所谓的“合适”，要根据所需要的隐含层节点数来确定，因为较小的期望误差是靠增加隐含层节点数获得的。

(6)网络训练及实现：对于岩土工程来说，训练样本可由数值计算获得。首先将各输入参数离散为有限个水平，对于不同的参数组合分别计算岩土体的变形位移，从而得到有限个岩体力学参数组合与地下洞室位移变形的映射集；然后将位移变形看做输入，岩体力学参数看做输出，即得到岩土体基于神经网络的位移反馈分析训练样本。设计神经网络并进行训练后，将实测变形代入训练好的网络，进行预测，得到反演结果。

BP 网络无论在网络理论还是网络性能方面都比较成熟，其突出特点是具有很强的非线性映射能力和柔性的网络结构。网络的中间层数、各层的处理单元数即网络学习系数可根据具体情况任意设定，并且随着结构的差异及其性能也有所不同。

第四节　八字岭分岔隧道围岩参数反分析

一、位移反演分析的目的意义

20 世纪 60 年代以来，按连续介质理论对地下结构进行内力分析的方法逐渐发展，并且随着电算技术的普及、岩体介质本构关系研究的深入，地下结构的数值计算取得了长足的进步。但在应用中仍存在不少问题，如初始地应力分布规律和量值常不明确，弹性模量、泊松比等地层参数的取值任意性较大，工程施工后地层与结构的受力变形随时间变化的规律往往简化为理想模型，以及对地层受力变形后破坏条件的判断准则不清楚等。这些问题使计算分析得到的结果常常与真实情况不能相符。而地应力的现场测试、围岩参数的原位测试等，通常耗资巨大，精度也很难保证。这种现状促使国内外许多研究者开展了地下结构的反问题研究，其中，基于现场监控量测反演确定各类未知参数的理论和方法，由于简便、实时、有效，一定程度上弥补了现场测试方法的不足，成为重要的研究方向。

根据八字岭分岔隧道在施工期的现场监测结果，开展位移反分析研究，合理地确定岩体参数，以便更好地掌握围岩的变形和受力特征，及时调整隧道围岩的衬砌支护参数，达到新奥法动态设计、施工的要求，保证工程建设的安全经济。

二、位移反演分析的工作流程

图 6-105 是八字岭分岔隧道的位移反分析研究工作的流程图。

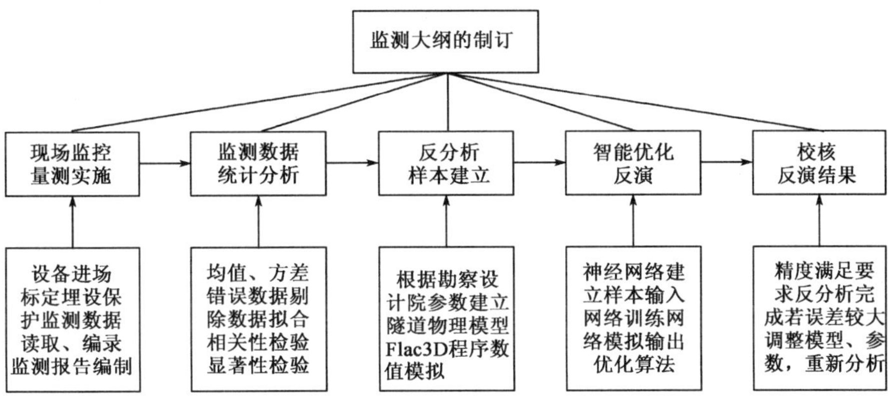

图 6-105 位移反分析流程图

三、监控量测数据整理

各类监测设备要严格按规程标定、埋设、保护，这些前期工作直接决定位移反分析的数据精度和反演效果。在此基础上，所测得的现场数据，还必须进行统计分析。下面介绍工程中通常需要的几个统计量。

数据期望值：$E=\frac{1}{N}\sum_{i=1}^{N}X_i$，其中 X_i 监测得到的样本，E 为期望值。

样本标准偏差：$S=\sqrt{\frac{1}{N-1}\sum_{i=1}^{N}(X_i-E)^2}$。

相关系数：$\rho_{XY}=\frac{\mathrm{Cov}(X,Y)}{\sigma_X\sigma_Y}$，其中，$\mathrm{Cov}(X,Y)=\frac{1}{N}\sum_{i=1}^{N}(X-E_X)(Y-E_Y)$。

现场测得的数据中，不可避免地存在各种噪声信号甚至粗大的人为错误干扰信号，在利用现场监测数据之前有必要对获得的数据进行处理。工程计算中常用 W. Chauvenet 准则来判定粗大误差。然后，对各组数据进行拟合，根据相关规范和类似工程经验，多选用指数函数进行相关的拟合分析,见式(6-30)。

$$u = a \cdot e^{-b/t} \tag{6-30}$$

式中:u——位移量;

t——时间;

a、b——拟合参量。

对测量数据进行拟合,得到常见的监测位移的时程曲线,或者监测位移随开挖过程的变化曲线。最后对拟合曲线作显著性检验(t 检验和 F 检验)。八字岭隧道的具体数据统计结果见表6-20。

实测断面位移量测数据统计结果 表6-20

监测断面	侧线	位移量预测经验公式	波动程度 R^2
ZK100+190	水平收敛	$u=0.69\times\exp(-4.75/t)$	0.76
	拱顶	$u=1.34\times\exp(-1.78/t)$	0.84
ZK100+170	水平收敛	$u=0.85\times\exp(2.47/t)$	0.57
	拱顶	$u=0.79\times\exp(-1.37/t)$	0.54
ZK100+150	水平收敛	$u=1.02\times\exp(-2.10/t)$	0.87
	拱顶	$u=1.24\times\exp(-1.47/t)$	0.64
YK100+200	水平收敛	$u=1.42\times\exp(-1.78/t)$	0.60
	拱顶	$u=1.51\times\exp(-1.34/t)$	0.47
YK100+160	水平收敛	$u=1.05\times\exp(-1.43/t)$	0.42
	拱顶	$u=1.54\times\exp(-1.25/t)$	0.60

四、基于BP神经网络的位移反分析

1. 位移反演分析样本的建立

现场岩土体可以理解为一种弹塑性等效连续介质,这样便可以对其进行相关的建模和数值分析。考虑到分岔隧道的具体施工工况较复杂,拟采用FLAC 3D程序对其进行数值模拟。

FLAC 3D程序是美国Itasca公司开发的三维快速拉格朗日分析程序,它是一种基于三维显式有限差分法的数值计算方法,在求解过程中采用了离散元的动态松弛法,能较好地模拟岩土体材料的屈服、塑性流动、软化直至大变形,尤其在材料的弹塑性分析、大变形分析以及模拟施工过程等领域有其独到的优点。

八字岭隧道整体式连拱段围岩设计为Ⅳ级。中隔墙为C25钢筋混凝土,初期支护包括系统锚杆、网格间距为20cm×20cm的ϕ8mm钢筋网和15cm厚C20喷射混凝土。将锚杆和钢筋网的增强作用等效折算到混凝土强度参数中,具体的围岩、支护参数见表6-21。

围岩及支护结构力学参数 表6-21

计算参数	弹性模量 E(GPa)	泊松比 μ	黏结力 c(MPa)	密度 ρ(g·cm^{-3})	摩擦角 φ(°)	抗拉强度 σ(MPa)
Ⅳ级围岩	8~18	0.25	1.3	2.78	48	0.8
中隔墙	28	0.22	2.6	2.70	50	1.8
支护结构	13	0.25	1.8	2.60	40	1.3

施工开挖时,无论采取什么措施,松动圈总是不可避免的。松动圈的存在导致位移测量值的增大,对反分析的结果必然有较大的影响。鉴于此,必须在 FLAC 3D 数值模型中考虑松动圈的效应。根据现场超声波测试结果,围岩松动圈大小为 1.0 ~ 1.5m,数值模型中取半径为 1.0m 的松动圈。分岔隧道整体式连拱段的有限差分数值计算的模型如图 6-106 所示。

在不同的岩体及松动圈弹性模量条件下,通过数值分析可得到几条关键测线(图 6-107)的位移值(表 6-22),可以作为 BP 神经网络的训练样本 $u = \{u_1, u_2, u_3, u_4, u_5, u_6\}$。为方便计算,位移收敛时为正值,伸长时为负值。

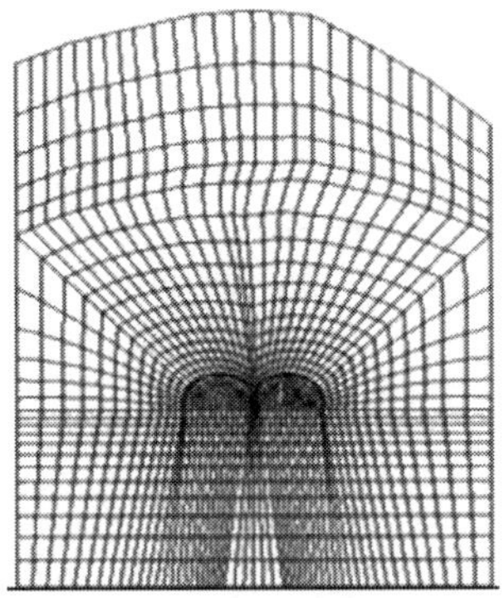

图 6-106 整体式连拱段模型图

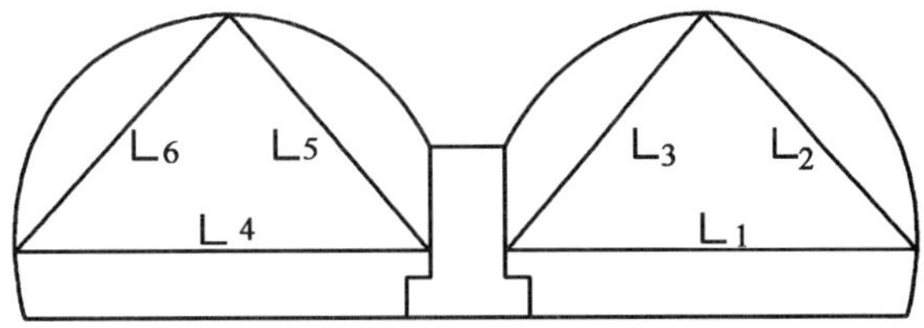

图 6-107 连拱段位移测线

整体式连拱断面关键测线计算位移值 表 6-22

训练样本	岩体弹性模量(GPa)	松动圈弹性模量(GPa)	位移 u_1(mm)	位移 u_2(mm)	位移 u_3(mm)	位移 u_4(mm)	位移 u_5(mm)	位移 u_6(mm)
1	8.0	7.0	0.486	2.868	2.556	0.813	4.250	3.742
2	8.0	6.0	0.453	2.849	2.584	0.780	4.320	3.740
3	8.0	5.0	0.412	2.830	2.621	0.735	4.410	3.735
4	13.0	11.0	0.275	1.805	1.650	0.508	2.803	2.384
5	13.0	9.0	0.247	1.794	1.677	0.480	2.856	2.379
6	13.0	7.0	0.210	1.783	1.716	0.437	2.929	2.371
7	18.0	15.0	0.189	1.305	1.215	0.376	2.143	1.772
8	18.0	12.0	0.167	1.290	1.229	0.353	2.182	1.766
9	18.0	9.0	0.135	1.276	1.255	0.315	2.241	1.759

2. BP 神经网络训练与模拟

对于大规模的非线性反演问题,如果能建立一种待定参数与位移之间的函数映射关系,代替上述有限元计算,计算效率将大为提高。另外,现场监测数据本身存在噪声,使得传统的反分析方法往往难以收敛。而 BP 神经网络在解决这些问题方面有着强大的优势,岩土工程界已利用 BP 网络较好地解决了某些工程问题。

八字岭分岔隧道反演模型中,BP 网络设计为 3 层网络,隐含层神经元结点 20 个,训练样本取自 FLAC 3D 有限差分分析结果。围岩参数反演的输入是现场 6 条关键测线的实测位移值,输出为岩体及围岩松动圈的弹性模量。训练前,为加快收敛,先对样本数据进行了规则化处理，训练过程如图6-108所示。

网络训练完成后，就可以用现场实测数据进行参数反分析的工作。根据参考文献及类似工程经验，结合现场工程实际考虑20%的位移测前损失，取 $u=\{0.208,1.491,1.547,0.434,2.318,1.959\}$，单位是毫米。反算得到的岩体与松动圈的弹模分别为12.84GPa、9.28GPa，据此进行正算，得出的测线位移收敛值就可以检验反演结果，见表6-23。

整体式连拱段位移反分析误差 表6-23

测线位移	u_1(mm)	u_2(mm)	u_3(mm)	u_4(mm)	u_5(mm)	u_6(mm)
正算位移	0.214	1.509	1.472	0.410	2.394	2.006
实测位移	0.208	1.491	1.547	0.434	2.318	1.959
反演误差	2.9%	1.2%	-4.8%	-5.5%	3.3%	2.4%

可见，反演得到的隧道围岩参数基本是合理的。通过数值模拟结果和现场监测结果对比可以看到，松动圈围岩力学性能对隧道安全的影响是最为主要的，且松动圈损伤后力学参数有一定程度的降低，这与新奥法的基本思想是一致的。反分析结果表明，当前整体式连拱段设计、施工参数取值基本合理，工程安全性良好。

夹心连拱段围岩在勘测设计阶段定为Ⅳ级，但根据施工现场地质评估、监测数据及围岩位移反分析，我们认为实际围岩级别应为Ⅲ级，并及时提交了建议围岩变更报告，得到了相关各方面的认同。这样就使得支护系统更适合实际围岩条件，在保证安全的前提下节省了大量建设资金。

对夹心拱段进行位移反分析，采用与前面相同的方法，夹心拱段的数值模型见图6-109，具体反分析样本参数见表6-24。

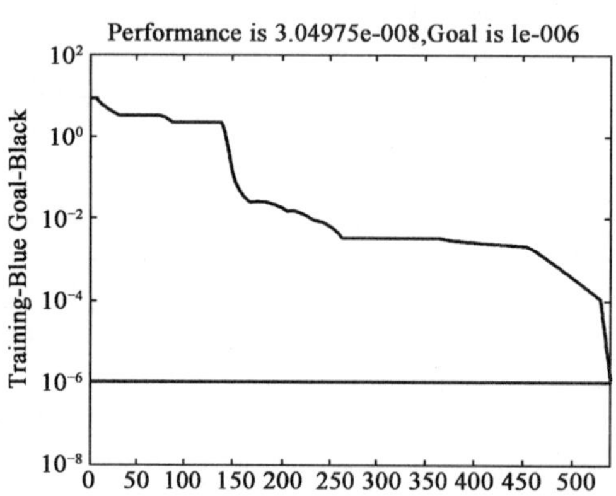

图6-108 BP神经网络反分析训练

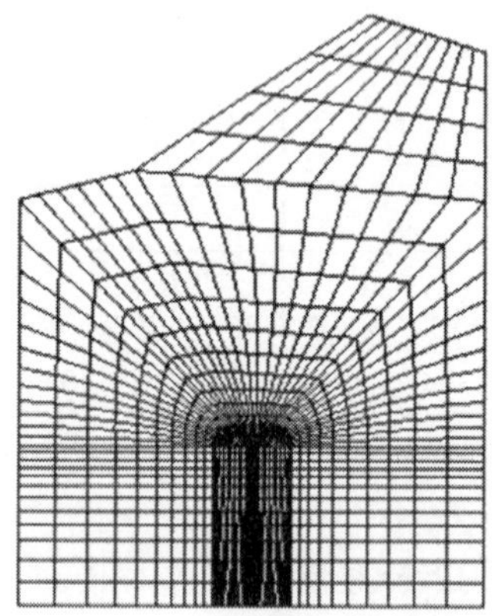

图6-109 夹心连拱段数值模拟模型

输入样本进行测试，所建立的网络对于所有样本点均具有较好的模拟精度，可见该网络满足反分析的要求，然后通过实测收敛位移反算得到隧道围岩松动圈的弹性模量和内黏聚力值分别为8.4GPa，0.76MPa。尽管影响位移反分析结果精度的因素很多，如现场位移测试的精度、数值模型精度以及爆破、开挖等多种施工扰动，但利用BP神经网络结合优化算法进行反分析得到的围岩参数，与现场地质观察及开挖揭露的情况仍然有较好的一致性。

夹心拱段样本训练样本

表 6-24

训练样本	弹性模量 E(GPa)	围岩剪切强度	u_1(mm)	u_2(mm)	u_3(mm)	u_4(mm)	u_5(mm)	u_6(mm)
1	13	1.5	1.066	2.758	2.517	5.851	8.321	3.879
2	8	1.5	0.900	2.773	2.691	4.874	7.866	3.784
3	3	1.5	0.948	3.088	3.142	2.569	7.155	3.822
4	13	1.1	2.057	3.110	3.186	8.732	10.781	4.698
5	8	1.1	1.950	3.118	3.327	8.040	10.373	4.572
6	3	1.1	1.818	3.261	3.697	6.458	9.625	4.553
7	13	0.7	4.366	3.690	4.864	11.951	13.407	5.848
8	8	0.7	4.283	3.692	4.904	11.789	13.309	5.751
9	3	0.7	4.634	3.936	5.321	12.053	13.393	5.822
10	13	0.3	12.137	4.801	11.022	13.759	15.489	7.437
11	8	0.3	12.675	4.865	11.283	14.381	15.603	7.406
12	3	0.3	16.326	5.407	13.601	16.972	16.945	8.063

五、结论

通过对八字岭分岔隧道进行的位移反分析研究,可以得到以下一些结论:

(1)隧道设计施工的新奥法思想即动态设计施工方法具有重要的意义。实际工程中的地质勘察、原位试验及模型试验等,受经费、工作量及试验的不确定性等诸多因素影响,获取的设计参数很大程度上是粗略的、近似的,局部甚至是完全谬误的,因此必须根据实际地质条件、现场监测、反演分析等方法对设计施工进行不断的修正改进,才能确保工程建设的经济安全。

(2)通过位移反分析可以看到,隧道围岩参数的尺寸效应是非常明显的。土工试验室的岩土体样本是小规模的(标准试件),原位测试多数也是局部的,工程中前期获得的设计参数某种意义上更应该是"小块体"的参数。而实际工程中岩土体的参数主要取决于断层、节理、结构面、软弱夹层等,即实际的岩土体参数是"整体的结构性"的参数,两者的差别是很大的,这为工程设计施工带来了很大的困难。

(3)基于施工现场监控量测结果的围岩位移反分析为隧道动态设计提供了强有力的支持,且经济,周期短,效果良好。通过位移反分析一般可以获得更接近实际的岩体参数、松动圈参数,这对类似工程具有很好的参考意义。

第七章　施工爆破控制

本章首先介绍了隧道爆破振动方面的研究现状和数值方法求解动力方程的几个基本问题。然后针对八字岭分岔隧道的地质条件,采用大型有限差分软件 FLAC 3D 建立了相应的数值模型,对爆破施工进行了模拟计算以研究设计施工中所关注的问题。此外,对爆破施工进行了现场监测,分析监测数据得到了振动速度的回归方程。最后给出了爆破减振措施。

第一节　隧道爆破振动的基本理论

一、隧道爆破振动效应研究现状

1.爆破地震效应

由于具有技术成熟灵活、适应性强、经济安全的特点,绝大部分国内山岭隧道的施工开挖都采用钻爆法。炸药在岩土体中爆炸时,释放出的巨大能量以应力波形式向外传播,引起起爆区附近地层振动,这就是爆破地震效应。

国内外有关学者结合爆破振动现场测试和室内试验,利用概率统计的方法对爆破地震波的传播规律及其对地下建筑物的影响进行了较为全面的研究,得到了一些区域性特定岩土介质爆破地震衰减规律的经验公式和一些较为有效的隔震和减震措施,分析了爆破地震波传播的影响因素,对地震波与结构之间的相互作用机理进行了一定程度的研究。

由于爆破地震波传播介质的复杂性和不确定性,目前主要以地面质点的峰值振动速度或加速度等为测试参数,研究地面振动及地震波的衰减规律。在对观测资料统计分析的基础上,建立了以萨氏公式为参考的区域性的经验公式。这个公式反映了爆破地震波参数与药量、爆心距、地形参数和地质条件的关系。

$$v = K\left(\frac{Q^{1/3}}{R}\right)^{\alpha} \tag{7-1}$$

式中:v——质点振动速度峰值;

Q——单段装药量;

R——质点至爆心的距离;

K——主要体现爆破夹制程度的参数;

α——主要体现地质条件的传播衰减指数。

应用时应注意由于岩体岩性和构造的各向异性,决定了爆破振动的动力响应存在各向异性,使得等药量、等测距实测质点振速和振动频率可能不相同。

大多数钻眼爆破过程,常分为一系列小药包进行毫秒延迟起爆。一般情况下,100ms 微差间隔就能使爆破基本不产生叠加现象,而 25ms 微差间隔时则会产生明显的波形叠加。然而很多研究报告和测试资料表明,正是由于远距离上不同类型的地震波开始分离,才使得远距离和近距离的爆破振动衰减系数不同。实际上爆破地震波在土或岩石介质中传播衰减受到多种因素的影响,如地形与地质条件、介质的物理力学参数、爆破的种类和方法以及爆源的大小和形式等。对爆破地震波在各种介质中的传播特征和规律,目前主要通过试验和现场测试进行研究。通过对实测数据进行归整和合理剔除后,采用各种理论方法对幅值、时域和频域进行分析处理,得到地震波在介质中传播的特性和基本规律,同时根据实测数据回归拟合出用于指导工程设计施工的经验计算公式。

爆破振动信号有很大的随机性,它是一种复杂的振动信号,包括很多频率成分,其中有一个或几个频率的地震波为主要成分。不同频率成分的地震波对结构或设备的振动影响是不相同的,有时差别非常显著。因此,在爆破振动分析中很有必要了解爆破振动信号的频率成分以及地下结构的固有频率特性。早在20世纪80年代国内外学者就将反应谱理论应用到爆破地震频谱特性研究中,利用频谱分析可求得爆破振动信号的各种频率成分和它们的幅值及相位,这对研究爆破地震波的特性及结构的动力反应是很有意义的。

随着对爆破地震波分析的深入研究,近年来又开展了小波基变换分析法进行爆破地震波频谱特性研究。因为FFT法对平稳信号具有较好的效果和精度,而爆破振动波为非平稳信号,小波基变换可满足信号高频部分需较高时间分辨率,而低频部分需较高频率分辨率的要求,有效地应用于非平稳爆破振动信号的分析处理中。

2. 国内外公路隧道爆破振动的研究现状

隧道爆破开挖施工时,冲击波沿基本封闭的地下洞室管状传播,其传播、反射条件十分复杂,无露天爆破的扩散效应,对围岩和支护结构的质点振动速度影响极大,特别是对于类似岩壁梁的条状结构,不能排除整体振动的可能。特别是岩性和构造决定爆破地震波的传播特性和衰减规律,使得岩土介质内部的掘进爆破与地面露天台阶爆破、建筑物拆除爆破有很大的区别。

爆破开挖对围岩及既有隧道结构的影响是一个非常值得研究的问题,并且取得了一定的进展,现在介绍一些研究结论。目前地下建筑物地震应力状态分析中采用的准静应力法,对近距离爆破作用下隧道的动态响应问题并不适用。在波动力学中,爆炸应力波在传播过程中与地下结构物相互作用的问题,可以看作是无限介质中弹性波在孔洞周边绕射所引起的动应力集中问题。对这一问题的研究始于20世纪五六十年代,主要有波函数展开法、复变函数法以及积分方程法、摄动法等。只有当反射面足够大(指洞室的特征尺寸,如洞径),并且波的作用时间不小于几个毫秒时,拉断临界速度才符合一维应力波理论所代表的强度极限和强度破坏理论;若药包很小,即使反射足够大,反射波引起的质点速度比临界速度大很多时,也不会观察到破坏现象;当自由面很小时,即使质点速度很大,作用时间很长,仍不会观察到破坏现象。正因为理论分析的方法限制条件太苛刻而难以开展,所以国内外学者多偏重于用现场振动监测分析进行相邻隧道施工技术方面的研究。已有成果表明这种方法能够得到近距离爆破造成的隧道周边振动场分布规律,由此可知最大振动速度一般出现在爆破振动波正入射部位的墙壁和拱部,而墙脚点振动速度较小,背爆侧振速只有迎爆侧的1/25。另外,开挖顺序、掏槽形式、循环进尺、微差爆破的间隔时间以及周边空孔的设置都对围岩及既有隧道结构的振动速度场有影响,根据其规律可以提出相应减振的措施。

另一方面,随着计算机应用的迅猛发展和有限元、边界元等方法在力学计算中日益广泛、深入的应用,系统地研究爆破作用下隧道围岩的动应力场的分布规律及动静应力场的叠加作用机理成为可能。随着高速大容量计算机的出现,数值方法已被用来模拟复杂的工程问题,并得出了很多可以指导隧道设计施工的结论。

总之,对于隧道掘进爆破振动作用及安全影响这一问题,需要从爆炸应力波参数作用于岩石的条件以及洞室结构特性等多方面综合考虑,进行更深入的动力计算分析、结构动力模型研究以及现场爆破试验以明确爆破设计参数与方式的影响,从而弄清隧道掘进爆破振动传播规律及对地下和地上结构破坏的实质,提出合理的爆破方案。

二、钻爆法施工对隧道围岩的损伤分析

应用钻爆法开挖隧道存在着爆破开挖岩石和保护围岩使其所受影响降到最低的矛盾,炸药在岩体内爆炸时,在将开挖范围内的岩石爆破下来的同时,必然要对保留的岩体造成损伤和破坏,从而影响围岩的稳定性和渗透性。

爆破对围岩的影响主要体现在以下方面:使岩石的力学性能劣化,岩石的强度和弹性模量降低;在围岩内产生裂纹或使原生裂纹扩展,从而影响围岩的稳定性和渗透率;隧道周边环向应力瞬间增大。

1. 围岩损伤与振动速度的关系

经验证明,岩石特性有很大差异,所以其临界振动速度峰值的变化范围也很大。国内外很多学者和部门通过研究并结合工程经验提出了爆破振动安全标准值,对于较完整坚硬的岩石,有以下多种破坏标准。

①Langefors 提出以 25cm/s 的振动速度作为保守的壁墙破坏标准,把 30cm/s 的振动速度作为不衬砌隧道中岩石产生坠落的临界值,把 60cm/s 的振动速度作为岩石形成新裂缝的临界值。

②Persson 建议完整、坚硬的岩石初始破裂的临界值为 70cm/s,比较塑性的节理岩体以 40cm/s 和 120cm/s 作为初始破坏和再破坏的标准;Singh 认为对致密岩石造成破坏的振速峰值应高于 63.5cm/s。

③日本荻津隧道在间距为 25 ~ 32m 的交叉隧道爆破开挖过程中,爆破振动速度控制标准为:速度小于 60cm/s 为正常施工;速度在 60 ~ 90cm/s 时为一级警戒,加强振动监测;速度在 90 ~ 120cm/s 时为二级警戒,更改爆破设计,加固岩柱部分;速度大于 120cm/s 时为三级警戒,停止并做其他测量,改变施工方法,加固衬砌。

④我国水电部门在考虑地下洞室的爆破振动安全时,一般按下列标准考虑:与岩石结合为一体的钢筋混凝土衬砌隧道,振速为 50 ~ 100cm/s;基岩或地下岩壁(中等岩石),振速为 25 ~ 50cm/s;不衬砌的地下洞室和离壁式衬套结构,振速小于 10cm/s。

⑤我国《爆破安全规程》(GB 6722—2003)规定交通隧道安全振速标准为 15cm/s,水工隧道则为 10cm/s。

⑥理论计算能够给出一个很宽的 PPV 范围,Forsyth 认为低质量岩石为 127cm/s;而高质量的岩石为 240cm/s;对距离轮廓线 3.8m 以内的振速测量表面,采用光面爆破时掘进爆破产生的损伤范围为 0.2 ~ 0.5m。

由于缺乏对损伤区的测量,对损伤区的计算过程是无法验证的,对于损伤水平的划分也是很困难的,损伤的判别依据是可见的新裂纹和扩展的原有裂纹。在爆破近区以外,对损伤程度的直接测量值和该数据是一致的。例如,Zhang 和 Song 用十字地震层面 X 线照相技术对弱花

岗岩中几个单孔铵油炸药爆破进行了微裂隙区的测量，测量结果表明在等效距离为 1.2 ~ 1.8m/$kg^{0.5}$条件下，在近距离实验场地测出了超过 60cm/s 的振动速度，而在等效距离为 0.4 ~ 1.3m/$kg^{0.5}$的条件下，则测出了超过 80cm/s 的振动速度。大部分的实测数据集中在这个范围内，而且在等效距离低于 1.3m/$kg^{0.5}$时，发现了较大的体积膨胀，这反映了大面积的岩石损伤。

2. 围岩中破碎圈和爆破扰动区

(1)破碎圈

理论研究表明，炮眼装药爆破，在围岩中产生的破碎圈半径为：

$$r_f = r_b\left(\frac{kP_d}{T_f}\right)^{1/m} D_c^{-3r/m} \tag{7-2}$$

式中：r_f——破碎圈半径；

r_b——炮眼半径；

k——比例常数；

P_d——炸药的爆轰压力；

T_f——破碎圈外缘的应力峰值；

m——破碎圈内岩体应力波衰减指数；

r——爆炸气体的定压比热和定容比热之比；

D_c——不耦合系数。

如果装药直径一定，炮眼直径加大到某一数值使作用在炮眼壁上的爆轰压力 P_d 刚好等于周围岩体的强度值时，这种状态的不耦合系数称为临界不耦合系数。

$$D_L = \left(\frac{kP_d}{r_f}\right)^{1/3r} \tag{7-3}$$

所以只要选用的炸药合适，同时使不耦合系数调整到适宜值，从理论上来说，炮眼装药爆炸后，在围岩不产生破碎圈是可能的。这一点，从 C. W. 利文斯顿爆破理论及根据这一理论所进行的现场试验，都得到了证实。在某种岩体中一定数量的炸药，总可以通过试验中找到一个临界装药深度，这时地表刚好只出现裂缝，不产生漏斗。反过来，在某种岩体中，钻一定深度的炮眼，也可以在试验中找到一个临界装药量，使地表只出现裂缝，而不产生漏斗。光面爆破和预裂爆破技术就是在此基础上发展起来的，它们与一般普通爆破相比可以减小破碎圈的半径。

爆破方法对围岩稳定性有很大的影响，研究结果表明，爆破影响总厚度与岩性有关，与爆破方法有关。在坚硬完整的岩层中与在软弱的破碎岩层中爆破，前者爆破影响范围小得多。无论在坚硬完整的岩层中，还是在软弱破碎的岩层中，预裂爆破对围岩破坏最轻，光面爆破次之，而普通爆破法最为严重，有时其围岩破坏总厚度甚至达到预裂爆破的 2 ~ 3 倍。根据大量隧道爆破经验数据，通过类比法，得出不同爆破方法对不同围岩的破坏深度如下。

①在全风化带、强风化带中，预裂爆破、光面爆破、普通爆破引起的围岩破坏深度，分别约为 0.87m、1.23m、1.45m。

②在弱风化带和微风化带中，预裂爆破、光面爆破、普通爆破引起的围岩破坏深度，分别为 0.4 ~ 0.6m、0.8 ~ 1.0m、1.0 ~ 1.2m。

(2)扰动区

隧道周围扰动区的形成受岩体构造、钻孔技术、开挖方案，单段起爆药量及初始应力状态等几个因素的综合影响，其具体范围可以通过数值计算得到。在爆破方案确定以后，通过计算分析可以得到隧道周围扰动区的大小。

三、动力方程数值求解的几个问题

在本章中，我们要采用有限差分软件 FLAC 3D 进行爆破施工的数值模拟，所以结合该软件对动力方程数值求解的几个基本方面进行简要的介绍。

1. 完全非线性法

在地震工程中，常用等线性法来模拟波在成层岩土介质中的传播以及岩土体与结构间的动力相互作用，但 FLAC 3D 采用的却是内嵌的完全非线性方法，在这里指出这两种方法之间的一些差异。

在等线性法中，假定模型中不同区域阻尼比和剪切模量的初始值，然后使用线性化的分析方法。参照试验室得出的阻尼比及切线模量同循环剪切应变振幅间的关系曲线，对每一个单元的最大循环剪切应变加以记录，并用其确定新的阻尼和模量值。在联系试验室应变和数值模型应变时，常用到一些经验缩放比例系数。然后，将阻尼比和剪切模量的新值用于新模型的数值分析。整个过程重复数次，直至特性不发生进一步的变化。这就是找到了阻尼和模量的所谓“应变相容”值，用这些值进行模拟代表实际现场的响应。

相比之下，完全非线性法只用一次运行，这是因为求解进程中，每个单元直接遵循应力应变关系随时间的非线性变化。若使用了适当的非线性法则，则能自动模拟阻尼和表观模量对应变水平的相关性。

两种方法都有其长处和不足：等线性法同实际有出入但好用，且可以直接使用试验室动力试验得出的结果；完全非线性法正确直观地描述了实际物理过程，但是要求对用户参与且需要复杂的应力应变模型以便重现一些比较微小的动力学现象。

2. 动力方程

爆破荷载作用下结构体系常表现出多重非线性，其运动方程写成矩阵表示的形式如下：

$$[M]\{\ddot{u}\}_t+[D]\{\dot{u}\}_t+[K]\{u\}_t=\{P\}_t \tag{7-4}$$

式中：$\{\ddot{u}\}_t$、$\{\dot{u}\}_t$、$\{u\}_t$——t 时刻的加速度、速度和位移；

$[M]$——质量矩阵；

$\{P\}_t$——t 时刻的等效荷载；

$[D]$、$[K]$——t 时刻的阻尼矩阵和刚度矩阵。

在有限单元术语中，FLAC 3D 使用集中的质量和对角质量矩阵。临界时步的计算如下式：

$$\Delta t_{crit}=\min\left\{\frac{A}{C_p\Delta x_{max}}\right\} \tag{7-5}$$

式中：Δt_{crit}——临界时间步长；

A——单元面积；

C_p——弹性介质中纵波（p 波）波速；

Δx_{max}——单元最大尺寸。

如果使用同刚度成比例的阻尼,为了稳定性,必须减小时步。Belytschko 提出了临界时步 Δt_{β} 的一个方程式,它包括了同刚度成比例的阻尼的作用。

$$\Delta t_{\beta}=\frac{2}{\omega_{max}}\left(\sqrt{1+\lambda^{2}}-\lambda\right) \tag{7-6}$$

式中:ω_{max}——系统的最高特征频率;

λ——此频率下的临界阻尼部分。

在 FLAC 3D 中,ω_{max}和 λ 都是估计的,没有用特征值解答办法。这两个估计值见下式:

$$\omega_{max}=\frac{2}{\triangle t_{d}},\lambda=\frac{0.4\beta}{\triangle t_{d}} \tag{7-7}$$

假定 $\beta=\zeta_{min}/\omega_{min}$,这里 ζ_{min} 和 ω_{max} 为瑞利阻尼指定的阻尼分量和角频率。如果用同刚度成比例的阻尼运算,则求得的 Δt_{β} 值就可作为动态时步。

3. 动态多步

动态分析的最大稳定时步取决于模型的最大材料刚度和最小区域。通常,模型中的刚度和区域形状变化很大。对于动态分析,即便模型的主要部分可以在一个更大的时步运行,但还是由一些特定的单元决定临界时步。

在 FLAC 3D 中,用名为“动态多步”的过程减少动态计算所需要的时间。在此过程中,模型的区域和网格点按照相近最大时步进行分组和排序。然后每个组在它的时步下运行,信息在适当的时候在区域之间交换。

对于每一个独立的网格点和区域,动态多步采用一个局部时步。在分析开始时,扫描网格并且确定存储每一个网格点的局部稳定时步。Δt_{β_p} 的值取决于周围子域、结构单元和界面的大小以及刚度和质量,而总体时步 Δt_G 由所有 Δt_{β_p} 的最小值确定。

4. 阻尼的理论背景

(1)滞后阻尼

用等效线性法计算波在受振现场的土和岩石中的传播已经有很多年。这种方法不是直接捕捉任何非线性效应,因为在计算过程中它假定是线性的;与应变有关的模量和阻尼函数只能以平均值加以考虑得到一些大概的非线性(阻尼和材料软化)效果。在 FLAC 3D 模拟过程中,完全非线性法直接采用等效线性法使用的降级曲线,并将此循环数据嵌入滞后阻尼模型。滞后阻尼可以独自使用,也可以同其他阻尼方案例如瑞利阻尼和局部阻尼联合使用。滞后阻尼可以大部分内嵌的本构模型联合使用。

(2)瑞利(Rayleigh)阻尼

瑞利阻尼最初用于结构和弹性连续体的分析,以减弱系统自然摆动模式的振动幅度。因此,方程式以矩阵形式表达。瑞利阻尼的阻尼矩阵 C 的各分量同质量矩阵 M 和刚度矩阵 K 成比例:

$$C=\alpha M+\beta K \tag{7-8}$$

式中:α——与质量成比例的阻尼常数;

β——与刚度成比例的阻尼常数。

对于一个多自由度的系统,在系统的任意角频率 ω_i 下,临界阻尼比 ζ_i 可由下式得出:

$$\alpha+\beta\omega_i^2=2\omega_i\zeta_i \tag{7-9}$$

或：

$$\zeta_i=\frac{1}{2}\left(\frac{\alpha}{\omega_i}+\beta\omega_i\right) \tag{7-10}$$

临界阻尼比 ζ_i，同样可以理解为角频率 ω_i 的临界阻尼部分。在较低角频率范围内，与质量成比例的阻尼起主要作用，而在较高角频率范围内，与刚度成比例的阻尼起主要作用。

两种分量在以下条件下达到最小值：

$$\alpha=\zeta_{min}\omega_{min},\beta=\frac{\zeta_{min}}{\omega_{min}} \tag{7-11}$$

其中点频率定义为 $f_{min}=\frac{\omega_{min}}{2\pi}$。

5. 静态边界

静态岩土工程问题模拟时，相对于分析尺寸而言，所涉及介质有时最好表示为无边界体。深部地下开挖通常假定为被无限介质所包围，而地面或者接近地面的结构常被假定为位于半空间体内。依赖于空间有限区域离散化的数值方法必须在人工数值边界上强加合适的条件。FLAC 3D 中使用的是由 Lysmer 和 Kuhlemeyer 提出的黏性（静态）边界公式。该公式是建立在模型边界法向和切向上使用独立阻尼器的基础上的。这种方案的优点在于它是在时域内操作，其有效性已经在有限元和有限差分模型中得到验证。

由 Lysmer 和 Kuhlemeyer 提出的静态边界方案包括了在法向和切向独立连接到边界的阻尼器。这些阻尼提供黏性的法向和切向引力，由下式给出：

$$\begin{cases}t_n=-\rho C_p v_n\\ t_s=-\rho C_s v_s\end{cases} \tag{7-12}$$

式中：v_n、v_s——分别为速度的法向和切向分量；

ρ——表示密度；

C_p、C_s——p 波和 s 波的波速。

FLAC 3D 计算时在每一时步计算引力 t_n 和 t_s 并将其按照施加边界载荷的方式施加到边界上。

6. 爆破动力分析流程

模拟爆破开挖过程就是计算由施加在爆破区内的岩体表面上的持时极短的冲击载荷作用下隧道围岩和支护系统的动态反应，并进一步确定控制性的振动速度以及爆破参数。应用软件 FLAC 3D 来实现这个动态过程，要先经过静态计算，其分析过程见图 7-1。

7. 动荷载的确定

采用下式所示的考虑炸药量的统计分析的荷载模型。

$$P_{max}=\frac{139.97}{Z}+\frac{844.81}{Z^2}+\frac{2\,154}{Z^3}-0.803\,4 \tag{7-13}$$

式中：Z——$Z=R/Q^{1/3}$ 为比例距离；

Q——炮眼装药量（kg）；

R——药卷中心至荷载作用面的距离（m）。

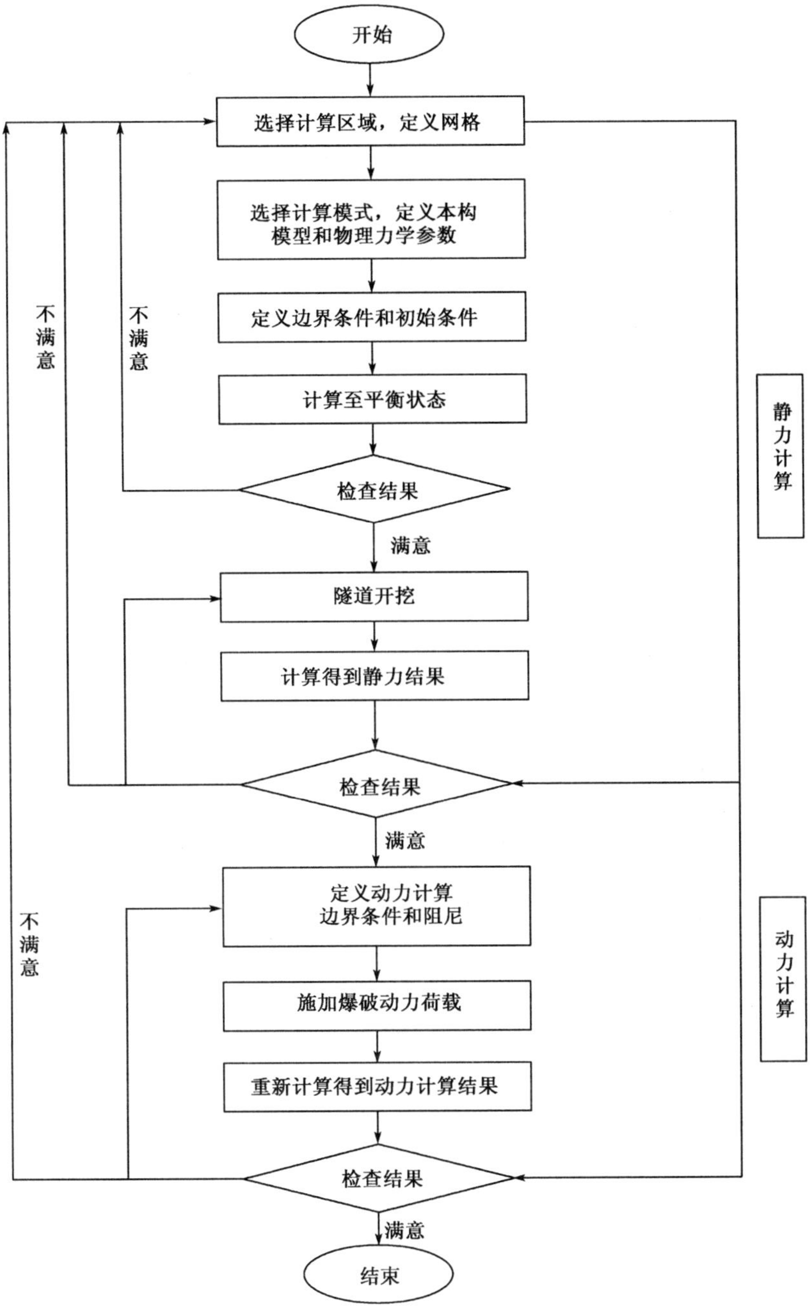

图 7-1　爆破动力分析框图

由于炮孔的直径与其孔距、孔深和抵抗线相比很小，因此将炮孔周围视为无穷大介质。这样，爆炸应力波在岩石中传播时，径向压力峰值和切向拉应力峰值分别为：

$$\sigma_{\mathrm{rmax}} = p\left(\frac{2r}{d_{\mathrm{b}}}\right)^{-\alpha}, \sigma_{\vartheta\mathrm{max}} = -\sigma_{\mathrm{rmax}}\left(\frac{\mu}{1-\mu}\right) \tag{7-14}$$

式中：r——距装药中心的距离；

α——$\alpha = 2 - (\mu/1 - \mu)$为应力波传播衰减系数；

μ——泊松比。

爆炸压力衰减规律见下式：

$$当\ t \geqslant 0, P(t) = P_0 e^{-\alpha t}; t < 0, P(t) = 0 \tag{7-15}$$

在计算中采用考虑炸药量的统计分析的爆破荷载模型进行数值计算，根据 FLAC 3D 动态计算的特点，模拟同时起爆药量最大段的炮孔布置，然后把计算所得的动载荷以等效应力的方式加载于模拟炮孔上。这样可以很形象的得到最大段起爆后所形成的松动圈及各节点的峰值振动速度。

第二节　八字岭分岔隧道爆破设计及数值模拟

一、八字岭分岔隧道爆破设计

在实际施工中，对于分部较多，围岩条件较差的情况多采用机械挖掘为主、钻爆法为辅的开挖方式；而台阶法和全断面法掘进时，则完全采用钻爆法推进。因此下面介绍这两种方法的爆破设计。

1. 台阶法爆破方案

Ⅳ级围岩台阶法开挖的炮眼布置见下图7-2。上下台阶均采用光面爆破。上台阶采用小直径平行预裂挤压抛渣掏槽法。表7-1、表7-2是上、下台阶的钻爆参数。

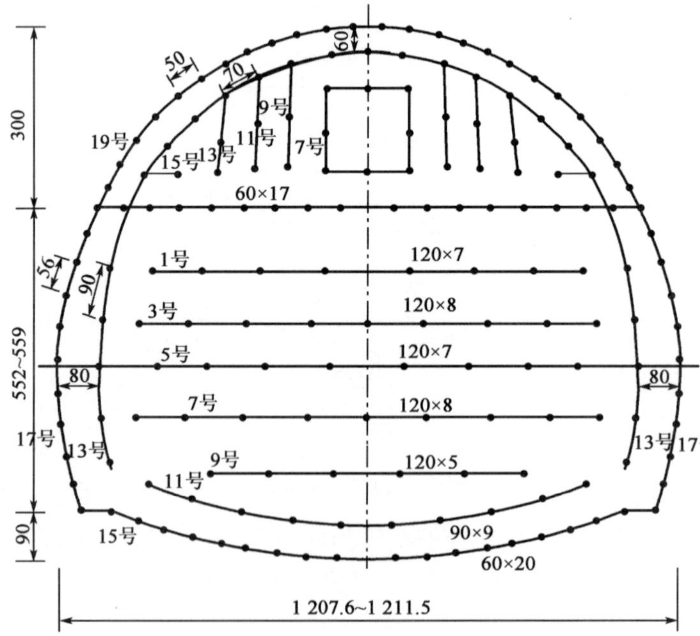

图7-2　Ⅳ级围岩台阶法炮眼布置图（尺寸单位：cm）

Ⅳ级围岩上台阶钻爆参数 表 7-1

项 目	单 位	中 空 眼	掏 槽 眼	辅 助 眼	周 边 眼	底 板 眼
周边眼装药结构	—	ϕ20 乳化炸药间隔装药				
周边眼外插角	—	沿径向外斜 5%				
周边眼装药集中度	kg/m	0.18				
炮眼深度	m	2.6	2.5	2.5	2.5	2.5
炮眼数量	个	4	9	37	26	16
每个炮眼装药量	kg	0.3	1.2	0.9	0.45	0.9
小计装药量	kg	1.2	10.8	33.3	11.7	14.4
每个炮眼装标准药	节	2	8	6	—	6
周边炮眼装小直径药卷	节	—	—	—	6	—
起爆顺序	—	3 号	1、2、5 号	7 ~ 15 号	19 号	17 号
开挖断面积	m^2	23				
炮眼总数	个	89				
比炮眼数	个/m^2	3.8				
总计药量	kg	71.4				
比耗药量	kg/m^3	1.36				

注:堵塞长度不小于 20cm。

Ⅳ级围岩下台阶钻爆参数 表 7-2

项 目	单 位	周 边 眼	辅 助 眼	辅 助 眼	辅 助 眼	底 板 眼
周边眼装药结构	—	ϕ20 乳化炸药间隔装药				
周边眼外插角	—	沿径向外斜 5%				
周边眼装药集中度	kg/m	0.22				
炮眼深度	m	4.5	4.5	4.5	4.5	4.5
炮眼数量	个	20	40	10	10	19
每个炮眼装药量	kg	1.05	3.3	3	3	3
小计装药量	kg	21	132	30	30	57
每个炮眼装标准药	节	—	22	20	20	20
周边炮眼装小直径药卷	节	14	—	—	—	—
起爆顺序	—	17 号	1、3、5、7、9 号	11 号	13 号	15 号
开挖断面积	m^2	72				
炮眼总数	个	103				
比炮眼数	个/m^2	1.43				
总计药量	kg	270				
比耗药量	kg/m^3	0.83				

注:堵塞长度不小于 20cm。

2. 全断面法爆破方案

图 7-3 是Ⅲ级围岩全断面法开挖的炮眼布置图,也采用小直径平行预裂挤压抛渣掏槽法。表 7-3 是相应的钻爆参数。

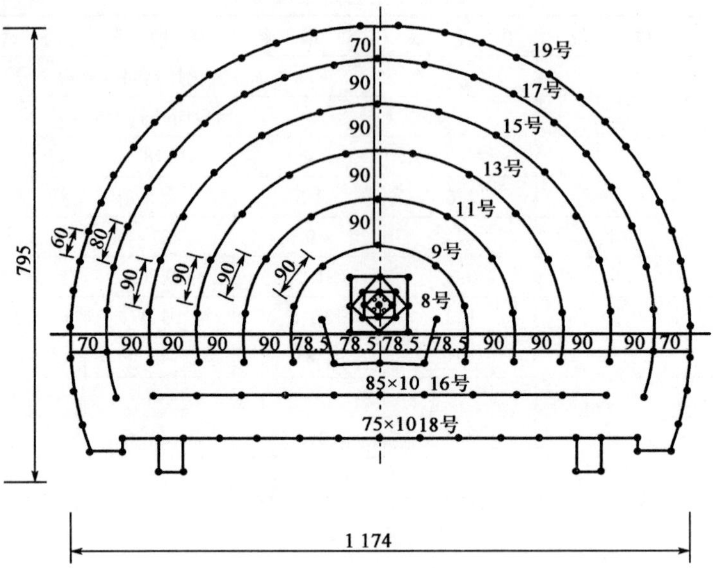

图 7-3 Ⅲ级围岩全断面法炮眼布置图(尺寸单位:cm)

Ⅲ级围岩钻爆参数表 表 7-3

段　别	炮 眼 名 称	眼深(cm)	眼数(个)	每孔药卷数量	每孔药量(kg)	药量(kg)	药卷型号
—	中孔眼	465	4	—	—	—	ϕ75
1	掏槽眼	465	1	10	5.0	5.0	
2	掏槽眼	465	4	10	5.0	20	
3	掏槽眼	450	4	10	5.0	20	
5	掏槽眼	450	4	10	5.0	20	
7	掏槽眼	450	4	10	5.0	20	
8	辅助眼	450	5	9	4.5	22.5	ϕ40 药卷
9、11、13、15	辅助眼	450	43	8	4.0	172	
16	辅助眼	450	11	7	3.5	38.5	
17	内圈眼	450	23	6	3.0	69	
18	底板眼	465	21	7	3.5	73.5	
19	周边眼	450	36	3	1.5	54	ϕ20 药卷
开挖面积(m^2)		77.94					
炮眼个数(个)		156					
比炮眼数(个/ m^2)		2					
总装药量(kg)		514.5					
比耗药量(kg/ m^3)		1.47					

二、施工爆破数值模拟

1. 大拱段

根据现场实际爆破情况，上台阶开挖时起爆药量最大的单段为 4 个掏槽眼，炮孔直径是 42mm。对于Ⅳ级围岩，计算最大段装药量为 6.0kg 和 5.2kg 的情况；对于Ⅲ级围岩，则考虑最大段装药量为 9.6kg 和 8.4kg 的情况。

下台阶核心土开挖时，起爆药量最大的单段也是 4 个掏槽眼，炮孔直径同样为 42mm。Ⅲ、Ⅳ级围岩的最大段装药量分别为 10kg、7.2kg。下台阶两侧开挖时，起爆药量最大的单段为 4 个周边眼，炮孔直径也是 42mm，Ⅳ级围岩的最大段装药量考虑 3.0kg 和 2.5kg 的情况，而对于Ⅲ级围岩，则是 5.25kg 和 4.5kg。

大拱段位于分岔隧道洞口，埋深较浅，初始地应力场以自重为主，垂向为 γh，隧道轴向和垂直隧道边墙方向为 $(\mu/1-\mu)\gamma h$。

根据现场岩体力学试验结果，并结合国内重大岩土工程灰岩的参数取值，计算时岩体参数如表 7-4 所示。

岩体力学参数表　　表 7-4

岩 性 类 别	重度 γ(KN/m^3)	弹性模量 E(GPa)	泊松比 μ	黏结力 c(MPa)	内摩擦角 φ(°)	抗拉强度(MPa)
Ⅳ级围岩	26.5	6	0.35	0.5	31	0.8
Ⅲ级围岩	27.1	10	0.30	1.0	43	1.0

图 7-4 是爆破计算的数值模型的网格图，而图 7-5 反映了关键点的位置和节点号。

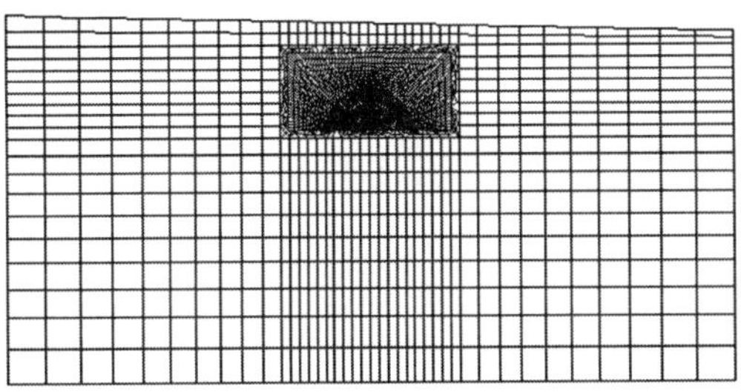

图 7-4　大拱段爆破数值计算模型

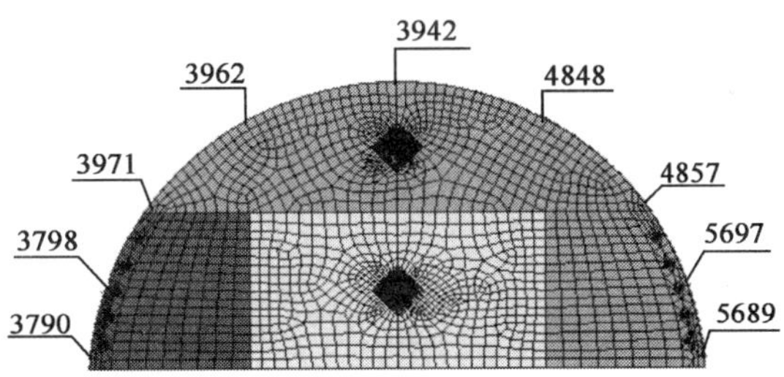

图 7-5　大拱段关键点布置图

1) Ⅳ级围岩数值计算结果

(1) 上台阶爆破

最大单段装药量为 5.2kg 时各关键点的振动速度历时曲线如图 7-6，其振动速度峰值见表 7-5。最大单段装药量为 6.0kg 时各关键点的峰值振动速度见表 7-6。

各关键点的峰值振动速度(5.2kg)　　表 7-5

关 键 点	3971	3962	3942	4848	4857
水平振速(cm/s)	5.65	8.37	2.15	8.06	5.71
竖向振速(cm/s)	1.26	0.63	28.77	0.91	1.41

各关键点的峰值振动速度（6.0kg） 表 7-6

关 键 点	3971	3962	3942	4848	4857
水平振速（cm/s）	6.16	9.12	2.36	8.78	6.23
竖向振速（cm/s）	1.37	0.69	31.49	1.01	1.53

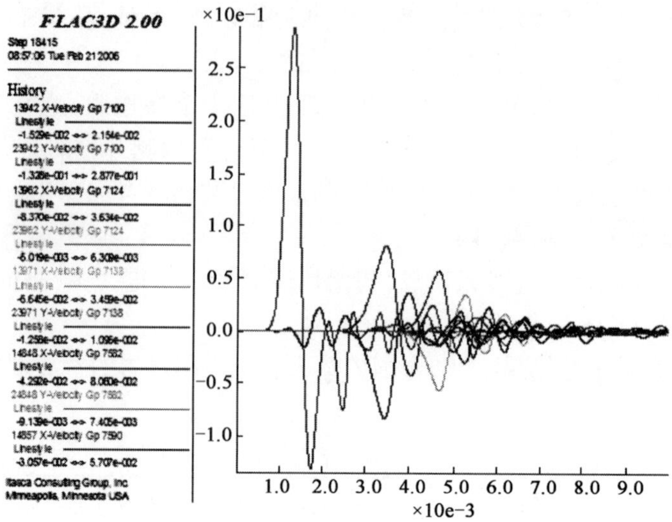

图 7-6 各关键点振动速度历时曲线（cm/s）

从关键点的振动速度历程曲线可以看出，上台阶爆破开挖时，拱顶处关键点竖向振动速度较大，药量 6.0kg 时为 31.49cm/s，药量 5.2kg 时为 28.77cm/s，其余测点均在 10cm/s 以下。根据我国通常采用的岩体临界振动速度，并参考围岩状态建议Ⅳ级围岩上台阶最大单段装药量不要超过 5.2kg。

（2）下台阶核心土爆破

最大单段装药量为 7.2kg 时，各关键点的振动速度曲线如图 7-7 所示，振速峰值见表 7-7。

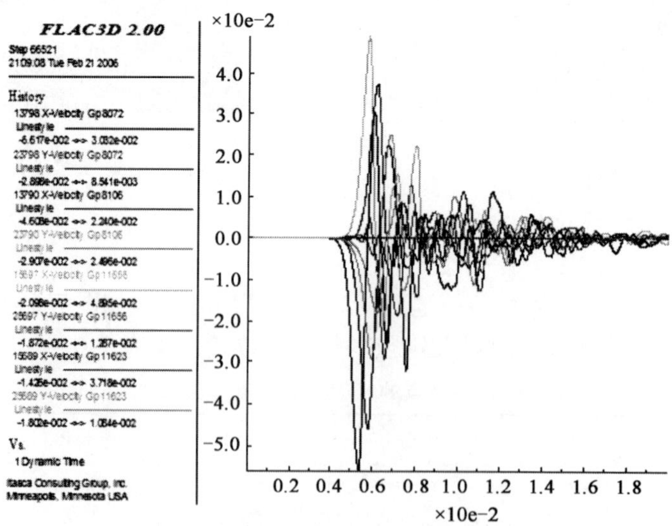

图 7-7 各关键点振动速度历时曲线（cm/s）

各监测点的峰值振动速度(7.2kg)　　表7-7

关 键 点	3798	3790	5697	5689
水平振速(cm/s)	5.62	4.61	4.90	3.72
竖向振速(cm/s)	2.90	2.91	1.87	1.80

从关键点的振动速度历程曲线可以看出,下台阶核心土爆破开挖时,各关键点的峰值振动速度均在10cm/s以下,所以Ⅳ级围岩下台阶核心土最大单段装药量可取7.2kg。

(3)下台阶两侧爆破

最大段装药量2.5kg时,各关键点的振动速度曲线历时曲线见图7-8,峰值振动速度见表7-8。从图7-8可以看出,关键点振动速度最大值接近30cm/s,建议Ⅳ级围岩下台阶两侧最大段装药量不要超过2.5kg。

各关键点的峰值振动速度(2.5kg)　　表7-8

关 键 点	3798	3790	5697	5689
水平振速(cm/s)	28.44	4.05	29.26	3.69
竖向振速(cm/s)	11.89	7.02	11.15	6.87

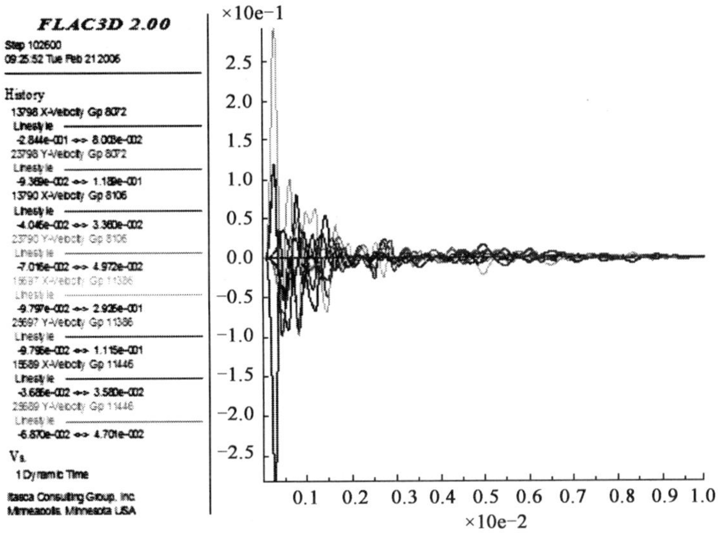

图7-8　各关键点振动速度历时曲线(cm/s)

2)Ⅲ级围岩数值计算结果

(1)上台阶爆破

最大段装药量9.0kg和8.4kg时各关键点的振动速度曲线如图7-9、图7-10所示,峰值振动速度见表7-9、表7-10。

各关键点的峰值振动速度(9.0kg)　　表7-9

关 键 点	3971	3962	3942	4848	4857
水平振速(cm/s)	8.34	12.54	2.48	12.07	8.46
竖向振速(cm/s)	1.91	0.89	43.46	1.10	2.04

各关键点的峰值振动速度(8.4kg)　　表 7-10

关　键　点	3971	3962	3942	4848	4857
水平振速(cm/s)	7.27	10.94	2.45	10.53	7.37
竖向振速(cm/s)	1.66	0.77	37.54	0.93	1.78

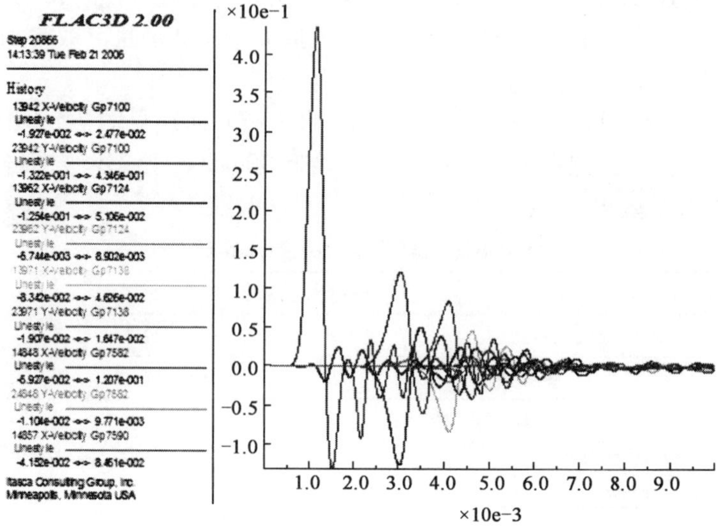

图 7-9　各关键点振动速度历时曲线(9.0kg)

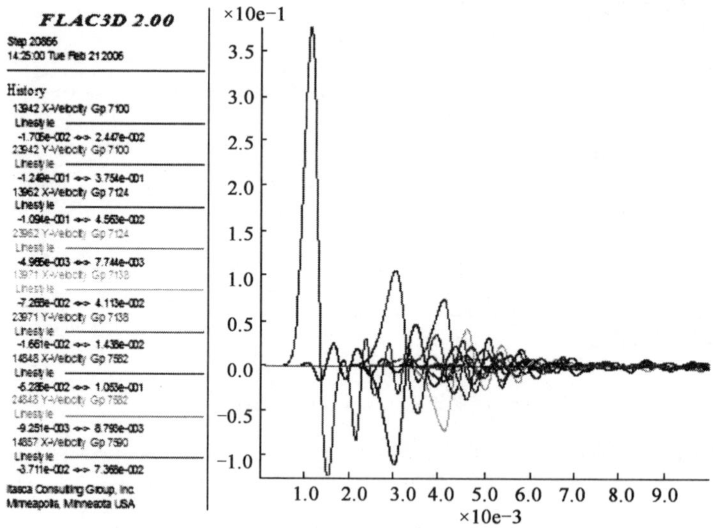

图 7-10　各关键点振动速度历时曲线(8.4kg)

从关键点的振动速度历程曲线可以看出,最大段装药量为 9.0kg 时,拱顶关键点的竖向峰值振动速度较大,为 43.46cm/s;而最大单段装药量为 8.4kg 时,拱顶点竖向峰值振动速度为 37.54cm/s。建议Ⅲ级围岩上台阶最大单段装药量不要超过 8.4kg。

(2)下台阶核心土爆破

最大段装药量 10kg 时各关键点的振动速度历时曲线见图 7-11,峰值振动速度见表 7-11。

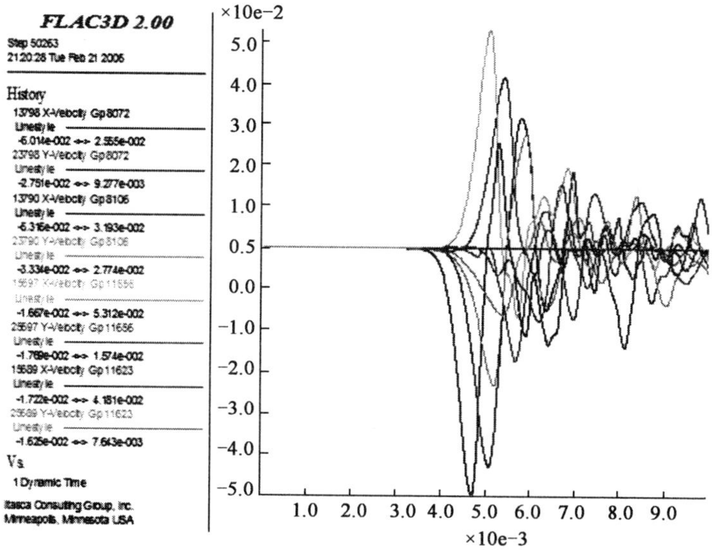

图 7-11 各关键点振动速度历时曲线

各关键点的峰值振动速度(10kg) 表 7-11

关 键 点	3798	3790	5697	5689
水平振速(cm/s)	6.01	5.32	5.31	4.18
竖向振速(cm/s)	2.75	3.33	1.77	1.63

从图 7-11 可以看出,下台阶核心土爆破开挖时,两侧关键点的峰值振动速度都较小,均在 10cm/s 以下,可知这种装药能满足稳定要求。

(3)下台阶两侧爆破

最大段装药量 5.25kg 和 4.5kg 时各监测点的振动速度历时曲线分别如图 7-12、图 7-13 所示,峰值振动速度见表 7-12、表 7-13。

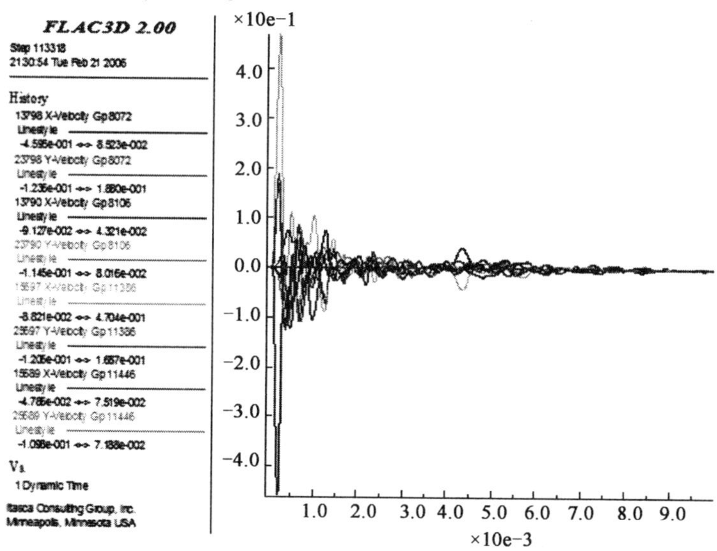

图 7-12 各关键点振动速度历时曲线(5.25kg)

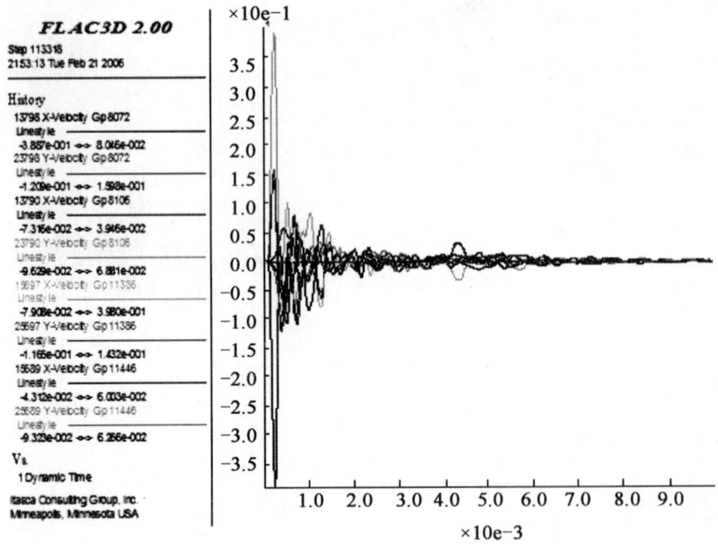

图 7-13　各关键点振动速度历时曲线(4.5kg)

各关键点的峰值振动速度（5.25kg）　　表 7-12

关　键　点	3798	3790	5697	5689
水平振速(cm/s)	45.95	9.13	47.04	7.52
竖向振速(cm/s)	18.80	11.45	16.87	10.98

各关键点的峰值振动速度（4.5kg）　　表 7-13

关　键　点	3798	3790	5697	5689
水平振速(cm/s)	38.87	7.32	39.80	6.00
竖向振速(cm/s)	15.98	9.63	14.32	9.32

从关键点速度历程曲线可以看出，下台阶两侧爆破开挖最大单段装药量为 5.25kg 时，两侧边墙测点 3798 和 5697 号水平振动速度较大，都超过了 40cm/s；而当最大单段装药量为 4.5kg时，两侧边墙测点振动速度都在 40cm/s 以内。建议这种情况下最大单段装药量不要超过 4.5kg。

2. 连拱段

以隧道中心线为 Z 轴，垂向为 Y 轴，水平向为 X 轴建立的连拱段三维结构模型见图 7-14。关键点布置如图 7-15。初始地应力场以自重为主，围岩参数见表 7-4。

上台阶开挖时，起爆药量最大的单段为 4 个掏槽眼，炮孔直径 42mm，Ⅳ级围岩考虑最大段装药量为 4.8kg 和 4.0kg 的情况，而Ⅲ级围岩相应为 5.6kg 和 4.8kg。下台阶开挖时起爆药量最大的单段为 17 个底板眼，炮孔直径也为 42mm，Ⅳ级围岩考虑最大段装药量为 7.2kg 和 6.0kg 的情况，而Ⅲ级围岩相应为 8.4kg 和 7.0kg 的情况。

1) Ⅳ级围岩数值计算结果

(1) 上台阶爆破

各关键点的峰值振动速度见表7-14、表7-15。从中可以看出，最大单段装药量为4.8kg时，左洞拱顶处关键点竖向振动峰值速度较大为23.82cm/s，其余点均在10cm/s以下；当最大单段装药量为4.0kg时，左洞拱顶处关键点竖向振动峰值速度较大为19.42cm/s，其余点均在10cm/s以下。建议此时最大单段装药量不要超过4.0kg。

各关键点的峰值振动速度（4.8kg）　　表7-14

关　键　点	1	6	98	221	344	757	761	756	766	770
水平振速(cm/s)	1.374	7.374	2.722	1.919	1.292	1.313	2.142	3.775	2.365	1.171
竖向振速(cm/s)	23.82	4.592	0.852	1.252	0.978	1.036	0.560	2.760	1.780	1.370

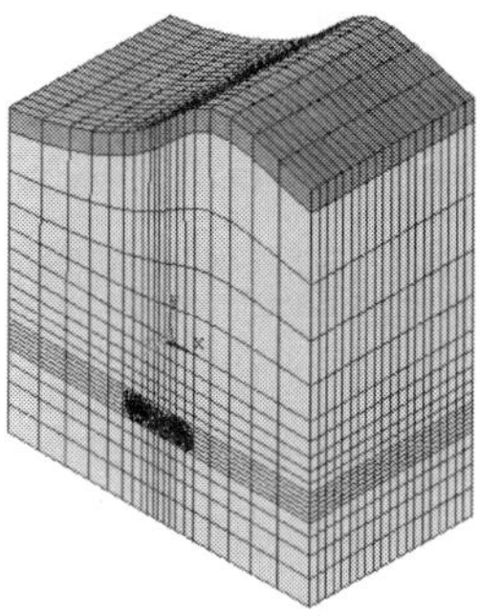

图7-14　连拱段模型图

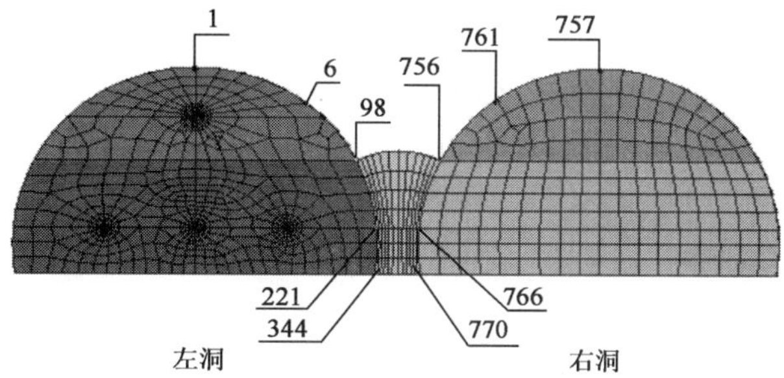

图7-15　连拱段关键点布置图

各关键点的峰值振动速度（4.0kg）　　表7-15

关　键　点	1	6	98	221	344	757	761	756	766	770
水平振速(cm/s)	1.046	5.684	2.118	1.466	0.981	1.014	1.642	2.896	1.804	0.896
竖向振速(cm/s)	19.42	3.575	0.656	0.899	0.767	0.812	0.448	2.137	1.376	1.060

（2）下台阶爆破

各关键点的峰值振动速度见表7-16、表7-17。从中可以看出，下台阶爆破最大单段装药量为7.2kg时，右洞左侧边墙处关键点水平振动峰值速度较大为12.32cm/s，其余点均在10cm/s以下；而最大单段装药量为6.0kg时，所有关键点振动速度均在10cm/s以下。此时最大单段装药量可采用7.2kg。

各关键点的峰值振动速度（7.2kg）　　表7-16

关　键　点	1	6	98	221	344	757	761	756	766	770
水平振速(cm/s)	0.838	1.443	7.025	7.668	8.212	0.797	2.153	7.477	12.32	8.465
竖向振速(cm/s)	1.325	1.660	5.232	3.423	4.174	1.098	1.548	5.254	2.287	5.167

各关键点的峰值振动速度（6.0kg）　　表7-17

关　键　点	1	6	98	221	344	757	761	756	766	770
水平振速(cm/s)	0.701	1.150	5.844	6.140	6.635	0.683	1.728	5.983	9.870	6.804
竖向振速(cm/s)	1.076	1.359	4.307	2.788	3.505	0.869	1.198	4.343	4.320	4.167

2）Ⅲ级围岩数值计算结果

（1）上台阶爆破

各关键点的峰值振动速度见表 7-18、表 7-19。从中可以看出,最大单段装药量为 5.6kg 时,左洞拱顶处关键点竖向振动速度较大为 22.94cm/s,其余点均在 10cm/s 以下;而当最大单段装药量为 4.8kg 时,左洞拱顶处关键点竖向振动速度较大为 19.64cm/s,其余均在 10cm/s 以下。建议此时最大单段装药量不要超过 4.8kg。

各关键点的峰值振动速度 (5.6kg) 表 7-18

关键点	1	6	98	221	344	757	761	756	766	770
水平振速(cm/s)	1.915	7.770	2.478	1.753	1.221	1.192	2.435	4.224	2.437	1.191
竖向振速(cm/s)	22.94	5.015	0.874	1.406	1.086	0.921	0.620	2.817	1.988	1.196

各关键点的峰值振动速度(4.8kg) 表 7-19

关键点	1	6	98	221	344	757	761	756	766	770
水平振速(cm/s)	1.511	6.299	1.984	1.386	0.960	0.965	1.957	3.384	1.932	0.953
竖向振速(cm/s)	19.64	4.112	0.694	1.128	0.890	0.743	0.506	2.279	1.597	0.971

(2)下台阶爆破

各关键点的峰值振动速度见表 7-20、表 7-21。从中可以看出,下台阶爆破开挖最大单段装药量为 8.4kg 时,右洞左侧边墙处关键点水平振动速度较大为 12.30cm/s,其余点均在 10cm/s 以下;而当最大单段装药量为 7.0kg 时,所有点均在 10cm/s 以下。此时最大单段装药量可采用 8.4kg。

各关键点的峰值振动速度 (8.4kg) 表 7-20

关键点	1	6	98	221	344	757	761	756	766	770
水平振速(cm/s)	0.668	1.418	6.717	7.668	7.955	0.893	1.755	8.406	12.30	7.296
竖向振速(cm/s)	1.520	1.493	5.093	4.462	3.742	0.705	1.667	4.385	5.698	5.791

各关键点的峰值振动速度(7.0kg) 表 7-21

关键点	1	6	98	221	344	757	761	756	766	770
水平振速(cm/s)	0.533	1.173	5.291	6.077	6.433	0.752	1.387	6.740	9.759	5.875
竖向振速(cm/s)	1.217	1.201	4.229	3.512	3.108	0.553	1.303	3.555	4.776	4.693

3. 小间距段

为确定小间距段中隔岩柱的合理的最小厚度,设计了五种工况,左右隧道间距分别为 1.5m、2.0m、2.5m、3.0m 和 3.5m。五种工况左右洞均采用全断面开挖方法施工,施工顺序为先开挖右洞后开挖左洞。计算的重点为爆破施工对中隔岩柱的影响。在每个厚度工况下,均取岩柱最薄处中间点为关键点,具体见图 7-16。

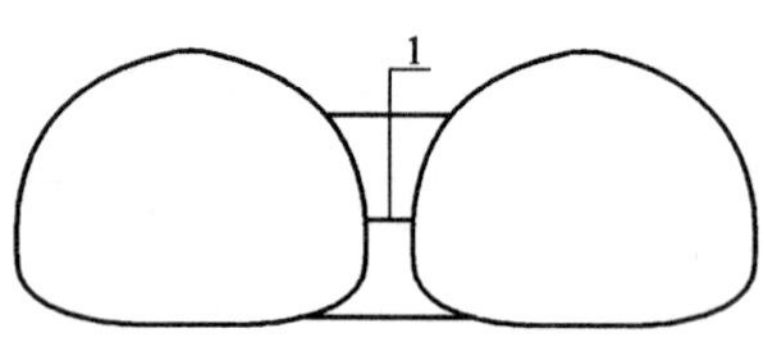

图 7-16 小间距段关键点布置图

(1)Ⅳ级围岩

起爆药量最大的单段为 21 个底板眼,炮孔直径为 42mm。对于Ⅳ级围岩,考虑最大段装药量为 6.3kg 的情况。中隔墙厚度 2.5m 时围岩的爆破松动状态如图 7-17 所示。

爆破开挖后塑性区主要分布于中隔岩柱、左洞拱脚及边墙部位，破坏形式主要为剪切破坏。几种工况塑性区差别不大，原因是外围地应力变化不大。爆破对围岩的破坏主要取决于炮孔的位置和装药量的大小。

最小间距为2.5m时，关键点的振动速度历时曲线见图7-18。各种厚度情况下的关键点的振动速度见表7-22。

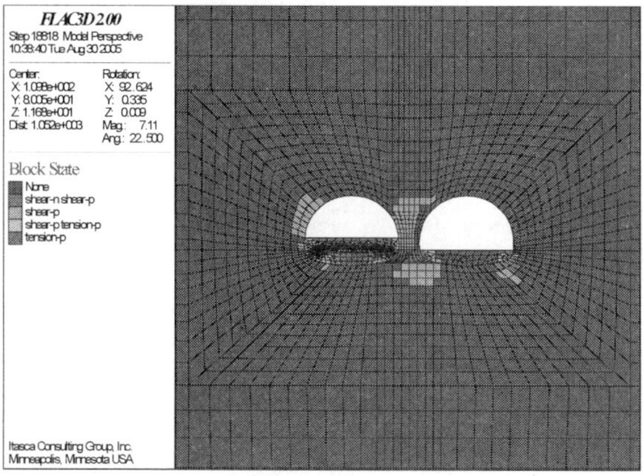

图7-17 围岩爆破松动状态(2.5m)

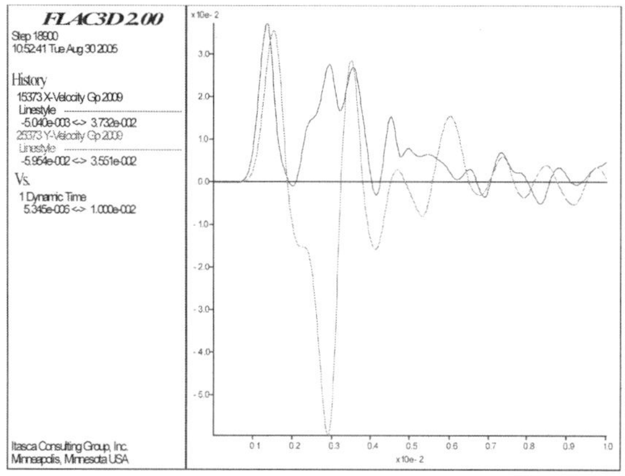

图7-18 关键点振动速度历时曲线(2.5m)

各种工况关键点的峰值振动速度 表7-22

厚　　度	1.5m	2.0m	2.5m	3.0m	3.5m
水平振速(cm/s)	6.11	4.58	3.73	3.54	3.44
竖向振速(cm/s)	9.33	7.39	5.95	5.86	4.23

从上表可以看出，随着中隔墙厚度的加大，即随着关键点与炮孔距离的变大，其振速峰值逐渐减小。各点的位移均峰值较小，加速度峰值则较大，且均在爆破后4ms内达到峰值。

中隔墙厚度2.5m且最大单段装药量为6.3kg时，爆破后围岩的应力状态见图7-19、图7-20。

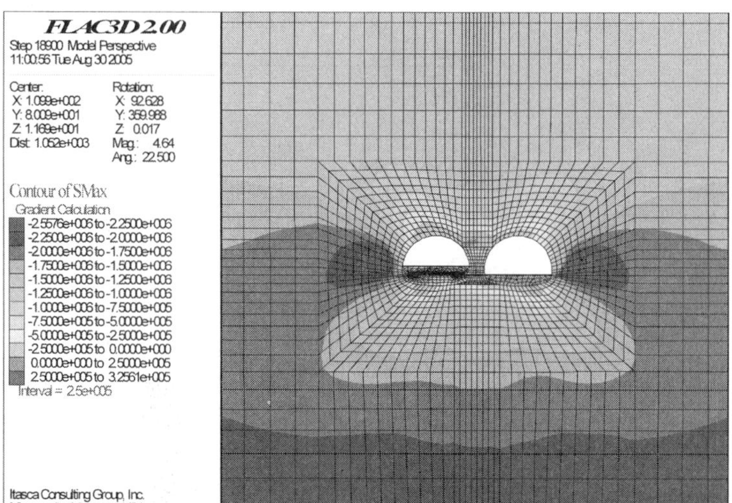

图7-19 最小主应力云图(2.5m)

从最大主应力来看，中隔岩柱厚度为2.5m时，压应力集中发生在两隧道远侧边墙底部及中隔岩柱底部，其中左洞左边墙底部最大压应力值为7.30MPa，中隔岩柱底部最大压应力值为5.94MPa，右洞右边墙底部最大压应力值为7.38MPa。

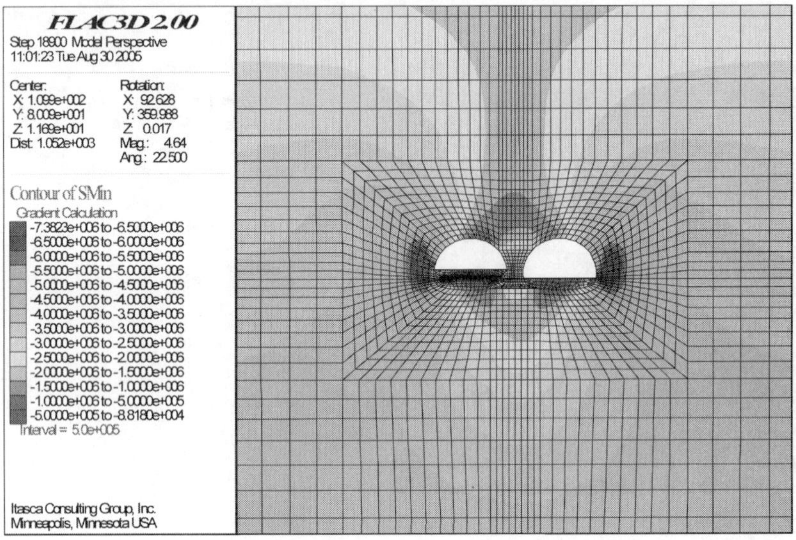

图7-20　最大主应力云图(2.5m)

对各种工况的最大主应力计算结果进行分析可以看出，随着中隔岩柱厚度的增大，两隧道远侧边墙底部的压应力集中程度逐渐变弱，而中隔岩柱底部的压应力集中区不断增大，且最大值从4.54MPa增大到7.16MPa。

(2)Ⅲ级围岩

起爆药量最大的单段也是21个底板眼，炮孔直径同样是42mm。但是最大段装药量增大为8.4kg。中隔墙厚度2.5m时围岩的塑性区分布如图7-21所示，关键点振动速度历时曲线见图7-22。

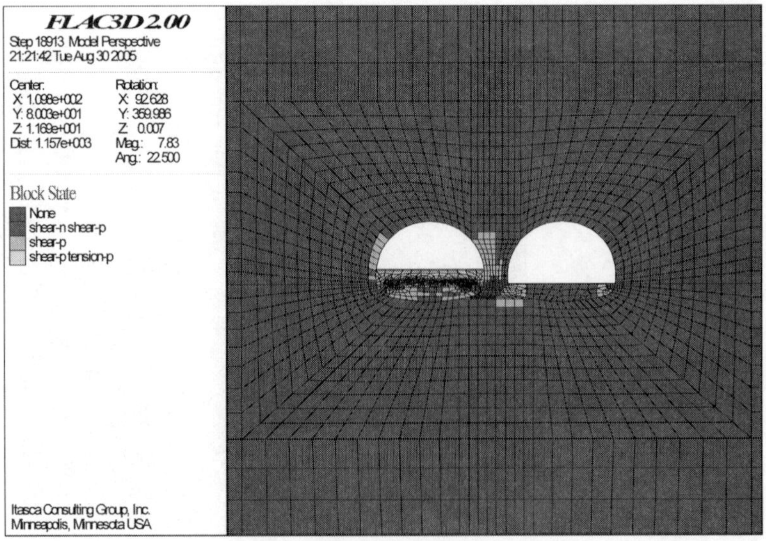

图7-21　围岩塑性区分布(2.5m)

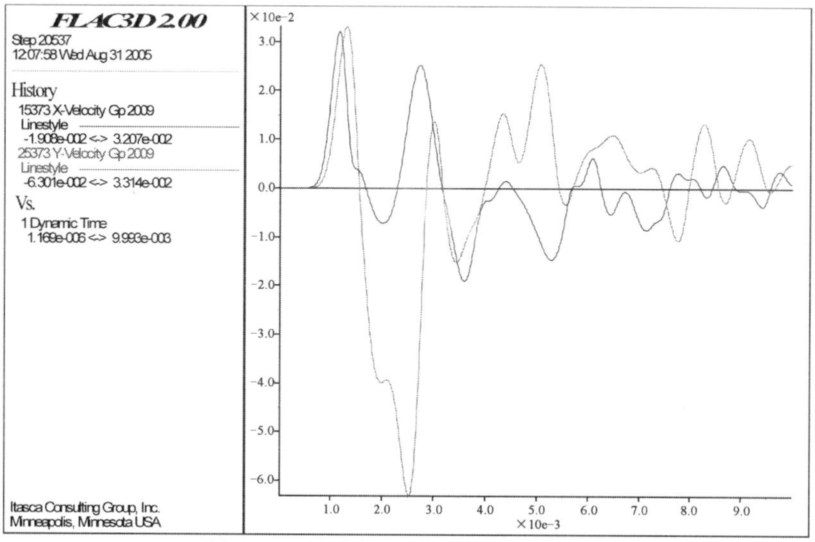

图 7-22　关键点振动速度历时曲线(2.5m)

由图 7-21 可知,塑性区主要分布于左洞拱部、边墙以及右洞底板的两端,破坏形式主要为剪切破坏。塑性区范围和左洞底板的拉应力集中区都随着中隔岩柱厚度的增大而减小。

各种工况下关键点的峰值振动速度见表 7-23。

各种工况监测点的峰值振动速度　　表 7-23

厚度(m)	1.5	2.0	2.5	3.0	3.5
水平振速(cm/s)	6.86	4.74	3.21	3.08	2.84
竖向振速(cm/s)	11.77	7.57	6.30	6.22	3.23

从上表可以看出,随着中隔墙厚度的加大,即随着关键点与炮孔距离的变大,其振速峰值逐渐减小。各点的位移均峰值较小,加速度峰值则较大,且均在爆破后 4ms 内达到峰值。

中隔墙厚度 2.5m 且最大单段装药量为 8.4kg 时,爆破后围岩的应力状态见图 7-23、图 7-24。

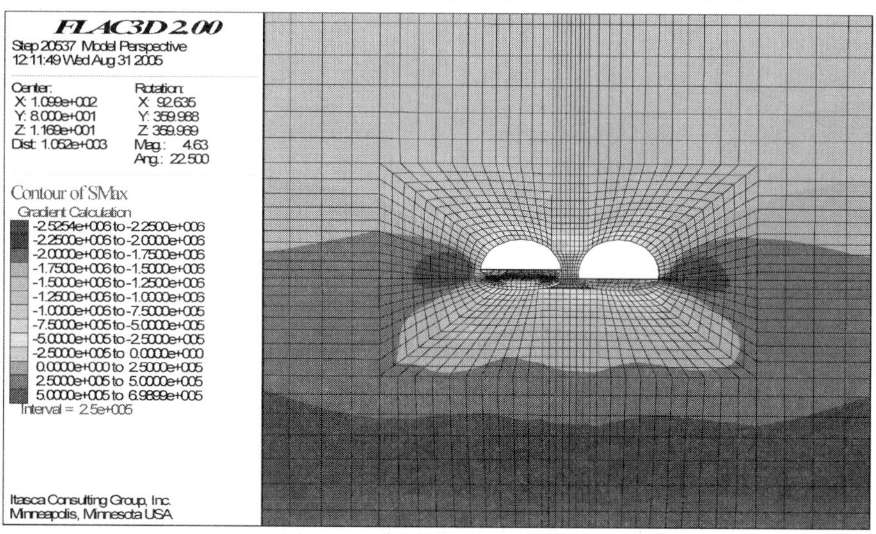

图 7-23　最小主应力云图(2.5m)

从最大主应力图来看，中隔岩柱厚度为 2.5m 时，压应力集中主要发生在中隔岩柱底部，两隧道远侧边墙底部也存在小范围的压应力集中。其中左洞左边墙底部压应力最大值为 8.32MPa，而右洞右边墙底部和中隔岩柱底部的压应力最大值分别为 10.27MPa、8.50MPa。

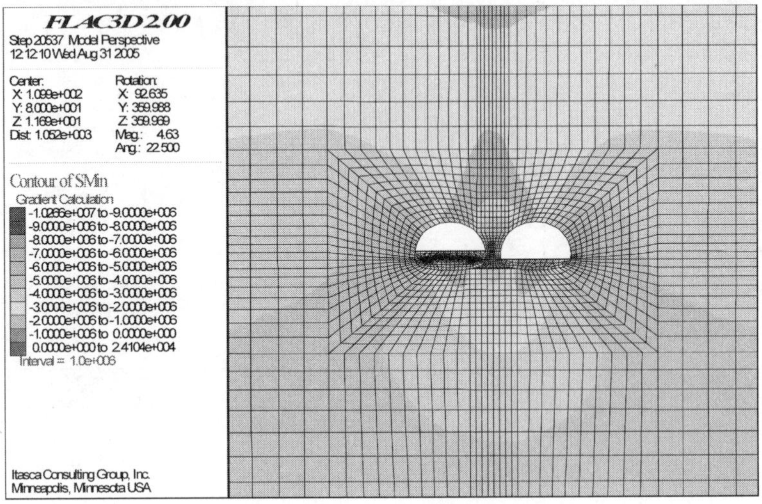

图 7-24　最大主应力云图(2.5m)

对各种工况的最大主应力进行分析可以看出，随着中隔岩柱厚度的增大，两隧道远侧边墙底部的压应力集中程度逐渐变弱，而中隔岩柱底部的压应力集中区不断增大，且最大值从 7.69MPa 增大到 11.73MPa。

通过上面施工爆破时围岩塑性区，应力分布情况以及中隔岩柱内部关键点峰值振动速度的分析，并综合考虑施工组织、连拱段和小间距段过渡和节约建设经费等多方面的因素，我们认为对于Ⅲ、Ⅳ级围岩来说，中隔岩柱的最小厚度定为 2.5m 是合理可行的。

4. 施工爆破纵向影响

下面以大拱段为例研究掌子面处爆破开挖对隧道沿轴向已开挖段围岩的影响。在大拱段上断面掏槽眼爆破(4 个掏槽眼总装药量为 6.0kg)情况下，分析沿隧道轴向拱顶各监测点的振动速度，明确施工爆破的纵向影响。图 7-25 是三维计算模型，图 7-26 为拱顶监测点的布设情况(1→9 是隧道掘进的方向)。

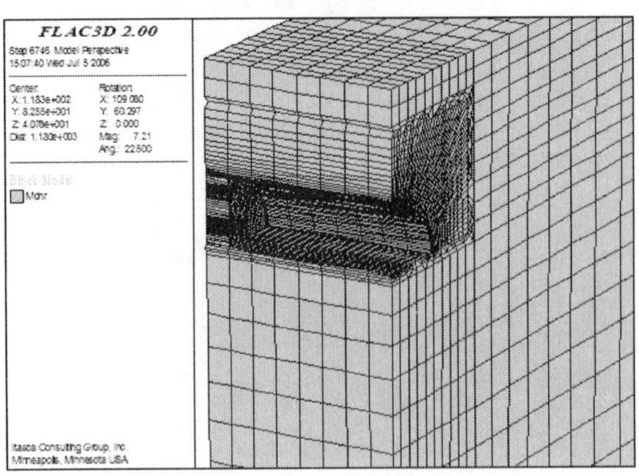

图 7-25　计算模型

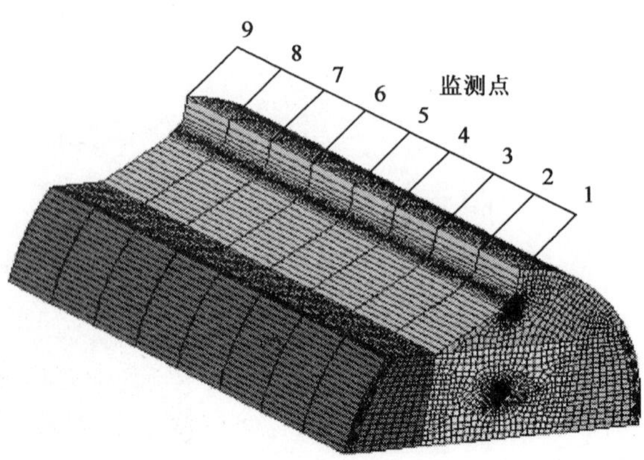

图 7-26　拱顶监测点布置

爆破后掌子面的塑性区分布见图 7-27。而图 7-28、图 7-29 分别是各监测点水平向和垂直向的振动速度历时曲线，表 7-24 是相应的振速峰值。

各监测点峰值振动速度 表 7-24

监 测 点	1	2	3	4	5	6	7	8	9
水平振速（cm/s）	0.22	0.11	0.21	0.27	0.38	0.56	0.80	2.29	2.14
竖向振速（cm/s）	3.45	1.64	2.70	3.80	4.52	4.23	5.44	30.01	50.16

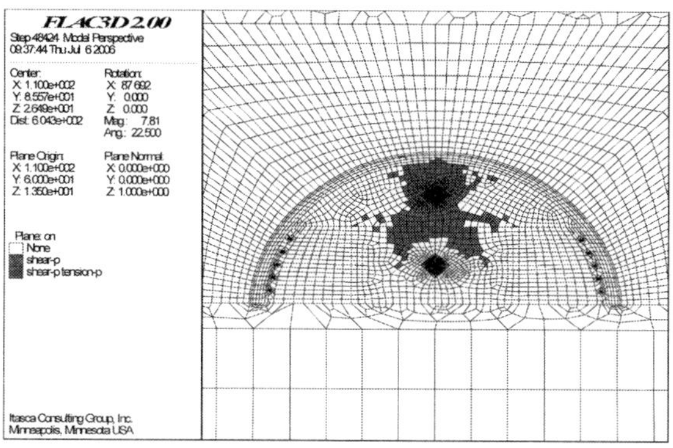

图 7-27 爆破后掌子面的塑性区

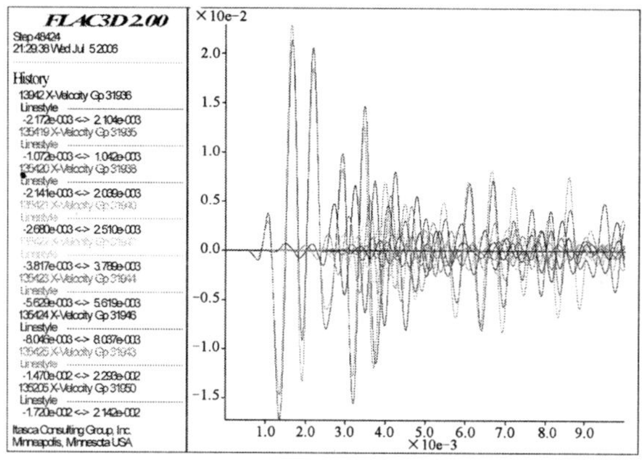

图 7-28 各监测点 *X* 向振动速度

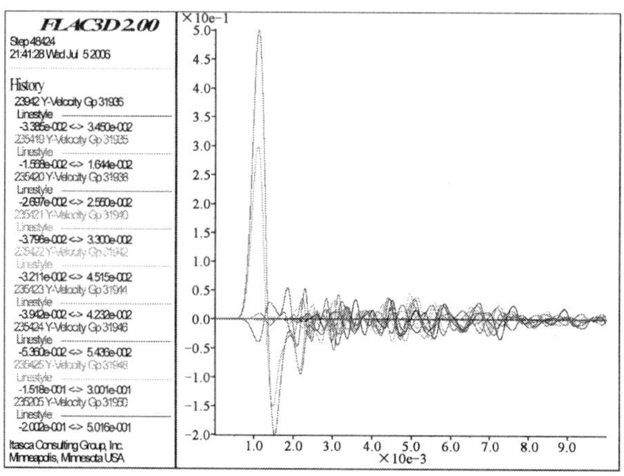

图 7-29 各监测点 *Y* 向振动速度

从以上图表可以看出，随着与掌子面距离的增大，沿隧道轴向各拱顶的振动速度迅速衰减，距掌子面 16m 处的 2 号监测点附近受爆破振动影响的程度已经很小。可以认为距掌子面一倍洞径远处围岩基本不受爆破振动的影响。1 号监测点振速有所增大是由于其位于洞口处，有两个自由面，质点振动的约束较小造成的。

第三节　爆破振动现场监测

一、原理和方法

众所周知,炸药在地下爆炸后,必然会产生爆破地震效应。采用一定的测振仪器,即可测得振动的强弱。而振动速度的大小和装药量多少、药包与测点的距离大小有直接的关系,可用图 7-30 表示。这样对于每测一个点,都可以得到一个包含装药量、药包与测点的距离以及质点峰值振动速度的数组。由多个测点的数据就可以得到一个三维数组,这样就能确定一个曲面,然后根据这个函数关系、装药量以及药包与测点的距离,就可以推算出未知点的峰值振动速度。一般地,起爆药量越大,振动速度也越大。对于采用微差爆破方法的隧道工程来讲,只要起爆药量最大的某一段所产生的爆破振速峰值小于规定值,就可以保证隧道的正常施工。

根据上述原理,我们以分岔隧道小间距段为研究对象,沿轴线走向在左右隧道边墙和拱部布置了四个测点(图 7-31),并安放测振仪器。在隧道爆破时记录测点的振动速度,爆破前做好记录装药量的工作,然后由当天爆破作业点的里程桩号可算得药包与测点间的距离。

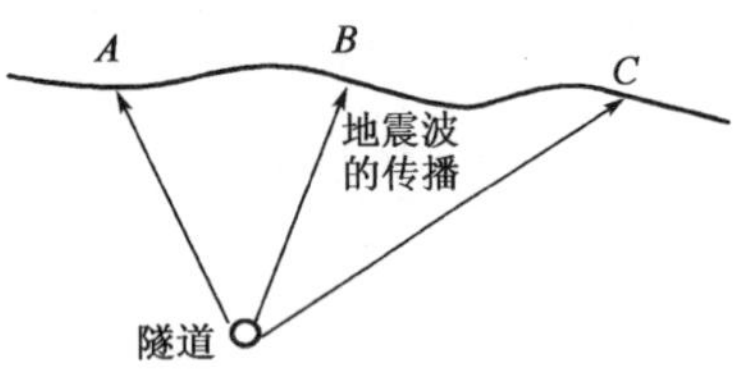

图 7-30　地震波的传播示意图

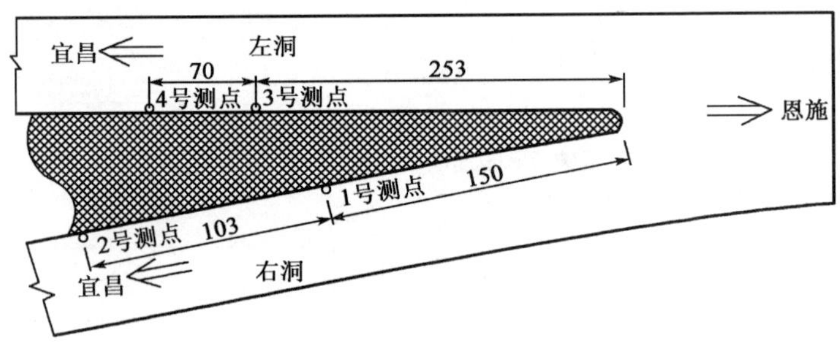

图 7-31　爆破振动测点布置图(尺寸单位:m)

二、仪器简介

IDTS 3850 系列振动监测仪,可对地震波、机械振动过程进行瞬态记录和信号分析,在机械、桥梁、矿山、隧道爆破等工程上有广泛的应用,其技术指标如下。

(1)通道数:4 通道/台、3 通道/台、2 通道/台,各通道全并行采集。

(2)采样长度:128k ×1 段,64k ×2 段……4k ×16 段,2k ×64。

(3)采样速率:1 ~200kHz 范围内有 8 档可选,A/D 分辨率为 12bit。

(4)量程: 有 ±0.4V、±2V、±20V 三档可选。

(5)软件: 全中文界面软件,支持 Win98/2000/NT/XP 系统。

(6)配传感:速度传感器(频响 5 ~500Hz),加速度传感器(频响 0.2 ~2kHz)等。

三、监测结果

经过一段时间的测量,得到了一些结果,详见表 7-25。

测试结果汇总表　　表 7-25

日　期	总药量(kg)	单孔最大药量(kg)	起爆地点	测　点	爆源距离(m)	方　向	振速峰值(cm/s)
4 月 26 日	160	2.55	右洞	1	126	垂直	0.107
						水平	0.155
				2	23	垂直	4.03
						水平	5.497
				3	110	垂直	0.149
						水平	0.313
				4	40	垂直	1.98
						水平	3.43
4 月 27 日	160	2.55	左洞	1	109	垂直	0.078 3
						水平	0.105
				2	6	垂直	断路
						水平	
				3	93	垂直	0.489
						水平	0.54
				4	23	垂直	4.04
						水平	4.73
4 月 28 日	150	2.55	右洞	1	129	垂直	0.346 17
						水平	0.406 01
				2	26	垂直	3.782
						水平	4.098
				3	113	垂直	0.257 06
						水平	0.358 69
				4	43	垂直	1.856 61
						水平	2.717 82
4 月 30 日	144	2.5	左洞	1	112	垂直	0.418 65
						水平	1.157 49
				2	9	垂直	6.781
						水平	6.937
				3	96	垂直	1.071 02
						水平	1.123 87
				4	26	垂直	断路
						水平	

续上表

日　　期	总药量(kg)	单孔最大药量(kg)	起爆地点	测　　点	爆源距离(m)	方向	振速峰值(cm/s)
5月2日	150	2.4	右洞	1	135	垂直	0.549 48
						水平	0.289 37
				2	32	垂直	3.131 96
						水平	3.129 7
				3	119	垂直	0.310 88
						水平	0.550 63
				4	49	垂直	1.622 55
						水平	2.340 66
5月4日	144	2.3	右洞	1	138	垂直	传感器坏
						水平	0.451 86
				2	35	垂直	3.094 38
						水平	3.071 2
				3	122	垂直	0.176 81
						水平	0.399 21
				4	52	垂直	1.392 13
						水平	2.921 2
5月5日	99	2	左洞	1	105	垂直	传感器坏
						水平	0.511 96
				2	18	垂直	4.331 17
						水平	4.926 16
				3	105	垂直	0.874 37
						水平	0.474 91
				4	35	垂直	2.757 37
						水平	3.604 6

四、数据回归分析

对测试数据按萨道夫斯基公式[式(7-1)]进行回归分析，得到如下两个回归方程：

垂直方向：
$$v = 172\left(\frac{Q^{1/3}}{R}\right)^{1.644} \tag{7-16}$$

水平方向：
$$v = 191\left(\frac{Q^{1/3}}{R}\right)^{1.48} \tag{7-17}$$

现场用这两个公式指导了爆破设计和施工，保证了工程安全顺利进行。

第四节　爆破减振技术

为保证隧道开挖轮廓线按设计轮廓成形并防止围岩产生过大的破坏，分岔隧道施工过程中必须采用轮廓控制爆破技术，常用的轮廓控制爆破技术有预裂爆破和光面爆破。连拱隧道中隔墙顶部两侧以及小间距隧道中夹岩柱两侧应采用预裂爆破，其他地段应采用光面爆破。

所谓预裂爆破，就是首先起爆布置在设计轮廓线上的预裂爆破孔药包，形成一条沿设计轮廓线贯穿的裂缝，再在该人工裂缝的屏蔽下进行主体开挖部位的爆破，保证保留岩体免遭破坏。光面爆破是先爆除主体开挖部位的岩体，然后再起爆布置在设计轮廓线上的周边孔药包，将光爆层炸除，形成一个平整的开挖面。

一、光面爆破

1. 主要技术要点

(1)根据围岩特点合理选择周边眼间距及周边眼的最小抵抗线。周边眼的间距根据现场地质条件和岩性，视岩石的抗爆性、炸药性能、炮眼直径和装药量而定。当断面较小或围岩软弱、破碎或在曲线、折线处开挖成形要求较高时，周边眼间距宜取较小值。正常情况最小抵抗线应大于周边眼间距，软岩在取较小周边眼间距的同时，抵抗线要适当增大。对于软岩或破碎性围岩，周边眼的相对距(周边眼间距/周边眼最小抵抗线)应取较小值。

(2)严格控制周边眼的药量，并使炸药沿炮眼全长合理分布。

(3)控制光面爆破周边眼的外插角。为保证隧道开挖后符合设计轮廓线，周边眼不能偏离设计轮廓线，当其误差小于5cm时爆破效果最佳。

(4)严格控制起爆顺序与各起爆段的间隔时间。一般掏槽眼最先起爆，然后从中间到周边分段起爆。

(5)尽量少用或不用上轮爆破的残眼，以免影响爆破效果，特别是周边眼更是如此。

2. 参数设计

(1)周边眼间距 E 是直接控制开挖轮廓面平整度的主要因素，一般情况下 $E=(12\sim16)d$，其中炮眼直径 $d=40\sim50$mm。对于节理较发育、层理明显以及开挖轮廓要求较高的地下工程，周边眼间距可适当减小，也可在两炮眼之间增加一个不装药的导向空眼。

(2)光面爆破层厚度，即最小抵抗线 V 直接影响光面爆破效果和爆渣块度，其取值一般在 $V=(13\sim18)d$ 范围内，且 $V\geqslant E$。岩质软弱、裂隙发育时取小值。

(3)周边眼密集系数即相对距 E/V 一般情况以 0.7～1.0 为宜，岩质软弱、裂隙发育时取小值。

(4)如果采用2号岩石硝铵炸药进行光面爆破，当预留光爆层时，装药集中度 $q=0.15\sim0.2$kg/m；当全断面一次爆破时，则中硬岩取 $q=0.2\sim0.3$kg/m，硬岩取 $q=0.28\sim0.35$kg/m，软岩取 $q=0.07\sim0.15$kg/m。如果采用其他炸药，则需进行换算。

(5)在施工过程中制定光面爆破参数时，可以先根据表7-26初步确定，然后再根据现场爆破情况适当调整。

光面爆破参数表 表7-26

岩石情况	岩石单轴抗压强度(MPa)	装药不耦合系数 D	周边眼间距 E(mm)	周边眼最小抵抗线 V(mm)	相对距(E/V)	装药集中度 q(kg/m)
硬岩	>60	1.25～1.50	550～700	700～850	0.8～1.0	0.30～0.35
中硬	30～60	1.50～2.00	450～600	600～750	0.8～1.0	0.20～0.30
软岩	<30	2.00～2.50	300～500	400～600	0.5～0.8	0.07～0.15

注：1. 软岩应取低值。
2. 装药集中度按2号岩石炸药考虑，当采用其他品种炸药时应换算。

二、预裂爆破

1. 主要技术要点

(1)预裂爆破采用不耦合装药结构，其特征是药包和孔壁间有环状空气间隔层，该空气间隔层的存在削减了作用在孔壁上的爆轰压力峰值。因为岩石动抗压强度远大于动抗拉强度，因此可以控制削减后的爆压不致使孔壁产生明显的压缩破坏，但切向拉应力能使炮孔四周产生径向裂纹。加之孔与孔间彼此的聚能作用，使孔间连线产生应力集中，孔壁连线上的初始裂纹进一步发展，而滞后的高压气体的准静态作用在裂纹边缘产生气刃劈裂作用，使周边孔间连线上的裂纹全部贯通成缝。

(2)开挖壁面岩石的完整性用岩壁上炮孔痕迹率来衡量。炮孔痕迹率也称半孔率，是开挖壁面上的炮孔痕迹总长与炮孔总长的百分比。节理裂隙极发育的岩体，一般应使炮孔痕迹率达到10% ~50%；节理裂隙中等发育时应达50% ~80%；节理裂隙不发育的岩体则应达80%以上。

(3)围岩壁面不平整度(又称起伏差)的允许值为±15cm，且不应有明显的爆生裂隙。

(4)预裂缝的宽度标准与岩性及工程部位有关，应通过现场试验最终确定。在临空面上，预裂缝宽度一般不宜小于1cm。实践表明，对软岩，预裂缝宽度可达2cm以上，而且只有达到2cm以上时，才能起到有效的隔振作用；但对坚硬岩石，预裂缝宽度难以达到1cm。

(5)影响轮廓爆破质量的因素，除爆破参数外，主要依赖于地质条件和钻孔精度，这是因为爆生裂缝极易沿岩体原生裂隙、节理发展，而钻孔精度则是保证爆破质量的先决条件。

2. 参数设计

预裂爆破的参数设计一般采用工程级比法，并通过现场试验最终确定。

(1)隧洞开挖时，预裂孔的孔径一般为40 ~90mm。

(2)孔距与岩石特性、炸药性质、装药情况、开挖壁面平整度要求和孔径大小有关，一般为孔径的7 ~12倍。

(3)装药不耦合系数指炮孔半径与药卷半径的比值，为防止炮孔壁的破坏，该值一般取2 ~5。

(4)线装药密度是单位长度炮孔的平均装药量。影响预裂爆破参数的因素复杂，很难从理论上推导出严格的计算公式，以经验公式为主。目前国内较常用公式如下：

$$Q_X = K[\sigma_C]^{\alpha}[a]^{\beta}[d]^{\gamma} \tag{7-18}$$

式中：Q_X——预裂爆破的线装药密度(kg/m)；

σ_C——岩石的极限抗压强度(MPa)；

a——炮孔间距(m)；

d——钻孔直径(mm)；

K、α、β和γ——经验系数。

随岩性不同，预裂爆破的线装药密度一般为200 ~500g/m。为克服岩石对孔底的夹制作用，孔底段应加大线装药密度，可以为常规段的2 ~5倍。

(5)在施工过程中制定预裂爆破参数时，可以先根据表7-27初步确定，然后再根据现场爆破情况适当调整。

预裂爆破参数表 表 7-27

岩石情况	岩石单轴抗压强度(MPa)	装药不耦合系数 D	周边眼间距 E(mm)	周边眼最小抵抗线 V(mm)	相对距 (E/V)	装药集中度 q(kg/m)
硬岩	>60	1.25~1.50	600~700	700~800	0.7~1.0	0.20~0.30
中硬	30~60	1.50~2.00	500~600	600~700	0.8~1.0	0.10~0.15
软岩	<30	2.00~2.50	400~500	500~600	0.7~0.9	0.07~0.12

注:1. 适用范围:炮眼深度 1~3.5 m,炮眼直径 40~50 mm,药卷直径 20~32 mm。
2. 装药集中度按 2 号岩石炸药考虑,当采用其他品种炸药时应换算。

三、装药结构与起爆

1. 装药结构

(1)堵塞段:堵塞段的作用是延长爆生气体的作用时间,且保证孔口段只产生裂缝而不出现爆破漏斗。对深孔爆破,该段长一般取 0.5~1.5m。

(2)孔底加强段:该段长大致等于堵塞段。由于孔底受岩石夹持作用,故需用较大的线装药密度。

(3)均匀装药段:该段一般为轴向间隔不耦合装药,并要求沿孔轴线方向均匀分布。轴向间隔装药须用导爆索串联各药卷起爆。为保证孔壁不被粉碎,药卷应尽量置于孔的中心。国外一般用炮孔中心定位器定位,国内一般是将药卷及导爆索绑于竹片进行药卷定位。

2. 起爆

为保证同时起爆,预裂爆破和光面爆破一般都用导爆索起爆,并通常采用分段并联法。由于光面爆破孔是最后起爆,导爆索有可能遭受超前破坏。为保证周边孔准确起爆,对光面爆破孔可采用高段延期雷管与导爆索的双重起爆法。预裂孔若与主爆区炮孔组成同一网路起爆,则预裂孔应超前第一排主爆孔 75~100ms 起爆。

四、分岔隧道的爆破振动控制

为了确保隧道施工安全以及衬砌安全,在爆破施工过程中应对重点地段、关键部位进行爆破振动速度测试。一般情况下,分岔隧道各主要控制点的振动速度控制值见表 7-28。

分岔隧道关键部位爆破振速峰值控制标准 表 7-28

项目		最大振动速度	备注
大拱段二次衬砌(素混凝土)	达到 3d 强度时	3cm/s	—
	达到 7d 强度时	7cm/s	—
	达到 14d 强度时	12cm/s	—
	达到 28d 强度时	15cm/s	—
喷射混凝土		20cm/s	达到设计强度
连拱段整体式中隔墙		15cm/s	达到设计强度
连拱段夹心式中隔墙		20cm/s	达到设计强度
小间距段中夹岩柱	Ⅱ级围岩	30cm/s	—
	Ⅲ级围岩	20cm/s	—
	Ⅳ级围岩	15cm/s	—
	Ⅴ级围岩	10cm/s	—

第八章　分岔隧道通风

本章根据沪蓉西高速公路分岔隧道的设计特点建立了近距离隧道洞口部分通风问题的数学模型,并运用FLUENT软件对洞口空气的扩散方式及对相邻隧道通风的影响进行了研究,提出了减少通风相互影响的对策。开展了不同间距、不同进排风速度的通风模型试验,并模拟了不同长度中隔墙、洞口错开等对策的效果。在漆树槽分岔隧道洞口段进行了现场通风影响试验研究。最后,给出了分岔隧道通风设计的一般原则,并简要介绍了八字岭隧道的通风设计。

第一节　隧道通风设计研究现状

一、公路隧道空气污染问题的提出

近年来,随着我国高等级公路的迅速发展,公路机动车辆排气造成的空气污染问题日益受到社会各界的关注。由于公路隧道是一个相对封闭的环境,一般只有进出口和大气相通,过往公路隧道的机动车排放的污染物会在隧道内累积形成高浓度有害气体。因此,隧道内污染空气对人体的危害、对行车安全的影响是随隧道长度的增加而增加的。公路隧道内机动车污染物排放产生的环境问题涉及隧道内空气污染物容许浓度的设计极限值、通风方案、竖井排污、通风横洞和隧道口排污对环境的影响等诸多问题。所以,长大公路隧道的环境与安全问题一直是国内外研究的热点。特别是近几年来,欧洲几座特长公路隧道的火灾事件更警示我们要高度认识和慎重处理特长公路隧道建设与营运过程中涉及的环境与安全问题。

为了建设节能环保的隧道,必须定量评价和预测机动车排气对环境的污染,进而采取相应的环境保护和防治措施,使得公路建设和运营对环境产生的不利影响降低到最小程度。自20世纪70年代以来经历了机动车尾气污染、光化学烟雾事件后,美国、日本等工业发达国家就开始研究机动车尾气中污染物成分及排放特性,并制定出监测机动车尾气排放的规程和污染物排放量的计算方法。由于公路隧道空气污染防治、安全防火和机械通风设计等方面需要真实的公路行驶机动车的空气污染物排放强度,美国联邦公路管理局(FHWA)以及福特、通用等汽车公司先后在营运的公路隧道内,通过测试机动车污染物浓度来研究和确定公路机动车污染物排放因子,并在Allegeny公路隧道、Tuscaror隧道、Vancouver's Cassiar隧道和Gubrist隧道中得到了较为完整合理的CO、NOx以及HC的排放因子。Ohashi等采用数值求解一维污染物扩散方程的方法对日本KAN-ETSU公路隧道(长10.885km)内污染物浓度的纵向分布进行了研究,为通风设计和静电除尘技术控制烟雾浓度提供了依据。此后Nadel、Bellasio、Shinichi等人采用数值模拟和现场试验的方法就这一问题进行了研究,并得到了一些结论。

我国在公路隧道通风与环境保护方面的研究起步较晚，直至1996年在成都至重庆高速公路中梁山隧道的通风方案研究中，才开始涉及公路隧道内空气污染问题与污染物控制标准适应性问题。

解决近距离公路隧道环境污染问题的基础是：(1)制订合理的环境保护控制标准或污染物允许浓度；(2)确定描述公路隧道内污染物排放、扩散的模式；(3)研究环境气象条件对公路隧道污染物扩散规律及浓度分布的影响特征；(4)研究经济有效的通风运行方案；(5)制订减小污染物浓度的控制措施。

公路隧道内污染物虽然有多种，如CO、HC、NOx和颗粒物等，但研究表明CO由于毒性大，且在机动车排气中含量最高，被公认为是影响人体健康、卫生和安全的最重要的污染物。1995年，世界隧道协会(PIARC)根据世界卫生组织(WHO)对于CO短期暴露的推荐值，提出了公路隧道CO浓度设计极限的新标准如表8-1所示。

PIARC推荐公路隧道内CO浓度限值($10^{-6}m^3/1m^3$)　　表8-1

交通类型	1995年	2010年
高峰交通量(车速:50~100km/h)	100	70
一般交通拥堵(多数车辆怠速)	100	70
特殊交通拥堵(所以车辆怠速)	150	100
在隧道营运条件下隧道检修	30	20
关闭隧道	250	200

美国根据公路隧道长度、区间行驶时间以及海拔高度制定的CO浓度设计标准如表8-2、表8-3所示。

不同持续暴露时间最大容许CO浓度值　　表8-2

最大暴露时间(min)	CO最大允许浓度($10^{-6}m^3/1m^3$)	最大暴露时间(min)	CO最大允许浓度($10^{-6}m^3/1m^3$)
15	120	45	45
30	65	60	35

美国高海拔公路隧道CO浓度设计极限值　　表8-3

最大暴露时间(min)	CO最大允许浓度($10^{-6}m^3/1m^3$)	
	海拔高度1 500~3 600m	海拔高度>3 600m
15	125	140
30	65	70
45	45	50
60	35	35

我国《公路隧道通风照明设计规范》(JTJ 026.1—99)规定的CO浓度设计极限标准如表8-4所示。

CO 浓度设计限值($10^{-6}m^3/1m^3$) (JTJ 026.1—99)　　表 8-4

<table>
<tr><td colspan="2" rowspan="2">类　型</td><td colspan="2">隧道长度</td><td rowspan="2">车　速</td></tr>
<tr><td><1 000m</td><td>>3 000m</td></tr>
<tr><td rowspan="2">隧道类型</td><td>全横向与半横向通风</td><td>250</td><td>200</td><td rowspan="2">设计车速</td></tr>
<tr><td>纵向通风</td><td>250 +50</td><td>200 +50</td></tr>
<tr><td colspan="2">交通滞塞</td><td colspan="2">$300\times10^{-6}m^3/1m^3$ 经历时间不超过 20min</td><td>平均车速为 10km/h</td></tr>
</table>

二、空气的成分和污染物

人们健康生活的洁净空气由多种气体混合组成，它的主要成分是氧、氮、二氧化碳、氩及其他惰性气体和含量微少但不固定的水汽，此外还有一些悬浮着的固体微粒(尘土)和液体微粒。大气各成分所占的百分比如表 8-5 所示。

大 气 的 成 分　　表 8-5

气　体	按体积百分比	按质量百分比
氮(N_2)	78.09	75.52
氧(O_2)	20.95	23.15
氩(Ar)	0.93	1.28
二氧化碳(CO_2)	0.03	0.05
氖(Ne)	0.001 8	—
氦(He)	0.005	—
水汽(H_2O)	微量	—

为维持人的正常生命活动，大气中氧的含量不得少于 20.5%(按体积计)，但也不宜过多，而氮气正好冲淡大气中氧的含量，使氧化作用不致过于激烈。二氧化碳在大气中的含量虽然微小，但对人类生活却有较大影响。大气中二氧化碳含量约占 0.03%，随时间、地点而略有不同，在大工业城市中二氧化碳的含量可达 0.05% ~0.07%，当其含量超过 0.6% 时，就会对人类生活产生危害。大气中的水汽主要来自地表水的蒸发，其含量随环境及气候而有显著差异。如果工业、交通运输业的废气不经处理而排入大气中，使大气中增加很多对人类健康有害的气体，就造成大气污染。大气污染能引起人类呼吸道疾病与生理机能障碍，严重者可发生中毒死亡。汽车通过隧道所排出的废气中含有各种有害气体，严重污染隧道内的空气。

空气中污染物的浓度一般用每立方米被污染的大气中含有多少毫克污染物 (mg/m^3)表示，有时也用百万分体积浓度(ppm)计量。1ppm 是指在常温常压下 $1m^3$ 被污染的空气中含有 10^{-6} m^3 有害气体，即按体积计的浓度为百万分之一。1mol 气体常温常压条件下的体积为 24.45L，因此 ppm 和 mg/m^3 间的换算关系为：

$$1ppm = \left(\frac{M}{24.45}\right)mg/m^3 \tag{8-1}$$

式中：M——该气体的分子量。

三、隧道洞口污染评价

公路隧道的污染评价就是分析排风对其邻近区域的环境影响，而隧道口排出的污染空气量和排风口位置取决于通风系统组成，因此隧道污染对毗邻区域的环境影响结果与隧道通风系统、通风井位置、洞口的定位以及通风竖井和风塔等的设计有关。为避免隧道内污染空气对周围环境产生负效应必须采取保护措施。1982 年国际污染考查团曾提出各种污染因子在大气中容许浓度的上限值，其中 CO 和 NO_2 的极限值见表 8-6。

CO 和 NO_2 的极限值　　表 8-6

气　体	1 小时平均值		8 小时平均值	
	mg/m^3	$10^{-6}m^3/1m^3$	mg/m^3	$10^{-6}m^3/1m^3$
CO	25	21	10	9
NO_2	0.20 ~ 0.35	0.10 ~ 0.17	—	—

为描述隧道洞口的污染情况，将洞口气流分为射流段和扩散段两部分，在射流段洞口的气流速度起主导作用，而在扩散段大气状态（如风速）起主导作用。从射流到扩散的过渡情况比较复杂，仅能估算。另外，实际地形和洞口形状也对污染物扩散影响也很大。

隧道口污染空气扩散的计算采用经验性总结的方法，以洞口外各污染物扩散轨迹的测试和大气扩散模型（调整到沿地面扩散）为基础，经整理可按表 8-7 查出在不同自然风速、射流风速条件下各距离处的 CO 浓度值。该表的适用范围为：隧道横断面积约为 $48m^2$ 条件下 CO 气体扩散速度，但不适应于自然风 $V<1m/s$，射流速度 $V_t>8m/s$ 的情况。该表应用于 3 种不同自然风速（$V=1,2,5m/s$）和 5 种不同的射流风速（$V_t=1m/s,2m/s,3m/s,5m/s,8m/s$）。如果自然风速 V 和射流风速 V_t 尚无确切数值，则选用最接近但又适当偏高的浓度数值。

不同自然风速、射流风速和浓度比条件下的 CO 浓度　　表 8-7

自然风速		1m/s					2m/s					3m/s				
射流风速		1	2	3	5	8	1	2	3	5	8	1	2	3	5	8
浓度比	1.0	—	—	—	—	0	—	—	—	—	0	—	—	—	—	—
	0.9	—	—	<5	10	30	—	—	—	7	20	—	—	—	<5	10
	0.8	—	<5	5	20	40	—	—	<5	15	25	—	—	<5	15	20
	0.7	<5	7	10	35	60	—	—	7	20	35	—	—	10	20	25
	0.6	5	10	15	50	65	5	5	15	30	45	—	—	10	25	30
	0.5	10	15	20	60	80	5	10	20	40	50	—	<5	15	30	40
	0.4	15	20	30	70	90	10	15	25	50	60	<5	10	20	35	45
	0.3	20	30	40	80	105	10	20	30	60	80	10	15	25	40	55
	0.2	30	45	60	100	130	20	30	50	75	95	15	20	35	50	65
	0.1	50	70	100	160	190	40	60	80	115	145	25	35	50	80	90

四、隧道通风设计的历史与现状

所有的公路隧道都必须通风，目的是降低隧道内烟雾浓度和污染物浓度，以保证汽车行驶的安全性和司乘人员的舒适度。通风设计应考虑隧道的长度、线形和交通状况以及所处地区的地理、气候条件和周围环境的影响，还要考虑隧道内行驶的车辆和所处地层中排放的有害气体。通风可由自然风、汽车活塞效应形成的交通风和机械强迫通风等多种形式提供。根据风流在隧道内的流动形式，通风方式可分为全横向式、半横向式和纵向式 。

通风问题的研究，最早出现于铁路隧道中，首先是从西欧发展起来的，起初主要集中在隧道通风方式的研究。早期修建的铁路长隧道，曾考虑单纯用自然通风，这可以说是最早形成的纵向通风系统，当然是由当时的技术条件和经济条件所决定。例如，英国1841年建成的BOX隧道(2 395m)，用扩大隧道横断面积的方法，在隧道上方余留下很大的空间，以暂时集存机车排出的烟气，避免烟气侵入车厢。但事实证明这一方法收效很小但隧道造价却增加很多，所以不能作为有效的通风方式。1838年建成的英国Kiesby隧道(2 218m)和Morky隧道(2 166m)采用竖井自然通风方式，但其通风效果很不稳定，有很强的季节性和区域性。行车密度大的隧道要求在较短时间内排除隧道内的烟气，在这种情况下，竖井自然通风方式也往往不能满足要求。于是就开始研究和利用机械通风，采用通风机将新鲜风流吹入隧道内或把污染空气吹出隧道外。

公路隧道的出现比铁路隧道晚，在其发展初期，也是依靠自然风和交通风的。然而，随着汽车时代的到来，交通量日趋增大，仅仅依靠自然风和交通风是不够的，当隧道超过一定长度或交通量超过一定值后，就满足不了隧道内运营环境的卫生要求。1924年美国匹兹堡市的自由隧道(1 800m)发生交通堵塞，洞内的汽车废气达到极高的浓度，进而由于CO浓度过高使得许多乘客神志迷乱。此次事故引起了有关方面的高度重视，其后在修建纽约市的荷兰隧道(2 610m)时就考虑了机械通风。荷兰隧道为盾构法施工，圆形断面，所以把车道下部作为送风道，上部作为排风道，气流从下往上横向流动。这就是世界上首次采用的全横向式通风。由于该通风方式具有根好的可靠性，以后被许多公路隧道所采用。

对于圆形断面的隧道，便于利用管道上下空间作为送、排风道，而对于其他断面形式的隧道就无此便利。1934年，英国人在修建默而西隧道(3 226m)时，对尽量减少管道的方式作了研究，首次采用了半横向通风系统，取得了很好的效果。其后在许多不太长的隧道中也采用了该通风系统。

全横向和半横向这两种通风方式需要隔离较大的隧道断面空间作为风道，需要大功率的轴流风机通过斜（竖)井排出洞内废气，因而需要较多的工程建设费用和营运费用，所以人们又把目光重新转向纵向通风方式。现代纵向通风方式自1961年采用以来，得到了大力的推广应用，其形式多样化，适用范围非常广泛。其中，射流通风是国外20世纪70年代开始采用的一种公路隧道纵向通风新技术。射流通风系统运行安全、可靠、调控方便、灵活，可以获得较好的通风效果，日本的关越一线隧道(10 885m)、惠那山二线隧道(8 489m)以及国内的中梁山隧道(3 165m)、缙云山隧道(2 528m)等进行了大胆的尝试，并取得成功。

人们充分体会到，在保证洞内安全和卫生条件的前提下，采用纵向通风方式可以减小隧道开挖断面、简化施工、节约营运电力，且纵向式通风具有操作灵活、机械设备简单、安装维修容易的特点。正是因为纵向通风方式相对于其他通风方式有着较大的优越性，近年来的新建公路长大隧道大都采用纵向式通风，它已经成为长大公路隧道通风形式的发展趋势。

五、国内外公路隧道通风研究现状

公路隧道的通风设计是其总体设计的重要环节之一。通风设计需要考虑的主要问题是：空气中有害物质的容许浓度、通风量的确定方法、自然通风能力的判别和机械通风方式的选择等。隧道通风过程中的气流，其细部是相当复杂的，但宏观上可以看作是稳定流。隧道内流动的空气的流速一般在25m/s以下,可以不考虑压缩作用。但与一般的管道气流相比较,隧道中的气流受行驶车流的影响,这会改变空气速度的分布状况,使得问题非常复杂。因此目前人们对公路隧道中气流的物理特性仍不十分了解。

火灾问题是隧道通风研究中不可缺少的部分。虽然公路隧道的火灾为数很少,但一旦发生,对人员生命安全和隧道设施安全的危害是极大的。国外很早就开展了对火灾的研究。为了确保必要通风且有效地控制火灾发生时的烟流,在纵向通风常规计算中一般用一个临界风速作为下限值。由于问题的复杂性,一般通过模型实验和计算流体动力学方法进行多维和动态角度的模拟分析。

随着近几十年内公路隧道建设的高速发展,其通风研究空前活跃起来。1973年成立的空气动力学和隧道通风国际研讨会(International Symposium on the Aerodynamics and Ventilation of Vehicle Tunnels)每三年召开一次,会上各国隧道通风专家展示自己的研究成果,大大推进了通风技术的发展。

隧道通风的研究主要是通过理论计算、模型试验分析、实地量测和计算机数值模拟等手段获得隧道内风速场,压力场和温度场的分布,从而制定出最佳的通风方式。

公路隧道纵向通风的一维常规计算理论已趋完善,其理论基础是空气动力学中的连续方程,动量方程和能量方程。计算思路为:按照稀释隧道内污染物达到卫生标准的要求,求出需要的通风量,从而得到隧道内的风速;再依照流体力学中计算流管沿程局部阻力的方法算出隧道内气流的能量损失,根据能量守衡的原则求出需要提供的动力;最后配置射流风机和轴流风机。日本隧道界对公路隧道纵向通风问题作出了重大贡献,得出了不论交通方式如何和隧道长短,均可采用分段加静电除尘器的纵向通风方式的结论。他们编制的《日本道路公团设计要领》已被很多国家借鉴。

近年来,各国隧道通风专业的人员都致力于纵向通风计算的程序化,其中最具代表性的是瑞典的Axel、Bring等在输入数据汇编程序环境下编制的一套用模块进行模拟的程序。该程序输入数据为隧道的几何尺寸、气流摩擦系数和损失系数、交通流量、污染物排放量、车辆牵引系数、风机效率系数、边界处的空气压力等。所有数学模型都按中性模型格式用公式表示。隧道系统任一路段中的空气流量是根据整个隧道的空气质量流量与总压力的平衡进行推导的,稳定流能量方程是计算的基础,能量损失以类似于一般管流计算的方式进行模拟。模拟结果包括空气压力、流速和隧道沿线的污染浓度。与传统的程序相比,该程序的优点是灵活且易于维护,适用性、可延展性好和执行时间适中;不足之处是模拟计算功能单一,不便于进行方案比选和各种计算之间的转换,模拟参数中的经验值太多,影响计算结果的精度,且没有一个良好的界面。

对于公路隧道纵向通风的多维和动态计算,由于其复杂性,多运用计算流体力学(CFD)软件进行模拟分析。欧洲国家从20世纪70年代初开始对此进行了研究。M. A. Gaillard针对瑞士哥达低铁路隧道的通风与温度控制问题进行了数学模拟研究,为了得到该隧道通风及冷却系统的最后设计,他编写了用有限差分法求解的计算程序。这个程序考虑了隧道中空气的非恒定的空气动力学和热力学状态,此外还涉及了洞外气象条件、各种速度及车型组成的双向列车交通、风机特性以及周围岩石热交换状况等因素带来的重要影响。

我国公路隧道建设起步较晚,对隧道通风的研究也落后于欧洲和日本。对于公路隧道纵向通风一维常规计算,我国大体上是借用《日本道路公团设计要领》的相关方法。至于纵向通风设计计算程序化问题,1995 年西南交通大学首次作了探索性的研究。但编制的程序互相独立,且只是针对单一的通风系统如全射流纵向通风系统或竖井吸出式纵向通风系统。对于多维和动态情况,西南交通大学也做了初步研究。他们用空气动力学模型、交通模型、污染模型以及控制模型对竖井吸出式纵向通风系统进行了动态数值模拟。

但迄今为止,国内外对采用双洞单向行驶交通形式的隧道的通风问题的研究中,大多忽视了近距离隧道的洞口混风问题,其对隧道通风效率的影响也鲜见报道,更没有关于这一问题的系统研究成果。

第二节　近距离隧道通风相互影响数值计算

一、流体力学基本原理

本节采用 FLUENT 软件进行相关问题的数值模拟,下面结合该软件简要介绍流体力学的基本知识。

1. 隧道通风计算基本假定

在自然风、射流风机的作用下,隧道中的气流十分复杂,要将这样的气流按照现有的理论来分析处理具有相当大的困难。目前隧道通风计算一般基于如下假定。

(1)流体是不可压缩的。由于隧道通风压力一般在常压范围内,洞内气体的温度和压力变化不大,体积的变化不足以影响计算结果的精度,可以忽略不计,因此为简化计算,可将隧道内的气体假定为不可压缩体。

(2)隧道通风计算中所遇到的各种风流类型,大部分都属于稳定流或可简化成稳定流的风流两种类型。

(3)流体按连续介质处理。将流体视为连续介质,质点间无空隙,在单位时间内流程各断面上通过的流体质量不变。对于密度为常量的稳定流,此原理即为连续性定理。

(4)能量守恒原理。不可压缩的稳定流体在管道内作渐变流动时,其压力与速度沿流程各断面的变化(包括摩阻损失),服从能量守恒定律,即伯努利定理。

2. 空气动力学的基本方程

由于这部分涉及的力学数学知识比较深奥,而基本理论又不是本书的重点,所以这里只是简单列出了基本方程,没有进行详细的说明和推导。有兴趣的读者可以参阅流体力学方面的书籍。

(1)输运方程

从守恒定律推导流体力学的基本方程,需要研究系统在空间的运动,解决系统的有关物理量在欧拉空间运动中对时间的全导数问题。用欧拉导数表示一个系统的拉格朗日变化率,即为雷诺输运方程:

$$\frac{\mathrm{d}}{\mathrm{d}t}\iiint_{V(t)} F\mathrm{d}V = \iiint_{V(t)} \frac{\partial F}{\partial t}\mathrm{d}V + \iint_{S(t)} Fu \cdot n\ \mathrm{d}S \tag{8-2}$$

式中:F——流体物理量;

n——控制面的外法线方向矢量。

(2)连续性方程

连续性方程是质量守恒定律在流体运动中的反映,是流体运动必须满足的基本方程之一。微分形式的欧拉型连续方程可以表示为:

$$\frac{\partial \rho}{\partial t} + \nabla \cdot (\rho u) = 0 \tag{8-3}$$

式中:ρ——流体密度;

u——速度向量;考虑到$\rho \neq 0$,不可压缩流体的连续方程可进一步表示成下式

$$\nabla \cdot u = 0 \tag{8-4}$$

式(8-4)表示流速向量 u 的散度为零,即不可压缩流体中流速是无散向量。

(3)动量方程

动量方程是动量守恒原理在流体运动中的表现形式,下式是微分形式的欧拉型动量方程。

$$\rho \frac{\partial u_i}{\partial t} + \rho u_j \frac{\partial u_i}{\partial x_j} = \rho F_i + \frac{\partial \sigma_{ij}}{\partial x_j} \tag{8-5}$$

式中:F_i——单位质量力矢量的分量;

σ_{ij}——应力张量的分量形式。

(4)能量方程

热力学第一定律表明单位时间内由外界传入系统的热量 Q 与外力对系统所做的功 W 之和,等于该系统的总能量 E 对于时间的变化率。

$$\frac{d}{dt}\iiint_{V(t)} \rho E dV = W + Q \tag{8-6}$$

经过推导可得微分形式的能量方程如下:

$$\rho \frac{d}{dt}(e + \Pi) + \rho \frac{d}{dt}\left(\frac{u_i u_i}{2}\right) = \rho F_i u_i + \frac{\partial(\sigma_{ij} u_j)}{\partial x_i} + \frac{\partial}{\partial x_i}\left(\lambda \frac{\partial T}{\partial x_i}\right) + \rho q \tag{8-7}$$

式中:e——流体的内能;

Π——流体的热能;

q——由辐射或其他原因在单位时间内传入单位质量流体的热量分布函数;

T——流体温度。

(5)牛顿流体的本构方程

对于流体,还必须确定应力张量 σ 和变形速率张量 ε 之间的关系,这个关系称为本构方程。真实的流体都有黏性,对于黏性流动,一点处的应力张量可以写为:

$$\sigma_{ij} = -p\delta_{ij} + s_{ij} \tag{8-8}$$

式中:p——流体静压强;

δ_{ij}——克罗内可尔符号;

s_{ij}——由于流体黏性产生的应力张量中与理想流体不同的那一部分,称为偏应力张量,或黏性应力张量。

由斯托克斯对牛顿流体应力与变形关系的假定可以得出:

$$s_{ij} = \lambda\delta_{ij}\nabla \cdot u + 2\mu\varepsilon_{ij} \tag{8-9}$$

式中：μ——动力黏性系数；

λ——第二黏性系数；

ε_{ij}——应变张量的分量形式。

把式(8-9)代入式(8-8)即得牛顿流体的本构方程式：

$$\sigma_{ij} = -p\delta_{ij} + \lambda\delta_{ij}\nabla \cdot u + 2\mu\varepsilon_{ij} \tag{8-10}$$

引入容积黏性系数：

$$\lambda' = \lambda + \frac{2}{3}\mu \tag{8-11}$$

则式(8-10)亦可以表示为：

$$\sigma_{ij} = -p\delta_{ij} + \left(\lambda' - \frac{2}{3}\mu\right)\delta_{ij}\nabla \cdot u + 2\mu\varepsilon_{ij} \tag{8-12}$$

(6)Navier-Stokes 方程

当容积黏性系数 $\lambda'=0$ 时，牛顿流体的本构方程变为：

$$\sigma_{ij} = -p\delta_{ij} - \frac{2}{3}\mu\delta_{ij}\nabla \cdot u + 2\mu\varepsilon_{ij} \tag{8-13}$$

将上式代入微分形式的动量方程式(8-5)，可得牛顿流体的运动方程，即：

$$\rho\frac{\mathrm{d}u_i}{\mathrm{d}t} = \rho F_i - \frac{\partial p}{\partial x_i} + \frac{\partial}{\partial x_i}\left\{2\mu\left(\varepsilon_{ij} - \frac{1}{3}\delta_{ij}\nabla \cdot u\right)\right\} \tag{8-14}$$

又 $\varepsilon_{ij} = \frac{1}{2}\left(\frac{\partial u_i}{\partial x_j} + \frac{\partial u_j}{\partial x_i}\right)$，如果 μ 为常数，则式(8-14)变为：

$$\rho\frac{\mathrm{d}u_i}{\mathrm{d}t} = \rho F_i - \frac{\partial p}{\partial x_i} + \mu\left\{\frac{\partial^2 u_i}{\partial x_j\partial x_j} + \frac{1}{3}\frac{\partial}{\partial x_i}(\nabla \cdot u)\right\} \tag{8-15}$$

对于不可压缩流体，上式变为：

$$\rho\frac{\mathrm{d}u_i}{\mathrm{d}t} = \rho F_i - \frac{\partial p}{\partial x_i} + \mu\frac{\partial^2 u_i}{\partial x_j\partial x_j} \tag{8-16}$$

(7)空气状态方程

气体的压强、温度和体积等物理量之间存在密切的联系，状态方程就是反映这种关系的方程式，可以写为：

$$F(p,V,T) = 0 \tag{8-17}$$

对于单位质量的完全气体，状态方程的形式如下：

$$p = \rho RT \tag{8-18}$$

式中：R——$R = R_0/M$；

R_0——普适气体常数；

M——气体的分子量。

对于高度压缩的气体，必须考虑分子间的相互作用力及分子所占体积的影响，此时我们可以采用范德瓦尔斯公式。

$$(p + \alpha/\nu^2)(\nu - \beta) = RT \tag{8-19}$$

式中：α——修正系数；

ν——气体比容；

α/ν^2——分子间吸引力；

β——分子的体积。

对于空气而言，α 和 β 的经验值约为 $3\times10^{-3}p_0\nu_0^2$ 和 $3\times10^{-3}\nu_0$，其中 p_0、ν_0 是标准状态下的值。

3. 控制方程的离散

对于初始条件和边界条件复杂的工程应用问题，运用解析方法得到理论解基本上是不可能实现的。幸运的是，由于计算机技术的发展，我们可以通过数值分析找到满足工程应用精度要求的数值解。计算流体力学的关键步骤就是上述基本方程的离散。

建立有限差分离散方程的方法很多，常用的有四种：泰勒级数展开法、多项式拟合法、有限体积法和平衡法。有限体积法又称控制体积法，目前在许多领域都取得了巨大的成功，其主要步骤如下：

（1）将守恒的控制方程在任一控制体积及时间间隔因子内对空间与时间进行积分。

（2）选定未知函数及其导数对空间及时间的局部分布曲线，即型线及插值方法。

（3）对各个项按选定的型线作出积分，并整理成关于节点上未知值的代数方程。

SIMPLE 方法是一种广泛应用的有限体积法，它基于守恒型方程，并在交错网格中离散N-S方程。SIMPLE 算法使用压力和速度之间的相互校正关系来强制质量守恒并获取压力场，其基本思路是用预估的压力场计算速度场的估计值，然后把离散的动量方程带入离散的连续方程计算速度和压力的校正量。

二、近距离隧道通风相互影响计算

1. 三维数值计算模型

隧道全长采用纵向射流通风设计。对于近距离隧道洞口的混风问题来说，同时考虑隧道全长的通风情况并对整个通风系统进行模拟是没有必要的，也必将使得计算过于复杂，工作量过于庞大而难以完成。为了更准确地揭示洞口段循环风的存在对隧道运营通风的影响，这里自洞口部位取一定长度隧道内的空气及洞口外部分大气作为计算区域。

显而易见，进出洞口车辆的多少及其车速必将对某一具体时段的烟气扩散造成明显的影响。但由于本节的目的在于揭示流场本身固有的规律，故把车辆的影响视为通风系统的外在和偶然因素，暂不予以考虑。与车辆的影响相比，气候是一个较为稳定和长期的因素，在一定条件下自然风对洞口循环风的流动有着重要的影响。如果隧道出口排出的污风射流方向与自然风的方向相反，那么由于逆向自然风的作用，污风射流的侧向扩散将随自然风速加大而迅速加剧。但它同样不是流场本身的固有性质，也可以作为一种外部边界处理，本小节中假定自然风速为0m/s。

温度也是流场计算中的一个极为重要的方面，大气温度与隧道围岩温度的差异，车辆尾气造成的局部温度的改变，相邻两个隧道行车状况不同带来的相互间温度以及与外部大气温度的差异都有可能改变流场的性质。但是为了考察通风流场中的长期稳定的因素，这里暂时假定流场是恒温的，壁面是绝热的。

取洞口段及洞口外350m范围内的一部分大气作为计算流场。为简化起见，认为相邻隧道在洞口段近似平行，洞口外部流场则为规则六面体。利用GAMBIT软件建立的三维数值计算模型如图8-1所示。

图8-1　隧道通风三维计算模型

2. 计算参数和工况

根据八字岭隧道的通风条件和工程运营阶段可能发生的情况，我们设定隧道进风口、排风口的风速都有七种情况，分别为1.0m/s、2.0m/s、3.0m/s、5.0m/s、7.0m/s、9.0m/s、11.0m/s。对隧道间距为0.6m、2m、4m、6m、10m、15m时分别开展计算，每种间距具体的计算工况如表8-8所示。

近距离隧道通风相互影响研究数值计算工况　　表8-8

工　况	进风口风速（m/s）	排风口风速（m/s）
1	1.0	1.0
2		2.0
3		3.0
4		5.0
5		7.0
6		9.0
7		11.0
8	2.0	1.0
9		2.0
10		3.0
11		5.0
12		7.0
13		9.0
14		11.0

续上表

工　况	进风口风速（m/s）	排风口风速（m/s）
15	3.0	1.0
16		2.0
17		3.0
18		5.0
19		7.0
20		9.0
21		11.0
22	5.0	1.0
23		2.0
24		3.0
25		5.0
26		7.0
27		9.0
28		11.0
29	7.0	1.0
30		2.0
31		3.0
32		5.0
33		7.0
34		9.0
35		11.0
36	9.0	1.0
37		2.0
38		3.0
39		5.0
40		7.0
41		9.0
42		11.0
43	11.0	1.0
44		2.0
45		3.0
46		5.0
47		7.0
48		9.0
49		11.0

三、计算结果

1. 洞口循环风扩散特点

为了准确地掌握近距离隧道通风中洞口部位空气流动的特点,以及洞口附近压力、温度及有害物分布的情况,就必须了解气流从排风口流出后的扩散规律。

当空气从排风口排出后,它将在相当大的一个空间内进行扩散,这种进入大气后进行扩散的气流是一种自由射流运动。自由射流是一种不受固体边界限制,并在一个足够广阔的,与射流物本身物质相同的介质中自由扩散的射流,也被称为扩散射流。

射流过程中,由于射流和边界上静止的气流层相接触,有一部分射流就跑出边界外,渗入到周围大气内;同时,边界外的静止气体,也有一部分被卷入到射流中来。这样在射流和四周静止气体之间,就产生了物质交换关系。射流和四周静止气体物质交换使得射流的质量增加,广度扩大和边界速度逐渐降低。如果进入大气的射流部分的温度和四周静止气体的温度相同,则它们的比重也相同。这时,如果没有进风洞气流的影响,射流的轴线就是一根直线,射流束关于此轴线对称,如图 8-2 所示。

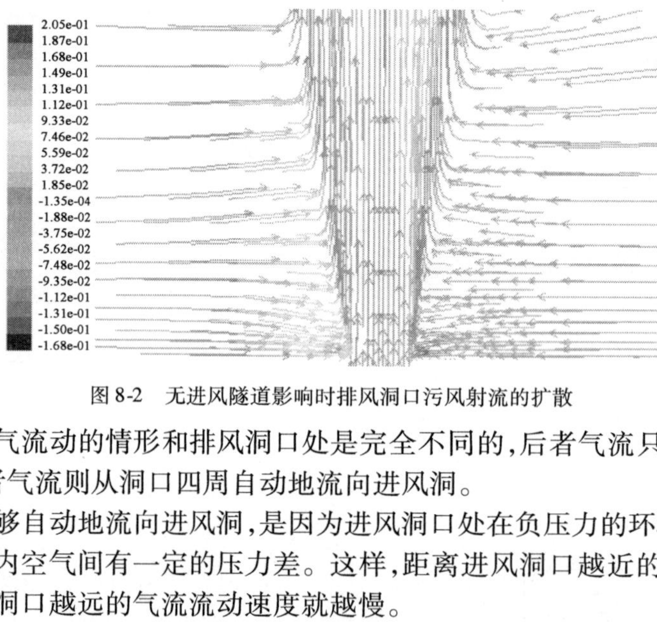

图 8-2　无进风隧道影响时排风洞口污风射流的扩散

进风洞口处空气流动的情形和排风洞口处是完全不同的,后者气流只在一个有限的锥形区域内流动,而前者气流则从洞口四周自动地流向进风洞。

气流之所以能够自动地流向进风洞,是因为进风洞口处在负压力的环境下,即进风洞口周围的空气和进风洞内空气间有一定的压力差。这样,距离进风洞口越近的气流流动速度就越快,相反,距离进风洞口越远的气流流动速度就越慢。

当相邻隧道的间距较小时,排风洞口的污风射流和进入进风洞的新鲜空气就会相遇而发生相互作用。排风洞口附近存在的高压区和进风洞口附近的低压区是引起这种相互作用的内在原因。这种相互作用将使排风气流的流动状态发生改变,射流轴线向进风洞口的方向发生偏转。排风洞口的污风气流速度越高,越不易发散,从而不易受进风洞口负压区域的影响;反之,进入进风洞的新鲜气流速度越高,在洞口处形成的低压区域范围也就越大,从而更能影响排风洞气流。两相邻隧道间距的加大也能够使排风气流远离进风洞口的负压区域,从而减弱相互影响的程度。

(1)进排风速度相同

图 8-3 ~ 图 8-14 为相邻隧道在进、排风速度同为 5.0m/s 的条件下,各种间距的洞口空气

扩散示意图。可见,随着隧道间距的增大,排风洞口的污风射流束向进风洞偏斜的量值逐渐减小,射流束的形状也趋于规则对称;并且随着间距的增大,污风射流的衰减速率逐渐减缓,射程相应加大,因此混入进风口的污风量会减少。

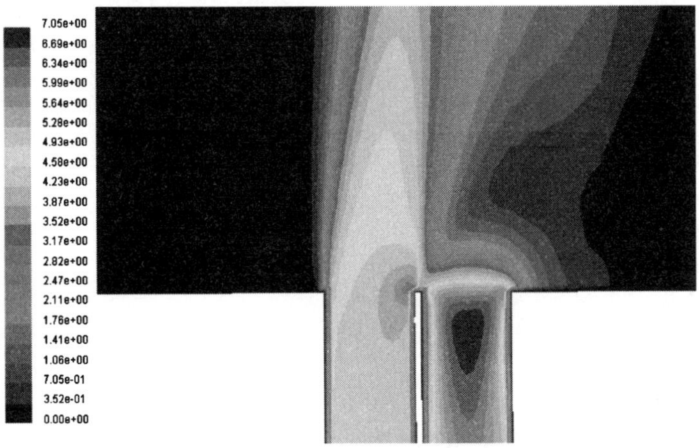

图 8-3　隧道间距 0.6m 时的洞口部分流场速度云图

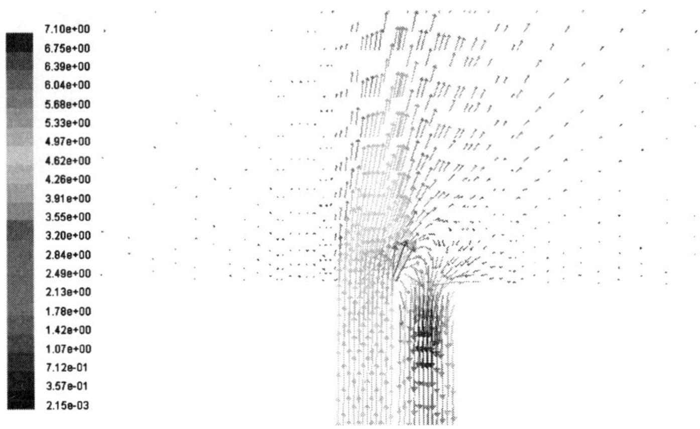

图 8-4　隧道间距 0.6m 时的洞口部分流场速度矢量图

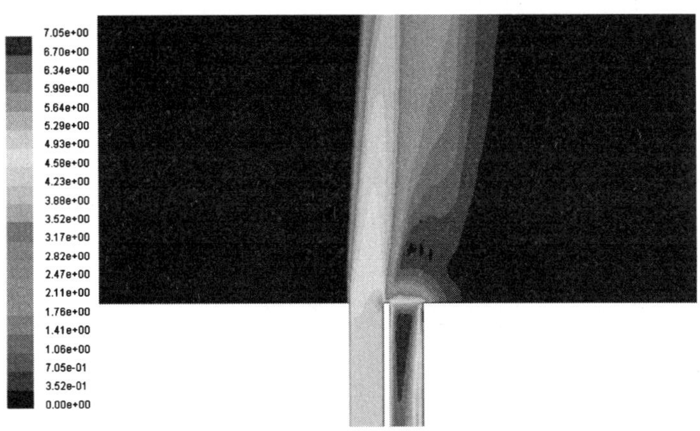

图 8-5　隧道间距 2.0m 时的洞口部分流场速度云图

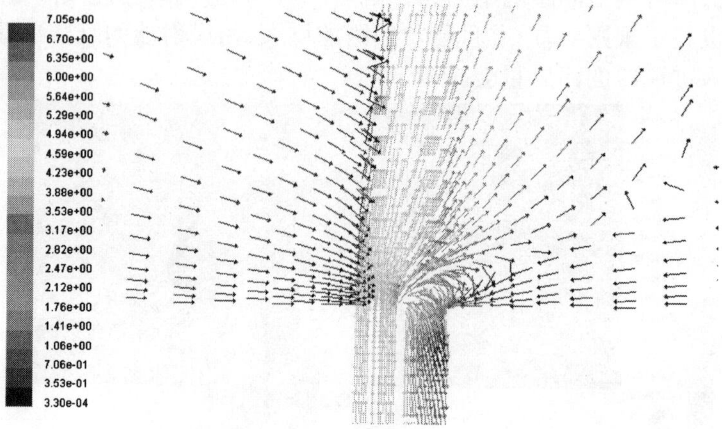

图 8-6　隧道间距 2.0m 时的洞口部分流场速度矢量图

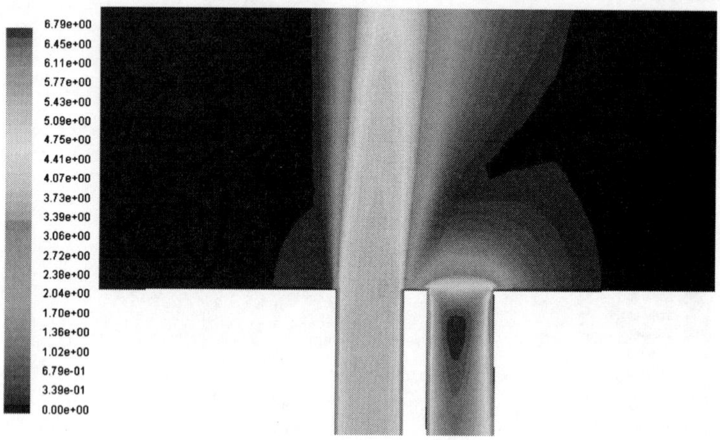

图 8-7　隧道间距 4.0m 时的洞口部分流场速度云图

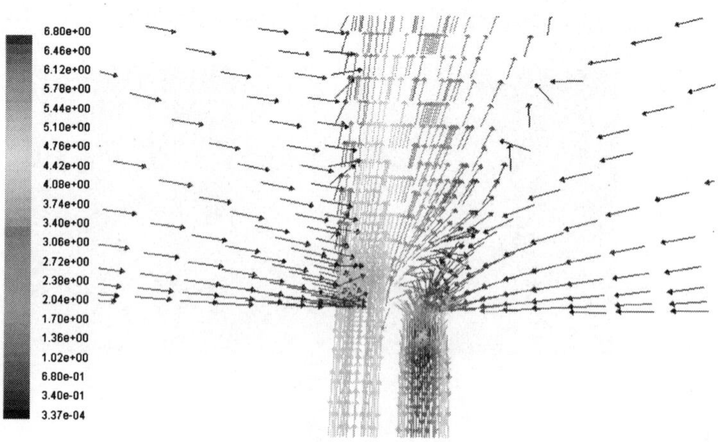

图 8-8　隧道间距 4.0m 时的洞口部分流场速度矢量图

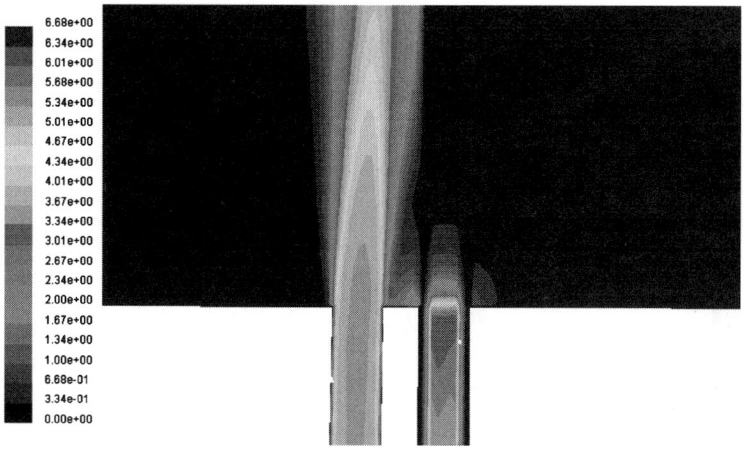

图 8-9 隧道间距 6.0m 时的洞口部分流场速度云图

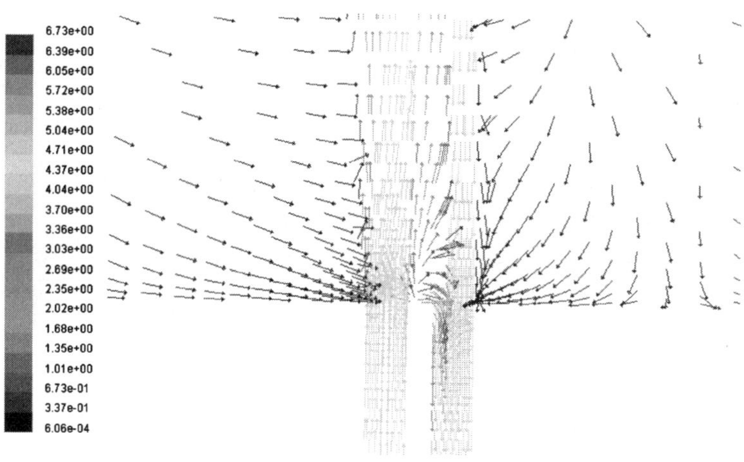

图 8-10 隧道间距 6.0m 时的洞口部分流场速度矢量图

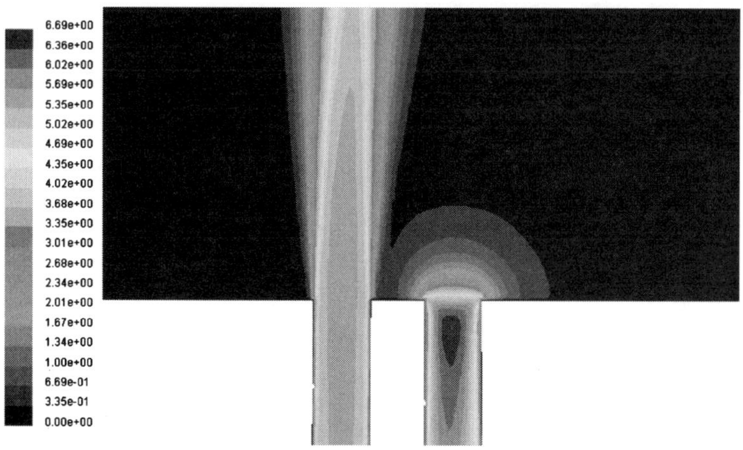

图 8-11 隧道间距 10.0m 时的洞口部分流场速度云图

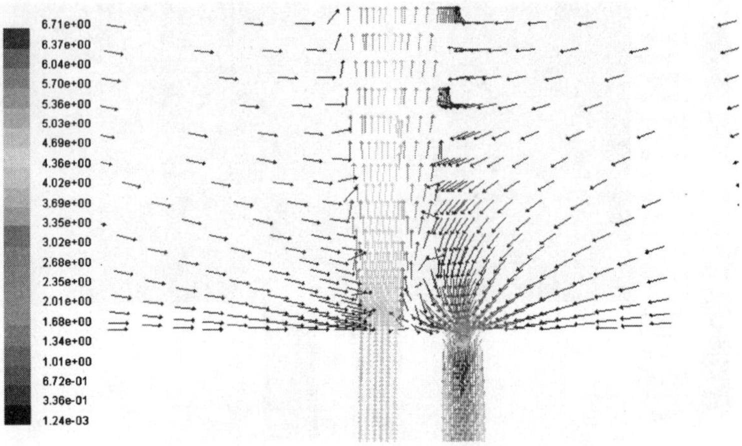

图 8-12　隧道间距 10.0m 时的洞口部分流场速度矢量图

图 8-13　隧道间距 15.0m 时的洞口部分流场速度云图

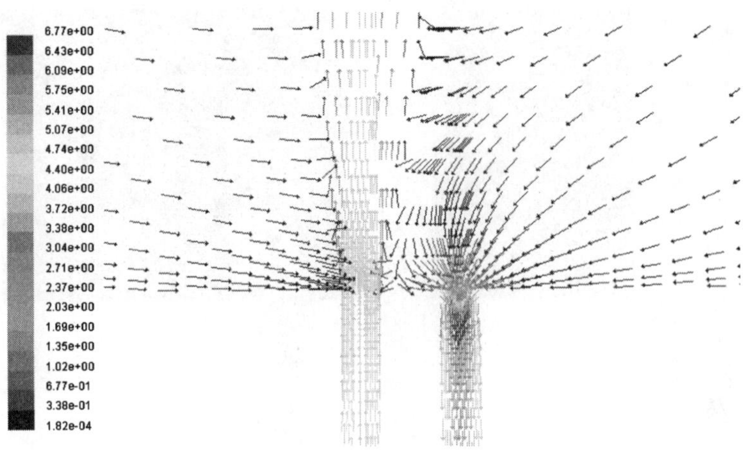

图 8-14　隧道间距 15.0m 时洞口部分流场速度矢量图

(2)进排风速度不同

图 8-15 ~ 图 8-26 为排风速度 5.0m/s、进风速度 3.0m/s 的条件下,各种间距的洞口部分空气扩散示意图。可见,随着隧道间距的增大,排风洞口的污风射流束向进风洞偏斜的量值逐渐减小,射流束的形状也趋于规则对称;并且随着间距的增大,污风射流速度的衰减逐渐减缓,射程相应加大,但与进排风速相同的情况相比,其衰减变缓的趋势明显加快。

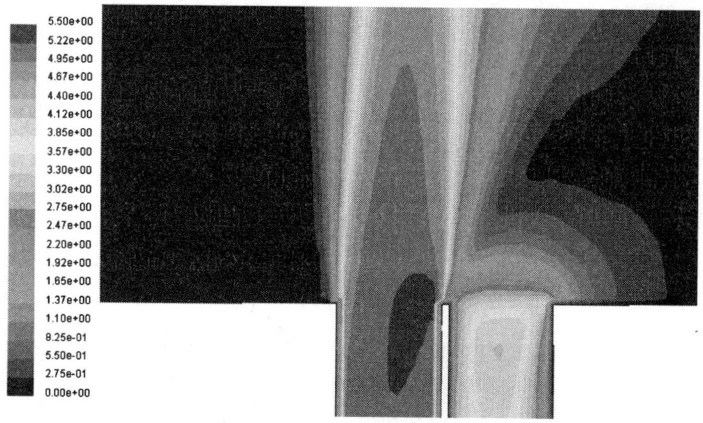

图 8-15 隧道间距 0.6m 时的洞口部分流场速度云图

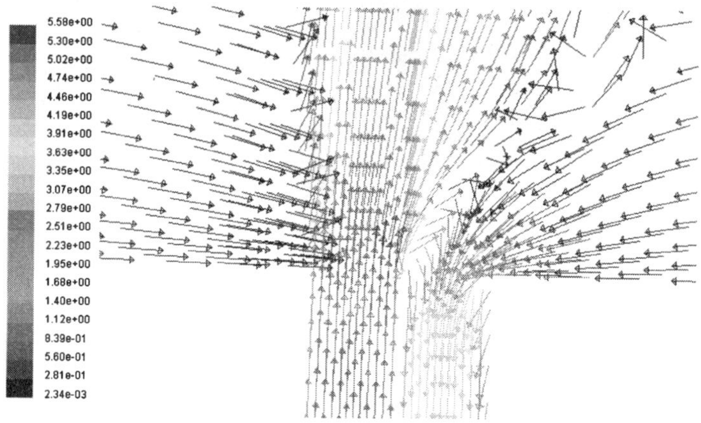

图 8-16 隧道间距 0.6m 时的洞口部分流场速度矢量图

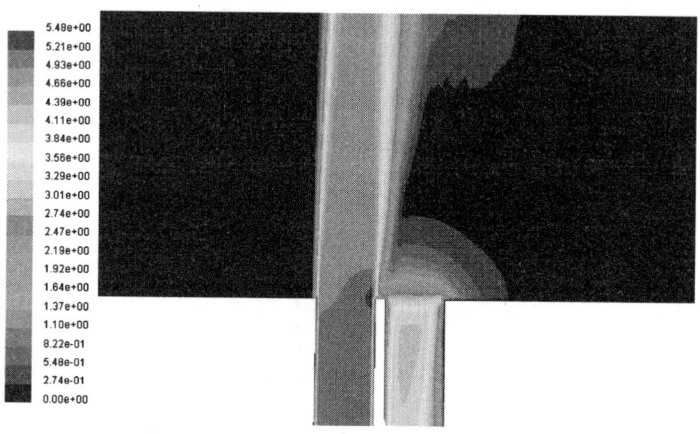

图 8-17 隧道间距 2.0m 时的洞口部分流场速度云图

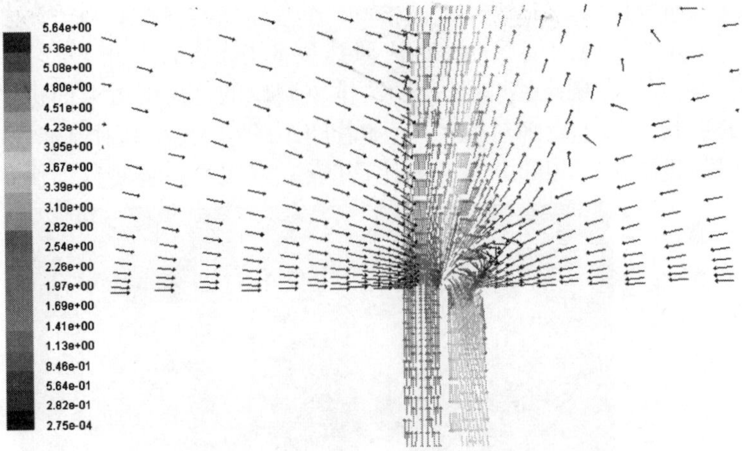

图 8-18　隧道间距 2.0m 时的洞口部分流场速度量图

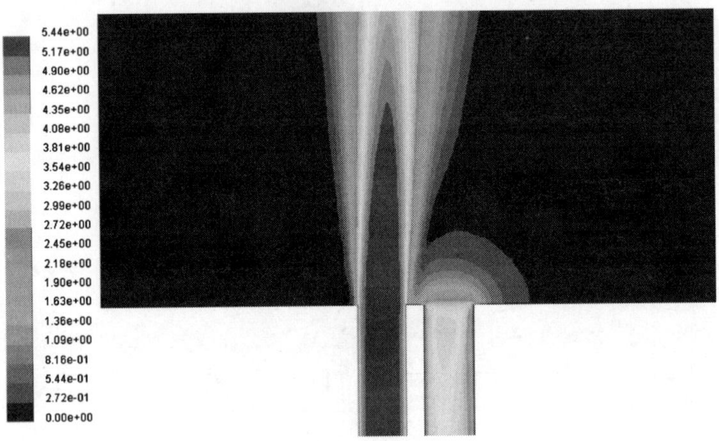

图 8-19　隧道间距 4.0m 时的洞口部分流场速度云图

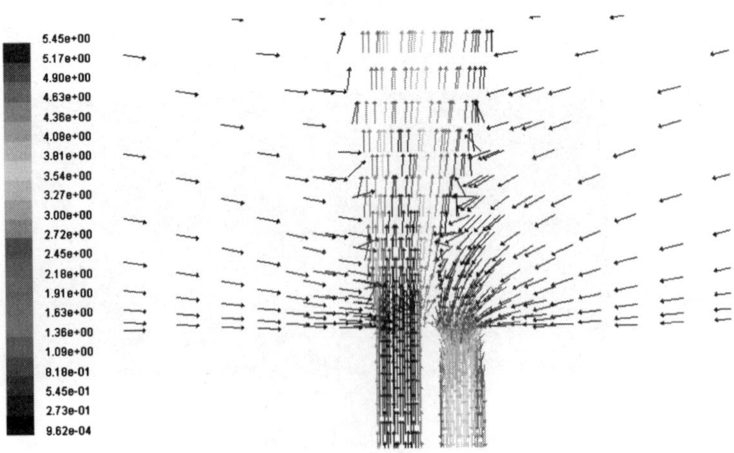

图 8-20　隧道间距 4.0m 时的洞口部分流场速度量图

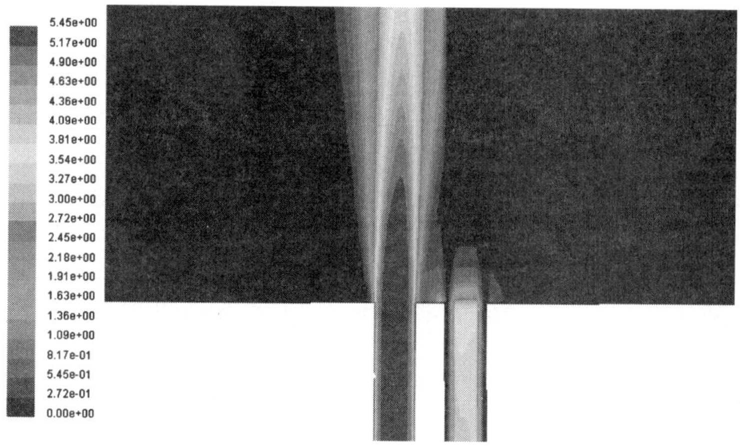

图 8-21　隧道间距 6.0m 时的洞口部分流场速度云图

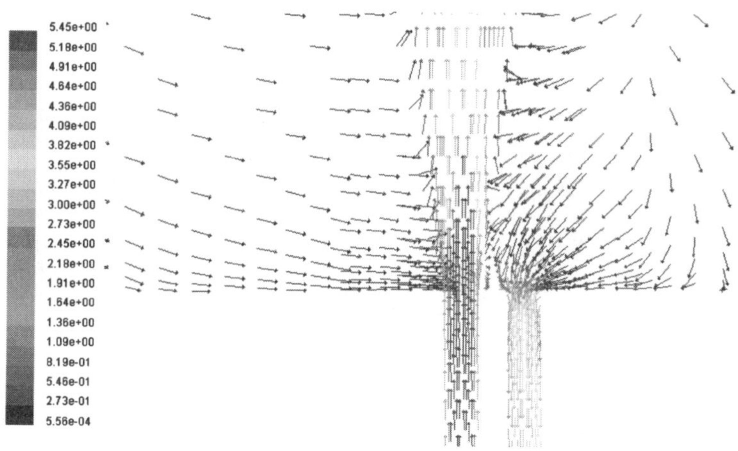

图 8-22　隧道间距 6.0m 时的洞口部分流场速度量图

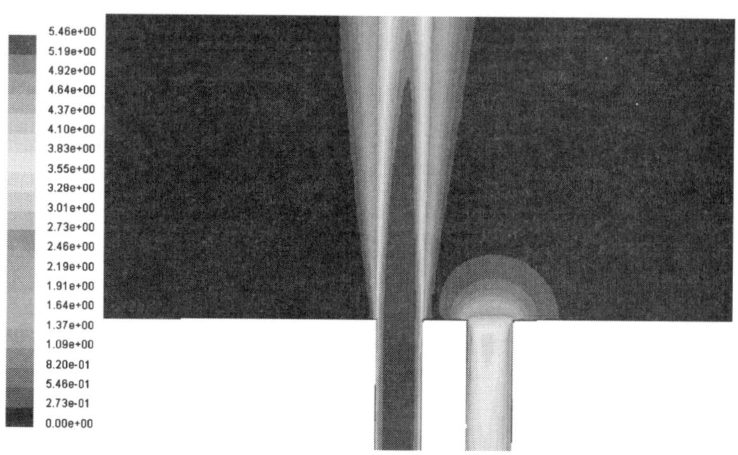

图 8-23　隧道间距 10.0m 时的洞口部分流场速度云图

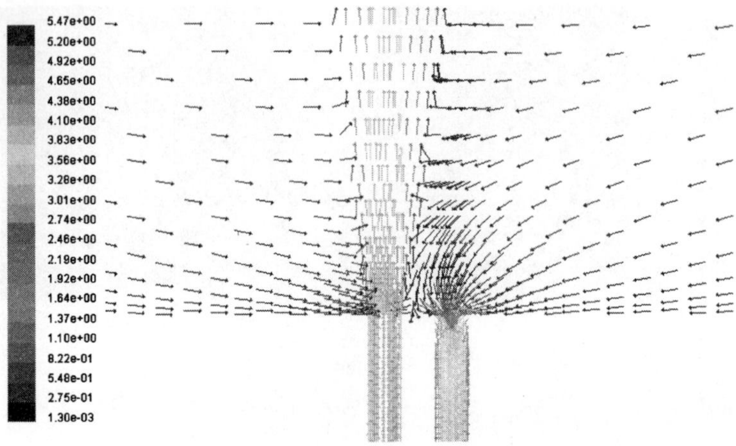

图 8-24　隧道间 10.0m 时的洞口部分流场速度矢量图

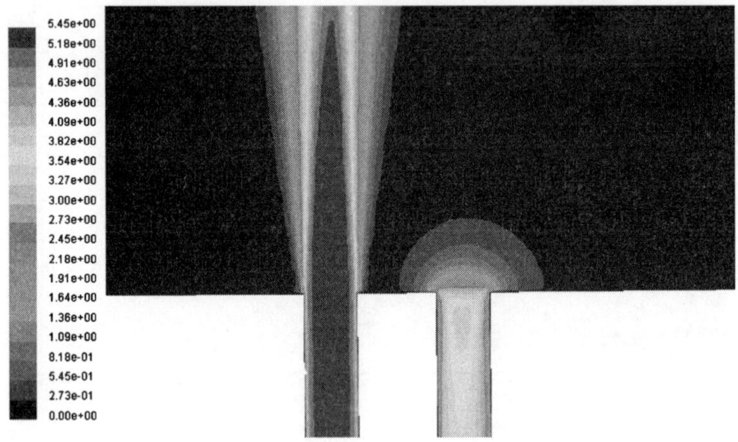

图 8-25　隧道间距 15.0m 时的洞口部分流场速度云图

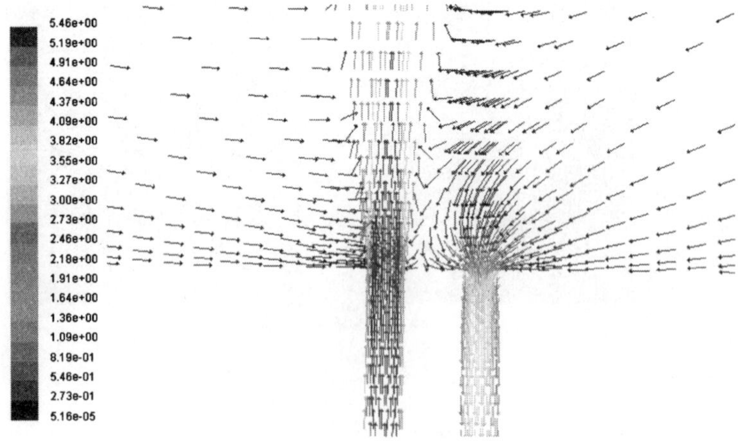

图 8-26　隧道间 15.0m 时的洞口部分流场速度矢量图

2. 循环风吸入量与相邻隧道间距的关系

(1)进、排风速度相同

从计算结果看,在进、排风速度相同的条件下,排风洞的污风流混入进风隧道的比例随着隧道间距的增大而呈快速减小的趋势。图 8-27 ~ 图 8-31 表示了当进、排风速分别同为 1.0m/s、3.0m/s、5.0m/s、7.0m/s、9.0m/s,相邻隧道间距由 0.6m 增大到 15.0m 时污风流混入进风隧道的比例的变化。可见,间距在 0.6 ~ 6.0m 时,相邻隧道循环风的吸入量随间距的增大快速减小;随间距的逐步增大这种衰减趋势有所变缓,当间距增大到 10m 时循环风吸入的比例几乎已减小为零;并且循环风的吸入比例随隧道间距的变化规律不受隧道通风风速改变的影响,各种风速条件下规律相同。

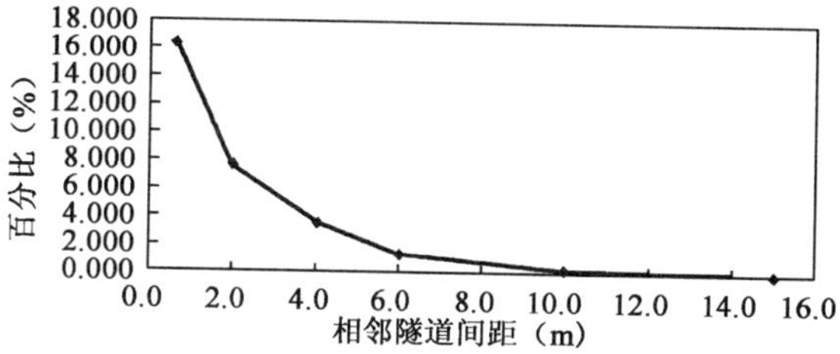

图 8-27　进、排风速度同为 1.0m/s

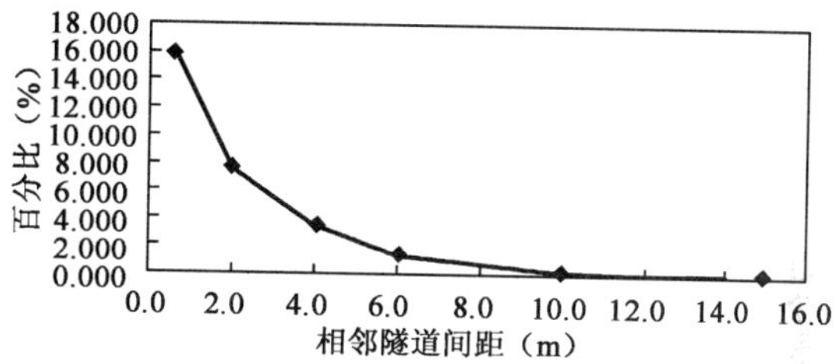

图 8-28　进、排风速度同为 3.0m/s

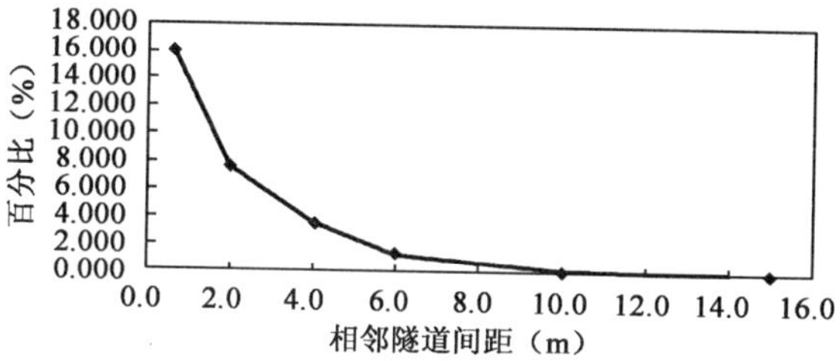

图 8-29　进、排风速度同为 5.0m/s

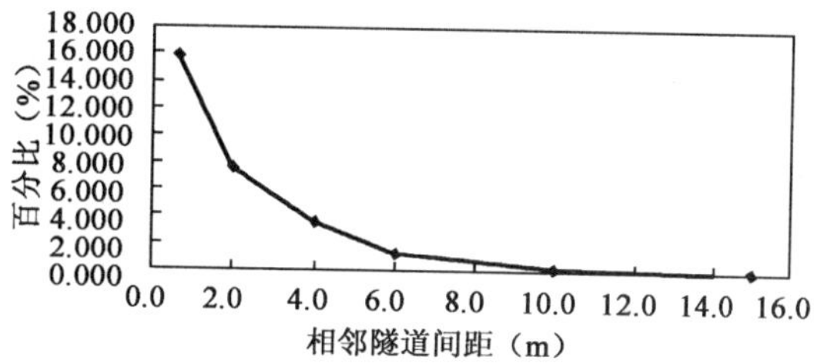

图 8-30　进、排风速度同为 7.0m/s

(2)恒定排风速度、不同进风速度

排风口风速恒定,改变进风口风速条件下,排风口的污风流混入进风隧道的比例依然是随着隧道间距的增大而呈快速减小的趋势。图 8-32 ~ 图 8-37 反映了排风口风速恒为 5.0m/s,进风速度分别为 1.0m/s、3.0m/s、5.0m/s、7.0 m/s、9.0m/s 和 11.0m/s 时,污风流混入进风隧道的比例随间距的变化情况。除当进风速度为 1.0m/s 时,由于污风混入的比例较小规律不甚明显外,其余几种情况均表现出污风流混入比例随着间距增大而快速减小的规律,而且这种趋势在不同差别的进、排风速度条件下相当接近,但混入比例量值随进风速度的增大而增大。

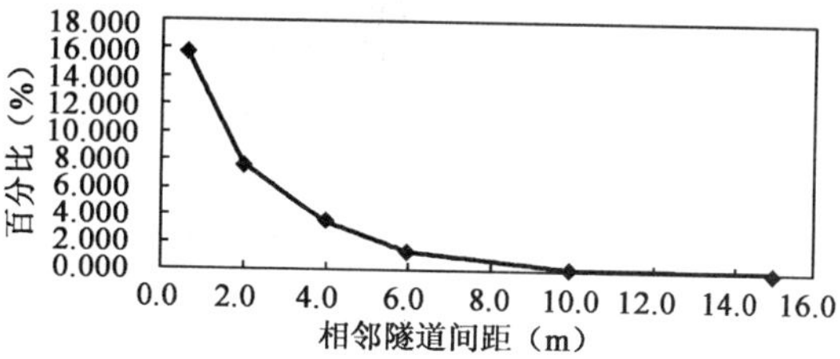

图 8-31　进、排风速度同为 9m/s

(3)恒定进风速度,不同排风速度

进风口风速恒定,改变排风口风速条件下,排风洞污风流混入进风隧道的比例同样随着隧道间距的增大而快速减小。图 8-38 ~ 图 8-43 反映了当进风速度恒为 5.0m/s,排风速度分别为 1.0m/s、3.0m/s、5.0m/s、7.0m/s、9.0m/s 和 11.0m/s 时,污风流混入比例随间距的变化情况。所有工况均表现出污风流混入比例随间距增大而快速减小的趋势,但混入比例量值随排风速度的增大而迅速减小。

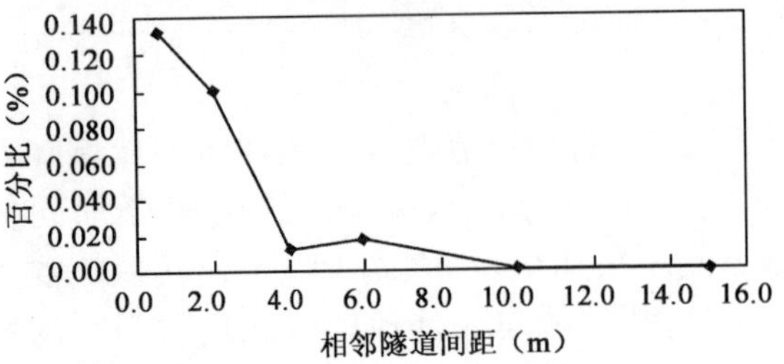

图 8-32　排风速度 5.0m/s，进风速度 1.0m/s

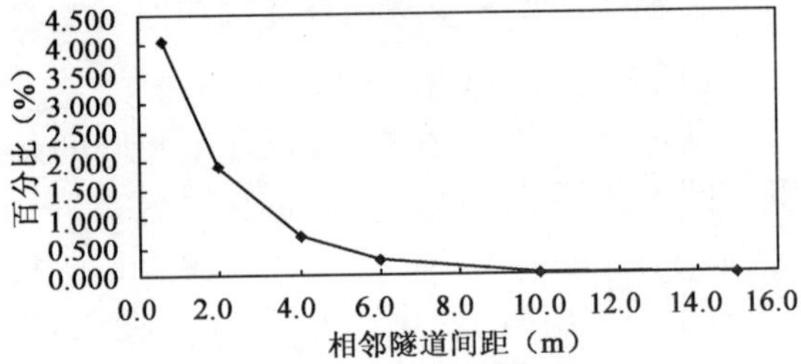

图 8-33　排风速度 5.0m/s，进风速度 3.0m/s

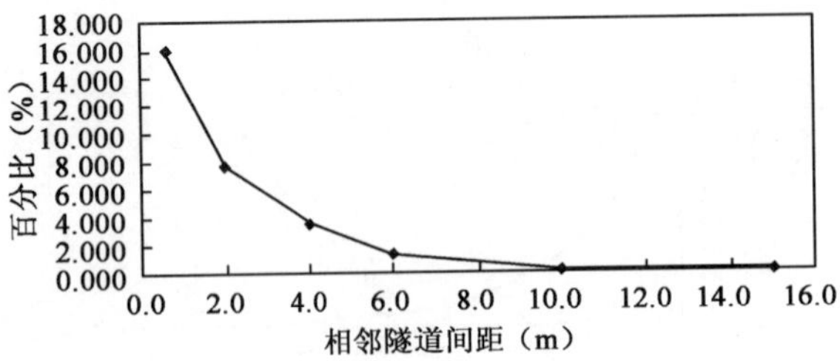

图 8-34　排风速度 5.0m/s，进风速度 5.0m/s

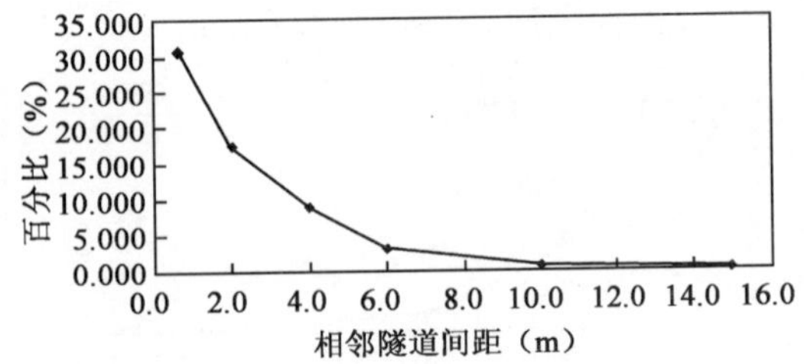

图 8-35　排风速度 5.0m/s，进风速度 7.0m/s

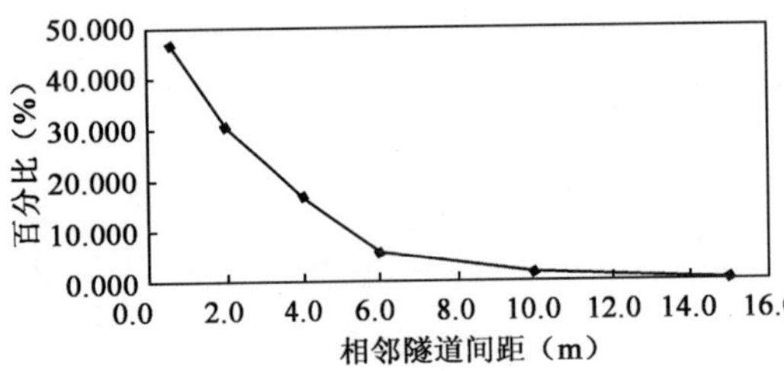

图 8-36　排风速度 5.0m/s，进风速度 9.0m/s

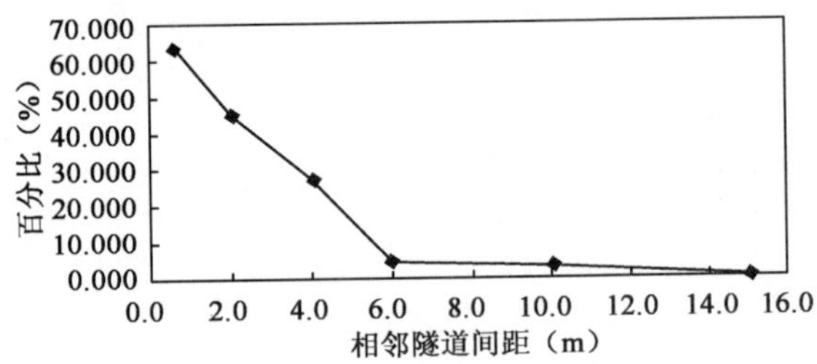

图 8-37　排风速度 5.0m/s，进风速度 11.0m/s

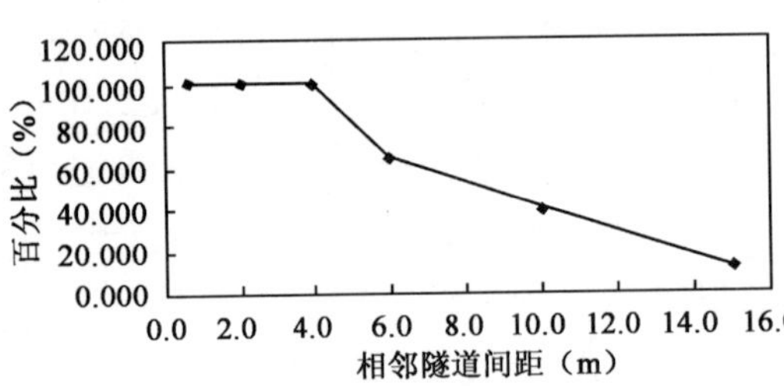

图 8-38　进风速度 5.0m/s，排风速度 1.0m/s

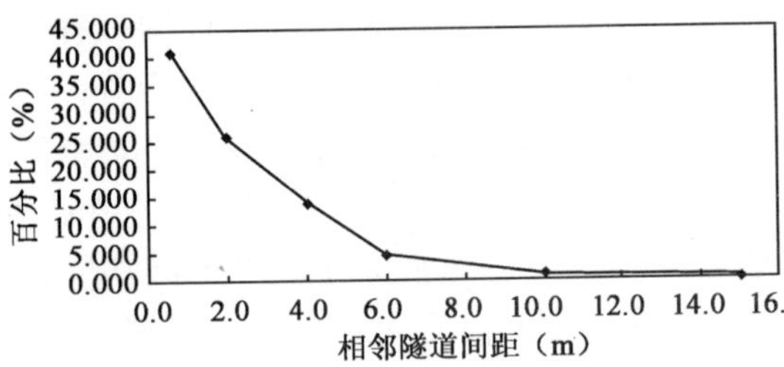

图 8-39　进风速度 5.0m/s，排风速度 3.0m/s

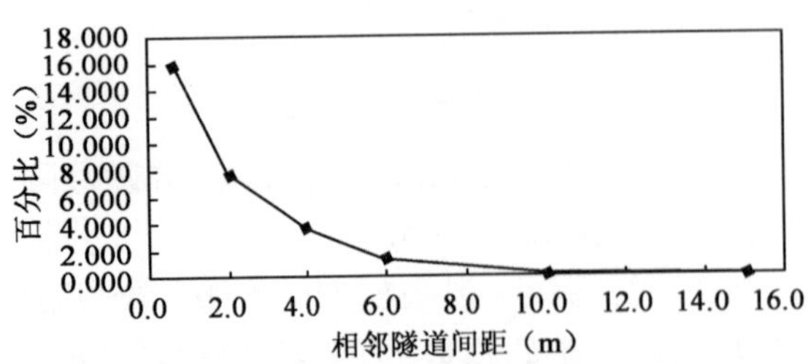

图 8-40　进风速度 5.0m/s，排风速度 5.0m/s

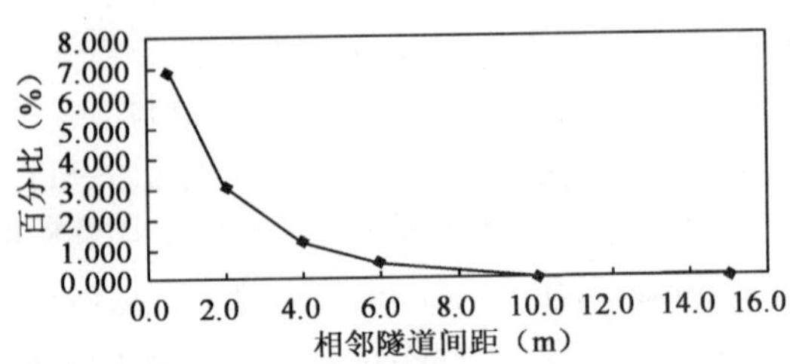

图 8-41　进风速度 5.0m/s，排风速度 7.0m/s

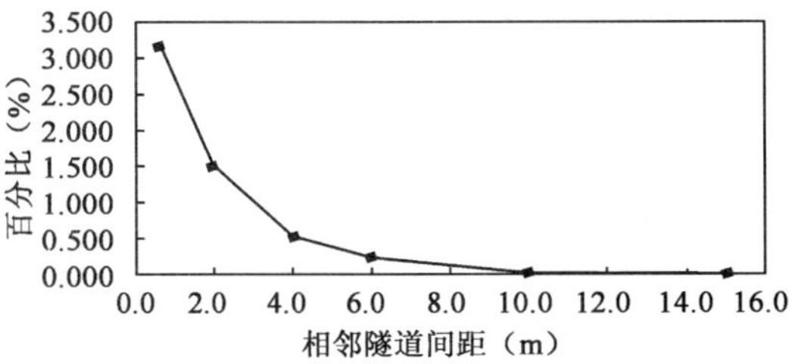

图 8-42 进风速度 5.0m/s，排风速度 9.0m/s

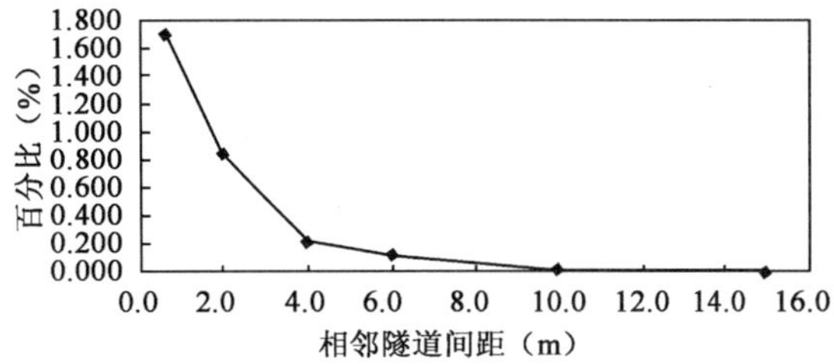

图 8-43 进风速度 5.0m/s，排风速度 11.0m/s

3. 循环风吸入量与进排风速的关系

(1) 进、排风速度相同

当进、排风速度相同时，排风洞污风流混入进风隧道新鲜风流的比例随着风速的增大而略呈减小的趋势，但变化范围在 0 ~ 0.05% 以内。这表明这种条件下，风速与循环风吸入量的关系不大，风速的变化并不直接引起混风比例的变化。隧道间距对混风比例影响较大。计算结果如图 8-44 所示。

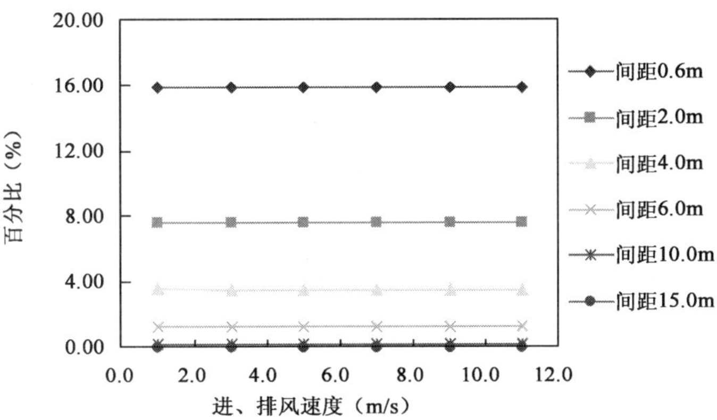

图 8-44 进、排风速度相同时污风吸入程度与风速的关系

由此可以推断，如果以某种函数来表示混风比例和风速间的关系，那么函数中有关风速的主体项可表示如下：

$$(V_{进}/V_{排})^{\alpha} \tag{8-20}$$

式中：$V_{进}$——进风洞风速；

$V_{排}$——排风洞风速；

α——代数值为正的参数。

这样，当 $V_{进}$ 和 $V_{排}$ 相同时，式(8-20)的值恒为 1，这一项失去效用，从而不再直接引起混风比例的变化。

(2) 恒定排风速度，不同进风速度

排风口的风速分别恒定为 1.0m/s、2.0m/s、3.0m/s、5.0m/s、7.0m/s、9.0m/s，而进风口的风速由 1.0m/s 增大到 11.0m/s 时，各种间距的计算结果如图 8-45 ~ 图 8-48 所示。可见，每一种排风速度下污风流的混入比例均随进风速度的增大而增大，并且这种增大的趋势还随着恒定排风速度的提高而快速减缓。容易看出,以上两种关系均可以在式(8-20)中得到反映,这进一步说明假定的函数关系是合理的。

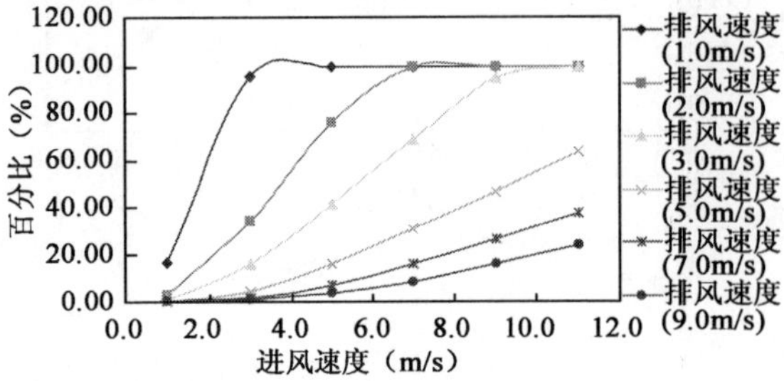

图 8-45　隧道间距 0.6m

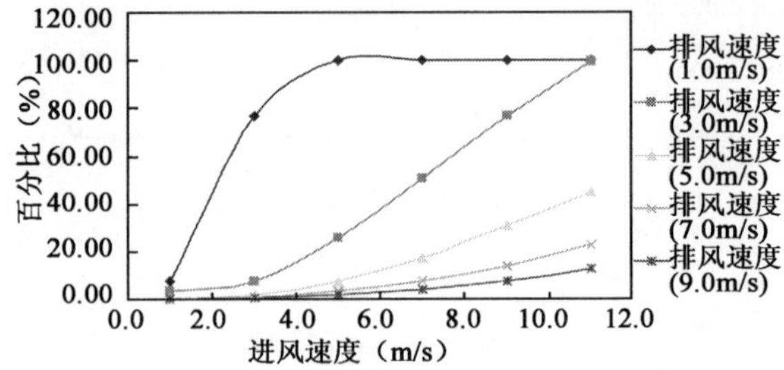

图 8-46　隧道间距 2.0m

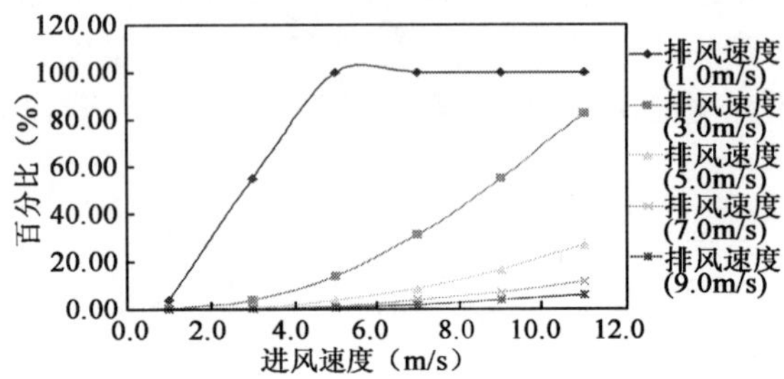

图 8-47　隧道间距 4.0m

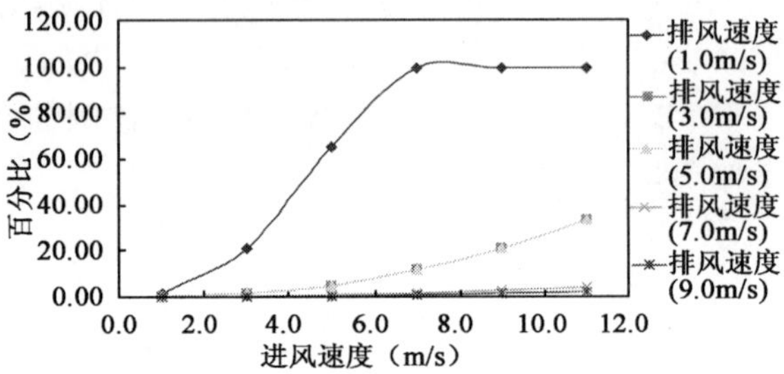

图 8-48　隧道间距 6.0m

4. 循环风吸入量公式的确定

(1)函数形式

进、排风速度相同时,相邻隧道间距的改变是引起循环风吸入量变化的重要因素。进、排风速分别为 1.0m/s、3.0m/s、5.0m/s、7.0m/s、9.0m/s,相邻隧道间距由 0.6m 增大到 15.0m 时,污风吸入量的计算结果如图 8-49 所示。可见在这种条件下,污风流混入进风隧道的比例随间距增大而呈快速减小的趋势。

由上图同时可以发现,进排风速度相同时,风速的改变并不引起污风流混入进风隧道百分比曲线的改变,各种风速下的曲线是完全重合的,这进一步证实了式(8-20)的合理性。同时还说明作为影响污风流混入比例的两个不同因素,进排风速和隧道间距对循环风混入的影响是相互独立的。

鉴于以上分析,我们同样可以假定某种函数关系来表示隧道间距与混风比例间的关系,其形式以下:

$$(A + Be^{-D})^{\beta} \tag{8-21}$$

式中:A、B、β——均为常数;

D——隧道间距。

图 8-50 表示了排风速度为 5.0m/s,而进风速度分别为 1.0m/s、3.0m/s、5.0m/s、7.0m/s、9.0m/s 时,污风流混入比例随隧道间距的变化曲线。可以看出,污风流混入比例依然随间距增大而呈快速减小的趋势。图 8-50 进一步显示,进风速度高的污风流混入百分比曲线位于进风速度低的曲线上方,这点可由式(8-20)的关系得出。

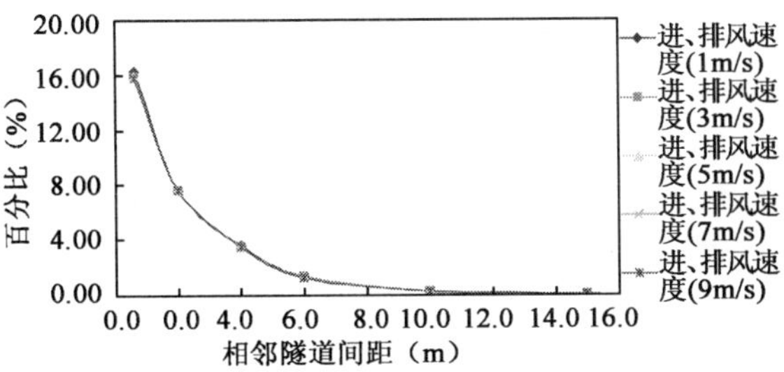

图 8-49 进、排风速度相同时污风吸入程度与隧道间距的关系

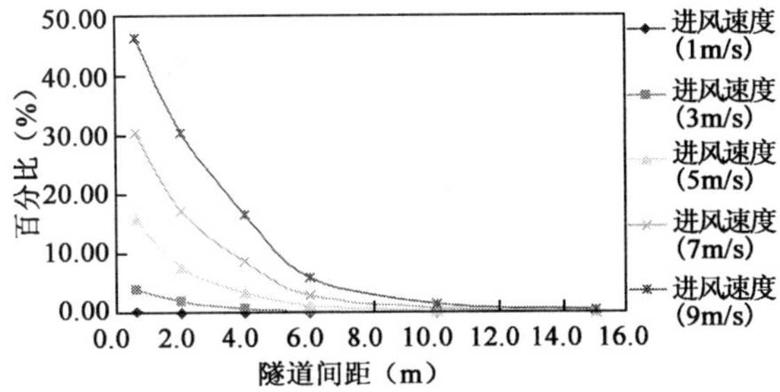

图 8-50 恒定排风速度 5m/s 时污风吸入程度与隧道间距的关系

综上所述，我们可以假定以下形式的函数来描述污风流混入比例与隧道间距及进排风速间的关系。

$$Q = (A + Be^{-D})\left(\frac{V_{进}}{V_{排}}\right)^{\alpha} \tag{8-22}$$

式中：Q——排风隧道污风流混入进风隧道的百分比。

(2)循环风吸入公式的拟合

本小节将利用 Origin 软件来拟合近距离隧道通风相互影响程度与进排风速及隧道间距的关系。Origin 是美国 OriginLab 公司开发的基于 Windows 平台的图形可视化和数据分析软件，它功能强大，是科研人员和工程师常用的高级数据分析和制图工具。

由前面分析所假定的函数关系式(8-22)，我们可选取以下函数进行拟合。

$$Q = Wx^{\alpha} \tag{8-23}$$

其中：$x = V_{进}/V_{排}$。

首先作出各种间距条件下的 Q-x 曲线，经拟合分析确定 $\alpha = 2.1$；然后分别对各种间距下的曲线分析得到了 W 的 6 组不同的值：

$$W = \begin{cases} 15.81 & 间距\ 0.6\text{m} \\ 7.62 & 间距\ 2.0\text{m} \\ 3.46 & 间距\ 4.0\text{m} \\ 1.26 & 间距\ 6.0\text{m} \\ 0.18 & 间距\ 10.0\text{m} \end{cases} \tag{8-24}$$

由式(8-21)，可设 $W = W(A,B)$ 为下面的函数：

$$W(A,B) = A + Be^{-(D-D_0)/t} \tag{8-25}$$

式中：D_0、t——均为常数。

由 W 及 D 的计算结果进行拟合，可以得到 $A = 0.216$，$B = 15.5$，$D_0 = 0.6$，$t = 2$。

因此最后的函数关系可以写为：

$$Q = [0.216 + 15.5e^{-(D/2-0.3)}]\left(\frac{V_{进}}{V_{排}}\right)^{2.1} \tag{8-26}$$

用式(8-26)给出各种隧道间距下的函数曲线，并与数值分析得到的理论值进行对比，如图 8-51 所示。进排风速度比小于 2.0 时，式(8-26)得出的污风混入比例与数值计算的结果相差很小。特别在进排风速比小于 1.2，隧道间距小于 2.0m 时的最大误差不超过 5%。

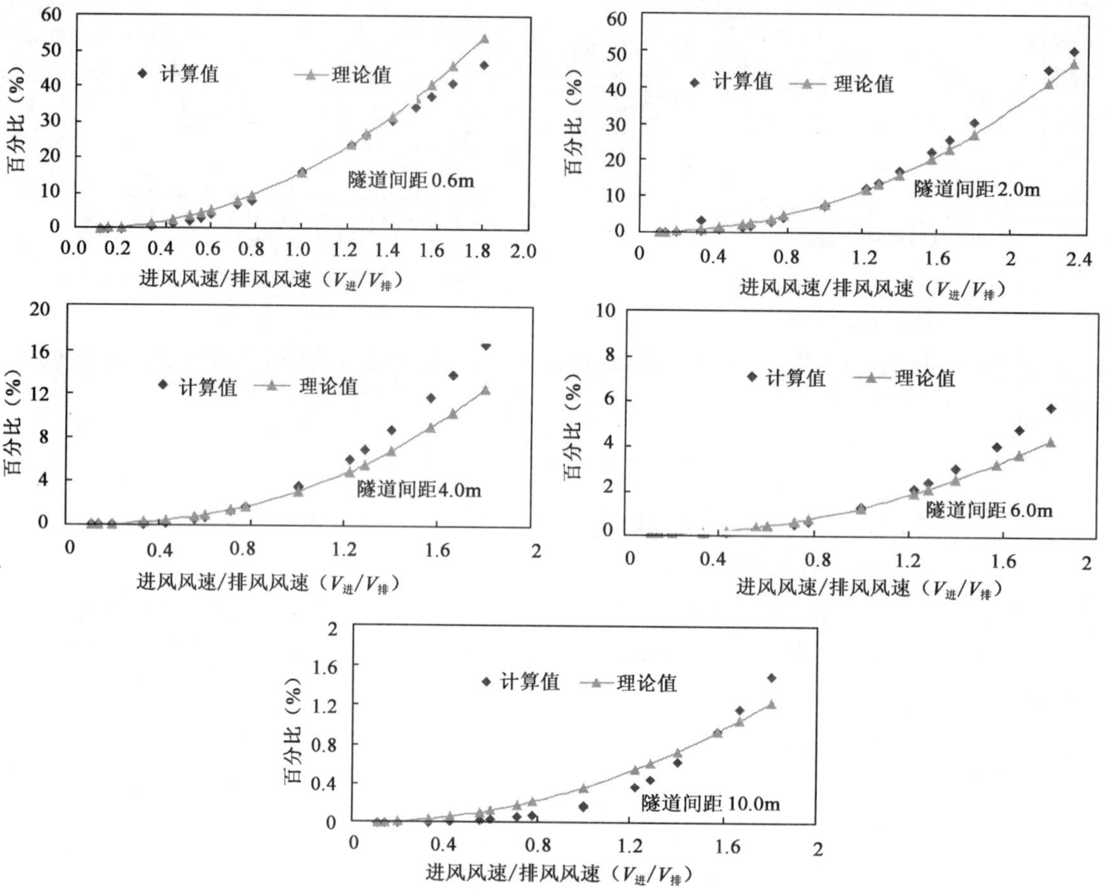

图8-51　污风混入比例与进排风速比曲线图

第三节　减少通风相互影响的对策

一、近距离双线隧道减少通风相互影响的措施

1. 邻近隧道洞口错开

根据上节拟合的污风混入比例与隧道间距及进排风速度的关系式可知，当排风风速加大时，污风混入新鲜气流的比例将大为降低。这是由于排风风速的增大直接延长了污染气流的射程，使其不易受到进风洞气流的影响。同样地，在不改变排风风速的情况下，相邻隧道洞口位置错开一定距离，即延长排风洞的长度，而进风洞洞口位置不变，就间接起到了增大排风洞污风流射程的作用，因而混入进风隧道的污风也必将减少。隧道洞口位置错开见图8-52。

2. 修筑中间隔墙

在隧道建设的实践中，近距离隧道中循环风的存在已经引起了建设者的重视，并在实践中采取了修筑中隔墙的措施，其实施方法如图8-53所示。

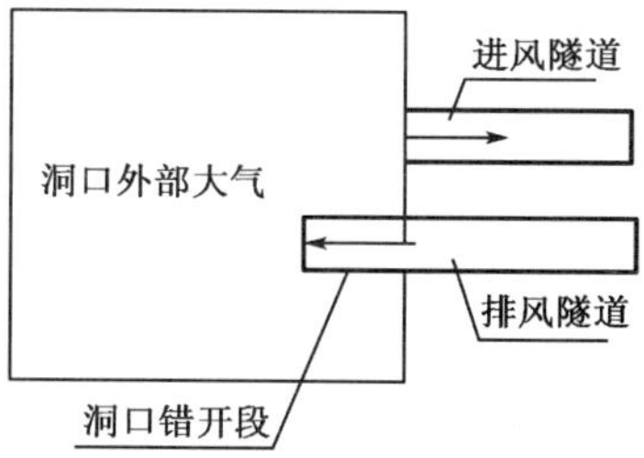

图 8-52　隧道洞口位置错开示意图

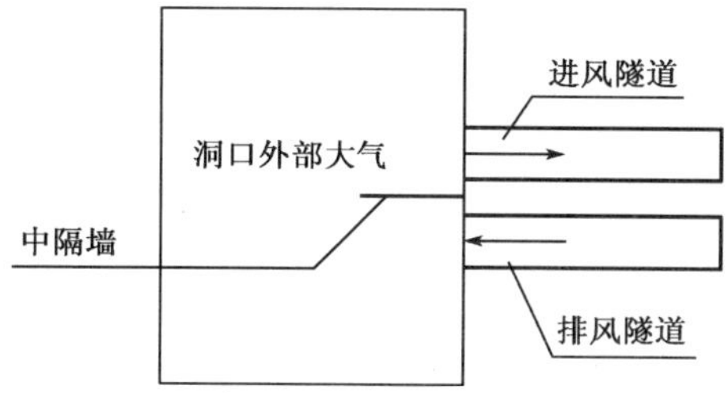

图 8-53　中隔墙示意图

3. 修筑通风横洞

近距离隧道中循环风的存在是由于排风洞污风靠近进风洞排放引起的，在间距足够大的分离式隧道中这一问题并不存在或存在但对运营通风没有大的影响。在排风洞出口附近开挖通风横洞的措施如图 8-54 所示，将排风洞污风经由排风横洞排出洞外。这一措施的效果是显而易见的，故不再对其效果进行数值模拟。

二、邻近隧道洞口错开的数值模拟

1. 数值模型及计算工况

相邻隧道间距为 0.6m，洞口错开 10.0m 情况下建立的三维数值模型见图 8-55。隧道进口风速分别取为 1.0m/s、3.0m/s、5.0m/s、7.0m/s、9.0m/s、11.0m/s。对进口风速固定，排风风速取 1.0m/s、3.0m/s、5.0m/s、7.0m/s、9.0m/s、11.0m/s 的情况进行计算，具体计算工况见表 8-9。

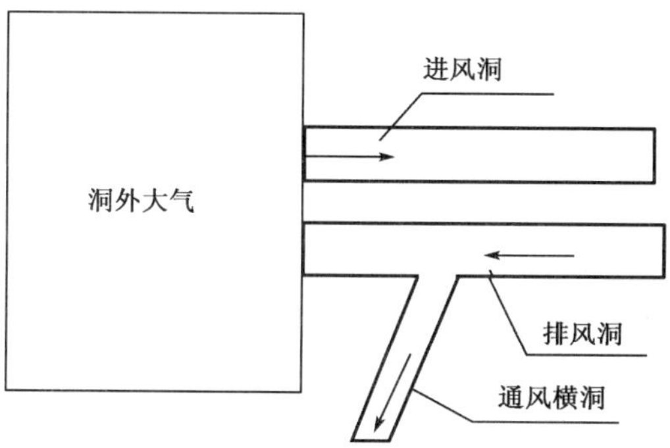

图 8-54　通风横洞示意图

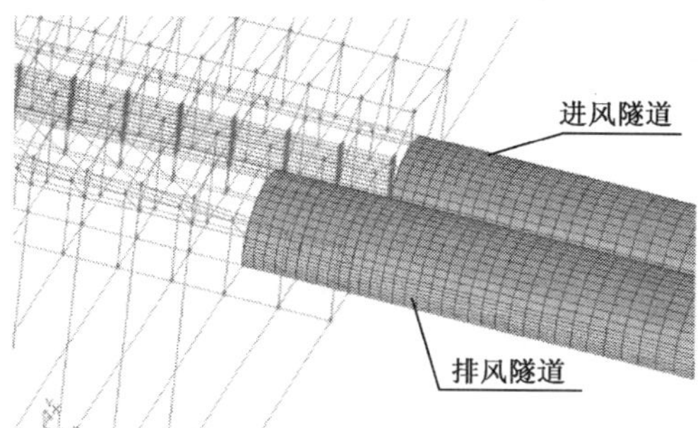

图 8-55　邻近隧道洞口错开的数值计算模型图

邻近隧道洞口错开的计算工况　　表 8-9

工　况	进风口风速（m/s）	排风口风速（m/s）	工　况	进风口风速（m/s）	排风口风速（m/s）
1	1.0	1.0	7	3.0	1.0
2	1.0	3.0	8	3.0	3.0
3	1.0	5.0	9	3.0	5.0
4	1.0	7.0	10	3.0	7.0
5	1.0	9.0	11	3.0	9.0
6	1.0	11.0	12	3.0	11.0

续上表

工　况	进风口风速（m/s）	排风口风速（m/s）	工　况	进风口风速（m/s）	排风口风速（m/s）
13	5.0	1.0	25	9.0	1.0
14	5.0	3.0	26	9.0	3.0
15	5.0	5.0	27	9.0	5.0
16	5.0	7.0	28	9.0	7.0
17	5.0	9.0	29	9.0	9.0
18	5.0	11.0	30	9.0	11.0
19	7.0	1.0	31	11.0	1.0
20	7.0	3.0	32	11.0	3.0
21	7.0	5.0	33	11.0	5.0
22	7.0	7.0	34	11.0	7.0
23	7.0	9.0	35	11.0	9.0
24	7.0	11.0	36	11.0	11.0

2. 计算结果

(1)进排风速度相同

图 8-56a)显示了隧道洞口错开和未错开两种情况计算结果的比较。可见,在进排风速度相同的条件下,洞口错开后,循环风的混入比例由未错开时的 16% 左右下降为 1% 左右,混风比列大大降低。

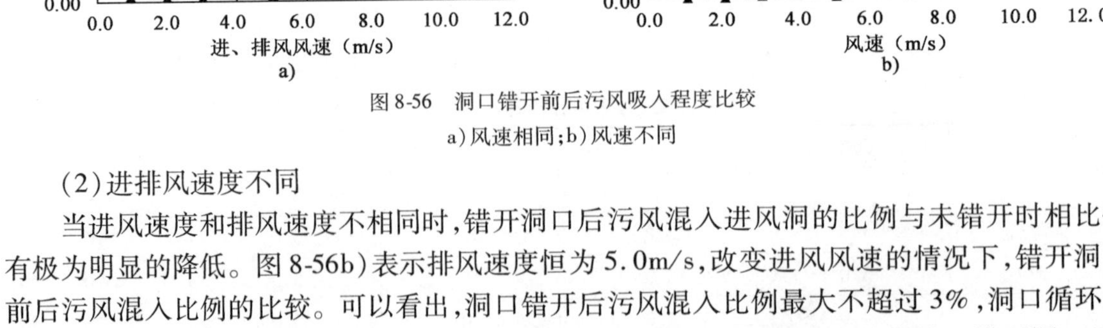

图 8-56　洞口错开前后污风吸入程度比较

a)风速相同;b)风速不同

(2)进排风速度不同

当进风速度和排风速度不相同时,错开洞口后污风混入进风洞的比例与未错开时相比仍有极为明显的降低。图 8-56b)表示排风速度恒为 5.0m/s,改变进风风速的情况下,错开洞口前后污风混入比例的比较。可以看出,洞口错开后污风混入比例最大不超过 3%,洞口循环风现象几乎消失。因此错开洞口是减少近距离隧道洞口循环风影响的有效措施。错开洞口后,由于人工延长了排风洞污风的射程,污风的扩散不易受到进风洞风流的影响,污风射流束趋于规则对称,向进风洞的扩散就相应减少了,见图 8-57。

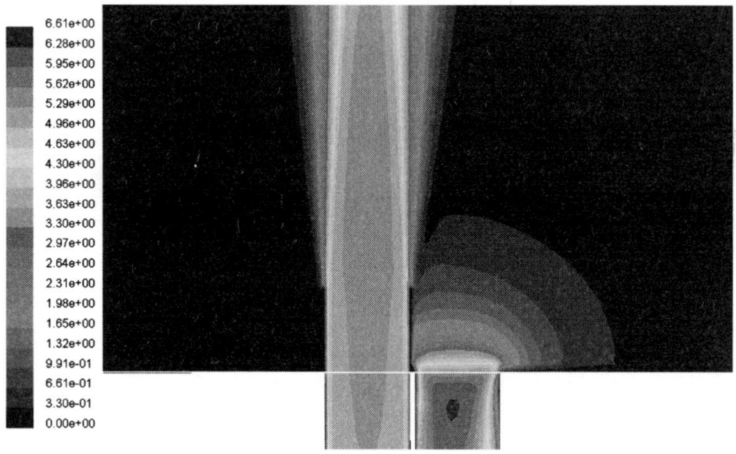

图 8-57　洞口错开后流场速度云图

3. 洞口错开段长度与污风混入比例的关系

进、排风速度分别为 7.0m/s、5.0m/s 时，计算洞口错开 5.0m、10.0m 及 15.0m 的三种情况，可得污风混入比例与洞口错开长度的关系如图 8-58 所示。

对污风吸入程度与洞口错开长度的关系进行函数拟合，可以得出下式。

$$Q = 11.87 - 4.124\ln(\Delta l) \tag{8-27}$$

式中：Δl——隧道错开段长度。

上述函数与数值计算结果拟合较好，最大误差不超过 10%，如图 8-59 所示。

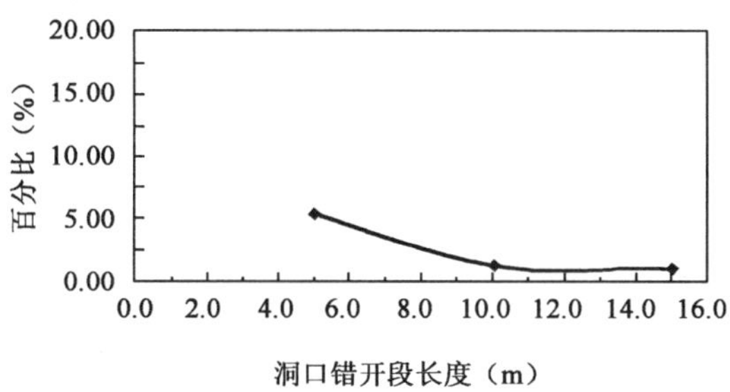

图 8-58　污风吸入程度与洞口错开长度关系

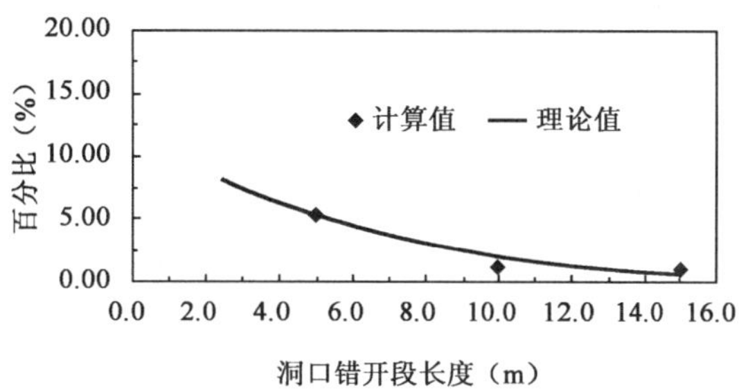

图 8-59　拟合函数

三、修筑中间隔墙的数值模拟

1. 数值模型及计算工况

相邻隧道间距为 0.6m，在洞口外两隧道间修筑长 10.0m，高 5.0m，宽 0.6m 的中隔墙。据此建立的三维数值模型如图 8-60 所示。隧道进口风速分别取为 1.0m/s、3.0m/s、5.0m/s、7.0m/s、9.0m/s、11.0m/s。对进口风速固定，排风风速取 1.0m/s、3.0m/s、5.0m/s、7.0m/s、9.0m/s、11.0m/s 的情况进行计算，具体计算工况见表 8-10。

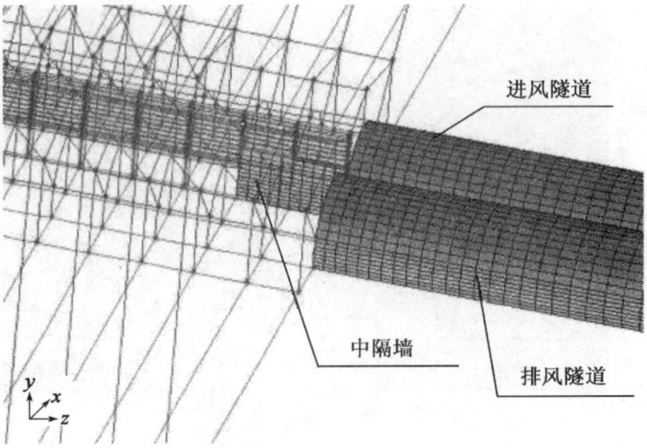

图 8-60　加筑中间隔墙的三维数值模型

修筑中间隔墙的计算工况　　表 8-10

工　况	进风口风速（m/s）	排风口风速（m/s）	工　况	进风口风速（m/s）	排风口风速（m/s）
1	1.0	1.0	19	7.0	1.0
2	1.0	3.0	20	7.0	3.0
3	1.0	5.0	21	7.0	5.0
4	1.0	7.0	22	7.0	7.0
5	1.0	9.0	23	7.0	9.0
6	1.0	11.0	24	7.0	11.0
7	3.0	1.0	25	9.0	1.0
8	3.0	3.0	26	9.0	3.0
9	3.0	5.0	27	9.0	5.0
10	3.0	7.0	28	9.0	7.0
11	3.0	9.0	29	9.0	9.0
12	3.0	11.0	30	9.0	11.0
13	5.0	1.0	31	11.0	1.0
14	5.0	3.0	32	11.0	3.0
15	5.0	5.0	33	11.0	5.0
16	5.0	7.0	34	11.0	7.0
17	5.0	9.0	35	11.0	9.0
18	5.0	11.0	36	11.0	11.0

2. 计算结果

(1)进排风速度相同

比较中间隔墙修筑与否两种情况的结果可以看出：在进、排风速度相同的条件下，修筑中间隔墙后，循环风混入比例由未修筑隔墙时的16%左右下降为6%左右，见图8-61。

(2)进排风速度不同

当进风速度和排风速度不同时，修筑中间隔墙后污风混入比例与未修筑隔墙时相比也有所降低。图8-61b)表示排风速度恒为3.0m/s，改变进风风速的情况下，修筑隔墙前后污风混入比例的比较。可以看出，修筑隔墙后同等条件下污风混入的比例低于未修筑隔墙时的情况，但效果不是很理想，如进排风速差超过2.0m/s时污风混入比例依然超过了10%，而且随进排风速差值的加大，混入比例快速提高，说明这种措施的效果并不稳定。

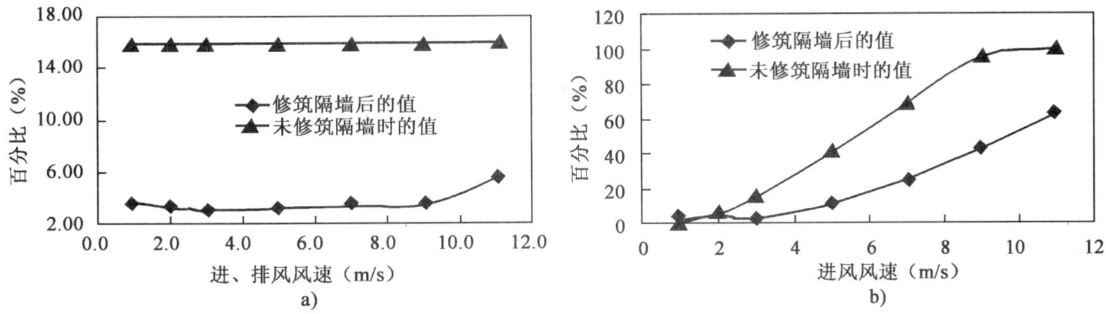

图8-61 修筑中间隔墙前后污风吸入程度的比较

a)风速相同；b)风速不同

由图8-62可以发现，修筑隔墙后流场中隔墙两侧污染物浓度分布界限分明，在一定高度内隔墙限制了排风洞污风向进风洞的扩散，因而修筑中隔墙能够在一定程度上降低污风混入比例。但一部分污风流沿隔墙上升后依然可以在高于隔墙的部位向进风洞方向扩散，如图8-63所示。这是因为进风洞的低压区高出隔墙，在墙体上方排风气流和进风气流发生了相互作用，使部分污染空气流向了进风洞。因而修筑中隔墙的措施是有局限性的，但因其技术相对简单，造价低廉，在实践中当因条件限制不宜采用其他措施时仍然可以考虑采用这种措施。

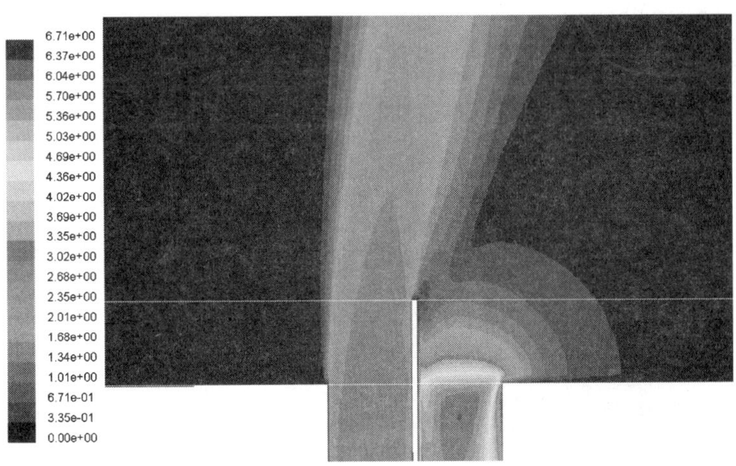

图8-62 修筑中间隔墙后隔墙范围内的流场速度云图

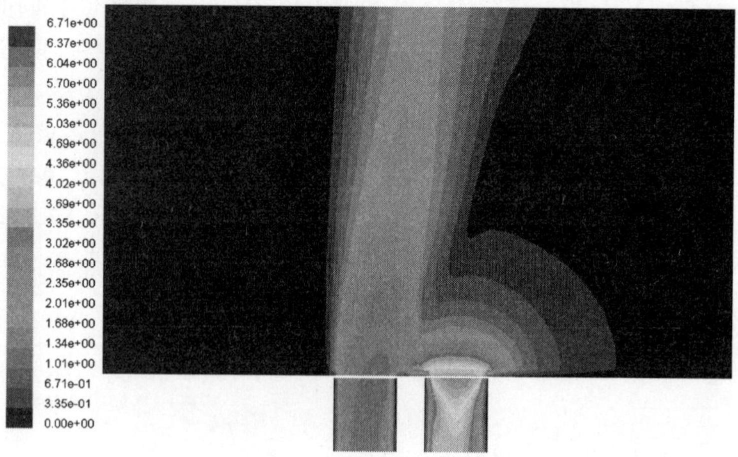

图 8-63　修筑中间隔墙后高于墙体处的流场速度云图

四、小结

本节提出了三种减少近距离隧道通风相互影响的措施：增加通风横洞，邻近隧道错开洞口和修筑中间隔墙，并对后两种措施开展了三维数值模拟。研究成果表明：三种措施中，增加通风横洞的措施对于减少近距离隧道中洞口循环风对通风的影响是最根本和最彻底的；邻近隧道错开洞口的措施也十分有效，在错开段长度大于 5m 时，污风混入比例低于 5%；修筑中间隔墙虽然有一定的局限性，但在其他措施因条件限制无法实现时，亦可以采用，同时由于其技术简单，成本低廉，实际操作简便宜行。

第四节　近距离隧道通风相互影响的室内模型试验

一、室内通风试验模型制作

进行室内隧道通风模型试验时，选择透明的有机玻璃模拟隧道，长度为 60m。几何相似比定为 1:12，试验过程中选择 CO 作为示踪气体，通风试验模型如图 8-64 所示。

图 8-64　近距离隧道通风试验模型

试验设备与仪器：①风机；②有机玻璃隧道模型；③风速仪；④CO 检测仪；⑤流量计（图 8-65）；⑥减压阀（图 8-66）；⑦钢瓶；⑧防毒口罩。试验设备与仪器见表 8-11。

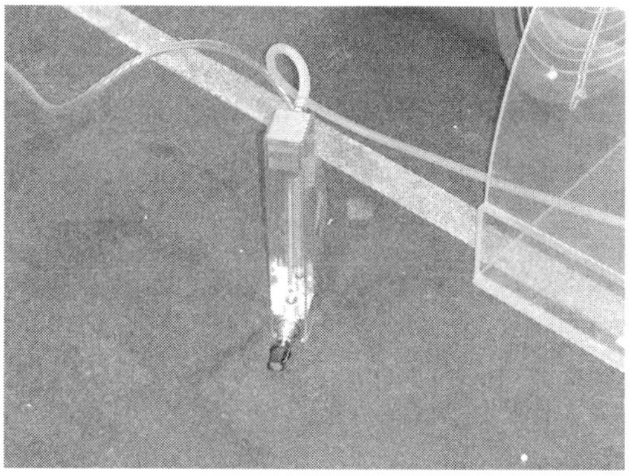

图 8-65 气体流量计

图 8-66 气体减压阀

模型试验仪器设备表 表 8-11

品名	型号	产地	数量
风机	SFG5-4	上海	2
风速仪	AZ8908	台湾	2
CO 检测仪	CTH1000B	武汉	2
流量计	LZB 玻璃转子	武汉	1
防毒口罩	—	台湾	4

试验测试步骤如下：

(1)将隧道模型按设计间距分段拼接起来，接缝处用胶带密封，隧道洞口采用模板构建山体形状。

(2)依次将减压阀、流量计与钢瓶连接，并检查气密性。

(3)打开风机和气体阀门，稳定释放 CO 气体，在隧道进排风口随时观察 CO 气体浓度，待 CO 检测仪读数稳定时，同时读取进排风口风速与 CO 浓度并记录。

(4)关闭 CO 气体阀门，打开房间门窗通风换气，待周围环境浓度降为 0 时即可进行下次测试。

图 8-67 ~ 图 8-69 为部分试验图片。

图 8-67 间距 1m、挡墙 5m 模型试验图

图 8-68 间距 15m 模型试验图

图 8-69　间距 1m、错位 5m 模型试验图

二、模型试验工况

1. 近距离隧道通风相互影响模拟

对隧道间距依次为 1m、2m、4m、6m、10m、15m，进、排风速度分别为 1m/s、3m/s、5m/s 的情况进行试验。对上述情况进行排列组合，共有 54 种工况。

2. 减弱通风相互影响的措施模拟

对于邻近隧道洞口错开方案，错开长度分别为 5m、10m、15m，进、排风速度分别为 1m/s、3m/s、5m/s，共有 162 种工况。

对于修筑中隔墙方案，中隔墙长度分别为 5m、10m、15m，进、排风速度分别为 1m/s、3m/s、5m/s，也有 162 个工况。

试验过程中，对于可以判定隧道不会发生混风的工况，没有进行试验，因而实际工况数要少一些。

三、模型试验实测结果

1. 近距离隧道通风相互影响的试验结果

(1)隧道间距 1.0m

从模型试验结果可知，邻近隧道间距 1.0m 时，随进排风速度比增加，污风混入比例迅速增大，与循环风吸入公式(8-26)的计算结果趋势基本一致，但实验值略低于计算结果。当进排风速度比达到 3 时，污风已全部混入进风隧道(图 8-70，表 8-12)。

隧道通风影响试验结果(间距 1.0m)　　表 8-12

$V_{进}$(m/s)	$V_{排}$(m/s)	$V_{进}/V_{排}$	$C_{进}$ ($10^{-6}m^3/1m^3$)	$C_{排}$ ($10^{-6}m^3/1m^3$)	理论值(%)	实测值(%)
1.0	1.0	1.0	9	150	12.9	6.0
4.6	3.3	1.4	7	83	25.9	11.8
4.5	3.0	1.5	8	75	30.2	16.0
4.4	2.2	2.0	15	78	55.3	38.5
4.5	2.2	2.0	12	71	58.0	34.6
1.9	0.9	2.1	36	145	62.0	52.4
3.0	1.0	3.0	81	163	100	100
4.0	1.0	4.0	55	103	100	100

(2)隧道间距 2.5m

隧道间距为 2.5m，且进排风速度相近时，污风混入量较小。但随进排风速度比增大，污风混入比例迅速增加，当进排风速度比为 3.1 时，其混风量已达到 88.9%(图 8-71，表 8-13)。

隧道通风影响试验结果(间距 2.5m)　　表 8-13

$V_{进}$(m/s)	$V_{排}$(m/s)	$V_{进}/V_{排}$	$C_{进}$ ($10^{-6}m^3/1m^3$)	$C_{排}$ ($10^{-6}m^3/1m^3$)	理论值(%)	实测值(%)
0.9	1	0.9	1	50	5	1.8
4.6	4.6	1.0	2	65	6.2	3.1
2.9	2.9	1.0	5	80	6.2	6.25
4.2	2.9	1.4	6	58	13.5	14.98
3	2	1.5	12	102	14.6	17.6
4.3	2.8	1.5	5	43	15.3	17.86
2.9	1.8	1.6	13	110	16.9	19.04
3.5	2	1.8	15	103	20.1	25.5
2.8	0.9	3.1	6	21	67.3	88.9

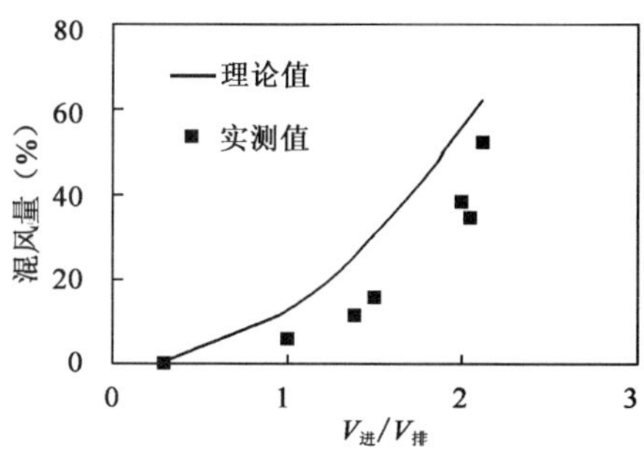

图 8-70　隧道间距 1.0m 时混风量变化图

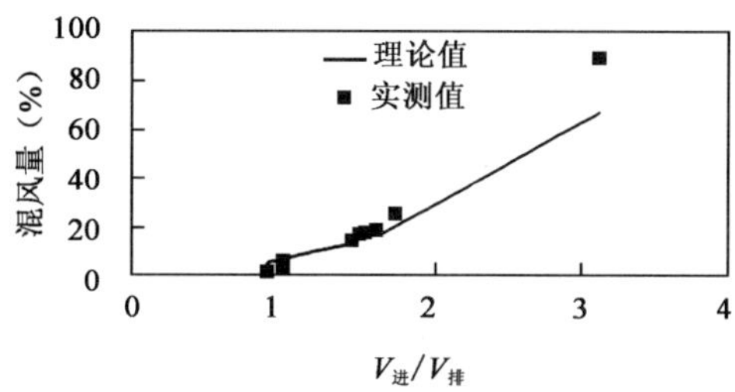

图 8-71　隧道间距 2.5m 时混风量变化图

(3)隧道间距 4.0m

隧道间距为 4.0m 的情况,在进排风速度比小于 2 时,仅有少量污风混入。随进排风速度比增大,污风混入量逐渐增加,当进排风速度比达到 3 时,混风量为 41%,其值明显低于间距 2.5m 时的试验结果(图 8-72,表 8-14)。

隧道通风影响试验结果(间距 4.0m)　　表 8-14

$V_{进}$ (m/s)	$V_{排}$ (m/s)	$V_{进}/V_{排}$	$C_{进}$ ($10^{-6}m^3/1m^3$)	$C_{排}$ ($10^{-6}m^3/1m^3$)	理论值 (%)	实测值 (%)
2.1	2.1	1.0	3	130	3.0	2.3
1.5	1.4	1.1	7	147	3.5	5.1
3.9	2.9	1.3	3	87	5.6	4.6
3.9	1.9	2.1	8	70	13.6	23.5
3.0	1.0	3.0	16	117	30.1	41.0
4.0	1.0	4.0	18	122	55.14	59.02

(4)隧道间距 6.0m

隧道间距为 6.0m,进排风速度相近时,基本没有污风混入进风隧道,而当进排风速度比为 2.9 时,其混风比例为 18.56%。这表明两隧道通风相互影响已不显著(表 8-15,图 8-73)。

隧道通风影响试验结果(间距 6.0m)　　表 8-15

$V_{进}$(m/s)	$V_{排}$(m/s)	$V_{进}/V_{排}$	$C_{进}$ $(10^{-6}m^3/1m^3)$	$C_{排}$ $(10^{-6}m^3/1m^3)$	理论值(%)	实测值(%)
2.9	3.0	1.0	2	75	1.21	1.78
2.0	1.9	1.1	2	117	1.45	1.80
1.0	0.9	1.1	2	125	1.62	2.58
2.9	1.0	2.9	8	125	12.16	18.56
4.2	1.0	4.2	15	198	26.47	31.82

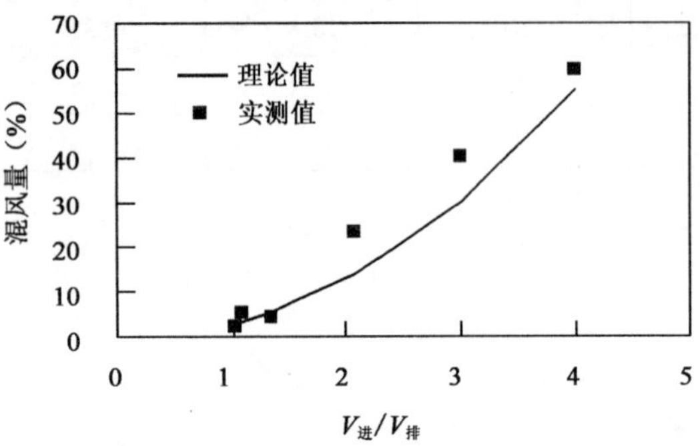

图 8-72　隧道间距 4.0m 时混风量变化图

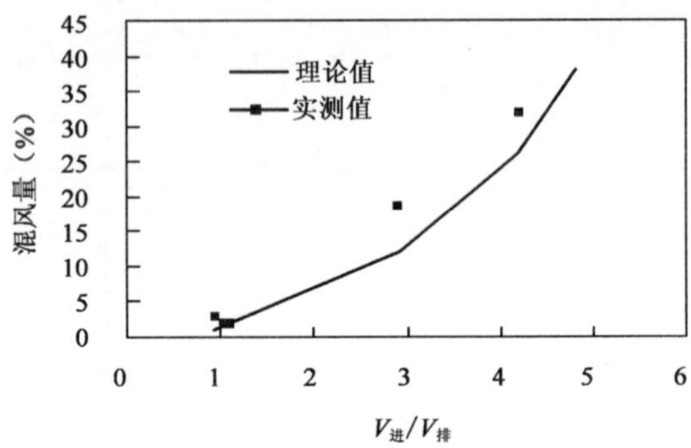

图 8-73　隧道间距 6.0m 时混风量变化图

(5)隧道间距 10.0m

隧道间距 10.0m 时,邻近隧道通风相互影响已经很小。进排风速度比小于 4 时,污风混入比例不超过 10%,且其随进排风速度比增大而增加的幅度比较缓和,即使在进排风速度比达到 6 时,污风混入比例也仅为 22.5%(表 8-16,图 8-74)。

隧道通风影响试验结果(间距 10.0m)　　表 8-16

$V_{进}$ (m/s)	$V_{排}$ (m/s)	$V_{进}/V_{排}$	$C_{进}$ $(10^{-6}m^3/1m^3)$	$C_{排}$ $(10^{-6}m^3/1m^3)$	理论值 (%)	实测值 (%)
3.7	1.3	2.9	2	245	3.6	2.3
3.7	1	3.7	3	257	6.2	4.3
4	1	4	4	213	7.4	7.5
4.3	1	4.3	6	225	8.6	11.8
4.2	0.7	6	12	470	17.2	22.5

(6)隧道间距 15.0m

当隧道间距达到 15.0m 时,污风混入量进一步降低,进排风速度比较小的条件下已基本没有污风混入。进排风速度比大于 3 时,才会有少量污风混入,而进排风速度比达到 7 时混风比例也仅为 19.6%,但这种工况在实际运营中是不会出现的。因而,可以认为隧道间距达到 15m 时,就能够较好地防止污风的混入(图 8-75,表 8-17)。

隧道通风影响试验结果(间距 15.0m) 表 8-17

$V_{进}$ (m/s)	$V_{排}$ (m/s)	$V_{进}/V_{排}$	$C_{进}$ ($10^{-6}m^3/1m^3$)	$C_{排}$ ($10^{-6}m^3/1m^3$)	理论值 (%)	实测值 (%)
4.2	1.8	2.3	1	270	1.2	0.9
4.1	1.6	2.6	1	219	1.4	1.2
4.3	1.3	3.3	1	181	2.5	1.8
4.2	0.9	4.7	5	216	5.1	10.8
4.3	0.7	6.1	6	230	9.0	16.2
4.2	0.6	7	8	286	11.9	19.6

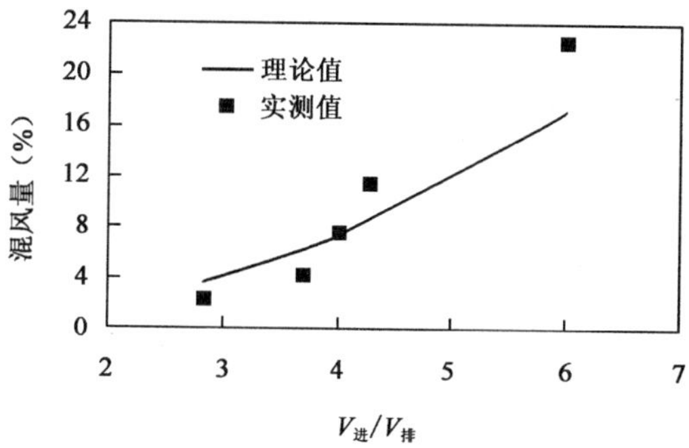

图 8-74 隧道间距 10.0m 时混风量变化图

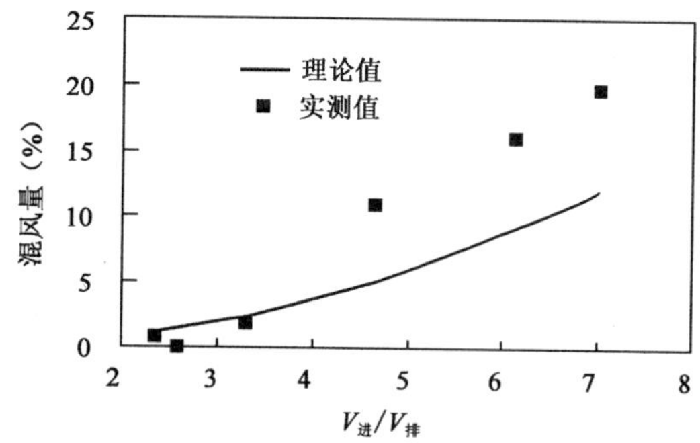

图 8-75 隧道间距 15.0m 时混风量变化图

(7)隧道通风影响模型试验结果对比

图 8-76 为不同间距时混风量与进排风速度比关系的对比图。可知,随间距增大,混风量迅速减小;当间距达到 10m 以上,进排风速度比小于 2.3 时,将不再有污风混入进风隧道。由图还可以知道,各种间距条件下混风量均随进排风速度比的增大而增大。隧道间距越小,这种增加就越迅速,其增长规律呈幂函数形式;而当间距较大时,混风比例将平缓增加。

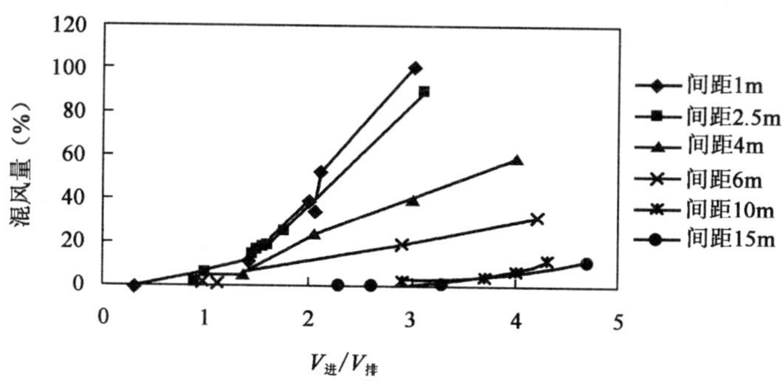

图 8-76 不同间距时混风量与 $V_{进}/V_{排}$ 关系曲线图

2. 减弱通风相互影响措施的试验结果

1)修筑中间隔墙

(1)隧道间距为 1m、不同挡墙长度时通风相互影响试验结果(表 8-18 ~ 表 8-20)。

间距 1m、挡墙 5m 时隧道通风影响试验结果　　表 8-18

$V_{进}$(m/s)	$V_{排}$(m/s)	$V_{进}/V_{排}$	$C_{进}(10^{-6}m^3/1m^3)$	$C_{排}(10^{-6}m^3/1m^3)$	实测值(%)
0.9	1	0.9	0	163	0.0
2.0	1	2.0	5	124	8.1
2.9	1	2.9	18	162	32.2
4.0	1	4.0	35	165	84.8

间距 1m、挡墙 10m 时隧道通风影响试验结果　　表 8-19

$V_{进}$(m/s)	$V_{排}$(m/s)	$V_{进}/V_{排}$	$C_{进}(10^{-6}m^3/1m^3)$	$C_{排}(10^{-6}m^3/1m^3)$	实测值(%)
1.1	1	1.1	3	184	1.8
1.9	1	1.9	7	261	5.1
3.0	1	3.0	18	200	27.1
3.9	1	3.9	24	205	45.7

间距 1m、挡墙 15m 时隧道通风影响试验结果　　表 8-20

$V_{进}$(m/s)	$V_{排}$(m/s)	$V_{进}/V_{排}$	$C_{进}(10^{-6}m^3/1m^3)$	$C_{排}(10^{-6}m^3/1m^3)$	实测值(%)
2.8	1	2.8	0	148	0
3.9	1	3.9	6	213	11

图 8-77 为排风速度 1m/s,不同挡墙长度时混风量与进排风速度比的关系曲线。由图可知,修筑挡墙后,污风混入比例明显降低,且混风比例随挡墙长度增加而减小;当挡墙长度一定时,混风量与进排风速度比呈幂函数形式递增;挡墙长度 15m、进排风速度比小于 2.8 时,污风混入比例为零。

(2)隧道间距为 2.5m、不同挡墙长度时通风相互影响试验结果(表 8-21 ~ 表 8-23,图 8-78)。

间距 2.5m、挡墙 5m 时隧道通风影响试验结果　　表 8-21

$V_{进}$(m/s)	$V_{排}$(m/s)	$V_{进}/V_{排}$	$C_{进}(10^{-6}m^3/1m^3)$	$C_{排}(10^{-6}m^3/1m^3)$	实测值(%)
1.0	1.0	1.0	10	220	4.55
2.9	1.0	2.9	18	140	37.29
4.2	1.1	3.8	30	178	64.35

间距 2.5m、挡墙 10m 时隧道通风影响试验结果　　表 8-22

$V_{进}$(m/s)	$V_{排}$(m/s)	$V_{进}/V_{排}$	$C_{进}(10^{-6}m^3/1m^3)$	$C_{排}(10^{-6}m^3/1m^3)$	实测值(%)
1.1	1.2	0.92	0	135	0
2.8	1.2	2.33	14	152	21.49
4.0	1.2	3.33	18	160	37.50

间距 2.5m、挡墙 15m 时隧道通风影响试验结果　　表 8-23

$V_{进}$(m/s)	$V_{排}$(m/s)	$V_{进}/V_{排}$	$C_{进}(10^{-6}m^3/1m^3)$	$C_{排}(10^{-6}m^3/1m^3)$	实测值(%)
2.90	1.0	2.9	0	202	0
3.40	1.0	3.4	4	210	6.48
4.0	1.0	4	5	230	8.7

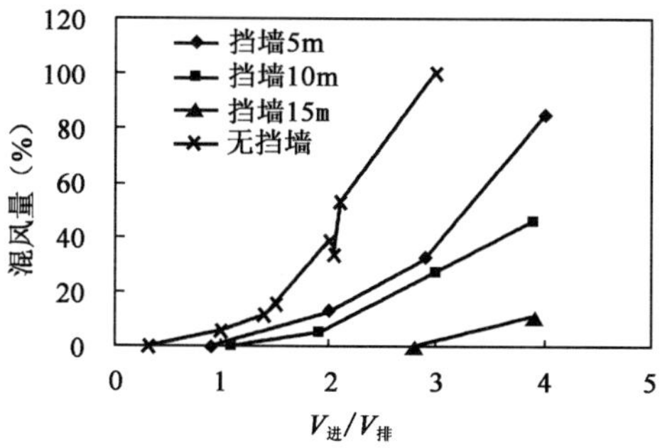

图 8-77 间距 1.0m、不同挡墙长度时的混风量

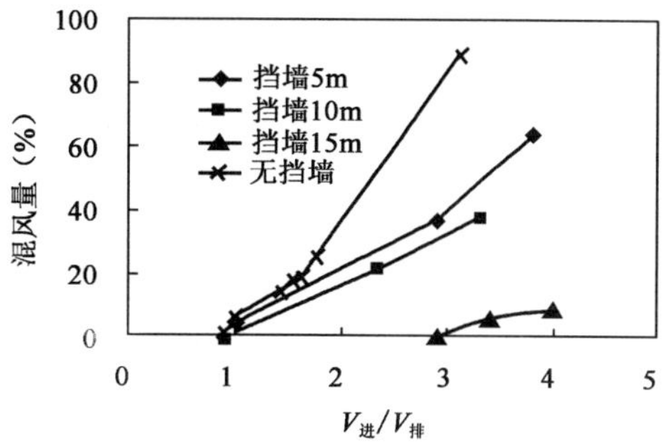

图 8-78 间距 2.5m、不同挡墙长度时的混风量

从以上图表可知，隧道间距为 2.5m 时，随挡墙长度增加，混风量减小。挡墙长度 15m、进排风速度比小于 2.9 时的混风量为零。

（3）隧道间距为 4m、不同挡墙长度时通风相互影响试验结果（表 8-24 ~ 表 8-26，图 8-79）

间距 4m、挡墙 5m 时隧道通风影响试验结果 表 8-24

$V_{进}$(m/s)	$V_{排}$(m/s)	$V_{进}/V_{排}$	$C_{进}$($10^{-6}m^3/1m^3$)	$C_{排}$($10^{-6}m^3/1m^3$)	实测值(%)
2.0	1.1	1.8	12.0	163	13.39
4.4	2.2	2.0	7.0	87	16.09
4.4	0.9	4.9	18.0	169	52.07

间距 4m、挡墙 10m 时隧道通风影响试验结果 表 8-25

$V_{进}$(m/s)	$V_{排}$(m/s)	$V_{进}/V_{排}$	$C_{进}$($10^{-6}m^3/1m^3$)	$C_{排}$($10^{-6}m^3/1m^3$)	实测值(%)
4.3	2.2	2.0	1.0	175	1.12
3.4	1.2	2.8	9.0	157	16.24
4.4	1.0	4.4	14.0	187	32.94

间距 4m、挡墙 15m 时隧道通风影响试验结果 表 8-26

$V_{进}$(m/s)	$V_{排}$(m/s)	$V_{进}/V_{排}$	$C_{进}$($10^{-6}m^3/1m^3$)	$C_{排}$($10^{-6}m^3/1m^3$)	实测值(%)
4.2	2.0	2.1	0	92	0
4.2	1.1	3.8	0	166	0

由表 8-24 ~ 表 8-26，图 8-79 可知，当进排风速度相近时，混风量较少；而进排风速度比较大时，会有较多污风混入。但挡墙长度达到 15m 时，已基本没有污风混入。

（4）隧道间距 6m、不同挡墙长度时通风相互影响试验结果（表 8-27 ~ 表 8-29，图 8-80）

间距 6m、挡墙 5m 时隧道通风影响试验结果 表 8-27

$V_{进}$ (m/s)	$V_{排}$ (m/s)	$V_{进}/V_{排}$	$C_{进}$ ($10^{-6}m^3/1m^3$)	$C_{排}$ ($10^{-6}m^3/1m^3$)	实测值 (%)
3	1	3	12	220	16.36
4	1	4	14	230	24.35

间距 6m、挡墙 10m 时隧道通风影响试验结果 表 8-28

$V_{进}$(m/s)	$V_{排}$(m/s)	$V_{进}/V_{排}$	$C_{进}$($10^{-6}m^3/1m^3$)	$C_{排}$($10^{-6}m^3/1m^3$)	实测值(%)
0.9	1	0.9	0	203	0
2.9	1	2.9	8	195	11.9
4.0	1	4	9	204	17.65

间距 6m、挡墙 15m 时隧道通风影响试验结果 表 8-29

$V_{进}$(m/s)	$V_{排}$(m/s)	$V_{进}/V_{排}$	$C_{进}$($10^{-6}m^3/1m^3$)	$C_{排}$($10^{-6}m^3/1m^3$)	实测值(%)
2.1	1.0	2.1	0	203	0.0
2.9	0.9	3.2	0	239	0.0
4.2	0.9	4.7	0	230	0.0

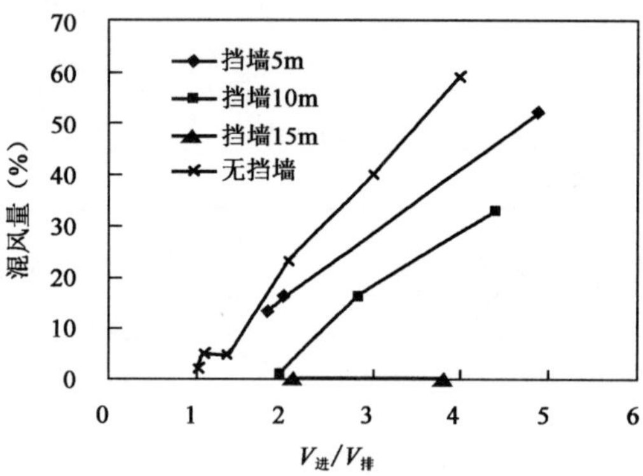

图 8-79 间距 4m、不同挡墙长度时的混风量

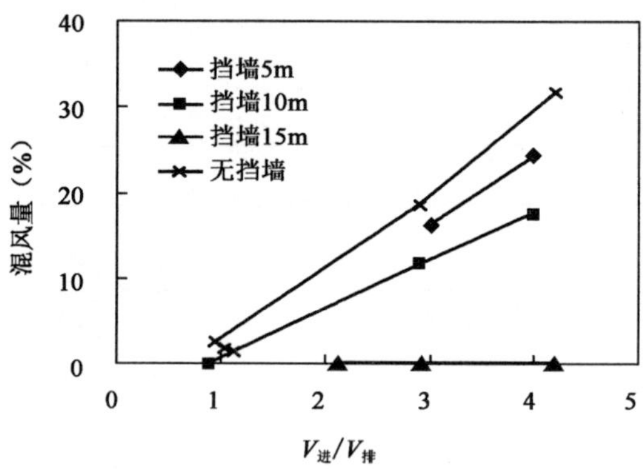

图 8-80 间距 6m、不同挡墙长度时的混风量

由试验结果(表 8-27 ~ 表 8-29,图 8-80)可知,修筑挡墙后,混风量降低,但并不十分显著;同样,混风量随挡墙长度增加而减少,随进排风速度比增大而增加。挡墙长度 15m 时,也没有污风混入。

2)错开进排风口

(1)隧道间距 1m、不同错位距离时通风相互影响试验结果(表 8-30 ~ 表 8-32,图 8-81)

间距 1m、错位 5m 时隧道通风影响试验结果 表 8-30

$V_{进}$(m/s)	$V_{排}$(m/s)	$V_{进}/V_{排}$	$C_{进}$($10^{-6}m^3/1m^3$)	$C_{排}$($10^{-6}m^3/1m^3$)	实测值(%)
3	2.8	1.1	0	90	0.0
1.9	0.8	2.4	20	230	20.7
3	0.9	3.3	37	203	60.8
4	0.9	4.4	47	203	100

间距 1m、错位 10m 时隧道通风影响试验结果　　表 8-31

$V_{进}$(m/s)	$V_{排}$(m/s)	$V_{进}/V_{排}$	$C_{进}$($10^{-6}m^3/1m^3$)	$C_{排}$($10^{-6}m^3/1m^3$)	实测值(%)
1	1	1	0	207	0.0
3	2.9	1.0	0	77	0.0
1.9	1.1	1.73	6	203	5.1
1.9	1	1.9	11	202	10.3
2.9	1	2.9	15	220	19.8
3.9	1.2	3.25	16	177	29.4

间距 1m、错位 15m 时隧道通风影响试验结果　　表 8-32

$V_{进}$(m/s)	$V_{排}$(m/s)	$V_{进}/V_{排}$	$C_{进}$($10^{-6}m^3/1m^3$)	$C_{排}$($10^{-6}m^3/1m^3$)	实测值(%)
3.8	1	3.8	2	188	4.0
3.8	0.9	4.2	14	265	22.3

由图 8-81 可知，隧道间距为 1m 时，错开进排风口可以显著减少混风量。当进排风速度相近时，5m 的错位距离已基本可以避免混风现象的发生。

(2)隧道间距 2m、不同错位距离时通风相互影响试验结果(表 8-33 ~ 表 8-35，图 8-82)

间距 2m、错位 5m 时隧道通风影响试验结果　　表 8-33

$V_{进}$(m/s)	$V_{排}$(m/s)	$V_{进}/V_{排}$	$C_{进}$($10^{-6}m^3/1m^3$)	$C_{排}$($10^{-6}m^3/1m^3$)	实测值(%)
1	1	1	0	88	0
1.9	1	1.9	12	133	17.1
3	1.1	2.7	17	187	24.8
3.9	1.1	3.5	23	170	48.0

间距 2m、错位 10m 时隧道通风影响试验结果　　表 8-34

$V_{进}$(m/s)	$V_{排}$(m/s)	$V_{进}/V_{排}$	$C_{进}$($10^{-6}m^3/1m^3$)	$C_{排}$($10^{-6}m^3/1m^3$)	实测值(%)
1	0.9	1.1	0	184	0
2.8	1.2	2.3	10	165	14.1
4.2	1.2	3.5	15	166	31.6
4.1	0.9	4.6	18	248	33.1

间距 2m、错位 15m 时隧道通风影响试验结果　　表 8-35

$V_{进}$(m/s)	$V_{排}$(m/s)	$V_{进}/V_{排}$	$C_{进}$($10^{-6}m^3/1m^3$)	$C_{排}$($10^{-6}m^3/1m^3$)	实测值(%)
2	0.9	2.2	6	174	7.7
2.9	1	2.9	5	171	8.5
3	0.9	3.3	7	172	13.6

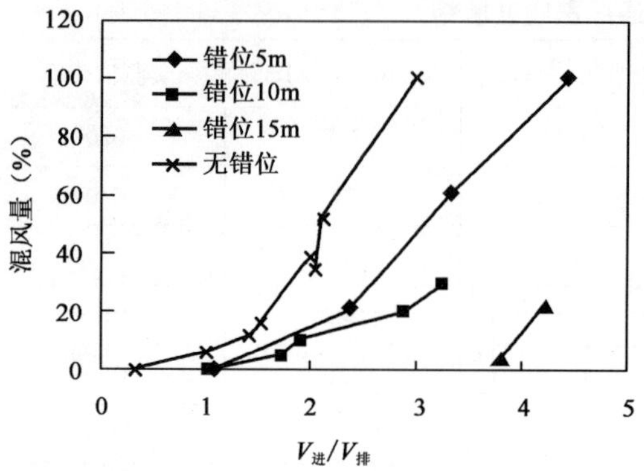

图 8-81　间距 1m、不同错位距离时的混风量

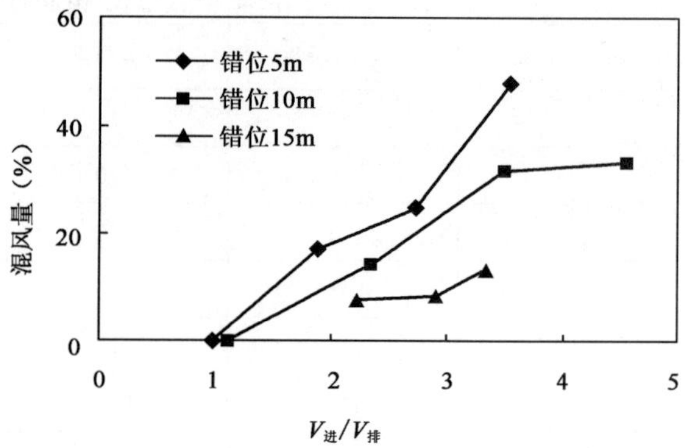

图 8-82　间距 2m、不同错位距离时的混风量

由图 8-82 可知，隧道间距为 2m，错开进排风口距离为 5m 时，随进排风速度比的增大，会有较多污风混入；当错位距离为 10m 时，污风混入量将大为降低，进排风速度比达到 4.6 时，污风混入量为 33.1%；当错位距离为 15m、进排风速度比大于 2 时，有少量污风混入。

（3）隧道间距 4m、不同错位距离时通风相互影响试验结果（表 8-36 ~ 表 8-38，图 8-83）

间距 4m、错位 5m 时隧道通风影响试验结果　　表 8-36

$V_{进}$(m/s)	$V_{排}$(m/s)	$V_{进}/V_{排}$	$C_{进}$($10^{-6}m^3/1m^3$)	$C_{排}$($10^{-6}m^3/1m^3$)	实测值(%)
1	1	1.0	0	131	0
1.9	1.9	1.0	0	115	0
2.9	2.9	1.0	0	99	0
2	0.9	2.2	10	131	17.0
3	1	3.0	16	174	27.6
4	1.1	3.6	15	145	37.6

间距 4m、错位 10m 时隧道通风影响试验结果　　表 8-37

$V_{进}$(m/s)	$V_{排}$(m/s)	$V_{进}/V_{排}$	$C_{进}$($10^{-6}m^3/1m^3$)	$C_{排}$($10^{-6}m^3/1m^3$)	实测值(%)
3	2.9	1	0	85	0
2	1.9	1	0	130	0
1	0.9	1	0	92	0
1.9	0.9	2	2	98	4.3
3	1	3	3	80	11.3
4	1.1	4	10	190	19.1

间距 4m、错位 15m 时隧道通风影响试验结果　　表 8-38

$V_{进}$(m/s)	$V_{排}$(m/s)	$V_{进}/V_{排}$	$C_{进}$($10^{-6}m^3/1m^3$)	$C_{排}$($10^{-6}m^3/1m^3$)	实测值(%)
3.8	0.9	4.2	0	209	0.0
4	0.9	4.4	0	190	0.0
4	0.9	4.4	0	208	0.0

由图 8-83 可知，错开进排风口距离 5m 时，污风混入比例比没有错位时有所降低，并且随进排风速度比的增大，污风混入比例增加；错位距离 10m 时，污风混入量大为降低，在进排风速度比达到 4 的情况下，污风混入量为 30.6%；错位距离 15m 时，将不再有污风混入进风隧道。

(4)隧道间距 6m、不同错位距离时通风相互影响试验结果(表 8-39～表 8-41，图 8-84)

间距 6m、错位 5m 时隧道通风影响试验结果 表 8-39

$V_{进}$(m/s)	$V_{排}$(m/s)	$V_{进}/V_{排}$	$C_{进}$($10^{-6}m^3/1m^3$)	$C_{排}$($10^{-6}m^3/1m^3$)	实测值(%)
1	1	1	0	97	0.0
2	2	1	0	101	0.0
1.8	0.9	2	6	200	6.0
3	1	3	6	138	13.0
3.9	1	3.9	8	130	24.0

间距 6m、错位 10m 时隧道通风影响试验结果 表 8-40

$V_{进}$(m/s)	$V_{排}$(m/s)	$V_{进}/V_{排}$	$C_{进}$($10^{-6}m^3/1m^3$)	$C_{排}$($10^{-6}m^3/1m^3$)	实测值(%)
2	2	1	0	96	0.0
3	1	3	0	106	0.0
4	1	4	5	162	12.3

间距 6m、错位 15m 时隧道通风影响试验结果 表 8-41

$V_{进}$(m/s)	$V_{排}$(m/s)	$V_{进}/V_{排}$	$C_{进}$($10^{-6}m^3/1m^3$)	$C_{排}$($10^{-6}m^3/1m^3$)	实测值(%)
3	1	3	0	154	0
4	1	4	0	191	0

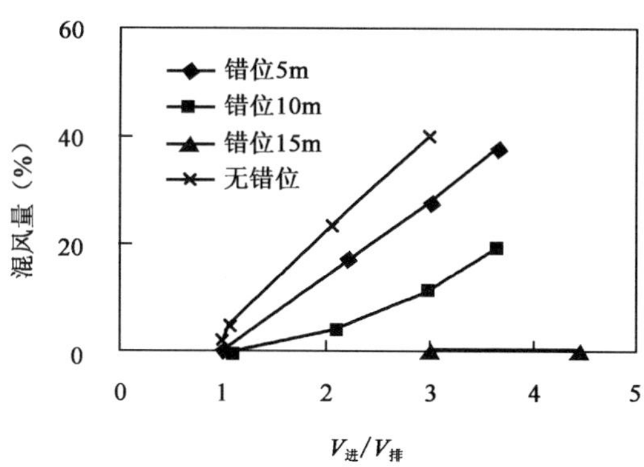

图 8-83 间距 4m、不同错位距离时的混风量

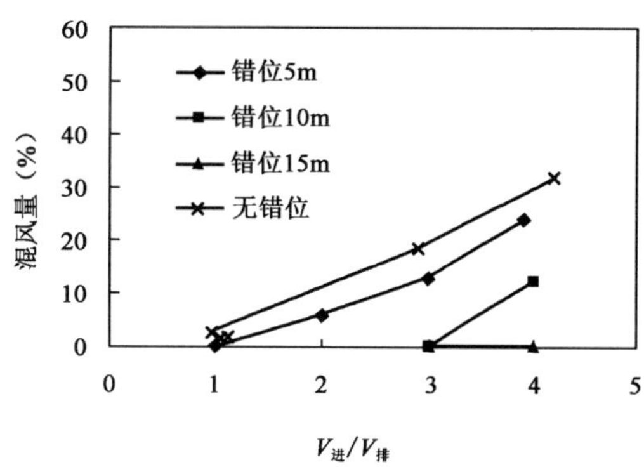

图 8-84 间距 6m、不同错位距离时的混风量

由图 8-84 可知，隧道间距 6m 时，混风量随错开距离的增大而减小。当错位距离大于 10m、进排风速度比不大于 3 时，不会发生混风现象。

(5)隧道间距 10m 、不同错位距离时通风相互影响试验结果(表 8-42～表 8-44，图 8-85)

间距 10m、错位 5m 时隧道通风影响试验结果　表 8-42

$V_{进}$(m/s)	$V_{排}$(m/s)	$V_{进}/V_{排}$	$C_{进}$($10^{-6}m^3/1m^3$)	$C_{排}$($10^{-6}m^3/1m^3$)	实测值(%)
3	1	3	2	154	3.9
4	1	4	4	191	8.4

间距 10m、错位 10m 时隧道通风影响试验结果　表 8-43

$V_{进}$(m/s)	$V_{排}$(m/s)	$V_{进}/V_{排}$	$C_{进}$($10^{-6}m^3/1m^3$)	$C_{排}$($10^{-6}m^3/1m^3$)	实测值(%)
3	1	3	0	124	0.0
3.5	1	3.5	0	135	0.0
4	1	4	3	187	6.4

间距 10m、错位 15m 时隧道通风影响试验结果　表 8-44

$V_{进}$(m/s)	$V_{排}$(m/s)	$V_{进}/V_{排}$	$C_{进}$($10^{-6}m^3/1m^3$)	$C_{排}$($10^{-6}m^3/1m^3$)	实测值(%)
3	1	3	0	178	0.0
4	1	4	0	146	0.0

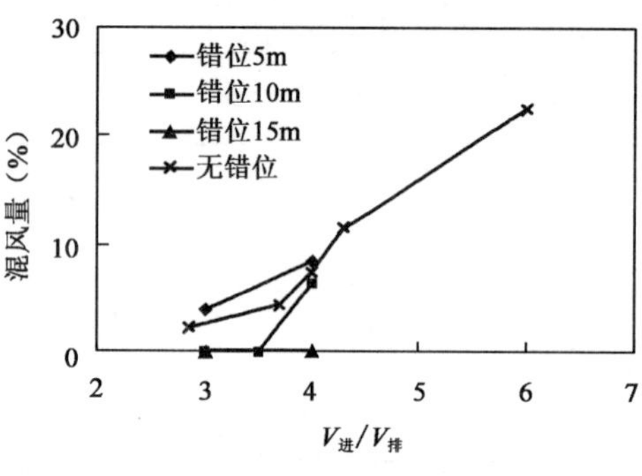

图 8-85　间距 10m、不同错位距离时的混风量

由图 8-85 可知，隧道间距 10m 时，由于间距较大，混风现象已不明显。

四、小结

采用有机玻璃制作隧道，以 CO 作为示踪气体，进行了室内通风模型试验，得出了以下结论。

(1)排风洞的污风流混入进风隧道的比例随着隧道间距的增大而呈快速减小的趋势，与数值计算的结果相一致。

(2)污风混入比例随进排风速度比的增加而增加。

(3)随着挡墙长度增加，混风比例迅速减小。当挡墙长度达到 15m 时，已经较大地降低了污风混入量。此时若隧道间距较大(>4m)，污风将不再混入进风隧道，若间距较小(<4m)则在进排风速度比较大时仍有少量污风混入。

(4)随着错位距离增加，混风比例快速减小。当错位距离为 15m 时，污风混入量大大降低。此时对于隧道间距小于 4m 的情况，若进排风速度比较大将仍有少量污风混入，但若间距大于 4m 将不再发生混风现象。

(5)对比施作挡墙和错开进排风洞口位置两种措施的试验结果可知，后一种措施的效果要略好于前一种。因此建议在地形条件许可时尽可能将排风口向前错开，若地形条件不允许，则施作挡墙以降低污风混入量。

第五节　分岔隧道通风相互影响现场试验

一、试验条件

我们在漆树槽隧道的出口处(隧道间距0.7m)进行了近距离隧道通风相互影响的现场试验。图8-86是漆树槽隧道分岔段的照片。

图8-86　漆树槽分岔隧道外景

受限于现场条件,试验中排风隧道采用自然通风,进风隧道采用风机压风。由于进排风速度不能进行调节,因此考虑的工况只有4种:无挡墙,挡墙长度分别为5m、9.7m和14m。现场试验所用的仪器设备见表8-45。

模型试验仪器设备表　　表8-45

品　名	型　号	产　地	数　量
射流风机	SDS-I	西安	2
风速仪	AZ8908	台湾	2
CO气体检测仪	CTH1000B	武汉	2
防毒口罩	—	台湾	6

试验中示踪气体采用CO,可以通过燃烧植物、木头和柴油的混合物生成。试验步骤为:首先启动射流风机,点燃燃烧物,形成模拟火灾;待风速和CO气体浓度读数达到稳定时,同时在两隧道观测并记录风速和CO气体浓度;读数完毕即可进行下一工况的准备和测试。

二、现场试验实测结果

漆树槽隧道现场试验结果见表8-46。

漆树槽分岔隧道通风影响现场实验结果　　表 8-46

$V_{进}$ (m/s)	$V_{排}$ (m/s)	$V_{进}/V_{排}$	$C_{进}$ ($10^{-6}m^3/1m^3$)	$C_{排}$ ($10^{-6}m^3/1m^3$)	挡墙距离 (m)	实测值 (%)
2.8	0.9	3.1	6	19	0	100
2.8	0.7	4.0	5	20	5	100
2.5	0.7	3.6	2	16	9.7	44.6
2.8	0.7	4.0	3	18	9.7	66.7
2.5	0.7	3.6	1	18	14	20

试验结果对比见图 8-87 ~ 图 8-90。

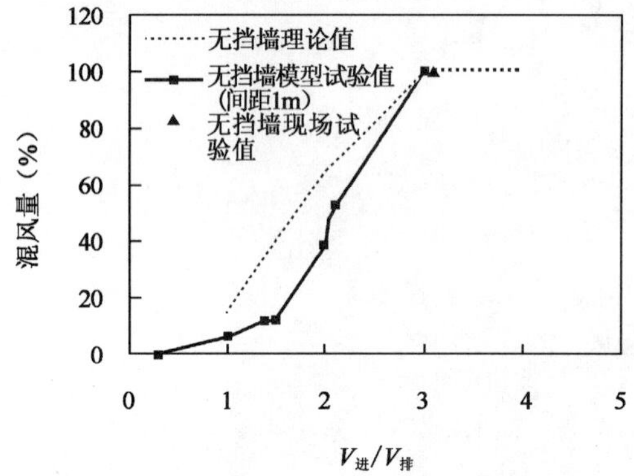

图 8-87　无挡墙时通风相互影响对比图

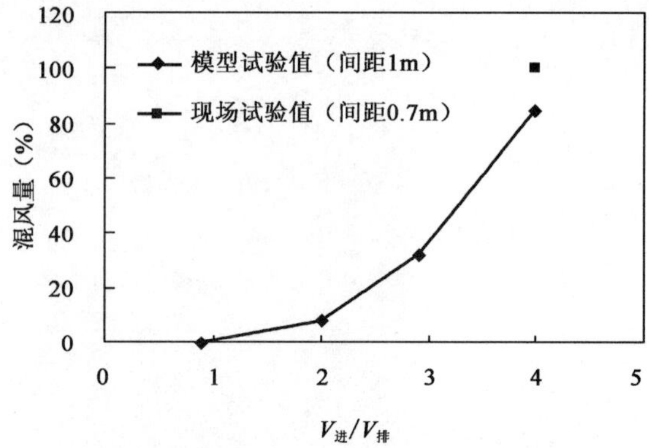

图 8-88　挡墙 5m 时通风相互影响对比图

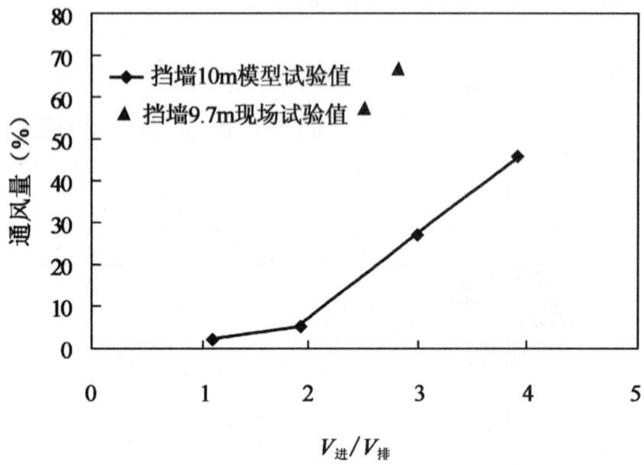

图 8-89　挡墙 9.7m 时通风相互影响对比图

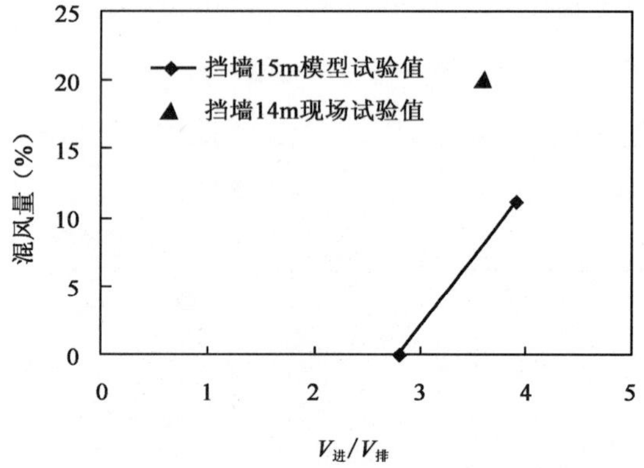

图 8-90　挡墙 14.7m 时通风相互影响对比图

由漆树槽隧道现场试验结果(表 8-46)可知,当不修筑挡墙、进排风速度比为 3.1 时,污风将全部被进风隧道吸入;修筑长度为 5m 的挡墙后,进排风速度比不大于 4 时,污风仍将全部被吸入;当挡墙长度为 9.7m、进排风速度比为 3.6 时,污风吸入量为 45%。这说明由于漆树槽两隧道间距较小(0.7m),因而混风现象十分明显。将现场试验结果与隧道间距 1m 的模型试验结果,以及理论计算结果进行对比分析,可以发现现场试验结果与模型试验、理论计算结果基本一致。现场试验状况见图 8-91 ~ 图 8-96。

图 8-91 试验用射流风机

图 8-92 人工架设模拟挡墙

图 8-93 模拟火灾图

图 8-94 测试 CO 气体浓度

图 8-95 试验洞口外景(一)

图 8-96 试验洞口外景(二)

三、小结

在沪蓉西高速公路漆树槽分岔隧道洞口段进行了通风相互影响的现场试验,受现场条件的限制,洞口进、排风速度不能调整,所得试验数据较少。但试验结果和近似条件下的室内模型试验及数值计算的结果具有较好的一致性,各种研究手段相互得到了验证。

第六节　分岔隧道通风设计

一、通风方案的确定

对于Ⅰ型分岔隧道，由于洞口段双洞合一，送排风流完全交织在一起（图8-97），一般应考虑设置排风（送风）横洞，以提高通风效率。

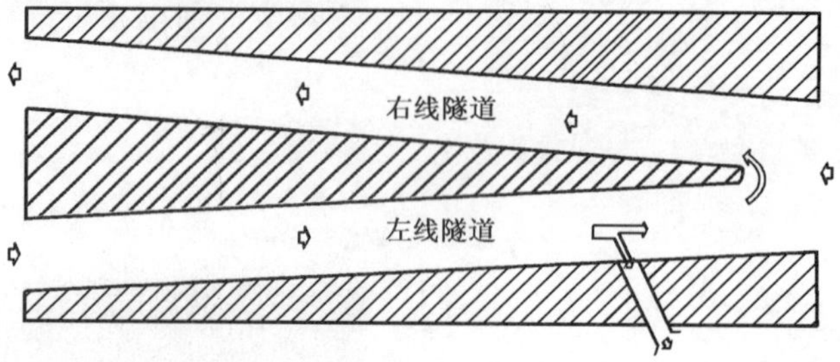

图8-97　左右洞结合的纵向通风方案

对于洞口为连拱的Ⅱ型分岔隧道，通风方案一般可以考虑左右洞均采用全纵向通风（图8-98）。但是，由于洞口的通风相互影响，当隧道较长、需风量较大时，可能会变得不经济，也不合理。此时应考虑对需风量较大的隧道设置送风或排风横洞，仅让少量废气或新风经过洞口，以减少相互影响（图8-99）。当然，要完全消除两洞口的相互影响，可以考虑某一隧道的全部废气（新鲜空气）从横洞中排出（送入），但是该方案的缺点是少部分地段隧道内风流方向与行车方向相反，不仅通风功耗高，而且当交通量变化较大时风流不易控制。

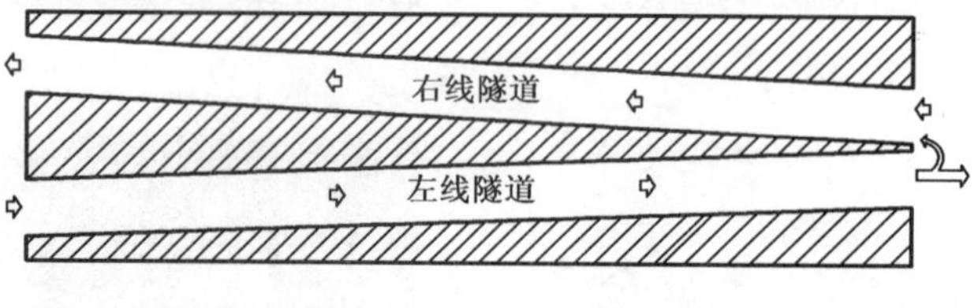

图8-98　全纵向通风方案

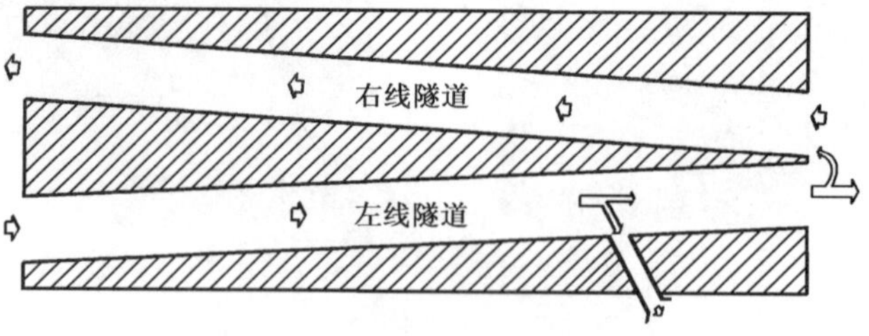

图8-99　横洞吸出式纵向通风方案

二、通风相互影响公式

为了做好分岔隧道通风，设计过程中应对近距离双洞洞口送排风的相互影响程度进行分析。通过采用三维流体分析软件模拟不同间距的双洞隧道在不同送排风状态下洞口部位空气的流动扩散规律,可以得到污风混入量的计算公式即式(8-26)。这个由数值分析结果拟合得出的公式已经在模型试验和现场试验中得到了验证,具有很好的实用性。

$$Q = [0.216 + 15.5e^{-(D/2-0.3)}](V_{进}/V_{排})^{2.1} \tag{8-28}$$

式中:Q——排风洞排出的空气被进风隧道吸入的体积百分比(%);

D——左右隧道洞口的净间距(m);

$V_{进}$、$V_{排}$——分别表示进风口、排风口气流的平均速度(m/s)。

条件允许时,隧道建成后可进行现场测试,以进一步验证和优化通风方案。

三、应对措施及评价

1. 减少洞口送排风相互影响的措施

(1)洞口的相互影响对通风运营费用影响不大时可不必采取防范措施。

(2)若洞口相互影响对通风风机配置影响较大,则应首先考虑采用隔墙将左右洞口尽可能隔离起来或前后错开设置。

(3)如果隧道送排风量较大,左右洞口相互影响显著时,应考虑对某一隧道采用集中送入式通风方案或集中排出式通风方案,以达到减少洞口送排风相互影响的目的。

2. 措施的评价

(1)邻近隧道洞口错开

在不改变风速的情况下,把相邻隧道洞口位置错开一定距离对减少隧道通风相互影响十分有效。若两洞口前后错开5m以内的效果不明显,可以考虑错开更大的距离。

(2)修筑中间隔墙

修筑中间隔墙能够在一定程度上降低排风洞污风混入进风洞新鲜风流的比例,但研究发现,一部分污风沿隔墙上升后仍可在高于隔墙的部位向进风洞方向扩散。因而修筑中隔墙的措施是有局限性的,但因其技术相对简单,造价低廉,在实践中,当因条件限制不宜采用其他措施时仍可考虑采用。

(3)修筑通风横洞

在排风洞出口附近开挖通风横洞,将排风洞污风经由排风横洞排出洞外。这一措施效果非常好,对于减少近距离隧道洞口通风相互影响是最根本、最彻底的。

四、八字岭隧道通风设计

这里我们主要给出设置了通风横洞的八字岭隧道的通风设计。其他两座分岔隧道采用修筑中间隔墙的方式减少近距离隧道洞口通风的相互影响。虽然漆树槽隧道和庙垭隧道也设置了横洞,但它们的横洞是考虑加快施工进度、减少桥隧施工干扰而布置的施工横洞,竣工后要加以封闭,并不起到通风的作用。

1. 设计标准

八字岭隧道的通风设施按正常运营时允许CO浓度$150\times10^{-6}m^3/1m^3$、烟尘浓度$0.007m^{-1}$;发生事故时允许CO浓度$300\times10^{-6}m^3/1m^3$(20min以内)的标准设计。通风面积为 61.7 m^2，隧道通风当量直径为 8.039m。本路段交通量组成见表 8-47。

交通量组成表 表 8-47

段落	特征年号	日交通量（小客车）	高峰小时交通量（小客车）	汽油车（绝对数：辆）				柴油车（绝对数：辆）			
				小型客车	旅行车轻型客车	中型货车	大型客车拖挂车	轻型货车	中型货车	大型货车拖挂车	集装箱车
榔坪～野三关	2008	13 085	817	173	55	34	17	55	51	107	2
	2015	21 300	1 329	281	89	55	28	90	83	175	3
	2020	30 523	1 905	403	128	79	41	128	119	250	4
	2028	39 315	2 453	519	165	102	52	165	153	322	5
野三关～高坪	2008	14 454	902	191	61	37	19	61	56	118	2
	2015	23 778	1 484	314	100	62	32	100	92	195	3
	2020	34 088	2 127	450	143	88	45	143	132	279	5
	2028	44 115	2 753	582	185	114	59	185	171	361	6

2. 通风横洞

由于分岔段隧道施工难度大、工期短，并且为了满足最大限度减小桥隧施工干扰的需要，除从隧道两端同时开挖施工外，有必要在分岔端一侧设置施工横洞以便再开辟一个工作面，增加施工进度。更重要的是，八字岭隧道是特长隧道，为了避免运营时分岔段洞口通风出现混风、串风现象，经过分析比选并结合右线隧道通风量分析，在比较合理位置即右线隧道桩号 YK99 + 775 附近（近出口端）设置了一处通风横洞。横洞的平面轴线长度约 486m，纵坡（横洞口至主洞）为 0.31% 的下坡，施工期间作为出渣通道，营运期间作为右线排风通道。图 8-100 是通风横洞现场照片；而图 8-101、图 8-102 分别是横洞的平面布置图和与主洞交叉处的布置图。

图 8-100 建设中的八字岭隧道通风横洞

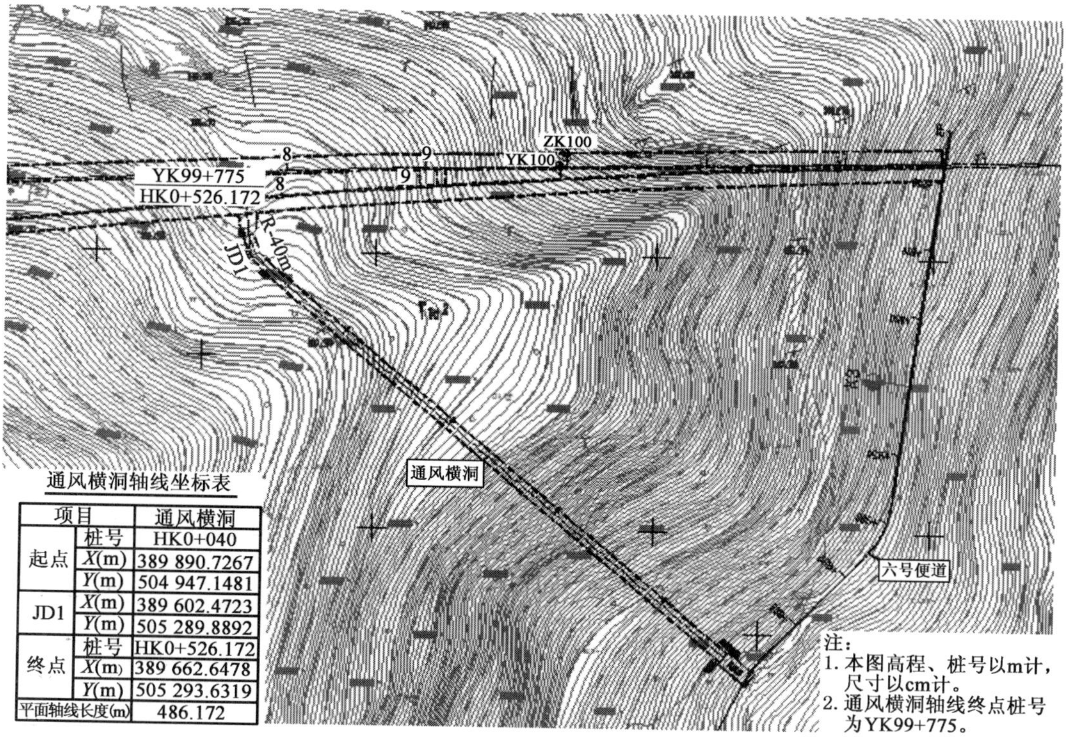

通风横洞轴线坐标表

项目		通风横洞
起点	桩号	HK0+040
	X(m)	389 890.7267
	Y(m)	504 947.1481
JD1	X(m)	389 602.4723
	Y(m)	505 289.8892
终点	桩号	HK0+526.172
	X(m)	389 662.6478
	Y(m)	505 293.6319
平面轴线长度(m)		486.172

注：
1. 本图高程、桩号以m计，尺寸以cm计。
2. 通风横洞轴线终点桩号为YK99+775。

图 8-101 八字岭隧道通风横洞平面布置图

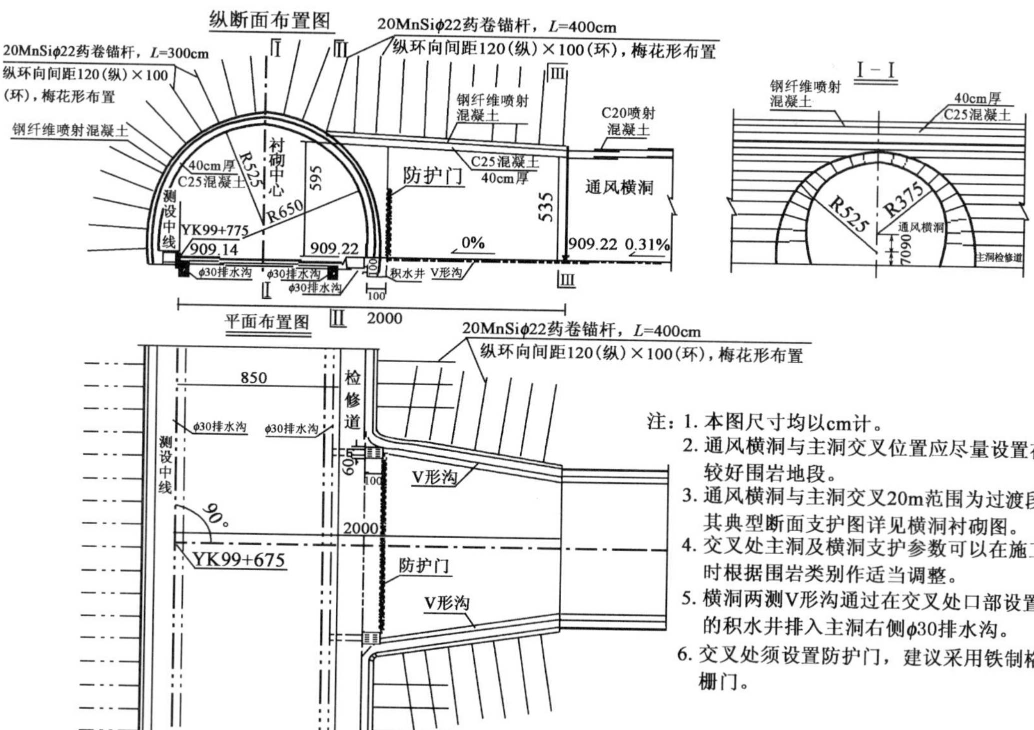

注：1. 本图尺寸均以cm计。
2. 通风横洞与主洞交叉位置应尽量设置在较好围岩地段。
3. 通风横洞与主洞交叉20m范围为过渡段，其典型断面支护图详见横洞衬砌图。
4. 交叉处主洞及横洞支护参数可以在施工时根据围岩类别作适当调整。
5. 横洞两测V形沟通过在交叉处口部设置的积水井排入主洞右侧ϕ30排水沟。
6. 交叉处须设置防护门，建议采用铁制格栅门。

图 8-102 通风横洞与主洞交叉处布置图

3. 通风系统设置规模

本隧道通风系统的设计交通量以预测交通量为准，经过计算得到的左右洞需风量见表8-48、表8-49。

八字岭隧道左线新风量计算表(m^3/s)　　表8-48

设计年份	2015		2028	
设计状况	CO	烟雾	CO	烟雾
80km/h	64.76	41.58	98.21	63.06
60km/h	86.35	51.75	130.95	78.47
40km/h	129.52	64.68	196.42	98.09
30km/h	138.16	81.04	209.52	122.89
交通阻滞	58.79	57.64	89.16	87.41
火灾工况	154.25			
换气工况	181.24			

八字岭隧道右线新风量计算表(m^3/s)　　表8-49

设计年份	2015		2028			
分段号	1(全线)		1(进口与横洞间)		2(横洞与出口间)	
设计状况	CO	烟雾	CO	烟雾	CO	烟雾
80km/h	78.22	393.95	100.23	504.79	18.39	92.65
60km/h	86.91	281.33	111.37	360.47	20.43	66.17
40km/h	130.37	233.11	167.06	298.68	30.65	54.83
30km/h	173.82	220.27	222.74	282.24	40.86	51.80
交通阻滞	58.79	124.68	89.16	189.08	49.04	103.99
火灾工况	154.25		154.25		154.25	
换气工况	182.43		154.25		154.25	

在近期(2015年以前)，右洞在正常运营工况下需设置风机，左线仅按火灾工况或交通阻滞工况设置风机；到远期(2015年以后)，左、右线在正常运营工况下均需设置风机。

由于隧道出口为分岔隧道，右线排出的废气将回流进左线，但在近期，由于交通量不大，废气回流不严重，因此近期左、右线通风均可采用射流风机全纵向通风方式。到远期，右线将采用通风横洞分流式轴流风机单排、射流风机调压的通风方式来减少右线排出的废气，降低废气回流量。各种工况下的风机设置见图8-103、表8-50。

射流风机设置表　　表8-50

位置	长度(m)	CO允许浓度($10^{-6}m^3/1m^3$)	各工况射流风机需设置数量(台)					射流风机数量(台)	射流风机功率(kW)	轴流风机功率(kW)
			设置时期	运营	阻滞	火灾	换气			
左线	3 525	150	近期	6	6	8	8	8	240	—
			远期	10	6	8	8	10	300	—
右线	3 548	150	近期	12	6	8	8	12	360	—
			远期	34	16	8	8	34	1 020	560

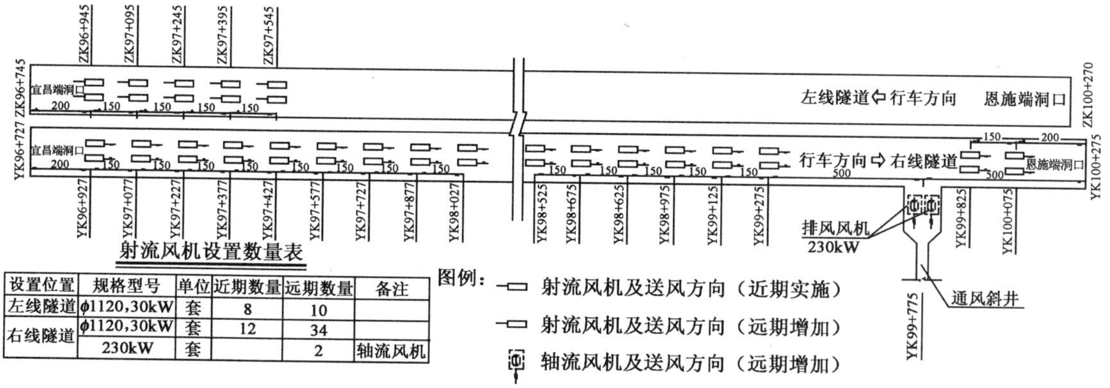

射流风机设置数量表

设置位置	规格型号	单位	近期数量	远期数量	备注
左线隧道	φ1120,30kW	套	8	10	
右线隧道	φ1120,30kW	套	12	34	
	230kW	套		2	轴流风机

图 8-103　八字岭隧道风机布置图(尺寸单位:cm)

4. 通风机

射流风机采用隧道专用可逆射流风机,叶片用硅铝合金材料压铸而成,轮毂前设置流线型的导流罩;风机壳体采用低碳钢材料制作,外表热镀锌;配钢制镀锌消声器。配套电机为全密封鼠笼式电机,按 L10 寿命标准,平均寿命 100 000h,在紧急情况下满足 250℃/1h 运行的要求;电机轴承寿命 20 000h,油脂润滑,风机壳体有润滑油注入口。风机振动级为 G6.3。配套有风机减振装置。射流风机主要技术参数如下。

型号:112J;长度:本体长度 1.286m,进出口各加 2D 消声器后长度 5.59m;口径:1.12m,加消声器后口径:1.32m;转速:1 470r/min;叶片角度:28°;推力:1 125N;流量:30.5m^3/s;出口风速:31m/s;吸收功率:28.6kW;电机功率:30kW;声功率:99dBW;声压级:69dB(A)。

射流风机按 2 台一组进行设置,对于口径为 1.12m 的射流风机,每组风机设置间距不小于 150m。每组风机附近配一台风机控制箱,内设负荷开关,用于风机维修时切断电源,以确保安全。

射流风机电源为三相 380V,采用直接启动方式,每台风机单独从变电所的低压出线回路引一路电源,风机控制点位于变电所内。射流风机供电采用阻燃电缆,电缆沿隧道内左侧的强电电缆沟敷设,在风机处改由预埋管引上,经控制箱后引至射流风机,预埋管采用镀锌钢管。

射流风机的控制为自动或手动,控制依据为洞内火灾检测器检测数据。所有风机不得同时起动,每两台风机的启动间隔不少于 10s。此外,变电所内应有手动操作功能,隧道监控所内应有远程手动操作功能,变电所手动优先。

射流风机安装前,应对预埋在隧道衬砌内的风机悬挂件做加载试验,加载荷载应为风机总质量的 15 倍。试验合格后,方可安装射流风机,否则应做加固处理以保证安全。

轴流风机选用水平安装、单向有导叶的大型轴流风机,内置式电动机驱动。叶片为铸铝合金材料制作,壳体采用热镀锌,镀锌量大于 600g/m^2。配套电动机为 380V 鼠笼式,遇紧急着火时,能够满足 250℃/1h 运行的要求。每座轴流风机单独配置变频柜,用于无级调控风机,满足风机低速启动要求,并相应提高其功率因数。

第九章　结论与展望

第一节　研究手段及研究成果总结

一、研究手段

分岔隧道作为山区复杂地形地质条件下高速公路建设中提出的一种新型隧道结构，具有标准间距分离隧道、小间距隧道、连拱隧道以及四车道大跨扁平隧道的全部特点，目前国内外还没有已建成的公路分岔隧道工程实例。

借助数值模拟、室内物理模型试验和工程现场测试相结合的方法，依托八字岭、庙垭和漆树槽分岔隧道工程，本书对分岔式隧道的施工工法、岩柱厚度、支护结构可靠度、现场监测和围岩参数反分析以及分岔段洞口循环风影响等方面进行了深入细致的研究，提出了隧道稳定性评价体系、切实可行的工程技术措施以及分岔隧道设计施工原则。结合分岔隧道的工程实际，具体研究手段总结如下。

1. 数值分析

根据分岔隧道设计与施工的特点，通过非线性有限元数值分析方法，研究四车道大拱段的施工工法优化，连拱中隔墙、小净距段中隔岩柱的最小宽度及围岩的支护参数等关键内容。运用三维流体动力学软件分析近距离双洞洞口送排风相互影响规律以及减少其影响的各种措施。

2. 现场监测、试验与反馈分析

在工程现场开展隧道围岩和支护结构的多方位监测以及岩体物理力学参数的取样、测试；然后基于监测结果，将混合型模拟退火算法嵌入 BP 神经网络中，对围岩参数进行反演分析和优化设计。在漆树槽隧道分岔段开展近距离隧道通风相互影响及工程措施效果的现场试验。

3. 模型试验

在研制三维地质力学模型试验系统和相似材料的基础上，进行八字岭分岔隧道连拱段到大拱段、小间距段到连拱段两个过渡段的模型试验研究。用有机玻璃模拟隧道，CO 作为示踪气体，研究不同风速、不同间距情况下隧道通风相互影响程度及控制措施的效果。

二、研究成果

1. 施工方法确定

根据经验类比法和数值计算方法提出不同围岩级别下，大拱、连拱和小间距隧道的施工工法及最优施工工序。对于四车道大拱，V 级围岩建议采用预留岩柱方案，III、IV 级围岩建议采用上下台阶法或多步开挖方案，II 级围岩则建议采用全断面一次开挖的方式。对于连拱隧道，IV、V 级围岩采用三导洞法，II、III 级围岩采用中导洞全断面法。对于小间距隧道，IV、V 级围岩建议采用上下台阶与正向侧壁导坑组合法，III 级围岩建议采用上下台阶法，II 级围岩则采用全断面开挖法。上述成果直接应用到了八字岭、庙垭和漆树槽分岔隧道的开挖实践中。

通过对大拱、连拱、小间距隧道以及大拱和连拱过渡段、连拱和小间距过渡段进行三维数值计算，得到了很多结论，这里只列出其中两条。大拱段隧洞开挖后围岩应力状态较好，拱顶仅出现微小的拉应力区，而底板拉应力较大，围岩位移不大，拱顶处位移最大时不到 3mm；根据小间距段岩柱间塑性区贯通的情况，认为可采用对穿预应力锚杆加固此区域，防止围岩出现过大变形。

2. 现场监测和反分析

根据八字岭分岔隧道围岩和支护系统的现场监测结果，采用基于损伤力学的裂隙岩体本构模型进行反分析，真实地反映了工程裂隙岩体的力学参数。该本构模型可以较好地反应节理裂隙岩体的材料性能劣化、刚度退化及损伤累积过程。将混合型模拟退火算法嵌入 BP 神经网络中得到的改进型 BP 网络不仅具有强大的非线性逼近能力，同时具有卓越的全局寻优能力。利用改进型 BP 网络对分岔隧道围岩参数进行了反演分析，计算结果表明八字岭分岔隧道小间距段的围岩力学特性要弱于大拱段，这与现场监测结果相吻合。

3. 爆破控制

爆破作用下，连拱段中隔墙及其上部岩体、两侧拱角是主要危险区。台阶法开挖过程中，下台阶底板眼爆破时的爆破振动较大。通过数值分析，建议 IV 级围岩上台阶开挖爆破最大单段装药量为 4.0kg，下台阶为 6.0kg；III 级围岩上台阶开挖爆破最大单段装药量为 4.8kg，下台阶为 7.0kg。

小间距段爆破开挖时，既有隧道衬砌应力值在爆破地震波作用下将会产生很大的波动，迎爆侧应力值比背爆侧高。迎爆侧衬砌内侧与外侧的应力值也有差别，内侧的主应力比外侧大。随着间距的增大，两隧道远侧边墙底部的压应力集中系数逐渐减小，而中央岩柱底部的压应力集中则不断增强。小间距段 IV 级围岩不宜采用全断面开挖方法，其最小中隔岩柱厚度可以定为 4.0m；III 级围岩可采用全断面法开挖，此时最小中隔岩柱厚度可以定为 2.5m。

通过对爆破振动现场监测数据进行回归分析，得到 III 级围岩条件下的峰值振动速度公式，可用于指导类似工程的建设。

垂直方向：
$$v = 172\left(\frac{Q^{1/3}}{R}\right)^{1.644} \tag{9-1}$$

水平方向：
$$v = 191\left(\frac{Q^{1/3}}{R}\right)^{1.48} \tag{9-2}$$

4. 过渡段隧道施工模型试验

利用自行研制的新型相似材料和三维模型试验架，研究了大拱段与连拱段、连拱段与小间距段两个过渡段的围岩力学特性。模型试验结果表明分岔段隧道开挖对掌子面前方的扰动影响大约为 3 ~ 5 倍的洞径范围，影响程度沿开挖方向向前逐渐减弱；同时由于开挖掌子面的空间约束效应，掌子面对其后方已开挖隧洞的洞周变形具有约束作用，约束效应沿远离掌子面的方向逐渐减弱。施工中应充分利用这些规律，一要做好地质条件较差地段的超前支护工作；二要在隧道开挖后及时进行初期喷锚网支护。

5. 近距离隧道通风

通过室内模型试验及数值计算,研究了不同隧道间距、不同进排风速度条件下近距离隧道通风的相互影响问题,得到了循环风强弱取决于排风隧道风速、进风隧道风速和隧道间距的结论,其定量关系可以用下式表示:

$$Q = [0.216 + 15.5e^{-(D/2-0.3)}]\left(\frac{V_{进}}{V_{排}}\right)^{2.1} \tag{9-3}$$

式中:Q——排风洞污风混入进风洞新鲜风流的百分比;

D——隧道间距;

$V_{进}$、$V_{排}$——分别为进、排风风速。

在上式的基础上提出了减小近距离隧道通风相互影响的三种技术措施:错开隧道洞口、在隧道洞口外修筑中隔墙、提前修筑通风横洞排放污风流。三维数值计算和模型试验的成果均表明错开隧道出口段对于减小近距离隧道通风相互影响是十分有效的,而且费用较小。但是对于修建在崇山峻岭中的隧道来说,经常由于缺少足够的延伸空间而采取其他措施。例如八字岭隧道选择通风横洞的方式提前排放污风,而由漆树槽、庙垭隧道则采用修筑中隔墙的方式避免洞口循环风现象。

6. 设计施工一般原则

在分岔隧道设计施工方面提出了很多建设性的指导方针,部分成果已经被纳入出版的《公路隧道设计细则》(JTG/T D70—2010),并可为《公路隧道设计规范》(JTG D70—2004)的修编提供技术依据。

第二节　分岔隧道创新点及研究展望

一、本书的主要创新点

分岔隧道是在复杂地形地质条件下建设高速公路山岭隧道的大胆创新,大大拓宽了隧道工程的设计理念,丰富和完善了高速公路线形布置方案,为山区高速公路规划提供新的思路,在以下几个方面填补了国内外技术空白,达到了国际领先的水平。

(1)提出公路分岔隧道的新概念,丰富了隧道结构形式与山区高速公路的线形布置方法,成功地解决了我国西部特殊地形地质条件下桥隧相连地区隧道工程设计与施工中的关键技术难题。

(2)提出近距离隧道循环风的定量计算方法和工程处治措施,深入解释了近距离隧道通风相互影响的控制因素,有效地降低了隧道循环风的影响。

(3)研制了新型组合式大型三维地质力学模型试验台架装置和高压加载控制系统,详细研究了分岔隧道大拱到连拱过渡段、连拱段与小间距过渡段的围岩变形破坏特性,很好地指导了实际工程的设计与施工。

(4)根据模型试验、数值计算以及现场监控量测等的成果,系统地对分岔隧道大拱、整体式连拱、夹心式连拱和小间距段进行分析研究并取得相应成果,如大拱段隧道采用无中隔墙方案、不同级别围岩条件下的最小岩柱宽度等。

(5)推导出了连拱隧道以及小间距隧道的土压力荷载计算公式,提出了分岔隧道设计施工的一般原则。

二、依托工程分岔隧道效益

分岔隧道建设条件特殊,主要设置于深切沟谷、隧道洞口与左右幅必须整体修建的特大型桥梁直接相连或缺少足够的过渡路基的情况。根据测算,对于特大型(单跨500~1 000m)桥梁,宽度每增加1m,仅桥梁工程的造价就将增加1千万元左右。由于两端隧道采用分岔形式的结构,四渡河特大桥、支井河特大桥的桥梁宽度得以采用标准路基横断面宽度。不然的话,桥梁必须加宽至少3.0~4.0m,每座桥梁造价就要提高近4千万元,但是三座分岔隧道与普通隧道相比造价提高不到1 000万元,直接节约工程成本7千万元左右。应用近距离隧道通风相互影响的研究成果,工程运行20年内将节约电费近6千万元。累计经济效益将超过1亿6千万,同时节省工程建设工期约3个月。

分岔隧道研究成果不仅在依托工程的建设中节省了工程总体投资,取得了显著的经济效益,而且还具有明显的社会效益:在未来高速公路线形布置、节约土地资源、保护周边生态环境以及节能减排等方面有重要作用;研究成果可直接为国内外同类工程借鉴,具备良好的应用前景;在我国西部交通建设事业可持续发展、交通人才培养方面做出了示范。

三、分岔隧道的研究展望

分岔隧道建设条件特殊,本书以双向四车道公路隧道为研究对象,结合依托工程对分岔隧道进行了系统的研究,经实践验证取得了较好的经济及社会效益。分岔隧道的形式可依据工程项目的不同而做进一步细分,如按建设规模标准可分为双向六车道分岔隧道、匝道与主线分岔的分岔隧道等;按施工工法可区分为在山岭地区采用传统矿山法开挖的分岔隧道、采用明挖法施工的分岔隧道等;按地质条件可区分为在土层、软岩、硬岩等不同地层条件下的分岔隧道等。

现阶段经济建设过程中,双向六车道规模建设标准已十分常见,城市地下互通成为城市建设决策中重点比选的方案之一。双向六车道分岔隧道、城市地下互通中匝道与主线分岔类型将对分岔隧道的建设带来更大的挑战,本书可为今后分岔隧道设计、施工、研究提供一些有意义的结论,抛砖引玉,为提高我国隧道设计、施工水平尽微薄之力。

参考文献

[1] 曹智明,杨其新.秦岭终南山特长公路隧道火灾模式下的通风组织试验方案研究[J].公路,2003(7):177-180.

[2] 陈炳祥.连拱隧道两导洞工法施工力学特性分析与应用[J].岩石力学与工程学报,2004,23(S2):5153-5157.

[3] 陈梅初.北京八达岭高速公路潭峪沟隧道关键施工技术[J].西部探矿工程,2000,12(2):81-83.

[4] 陈秋南,张永兴,赵明华,等.基于 ε-SVR 算法的隧道围岩位移演化规律预测[J].岩土力学与工程学校,2006,27(4):591-593.

[5] 陈秋南,赵明华,张永兴,等.偏压双连拱隧道信息化施工与仿真分析[J].岩石力学与工程学报,2006,25(8):1723-1727.

[6] 陈树汪,蒋树屏.公路隧道火灾事故污染数值模拟与分析[J].公路隧道.2002(4):33-38.

[7] 丛恩伟.并行双洞小净距公路隧道施工技术[J].铁道标准设计,2003(10):71-74.

[8] 戴国平.英法海峡隧道空气动力学及通风系统介绍[J].铁道建筑,2001,(1):3-6.

[9] 邓顺熙,成平.纵向通风隧道内空气污染物浓度及通风量的计算[J].中国公路学报,2002,15(1):86-88.

[10] 邓顺熙,董小林.我国山岭公路汽车 CO、HC_s 和 NO_x 排放系数[J].环境科学,2000,21(1):109-112.

[11] 刁仲伟.我国交通隧道工程及施工技术进展[J].北京工业大学学报 2005,3:141-146.

[12] 丁春林,高振岗.打浦路越江隧道计算模型及其参数研究[J].岩土工程技术,2000(4):200-203.

[13] 丁文其,王晓彤,李志刚,等.龙山浅埋大跨度连拱隧道施工方案优化分析[J].岩石力学与工程学报,2005,24(22):4042-4047.

[14] 董文德,高波,申玉生.双连拱隧道模型试验研究[J].四川建筑,2006,26(S1):91-93.

[15] 董曾南,章梓雄.非黏性流体力学[M].北京:清华大学出版社,2003.

[16] 范厚彬,樊志华.公路长隧道污染物的运移机理及一维解析分析[J].交通运输工程学报,2002,2(3):57-59.

[17] 冯卫星,张映明.双跨连拱高速公路隧道施工方案研究[J].石家庄铁道学院学报,1998,11(2):58-62.

[18] 付修华,杨其新,刘化冰.对特长公路隧道火灾防灾救援安全策略的思考[J].公路交通科技,2004,21(3):56-59.

[19] 傅洪贤.长距离小净距隧道爆破开挖设计与施工[J].工程爆破,2006,12(3):30-39.

[20] 韩继勇.连拱隧道施工方法研究[J].山西建筑,2007,33(4):321-322.

[21] 郝行舟,马海君.大跨度连拱隧道围岩监控量测在施工中的应用[J].交通科技,2006,(1):25-27.

[22] 胡宇峰,陆志良.汽车隧道内气流及污染问题研究[J].中国公路学报,2004,17(4):109-113.

[23] 黄伦海.双洞八车道公路隧道施工方案研究[J].公路,2005,9:206-211.

[24] 黄筑平.连续介质力学基础[M].北京:高等教育出版社,2003.

[25] 蒋鹏飞,万剑平,喻波,等.雪峰山隧道通风模型实验设计研究[J].中南公路工程,2006,(1).

[26] 中华人民共和国行业标准.JTJ 026.1—1999 公路隧道通风照明技术规范[S].北京:人民交通出版社,1999.

[27] 金学易.长隧道的通风及冷却[J].隧道译从,1980,(3).

[28] 金学易.隧道通风及隧道空气动力学[M].北京:中国铁道出版社.1983.

[29] 金学易.纵向通风的隧道对环境的影响[J].隧道译丛,1984,(5):26-34.

[30] 孔祥言.流体力学[M].北京:高等教育出版社,1983.

[31] 兰利敏.公路隧道通风的模拟与量测[J].隧道及地下工程,1998,No.3: 14-23.

[32] 李炳田,王培荣,金峰,等.基于 FLAC 3D 的连拱隧道开挖与支护[J].中国水运(学术版),2006,(10).

[33] 李二兵,王镝,王源,等.城市复杂条件下浅埋大跨双连拱隧道施工变形监测与控制[J].岩石力学与工程学报,2007,(4).

[34] 李飞,陈卫忠,李术才,等.高速公路浅埋大跨度双跨连拱隧道爆破振动影响研究[J].岩石力学与工程学报,2004,(S2).

[35] 李飞.近距离公路隧道送排风相互影响机理及其对策研究[D].中国科学院武汉岩土力学研究所,2005.

[36] 李明祥.我国隧道及地下工程的新进展[J].探矿工程,1998,2:39-42.

[37] 李强,王明年,李玉文.双跨连拱隧道两种中墙的空间力学效应分析[J].岩土力学,2006,(4).

[38] 李云鹏,艾传志,韩常领,等.小净距隧道爆破开挖动力效应数值模拟研究[J].爆炸与冲击,2007,(1).

[39] 林刚,何川.连拱公路隧道施工方法模型试验研究[J].现代隧道技术,2003,40(6): 1-6.

[40] 刘洪伟,李建华.交叉口段相邻隧道施工方法及稳定性分析[J].西部探矿工程,2001,1:56-57.

[41] 刘洪洲,黄伦海.连拱隧道设计施工技术研究现状[J].西部探矿工程,2001,1:54-55.

[42] 刘儒勋,舒其望.计算流体力学的若干新方法[M].北京:科学出版社,2004.

[43] 刘三强.西康线喇叭口隧道施工方法[J].工程科技,1999,N0.1: 21-26.

[44] 刘涛,沈明荣,陶履彬,等.连拱隧道动态施工模型试验与三维数值仿真模拟研究[J].岩石力学与工程学报,2006,(9).

[45] 刘涛,沈明荣,袁勇,等.连拱隧道模型试验中的量测方法应用研究[J].中国铁道科学,2007,(2).

[46] 刘先明,邹景用.纵向式通风在成渝高速公路隧道中的应用[J].公路隧道,2001,(1):44-46.

[47] 刘招伟,何满潮,肖红渠.浅埋大跨连拱隧道施工中变形的监测与控制措施[J].岩土工程学报,2003,(3).
[48] 陆懋成 王梦恕,刘维宁.双向行车公路隧道的通风及防灾研究[J].现代隧道技术,2003,40(5):67-69.
[49] 罗衍俭.长大公路隧道通风系统的选择[J].公路,1998,8:38-41.
[50] 马德林,唐学军.七道梁隧道通风方案设计[J].公路隧道,2001,2:31-36.
[51] 毛遵训,徐宝贤.长隧道纵向式通风设计[J].公路,1994,9:12-15.
[52] 莫文卿.成渝高速公路中梁山隧道和缙云山隧道的设计[J].世界隧道,1999,5:13-18.
[53] 潘昌实,李正才.七道梁公路隧道结构与通风研究简介[J].兰州科技情报,1991,20(4):4-5.
[54] 潘艳珍,黄仲炎.木鱼槽隧道的高压进洞技术[J].铁道建筑技术,1998,3:4-7.
[55] 秦峰,吴存兴.小净距隧道开挖方法浅论[J].现代隧道技术,2003,40(6): 39-44.
[56] 申玉生,赵玉光,张焕新,等.双连拱隧道施工过程弹塑性有限元数值分析[J].岩石力学与工程学报,2004,(S2).
[57] 时亚昕,王明年,李强.浅埋双连拱隧道中墙的合理选用[J].地下空间与工程学报,2005,(6).
[58] 宋宇新.隧道长距离独头通风施工技术[J].西部探矿工程,2004,16(12):108-109.
[59] 隋修志,高少强.大跨连拱隧道在公路建设中的应用及发展前景[J].石家庄铁路工程职业技术学院,2003,1(1): 17-20.
[60] 孙一坚,杨昌智.铁路双线隧道通风的空气动力特性研究[J].湖南大学学报,1997,24(2):86-91.
[61] 索耆续.成渝公路中梁山,缙云山隧道竖井纵向通风计算[J].重庆交通学院学报,1999,18(4):116-119,130.
[62] 陶文铨.数值传热学[M].西安交通大学出版社,1988.
[63] 滕兆民.日本道路公团设计要领(摘译):隧道篇(9) 隧道通风(四).科学技术通讯,1990(2):32-44.
[64] 滕兆民.日本道路公团设计要领(摘译)隧道篇(10)隧道通风(五).科学技术通讯,1990(3):38-58.
[65] 滕兆民.日本道路公团设计要领(摘译):隧道篇(8) 隧道通风 (三).科学技术通讯,1990(1):24-42.
[66] 滕兆民.日本道路公团设计要领(摘译)隧道篇(6):隧道通风(一).科学技术通讯,1989(3):25-26.
[67] 田中裕智.大断面公路隧道的设计与施工[J].隧道译丛,1990,No.2: 14-23.
[68] 铁道科学院西南研究所.铁路隧道运营通风的类型.1972.
[69] 涂耘.雪峰山隧道运营通风模型实验研究[J].公路交通技术,2005,(5).
[70] 万明富,海洪,刘斌.单洞四车道隧道开挖室内模型试验研究[J].东北大学学报(自然科学版),2007,(2).
[71] 万明富,海洪,刘剑平,等.大跨度隧道开挖围岩变形稳定监测与主动控制[J].重庆大学

学报(自然科学版),2006,(7).
[72] 王兵. 大断面连拱隧道施工方案研究[J]. 公路,2007,(1).
[73] 王玖玖. 小净距隧道控制爆破关键技术[J]. 国防交通工程与技术,2006,(4).
[74] 王梦恕. 二十一世纪是隧道及地下空间大发展的年代[J]. 铁道建筑技术,2000,(1):2-4.
[75] 王胜辉,杜小平,袁勇. 不同开挖工序对连拱隧道中墙的影响[J]. 岩土力学,2004,25(7):1102-1106.
[76] 王晓雯,蒋树屏. 公路长隧道纵向组合通风计算方法及应用[J]. 中国公路学报,1996,9(3):62-71.
[77] 王毅才. 隧道工程[M]. 北京:人民交通出版社,2000.
[78] 王英,杜尧国. 机动车排放污染的主要监测方法和手段[J]. 环境科学研究,2001,14(4):60-63.
[79] 王永福. 秦岭终南山特长公路隧道出口区中间段施工通风技术[J]. 现代隧道技术,2004,41(3):40-44.
[80] 王勇,钱文斐,孙彩红. 大拱断面连拱隧道结构设计与优化[J]. 公路,2007,3.
[81] 王者超,李术才,陈卫忠. 分岔隧道变形监测与施工对策研究[J]. 岩土力学,2007,4.
[82] 文献江. 四联拱隧道施工技术[J]. 世界隧道,2000,2:44-50.
[83] 吴梦军,连晋兴,黄伦海,等. 连拱隧道围岩稳定性模型试验[J]. 地下空间,2004,4.
[84] 吴望一. 流体力学[M]. 北京:北京大学出版社,1982.
[85] 伍国军,陈卫忠,戴永浩,等. 浅埋大跨公路隧道施工过程和支护优化的研究[J]. 岩土工程学报,2006,9.
[86] 夏才初,龚建伍,唐颖,等. 大断面小净距公路隧道现场监测分析研究[J]. 岩石力学与工程学报,2007,1.
[87] 夏雷. 连拱隧道施工力学行为[J]. 四川建筑,2006,5.
[88] 谢宁,冯炼,王婉娣,等. 隧道火灾三维数值模拟的瞬态分析[J]. 中国铁道科学,2005,6.
[89] 谢卓雄. 大跨连拱隧道安全性分析[J]. 四川建材,2006,(6).
[90] 徐琳,张旭. 超大断面水平隧道纵向通风临界风速 CFD 分析[J]. 地下空间与工程学报,2007,1.
[91] 许海亮,张继春,郭建群. 钻孔爆破中质点振动速度的预测公式探讨[J]. 爆破,2003,20(3):75-78.
[92] 许人平,叶勇,马健俊,等. 连拱隧道中墙施工要点[J]. 西部探矿工程,2006,12.
[93] 闫治国,杨其新,朱合华. 长大公路隧道火灾温度场分布试验研究[J]. 东南大学学报(自然科学版),2005,S1.
[94] 闫治国,杨其新,朱合华. 秦岭特长公路隧道火灾试验研究[J]. 土木工程学报,2005,11.
[95] 闫治国,朱合华,杨其新. 火灾时隧道火风压及其对通风影响的试验研究[J]. 同济大学学报(自然科学版),2006,12.
[96] 杨宏波,曾恕辉. 浅谈公路双跨连拱隧道中隔墙施工技术[J]. 现代隧道技术,2001,38(6):44-46.

[97] 杨建宏，高新强，吴剑.隧道衬砌厚度的分布规律和结构可靠性分析[J].四川建筑，2003,23(2):28-29.

[98] 杨建明.金竹林.双连拱公路隧道设计[J].世界隧道,1999,1:16-20.

[99] 杨庆娣，匡江红.隧道出口污染物排放及控制的研究[J].环境保护科学,2004,30(5):4-6.

[100] 杨小礼,张丙强,王志斌,等.浅埋大跨度连拱隧道地震反应分析[J].中南大学学报(自然科学版),2006,5.

[101] 杨哲峰,高勇.地下隧道新奥法施工综述[J].水利规划与设计,2003,4:40-48.

[102] 杨转运,刘会,吴汉辉.小净距隧道施工中减振技术研究[J].现代交通技术,2006,4.

[103] 姚勇,何川,晏启祥,等.隧道小净距段爆破控制研究[J].公路,2005,11.

[104] 叶卫平，方安平，于本方.Origin7.0科技绘图及数据分析[M].北京:机械工业出版社.2004.

[105] 原郭兵，孟庆明.板桃隧道洞口段两超小净距隧道的施工[J].现代隧道技术,2003,39(1):54-57.

[106] 袁勇,王胜辉,杜国平,等.双连拱隧道支护体系现场监测试验研究[J].岩石力学与工程学报,2005,3.

[107] 曾凡刚,王玮.机动车排放颗粒物中多环芳烃化合物研究[J].环境科学研究,2001,14(4):32-35.

[108] 曾艳华,关宝树.公路隧道全射流纵向通风方式的适用长度[J].公路,1998,(1):38-41.

[109] 张顶立,王梦恕,高军,等.复杂围岩条件下大跨隧道修建技术研究[J].岩石力学与工程学报,2003,2.

[110] 张俊艳,冯守中,刘东海.基于RBF神经网络的隧洞围岩变形预测方法[J].中国工程科学,2005,10.

[111] 张强勇.岩土工程强度与稳定计算及工程应用[M].北京:中国建筑工业出版社,2005.

[112] 张兴来,钟云健.小净距并行隧道围岩稳定的分析方法及应用[J].重庆交通学院学报,2003,22(1):6-8.

[113] 张亚林,于勇.越江交通对策探析[J].交通与运输,2004(6):6-7.

[114] 张志强,何川.连拱隧道中隔墙设计与施工力学行为研究[J].岩石力学与工程学报,2006,8.

[115] 赵东平,王明年.小净距交叉隧道爆破振动响应研究[J].岩土工程学报2007,1.

[116] 赵金锐,蔡小扬,徐威明.长大公路隧道不同纵向通风方式的应用[J].广东公路交通,1998,54:35-39.

[117] 赵秋林,张芬兰.西安安康铁路喇叭口隧道的设计与施工[J].铁道工程学报,2000,1:72-76.

[118] 赵尚林.梧桐山上,下行隧道间距的确定[J].世界隧道,1999(3):39-40.

[119] 郑晋丽.介绍挪威道路隧道通风、污染设计准则[J].地下工程与隧道,1995,2:35-40.

[120] 郑晋丽.隧道通风系统模拟计算和结论[J].地下工程与隧道,1997,(1).

[121] 胡自林,彭立敏,刘胜利.中长公路隧道纵向通风计算模型[J],湘潭矿业学院学报,2003,18(2):34-37.

[122] 中华人民共和国行业标准.JTG D70—2004 公路隧道设计规范[S].北京:人民交通出版社,2004.

[123] 钟湘江,刘义虎,周旭.公路隧道衬砌结构可靠度分析研究[J].中外公路,2003,23(1):51-53.

[124] 朱合华,吴江斌.高速公路隧道施工中黏弹性变形的有限元分析[J].同济大学学报,2002,30(1):18-22.

[125] 祝云华,刘占魁.高速公路双跨连拱隧道施工工艺[J].西部探矿工程,2006,(10).

[126] A-West. The environmental impact of a longitudinally ventilated tunnel. Intenational Symposium on the Aerodynamics and Ventilation of Vehicle Tunnels.

[127] Alan Vardy. On Semi-Transverse Ventilation Systems. Intenational Symposium on the Aerodynamics and Ventilation of Vehicle Tunnels. 1991:629-646.

[128] Axel Bring. Simulation and measurement of road tunnel ventilation. Tunnelling and Underground Space Technology,1997,12(3):417-424.

[129] Barton N R. A low strength material for simulation of the mechanical properties of the intact rock. In:Proceedings of the International Conference on Geomechanical Model. Bergmao,Italy:ISRM,1979.

[130] Christina A. Colberg, Bruno Tona. Statistical analysis of the vehicle pollutant emissions derived from several European road tunnel studies. Atmospheric Environment,2005, 39(13):2499-2511.

[131] F Pel,Kaiser,P K and N R Morgenstern. Effects of rock mass anisotropy and non-linearity on the near face stress in deep tunnels. Rock Mechanics and Rock Engineering,1995,28 (2):125-132.

[132] Fluid Mechanics. Victor L. Streeter, E. Benjamin Wylie, Keith W. Bedford. 北京:清华大学出版社,2003.

[133] Fumagalli E. Statical and Geomechanical Model. New York:Springer,Wien,1973.

[134] J L Ferzieger and M. Peric. Computational Methods for Fluid Dynamics. Springer-Verlag, Heidelberg, 1996.

[135] Jin XG, Yan Q, Zhang YX, Liu W. Test on blasting vibration of neighborhood tunnel and discussion of safety vibration velocity. PROGRESS IN SAFETY SCIENCE AND TECHNOLOGY, VOL V, PTS A AND B,2005:787-793.

[136] John D Anderson,JR. Computational Fluid Dynamics. 北京:清华大学出版社,2004.

[137] Jorge Curiel-Esparza and Julian Canto-Perello. Indoor atmosphere hazard identification in person entry urban utility tunnels. Atmospheric Environment,2005, 39(13):2499-2511.

[138] M-A-Gaillard. Ventilation and cooling of a Long Railway Tunnel. Second International Symposium on the Aerodynamics and Ventilation of Vehicle Tunnels. 1976: E2-23-E2-25.

[139] Miroslav Sambolek. Model testing of road tunnel ventilation in normal traffic conditions. Engi-

neering Structures. 2004, 26 (12):1705-1711.

[140] Moor, E K. Modeling of deep tunnel behavior in clay[D]. City University. London, (Ph. D. thesis), 1989.

[141] Mulli L, Reik G, Fecker E, Sharma B. Importance of model studies on geomechanics. In: Proceedings of the International Conference on Geomechanical Model. Bergmao, Italy: ISRM, 1979.

[142] Rigas, F, Sklavounos, S. Experimentally validated 3-D simulation of shock waves generated by dense explosives in confined complex geometries. JOURNAL OF HAZARDOUS MATERIALS, MAY 20 2005 121 (1-3): 23-30.

[143] S Bari and J Naser. Simulation of smoke from a burning vehicle and pollution levels caused by traffic jam in a road tunnel. Tunnelling and Underground Space Technology, 2005, 20 (3): 281-290.

[144] W West. On the ventilation of tunnels. Journal of the Franklin Institute, 28(2):135.

[145] Wang SH. Liu JX. Tang CA. Stability analysis of a large-span and deep tunnel. International Journal of Rock Mechanics and Mining Sciences. May, 2004, v 41, n SUPPL. 1 p 3B 17 1-6.

[146] Wu CS, Chen X, Shen F. Vibration safety in excavating a multi-arch tunnel by blasting. PROGRESS IN SAFETY SCIENCE AND TECHNOLOGY, VOL 6. 2006 PTS A AND B: 2206-2210.

[147] Zhang QY Li SC, Guo XH. Research on 3D geomechanics model test for a large-scale offspur tunnel project. EXPERIMENTAL MECHANICS IN NANO AND BIOTECHNOLOGY, 2006, PTS 1 AND 2 557-560.

[148] Zhou, XJ; Gao, B; Hu, S; Li, DC. Three dimensional finite element analysis on construction process of large span tunnel of Guangzhou Metro. TUNNELS AND UNDERGROUND STRUCTURES 335-342, 2000.